SOZIALWISSENSCHAFTEN

Franz Josef Floren

Wirtschaft
Gesellschaft
Politik

Sozial-
wissenschaften
in der
Jahrgangsstufe 11

Best.-Nr. 023896 7

Schöningh

Text- und Bildnachweise stehen direkt beim Material. Sollte trotz aller Bemühungen um korrekte Urheberangaben ein Irrtum unterlaufen sein, bitten wir darum, sich mit dem Verlag in Verbindung zu setzen, damit wir eventuell notwendige Korrekturen vornehmen können.

Umschlagfoto: PICTOR international

Website
www.schoeningh.de

© 2002 Schöningh Verlag
im Westermann Schulbuchverlag GmbH
Jühenplatz 1–3, D-33098 Paderborn

E-Mail
info@schoeningh.de

Druck: westermann druck GmbH, Braunschweig

Druck   5   4   3   2   Jahr   07   06   05   04

ISBN 3-14-023896-7   **Aktualisierter Nachdruck 2004**

Dieses Werk folgt der reformierten Rechtschreibung und Zeichensetzung.

Inhaltsverzeichnis

Zur Einführung

Die vorliegende Neuauflage des zuerst 2000 erschienenen Arbeitsbuches für die Jahrgangsstufe 11 in der gymnasialen Oberstufe entspricht in ihrer Gesamtstruktur und in der Materialauswahl weitgehend der ersten Auflage. Sie orientiert sich in ihrem inhaltlichen und methodischen Zuschnitt an den Richtlinien für das Fach Sozialwissenschaften in der gymnasialen Oberstufe des Landes Nordrhein-Westfalen, die für die Jahrgangsstufe 11 die Behandlung von drei Inhaltsfeldern vorsehen: Inhaltsfeld I (Marktwirtschaft: Produktion, Konsum und Verteilung), II (Individuum, Gruppen und Institutionen) und III (Politische Strukturen und Prozesse in Deutschland). In thematischer Orientierung an dem in den Richtlinien (S. 58f.) aufgeführten Sequenzbeispiel soll in „die drei Bezugsdisziplinen des Faches Sozialwissenschaften sowie in deren Methoden, fachspezifische Begrifflichkeit und Arbeitsweisen" eingeführt werden.

Da die Themen „Einkommens- und Vermögensverteilung", „Armut in Deutschland" und „soziale Gerechtigkeit" dem ersten Inhaltsfeld zugeordnet wurden, hat das Kapitel „Wirtschaft" einen größeren Umfang als die Kapitel „Gesellschaft" und „Politik".

Im Einzelnen hat sich der Herausgeber bei der Gestaltung des Arbeitsbuches von folgenden Überlegungen und Grundsätzen leiten lassen:

1. Der *Umfang des Materialangebotes* geht bewusst über das Maß dessen hinaus, was aus zeitlichen Gründen im Unterricht erarbeitet werden kann. Nur auf diese Weise kann gewährleistet werden, dass zum einen der einzelne Kurs diejenigen Aspekte auswählen und schwerpunktmäßig behandeln kann, die aufgrund der spezifischen Unterrichtssituation auf sein besonderes Interesse stoßen. Zum anderen entfällt – auch wegen des Aktualitätsgrades der Materialien – weitgehend die Notwendigkeit, zu den ausgewählten Aspekten nach weiteren Materialien zu suchen.

2. Die *Materialauswahl* unterliegt folgenden *Differenzierungen*:

- Zentrale und grundlegende Texte und statistische Darstellungen werden ergänzt durch Materialien, die der Vertiefung und Problematisierung, der Ergänzung und Konkretisierung oder auch der Übung und Lernerfolgsüberprüfung dienen; sie heben sich in der Neuauflage durch zweispaltigen Druck grafisch von den übrigen Materialien ab.

- Im Hinblick auf das *Anspruchsniveau* finden sich neben einfacheren manchmal auch etwas längere bzw. anspruchsvollere Texte. Dazu ist allerdings Folgendes zu beachten: Zum einen sagt die Länge der Texte nichts über ihren Schwierigkeitsgrad aus; längere Texte erleichtern zumeist eher das Verständnis von Sachverhalten und Zusammenhängen, als dass sie es erschweren. Zum anderen hat sich der Herausgeber bemüht, durch differenzierte Arbeitshinweise – gerade zu etwas anspruchsvolleren Darstellungen – die Textarbeit stärker zu entlasten.

- Einen besonderen Stellenwert nehmen die (farbig unterlegten) „Methoden-Texte" ein. Entsprechend den Richtlinienvorgaben („Methodenfelder" 1–6) sollen sie – im inhaltlichen Unterrichtszusammenhang – *zum einen in wichtige sozialwissenschaftliche Methoden* einführen (grafische Kennzeichnung ![Methode S]); neben zentralen *Methoden der empirischen Sozialforschung* (Soziometrie, Beobachtung, Befragung, Experiment) werden hier berücksichtigt: Bildung und Funktion von *Modellen* und *Idealtypen*, *Operationalisierung* und *Indikatorenbildung*, *grafische Darstellungen*, *Begriffsbildung*, Unterscheidung *deskriptiver und normativer Aussagen*.

  Zum anderen (Kennzeichnung ![Methode U]) handelt es sich um handlungs- und methodenorientierte Vorschläge für projektartige *Unterrichtsarbeit* und für *Übungsformen: Erkundung und Dokumentation* (Armut in der Gemeinde, Struktur des Kommunalparlaments), *Befragung* (zum politischen Interesse von Oberstufenschülern), *gruppendynamische Übungen* (zum Leistungsvorteil der Gruppe, zu Formen der Kooperation) und ihre Reflexion durch Anwendung der Beobachtungsmethode. Die Informationen und Hilfen zu diesen Vorschlägen ermöglichen den Schülerinnen und Schülern umfassende Selbstständigkeit bei der Durchführung.

3. Gegenüber der ersten Auflage enthält die *Neuauflage* folgende Verbesserungen:

- Alle Materialien wurden *durchgehend aktualisiert*; in den Kapiteln „Wirtschaft" und „Politik" wurden einige Materialien ausgetauscht und einige Themenaspekte ergänzt, um u.a. *aktuelle Diskussionslagen* (z.B. zur Sozialpolitik und zur Bedeutung von Internet-Wahlen) besser zu berücksichtigen.

- Die *Binnenstrukturierung* der einzelnen Abschnitte wurde stärker verdeutlicht, u.a. durch kurze, in Frageform gekleidete „Wegweiser" zu Beginn der Abschnitte.

- Das veränderte *Layout* (u.a. durchgehende *Vierfarbigkeit*) erhöht nicht nur den optischen Leseanreiz für die Schülerinnen und Schüler, mehr *Fotos und Abbildungen* ermöglichen z.T. auch einen etwas anderen Zugang zu bestimmten Themenaspekten.

- Bei den *Arbeitshinweisen*, den wichtigsten Steuerungselementen der Unterrichtsarbeit mit den Materialien, wurde verstärkt Wert gelegt auf differenzierte und gezielte Hilfen zur Erarbeitung von Texten und Statistiken, auf gründliche methodische Reflexion (z.B. bei der Analyse von Befragungsergebnissen) und auf die Orientierung an überprüfbaren Arbeitsergebnissen.

- Hinweise auf *Internetadressen* (zu einzelnen Themen und in einer Übersicht S. 389), zahlreiche Querverweise, das umfangreiche Glossar und das differenzierte Register erleichtern die selbstständige Arbeit mit den Informationen des Buches und die zusätzliche Informationsbeschaffung.

Herausgeber und Verlag sind für kritische Hinweise (gerichtet an den Schöningh Verlag im Westermann Schulbuchverlag GmbH, Jühenplatz 1–3, 33098 Paderborn, Fax: 05251/127860, E-Mail: info@schoeningh.de) jederzeit dankbar.

A SOZIALE MARKTWIRTSCHAFT – SYSTEM, ANSPRUCH UND REALITÄT

I. Was heißt Wirtschaften? – Grundbegriffe und Grundprobleme

▬▬ M 1 „Die Wirtschaft bestimmt das Alltagsleben"

Die neue Marktwirtschaft bestimmt das Alltagsleben und verlangt fortwährend Entscheidungen. Verbraucher wägen ab, mit welcher Gesellschaft sie telefonieren, wo sie ihren Strom kaufen, welche Sportkleidung die beste ist. In den Regalen, an den Schaltern und im Netz findet sich eine Rekordzahl von Angeboten, die schneller denn je von neuen Optionen* und Kondi
5 tionen abgelöst werden. Geldanleger tauchen in die Finanzwelt ein, um sich die richtigen Aktien und Fonds*, Anleihen und Abschreibungsobjekte auszusuchen. Nicht nur, dass die Möglichkeiten auf den Anlagemärkten vielfältiger werden: Die Menschen bekommen auch allseitig zu hören, dass sie privat für später vorsorgen müssen – und schauen umso intensiver ins Börsenfernsehen. Deutschland 2001. Das ist in hohem Maß Ökonomie. *Der Markt breitet sich aus.*
10 Die Kirche stellt Werbeflächen zur Verfügung. Bildende Künstler arbeiten mit Sponsorenfirmen. Verwaltungsbeamte werden daran gemessen, ob sie den Bürger als Kunden behandeln. Gymnasien werden von allen Seiten gedrängt, arbeitsmarktgerecht auszubilden. *Der Markt differenziert sich.* Autohersteller bieten heute alle erdenklichen Modelle an, um keine Nische ungenutzt zu lassen; dank neuer Fertigungstechnik lassen sich auch kleine Stückzahlen mit Pro
15 fit produzieren. Versicherer kommen mit immer neuen Produkten auf den Markt – der kleinste Unterschied kann sich bezahlt machen. *Der Markt beschleunigt sich.* Das Auf und Ab an den Aktienmärkten zeigt das ebenso wie der schnelle Wechsel neuer Handygenerationen. Die Folge: Das wirtschaftliche Kalkül beansprucht mehr Raum und Zeit im Le
20 ben. Die meisten folgen diesem Anspruch. Das zeigt die Masse neuer Wirtschaftsmedien, und besser noch belegen es die Gespräche in Kneipen und auf Partys. Man redet gerne über
25 Geld und darüber, wie man es verdient. Die moderne Marktwirtschaft schafft Optionen, wo vorher keine Wahl war. Computernetze haben daran ihren Anteil, weil sie den Austausch erleichtern
30 – von Informationen, Dienstleistungen, Produkten. Politiker entregeln nationale Märkte und den internationalen Handel. Es ist schwer geworden, sich der Kraft des Marktes zu entziehen.

(DIE ZEIT v. 4.1 2001, S. 24; Verf.: Uwe-Jean Heuser) (Zeichnung: Thomas Plaßmann/CCC, www.c5.net)

Der einleitende Text soll Sie zum Nachdenken darüber anregen,

– inwiefern und inwieweit auch Ihr Alltagsleben (als Jugendliche/r und als Schüler/in) durch wirtschaftliche Beziehungen und Bedingungen beeinflusst wird und

– warum es sinnvoll, ja eigentlich nötig ist, sich mit dem Prozess des Wirtschaftens, seinen Voraussetzungen, Strukturen und Problemen näher zu befassen.

1. *Gehen Sie die Aussagen des Textes der Reihe nach durch und nennen Sie jeweils konkrete Beispiele, insbesondere für solche Hinweise, mit denen Sie eigene Erfahrungen verbinden können.*

2. *Man könnte, was der Text im Einzelnen beschreibt, auch als „Ökonomisierung" des Alltagslebens bezeichnen. Empfinden Sie diese Entwicklung eher als Erweiterung des Entscheidungsspielraums oder eher als Zwang (der Text weist auf beide Aspekte hin)? In welcher Weise nimmt die Karikatur dazu Stellung?*

3. *Fragen Sie Ihre Eltern und Großeltern, ob sie den Prozess der Ökonomisierung (wirtschaftliche Überlegungen „beanspruchen mehr Raum und Zeit im Leben"; Z. 18f.) ggf. stärker empfinden als Sie selbst.*

4. *Der Text enthält zahlreiche Grundbegriffe des Wirtschaftens und des Systems der Marktwirtschaft, mit denen wir uns in diesem Buch näher beschäftigen wollen (dem Hinweis auf die „neue" Marktwirtschaft brauchen Sie hier nicht näher nachzugehen). Wählen Sie einige von ihnen aus (z. B. Markt, Arbeitsmarkt, Aktienmarkt, Marktwirtschaft, Profit, Dienstleistungen, Produkte) und überprüfen Sie, ob Sie damit jeweils genaue Vorstellungen verbinden. – Im Folgenden wollen wir uns zunächst mit der Frage beschäftigen, was „Wirtschaften" überhaupt heißt und warum wirtschaftliches Handeln für uns alle lebensnotwendig ist.*

1. Bedürfnisse, Güter, Knappheit

➤ *Welche Bedürfnisse hat der Mensch? Was unterscheidet sie vom Bedarf? (M 2–M 4)*
➤ *Werden Bedürfnisse durch Werbung erst geweckt? Gibt es „falsche Bedürfnisse"? (M 3–M 4)*
➤ *Welche Arten von Gütern befriedigen unsere Bedürfnisse? (M 5–M 7)*
➤ *Sind Güter eigentlich immer knapp? (M 8–M 11)*

M 2 Jeder Mensch hat Bedürfnisse

Jeder Mensch, gleich wann, wo und wie er lebt, hat *Bedürfnisse:* Um nicht zu verhungern, muss er [5] sich ernähren; um nicht zu erfrieren, muss er sich kleiden; um sich vor Unannehmlichkeiten der Witterung zu schützen, [10] braucht er eine Unterkunft. Es sind dies die existenziellen Voraussetzungen, die das menschliche Leben erst ermöglichen. Darum nennt man [15] sie auch *Primär- oder Existenzbedürfnisse.* Daneben

Zu den **Existenzbedürfnissen** sollen all die Bedürfnisse gerechnet werden, die aus dem menschlichen Selbsterhaltungstrieb entstehen. **Kulturbedürfnisse** gehen über das physiologische und soziale Existenzminimum hinaus, werden aber von der Gesellschaft nach dem Stand der Sitte und Kultur noch als normal empfunden. Was über die Kulturbedürfnisse hinausgeht, soll zu den **Luxusbedürfnissen** gehören. Da jeder Mensch seine eigene Bedürfnisskala hat, ist eine Zuordnung von Bedürfnissen nach dieser Gruppierung eine subjektive Entscheidung. Der eine ernährt und kleidet sich lieber einfach, um sich eine Urlaubsreise leisten zu können, der andere hält eine Urlaubsreise für nicht so dringlich. Außerdem wird an verschiedenen Orten, zu verschiedenen Zeiten und in verschiedenen Gesellschaftsschichten unterschiedlich empfunden, was zur „normalen Lebenshaltung" gehört. Rundfunkempfang galt vor 70 Jahren als Luxus, heute wird er als Existenzbedürfnis angesehen.

(Hubert Reip/Wolfgang Ulshöfer, Volkswirtschaftslehre in Problemen, Gehlen, Bad Homburg 2000, S. 16)

(Foto: dpa/Kiefer)

(Foto: © Gernot Huber/laif)

gibt es Bedürfnisse, die das Leben zwar verschönern und angenehmer gestalten, jedoch nicht unbedingt lebensnotwendig sind. Sie reichen von der Seife über Kaffee und Kaviar, Auto und
20 Fernsehgerät bis zur Urlaubsreise und zum Brillantring. Diese Gruppe fällt unter die Begriffe *Sekundär-* oder *Kultur-* und *Luxusbedürfnisse.*

Während die Primärbedürfnisse bei Menschen aller Altersstufen, jeglichen Bildungsgrades, sämtlicher Hautfarben und Nationalitäten weitgehend gleich sind, weisen die Sekundärbedürfnisse starke Differenzierungen auf. Sie richten sich:

25 ● *Nach der Entwicklungsstufe eines Menschen:* Von der Kindheit bis zum hohen Alter ändern sich laufend unsere Bedürfnisse und Art sowie Rangfolge unserer Wünsche.

● *Nach den natürlichen Umweltbedingungen:* Es bedarf keiner eingehenden Marktanalyse um festzustellen: Die Nachfrage eines Grönland-
30 Eskimos an Kühlschränken tendiert gegen Null; Ähnliches gilt für Heizsonnen als Verkaufsobjekt in Zentralafrika.

● *Nach dem zivilisatorischen und technischen Fortschritt:* In den ersten Jahrzehnten nach der
35 Erfindung des Telefons durch Bell und Edison in den 70er-Jahren des vorigen Jahrhunderts galt es noch als echte Sensation. Es war bei einem sehr begrenzten Netz nur für einen kleinen Benutzerkreis verfügbar. Der stetige Auf-
40 stieg des Fernsprechers zum Massen-Kommunikations-Mittel könnte in unserer Zeit weitgehend als abgeschlossen gelten. Aber der Erfindergeist im Bereich der Nachrichtentechnik treibt die Entwicklung ständig und immer

(Zeichnung aus: Pardon, Heft 12, 1971)

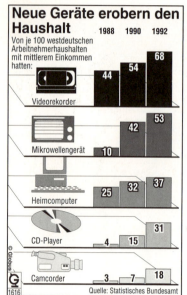

Neue Geräte erobern den Haushalt

1988 1990 1992

Von je 100 westdeutschen Arbeitnehmerhaushalten mit mittlerem Einkommen hatten:

Videorekorder: 44 | 54 | 68
Mikrowellengerät: 10 | 42 | 53
Heimcomputer: 25 | 32 | 37
CD-Player: 4 | 15 | 31
Camcorder: 3 | 7 | 18

© Globus 1616

Quelle: Statistisches Bundesamt

schneller voran. Mit den Multimedia-Systemen scheint eine ganz neue, in ihren Auswirkungen kaum voraussehbare Phase in der Kommunikation eingeleitet zu sein.

Schon heute ist Surfen im Internet weit mehr als ein Sport für Computerfans. Das Internet entwickelte sich in kurzer Zeit zur zentralen, weltweiten Informationsquelle. Mit dem Computer lassen sich immer mehr geschäftliche Transaktionen von zu Hause aus erledigen. Über 40 % der Haushalte mit „mittlerem Einkommen" in der Bundesrepublik Deutschland sind damit bereits ausgestattet. Für Schulen wird die Anschaffung von Computern zum Muss als Voraussetzung eines modernen Unterrichts.

Rückschauend auf die letzten vier Jahrzehnte hat schon einmal der technische Fortschritt mit dem unaufhaltbaren Siegeslauf des zunächst schwarz-weißen, später farbigen Fernsehers, kombiniert mit Videorekordern, unsere Lebensgewohnheiten und Bedürfnisse fast unglaublich verändert, leider nicht immer zum Vorteil der Menschheit und der Zivilisation.

● *Nach den wirtschaftspolitischen Verhältnissen:* Ein Beispiel dafür, wie wirtschaftspolitische Einwirkungen die Bedürfnisskala eines hochzivilisierten Volkes zu ändern vermögen, bietet die Entwicklung in der Bundesrepublik. In der Zeit der totalen wirtschaftlichen Verelendung bis zur Währungsreform* erschöpfte sich das Denken der Bevölkerung fast ganz in der Befriedigung der Primärbedürfnisse, und selbst nach der Normalisierung des Wirtschaftslebens war ein so bedeutender Nachholbedarf vorhanden, dass die ersten fünf, sechs Jahre des Wiederaufbaus von drei großen Verbrauchswellen getragen wurden: der so genannten Fresswelle, der Kleidungswelle, der Wohnungswelle. Anschließend erst erwachten die Luxusbedürfnisse, die einen immer breiteren Rahmen einnahmen. Mehr und mehr verstärkte sich das Streben nach höherer „Lebensqualität". Dazu gehören beispielsweise auch Reisen ins Ausland. 1996 ließen die reiselustigen Deutschen aus den alten und den neuen Ländern rund 38 Mrd Euro im Ausland. Selbst in Zeiten, in denen die Einkommen nur wenig steigen und das Geld in der Haushaltskasse knapp ist, wird eher an anderen Ausgaben als an denen für die Urlaubsreise gespart.

In den neuen Ländern kam es nach der Währungsreform und dem politischen Zusammenschluss nach den vielen Jahren der Güterknappheit vorübergehend zu einem wahren „Konsumrausch". Die günstig umgestellten Sparguthaben, die sich im Laufe der DDR-Zeit mangels Kaufmöglichkeiten angesammelt hatten, dienten jetzt der Finanzierung des unmittelbaren Konsums (wobei Westprodukte bevorzugt wurden) und langfristiger Gebrauchsgüter. West-Autos verdrängten die Trabants und Wartburgs auf den Straßen. Inzwischen haben die ostdeutschen Haushalte ihr Verbrauchsverhalten weitgehend an westdeutsche Gewohnheiten angepasst. Am 30.9.1989 entfielen in der DDR ca. 237 PKW auf 1000 Einwohner, Mitte 1994 waren es 425!

(Werner Heiring/Walter Lippens, Im Kreislauf der Wirtschaft, hg. vom Bundesverband deutscher Banken, bank-verlag, Köln 1999, S. 18–20)

Neue Bundesländer:
Wachsender Lebensstandard

Von je 100 Haushalten besaßen:

	1993	1998
Kühlschrank	96	99
Fernsehgerät	96	98
Waschmaschine	91	94
Telefon	49	94
Gefrierschrank, Gefriertruhe	67	80
Pkw	66	71
Videorekorder	36	61
Mikrowellengerät	15	41
Geschirrspülmaschine	3	26
Videokamera	6	17
Wäschetrockner	2	14

Quelle: Stat. Bundesamt

© Globus 5523

M 3

Eine Rangordnung der Bedürfnisse

(Zeichnung: Erich Rauschenbach)

Der Entwicklungspsychologe* A. Maslow hat in den 70er-Jahren ein Modell* entwickelt, bei dem er versucht, die grundlegenden menschlichen Bedürfnisse darzustellen.

5 In Maslows System formen die menschlichen Bedürfnisse eine Hierarchie*, die von den physiologischen Grundbedürfnissen bis hinauf zu den Selbstverwirklichungsbedürfnissen reicht. Von oben nach unten ergeben

10 sich fünf Bereiche:
1. Bedürfnis nach Selbstverwirklichung, d.h. das tun, wofür jeder individuell geschaffen ist: „Was ein Mensch sein *kann, muss* er sein."

15 2. Bedürfnis nach Achtung, d.h. nach Wertschätzung der eigenen Person, nach Selbstachtung und Achtung seitens der anderen.
3. Bedürfnis nach Zugehörigkeit und Liebe, d.h. nach Familie, Freunden, Geliebten;
20 nach Zuneigung, Verwurzelung, Intimität.
4. Sicherheitsbedürfnisse, das sind Bedürfnisse nach Geborgenheit und Stabilität, Angstfreiheit und Ordnung, einschließlich Struktur, Gesetz und Grenzen.

25 5. Physiologische Bedürfnisse, das sind Bedürfnisse nach Sauerstoff, Nahrung, Flüssigkeit, Ruhe, Appetitbefriedigung und Homöostase.

(R. Murray Thomas/Birgitt Feldmann, Die Entwicklung des Kindes, übers. von Birgitt Feldmann, Beltz, Weinheim 1994, S. 234)

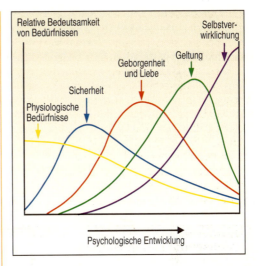

Maslow nimmt nun an, dass erst die tiefer liegenden Bedürfnisse gestillt sein müssen, 30 bevor ‚höhere Bedürfnisse' auftauchen. So entsteht nach seiner Meinung beim Kind nur dann Liebe und Zuneigung, wenn die dringlichsten Nahrungssorgen beseitigt sind. [...] Wer nie Geborgenheit, Liebe und soziale An- 35 erkennung erfahren hat, zeigt kein Bedürfnis, das eigene Geschick in die Hand zu nehmen und aus sich das Beste zu machen.

(Rolf Oerter, Moderne Entwicklungspsychologie, Auer, Donauwörth, 21. Aufl. 1987, S. 101, 102)

M 4 Moralische Wertunterschiede zwischen Bedürfnissen?

M 4a „Wir begehren, was wir nicht brauchen"

Wir „begehren" mancherlei, was wir eigentlich nicht „brauchen", dessen wir eigentlich nicht „bedürfen". Umgekehrt mag es auch sein, dass wir etwas brauchen – wie Liebe oder Sinnerfül-
5 lung –, was wir gar nicht begehren, obgleich es einem tieferen Bedürfnis entspricht. Die Frage nach den eigentlichen, den wahren Bedürfnissen ist [...] philosophisch.
So scheint mir zunächst einmal ein offenkun-
10 diger moralischer Unterschied zwischen einem Grundbedürfnis und einem Bedürfnis nach Luxusgütern zu bestehen. Es ist zwar zuzugeben, dass interpersonelle Nutzenvergleiche notorisch schwierig sind; und in der Tat ist es
15 schwer, über alle Zweifel hinaus festzustellen, ob das Kind, das langsam verhungert, wirklich unglücklicher ist als der Millionär, der bei einer Auktion von einem reicheren Konkurrenten ausgebootet wird. Psychische Zustände sind häufig nur für die betreffende Person 20 deutlich erkennbar. Aber ich hege nicht den geringsten Zweifel daran, dass das Bedürfnis nach dem physischen Überleben einen objektiv höheren Wert hat als das Bedürfnis nach einem Luxusgegenstand. [...] 25
Auch zwischen den Bedürfnissen, die über die unmittelbare Befriedigung des Lebensrechts hinausgehen, gibt es natürliche Wertunterschiede. Claudia Schiffer zum Beispiel hat schon jetzt viel mehr verdient, als es van Gogh 30 in seinem ganzen Leben hätte gelingen können – selbst wenn er wesentlich älter geworden wäre. Aber das bedeutet nicht, dass die durch eine Claudia Schiffer befriedigten Bedürfnisse besser sind. 35

(Vittorio Hösle, Elementarer Bedarf oder immer neue Bedürfnisse – weiß der Mensch, was er braucht? In: Future – Das Hoechst Magazin Nr. 2/1999, S. 14f.)

M 4b Natürliche Bedürfnisse – unnatürliche Bedürfnisse – Wo sind die Kriterien?

„Wer immer erklärt, dass einige Bedürfnisse künstlich und nicht der Befriedigung wert seien, der hat die Pflicht, die Kriterien zu nennen, die er bei der Abgrenzung gegen-
5 über den ‚echten' angewandt hat, und um dies zu leisten, muss er über eine Theorie der menschlichen Natur verfügen, die erklärt, auf was der Mensch ein echtes Anrecht hat oder was seine Entwicklung fördert. Eine solche Entscheidung kann nicht anders als willkür- 10 lich und rein persönlich sein."

(Leszek Kolakowski, polnischer Philosoph)

1. Erläutern Sie die in M 2 getroffene Unterscheidung zwischen Primär- und Sekundärbedürfnissen. Wie beurteilen Sie die Trennschärfe dieser Unterscheidung?

2. Betrachten Sie die beiden Fotos (S. 9). Was können sie zum Thema Bedürfnisse zum Ausdruck bringen?

3. In der Zusatzinformation (Kasten S. 8) wird zwischen Kultur- und Luxusbedürfnissen ein Unterschied gesehen. Erläutern Sie diese Unterscheidung durch konkrete Beispiele.

4. Für die vierfache Differenzierung der Sekundärbedürfnisse nennt der Text Beispiele. Nennen Sie jeweils weitere konkrete Beispiele. Worauf nimmt die Karikatur (S. 8) Bezug?

5. Erläutern Sie die Bedürfnishierarchie" (M 3) von A. Maslow. Nach welchem Prinzip richtet sich diese Einteilung?

6. Maslows berühmt gewordene Darstellung versteht sich als „Modell". Was bedeutet das (nicht)? Erscheint es Ihnen plausibel? Gilt es Ihrer Meinung nach für alle Gesellschaften (unterschiedlicher Kulturen und Entwicklungsstände)?

7. Wie beurteilen Sie die in M 4a vertretene Position, dass es auch moralische/wertmäßige Unterschiede zwischen Bedürfnissen gibt? Vgl. dazu M 4b.

■ M 5 Bedürfnisse und Bedarf

Bedürfnisse sind *subjektiver* Natur: Nur der betreffende Mensch kann entscheiden, ob er ein Bedürfnis hat, d.h. ob ein Mangel vorliegt oder nicht. Diese Tatsache macht es auch so schwierig, individuelle Bedürfnisse „von außen" befriedigen zu wollen, im Kleinen (bei einem gut gemeinten Geburtstagsgeschenk ist der Beschenkte gar nicht begeistert) wie im Großen (der
5 Staat versorgt seine Bürger mit den Gütern, die seitens der Behörden für richtig gehalten werden). [...]
In der Subjektivität des Bedürfnisbegriffs besteht auch der Unterschied zu dem eng verwandten Begriff Bedarf. Bedarf ist schon eher objektiv abgrenzbar: Zum Beispiel hat der menschliche Körper einen recht genau bestimmbaren Bedarf an Vitaminen oder Kalorien, oder ein Ta-
10 xiunternehmen hat bei einer bestimmten durchschnittlichen Kilometerleistung einen entsprechenden Benzinbedarf, oder ein Haushalt hat unter bestimmten Nebenbedingungen wie Wetter oder Wärmebedürfnis (!) einen bestimmten Bedarf an Heizöl. „Bedarf" leitet sich also aus gegebenen Rahmenbedingungen ab (zu denen auch explizit formulierte und realisierbare Bedürfnisse gehören können) und übersetzt sich eher in konkrete Nachfrage als ein – vielleicht
15 auf ewig unerfüllbares – Bedürfnis nach der eigenen Villa im Tessin.
Bedürfnisse sind also *nicht objektiv überprüfbar* und daher auch *nicht vergleichbar*. So ist es nicht möglich zu entscheiden, ob ein Mensch ein stärkeres *Hungergefühl* verspürt als ein anderer. Bedürfnisse entstehen auf der einen Seite „aus dem Menschen selbst heraus" (endogen), aber auf der anderen Seite wirken eine Vielzahl äußerer (exogener) Faktoren auf die Bedürfnisent-
20 stehung ein. Hierzu zählen u.a. die Gesellschaftsordnung, die Familie, die Bildung, die Werbung etc. Dabei wird bereits deutlich, dass keine exakte Trennung zwischen endogen und exogen determinierten Bedürfnissen gezogen werden kann.

(Jörn Altmann, Volkswirtschaftslehre, Lucius & Lucius, Stuttgart, 6. Aufl. 2003, S. 15f.)

1. *Bedürfnisse sind subjektiver Natur, heißt es in M 5. Was meinen Sie: Kann durch andere Personen festgestellt werden, ob ein Mensch Bedürfnisse hat?*

2. *Inwieweit sind politische und wirtschaftliche Entscheidungsträger gezwungen, das Vorhandensein bestimmter Bedürfnisse bei den Bürgern anzunehmen und „für" die Bürger Entscheidungen zu treffen?*

3. *Erläutern Sie die definitorische Unterscheidung zwischen Bedürfnissen und Bedarf. Welches ist das entscheidende Merkmal dieser Unterscheidung?*

4. *„Bedarf ist ein mit Kaufkraft ausgestattetes Bedürfnis, das am Markt als Nachfrage auftritt" heißt es in einer anderen Definition. Entspricht sie der in M 5 gegebenen Begriffsbestimmung?*

■ M 6 Der Einfluss der Werbung: Bedürfnisdeckung oder Bedürfnisweckung?

In verschiedenen Quellen werden nachstehende – hier zusammengefasste – Argumente genannt: Neben den positiv zu bewertenden Informationen für Verbraucher, die aber
5 meistens unvollständig sind (Weglassen negativer Punkte), sollen viele Werbeformen unterschwellige Wirkungen (Suggestiveffekte) erzielen. Mit einem Produkt würden zum

„Blödsinnig, diese Werbung."
(Zeichnung: Ernst Hürlimann/CCC, www.c5.net)

(© C&A/Westbury)

Beispiel durch einprägsame Werbetexte, aufreizende
10 Abbildungen, einschmeichelnde Melodien und durch
auffallende Aufmachungen Sehnsüchte, Geltungsstre-
ben und Traumvorstellungen verknüpft (Zusatznutzen), die das Unterbewusstsein ansprechen und die
produktbezogene sachliche Abwägung (Grundnutzen)
15 der bewusst handelnden Käufer einschränken sollen.
Ein bestimmtes Produkt soll zum Markenartikel werden und das Markenbild (Image) für den Verbraucher
die Bedeutung eines Vorurteils gewinnen, so dass er
unbewusst nur nach dieser Marke greift. Die „freien"
20 Entscheidungen würden manipuliert, echte Bedürfnisse von falschen verdrängt, angeblicher Zusatznutzen
wird eingeredet, nur kaufkräftige Nachfrage komme
zum Zuge.
Die ständige Reizüberflutung verunsichere die Ver-
25 braucher. Sie würden zur unbegrenzten Steigerung
des Konsums zum *Verschwendungskonsum* ohne wirklichen Bedarf gedrängt („Öfter mal was Neues!"),
während Muße und Geselligkeit bei begrenztem Gü-
terkonsum sowie kreative Entfaltung echte Bedürfnisbefriedigung bewirken könnten. So ent-
30 stehe eine Entfremdung der Verbraucher, weil der Gewinn bringende Güterabsatz gesichert
werden soll. An die Stelle einer bedarfsgemäßen Lenkung der Produktion trete eine produkti-
onsgemäße Lenkung des Bedarfs. Die Fülle der sich untereinander übertrumpfenden Werbe-
appelle stelle eine Verschwendung von Arbeit und Kapital dar, während es anderen Stellen an
Geld zum Beispiel für besseren Umweltschutz fehle. Nur Großunternehmen könnten im Rin-
35 gen um ihre Marktanteile Werbekampagnen finanzieren, die Kleinen blieben auf der Strecke.
Werbung fördere die Unternehmenskonzentration.
Die Gegenargumente werden von *Burkhardt Röper* vor allem zum Kernproblem der Manipulation in Anlehnung an fünf Thesen von *Günter Wiswede* zusammengefasst *(Günter Wiswede:
Motivation und Verbraucherverhalten, München 1973, S. 171ff.):*

40 ● Werbung kann nur im Rahmen bestehender Werte und Normen wirksam sein. Werbung
kann ihre Argumente an diesen Werten und Normen orientieren, ihre Gewichte verschieben
oder sie einengen oder erweitern, nicht aber völlig neue Werte und Normen schaffen.
● Werbung kann nur im Rahmen bestehender kognitiver Strukturen wirken, d. h. nur im Rahmen der Gesamtheit der Meinungen. Nur was in diesen Rahmen hineinpasst, wird wahrge-
45 nommen, dringt in das Bewusstsein oder Unterbewusstsein: Alles andere verschwindet un-
gehört und ungelesen.
● Werbung kann eher bestehende Motivationen verstärken als neue entstehen lassen. Der Wer-
beerfolg ergibt sich aus der Motivationsstärke und der Werbeintensität, wobei die Anzahl der erforderlichen Wiederholungen von Werbebotschaften in einer Periode in Anlehnung an die Lern-
50 theorie ermittelt werden kann.
● Werbereize halten einander in gewissem Ausmaß in Schach, da der Rezipient mehrere konkurrierende Appelle zu verarbeiten hat. Dadurch wird die Reiz- und Wahrnehmungsschwelle
erheblich heraufgesetzt. Zudem sinkt die Glaubwürdigkeit mancher Werbebotschaften, insbesondere, wenn mehrere Konkurrenten miteinander um das weißeste Weiß streiten.
55 ● […] Zwischen Aufnahme von Werbebotschaften und Kauf besteht zumeist ein Zeitraum, in
dem mehrere Kommunikationseinflüsse, wie die Mund-zu-Mund-Propaganda, Ratschläge von
Nachbarn oder Verkäufern, wirksam werden können.

Die von der Werbewirtschaft bevorzugte These besagt, dass Werbung bei einigermaßen erfah-
renen Verbrauchern keinen sozialen Zwang ausüben und keine neuen Bedürfnisse schaffen
60 könne. Sie biete vielmehr unentbehrliche Informationen (etwa im Anzeigenteil einer Zeitung)

und könne nur allgemein vorhandene Bedürfnisse bewusst machen (latente Bedürfnisse wecken), indem sie die Möglichkeiten zur Befriedigung von Bedürfnissen mit einem bestimmten Produkt aufzeigt.

(Hartmut Keim/Heiko Steffens [Hg.], Wirtschaft Deutschland, Wirtschaftsverlag Bachem, Köln 2000, S. 27f.)

M 7 Thesen zum Einfluss der Werbung

M 7a „Der Einfluss der Werbung ist unbekannt"

Das Ausmaß der Beeinflussung der Verbraucher durch Werbung und Produktinnovation ist im Grunde nicht bekannt. Sicher wird man nicht sagen können, dass alle Bedürfnis-
5 se angeboren sind, und sicher auch nicht, dass alle Bedürfnisse durch Werbung bestimmt sind. Grundbedürfnisse und Wünsche allgemeiner Art sind dem Menschen wohl eher angeboren, wie z.B. das Bedürfnis
10 nach Essen, Trinken, Wohnung, Kleidung oder die Wünsche nach Freiheit, Abenteuer, Unterhaltung, Gemütlichkeit etc. Dass allerdings das Bedürfnis nach Trinken wesentlich von der Brause X oder der Wunsch nach Freiheit vom Rasierwasser Y und der Wunsch 15 nach Abenteuern vom Rauchen einer Zigarette Z befriedigt wird, ist als Ergebnis der Werbung anzusehen.

(Ulrich Baßeler/Jürgen Heinrich/Walter A.S. Koch, Grundlagen und Probleme der Volkswirtschaft, Bachem, Köln 1999, S. 126)

M 7b „Werbung wirkt nur, wenn man im Überfluss lebt"

„Der Umstand, dass Bedürfnisse durch Reklame künstlich geweckt, durch Verkaufstechnik angeregt und durch diskrete Manipulation, die die Ware an den Mann bringt, ge-
5 formt werden können, zeigt, dass diese Bedürfnisse wirklich nicht sehr dringend sind. [...] Werbung wirkt nur auf Menschen, die der physischen Not so weit entrückt sind, dass sie nicht mehr wissen, was sie sich noch wünschen sollen. Nur in diesem Stadium las- 10 sen sie sich etwas aufschwatzen."

(John Kenneth Galbraith, Gesellschaft im Überfluss, München/Zürich 1972, S. 163)

M 7c Konsumzwang durch Werbung?

Die einen verweisen auf die „Konsumhoheit" (Kunde als König), die anderen auf den „Konsumzwang" (Kunde als Sklave). Die einen vergleichen jeden Kauf mit einer Stimmabgabe
5 über die zur Wahl angebotenen Güter. Für sie ist die Werbung ein wesentliches Mittel der Information, mit dem der Markt überschaubar (transparent) wird, und der Markt der Ort, auf dem sich die Produzenten im
10 Leistungswettbewerb miteinander um die Gunst der Kunden bemühen. Für die anderen ist der Konsument abhängig von der Macht der nur auf Gewinn zielenden Produzenten, die mittels des raffinierten Einsatzes ihrer Werbemittel (geheime Verführer) den 15 Menschen manipulieren. Ein kritischer Zeitgenosse meint dazu: „Wir werden dazu gebracht, Geld, das wir nicht besitzen, für Dinge auszugeben, die wir nicht brauchen, um damit Leuten zu imponieren, die wir nicht 20 leiden können."

(Heinrich Fisch/Hans-Helmuth Knütter, Sozialwissenschaften Bd. 1., Oldenbourg, München 1980, S. 179)

Die Frage, wie Bedürfnisse entstehen, wird vor allem im Hinblick auf den Einfluss der Werbung immer wieder kontrovers diskutiert. Wie beurteilen Sie selbst das Problem? Versucht Werbung eher vorhandenen Bedarf zu decken (Bedarfsdeckung) oder neue Bedürfnisse zu wecken (Bedürfnisweckung), um entsprechende Produkte zu verkaufen? Information oder Manipulation durch Werbung? Setzen Sie sich mit den in M 6 wiedergegebenen Argumenten und Gegenargumenten auseinander und beziehen Sie dabei auch die Thesen M 7a–c mit ein.

▬▬ M 8 Güter

Nach der Klärung des Begriffes *Bedürfnis* ist zu untersuchen, was geeignet ist, Bedürfnisse zu befriedigen. Es wurde bereits festgestellt, dass Bedürfnisse grundsätzlich ein subjektiv empfundener Mangel sind. Ebenso gilt für die Bedürfnisbefriedigung, dass nur derjenige, der ein Bedürfnis empfindet, darüber befinden kann, was geeignet ist, diesem Bedürfnis abzuhelfen.

5 Alles, was subjektiv zur Befriedigung von Bedürfnissen dient bzw. dienen kann, bezeichnet man als Gut. Wie sich schon bei der Unterscheidung verschiedener Bedürfnisarten zeigte, können sich Bedürfnisse auf materielle und immaterielle Güter erstrecken. Materielle Güter bezeichnet man als *Sachgüter*, während man bei den immateriellen Gütern zwischen *Dienstleistungen* und *Rechten* unterscheidet.

10 Ein Sachgut ist beispielsweise ein Kühlschrank oder ein Jogurttopf; Haareschneiden, der Besuch eines Kinos oder der Abschluss einer Versicherung sind Dienstleistungen; das Recht, in einem See zu baden, ist ebenso ein Gut wie das Recht, Patente zu nutzen. „Güter" ist ein Oberbegriff, der Sachgüter, Dienstleistungen und Rechte zusammenfasst. Die immer wieder anzutreffende Formulierung „Güter und Dienstleistungen" ist daher genauso unlogisch und sachlich falsch,

15 als ob man sagte, es gibt Tiere und Pferde. Auch hier scheint eine unscharfe Übersetzung aus dem Englischen verantwortlich zu sein, da es dort *„goods and services"* heißt. Korrekt wäre „goods" in diesem Zusammenhang also mit „Waren" bzw. „Sachgütern" zu übersetzen. [...]

Ein Mangelempfinden bedeutet, dass von einem bestimmten Gut aus subjektiver Sicht zu wenig zur Verfügung steht. Die Knappheit des betreffenden Gutes ist dabei gleichfalls eine sub-

20 jektive bzw. relative Knappheit, die von einer anderen Person durchaus nicht in gleicher Weise empfunden werden mag. Wenn man daher von knappen Gütern spricht, so ist die Knappheit in der Regel nicht als absolute und objektive Knappheit zu verstehen. Knappheit kann verschiedene Ursachen haben:

– naturbedingt: Es sind nur begrenzte Naturvorkommen vorhanden (Öl, Erdgas, Kupfer);

25 – technisch bedingt: Die Nutzung ist nicht oder nicht unbegrenzt möglich. Das kann auch sein:

– wirtschaftlich bedingt: Die Nutzung oder Ausbeutung ist zu teuer (Meerwasserentsalzung als Trinkwasser);

– menschlich bedingt: Die
30 Nutzung ist begrenzt durch die physische Leistungsfähigkeit; hierzu zählt auch:

– politisch bedingt: Die
35 Nutzung wird untersagt oder begrenzt (Naturreservate).

In jedem Fall aber gilt als Knappheit eine Diskre-
40 panz zwischen verfügbaren und gewünschten Gütern (s. später M 9).

Wenn von knappen Gütern gesprochen wird, so
45 muss es auch Güter geben, die nicht knapp sind. Solche Güter bezeichnet ~~'s~~ freie Güter, doch zunehmendem ⋯erig, Beispiele ⋯den. Freie Gü-

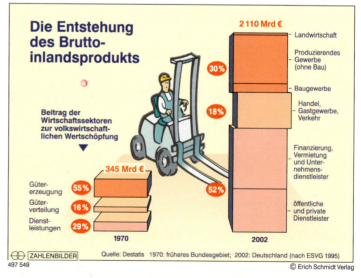

Die Entstehung des Bruttoinlandsprodukts

Beitrag der Wirtschaftssektoren zur volkswirtschaftlichen Wertschöpfung ▼

1970 — 345 Mrd €
Gütererzeugung 55%
Güterverteilung 16%
Dienstleistungen 29%

2002 — 2 110 Mrd €
30%
18%
52%

Landwirtschaft
Produzierendes Gewerbe (ohne Bau)
Baugewerbe
Handel, Gastgewerbe, Verkehr
Finanzierung, Vermietung und Unternehmensdienstleister
öffentliche und private Dienstleister

ZAHLENBILDER   Quelle: Destatis 1970: früheres Bundesgebiet; 2002: Deutschland (nach ESVG 1995)
497 549
© Erich Schmidt Verlag

Das Bruttoinlandsprodukt (BIP) gibt den Wert der in einem bestimmten Gebiet, dem Inland, produzierten Waren und Dienstleistungen an. Dabei spielt es keine Rolle, ob die Erwerbstätigen und die Kapitalgeber ihren ständigen Wohnsitz im Inland haben oder ob es sich um Ausländer handelt.

ter müssen zwei Bedingungen genügen:
Sie müssen in (subjektiv) *unbegrenzter*
Menge zur Verfügung stehen und ihre
55 Beschaffung darf *keine Mühe* bereiten.
Grundsätzlich könnte man die zum Leben notwendige Atemluft als „frei" bezeichnen, doch lässt sich andererseits argumentieren, dass Luft ein knappes Gut
60 ist, z.B. in Smog-gefährdeten Großstäd-
ten, in Bergwerken oder für Taucher. Ob
ein Gut knapp oder frei ist, hängt demnach von den jeweiligen Umständen ab.
Geht man einen Schritt zurück, so sind
65 alle Güter, die bei der Betrachtung der
Bedürfnis-Güter-Beziehung in Betracht
kommen, knappe Güter: Bedürfnisse
entstehen, weil ein Mangel empfunden
wird, was nichts anderes heißt, als dass
70 ein bestimmtes Gut subjektiv knapp ist.

(Jörn Altmann [= M 5], S. 25–27)

Von *freien Gütern* sprach man, wenn diese in
scheinbar unbegrenzter Menge zur freien Verfügung standen und dabei nichts kosteten. Als Beispiele galten die Luft und (mit Ausnahmen) das
Wasser. Weil diese und die Umwelt allgemein keinen Preis am Markt hatten, machten Gratisnutzer
von ihnen sorglos und ungehemmt Gebrauch. In einer Zeit, in der „Treibhauseffekt" und „Ozonloch"
zu den Tagesthemen gehören, wissen wir, dass saubere Luft und reines Wasser (s. M 9) einen hohen
Stellenwert besitzen und nicht zum Nulltarif zu haben sind. Folglich darf die Umwelt nicht mehr als
freies Gut angesehen, sie muss vielmehr wie ein
knappes Gut behandelt werden. Einer konsequen-
ten Umweltpolitik stellt sich die Aufgabe, für die
Nutzung der Umwelt durch die Wirtschaft Preise
festzulegen. Für Unternehmen, welche die Umwelt
in Anspruch nehmen und belasten, würden damit
Umweltkosten entstehen und diese wiederum verstärkte Anreize zu umweltschonenden Produktionsverfahren auslösen.

(Werner Heiring/Walter Lippens [= M 2], S. 18)

Eine weitere Gütereinteilung lässt sich nach dem Gesichtspunkt des *Verwendungszwecks* der
Güter vornehmen, und zwar in *Konsumgüter* (wie z.B. Kleidung, Nahrung) und *Produktionsgü-*
ter, auch Produktionsmittel genannt (wie z.B. Kupfererz, Brennstoffe, Maschinen). Konsumgüter dienen der unmittelbaren Befriedigung menschlicher Bedürfnisse, während Produkti-
75 onsgüter zur Produktion anderer Güter eingesetzt werden. Sie dienen daher mittelbar dem
Ziel der Bedürfnisbefriedigung. Produktionsgüter, die eine länger dauernde Nutzung ermöglichen (dauerhafte Produktionsgüter), werden als *Investitionsgüter* bezeichnet (z.B. Maschinen,
Fahrzeuge). Die Einteilung eines Gutes in Konsum- oder Produktionsgut wird nicht durch seine Eigenschaften bedingt, sondern ausschließlich durch seine Verwendung. Die Tiefkühltru-
80 he, die von einem privaten Haushalt ge-
nutzt wird, ist in dieser Verwendungs-
richtung ein Konsumgut; die gleiche
Tiefkühltruhe, die man in einem Unternehmen zu gewerblichen Zwecken ein-
85 setzt, ist ein Produktionsgut und wird
als solches z.B. vom Finanzamt steuerlich anders behandelt als das Konsumgut Tiefkühltruhe; d.h. es wird steuerlich gegenüber dem Konsumgut be-
90 günstigt.
Eine weitere wichtige Unterscheidung
ist die in Verbrauchsgüter und Gebrauchsgüter.
Verbrauchsgüter sind solche, die nur eine
95 einmalige Nutzung ermöglichen; sie
verwandeln sich bei ihrer Verwendung
oder werden vernichtet. Man bezeichnet
die Verbrauchsgüter auch als nicht dauerhafte Güter und zählt dazu z.B. alle
100 Dienstleistungen, Nahrungs- und Ge-
nussmittel, Brennstoffe u. a.

Sofern es sich um verschiedenartige Güter handelt,
bezeichnet man sie als *heterogene*, sind sie gleichartig, als *homogene* Güter. Heterogene Güter werden
oft unter einem Oberbegriff zusammengefasst (Äpfel und Kirschen als Obst; Kneifzangen und Sägen
als Werkzeug) und dadurch „homogenisiert".

Wenngleich viele Güter in keinem direkten oder indirekten Verhältnis zueinander stehen (z.B. Ta-
schenlampe und Schere), gibt es dennoch wichtige
Beziehungsstrukturen.
So spricht man im Allgemeinen von **Komple-**
mentärgütern, wenn sich die beiden Güter gegenseitig **ergänzen**, die Nutzung des einen Gutes also
ohne den Einsatz des anderen Gutes wenig sinnvoll
erscheint (z. B. PC und Monitor, Auto und Benzin,
Tinte und Füllfederhalter).
Sind hingegen beide Güter gegeneinander **aus-**
tauschbar, so bezeichnet man sie als **Substitutions-**
güter (z.B. Feuerzeug und Streichhölzer, Schreibmaschine und PC, Brille und Kontaktlinsen).

(Eberhard Boller/Dietmar Schuster, Praxisorientierte Volkswirtschaft, Merkur-Verlag, Rinteln 2001, S. 37)

Im Gegensatz zu den Verbrauchsgütern werden *Gebrauchsgüter* nicht durch einmalige Nutzung vernichtet, sondern sie ermöglichen eine mehr oder weniger lange Nutzung. Man nennt sie daher auch dauerhafte Güter. Sie geben während ihrer Lebensdauer, die sich durch ihre

105 Struktur bestimmt, eine Reihe von Nutzungen ab, die zeitlich durch Reparaturen verlängert werden können. Zu den Gebrauchsgütern werden die langlebigen Sachgüter des Konsums, wie z.B. Fernsehgeräte, Waschmaschinen, Möbel usw., sowie die dauerhaften Produktionsgüter, die nicht bei einem einmaligen Einsatz im Produktionsprozess untergehen (Investitionsgüter), gezählt.

(Horst Wagenblaß, Volkswirtschaftslehre, öffentliche Finanzen und Wirtschaftspolitik, C. F. Müller Verlag , 7. Aufl. Heidelberg 2001, S. 12f.)

▬▬ **M 9** Wasser – kein „freies" Gut

Für die meisten Menschen in den Industrieländern ist es selbstverständlich, dass sauberes Wasser aus dem Hahn kommt. Aber in den weniger reichen Ländern leben Schät-

5 zungen zufolge heute etwa 1,2 Milliarden Menschen ohne Zugang zu gesundheitlich unbedenklichem Wasser. Mehr als doppelt so viele leben ohne hinreichende Abwasserentsorgung, und in der ganzen Welt werden nur

10 5 Prozent der Abwässer gereinigt. Dadurch werden natürliche Vorräte an sauberem Wasser verschmutzt; das Angebot verringert sich immer weiter.

Für die Betroffenen bedeutet der Mangel an

15 sauberem Wasser ein ständiges Gesundheitsrisiko – 3 bis 4 Millionen Menschen sterben jedes Jahr durch verunreinigtes Wasser. Schätzungen zufolge müssten in der ganzen Welt jährlich 170 Milliarden Dollar in Wasserversorgung und Abwasserentsorgung in- 20 vestiert werden, um die Versorgung der Menschen mit der lebensnotwendigen Ressource* sicherzustellen. Zur Zeit sind es nur etwa 70 Milliarden Dollar – eine folgenschwere Finanzierungslücke. Denn der Wasserbedarf 25 steigt, weil die Bevölkerung in den Entwicklungsländern immer weiter wächst. Nach einer Projektion* der Vereinten Nationen werden im Jahr 2050 fast elf Milliarden Menschen auf der Erde leben, davon voraussicht- 30 lich ein Viertel in Ländern, in denen Süßwassermangel herrscht. Regionale Konflikte um Wasser gibt es schon heute, und das düstere Szenario von „Wasserkriegen" ist nicht mehr unwahrscheinlich. 35

(Frankfurter Allgemeine Zeitung v. 30.11.2001, S. 20; Verf.: Rolf Ackermann)

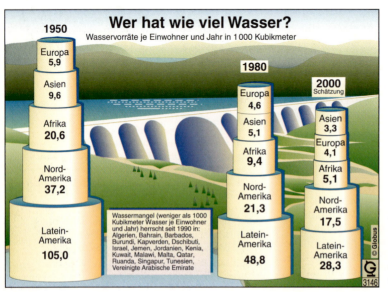

Wer hat wie viel Wasser?
Wasservorräte je Einwohner und Jahr in 1 000 Kubikmeter

1950
Europa 5,9
Asien 9,6
Afrika 20,6
Nord-Amerika 37,2
Lateinamerika 105,0

Wassermangel (weniger als 1000 Kubikmeter Wasser je Einwohner und Jahr) herrscht seit 1990 in: Algerien, Bahrain, Barbados, Burundi, Kapverden, Dschibuti, Israel, Jemen, Jordanien, Kenia, Kuwait, Malawi, Malta, Qatar, Ruanda, Singapur, Tunesien, Vereinigte Arabische Emirate

1980
Europa 4,6
Asien 5,1
Afrika 9,4
Nord-Amerika 21,3
Lateinamerika 48,8

2000 Schätzung
Asien 3,3
Europa 4,1
Afrika 5,1
Nord-Amerika 17,5
Lateinamerika 28,3

© Globus 3146

Experten rechnen in folgenden Regionen mit politischen Konflikten um Trinkwasserreserven: *Rio San Juan* (Nicaragua, Costa Rica), *Titicacasee* (Peru, Bolivien), *Nil* (Ägypten, Sudan, Äthiopien), *Jordan* (Israel, Jordanien, Syrien, Libanon), *Euphrat und Tigris* (Türkei, Syrien, Irak), *Aralsee*-Zuflüsse Amu Darja und Syr Darja (Kasachstan, Kirgisistan, Tadschikistan, Turkmenistan, Usbekistan), *Ganges* (Indien, Bangladesch), *Mekong* (China, Laos, Thailand, Kambodscha, Vietnam).

1. Fertigen Sie zu den begrifflichen Unterscheidungen (in M 8) eine Übersicht (Tafelschema) an, die von dem Oberbegriff „Güter" ausgeht. Inwiefern wendet sich der Autor so entschieden gegen die häufig zu hörende Formulierung „Güter und Dienstleistungen"?

2. Vergleichen Sie dazu auch das Schaubild zum Bruttoinlandsprodukt. Wie hat sich der Anteil der Dienstleistungen von 1970 bis 2000 verändert? Wie erklären Sie sich diese Entwicklung?

3. Ein kleiner Junge sammelt weggeworfene, leere und zerbeulte Konservendosen. Sind diese Dosen Güter?

4. Erläutern Sie den Unterschied zwischen „knappen" und „freien" Gütern. Inwiefern ist es schwer geworden, für „freie" Güter überhaupt Beispiele zu finden (vgl. Kasten S. 17)?

5. Wie ist es zu erklären, dass es möglicherweise in manchen Weltregionen zu politischen Konflikten um die Versorgung mit Wasser kommt (M 9)?

M 10 Die Bedeutung „öffentlicher" Güter

Eine für die Wirtschaftspolitik bedeutsame Unterscheidung ist die zwischen privaten und öffentlichen Gütern. *Private Güter* sind solche, für die ein Markt existiert und für die der Interessent einen (Geld-)Preis bezahlen muss. Wer dies nicht will oder kann, wird von der Nutzung des Gutes ausgeschlossen. Für *öffentliche Güter* kann oder soll dieses Ausschlussprinzip nicht
⁵ durchgesetzt werden: Für die Straßenbeleuchtung wird der „normale" Nutzer in der Regel nicht bereit sein, freiwillig etwas zu bezahlen (*„Trittbrettfahrer"*). Wenn andererseits die Möglichkeit der
¹⁰ Zahlungserzwingung fehlt, wird sich auch kein privater Anbieter für dieses Gut finden. Es gibt nur sehr wenig überzeugende Beispiele für solche spezifischen öffentlichen Güter wie z.B. die öf-
¹⁵ fentliche Sicherheit. Sie sind somit nur indirekt über Zwangsabgaben (Steuern) finanzierbar und können daher nur vom Staat angeboten werden.
Daneben gibt es öffentliche Güter, die so-
²⁰ wohl staatlich als auch privat angeboten werden (können), da bei ihnen das Ausschlussprinzip funktioniert und sie somit auch direkt über Benutzergebühren finanzierbar sind, wie z. B. die Müllab-
²⁵ fuhr, Schulen und Autobahnen. Aus gesellschaftlichen Gründen sollen aber bestimmte Güter der ganzen Bevölkerung zur Verfügung stehen. Daher werden sie teils vom Staat selbst, teils von staatlich
³⁰ subventionierten* privaten Anbietern entweder umsonst oder zu nicht kostendeckenden Preisen angeboten, sodass sich der Staat durch dieses günstige Güterangebot ein Verdienst (englisch: *„me-*
³⁵ *rit"*) erwirbt. Solche Güter wie z.B. Schulen, Kindergärten, Museen, öffentliche

Herkömmlicherweise sind öffentliche Güter vor allem die Güter der öffentlichen Ordnung, der inneren und äußeren Sicherheit, aber in moderner Gesellschaft zunehmend auch Güter der ökonomisch-sozialen Infrastruktur wie Verkehrs- und Kommunikationswege, Versorgungsnetze, saubere Luft u.a. Über die Erstellung dieser Güter muss politisch verbindlich entschieden werden, weil hier der Markt versagt. In komplexen Gesellschaften hat die Zahl solcher Güter offensichtlich zugenommen, aber man kann in Grenzfällen auch darüber streiten, ob ein Gut als öffentliches oder über den Markt angeboten werden soll (z. B. im Bereich der kommunalen Versorgungs- und Entsorgungseinrichtungen).

(Bernhard Sutor/Joachim Detjen, Politik – Ein Studienbuch zur politischen Bildung, Schöningh, Paderborn 2001, S. 271)

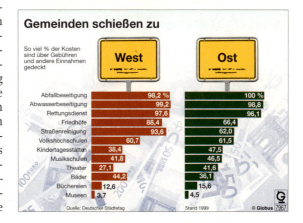

Gemeinden schießen zu

So viel % der Kosten sind über Gebühren und andere Einnahmen gedeckt

	West	Ost
Abfallbeseitigung	98,2 %	100 %
Abwasserbeseitigung	99,2	98,8
Rettungsdienst	97,6	96,1
Friedhöfe	88,4	66,4
Straßenreinigung	93,6	62,0
Volkshochschulen	60,7	61,5
Kindertagesstätten	38,4	47,5
Musikschulen	41,8	46,5
Theater	27,1	41,6
Bäder	44,2	36,1
Büchereien	12,6	15,6
Museen	3,7	4,5

Quelle: Deutscher Städtetag · Stand 1999 · © Globus 7967

Verkehrsmittel, Sozialwohnungen oder Hochschulen, die quasi „unter Preis" angeboten werden, bezeichnet man daher als *meritorische* öffentliche Güter. Ob hierzu auch das Fernsehen
oder der Rundfunk zu zählen ist, ist allerdings weniger eine ökonomische als eine politische
40 Frage. Die Abbildung (S. 19) gibt einige Kostendeckungsgrade kommunal angebotener öffentlicher Güter wieder.
Der Staat als Güteranbieter trägt jedoch im Gegensatz zum (nicht subventionierten) privaten
Anbieter kein betriebswirtschaftliches Unternehmensrisiko, da eventuelle Verluste aus dem
Staatshaushalt gedeckt werden. Daher stellt sich häufig die Frage, ob bestimmte öffentliche
45 Güter nicht privat kostengünstiger bzw. effizienter angeboten werden könnten. Auch dies ist
eine politische Entscheidung.
(Jörn Altmann [= M 5], S. 27f.)

*Für das Verständnis der Wirtschaft ist neben der Unterscheidung zwischen Konsum- und Produkti-
ons(Investitions)gütern vor allem die zwischen privaten und öffentlichen Gütern von Bedeutung. Erklären Sie dazu die Bedeutung des „Ausschlussprinzips". Warum werden solche Güter, bei denen es
funktioniert, vom Staat angeboten? Kennen Sie Beispiele (z.B. im kommunalen Bereich) für den politischen Streit um die „Privatisierung" bisher öffentlicher Dienstleistungen?*

M 11   Welche Güter nimmt Hans-Jürgen Klein in Anspruch?

Der **Wecker** summte, das eingebaute Radio fing an zu spielen. Eigentlich war die Nacht ja kurz
gewesen – für den bevorstehenden Tag viel zu kurz. Daran änderte auch die Musik des **Radio-
weckers** nichts. Aber es half nichts, Hans-Jürgen Klein musste aus den Federn, denn schließlich wollte er seinen neuen **Arbeitsplatz**, den er nach langem Suchen endlich gefunden hatte,
5 nicht gleich am ersten Tag wieder verlieren. [...]
Der Blick in den **Kühlschrank** ließ Hans-Jürgen stocken. Glaubte er noch vor wenigen Minuten, bei **Kaffee** und **Zeitung** ausgiebig frühstücken zu können, sah er nun, dass der Kühlschrank zwar nicht ganz und gar leer, aber doch nur mit den allernotwendigsten **Lebensmitteln** bestückt war. Es wurde also dringend Zeit, die Vorräte wieder aufzufrischen. Aber davon
10 hatte er jetzt auch nichts. Hauptsache, das **Geld** stimmt am Monatsende, dachte sich Hans-
Jürgen, als er endlich die Tür seines kleinen **Zimmers** hinter sich zuzog und an den **Bus** rann-
te. Sein kleiner **Wagen** stand in der **Garage**, es hatte gar keinen Zweck, mit dem Auto in die
Stadt zu fahren, denn die Suche nach einem **Parkplatz** dauerte oft mehr als eine halbe Stunde.
Besonders morgens wurden Bus und **U-Bahn** von sehr vielen Personen benutzt, die wahr-
15 scheinlich alle so dachten wie er.
Auch die im Sommer geplante **Urlaubsreise** wollte Hans-Jürgen Klein entweder mit der **Bahn**
oder per **Flugzeug** antreten. Schließlich wollte er sich ja erholen und nicht abgearbeiteter
zurückkommen, als er vor Antritt der Reise war.
Dann kam der Bus, und Hans-Jürgen fuhr zur Arbeit. Es lief an diesem ersten Tag auch alles
20 ganz gut, aber trotzdem war es ziemlich anstrengend. Bevor er abends wieder nach Hause fuhr,
besorgte er sich deshalb beim Einkaufen auch gleich ein paar Flaschen **Bier**. Ein Feierabend
ohne Bier und **Fernsehen** war für ihn nicht vorstellbar. Ab und zu lud er seine Freundin zum
Essen ein, aber heute war Hans-Jürgen froh, als der Fernsehkrimi um Viertel nach acht anfing
und er um zehn Uhr ins **Bett** gehen konnte. Wer weiß, was morgen alles auf ihn wartete!
(Roland Lötzerich/Peter Schneider/Manfred Zindel, Unterrichtshilfen Wirtschaft, Winklers Gebrüder Grimm, Darmstadt
1996, S. 317)

1. *Bestimmen Sie, welcher Art die Güter sind, mit denen Hans-Jürgen Klein (M 11) an einem
    normalen Tag in Berührung kommt.*

2. *Ordnen Sie den im Folgenden aufgeführten Arten von Gütern (1–6) jeweils konkrete Beispiele
    aus der aufgeführten „Gütersammlung" zu.*

Einteilung der Güter	Arten der Güter
1) nach der Knappheit	a) freie Güter b) wirtschaftliche Güter
2) nach dem Zeitraum der Nutzung	a) Gebrauchsgüter b) Verbrauchsgüter
3) nach der Bedeutung für den Produktionsprozess	a) Investitionsgüter b) Konsumgüter
4) nach der Vergleichbarkeit	a) homogene Güter b) heterogene Güter
5) nach der Bereitstellung	a) private Güter b) öffentliche Güter
6) nach der Art	a) Sachgut b) Dienstleistung c) Recht

Sie können die Beispiele der folgenden „Gütersammlung" entnehmen (einige Güter sind mehrfach verwendbar): Gummibärchen, Atemluft (unter normalen Bedingungen), Bleistifte, Gold, Radio, Grünanlagen, Einfamilienhaus, Waschmaschine im privaten Haushalt oder in einer Wäscherei, Schulgebäude, Brot, Aktien eines Unternehmens, Taxi, Eintrittskarte zum Konzert, privater Pkw, Beratung durch einen Rechtsanwalt bei Nachbarschaftsstreit oder bei Unternehmensgründung, Obst: Apfelsinen, Pflaumen, Unterricht eines Lehrers, Hausbesuch eines Arztes, städtische Müllabfuhr, PC (zur Nutzung für Computerspiele oder im Büro einer Firma), Regenwasser zum Begießen des Gemüsegartens, Patent zur Herstellung eines Haushaltsgeräts, Mittagessen in der Kantine einer Firma.
Lösungsbeispiel für Bleistifte: 1b, 2b, 3b (bei privater Nutzung; in einem Architektenbüro: 3a), 4a, 5a, 6a

M 12 Alltagssprache und Fachsprache – Arten von Definitionen (Begriffsbildung)

Grundsätzlich können für die wissenschaftliche Forschung mehrere Arten von Sprachen herangezogen werden. In den Sozialwissenschaften finden – sieht man von der Verwendung der Symbolsprache der Mathematik, vor allem in der Ökonomie, ab – sowohl die Alltagssprache der jeweiligen Sprachgemeinschaft als auch die Fachsprache Verwendung.
Der Vorteil der Alltagssprache besteht darin, dass sie jeder, der sich mit dem Fach beschäftigen will, versteht; man braucht also keine neue Sprache zu erlernen.

Die Soziologie beginnt mit Begriffen. Begriffe schlüsseln die Realität auf. Sie sind Instrumente, Lupen oder Fernrohre, mit denen man genauer oder weiter als mit bloßem Auge, als man mit alltäglichen, nicht bewusst definierten und gebrauchten Begriffen sehen kann. Das Nachdenken über Begriffe ist keineswegs steril; es führt dazu, Rangordnungen und Überschneidungen, Verweisungen und Widersprüche zwischen Begriffen zu erkennen, und kann vor ihrer gedankenlosen Anwendung schützen.

(Heiner Meulemann, Soziologie von Anfang an, Westdeutscher Verlag, Wiesbaden 2001, S. 22)

Der Nachteil der Alltagssprache liegt in ihrer mangelnden Genauigkeit; viele ihrer Begriffe sind nicht genügend präzisiert, ihr Vorstellungsinhalt ist vage und bei verschiedenen Personen verschieden. Solche Begriffe bedürften vor der Verwendung als wissenschaftliche Sprache der Explikation*, das heißt der systematischen sprachlichen Präzisierung.

Durch die Explikation von immer weiteren Begriffen entwickelt sich im Laufe der Zeit eine Fachsprache, die sich deutlich von der Alltagssprache unterscheidet und daher erlernt werden muss; sie ist im Allgemeinen sehr leicht an der großen Zahl von Fremdwörtern zu erkennen. Deren Verwendung hat den Vorteil, dass ihre Explikation nicht durch ihre schillernde Alltagsbedeutung erschwert wird. Dem Nachteil der Notwendigkeit, die Fachsprache zu erlernen, steht ihre größere Genauigkeit und die geringere Verwechslungsgefahr gegenüber.

(Autorentext)

Begriff und Gegenstand. Ein Begriff ist ein mit einem bestimmten Wort (bzw. einer Wortkombination) bezeichneter Vorstellungsinhalt Der Begriff ist also – was selbstverständlich klingen mag – niemals identisch mit den Phänomenen, auf die sein Vorstellungsinhalt sich bezieht. Deshalb lässt sich aus einem bloßen Begriff auch keine Aussage über die Wirklichkeit ableiten. [...] Die Begriffsanalyse kann höchstens deutlich machen, was für Phänomene oder Sachverhalte wir meinen, wenn wir das betreffende Wort benutzen. Begriffe bilden die Phänomene der Wirklichkeit auch nicht etwa in einem quasi fotografisch genauen Sinne ab. Wir ordnen die Erfahrungswelt durch unsere Begriffe, aber diese Ordnung entspricht nicht unbedingt einer objektiven Wirklichkeitsstruktur. [...]

Definition von Begriffen. Eine Definition ist die Angabe des in einem Begriff gedachten Inhalts, also die beschreibende Aufzählung des durch ein bestimmtes Wort gekennzeichneten Vorstellungsinhalts. Das Wort mit seinem zunächst nur unscharf gedachten Vorstellungsinhalt ist dabei das Definiendum*, die beschreibende Aufzählung der Elemente dieses Vorstellungsinhalts das Definiens*. Die im Definiens benutzten Begriffe bedürfen u.U. ihrerseits der Definition, sodass „Definitionsketten" entstehen.

In der Umgangssprache gibt es zahlreiche Worte, die uns zwar „ein Begriff" sind, die wir verstehen und ohne größere Missverständnisse hervorzurufen anwenden können, für die wir aber nur mit Mühe eine präzise Definition geben könnten. Das liegt u.a. an der Art, wie umgangssprachliche Begriffe gelernt werden, nämlich selten durch explizite Definition und oft durch Schließen aus dem Zusammenhang bzw. durch Bildung von Assoziationen* zwischen einem Wort und einem von anderen Personen damit bezeichneten Gegenstand. Nun ist jedoch gerade die mit undefinierten Begriffen arbeitende Umgangssprache die hauptsächliche Quelle sozialwissenschaftlicher Begriffe. Damit diese Begriffe die Forschung leiten, Thesen überprüfbar und Ergebnisse mitteilbar machen können, ist es oft notwendig, sie in ihrem Inhalt durch eine explizite Definition

Die klassische Form der Begriffsdefinition fügt der Angabe eines Oberbegriffs (einer Gattung) ein unterscheidendes Merkmal (eine spezifische Differenz) hinzu. Beispiel: Der Mensch ist ein sprachbegabtes Lebewesen. Er gehört also der Kategorie Lebewesen an, von denen es auch andere gibt (Oberbegriff), von denen er sich aber dadurch unterscheidet, dass er Sprache hat. Auf diese Weise lassen sich ganze Begriffspyramiden bauen. Worin liegt in dem Beispiel aus der Zoologie die jeweilige Differenz?

präzise zu umreißen. Dass dieser Forderung selten Genüge getan wird, ändert nichts an ihrer Bedeutung. Nur bei hinreichend übereinstimmend benutzten umgangssprachlichen Begriffen mag sich eine explizite Definition erübrigen. Definitionen sind darüber hinaus erforderlich, wenn Neologismen – bewusste Neubildungen von Begriffen – eingeführt oder Begriffe aus Fremdsprachen oder anderen Fachsprachen übernommen werden.

(Renate Mayntz/Kurt Holm/Peter Hübner, Einführung in die Methoden der empirischen Soziologie, Westdeutscher Verlag, Opladen [4]1974, S. 9ff.)

1. Erklären Sie, warum es in den Wissenschaften (in den Sozialwissenschaften eher weniger als z.B in der Medizin) nicht ohne den Gebrauch einer Fachsprache geht.

2. In den bisherigen Materialien hielt sich die Zahl fachsprachlicher Begriffe sicherlich noch in Grenzen. Inwiefern haben alltagssprachliche Begriffe wie z.B. „frei", „privat", „öffentlich", „wirtschaftlich" durch ihre Verbindung mit dem Begriff „Güter" etwas von ihrer „schillernden Alltagsbedeutung" verloren?

3. Wie sehr haben Sie z.B. die Begriffe „Primär-/Sekundärbedürfnisse", „homogene/heterogene Güter", „Konsum-/Investitionsgüter" als fachsprachlich empfunden?

4. „Wir ordnen die Erfahrungswelt durch unsere Begriffe, aber diese Ordnung entspricht nicht unbedingt einer objektiven Wirklichkeitsstruktur". Versuchen Sie diese Aussage am Beispiel der Kategorisierung der verschiedenen Güterarten näher zu erläutern.

5. „Zu den Existenzbedürfnissen sollen all die Bedürfnisse gezählt werden, die aus dem menschlichen Selbsterhaltungstrieb entstehen" (M 2, Kasten). Verdeutlichen Sie an dieser Begriffsbestimmung die Merkmale von Definitionen (Oberbegriff – spezifische Differenz, Definiendum – Definiens). Bilden Sie eine „Begriffspyramide" (s. Kasten) vom Begriff „Mountainbike" zum Begriff „Sachgut".

M 13 Sind Güter immer knapp?

M 13a „Wir leben nicht im Schlaraffenland"

Paul Hey, Schlaraffenland

(Foto: AKG, Berlin)

Wir leben nicht im Schlaraffenland. Die Mittel zur Daseinssicherung – Nahrung, Kleidung, Wohnung, gesundheitliche und kulturelle Dienste und Güter – stehen nicht unbegrenzt zur Verfügung. Sie müssen erarbeitet werden. Sie sind knapp, und deshalb nennen wir sie wirtschaftliche Güter. Sie haben ihren Preis im Unterschied zu freien Gütern. Aber solche gibt es
5 in unserer Welt kaum noch. Es gibt kein unbewohntes Land mehr, das sich Menschen einfach aneignen könnten. Selbst Wasser und Luft, die früher als typische freie Güter galten, haben heute ihren Preis.

Wieso, so könnte man einwenden, sind wirtschaftliche Güter knapp? Unsere Supermärkte quellen doch über von Waren, die man uns geradezu aufdrängt. **Knappheit** darf man nicht mit
10 Seltenheit verwechseln. Faule Eier sind selten, aber nicht knapp. Knappheit ist ein Verhältnisbegriff. Sie meint die Diskrepanz zwischen unseren Bedürfnissen und den Mitteln zu ihrer Befriedigung. Auch Waren, die bei uns in Fülle angeboten werden, sind knapp, haben ihren Preis. Wenn heute eine Autofirma den Preis für einen ihrer bekannten Wagentypen um die Hälfte reduzieren würde, wäre morgen der Markt leer gefegt, und wahrscheinlich würde ein
15 sekundärer Markt mit wieder steigenden Preisen entstehen. Knapp sind auch unsere Arbeitszeit und Arbeitskraft und die Stoffe, aus denen wir etwas herstellen. Wir müssen ständig entscheiden, wofür wir sie verwenden wollen (Verwendungskonkurrenz).

(Bernhard Sutor/Joachim Detjen, Politik – Ein Studienbuch zur politischen Bildung, Schöningh, Paderborn 2001, S. 262)

Das entscheidende Kriterium für die Knappheit ist nicht die Tatsache, dass die zur Verfügung stehenden Mittel begrenzt sind, sondern, dass sie im Vergleich zum Umfang der Bedürfnisse
20 zu gering sind. Knappheit ist also stets ein relativer Begriff: Naturkatastrophen sind selten, aber nicht knapp. [...]

Daraus folgt, dass der Knappheitsgrad eines bestimmten Gutes keine objektive und schon gar keine irgendwie naturgegebene Eigenschaft dieses Gutes ist; er verändert sich mit der Zahl der Menschen in einer bestimmten Region, mit ihren Produktionstechnologien und Lebensge-
25 wohnheiten. Insbesondere kann die Knappheit eines produzierten Gutes von seinen Produzenten oder von den Zwischenhändlern gezielt verschärft werden, um einen höheren Preis zu erzielen: Man denke etwa an Erdöl und Benzin.

Dennoch wäre es falsch, daraus generell zu schließen, dass die Knappheit an sich einfach durch entsprechende Produktionsentscheidungen überwunden werden könnte. Nehmen wir
30 zum Beispiel an, in einer Volkswirtschaft würde so viel Brot hergestellt, dass die Brotnachfrage der Bevölkerung auch dann befriedigt werden könnte, wenn man das Brot an alle kostenlos abgibt. Damit könnte man zwar das Brot selbst zu einem freien Gut machen; aber das ist nur auf Kosten der Bereitstellung anderer Güter möglich: Bei der Produktion des Brotes werden nämlich Ressourcen* (Arbeit, Energie, Ackerboden etc.) verbraucht, die auch für andere, mit
35 der Brotversorgung konkurrierende Zwecke benötigt werden. Das heißt, letztlich hätte man das Problem der Knappheit nur verschoben.

(Uta Gruber/Michaela Kleber, Grundlagen der Volkswirtschaftslehre, Vahlen, München 2000, S. 4)

▬▬ M 13b „Die Wünsche werden nicht geringer"

Für das Vorliegen der Güterknappheit ist es nicht erforderlich, dass die Bedürfnisse der Menschen unendlich groß, gleichsam unersättlich sind. Es genügt, wenn ihre Wünsche
5 generell die verfügbaren Mittel übersteigen. Diese Feststellung schließt weder aus, dass trotz steigender Kaufkraft (= Entwicklung der Einkommen im Verhältnis zu der der Güterpreise) einige Güter nicht vermehrt nachge-
10 fragt werden (partielle Sättigung), noch, dass

Güter nicht in dem Umfang Käufer finden, wie es sich die Anbieter vorgestellt haben (partielle Überproduktion). Der Test der Hypothese*, nach der die Menge der begehrten
15 Güter die der verfügbaren übersteigt, kann zwar nicht in der Form eines naturwissenschaftlichen Experiments erfolgen. Aber es spricht manches dafür, in der Wirtschaftswissenschaft die generelle Knappheit als fundamentalen Sachverhalt anzusehen. Eine Befra-
20

gung aller Konsumenten hinsichtlich ihrer Wünsche würde sicherlich zum Ergebnis führen, dass die Bedürfnisse weiter über das vorhandene Angebot an Gütern hinausge-
25 hen. Auch spezielle Einkommens- und Preissituationen können diese Feststellung nicht einschränken, da nach empirisch* bisher nicht widerlegter Hypothese die Wünsche der Menschen mit steigendem Wohlstand keineswegs geringer werden. Man kann sich
30 in der Realität – weltweit noch weniger als in wirtschaftlich hoch entwickelten Ländern – keinen Zustand vorstellen, in dem die Knappheit generell verschwindet.

(Artur Woll, Allgemeine Volkswirtschaftslehre, Vahlen, München 1996, S. 51)

1. *Erläutern Sie, warum „Knappheit" ein relativer Begriff ist (M 13a), warum der Knappheitsgrad eines Gutes zwar keine naturgegebene Tatsache, Knappheit aber wohl doch nicht zu überwinden ist.*

2. *„Ohne das Phänomen der Güterknappheit wäre wirtschaftliches Handeln überflüssig." Erläutern Sie, wie man nach dieser Aussage wirtschaftliches Handeln (Wirtschaften) definieren könnte.*

3. *Gelegentlich wird der Vorschlag gemacht, das Knappheitsproblem von der Bedürfnisseite her zu lösen, indem man bestimmten Bedürfnissen, die man für „falsch" oder deren Befriedigung man für schädlich hält (vgl. dazu M 4a/b), die Anerkennung versagt und ihre Befriedigung verhindert. Nehmen Sie Stellung zu diesem Vorschlag. Auf welche Schwierigkeiten würde seine Umsetzung stoßen?*

4. *In M 13b wird darauf hingewiesen, dass mit wachsenden Produktionsmöglichkeiten im Allgemeinen auch die Bedürfnisse steigen. Erläutern und erörtern Sie diese Aussage, indem Sie sie auf die Entwicklung der Güterproduktion im Bereich der neuen Medien (Informations- und Kommunikationstechnologien) beziehen.*

M 14 Wie lassen sich Nutzen und Wert der Güter bestimmen? Der „Grenznutzen" nimmt ab

Wir sind wie selbstverständlich davon ausgegangen, dass der Marktpreis die Wertschätzung eines Gutes durch die Nachfrager widerspiegelt. In gewissem Sinne ist das auch richtig. Niemand würde ja zum Beispiel einen teuren Sportwagen vom Kaliber eines Ferrari kaufen, wenn ihm dieser das Geld nicht auch wert wäre. Und falls uns die Vollkornbrötchen beim Bäcker
5 um die Ecke zu teuer erscheinen, dann kaufen wir sie eben woanders, oder wir essen stattdessen normales Brot. Zumindest unter Wettbewerbsbedingungen kann man also scheinbar tatsächlich die Wertschätzung eines Gutes an seinem Marktpreis ablesen.
Aber so einfach liegen die Dinge auch hier wieder einmal nicht. Schließlich kann sich nicht jeder einen Ferrari überhaupt leisten. Heißt das aber, dass er für den Armen einen geringeren
10 Wert hat als für den Reichen? Und was die Brötchen betrifft, so würden wir wahrscheinlich fast jeden Preis dafür bezahlen, wenn wir sonst verhungern müssten. Was also ist der wirkliche Wert dieser Dinge? Ist ihr Marktpreis nicht nur ein Zufallsprodukt aus der jeweiligen Konstellation von Angebot und Nachfrage?
Jahrhundertelang haben sich die Ökonomen den Kopf über dieses Problem zerbrochen. Im
15 Mittelalter unterschied man zwischen dem Gebrauchswert und dem Tauschwert eines Gutes. Der Gebrauchswert sollte dabei so etwas wie den tatsächlichen Nutzen bezeichnen, während der Tauschwert dem Marktpreis entsprach. Normalerweise sollten sie einigermaßen übereinstimmen. Niemand würde ja viel Geld für nutzlose Dinge bezahlen. Aber es gab wichtige Ausnahmen von dieser Regel.
20 Eine dieser Ausnahmen war das so genannte klassische Wertparadoxon. Adam Smith (s. M 58) wunderte sich darüber, dass der Preis des lebensnotwendigen Wassers gering war, während Diamanten zu viel höheren Preisen gehandelt wurden. Wie ließ sich diese Beobachtung mit

den Gebrauchswerten der beiden Güter vereinbaren? Wenn es zutraf, dass Diamanten im Gegensatz zum Wasser eigentlich zu nichts wirklich nutze waren, dann hätte ein Kilo Diamanten ei-
25 gentlich viel billiger sein müssen als ein Kilo Wasser. So ist es aber schon damals nicht gewesen.
Die Klassiker behalfen sich damit, Diamanten und Edelmetalle als Seltenheitsgüter zu definieren, für die besondere Gesetze gelten sollten. Das war aber eher eine Verlegenheitslösung, welche die eigentliche Frage nicht beantwortete. Zu klären blieb nämlich, wieso diese seltenen
Güter überhaupt nachgefragt wurden, und das auch noch zu manchmal Schwindel erregen-
30 den Preisen.

Die wirkliche Auflösung des klassischen Wertparadoxons gelang erst den Neoklassikern*,
nämlich mit der Entwicklung der so genannten subjektiven Wertlehre. Die entscheidende Idee
zur Lösung des Rätsels von Wert und Preis hatte der preußisches Jurist und Volkswirtschaftler
Hermann Heinrich *Gossen* (1810 – 1858). Die erste zentrale Überlegung von Gossen war, dass
35 der Nutzen eines Gutes für den Menschen keine absolute Größe ist. Er hängt vielmehr davon
ab, wie viele Einheiten man von dem betreffenden Gut schon hat. Beispielsweise ist der erste
Liter Wasser pro Tag von unschätzbarem Wert, weil wir damit unseren Durst löschen können.
Wer mehr als einen Liter Wasser zur Verfügung hat, wird es dagegen nacheinander für immer weniger dringliche Bedürfnisse einsetzen. Er wird sich damit waschen, es zum Kochen
40 und Putzen verwenden und schließlich vielleicht sogar zum reinen Vergnügen in den Swim-
mingpool einleiten.

Nun kann es aber am Markt nur einen einheitlichen Preis für einen Liter Wasser geben, egal
zu welchem Zweck das Wasser verwendet wird. Nach Gossen wird dieser Preis stets dem Wert
der letzten Verwendung entsprechen, die wir gerade noch für sinnvoll erachten. Wäre der
45 Preis nämlich höher, so würden wir auf diese Verwendung verzichten, also beispielsweise
eben nicht schwimmen gehen. Wäre der Preis dagegen niedriger, so würden wir das Wasser
für noch weniger wichtige Dinge ver-
wenden, etwa um damit einen Zierteich
anzulegen. Heute sagt man, dass der
50 Preis des Wassers letztlich seinem
Grenznutzen entsprechen wird. Offenbar wird der Grenznutzen des Wassers
immer mehr sinken, je mehr Wasser
wir zur Verfügung haben. Das ist das
55 erste **Gossen'sche Gesetz.**

(Ulrich van Suntum, Die unsichtbare Hand – Ökonomisches Denken gestern und heute, Springer-Verlag,
Berlin/Heidelberg 2. Aufl. 2001, S. 31 – 33)

> „Die Größe eines und desselben Genusses nimmt,
> wenn wir mit der Bereitung des Genusses ununter-
> brochen fortfahren, fortwährend ab, bis zuletzt Sätti-
> gung eintritt." (H. H. Gossen) Dieses „erste Gos-
> sen'sche Gesetz" nennt man auch das „Gesetz vom
> abnehmenden Grenznutzen": Jede zusätzliche Ein-
> heit eines Gutes stiftet einen geringeren Grenznut-
> zen als die vorhergehende. Damit sinkt mit zuneh-
> mendem Konsum eines Gutes dessen Grenznutzen.
>
> (Autorentext)

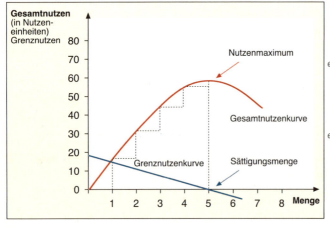

Die grafische Darstellung
macht die Verläufe von Gesamtnutzen und Grenznutzen
anschaulich. Die Kurve des
60 Gesamtnutzens (U) steigt mit
zunehmender Konsummenge
degressiv an, erreicht bei einer
bestimmten Menge ihr Maxi-
mum und fällt dann mögli-
65 cherweise wieder ab. Der Nutzenzuwachs je Gütereinheit

(Eberhard Boller/Dietmar Schuster, Praxisorientierte Volkswirtschaft, Merkur-
Verlag, Rinteln 2001, S. 37)

(Grenznutzen) nimmt mit zunehmender Menge ab. Entsprechend weist die Kurve des
70 Grenznutzens (U') einen fallenden Verlauf auf. Bei der Gütermenge, bei der der Gesamtnutzen maximal ist, ist der Grenznutzen gleich null.

(Hans Jürgen Albers u. a., Volkswirtschaftslehre, Verlag Europa-Lehrmittel, Haan-Gruiten 2000, S. 76)

(Zeichnung: Freimut Wössner/CCC, www.c5.net)

1. *Erläutern Sie das Problem, über das sich „Ökonomen jahrhundertelang den Kopf zerbrochen"
   haben, und verdeutlichen Sie das von dem großen klassischen Wirtschaftstheoretiker Adam
   Smith (s. M 58, S. 99) beschriebene „Wertparadoxon" (Paradoxon = unerklärlich erscheinender
   Widerspruch).*

2. *Erläutern Sie – ausgehend von dem Satz, „dass der Nutzen eines Gutes für den Menschen keine
   absolute Größe ist" (Z. 35) – den Erklärungsansatz der „subjektiven Wertlehre". Was besagt das
   „Gesetz vom abnehmenden Grenznutzen"?*

3. *Überlegen Sie: Inwiefern spielt der Hinweis auf eine Sättigungsgrenze (bei der Versorgung der
   Bürger mit einem bestimmten Gut) auch betriebswirtschaftlich (für die Überlegungen einzelner
   Unternehmen) und volkswirtschaftlich (für die Wachstumsentwicklung einer gesamten Volkswirtschaft) eine wichtige Rolle?*

4. *Auf welche Aspekte des Textes nimmt die Karikatur Bezug? Was will sie zum Ausdruck bringen?*

2. Produktion, Produktionsfaktoren und ökonomisches Prinzip

➤ *Was gehört zum Bereich der Produktion und welche Produktionsfaktoren lassen sich unterscheiden? (M 15 – M 17)*
➤ *Worin besteht das „ökonomische Prinzip", an dem sich alles Wirtschaften ausrichtet? Wodurch entstehen „Opportunitätskosten"? (M 18 – M 22)*
➤ *Ist ökonomisches Handeln immer rational? Entspricht es dem Modell des „homo oeconomicus"? (M 24 – M 25)*

▬▬ **M 15** **Produktion als volkswirtschaftlicher Begriff – die Bedeutung der Produktionsfaktoren**

Mit der Überwindung der Güterknappheit als dem zentralen Erklärungsproblem des Wirtschaftens wird unsere Betrachtung des ökonomischen Handelns vom Konsum auf die Produktion gelenkt. Der weitaus größte Teil der Konsumgüter kommt in der Natur nicht vor. Die Menschen sind darauf angewiesen, aus dem, was die Natur anbietet (den Ressourcen*), ge-
5 brauchs- und verbrauchsfähige Güter zu produzieren und sie zu einem gewünschten Zeitpunkt an einem bestimmten Ort bereitzustellen. Unter Produktion versteht der Wirtschaftswissenschaftler daher alle Transformationsvorgänge, in denen Güter in sachlicher, räumlicher und zeitlicher Hinsicht eine volle Konsumreife erhalten.

(Heinrich Fisch/Hans-Helmuth Knütter, Sozialwissenschaften Bd. 1, Oldenbourg, München 1980, S. 109f.)

Im volkswirtschaftlichen Sinne versteht man unter Produktion sämtliche „Handlungen, mit
10 deren Hilfe Sachgüter gewonnen, umgeformt und bearbeitet, ferner von einem Ort zum anderen befördert, zeitlich aufbewahrt und denjenigen zugeführt werden, die bereit sind, sie zu bezahlen."
Im Gegensatz zum allgemeinen Sprachgebrauch also, der üblicherweise den Begriff mit dem technischen Herstellungsprozess gleichsetzt, umfasst der Begriff Produktion oder Güterpro-
15 duktion für den Wirtschaftswissenschaftler mehrere Funktionen:

- die so genannte Urproduktion (durch Landwirtschaft, Forstwirtschaft und Bergbau),
- die Weiterverarbeitung (durch Industrie und Handwerk),
- den Gütertransport
- und schließlich den Handel.

20 Die Einbeziehung von Transport und Handel mag vielleicht das gewohnte Vorstellungsbild von der Produktion etwas durcheinander bringen. Bei näherer Betrachtung hingegen wird man unschwer erkennen, dass beide Wirtschaftszweige produktive Leistungen erbringen. Denn was zum Beispiel wären für unsere Bedürfnisbefriedigung die feinsten Bananen aus Brasilien wert, wenn man sie nicht z.B. über Seewege von Südamerika in die Bundesrepublik
25 transportierte? Und wozu wären jene Bananen nütze, wenn sie in einem Hafenschuppen verfaulten, anstatt über den Groß- und Einzelhandel dem Verbraucher angeboten zu werden?
Gewiss – die produktiven Leistungen eines Bergwerks (= Urproduktion), eines Hüttenunternehmens (= Weiterverarbeitung), einer Schiffsreederei (= Transport) und einer Elektrogroßhandlung (= Handel) weisen starke Unterscheidungsmerkmale auf. Gehen wir noch ei-
30 nen Schritt weiter und vergleichen wir den Produktionsprozess auf einem Bauernhof mit dem einer Automobilfabrik, die Leistung eines Hotels mit der eines Chemiefaser-Werks, dann werden uns auch die vielfältigen Erscheinungsformen allein im Bereich der Produktion deutlich offenbar. Volkswirtschaftlich betrachtet ordnen sie sich freilich sämtlich ein und demselben Zweck unter: der ökonomisch-technischen Bereitstellung von Gütern oder Dienstleistungen
35 zur Befriedigung menschlicher Bedürfnisse!
Verfolgen wir die komplizierten Kräfte, die in der Produktion wirksam werden, und die unzähligen Roh- und Hilfsstoffe, die zur Verarbeitung gelangen, bis in ihre Ursprünge zurück, kommen wir zu einer überraschenden Einsicht. Die schier unüberschaubare Vielfalt entspringt im Grunde nur drei Quellen, den sog. **Produktionsfaktoren**.

(Heiring/Lippens [= M 2], S. 36f.)

40 Unter den Produktionsfaktor **Arbeit** fällt jede manuelle und geistige Tätigkeit mit dem Ziel der Erwirtschaftung von Einkommen. Die gesamte Arbeitsleistung, die einer Volkswirtschaft zur Verfügung steht, ergibt das Arbeitsvermögen oder Humankapital.* [...]

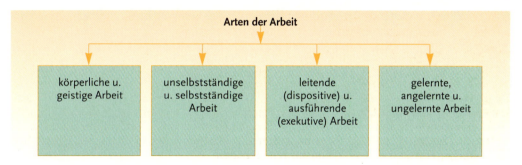

(Horst Wagenblaß, Volkswirtschaftslehre, öffentliche Finanzen und Wirtschaftspolitik, C. F. Müller Verlag, Heidelberg, 7. Auflage 2001, S. 19)

Zum Produktionsfaktor **natürliche Ressourcen*** gehört zunächst der *Boden*, auf dem Gebäude stehen beziehungsweise der von der Land- und Forstwirtschaft genutzt wird. Des Weiteren fal-
45 len darunter Bodenschätze sowie andere natürliche Gegebenheiten wie Gewässer oder natürliche Hilfsquellen. So bildet das Klima im Mittelmeerraum die entscheidende Voraussetzung für Urlaubsreisen und damit für die Produktion von Tourismusdienstleistungen. In neuerer Zeit subsumiert man unter den Boden auch die *Umwelt,* denn Luft und Wasser sind ebenfalls für die Produktion erforderlich. Die lange Zeit erfolgte Vernachlässigung der Umwelt ist da-
50 rauf zurückzuführen, dass vor allem Luft und Wasser kostenlos genutzt werden konnten, die Umwelt also keinen Preis hatte. Diese Auffassung hat sich angesichts der immer drängender werdenden Umweltprobleme inzwischen geändert. Der Produktionsfaktor natürliche Ressourcen kann daher mit *Natur* umschrieben werden. Da dieser Faktor ebenso wie die menschliche Arbeitskraft natürlicherweise vorhanden ist, spricht man von originären Produktionsfaktoren.
55 Der Produktionsfaktor **Kapital** ist hingegen ein derivativer (abgeleiteter) Produktionsfaktor. Sein Bestand (Kapitalstock) muss erst hergestellt werden. In ihm sind, wie bereits erwähnt, sämtliche dauerhaften Produktionsgüter der Volkswirtschaft enthalten. Hierzu zählen Gebäude, Maschinen, Werkzeuge, Fuhrpark sowie Lagerbestände. Eine Erhöhung des Kapitals geschieht durch die Anschaffung neuer Maschinen usw. Die Zunahme des Kapitalstocks inner-
60 halb einer Zeitperiode nennt man Nettoinvestitionen. [...] Besonders hinzuweisen ist an dieser Stelle noch auf die Behandlung des Geldes: Geld ist kein Produktionsfaktor; erst wenn es zum Kauf einer Maschine verwendet wird, berührt dies das Kapital. Deshalb spricht man beim Produktionsfaktor Kapital häufig vom *Sachkapital* oder *Realkapital.*

Die bisherige Erörterung der Produkti-
65 onsfaktoren bezog sich lediglich auf deren quantitative Dimension. Die Berücksichtigung der qualitativen Elemente der Produktionsfaktoren erfolgt durch den *technischen und organisatori-*
70 *schen Fortschritt.* Darin sind die Geschicklichkeit und das Ausbildungsniveau der Arbeitskräfte ebenso enthalten wie die Qualität der Böden, die Organisationsformen in den Unternehmen
75 oder der technische Stand des Maschinenparks. Empirische Untersuchungen kommen zu dem Ergebnis, dass die Produktionsentwicklung der Volkswirtschaft, also das Wirtschaftswachstum,

„Quatsch nicht! Das war immer so!" (Zeichnung: Jupp Wolter)

80 primär auf den technischen und organisatorischen Fortschritt zurückzuführen ist. Gerade für rohstoffarme Industrienationen ist diese Erkenntnis von großer Tragweite. Diese Länder müssen ihre Anstrengungen vorrangig auf eine weitere Verbesserung des Bildungsniveaus der Bevölkerung sowie auf Innovationen und damit mehr Know-how richten.

(Gerhard Mussel, Basis-Know-How Volkswirtschaft, Campus, Frankfurt a. M. 2000, S. 24–28)

▬▬ M 16 Kapitalbildung geschieht durch Sparen − Arten von Investitionen

Die Kapitalbildung geschieht durch *Sparen* (Konsumverzicht) und *Investieren* (produktive Anlage des Gesparten). Das Geldkapital selbst in seiner volkswirtschaftlichen Bedeu-
5 tung lässt sich als Geld zur Finanzierung von Investitionen definieren. In der Betriebswirtschaft, also bezogen auf das einzelne Unternehmen, wird der Begriff Kapital unterteilt, und zwar in Eigen- und Fremdkapital.
10 Veranschaulichen wir den Ablauf an einem Beispiel: Tausende und Abertausende Sparer − kleine, mittlere, große − zahlen regelmäßig Geld auf ihr Sparkonto bei der Bank ein. Die Bank hortet das Geld nun nicht in ihren Tre-
15 soren, sondern leiht es als Kredit an ein Automobilunternehmen aus. Dieses Unternehmen kauft dafür Maschinen, die den Produktionsgang vereinfachen und verbilligen.
In diesem Zusammenhang werden Investi-
20 tionen nach ihren verschiedenen Zielsetzungen unterschieden:

(Heiring/Lippens [= M 2], S. 59)

– *Bruttoinvestitionen:* Gesamtbetrag aller Investitionen, die in einer Periode durchgeführt werden.
25 – *Nettoinvestitionen:* Bruttoinvestitionen nach Abzug der Ersatzinvestitionen (Abschrei-

bungen). Der volkswirtschaftliche Kapitalstock erhöht sich innerhalb einer Periode um den Betrag der in diesem Zeitraum getätigten Nettoinvestitionen. 30
– *Anlageinvestitionen:* Investitionen in Ausrüstungen (Fabrikhallen, Maschinen etc.) und Bauten (Wohnungsbau, gewerblicher Bau, öffentlicher Bau).
– *Vorratsinvestitionen:* Halten von Lagerbe- 35 ständen an Roh-, Hilfs- und Betriebsstoffen sowie an fertigen und halbfertigen Erzeugnissen.
– *Ersatzinvestitionen:* Ersatz ökonomisch und technisch verbrauchter Maschinen und An- 40 lagen durch neue.
– *Erweiterungsinvestitionen:* Investitionen, die die Produktionskapazität eines Unternehmens erweitern.
– *Rationalisierungsinvestitionen:* Investitionen, 45 die Kosten einsparen bzw. die Produktivität eines Unternehmens erhöhen.

Ersatz-, Erweiterungs- und Rationalisierungsinvestitionen lassen sich selten genau trennen. Meistens sind mit neuen Ausrüstungs- 50 gegenständen alle drei Effekte verbunden.

(Ulrich Fritsch/Karl Knappe, Wirtschaft auf einen Blick, Bank-Verlag, Köln 2000, S. 100f.)

1. *Verdeutlichen Sie den in M 15 beschriebenen umfassenden Begriff Produktion. Inwiefern umfasst er auch die Bereiche Transport und Handel?*

2. *Versuchen Sie den Begriff Produktionsfaktor ins Deutsche zu übersetzen (die beiden zugrunde liegenden lateinischen Wörter dürften Ihnen vertraut sein).*

3. *Den Faktor Kapital bezeichnet man auch mit dem Begriff „produzierte Produktionsmittel". Erläutern Sie diese Begriffsbestimmung.*

4. *Auf welches (gesellschaftliche) Verhältnis zwischen den Produktionsfaktoren Kapitel und Arbeit will die Karikatur (S. 29) hinweisen? Halten Sie die Darstellung für korrekt?*

5. *Ein etwas weit hergeholtes (aber vielleicht gerade deshalb der Klärung dienliches) Beispiel: Gehört die Suche eines Rauschmittelspürhundes zum Produktionsfaktor Arbeit oder zum Faktor Kapital? Beachten Sie bei der Erörterung dieser Frage genau die Definitionen in M 15.*

6. *Der Text lässt offen, ob der technische und organisatorische Fortschritt ein eigener, vierter Produktionsfaktor oder eher ein Bestandteil der übrigen drei Faktoren ist. Nennen Sie konkrete Beispiele dafür, dass und wie technischer Fortschritt auf die drei „klassischen" Produktionsfaktoren einwirken kann. Verdeutlichen Sie das Zusammenspiel aller drei (oder vier) Produktionsfaktoren am Beispiel der Produktion eines Autos.*

7. *Erklären Sie den Zusammenhang zwischen Kapitalbildung, Sparen und Investieren (M 16).*

8. *Da Investitionen für die Entwicklung einer Volkswirtschaft von zentraler Bedeutung sind, sollten Sie sich mit den verschiedenen Arten von Investitionen vertraut machen (M 16).*

M 17 Was bedeutet „Nachhaltigkeit" bei der Nutzung des Produktionsfaktors Natur?

Das Konzept der **Nachhaltigkeit** ist in vielen Zusammenhängen zu einem zentralen Begriff geworden. Bekannt geworden ist der Begriff in der entwicklungspolitischen Diskussi-
5 on, wo man seit dem sog. Brundtland-Bericht der Vereinten Nationen (Bericht der Weltkommission für Umwelt und Entwicklung, 1987) vom Ziel des *sustainable development* spricht. Damit meint man sich selbst tragen-
10 de Entwicklungsprozesse, die zum einen keiner permanenten Unterstützung bzw. Eingriffe von außen bedürfen, zum anderen die Bedürfnisse der Gegenwart befriedigen, ohne zu riskieren, dass künftige Generationen ihre
15 Bedürfnisse nicht befriedigen können. [...]
Ursprünglich ist das Konzept der Nachhaltigkeit forstwirtschaftlichen Ursprungs und beschreibt das Prinzip, dass z.B. zur Erhaltung von Waldbeständen nicht mehr Bäume ge-
20 fällt werden dürfen als nachwachsen. Auf die allgemeine Umweltproblematik übertragen bedeutet Nachhaltigkeit daher, dass die Nutzung der Umwelt so erfolgen soll, dass entstehende Eingriffe oder Belastungen im Zeit-
25 ablauf kompensiert werden, dass beispielsweise sich Vorräte oder Bestände regenerieren oder Schadstoffe abgebaut werden. Langfristig soll also der status quo der Umwelt erhalten – bzw. verbessert – werden.

(Jörn Altmann, Umweltpolitik, Lucius & Lucius, Stuttgart 1997, S. 122)

Grundanliegen einer nachhaltigen Entwick- 30 lung ist es, zukünftige Generationen bei der Versorgung mit natürlichen Ressourcen*, vor allem bei der Umweltqualität, nicht schlechter zu stellen als die gegenwärtige Generation. Im ökonomischen Sprachgebrauch be- 35 deutet dies, dass der „natürliche Kapitalstock" konstant bleibt. Der Verwirklichung dieses Anliegens sollen insbesondere vier Verhaltensregeln dienen:

● Erneuerbare Ressourcen dürfen nur im 40 Umfang ihrer Regenerationsfähigkeit genutzt werden; d. h., es darf nur so viel abgebaut werden, wie wieder nachwächst.

● Die Nutzung nicht erneuerbarer Ressourcen soll möglichst sparsam sein. Ihr Abbau 45 ist nur erlaubt, wenn erkennbar ist, dass späteren Generationen Alternativen zur Verfügung stehen.

● Neue Techniken für alternative Energien, Rohstoffe usw. sowie für eine stärkere Nut- 50 zung erneuerbarer Ressourcen müssen entwickelt werden.

● Die Emissionen in Luft, Wasser und Boden sowie die Deponierung von Abfällen dürfen die Aufnahmefähigkeit der Natur nicht 55 überschreiten.

(Hans Jürgen Albers u. a., Volkswirtschaftslehre, Verlag Europa-Lehrmittel, Haan-Gruiten 2000, S. 461)

1. *Erläutern Sie, was „Nachhaltigkeit" in der Forstwirtschaft, in der Entwicklungspolitik und in der Ökonomie bedeutet. Worin liegt die „Zukunftsorientierung" dieses Prinzips?*

2. *Nennen Sie zu den „vier Verhaltensregeln" jeweils konkrete Beispiele. Welche Regeln sind Ihrer Meinung nach leichter, welche schwerer einzuhalten?*

▬ **M 18** Das ökonomische Prinzip – Wirtschaften heißt Wählen

Das ökonomische Prinzip (auch **Rationalprinzip** genannt) ist ein zentraler Aspekt des Wirtschaftens. Um einen übergreifenden Begriff für natürliche und für juristische* Personen zu haben, die beide Gegenstand ökonomischer Betrachtung sind, ist es üblich, (etwas gestelzt) von *Wirtschaftssubjekten* zu sprechen. *Wirtschaften* kann somit definiert werden als das rationa-
5 le Handeln eines Wirtschaftssubjekts, um knappe Güter mit (unbegrenzten) Bedürfnissen in Einklang zu bringen. Dies setzt voraus, dass der wirtschaftende Mensch eine *Wahl* zwischen verschiedenen Möglichkeiten zu treffen hat, wie die vorhandenen knappen Güter (Mittel) eingesetzt werden sollten. Diese Wahl muss eine *rationale* Wahl sein, d.h. sie muss planvoll (im Gegensatz zu zufällig) erfolgen (Axiom*). Man sagt daher auch verkürzt: „Wirtschaften heißt
10 Wählen". Sofern ein Wirtschaftssubjekt nur so viele Güter zur Verfügung hat, wie zur Sicherung seines physischen Existenzminimums erforderlich sind, hat das Wirtschaftssubjekt gar keine Wahlmöglichkeit, die knappen Güter für alternative Bedürfnisse einzusetzen. Wirtschaften bedeutet daher im engeren Sinne Beschaffung und Verwendung eines *Überschusses* über das reine Existenzminimum. Wie dieses Existenzminimum zu definieren wäre, soll hier nicht
15 betrachtet werden, da es ein Beispiel dafür ist, dass ein häufig verwendeter Begriff je nach Bedarf, Absicht oder Annahmen mit verschiedenen Inhalten gefüllt werden kann.

Wirtschaften kann – methodisch gesehen – auf zweierlei Weise folgen. Hierzu zwei Beispiele:

1. Der Student A eignet sich für eine Prüfung gerade so viel Wissen an, dass er den Mindestanforderungen zu entsprechen glaubt.
20 2. Der Student B lernt bis zur physischen und geistigen Erschöpfung, um ein bestmögliches Prüfungsergebnis zu erzielen (dies kann für ihn durchaus nur mit einer „Vier" enden).

Die Vorgehensweise des Studenten A bezeichnet man als **Minimalprinzip**. Es bedeutet, ein genau bestimmtes Ziel (Ergebnis) mit möglichst geringem Mitteleinsatz zu erreichen. Hingegen verfolgt Student B das **Maximalprinzip**, welches besagt, mit den verfügbaren (gegebenen) Mit-
25 teln das bestmögliche Ergebnis zu erzielen. *Jede andere Auslegung des Rationalprinzips ist falsch.* Insbesondere falsch ist die Koppelung von Minimal- und Maximalprinzip, die jedoch sehr häufig vertre-
30 ten wird: mit geringstem Mitteleinsatz das bestmögliche Ergebnis zu erzielen. Dies entspricht bildhaft dem Versuch, gleichzeitig links und rechts um einen Baum herumlaufen zu wollen. Daher sei
35 betont, dass jeder sich rational verhaltende Mensch sich grundsätzlich nur nach dem Minimal- *oder* dem Maximalprinzip verhalten kann: Man kann z. B. nicht gleichzeitig Weltrekord laufen und dabei
40 seinen Kalorienverbrauch minimieren wollen. Für jegliche Entscheidungssituation, also nicht nur für wirtschaftliche Entscheidungen im engeren Sinne, gilt, dass man nicht gleichzeitig den Mittel-
45 einsatz (Input) minimieren und das Ergebnis (Output) maximieren kann.

Wir können nunmehr zusammenfassen: Die Aussage *„Wirtschaften heißt Wählen"* macht deutlich, dass zum Wirt-

Eine Erläuterung des ökonomischen Prinzips in seinen beiden Formen (Minimal- und Maximalprinzip) hat man für die Angehörigen der Bundesverwaltung sehr präzise in den „Verwaltungsvorschriften zur Bundeshaushaltsordnung" – Vorl VV-BHO – zu § 7 wie folgt formuliert:

Grundsatz der Wirtschaftlichkeit

Nach dem Grundsatz der Wirtschaftlichkeit ist die günstigste Relation zwischen dem verfolgten Zweck und den einzusetzenden Mitteln (Ressourcen) anzustreben. Der Grundsatz der Wirtschaftlichkeit umfasst das Sparsamkeits- und das Ergiebigkeitsprinzip. Das Sparsamkeitsprinzip (Minimalprinzip) verlangt, ein bestimmtes Ergebnis mit möglichst geringem Mitteleinsatz zu erzielen. Das Ergiebigkeitsprinzip (Maximalprinzip) verlangt, mit einem bestimmten Mitteleinsatz das bestmögliche Ergebnis zu erzielen. Bei der Ausführung des Haushaltsplans, der in aller Regel die Aufgaben (Ergebnis, Ziele) bereits formuliert, steht der Grundsatz der Wirtschaftlichkeit in seiner Ausprägung als Sparsamkeitsprinzip im Vordergrund.

(Horst Wagenblaß, Volkswirtschaftslehre, öffentliche Finanzen und Wirtschaftspolitik, C. F. Müller Verlag, Heidelberg 2001, S. 7)

50 schaften der Verzicht auf andere Handlungs- und Entscheidungsmöglichkeiten gehört; [...]. Wirtschaften bedeutet jede rationale Handlung, mit der knappe Güter einer Vielfalt von
55 Bedürfnissen zugeordnet werden.

(Jörn Altmann [= M 5], S. 42f.)

Abb.: Rationalprinzip

	Mitteleinsatz	Ergebnis
Minimalprinzip	minimieren	konstant
Maximalprinzip	konstant	maximieren

■ M 19 Minimal- oder Maximalprinzip?

Beispiel 1: Der Unternehmer Hennis will mit den in seinem Zinkwalzwerk vorgegebenen Produktionsfaktoren ein möglichst hohes Produktionsergebnis erreichen, z.B. im Monat möglichst viele Meter Dachrinnen erzeugen. Er muss also seine Arbeitnehmer und die Maschinen optimal einsetzen, um eine möglichst hohe Produktion zu erreichen und seinen Gewinn zu
5 optimieren.

Beispiel 2: Der Unternehmer Hennis soll für eine internationale Baumarktkette monatlich 250 000 Meter Regenfallrohre und 120 000 Meter Abdeckschienen für Flachdächer liefern. Sein Bestreben ist es, den Aufwand für diese ihm vorgegebene Produktionsmenge so gering wie möglich zu halten und damit seinen Gewinn zu optimieren.

10 **Beispiel 3:** Sandy hat zum Geburtstag von ihrem Patenonkel 50,– € geschenkt bekommen und will so viele CDs mit Popmusik wie möglich für ihre nächste Party kaufen.

Beispiel 4: Sandy versucht einen CD-Player zu kaufen. Sie vergleicht die Preise in vielen Fachgeschäften und Supermärkten und nutzt dazu möglichst Sonderangebote.

Beispiel 5: Anlässlich eines Kindergeburtstages beabsichtigt eine Mutter für 15,– € Getränke
15 einzukaufen. Sie vergleicht die Preise mehrerer Lebensmittelgeschäfte in der näheren Umgebung.

Beispiel 6: Der Rat der Stadt Hannover hat beschlossen, im Schulzentrum eine weitere Sporthalle errichten zu lassen. Vor Vergabe der anfallenden Erdarbeiten holt das städtische Bauamt verschiedene Angebote von Spezialfirmen ein.

(Beispiele 1–4 aus: Heinz-Hermann Dewenter u.a., Politik gestalten Bd. 2, Schroedel, Hannover 1998, S. 188; Beispiele 5 und 6: Autorentext)

1. *Mit M 18 nähern wir uns (nach der vorangehenden Erarbeitung einiger Grundbegriffe und Grundbedingungen) dem Wirtschaftsprozess selbst. Analysieren Sie genau, wie der Autor zu der „verkürzten" Aussage kommt: „Wirtschaften heißt Wählen". Welche Rolle spielt dabei der Grundsatz (Axiom*) der Rationalität des rationalen Handelns von „Wirtschaftssubjekten"?*

2. *Erläutern Sie die Bedeutung des Minimal- und des Maximalprinzips (als der beiden Aspekte des ökonomischen Prinzips). Warum lassen sich beide Prinzipien nicht koppeln?*

3. *Ordnen Sie die in M 19 aufgeführten Beispiele a) den beiden Prinzipien und b) den Bereichen Haushalte, Unternehmen, Staat zu.*

■ M 20 Jede Wahl ist auch Verzicht

Auch knappe Güter, die kein Geld kosten, haben ihren Preis. Angenommen, ein Opernliebhaber müsse sich zwischen zwei Opern entscheiden, die im Fernsehen in verschiedenen Kanälen gleichzeitig gesendet werden (von der Möglichkeit der Video-Aufzeichnung sei abgesehen). Die Entscheidung für die eine Oper „kostet" den Verzicht auf die andere.
5 Dies gilt auch für in Geld ausgedrückte Preise. Kauft man ein bestimmtes Gut, verzichtet man darauf, dieses Geld für andere Verwendungszwecke auszugeben. Daher spricht man auch von *Verzichtskosten* oder Opportunitätskosten, das heißt frei übersetzt: „Kosten der verpassten Ge-

(Ökonomisches Institut der Univ. Oldenburg)

legenheiten". Ein finanzielles Beispiel: Die Investition* von ₁₀ Kapital in einer Anlage mit einer Rendite* von 8 % statt in einer alternativen Anlage mit einer Rendite von 10 % bedeutet Opportunitätskosten von 2 Pro- ₁₅ zentpunkten. [...] Die Tatsache, dass man auf etwas anderes verzichten muss, um ein bestimmtes Gut zu erhalten, macht dieses Gut zum knappen Gut. Allein die Tatsache, dass man Ar- ₂₀ beit bzw. Mühe aufwenden muss, um ein bestimmtes Gut zu erhalten, erfüllt diese Bedingung.

Ist eine der beiden Bedingungen nicht erfüllt (unbegrenzte Menge, keine Kosten – im gerade erläuterten Sinn – bei der Beschaffung), handelt es sich um knappe Güter, und nur diese sind ₂₅ Gegenstand des Wirtschaftens. (Jörn Altmann [= M 5], S. 27)

„Also du kannst wählen: entweder ein Baby oder ein neuer Mittelklassewagen ..."
(Zeichnung: Walter Hanel)

M 22 Die Opportunitätskosten des Studiums

Betrachten wir z.B. die Entscheidung für oder gegen das Studium. Der Nutzen besteht in der intellektuellen Bereicherung und in lebenslangen besseren Anstellungsmöglichkei- ₅ ten. Aber worin bestehen die Kosten? Um diese Frage zu beantworten, könnte man versucht sein, alle geldlichen Kosten des Studiums zu addieren. Aber diese Summe zeigt nicht wirklich, worauf man für ein Studien- ₁₀ jahr verzichtet.

Die erste Schwierigkeit einer Antwort besteht darin, dass in der Summe Dinge enthalten sind, die keine wirklichen Studienkosten sind. Auch ohne Studium hat man Aufwen- ₁₅ dungen für Unterkunft und Verpflegung. Zu veranschlagen sind nur die studiumsspezifischen Unterschiede in diesen Posten. Ein

zweites Problem bei der Zusammenrechnung der Kosten besteht darin, dass sie den größten Kostenfaktor des Studiums gar nicht ₂₀ enthält – die Zeit. Wenn man ein Jahr damit verbringt, Vorlesungen zu hören, Lehrbücher zu lesen und Hausarbeiten zu schreiben, kann man diese Zeit nicht für eine Berufsarbeit verwenden. Für die meisten Studenten ₂₅ besteht der größte Einzelposten der Kosten des Studiums in dem mit der Bildung verknüpften Lohnverzicht.

Die **Opportunitätskosten** einer Gütereinheit bestehen in dem, was man aufgibt, um die ₃₀ Einheit zu erlangen. Bei jedweder Entscheidung sollten sich die Entscheidungsträger der Opportunitätskosten bewusst sein, die jede mögliche Aktion begleiten. In der Regel haben

35 Entscheidungsträger dieses Problembewusstsein. Spitzensportler im Studienalter, die bei Aufgabe des Studiums Millionen verdienen könnten, haben eine sehr klare Vorstellung über die Opportunitätskosten eines Studiums.

Es ist nicht weiter verwunderlich, dass sie oft 40 zu dem Ergebnis kommen, der Nutzen eines Studiums lohne die Kosten nicht.

(Gregory Mankiw, Grundzüge der Volkswirtschaftslehre, Schäffer-Poeschel, Stuttgart 1998, S. 6)

▬ M 23a Um welche ökonomischen Begriffe geht es hier?

- Jemand kauft seinen Wochenbedarf an Lebensmitteln im Supermarkt ein, erwirbt ein Fahrrad oder bucht eine Urlaubsreise.
- Einem Arbeitnehmer wird eine höher bezahlte Stellung angeboten, die allerdings mit einem größeren Arbeitsplatzrisiko oder einem Ortswechsel verbunden ist.
- 5 Ein Sparer hat die Wahl, eine Lebensversicherung oder einen Sparvertrag abzuschließen, Wertpapiere zu kaufen (welche?), das Geld an einen Bekannten auszuleihen oder es auf sein Sparkonto einzuzahlen.
- Der Inhaber einer Kfz-Werkstätte überlegt sich, ob er seinen Betrieb vergrößern soll und wie diese Vergrößerung zu finanzieren ist.
- 10 Ein Maschinenproduzent entscheidet darüber, welches Verfahren er für die Herstellung eines bestimmten Maschinentyps anwenden will.
- Ein Gemeinderat steht vor der Frage, ob mit den begrenzten Haushaltsmitteln mehr Straßen oder mehr Schulen und Kindergärten gebaut werden sollen.

(Gruber/Kleber [= M 13a], S. 3)

▬ M 23b

Der wirtschaftende Mensch (Zusammenfassende Übersicht)

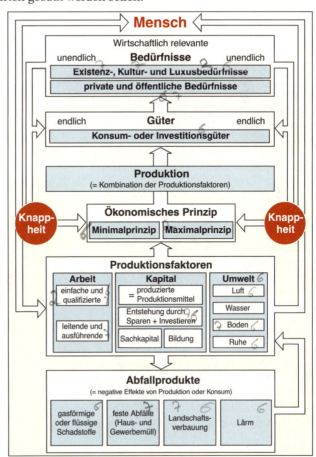

(Aus: Bernhard Keller, Soziale Marktwirtschaft, © Verlag Moritz Diesterweg, Frankfurt/Main 1995, S. 13)

1. „*Wirtschaften heißt wählen*" hieß es in M 18, „*jede Wahl heißt auch Verzicht*". *Verdeutlichen Sie diesen Grundsatz anhand der Erläuterung des Begriffs „Opportunitätskosten" (von lat. opportunus – günstig gelegen, geeignet). Wie schätzen Sie für sich selbst die Opportunitätskosten eines Studiums ein (M 20, M 22)?*

2. *Nennen Sie weitere Beispiele für die Relevanz des Opportunitätskosten-Prinzips bei Produktions- und bei Konsumentscheidungen. Handelt es sich bei der Karikatur M 21 nur um einen Scherz?*

3. *Erläutern Sie die in M 23a aufgeführten wirtschaftlichen Vorgänge mit den in diesem Abschnitt erarbeiteten ökonomischen Begriffen (Arten von Bedürfnissen und Gütern, Produktionsfaktoren, Knappheit, Opportunitätskosten).*

4. *Anhand der Übersicht M 23b können Sie Ihr Verständnis des bisher dargestellten Zusammenhangs wichtiger wirtschaftlicher Grundbegriffe noch einmal überprüfen.*

Methode S

▎ **M 24** Der „homo oeconomicus" ist ein „Idealtyp"

Der Darstellung des ökonomischen Prinzips (M 18 – M 22) liegt das Modell eines ausschließlich „wirtschaftlich" denkenden Menschen, eines „homo oeconomicus" zugrunde, dessen Hauptmerkmale seine Fähigkeit zu uneingeschränktem *rationalen Verhalten* und sein Bestreben sind, den eigenen *Nutzen zu maximieren*. Dieses Modell liegt weitgehend den Analysen der klassischen Wirtschaftstheorie zugrunde, wird aber in jüngerer Zeit kritisiert, weil es das wirtschaftliche Verhalten (z. B. das Verhalten von Konsumenten) nicht realistisch genug beschreibe und andere (als rationale) Handlungsmotive zu wenig berücksichtige.
Dabei muss allerdings bedacht werden, dass der „homo oeconomicus" wohl weder als feststehendes Menschenbild noch etwa als Ideal zu verstehen ist, sondern als ein *gedanklich konstruiertes Modell*, das dazu dienen soll, bestimmte wirtschaftliche Verhaltensweisen und insbesondere Entscheidungssituationen (Kauf, Verkauf, Produktion, Konsum) zu erklären. Die beiden „Modelleigenschaften" – Rationalität und Eigeninteresse – sind also nicht unabhängig von den jeweiligen Situationen zu verstehen; sie wollen das Wesen des Menschen nicht vollständig und nicht für immer beschreiben. Der große deutsche Soziologe Max Weber (1864 – 1920) hat für solche gedanklichen Konstrukte als Instrumente zur Analyse der Realität den Begriff „*Idealtypus*" geprägt (charakterisiert „durch einseitige Steigerung eines oder einiger Gesichtspunkte und durch Zusammenschluss einer Fülle von Einzelerscheinungen, die sich jenen einseitig herausgehobenen Gesichtspunkten fügen, zu einem in sich einheitlichen Gedankengebilde"). Mit Idealtypus ist also keineswegs ein Ideal (im wertenden Sinne des Vorbildhaften, Wünschenswerten) gemeint; der Begriff ist vom griechischen Wort idéa (= Form, Gestalt, Vorstellung) abgeleitet und weist darauf hin, dass es sich hier nicht um einen real existierenden Gegenstand handelt, sondern um eine gedankliche Konstruktion, um eine typische „Gestalt", in der wesentliche Züge realer Einzelgegenstände hervorgehoben, unwesentliche vernachlässigt werden. Durch die Ermittlung des Maßes der Annäherung einer geschichtlich-soziokulturellen Erscheinung bzw. eines konkreten Falles an den Idealtyp können die mannigfaltigen Phänomene geordnet und verstanden werden. Die folgenden Materialien (M 25a–c) geben Gelegenheit, sich mit dem Verständnis des homo oeconomicus-Modells und mit der Kritik daran näher auseinander zu setzen.

(Autorentext)

■ M 25 Rationalität als Prinzip ökonomischen Verhaltens – Zur Kritik am Modell des „homo oeconomicus"

■ M 25a Was Rationalität bedeutet

Die „ökonomische Verhaltenstheorie" unterstellt den Individuen nicht nur Eigennutz als zentrales Handlungsmotiv, sondern auch Rationalität. Rationalität meint, dass Individuen
5 prinzipiell in der Lage sind, entsprechend ihrem relativen Vorteil zu handeln. Dies impliziert die Fähigkeit der Individuen, ihren Handlungsspielraum abzuschätzen, im Lichte ihrer jeweiligen Ziele zu bewerten und
10 dann diejenige Variante auszuwählen, die eine möglichst „kostengünstige" Zielerreichung ermöglicht. Rationalität ist kein Ziel, sondern sie ist ein Mittel zur „kostengünstigen" Erreichung eines Zieles, wobei der
15 Kostenbegriff keineswegs auf pekuniäre Dimensionen zu beschränken ist und gleichermaßen zeitliche, physische, psychische und soziale Dimensionen umfassen kann. Welche Kostendimensionen relevant sind, bestimmt sich nach den Merkmalen der anste- 20 henden Entscheidungssituationen [...].
Rationalverhalten bedeutet keineswegs, dass Individuen jede einzelne Entscheidung unter vollständiger Information über alle verfügbaren Handlungsalternativen einschließlich ih- 25 rer bewussten, am materiellen Vorteil orientierten Bewertung treffen. [...] Dieses Zerrbild eines (egoistischen, materialistischen) Permanentkalkulators mit einer irrationalen „Leidenschaft für Leidenschaftslosigkeit" 30 dient häufig (vorschnell) für die Legitimation der Nichtbeschäftigung bzw. die Ablehnung des ökonomischen Ansatzes [...].

(Hermann May [Hrsg.], Handbuch zur ökonomischen Bildung, Oldenbourg, München 1997, S. 20f.)

■ M 25b „Der Mensch handelt nur sehr beschränkt rational"

Wir dürfen nicht davon ausgehen, dass die Entscheidungen der Menschen in der Wirtschaft auch nur annähernd dem Rationalitätsideal des homo oeconomicus entspre-
5 chen. Das menschliche Entscheidungsverhalten in der Realität ist nur sehr beschränkt rational und folgt anderen Gesetzmäßigkeiten als der „Logik" des homo oeconomicus. Es ist außerordentlich schwer, meist sogar unmög-
10 lich, sich bei Entscheidungen Klarheit über alle möglichen Handlungsalternativen zu verschaffen, von der Kenntnis der zutreffenden Umweltsituation ganz abgesehen. Aber selbst wenn es gelingen würde, alle denkbaren Al-
15 ternativen in einer Entscheidungssituation festzustellen, treten erhebliche Schwierigkeiten beim Abschätzen der Konsequenzen dieser Alternativen auf. Und schließlich ist es ein großes Problem, die eigenen Ziele präzise anzugeben. Damit wird die Möglichkeit, 20 die verschiedenen Alternativen zu bewerten und die bestmögliche Alternative auszuwählen, weiter eingeschränkt. Vollkommene Rationalität ist also nur sehr schwer, meist sogar überhaupt nicht zu erreichen. [...] Man 25 spricht deshalb auch davon, dass nur *beschränkte Rationalität* möglich ist.

(Werner Kirsch u.a., Die Wirtschaft – Einführung in ihre Entscheidungsprobleme, München/Wiesbaden 1978, S. 55)

■ M 25c „Es geht nicht um ein Menschenbild, sondern um ökonomisches Verhalten in bestimmten Situationen"

Die Kritiken am homo oeconomicus enthalten ausnahmslos die implizite Voraussetzung, „Rationalität" sei eine – gegebene oder geforderte – „Eigenschaft" des „Menschen".
5 Folgerichtig wird untersucht, was denn „der Mensch" eigentlich sei, welche Eigenschaften er habe und welche nicht. [...] Wie selbstverständlich hat man daher das entsprechende Konzept der Ökonomik als Aussage über „den Menschen" verstanden und es in der Fi- 10 gur des „homo oeconomicus" zusammengefasst: Schon die Bezeichnung weist darauf hin, dass es um den „homo", also um den „Menschen", gehe.

15 Diesem homo oeconomicus wurden dann für Forschungszwecke anderer Sozialwissenschaften andere „Menschenbilder" zur Seite gestellt, so der „homo sociologicus" oder der „homo politicus". Eine andere Weiterentwicklung
20 hält den homo oeconomicus für zu einfach und bietet reichhaltigere „Eigenschaften" an: So hat man den REMM vorgeschlagen (resourceful evaluative maximizing man), also den mit Ressourcen ausgestatteten, erfinderi-
25 schen und (nutzen-)maximierenden Menschen.

Wir schlagen gegenüber diesen Versuchen der Erweiterung des homo oeconomicus einen anderen Weg vor. Was mit der ökonomischen
30 Rationalitätsannahme und mit dem homo oeconomicus *abgebildet* wird, sind nicht „Eigenschaften" des oder der „Menschen", *sondern Dilemmastrukturen, also „ Situationen" in Interaktionen, und die von ihnen ausgehenden Anrei-*
35 *ze.* Die Anreizstruktur ist generell so, dass sich alle Interaktionspartner – über kurz oder lang – wie homines oeconomici verhalten werden –

oder verhalten müssen –, weil grundsätzlich immer Dilemmastrukturen involviert sind. Diese Dilemmastrukturen sind manchmal of- 40 fensichtlich, manchmal aber auch verdeckt. Letzteres ist etwa der Fall, wenn die ehrlichen Steuerzahler die Steuerausfälle infolge der Hinterziehung durch die unehrlichen Steuerzahler im Laufe der Zeit durch höhere Steuer- 45 sätze kompensieren müssen; hier benötigen die ehrlichen Steuerzahler vielleicht einige Zeit, um dies „wahrzunehmen" [...].

1. Ökonomik ist damit weniger eine allgemeine Theorie menschlichen Verhaltens, diese 50 Rede ist zumindest missverständlich; Ökonomik ist präziser zu bezeichnen als allgemeine Theorie der Anreizstrukturen, die von den „Situationen" in Interaktionszusammenhängen, also von Dilemmastrukturen, ausgehen. Zuge- 55 spitzt gesagt: *Ökonomik ist keine Verhaltenstheorie, sondern eine Situationstheorie.* Ökonomik sagt damit nichts über „den Menschen", oder etwas vorsichtiger und genauer: Was die Ökonomik über „den Menschen" sagt, ist äußerst 60 dürftig; sie sagt nämlich nur, dass Menschen nicht systematisch und auf Dauer gegen ihre Anreize handeln werden. Die „Realitätsnähe" der „Annahmen" in der Ökonomik liegt also nicht in irgendwelchen „Eigenschaften" von 65 Menschen allgemein oder von besonderen Menschen, sondern in einer bestimmten, jetzt aber generell gültigen Eigenschaft von *Interaktionssituationen*, nämlich in dem *Vorliegen gemeinsamer und konfligierender Interessen*, also 70 von Dilemmastrukturen (s. Kasten).

2. Daraus folgt, dass der homo oeconomicus auch nicht als irgendwie gearteter „Durchschnitt" oder als „Schnittmenge" der „Eigenschaften" begriffen werden kann, die den ver- 75 schiedenen „Menschen" empirisch, genauer: situationsunabhängig, zukommen. Auch das „repräsentative" Individuum oder das „repräsentative" Unternehmen kann nicht in dieser Weise interpretiert werden: Das „repräsenta- 80 tive" Unternehmen verhält sich gewinnmaximierend, weil es sich in einer Dilemmastruktur = Wettbewerb, und sei es im potenziellen Wettbewerb, bewegt. Die Situation zwingt tendenziell alle Unternehmen auf dieses Ver- 85 halten. [...] Es geht nicht um Fiktionen, es geht aber auch nicht um den „Menschen, wie er wirklich ist". [...] Es geht um (reale) *Situationen*, in denen (reale) Anreize (reale) Akteu-

---

Das Grundproblem der Zusammenarbeit zum gegenseitigen Vorteil wird mit dem Begriff Dilemmastruktur bezeichnet. Eine **Dilemmastruktur** charakterisiert *die Situation, in der Interessenkonflikte die Realisierung der gemeinsamen Interessen verhindern.* Im Einzelfall kann es dafür viele verschiedene Gründe geben, doch letztlich gehen sie stets auf die nachfolgend genannten Anreizbedingungen zurück: *Zum einen* kann der einzelne Akteur die Befürchtung haben, dass sein Beitrag zur Realisierung des gemeinsamen Interesses von dem bzw. den anderen „ausgebeutet" wird; *zum anderen* kann es – spiegelbildlich dazu – sein, dass er selbst einen Anreiz hat, den Beitrag eines oder mehrerer Interaktionspartner „auszubeuten". Zu beachten ist hier insbesondere der für Interaktionssituationen charakteristische Umstand, dass die *Erwartungen hinsichtlich des/der anderen* für das eigene Verhalten eine zentrale Rolle spielen: Bereits die Vermutung, dass man selbst von dem bzw. den anderen „ausgebeutet" werden könnte, wenn man sich im Sinne des gemeinsamen Interesses verhält, kann dazu führen, den eigenen Beitrag zur Realisierung des gemeinsamen Interesses nicht zu leisten [...]. Diese Grundstruktur ist konstitutiv für die Ökonomik, weil sie ihre Problemstellung auf den systematischen Kern reduziert.

(Karl Homann/Andreas Suchanek, Ökonomik. Eine Einführung, Mohr Siebeck Verlag, Tübingen 2000, S. 55f.)

90 re zu einem bestimmten Verhalten treiben. [...]

3. Der homo oeconomicus ist auf keinen Fall ein „Menschenbild" in dem Sinne, dass er eine Aussage über „den Menschen", „die Men-
95 schen", „bestimmte Menschen" und ihre „Eigenschaften" oder Motivationsstrukturen in der ganzen Breite ihrer Existenz machen würde. Der homo oeconomicus ist im Sinne unserer Methodologie ein *theoretisches Konstrukt,*
100 das auf ganz bestimmte grundlegende *Problemstrukturen* der Ökonomik, nämlich Dilemmastrukturen, zugeschnitten ist. Es „gibt" keine Wesen, die mit dem Begriff „homo oeconomicus" im Ganzen oder in ihrem Kern zutref
105 fend beschrieben wären; jeder Mensch ist unendlich viel mehr, als dieses – oder jedes andere – Modell je begrifflich erfassen könnte. Das heißt aber nicht, dass die Interaktionsresultate, die sich unter bestimmten Anreizbe
110 dingungen systematisch einstellen, nicht durch Analyse der „Situation" mit Hilfe dieses Konstrukts abgeleitet werden könnten – für alle Menschen trotz unterschiedlicher Motivationsstrukturen. Es wird im For
115 schungsprogramm der Ökonomik *nicht* entlang unterschiedlicher *Typen von Menschen* argumentiert, sondern entlang den *Merkmalen von Situationen* und den von ihnen ausgehenden Anreizen.

120 4. Jetzt können wir auch die Frage beantworten, warum Ökonomen immer wieder [...] zu ihrem homo oeconomicus-Konstrukt greifen. Mit seiner Hilfe lassen sich wichtige Probleme – und zwar die Zusammenhänge von ge
125 sellschaftlichen Handlungsbedingungen und Handlungsfolgen, z.B. bei Themen wie Armut, Arbeitslosigkeit, Inflation, Auswirkun-

gen von Steueränderungen, Ursachen von Umweltverschmutzung, Gründe und Folgen von Fusionen großer Unternehmen und vie-130 les andere mehr – systematisch in einer Weise analysieren, die aufschlussreiche Einsichten generiert [hervorbringt]. [...]

5. Viele Moralisten und Kulturkritiker bringen gegen die Verwendung des homo oeco-135 nomicus das Argument vor, damit werde – explizit oder implizit – dieser homo oeconomicus normativ* gerechtfertigt oder gar gefordert. In dieser Kritik wird der homo oeconomicus normativ [...] verstanden und mit 140 moralischen Gründen abgelehnt.
Wie aus den bisherigen Ausführungen deutlich geworden sein dürfte, fasst die Ökonomik den homo oeconomicus nicht als normatives Ideal: Das hat unseres Wissens noch 145 kein Verfechter des homo oeconomicus so behauptet – lediglich die Kritiker haben das den Ökonomen unterstellt. [...]

Wir fassen zusammen: Die Ökonomik ist keine Theorie menschlichen Verhaltens, sie 150 lässt sich zutreffender als *allgemeine Theorie der Anreizwirkungen von Interaktions-Situationen* kennzeichnen. [...] Der homo oeconomicus ist ein theoretisches Konstrukt, das infolge des irreführenden Wortes „homo" ver-155 deckt, dass es sich um eine Annahme nicht über den „Menschen", sondern über die „Situationen" von Menschen in *Interaktionen* handelt, denen *grundsätzlich Dilemmastrukturen* zugrunde liegen. Darin ist die – von der 160 Wissenschaftstheorie mit Recht geforderte – „Realitätsnähe" des Standardmodells der Ökonomik zu sehen.
(Karl Homann/Andreas Suchanek, Ökonomik. Eine Einführung, Mohr Siebeck Verlag, Tübingen 2000, S. 418–426)

1. *Klären Sie das Verständnis und die Bedeutung des in den Sozialwissenschaften häufig verwandten Begriffs des „Idealtypus" und der Modellfigur des „homo oeconomicus" als eines wichtigen methodischen Analyseinstruments der Ökonomie (M 24). Zur Bedeutung von Modellen allgemein vgl. M 34.*

2. *Verdeutlichen Sie die Problematik der Anwendung des Rationalitätsprinzips in der Ökonomie (M 25a/b). Welche Kritik wird daran geübt (M 25b)? Inwiefern ist Rationalität nicht gleichzusetzen mit purem Egoismus und Materialismus (M 25a)?*

3. *Verdeutlichen Sie mit eigenen Worten das in M 25c dargestellte Verständnis des Rationalitätsprinzips und des „homo oeconomicus". Inwiefern geht es nicht um ein allgemeines „Menschenbild", um ein Ideal oder um den „Durchschnittsmenschen", sondern um bestimmte Situationen, von denen bestimmte „Anreize" auf das Verhalten der beteiligten Akteure ausgehen? Erläutern Sie dazu insbesondere die Begriffe „Interaktion" und „Dilemmastruktur".*

3. Arbeitsteilung und Produktivität

(Foto: Anthony, Starnberg)

(Foto: Siemens-Pressebild)

(Foto: © Dirk Hoppe/ NETZHAUT)

(Foto: dpa)

> ➤ Welche Bedeutung haben die verschiedenen Formen der Arbeitsteilung und das Prinzip der „komparativen Kostenvorteile" für die Güterproduktion? (M 26 – M 28)
> ➤ Worin liegen Vor- und Nachteile der Arbeitsteilung? (M 29)
> ➤ Was versteht man unter Produktivität und was bedeutet sie für die Entwicklung der Erwerbstätigkeit? (M 30 – M 31)

▉ **M 26** Adam Smith: Arbeitsteilung als Quelle des Wohlstands

„Das wohl einflussreichste Buch in der Theoriegeschichte der Ökonomik, *Der Wohlstand der Nationen* von Adam Smith (s. S. 91), beginnt mit dem Satz: „Die Arbeitsteilung dürfte die produktiven Kräfte der Arbeit mehr als alles andere fördern und verbessern. Das Gleiche gilt wohl für die Geschicklichkeit, Sachkenntnis und Erfahrung, mit der sie überall eingesetzt wird." In der Ar-
5 beitsteilung sieht Smith mithin die zentrale Quelle des Wohlstands." (Homann/Suchanek [= M 25c], S. 151) Berühmt geworden ist seine Schilderung der Arbeit in einer Stecknadelfabrik:

„Ein Arbeiter, der noch niemals Stecknadeln gemacht hat und auch nicht dazu angelernt ist (erst die Arbeitsteilung hat daraus ein selbstständiges Gewerbe gemacht), sodass er auch mit den dazu eingesetzten Maschinen nicht vertraut ist (auch zu deren Erfindung hat die Arbeits-
10 teilung vermutlich Anlass gegeben), könnte, selbst wenn er sehr fleißig ist, täglich höchstens eine, sicherlich aber keine zwanzig Nadeln herstellen. Aber so, wie die Herstellung von Stecknadeln heute betrieben wird, ist sie nicht nur als Ganzes ein selbstständiges Gewerbe. Sie zerfällt vielmehr in eine Reihe getrennter Arbeitsgänge, die zumeist zur fachlichen Spezialisierung geführt haben. Der eine Arbeiter zieht den Draht, der andere streckt ihn, ein dritter
15 schneidet ihn, ein vierter spitzt ihn zu, ein fünfter schleift das obere Ende, damit der Kopf aufgesetzt werden kann. Auch die Herstellung des Kopfes erfordert zwei oder drei getrennte Arbeitsgänge. Das Ansetzen des Kopfes ist eine eigene Tätigkeit, ebenso das Weißglühen der Nadel, ja, selbst das Verpacken der Nadeln ist eine Arbeit für sich. Um eine Stecknadel anzufertigen, sind somit etwa 18 verschiedene Arbeitsgänge notwendig, die in einigen Fabriken jeweils
20 verschiedene Arbeiter besorgen, während in anderen ein einzelner zwei oder drei davon ausführt. Ich selbst habe eine kleine Manufaktur dieser Art gesehen, in der nur 10 Leute beschäftigt waren, sodass einige von ihnen zwei oder drei solcher Arbeiten übernehmen mussten. Obwohl sie nun sehr arm und nur recht und schlecht mit dem nötigen Werkzeug ausgerüstet waren, konnten sie zusammen am Tage doch etwa 12 Pfund Stecknadeln anfertigen, wenn sie
25 sich einigermaßen anstrengten. Rechnet man für ein Pfund über 4 000 Stecknadeln mittlerer Größe, so waren die 10 Arbeiter imstande, täglich etwa 48 000 Nadeln herzustellen, jeder also ungefähr 4 800 Stück. Hätten sie indes alle einzeln und unabhängig voneinander gearbeitet, noch dazu ohne besondere Ausbildung, so hätte der Einzelne gewiss nicht einmal 20, vielleicht sogar keine einzige Nadel am Tag zustande gebracht. Mit anderen Worten, sie hätten
30 mit Sicherheit nicht den zweihundertvierzigsten, vielleicht nicht einmal den vierhundertachtzigsten Teil von dem produziert, was sie nunmehr infolge einer sinnvollen Teilung und Verknüpfung der einzelnen Arbeitsgänge zu erzeugen imstande waren."

(Adam Smith, Der Wohlstand der Nationen, C. H. Beck, München 1978, S. 8f.)

▉ **M 27** Ausmaß und Formen der Arbeitsteilung

a) Wie weit reichend mittlerweile die Prozesse der Arbeitsteilung sind, lässt sich daran ermessen, dass selbst die Produkte, die zur Befriedigung elementarer Bedürfnisse benötigt werden, heute in der Regel einen stark arbeitsteiligen Prozess durchlaufen, bis sie beim Konsumenten landen. Betrachten wir als Beispiel ein einfaches Brot, das man im Supermarkt kaufen kann:
5 Für seine Herstellung musste Getreide gesät, geerntet, sortiert und gemahlen werden – und all das geschah bereits mit Geräten, die ihrerseits in komplexen, mehrstufigen Produktionsprozessen hergestellt wurden; neben dem so gewonnenen Mehl kamen weitere Zutaten hinzu, evtl. aus Betrieben, die mehrere hundert Kilometer entfernt sind, das Brot wurde gebacken, verpackt, gelagert, geliefert und verkauft, und manchmal waren vermutlich einzelne „spezialisier-
10 te" Unternehmen nur für einen einzelnen Teilschritt verantwortlich wie beispielsweise der Supermarkt. Man kann sich leicht vorstellen, dass bei komplexeren Gütern und Dienstleistungen, z.B. dem Bau eines Hauses oder der Herstellung einer Zeitung, noch sehr viel mehr Arbeitsschritte involviert sind, die von einzelnen „Spezialisten" (Maschinen, Akteuren, Organisationen) übernommen werden, die jeweils ihren Teil zur arbeitsteiligen Produktion beisteuern.

(Homann/Suchaneck [= M 25c], S. 152)

b) Formen der Arbeitsteilung

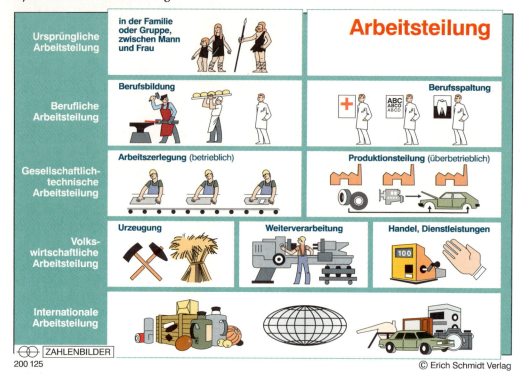

ZAHLENBILDER

200 125

© Erich Schmidt Verlag

M 28 Das Prinzip der „komparativen Kostenvorteile"

Zunächst gilt es, den Unterschied zwischen *absoluten* und *komparativen Kostenvorteilen* zu verstehen. *Absolute Kostenvorteile* betreffen den Fall, in dem ein Akteur, ein Unternehmen oder ein Land einen Output zu geringeren Input-Kosten herstellen kann als ein anderer Produzent. Das kann auf eine bessere Ausstattung mit den benötigten Inputs, bessere Fähigkeiten oder
5 günstigere Produktionsbedingungen zurückgehen; das Paradebeispiel ist guter Wein, der in südlichen Ländern prächtig gedeiht, während wohl noch niemand Wein aus Norwegen getrunken hat. Verglichen werden hier die Kosten *eines* Produkts.

Komparative Kostenvorteile hingegen werden gemessen als *Verhältnis* der Produktionskosten von zwei Outputs. Wenn man zwei Produzenten vergleicht, die je zwei Güter herstellen, so
10 kann es zwar sein, dass einer von ihnen bei beiden Gütern absolute Kostenvorteile hat, es kann aber nie vorkommen, dass er auch für beide Güter einen komparativen, einen *relativen*, Kostenvorteil hat (das wird vermutlich gleich bei dem Zahlenbeispiel deutlicher). Und dann lohnt es sich für beide, sich jeweils auf die Produktion zu spezialisieren, in der sie einen komparativen Vorteil haben. Wir erläutern das an einem Beispiel:
15 Nehmen wir an, eine Anwältin sei früher auch als Sekretärin tätig gewesen; heute hat sie selbst eine Sekretärin. Nehmen wir weiter an, dass sie in *beiden* Tätigkeiten, Anwältin und Büroarbeit, besser ist als ihre Sekretärin. Nun ist sie als Anwältin produktiver als in ihrer Tätigkeit als Sekretärin, wie sich etwa am Gehalt erkennen lässt. Deshalb wird es sich für sie lohnen, die Sekretärin einzustellen, um sich ganz auf die Anwaltsarbeiten konzentrieren zu können;
20 die Zeit, die sie sonst mit den Sekretariatsarbeiten verbringen müsste, ist wertvoller verwendet, wenn sie sie den Tätigkeiten als Anwältin widmet. Mit den damit erzielten (Mehr-) Einnahmen kann sie dann problemlos eine Sekretärin einstellen.

In dieser Konstellation lassen sich die beiden Arten von Kostenvorteilen folgendermaßen darstellen: Die Anwältin hat bei beiden Tätigkeiten *absolute* Kostenvorteile. Jedoch hat sie nur im

Robinson Crusoe ist ein Paradebei-spiel für eine sich selbst versorgende (**autarke**) Wirtschaftseinheit, in der über Arbeitsteilung nicht nachgedacht zu werden braucht. In dem Moment, wo der Eingeborene Freitag hinzu-kommt, möge die Ausgangssituation wie in der Abb. gelten.

Arbeitsteilung und Produktivität		
	Angel	**Kokosnüsse**
Robinson	8	4
Freitag	12	2

Robinson (R) benötigt zur Herstel-lung einer Angel 8 Zeiteinheiten und zum Pflücken einer Kokosnuss 4 Zeiteinheiten. Freitag (F) pflückt eine Kokosnuss in 2 Zeiteinheiten und braucht zur Herstellung einer Angel 12 Zeiteinheiten. Sofern R und F jeder eine Angel bauen und je eine Kokosnuss pflücken, benötigen sie insgesamt 26 Zeiteinheiten, z.B. Minuten (von wirklichkeitsbezogenen Einwänden ist hier bitte abzusehen!). Dies ist nicht chronologisch zu verstehen, d.h. wenn sie um 9.00 Uhr anfangen, sind sie nicht erst um 9.26 Uhr fertig, sondern bereits um 9.14 Uhr (so viel Zeit benötigt F). Dennoch sind insgesamt 26 Arbeitsminuten aufgewendet worden. In der Industrie spricht man dabei von Mann-Minuten, Mann-Stunden oder Mann-Monaten etc. Wenn ein Handwerksmeister zwei Gesellen für eine Reparatur schickt und diese von 9.00 Uhr bis 10.00 Uhr arbeiten, dann wird die Rechnung auch auf 2 Arbeits-stunden lauten.

Die Güterproduktion kann offensichtlich verbessert werden, indem R und F die Arbeit anders zwi-schen sich aufteilen. Jeder spezialisiert sich auf das, was er besser (schneller) kann als der andere: R wird sich um den Angelbau kümmern, F wird Kokosnüsse pflücken. Für dasselbe Produktionsergeb-nis (2 Angeln, 2 Kokosnüsse) werden dann insgesamt statt 26 nur noch 20 Zeiteinheiten benötigt. [...]

(Jörn Altmann [= M 5], S. 44f.)

25 Hinblick auf die Anwaltstätigkeiten *komparative* Vorteile: Sie ist sozusagen eine sehr viel bes-sere Anwältin im Vergleich zu ihrer Sekretärin, aber nur eine wenig bessere Sekretärin; umge-kehrt hat die Sekretärin einen komparativen Vorteil im Hinblick auf die Spezialisierung auf die entsprechenden Bürotätigkeiten.

Indem sich nun beide auf die Tätigkeit spezialisieren, in denen jede ihre komparativen Vortei-
30 le hat, können beide von der Kooperation profitieren: Die Anwältin kann sich ganz auf ihre produktive Anwaltstätigkeit konzentrieren, die Sekretärin kann das tun, was sie beruflich – ver-gleichsweise – am besten kann.

Aus der einfachen Tatsache der Existenz unterschiedlicher Fähigkeiten der Menschen ergibt sich mithin die Möglichkeit von Kooperationsgewinnen aufgrund von komparativen Kosten-
35 vorteilen, indem sich jeder auf die Produktion jenes Gutes spezialisiert, bei dem er einen kom-parativen Kostenvorteil hat, und beide anschließend einige der so produzierten Güter tauschen.

(Homann/Suchanek [= M 25c], S. 153f.)

▌M 29 Vor- und Nachteile der Arbeitsteilung

a) Die Arbeitsteilung hat viele Vorteile, aber auch Nachteile, die im Folgenden stichwort-artig zusammengefasst werden. [...]

Vorteile
5 – Durch Routinearbeiten höhere Produktivität bei der Arbeit,
– höheres Einkommen,
– Spezialmaschinen können eingesetzt werden;
– durch Maschineneinsatz wird die Arbeit
10 leichter;

– verkürzte Arbeitszeiten,
– persönliche Fähigkeiten und Neigungen kön-nen berücksichtigt werden;
– bessere Güterversorgung.

Nachteile 15
– Maschinen rationalisieren die menschliche Arbeitskraft weg;
– gegenseitige Abhängigkeit in der Volkswirt-schaft wächst;
– durch Spezialisierung verkümmern andere 20 körperliche und geistige Fähigkeiten;

– der Mensch verliert den Bezug zum Ge-
samtzusammenhang, da er nur eine Teil-
arbeit verrichtet;
25 – durch einseitige Ausbildung kommt es zu
mangelnder Anpassungsfähigkeit, wenn
der Arbeitsplatz verloren geht;
– einseitige Beanspruchung,
– erhöhter körperlicher Verschleiß,
30 – nachlassende Arbeitsfreude bei stumpfsin-
niger Arbeit mit negativen psychologischen Rückwirkungen (seelische Schäden).

(© 1993 Deutscher Sparkassenverlag GmbH, Stuttgart; Re-
daktion: Christine Kroehn, Dipl.-Vw. Michael Waeldin; Ausg.
März 1993 – 310748/015)

b) Berufswahl als Problem

Während in früheren Generationen der
35 Nachwuchs fast automatisch durch eigene
Anschauung Kenntnisse über verschiedene
Berufe erwarb und so gewissermaßen in die
Berufe hineinwuchs, ist Berufswahl heute zu
einem problembeladenen Vorgang gewor-
40 den. Junge Menschen sollen bzw. müssen
Entscheidungen über Berufe treffen, die sie
in vielen Fällen kaum dem Namen nach, geschweige denn hinsichtlich ihrer Inhalte, Anforderungen, Belastungen usw. kennen und
45 aus eigener Anschauung nie erlebt haben.
Nicht zuletzt aus diesen Beschränkungen
beim Erwerb von Berufskenntnissen durch
eigene Anschauung ergeben sich Notwendigkeit und Bedeutung der Berufswahlvorberei-
tung durch Schule und Berufsberatung. 50

c) Internationale Arbeitsteilung nicht ausge-
wogen

Die internationale Arbeitsteilung bringt alles
in allem überwiegend Vorteile. Für etliche
Länder, insbesondere die unterentwickelten 55
Länder der Dritten Welt, bringt sie zum Teil
jedoch auch erhebliche Nachteile mit sich.
U.a. produzieren diese Länder häufig Güter
für den Weltmarkt, d.h. für andere Länder,
und vernachlässigen die für die eigene Bevöl- 60
kerung wichtige, oftmals existenznotwendige
Güterproduktion. Internationale Arbeitsteilung fördert auch eine industrielle Monokul-
tur, d.h. Beschränkung auf einige wenige
Produkte, die sich am Weltmarkt mehr oder 65
weniger gut verkaufen lassen. Das bringt diese Länder in eine bedenkliche Abhängigkeit
von den Absatzchancen und Weltmarktprei-
sen einiger weniger Güter. Die wirtschaftliche Abhängigkeit der Drittweltländer von den 70
Industrieländern und ihre hohe internationale Verschuldung sind Hinweise darauf, dass
die internationale Arbeitsteilung nicht ausge-
wogen ist.

(b, c: Hans Jürgen Albers, Arbeitsteilung und Produktivität.
In: Wirtschaftliche Grundbildung Nr. 4/92: Der Verbraucher
in der Sozialen Marktwirtschaft, hg. vom Institut für wirtschaftswissenschaftliche Grundbildung Münster, Leske +
Budrich, Opladen 1992, S. 4)

---

1. Fassen Sie zusammen, was Adam Smith bei der Beobachtung der Stecknadel-Produktion so fas-
ziniert hat. (M 26)

2. Verdeutlichen Sie die in M 27a enthaltenen Hinweise auf arbeitsteilige Prozesse bei der Herstellung eines Brotes durch ein Pfeilschema und ggf. durch die Erläuterung eines weiteren Produktes
(z.B. eines Fahrrades).

3. Nennen Sie für die in M 27b aufgeführten Arten und Bereiche der Arbeitsteilung jeweils konkrete
Beispiele.

4. Beschreiben Sie den Zusammenhang zwischen dem Prinzip der Arbeitsteilung und der Nutzung
„komparativer Kostenvorteile" bei der Güterproduktion anhand des Robinson-Beispiels (M 28).

5. Erläutern Sie in M 29a vor allem die angesprochenen Nachteile der Arbeitsteilung und gehen Sie
dabei auch auf die Probleme der Berufsfindung (M 29b) und der internationalen Arbeitsteilung
(M 29c) ein.

6. Erläutern Sie Probleme der hochgradigen beruflichen Arbeitsteilung (es gibt in Deutschland ca.
20 000 z.T. hoch spezialisierte Berufe) an folgenden Beispielen:
– Welche Auswirkungen hat ein Streik der (insgesamt nur rd. 3 500) deutschen Fluglotsen?
– Wie kommt es – trotz einer Zahl von ca. 30 000 arbeitslosen Informatikern – zu der Forderung,
ausländische Informatik-Spezialisten nach Deutschland zu holen („Green-Card")?

▰ **M 30** Produktivität – Begriff und Bedeutung

Unser Robinson-Beispiel (M 28) können wir auch zur Erläuterung eines volks- und betriebs-
wirtschaftlich wichtigen Begriffs verwenden. Bezieht man das Produktionsergebnis (engl. *out-put*) auf den zur Erzielung dieses Ergebnisses erforderlichen Mitteleinsatz (*input*), so spricht
man von Produktivität:

5 $$\text{Produktivität} \; = \; \frac{\text{Produktionsergebnis}}{\text{Mitteleinsatz}} \; = \; \frac{\text{Output}}{\text{Input}}$$

Je nachdem, welche Produktionsfaktoren man dabei in die Betrachtung einbezieht, unterscheidet man zwischen **Arbeits-, Kapital-, Boden-** oder **Gesamtproduktivität**. Der Produktivitätsbe-
griff kann sich also auf einen einzelnen Produktionsfaktor beziehen oder auf eine Mehrzahl
von Produktionsfaktoren. Wenn man das Produktionsergebnis nur auf die eingesetzte Arbeit
10 bezieht, spricht man also von **Arbeitsproduktivität**. Und dabei wiederum kann man den Ar-
beitseinsatz in *Zeiteinheiten* (z.B. Stunden) bemessen, woraus sich die Stunden-Produktivität
ergibt, oder mit der *Zahl* der eingesetzten Arbeitskräfte (**Pro-Kopf-Produktivität**) oder auch in
Geldwerten, z.B. Produktionsergebnis pro eingesetzter Lohnsumme (**Lohnproduktivität**). Eine
Steigerung der Arbeitsproduktivität kann dazu führen, dass – im Sinne des *Minimalprinzips* –
15 das gleiche Produktionsergebnis mit *weniger* Arbeitskräften als vorher produziert werden kann,
sodass Arbeitskräfte entbehrlich, d.h. arbeitslos werden können. So „freigesetzte" Arbeitskräfte
können daher nur dann wieder in den Wirtschaftsprozess eingegliedert (*re-integriert*) werden,
wenn sich neue, zusätzliche Beschäftigungsmöglichkeiten bieten, die vorher nicht gegeben waren. Dies setzt wirtschaftliches **Wachstum** voraus. Um den Freisetzungseffekt, d.h. zunehmen-
20 de Arbeitslosigkeit, zu vermeiden, setzen sowohl eine wachsende Bevölkerung als auch steigende Arbeitsproduktivität *neue* Beschäftigungsmöglichkeiten voraus, und dies bedeutet wirtschaftliches Wachstum, das üblicherweise mit dem Wachstum des (realen Brutto-)Inlandspro-
dukts* gemessen wird (s. M 31b).
Untersuchen wir in unserem Robinson-Beispiel (vgl. M 28) einmal die Arbeitsproduktivität in
25 der Kokosnussproduktion: Vor der Einführung der Arbeitsteilung benötigte R für das Pflücken
einer Nuss 4 Minuten, d.h. *seine* Arbeitsproduktivität war 1 : 4 = 0,25.
Da eine Produktivitätszahl das Produktionsergebnis auf den Mitteleinsatz bezieht, ist „0,25"
hier so zu lesen, dass 0,25 Kokosnüsse pro Zeiteinheit geerntet werden. F hingegen hatte eine
höhere Arbeitsproduktivität von 1 : 2 = 0,5. *Die Gesamt-Arbeitsproduktivität* in der „Kokosnuss-
30 produktion" von R und F
zusammen betrug somit
vor der Arbeitsteilung 2 :
(4 + 2) = 0,33, während
sie sich nach der Arbeits-
35 teilung (nur Freitag produziert Kokosnüsse) auf
2 Kokosnüsse : 4 Zeitein-
heiten = 0,5 (Minimal-
prinzip) oder 3 : 6 = 0,5
40 (Maximalprinzip) verbessert. Nach dem Minimal-
prinzip also wäre dassel-
be Produktionsergebnis
wie vor der Arbeitstei-
45 lung (2 Kokosnüsse) mit
weniger Arbeitsleistung
als vorher zu erzielen.
Aus der Sicht eines Ko-
kosnussfabrikanten wäre

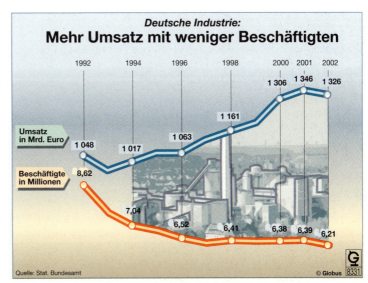

Deutsche Industrie:
Mehr Umsatz mit weniger Beschäftigten

1992 | 1994 | 1996 | 1998 | 2000 2001 2002

Umsatz in Mrd. Euro — 1 048 · 1 017 · 1 063 · 1 161 · 1 306 · 1 346 · 1 326

Beschäftigte in Millionen — 8,62 · 7,04 · 6,52 · 6,41 · 6,38 · 6,39 · 6,21

Quelle: Stat. Bundesamt   © Globus 8331

50 es also einleuchtend, den relativ unproduktiveren Robinson (R) zu entlassen und statt dessen einen weiteren Freitag (F) einzustellen bzw. – und das ist hier im Hinblick auf den Beschäftigungseffekt der wichtige Aspekt – ggf. den Faktor Arbeit durch den Faktor Kapital zu ersetzen (zu **substituieren**), indem z.B. eine Kokosnuss-Pflückmaschine eingesetzt wird.

(Jörn Altmann [= M 5], S. 46ff.)

 M 31a Produktivitäts- und Arbeitsmarktentwicklung in Westdeutschland

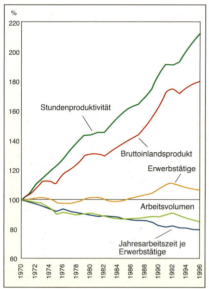

(Daten: Statistisches Bundesamt/IAB; aus: Ulrich Walwei, Konturen des (deutschen) Arbeitsmarktes im 21. Jahrhundert: in: Politische Studien, Heft 358 v. März/April 1998, S. 70)

(Statistisches Bundesamt, Fachserie 18, Reihe 1.2. 2001; ergänzt nach Daten des Stat. Bundesamtes)

M 31b Wachstums-, Produktivitäts- und Arbeitsmarktentwicklung in Deutschland 1991–2003

Jahr	Erwerbs-tätige	Arbeits-volumen[1]	Produktivi-tät[2]	Reales BIP[3]	registrierte Arbeitslose[4]
	in 1.000	in Mill. Std.	in €	in Mrd. €	in 1000
1991	38.499	59,25	29	1.710,8	2602
1992	37.885	58,98	30	1.749,1	2978
1993	37.356	57,43	30	1.730,1	3419
1994	37.279	57,29	31	1.770,7	3698
1996	37.210	55,99	32	1.815,1	3695
1997	37.145	55,66	33	1.840,4	3385
1998	37.554	56,01	34	1.876,4	4279
1999	38.006	56,32	34	1.914,8	4100
2000	38.636	56,70	35	1.966,5	3889
2002	38.670	55,79	36	1.989,7	4060
2003	38.222	55,29	36	1.987,4	4383
	Vorjahr in Prozent				Quote[2]
1992	– 1,5	– 0,5	2,7	2,2	7,7
1993	– 1,4	– 2,6	1,6	– 1,1	8,9
1994	– 0,2	– 0,2	2,6	2,3	9,6
1996	– 0,3	– 1,4	2,1	0,8	10,4
1997	– 0,2	– 0,6	2,0	1,4	11,4
1998	1,1	0,6	1,3	2,0	11,1
1999	1,2	0,5	1,3	1,8	10,5
2000	1,6	0,7	2,3	3,0	9,6
2002	– 0,6	– 1,1	1,3	0,2	9,8
2003	– 1,0	– 0,9	0,8	– 0,1	10,5

[1]Erwerbstätigenstunden; [2]reales BIP je Erwerbstätigenstunde; [3]in Preisen von 1995; [4]in Prozent aller Erwerbspersonen (Erwerbstätige + Arbeitslose); Quelle: Bundesanstalt für Arbeit

1. Begriff und Bedeutung der Produktivität sind für das Verständnis der gegenwärtigen Wirtschaftsprobleme von zentraler Bedeutung.
– Formulieren Sie eine präzise Definition des Produktivitätsbegriffs.
– Unter den verschiedenen Produktivitäten spielt die Arbeitsproduktivität eine besondere Rolle. Erläutern Sie ihre Bedeutung anhand des Robinsonbeispiels und beschreiben Sie den Zusammenhang zwischen Arbeitsproduktivität, Arbeitslosigkeit und Wirtschaftswachstum.

2. Analysieren Sie die Grafik M 31a. Woraus ergibt sich der Verlauf der Kurve der Arbeitsproduktivität (Stundenproduktivität)?

3. Die Entwicklung der 90er-Jahre können Sie anhand der Tabelle (M 31b) genauer analysieren. Vergleichen Sie die Produktivitätsentwicklung 1991 – 2003 mit der Entwicklung der Erwerbstätigenzahlen, der Zahl der registrierten Arbeitslosen und der Entwicklung des Bruttoinlandsprodukts, das in diesem Zeitraum insgesamt um 13,4 zunahm.

4. Erklären Sie, warum die Produktivitätsentwicklung im Dienstleistungsbereich im Allgemeinen geringer ist als im verarbeitenden Gewerbe.

II. Wie funktioniert der Wirtschaftsprozess? – Wirtschaftskreislauf und Wirtschaftssystem

1. Im Kreislauf der Wirtschaft

> ➤ *Welche Bedeutung hat das Modell des Wirtschaftskreislaufs für das Verständnis des Wirtschaftsprozesses? (M 32 – M 33)*
> ➤ *Was sollen und können ökonomische Modelle leisten? (M 34)*

 **M 32** Dreht sich alles im Kreise? – Ein Modell verschafft Überblick

(Foto: Günter Schlottmann)

(Foto: dpa/Scheidemann)

„Wenn wir uns morgens an den Frühstückstisch setzen, erwarten wir selbstverständlich, dass Brot oder Brötchen, Kaffee oder Tee, Butter, Marmelade, Wurst vorhanden sind. Das musste aber nicht nur eingekauft und auf den Tisch gebracht werden. Es musste vom Bäcker, Metzger usw. hergestellt und angeboten werden. Es sind dazu lange im Voraus Getreide angebaut, Tiere gezüchtet, Rohkaffee und Tee aus Übersee importiert, gelagert, weiterverkauft worden. Es müssen dazu gleichzeitig Transportmittel, Wasser und Energie zur Verfügung stehen. Käufer und Verkäufer, Produzenten, Händler und Konsumenten benutzen in diesem ständigen Austausch Geld, auf dessen Wert sie sich verlassen, wenn sie dafür Waren weggeben oder Arbeit leisten. Was geschieht da eigentlich, wenn in einer Großstadt oder in einem Land von Millionen Einwohnern täglich Abermillionen von Tauschvorgängen ablaufen? Wie kommt es, dass das alles so ineinander greift und, von Krisen oder Katastrophen abgesehen, funktioniert? Wer hat dieses unsichtbare Netz landes- und weltweiter Beziehungen geknüpft? Wer ordnet und lenkt das alles, damit wir jeden Tag satt werden? Oder ist das Ganze ein Chaos, und wir merken es nur nicht? Warum haben wir normalerweise keine Angst, dass das alles zusammenbricht?" (Bernhard Sutor [= M 13a], S. 42)

„Die Volkswirtschaft besteht aus Millionen von Menschen, die sich in vielerlei ökonomischen Aktivitäten engagieren – Kaufen, Verkaufen, Arbeiten, Leute einstellen, Produzieren und so weiter. Um verstehen zu können, wie die Volkswirtschaft funktioniert, müssen wir einen Weg zur Vereinfachung des Nachdenkens über diese Aktivitäten finden. Mit anderen Worten brauchen wir ein Modell, das in allgemeinen Begriffen erklärt, wie die Volkswirtschaft organisiert ist." (G. Mankiw)

Bevor wir daher auf das Wirtschaftssystem der Bundesrepublik (und kurz auch das der früheren DDR) näher eingehen, wollen wir uns anhand eines solchen Modells einen Einblick verschaffen in das Funktionieren einer Volkswirtschaft, der uns das Verständnis des Wirtschaftssystems erleichtern wird. Die Existenz von Märkten (als eines zentralen Merkmals des Wirtschaftssystems der Bundesrepublik; dazu später M 40ff.) wird in diesem Modell vorausgesetzt. Die allgemeine Funktion von Modellen wird in M 34 beschrieben.

Der Gedanke, das volkswirtschaftliche Geschehen als einen Kreislauf anzusehen und zu erfassen, entstand schon im 18. Jahrhundert. Der Leibarzt der Marquise de Pompadour, François Quesney (1694–1774), entwickelte ein „ökonomisches Tableau", das erste Schema des wirtschaftlichen Kreislaufs, welches die wechselseitigen Beziehungen der Geld- und Güterströme
5 aufzeigte. [...] Das Kreislaufdenken wurde jedoch im 19. Jahrhundert nur von wenigen Forschern aufgegriffen und weiterentwickelt. Erst die Erfahrungen der Weltwirtschaftskrise in den Dreißigerjahren unseres Jahrhunderts gaben der Kreislaufbetrachtung neuen Auftrieb. Seitdem hat sich das Kreislaufdenken mehr und mehr durchgesetzt, um das komplizierte und für den nichtgeschulten Betrachter verwirrende Bild unserer arbeitsteiligen Verkehrswirtschaft
10 gedanklich zu erfassen. Das Kreislaufmodell ist in seinem Grundaufbau umso leichter zu verstehen, als es aus der Vielzahl der Beziehungen in einer Volkswirtschaft nur die wesentlichen Tatbestände erfasst, das für diese Betrachtungsweise Unwichtige weglässt und dadurch die komplizierten Zusammenhänge vereinfacht.

(Werner Heiring/Walter Lippens [= M 2], S. 27)

Das Schaubild zeigt ein visuelles Modell der Volkswirtschaft, das man **Kreislaufdiagramm**
15 nennt. In diesem Modell hat die Volkswirtschaft zweierlei Entscheidungsträger – Haushalte und Unternehmungen. Unternehmungen erzeugen Güter (Waren und Dienstleistungen), wobei sie verschiedene Inputs verwenden, wie z.B. Arbeit, Boden und Kapital (Realkapital wie Gebäude und Maschinen). Diese Inputs nennt man *Produktionsfaktoren* (vgl. M 15). Die Haushalte sind Eigentümer der Produktionsfaktoren, und sie verbrauchen alle von den Unternehmun-
20 gen hergestellten Güter.

Haushalte und Unternehmungen interagieren auf zweierlei Märkten. Auf den **Gütermärkten**

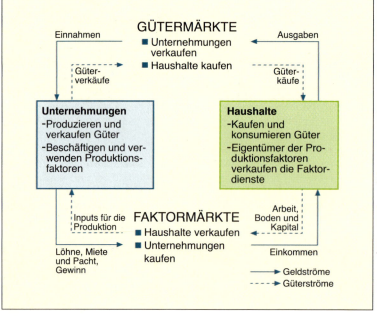

sind die Haushalte Käufer und die Unternehmungen Ver-
25 käufer: Genauer gesagt kaufen die Haushalte den von den Unternehmungen produzierten
30 Output an Gütern. Auf den **Faktormärkten** sind die Haushalte Verkäufer und die Unternehmungen Käufer. Auf
35 diesen Märkten stellen die Haushalte den Unternehmungen die zur Produk-
40 tion der Güter notwendigen Inputs bereit. Das Kreislaufdiagramm bietet ein einfaches Verfahren,

45 um all die zwischen den Haushalten und den Unternehmungen der Volkswirtschaft ablaufenden ökonomischen Transaktionen anzuordnen.

Die innere, rechtsherum verlaufende Schleife repräsentiert die *Güterströme* zwischen Haushalten und Unternehmungen. Die Haushalte „verkaufen" auf den Faktormärkten den Gebrauch
ihrer Arbeitskraft, ihrer Grundstücke und Gebäude sowie ihres Realkapitals an die Unterneh-
50 mungen. Die Unternehmungen verwenden diese Produktionsfaktoren bei der Herstellung von
Gütern, die auf den Gütermärkten wiederum an die Haushalte verkauft werden. So fließen die
Produktionsfaktoren von den Haushalten zu den Unternehmungen und die Güter von den
Unternehmungen zu den Haushalten.

Die äußere, linksherum verlaufende Schleife repräsentiert die den Güterströmen entsprechen-
55 den *Geldströme*. Die Haushalte geben Geld aus für den Kauf von Waren und Dienstleistungen
von den Unternehmungen. Die Unternehmungen verwenden diese Einnahmen aus den Gü-
terverkäufen teilweise dazu, um die Produktionsfaktoren zu entlohnen (z.B. Löhne und Gehälter für ihre Arbeitskräfte). Was übrig bleibt, ist der Gewinn des Unternehmens, der selbst auch
zum Haushaltssektor gehört. Somit fließen Ausgaben für Güter von den Haushalten zu den
60 Unternehmungen und Einkommen in Form von Löhnen, Mieten und Pacht sowie Gewinn
von den Unternehmungen zu den Haushalten.

Dieses *Kreislaufdiagramm* ist ein sehr einfaches Modell der Volkswirtschaft. Es befreit uns von
vielen Einzelheiten, die bei anderen Untersuchungen wichtig sein mögen. Ein komplexeres
und realistischeres Kreislaufmodell würde z.B. den Staat und das Ausland als weitere Sektoren
65 neben den Haushalten und den Unternehmungen einschließen (s. M 33b/c).

(Gregory N. Mankiw, Grundzüge der Volkswirtschaftslehre, Schäffer-Poeschel, Stuttgart, 2. Aufl. 2001, S. 27f.)

M 33a
Privat-
person im
Geld- und
Güter-
kreislauf
(einige
Beispiele)

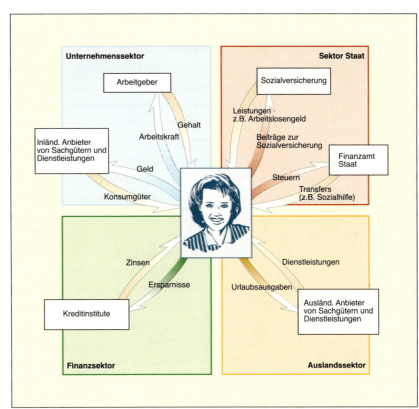

(Wie funktioniert
das? Wirtschaft
heute, Bibliogra-
phisches Institut
& F.A. Brockhaus
AG, Mannheim
1999, S. 43)

M 33b
Was gehört wozu?

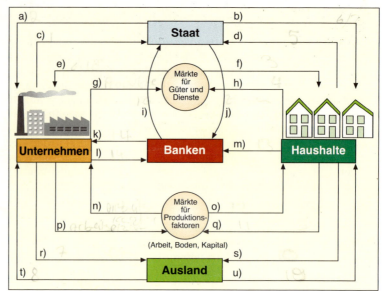

Die Pfeile können sowohl Geld- als auch Güterströme bezeichnen.

a) Die fett gedruckten Begriffe gehören zu den Pfeilen a) – u).

1. Die Druckerei Schwarz zahlt dem Finanzamt **Gewerbe-Steuern**.
2. Der Staat stellt der Wirtschaft **öffentliche Güter** als **Infrastruktur** (Straßen, Wasser- und Energieversorgung, Berufsschulen) bereit.
3. Familie Pohl kauft auf dem Markt **Haushaltswaren** (z. B. Lebensmittel).
4. Die **Geldausgabe** dafür entnimmt Frau Pohl der Haushaltskasse.
5. Herr Pohl zahlt dem Finanzamt **Lohnsteuer**.
6. Familie Pohl bekommt vom Staat **Kindergeld** und nutzt **öffentliche Güter** (Kindergarten, Schule, Straßen und andere).
7. Firma Rutz liefert fünf Bohrmaschinen nach Spanien (**Exportgüter**).
8. Ein Textilgroßhändler kauft Pullover in Irland (**Importgüter**).
9. Familie Pohl reist im Urlaub in die Schweiz (**Auslandsreisen**) und wohnt dort im Hotel.
10. Familie Pohl gibt in der Schweiz umgerechnet 1000 Euro aus (**Devisen**).
11. Herr Knall sucht einen Arbeitsplatz (**Arbeitsangebot**).
12. Auf seiner neuen Stelle verdient er 1650 Euro (**Einkommen**).
13. Familie Pohl hat ein **Sparbuch**.
14. Die Druckerei Schwarz kauft mit einem **Kredit** eine neue Druckmaschine (**Investition**).
15. Firma Meyer legt einen Teil ihres Gewinns als **Rücklage** in Wertpapieren an.
16. Die Gemeinde Burgdorf leiht sich 1 Million Euro für den Bau einer Mehrzweckhalle (**Kredit für eine öffentliche Investition**).

b) Fünf Pfeile bleiben übrig. Die passenden Begriffe heißen:

Arbeitskräfte – Arbeitsplätze – Produkte – Zinsen – Verkaufserlös.

(Xaver Fiederle [Hrsg.], P wie Politik, Bd. 2, Schöningh, Paderborn 1994, S. 71)

Lösungen:

a/b) 2.
c) 1.
d) 6.
e) Erlöse
f) 3.
g) Produkte
h) 4.
i) 16.
j) Zinsen
k) 14.
l) 15.
m) 13.
n) Arbeitskräfte
o) 12.
p) Arbeitsplätze
q) 9.
r) 7.
s) 10.
t) 8.
u) 9.

M 33c

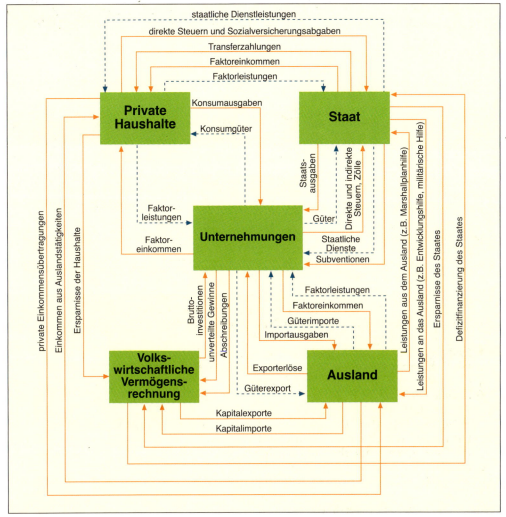

(Horst Wagenblaß, Volkswirtschaftslehre, öffentliche Finanzen und Wirtschaftspolitik, C. F. Müller Verlag, Heidelberg, 7. Aufl. 2001, S. 90; leicht verändert)

- - - - Güterströme
——— Geldströme

1. Wenn man sich die Vielzahl und die Vielfalt der wirtschaftlichen Aktivitäten in einem entwickelten Industrieland wie der Bundesrepublik vergegenwärtigt, wird man sich des Eindrucks der Unübersichtlichkeit und der Komplexität kaum erwehren können. Beobachten Sie nur einmal den Betrieb eines Supermarktes als eines winzigen Ausschnittes des gesamten Wirtschaftsprozesses: Anlieferung und Lagerung von Hunderten von Produkten auf die Verkaufsflächen, Beschäftigung und Bezahlung einer Vielzahl von Angestellten, Kauf und Verkauf an den Kassen usw. – Was passiert da eigentlich im Einzelnen? Wie funktioniert das alles? Welche Geldströme bewegen sich da?

2. Erläutern Sie die beiden grundlegenden Vereinfachungen (Sektorenbildung, Wertströme), die dem Kreislaufmodell zugrunde liegen. Inwiefern bestehen diese Vereinfachungen im Wesentlichen aus Zusammenfassungen von eigentlich sehr verschiedenartigen Akteuren und Beziehungen?

3. *Überprüfen Sie Ihr Verständnis des Kreislaufmodells in M 32 durch Zuordnung der folgenden konkreten Beispiele zu entsprechenden Geld- und Güterströmen (Pfeilen):*
a) Peter bezahlt an den Ladeninhaber € 0,75 für ein Glas Milch.
b) Claudia verdient pro Stunde € 25,– als Bedienung auf dem Münchner Oktoberfest.
c) Vera gibt € 7,– für eine Kinokarte aus.
d) Alexander erhält als Aktionär der Lufthansa € 5 000,– an Dividendenzahlungen*.
Zum Charakter und zur Funktion der in diesem Kreislaufbild enthaltenen „Märkte" vgl. später M 40.

4. *Erläutern Sie, welche ökonomischen Transaktionen die Ergänzung des Kreislaufmodells (M 32) durch drei weitere Sektoren (M 33b) erfordern, um ein „komplexeres und realistischeres" Bild zu erhalten.*

5. *Das Beispiel (M 33a) kann Ihnen verdeutlichen, dass jedes Wirtschaftssubjekt auf vielfältige Weise in den Wirtschaftskreislauf involviert ist und dass das Modell geeignet ist, die Grundbeziehungen und -zusammenhänge alltäglicher wirtschaftlicher Vorgänge transparent zu machen. Ergänzen Sie das Beispiel ggf. durch ein selbst gestaltetes Kreislaufbild mit den ökonomischen Transaktionen der Mitglieder Ihrer eigenen Familie.*

6. *Zum Abschluss sollten Sie – ggf. in Gruppenarbeit – Ihr Verständnis zentraler Begriffe und Zusammenhänge des Wirtschaftskreislaufes anhand der etwas umfänglicheren Aufgabe zu M 33b und der Analyse von M 33c noch einmal überprüfen.*

Methode **S**

M 34 Ökonomische Modelle

Biologielehrer im Gymnasium lehren die Grundlagen der Anatomie mit Nachbildungen des menschlichen Körpers aus Plastik. Diese Modelle haben alle wichtigen Organe – das Herz, die Leber, die Nieren und so fort. Das Modell ermöglicht es dem Lehrer auf einfache Weise zu zeigen, wie die wichtigsten Körperteile zusammenpassen. Selbstverständlich sind diese Plastikmodelle keine wirklichen menschlichen Körper, und niemand würde das Modell als eine lebende Person ansehen. Derartige Modelle sind stilisiert, und sie lassen viele Details weg. Trotz dieser Realitätsferne – eigentlich wegen dieses Abstands zur Wirklichkeit – ist das

(Zeichnung: © Marie Marcks/Heidelberg)

Studium des Modells nützlich, um zu lernen, wie der menschliche Körper funktioniert.
Auch Ökonomen gebrauchen Modelle, um etwas über die Welt zu lernen. Aber statt Plastik werden bei der Modellierung Diagramme und Gleichungen verwendet. Wie im Plastikmodell des Biologielehrers fehlen viele Einzelheiten, damit man das Wesentliche besser sieht. So wie das Modell des Biologielehrers nicht alle Muskeln und Kapillaren des Körpers enthält, zeigt auch das ökonomische Modell nicht jede Einzelheit der Volkswirtschaft.
[...] Sie werden bemerken, dass Modelle mit Annahmen konstruiert sind. Wie ein Physiker am Anfang seiner Analyse der herabfallenden Marmorkugel die Existenz von Reibungswiderstand per Annahme beseitigt, schließen auch Ökonomen viele Details, die für die Untersu-

chung einer bestimmten Frage irrelevant sind, mithilfe von Annahmen aus. Alle Modelle – in der Physik, in der Biologie und in den Wirtschaftswissenschaften – simplifizieren die Realität, um unser Verständnis von der Wirklichkeit zu verbessern.
(Gregory Mankiw [= M 32], S. 24f.)

Es ist deshalb unsinnig, ein Modell zu kritisieren, weil es zu einfach und nicht „realistisch" genug sei. Modelle sind naturgemäß nicht realistisch, und kein Ökonom ist so blind, das nicht zu sehen. Er überlegt sich ja gerade eine Theorie, um jene Phänomene, die zu komplex für unsere Hirne sind, in ihrem Kern zu erfassen; von daher auch die zwingende Notwendigkeit, sich eine vereinfachte, „unrealistische" Darstellung dieser Phänomene auszudenken. Nach dieser Methode arbeiteten schon die Wissenschaftler im Mittelalter. Physiker verwenden extrem vereinfachte Modelle von Atomen, Wirtschaftswissenschaftler benutzen nicht weniger vereinfachte Modelle von Märkten. Daraus lässt sich allerdings nicht ableiten, dass alle Theorien gleichermaßen gültig sind. Es gilt auch nicht, Modelle zu konstruieren, die so einfach sind, dass sie absurd werden. Oder, um es mit Paul Valéry zu sagen: Was einfach ist, ist falsch, was komplex ist, ist nicht brauchbar. Eine Theorie sollte so gestaltet sein, dass darin alle unwichtigen Aspekte eines Phänomens unbeachtet bleiben. Das zu erreichen ist nicht nur eine Wissenschaft, sondern auch eine Kunst. Albert Einsteins Kommentar dazu lautete etwa so: *Everything should be made as simple as possible, but not more so*, oder – ich will dich ja nicht mit dem Englischen überstrapazieren –: Alles sollte so einfach wie möglich gemacht werden, aber kein bisschen mehr.
Ein Beispiel: Wenn wir mit dem Auto von Hamburg nach Aschaffenburg fahren, bedienen wir uns eines Modells: der Landkarte. Wenn es uns darauf ankommt, so schnell wie möglich anzukommen, weil du Freunde besuchen willst, studieren wir die Übersichtskarte, auf der alle Autobahnen eingezeichnet sind, d. h. eine überaus grobe Darstellung der topografischen Wirklichkeit zwischen der Hansestadt und dem Wohnort deiner Freunde.
Trotzdem ist dieses Modell für uns weitaus nützlicher als eine vollständige, detaillierte Landkarte mit allen Bundesstraßen und Gemeindewegen; Letztere hätte nämlich nur eins zur Folge: Wir würden uns verfahren. Hätten wir jedoch Lust und Zeit genug, uns treiben zu lassen und alle Gegenden bis in den kleinsten Winkel zu erkunden, wären wir besser beraten, uns einen ganzen Vorrat an detaillierten Landkarten anzulegen.
(André Fourçans, Die Welt der Wirtschaft, Campus, Frankfurt/New York 1997, S. 20f.)

Mit einem Modell versucht man, die für das betrachtete Problem am wichtigsten erscheinenden Zusammenhänge abzubilden. Man muss also stets eine Entscheidung darüber treffen, was als wesentlich und was als vernachlässigbar anzusehen ist.
Eine wichtige Modellfestlegung bezieht sich (a) auf den *Ausschnitt des wirtschaftlichen Geschehens*, der für die zu untersuchende Fragestellung bedeutsam ist: den Entscheidungsbereich einzelner Wirtschaftseinheiten, die Bedingungen auf Einzelmärkten oder gesamtwirtschaftliche Zusammenhänge. Nach dem umfassten Wirtschaftsraum lassen sich noch regionale, volkswirtschaftliche und weltwirtschaftliche Fragestellungen unterscheiden.
Eine zweite Modellfestlegung betrifft (b) den *Aggregationsgrad** des Betrachters, der mit der Unterscheidung von mikro- und makroökonomischer* Betrachtungsweise gekennzeichnet wird. Beide Entscheidungen stehen natürlich in engem Zusammenhang, da im Allgemeinen die Betrachtung eines größeren Ausschnitts des wirtschaftlichen Geschehens die Wahl eines höheren Aggregationsgrades erforderlich macht.
Eine weitere Modellfestlegung betrifft (c) die Art der *Berücksichtigung der Zeit*. Das Modell kann sich auf die Analyse von Zuständen in bestimmten Zeitpunkten oder -perioden beziehen (etwa die Erklärung der Höhe des Preises von Schweinefleisch in einem bestimmten Monat) oder die Analyse von Entwicklungen im Zeitablauf zum Ziele haben.
(Wilhelm Henrichsmeyer/Oskar Gans/Ingo Evers, Einführung in die Volkswirtschaftslehre, Ulmer-Verlag, Stuttgart 1993, S. 45)

2. Das Wirtschaftssystem – Markt oder Plan

> ➤ *Welche Funktionen muss ein Wirtschaftssystem erfüllen? (M 35 – M 36)*
> ➤ *Woran scheiterte das planwirtschaftliche System der früheren DDR? (M 37 – M 38)*
> ➤ *Welches sind die zentralen Systemelemente der Marktwirtschaft? (M 39)*

▬ M 35 Kernproblem: Koordination

Das Kernproblem besteht in der Entscheidung der Frage, wie die wirtschaftliche Aktivität von Millionen von Wirtschaftssubjekten so koordiniert werden kann, dass der institutionell, zeitlich und räumlich getrennt ablaufende, arbeitsteilige und hoch spezialisierte Wirtschaftsprozess nicht nur möglichst reibungslos funktioniert, sondern auch möglichst effizient ist. [...]
5 [Dies Problem ist] schwer zu lösen, wenn eine Wirtschaftsgemeinschaft aus Millionen von Einzelwirtschaften mit einem unübersehbar vielfältigen Bedarf besteht, wenn die Bedarfsdeckungsmittel, d.h. die Arbeitsleistungen, die Grundstücke, die Fabrikationsanlagen, die Gütervorräte, das Geldkapital, auf Millionen Wirtschaftssubjekte (Arbeitnehmer, Unternehmer, Kapitaleigner, Bodenbesitzer) verteilt sind, wenn Verbrauch und Produktion institutionell zwi-
10 schen Haushalten und Unternehmen getrennt sind, wenn sich Hunderttausende räumlich und rechtlich voneinander getrennter Unternehmen in die Aufgabe teilen, die Nachfrage der Unternehmen nach Produktionsmitteln und die Nachfrage von Millionen über das Staatsgebiet verteilter Wirtschaftssubjekte nach Verbrauchsgütern zu befriedigen. Die Erfüllung dieser Aufgabe einzelwirtschaftlicher und gesamtwirtschaftlicher Lenkung, die zielgerichtete Ko-
15 ordinierung wirtschaftlicher Aktivitäten, ist die Funktion einer Wirtschaftsordnung.

(Heinz Lampert, Die Wirtschafts- und Sozialordnung der Bundesrepublik Deutschland, Olzog, München, 14. Aufl. 2001, S. 30)

▬ M 36a Drei zentrale Fragen

Untersuchen wir das Problem des Zusammenwirkens der Einzelwirtschaften, so erkennen wir bald, dass deren Zusammenarbeit auf drei große Fragenkomplexe stößt. Jede Volkswirtschaft muss, wenn sie aus einer größeren Zahl von Einzelwirtschaften besteht, eine grundsätzliche Entscheidung über drei Kardinalprobleme ihrer Güterversorgung fällen.
5 a) Die Bestimmung des *Produktionsziels*. Es muss eine Klärung darüber herbeigeführt werden, welche Güter in welchen Mengen produziert werden sollen.
  b) Die *Anordnung der Produktionsfaktoren* (Allokation der Ressourcen*). Hier handelt es sich darum, wie der Produktionsplan im Hinblick auf die vorhandenen Produktionsmittel verwirklicht werden soll und kann. Wie ordnen sich die vorhandenen Arbeitskräfte im Hinblick
10 auf das Produktionsziel an, wie gelangen die sachlichen Produktionsmittel an die richtige Stelle, mit anderen Worten, wer gehört an welchen Arbeitsplatz, und welche Kapitalgüter und Bodenschätze müssen für welche Produktion zur Verfügung stehen?
  c) Die *Verteilung* des Produktionsergebnisses (Distribution). Hier geht es darum, zu bestimmen, wer was und wie viel von dem Produktionsergebnis erhält, nach welchen Grundsätzen
15 die Verteilung der Güter erfolgt und wie viel jeweils für den Konsum und wie viel für die nächsten Produktionspläne als Kapital vorgesehen werden kann.

Die Regelung dieser drei Hauptprobleme – das Problem der Bestimmung des Produktionsziels, das Problem der daraufhin vorzunehmenden Anordnung der Produktionsfaktoren und das Problem der Verteilung – in rechtlicher, organisatorischer und sozialer Hinsicht nennen
20 wir die *Wirtschaftsordnung* eines Landes. Die Wirtschaftsordnung bildet demnach den rechtlich-organisatorischen Rahmen, innerhalb dessen sich die Koordination der Einzelwirtschaften vollzieht. [...]

Wenn in Bezug auf einen Bereich menschlicher Gesellschaften von „Ordnung" die Rede ist, dann wird darunter meist die Gesamtheit der für den Aufbau und das Funktionieren eines Bereiches geltenden *Regeln* und die Gesamtheit der zuständigen *Einrichtungen* verstanden. In diesem Sinne ist von der Gesellschafts-, Staats-, Rechts-, Kultur-, Wirtschafts- und Sozialordnung die Rede. In erster Annäherung kann daher unter Wirtschaftsordnung verstanden werden di*e Gesamtheit aller für den organisatorischen Aufbau der Volkswirtschaft und für die wirtschaftlichen Abläufe geltenden Regeln sowie die Gesamtheit der für die Verwaltung, Steuerung und Gestaltung der Wirtschaft zuständigen Einrichtungen.*

(Heinz Lampert [= M 35], S. 24)

Man spricht im Zusammenhang mit den zuvor aufgeworfenen drei Fragen auch oft von einem Wirtschaftssystem. Unter einem *Wirtschaftssystem* verstehen wir eine aus bestimmten
25 Grundsätzen konsequent abgeleitete Regelung der drei Hauptfragen jeder Wirtschaftsordnung, das ist der Bestimmung des Produktionsziels, der Anordnung der Produktionsfaktoren und der Verteilung des Produktionsergebnisses.
Ein Wirtschaftssystem bezeichnet also ein erdachtes, rein logisches Gebilde, d.h. den als sinnvolle Einheit erscheinenden Typus einer wirtschaftlichen Ordnung. Es handelt sich hier um eine
30 theoretische Kategorie, einen Idealtypus*, ein Modell, während die Bezeichnung *Wirtschaftsordnung* den real bestehenden Lösungen vorbehalten bleibt, die keineswegs kompromisslos typisiert und systematisiert sein müssen, sondern aus nicht immer leicht analysierbaren Mischformen bestehen. Man spricht z.B. von unserer Wirtschaftsordnung, der Wirtschaftsordnung der Bundesrepublik, und man bezeichnet sie als eine soziale Marktwirtschaft, was besagen will, dass
35 diese Ordnung einem marktwirtschaftlichen System nahe kommt.

(Karl Häuser, Volkswirtschaftslehre, S. Fischer Verlag, Frankfurt a. M. 1967, S. 57–59)

Das Wirtschaftssystem als Teilsystem der Gesellschaft

Arbeitsteilige Gesellschaften können als aus verschiedenen *Teilsystemen* zusammengesetzt gedacht werden. Neben dem *ökonomischen System* lassen sich vor allem das politische System und das kulturelle System nennen. Während es im *ökonomischen System* vor allem um die Erstellung von Leistungen zur Befriedigung von Bedürfnissen geht, umfasst das kulturelle System die in einer Gesellschaft vorhandenen Traditionen, Sitten und moralischen Werte (bspw. Toleranz, Rechtsbewusstsein), aber auch Denk- und Interpretationsmuster sowie Kommunikationsformen bis hin zu Sprache, Religion und Kunst. Im Mittelpunkt des *politischen Systems* steht dagegen der Staat, der sich in modernen Gesellschaften durch das sog. Gewaltmonopol definiert, d.h., dass nur der Staat in einer Gesellschaft auf eine legitimierte Weise Gewalt zur Durchsetzung der Rechtsordnung ausüben darf. Von zentraler Bedeutung ist, dass sich diese drei Teilsysteme einer Gesellschaft in vielfacher Weise wechselseitig durchdringen und beeinflussen, sodass das ökonomische System nicht unabhängig vom kulturellen und politischen System betrachtet werden kann.

(Wolfgang Kerber, Wirtschaftspolitik. In: Rolf Walter [Hrsg.], Wirtschaftswissenschaften. Eine Einführung, Schöningh, UTB, Paderborn 1997, S. 600)

M 36b Grundfunktionen eines Wirtschaftssystems

● Die am Wirtschaftsprozess Beteiligten müssen motiviert und interessiert sein, die (in M 36a) formulierten Ziele zu erreichen. Die Zielerreichung muss für sie vorteilhaft, die Zielverfehlung nachteilig sein. Die erfolgreiche Suche nach neuen und besseren Wegen z.B. bei der Produktion muss sich lohnen (**Motivations- bzw. Sanktionsproblem***).
5 ● All dies erfordert ein umfassendes, auf Veränderungen rasch reagierendes Informations- und Kommunikationssystem, das Produzenten und Verbrauchern, leitenden und ausführenden Akteuren, ausreichende Hilfe für sachgerechte Entscheidungen und Handlungen liefert (**Informationsproblem**).

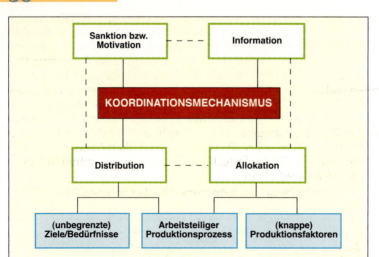

(Peter Czada/Michael Tolksdorf/Alparslan Yenal, Wirtschaftspolitik, Leske + Budrich, Opladen 1992, S. 23f.)

1. Beschreiben Sie möglichst mit eigenen Worten, woraus sich die Notwendigkeit einer Koordination der wirtschaftlichen Aktivitäten ergibt und inwiefern es sich angesichts der „wirtschaftlichen Aktivität von Millionen von Wirtschaftssubjekten" um eine gewaltige Aufgabe handelt (M 35).

2. Erläutern Sie, worin das „Kernproblem" besteht (M 35) und welche drei zentralen Fragen sich im Hinblick auf die Koordination stellen. Aus welchen unterschiedlichen Perspektiven ergeben sich die drei Problemfragen? (M 36a)

3. Vergleichen Sie die schematische Übersicht (M 36b) mit dem Text M 36a. Welches der drei Zentralprobleme ist in der Übersicht nicht eigens ausgeführt (bzw. als in das Problem der Allokation integriert zu denken)? Wie sind die beiden zusätzlichen Funktionen (Sanktion/Motivation und Information) zu verstehen? In welchem Verhältnis stehen sie zu den Zentralproblemen?

4. Klären Sie den Unterschied zwischen „Wirtschaftssystem" und „Wirtschaftsordnung" (Kasten S. 55 o.). Inwiefern kann das ökonomische System „nicht unabhängig vom kulturellen und politischen System betrachtet werden" (Kasten S. 55 u.)?

▬▬ **M 37** Das Modell der Zentralverwaltungswirtschaft

Betrachtet man eine hoch arbeitsteilige Volkswirtschaft, in der die ökonomischen Aktivitäten von Millionen von Menschen wechselseitig voneinander abhängen und folglich in adäquater Weise ineinander greifen müssen, so scheint die Idee nahe liegend, das Knappheitsproblem (s. M 13) in einer Volkswirtschaft dadurch zu lösen, dass an einer zentralen Stelle alle Informa-
5 tionen über die Bedürfnisse der Menschen sowie die produzierbaren Güter, die für ihre Herstellung zur Verfügung stehenden Produktionsfaktoren und Produktionstechnologien gesammelt werden und dann mithilfe mathematischer Verfahren berechnet wird, welche Güter in welchen Mengen mit welchen Produktionsfaktoren und Technologien hergestellt werden sollen, um den Wohlstand zu maximieren. Das Ergebnis wäre ein die ganze Volkswirtschaft um-
10 fassender *zentraler Plan*, in dem die gesamte Produktion und Verteilung aller Güter und Leistungen festgelegt würde. Da ein solcher Plan zwangsläufig implizieren würde, dass für jeden Betrieb und letztlich für jede Arbeitskraft bestimmt wäre, welche Leistungen sie jeweils zu erbringen hätten, wäre über eine solche zentrale Planung gleichzeitig das Problem der Koordination der einzelnen ökonomischen Aktivitäten gelöst.

15 Dieses Konzept der *Zentralverwaltungswirtschaft* hat man in den osteuropäischen sozialisti-
schen* Staaten umzusetzen versucht. Auch in den westlichen Volkswirtschaften hatte die Idee,
dass der Staat durch größere zentrale Planung das Knappheitsproblem rationaler lösen könnte
als der Markt, zeitweise erheblichen Anklang gefunden. [...] Da eine umfassende zentrale Planung aller ökonomischen Aktivitäten die unumschränkte Verfügung dieser zentralen Instanz
20 über alle Produktionsfaktoren und Ressourcen erfordert, bedeutet dies notwendigerweise, dass
es *kein Privateigentum an Produktionsmitteln* geben darf, denn Letzteres würde bedeuten, dass
einzelne Individuen selbst frei über die Verwendung ihrer Ressourcen entscheiden dürfen,
womit diese aber der zentralen Planung entzogen wären. In analoger Weise könnten auch die
Menschen nicht mehr die Freiheit besitzen, selbst über ihre ökonomischen Aktivitäten zu ent-
25 scheiden, weil sie lediglich die im Plan für sie festgelegten Tätigkeiten auszuführen hätten
(*Einschränkung der individuellen Handlungsfreiheit*).

(Wolfgang Kerber, Wirtschaftspolitik. In: Rolf Walter [Hrsg.], Wirtschaftswissenschaften. Eine Einführung, Schöningh, UTB,
Paderborn 1997, S. 601)

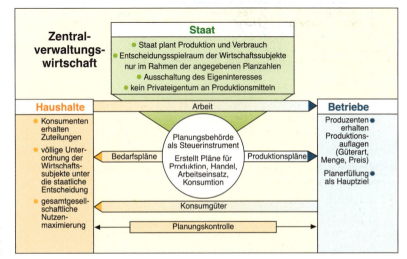

(Gabler Kompakt Lexi-
kon Wirtschaft, 7. Aufl.,
Wiesbaden 1997)

M 38 Warum die DDR-Wirtschaft scheiterte

In der Theorie ist es vorstellbar, dass in einer Zentralverwaltungswirtschaft alle oben (s. M
36a/b) genannten Grundprobleme gelöst werden. In der Wirklichkeit scheiterte sie aus folgenden Gründen:

– Keine Planbehörde ist in der Lage, die Erzeugung und Verteilung von Abermillionen Gütern
5 und Dienstleistungen zentral bis ins Detail zu planen. Auch in der DDR musste sich die Plan-
kommission daher mit der Aufstellung relativ grober Planziele und Planbilanzen begnügen,
die dann auf den unteren Plan-Ebenen und in den Kombinaten* und Betrieben immer weiter
differenziert und aufgeschlüsselt wurden.
– Da die Planerfüllung bzw. -übererfüllung höchstes Gebot war, suchten die Betriebe erfolg-
10 reich nach Methoden einer leichten Zielerreichung. Dies äußerte sich im Streben nach „wei-
chen Plänen“, d.h. in bewusster Fehlinformation der Zentrale über das eigene Leistungsvermögen ebenso wie im Widerstand gegen neue Produktionsverfahren und neue Produkte. Zur
Planerfüllung selbst wurde oft der bequemste Weg gesucht, was dazu führte, dass die Produktion nicht am wechselnden tatsächlichen Bedarf orientiert wurde, sondern der Plan z.B. durch
15 die Massenfertigung einiger weniger Standardprodukte mit geringer Qualität erfüllt wurde. Die
Konkurrenz anderer Anbieter – die Triebkraft in marktwirtschaftlichen Systemen – fehlte, sodass ein solches verbraucherfeindliches Verhalten auf allen Ebenen der Erzeugung und Vertei-

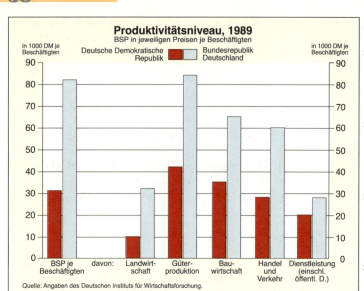

Produktivitätsniveau, 1989
BSP in jeweiligen Preisen je Beschäftigten

in 1000 DM je Beschäftigten

Deutsche Demokratische Republik ■   Bundesrepublik Deutschland ■

in 1000 DM je Beschäftigten

BSP je Beschäftigten — davon: Landwirtschaft · Güterproduktion · Bauwirtschaft · Handel und Verkehr · Dienstleistung (einschl. öffentl. D.)

Quelle: Angaben des Deutschen Instituts für Wirtschaftsforschung.

lung risikolos möglich war, zumal für die „Volkseigenen Betriebe*" und Handelsorganisationen keine Konkursgefahr bestand.

– Mit der Beseitigung des Privateigentums an den Produktionsmitteln wurde auch das Privatinteresse am Erhalt und an der rationellen Nutzung der Produktionsanlagen, der Gebäude, der Rohstoffe etc. abgeschafft. Die desolaten Fabriken, die heruntergekommenen Stadtviertel, die freudlosen Geschäfte, aber auch die horrenden Umweltschäden der DDR zeugen von einer „kollektiven Verantwortungslosigkeit", die durch das System verursacht und ermöglicht wurde.

– Um die Pläne leichter erfüllen zu können, „horteten" die Betriebe z.B. Rohstoffe und Arbeitskräfte und forderten entsprechende Finanzmittel an, die dann an anderer Stelle fehlten. Diese Tendenz zur „Überbesetzung der Arbeitsplätze" wurde auch noch dadurch gefördert, dass Entlassungen in die Arbeitslosigkeit nicht zulässig waren. Die Kehrseite dieser Art von Vollbeschäftigung war eine entsprechend niedrige Arbeitsproduktivität (vgl. Abb.), der wiederum ein niedriger Reallohn entsprach: *Wo pro Kopf wenig erzeugt wird, kann auch nur wenig verteilt werden!* Die relativ geringen Einkommen, die zudem (etwa im Vergleich zur Bundesrepublik) weit weniger nach Qualifikation und Leistung gestaffelt waren, trugen zusammen mit der Arbeitsplatzgarantie und dem begrenzten Konsumgüterangebot nur wenig zur Leistungsmotivation der Beschäftigten bei, die infolge von Organisationsmängeln und Lieferengpässen ohnehin häufig unterbeschäftigt blieben.

– Weitere schwer wiegende Mängel resultierten aus dem starren Preissystem, das sich den veränderten Knappheiten nicht anpasste und damit eine kostengerechte Produktion vereitelte. Die Verbraucherpreise wurden entweder durch Subventionen* künstlich niedrig gehalten (s. Kasten) oder durch hohe Steuern (z.B. bei Autos, Fernsehern, Waschmaschinen) kräftig heraufgesetzt, wobei die Abgaben zur Finanzierung der Subventionen dienten, dazu aber schließlich nicht mehr ausreichten. Die sozialpolitisch bewusst niedrig gehaltenen Preise (z.B. für elektrische Energie und für Grundnahrungsmittel) förderten die Verschwendung. Die sehr niedrigen Mieten erzwangen eine strikte Bewirtschaftung und Zuteilung des Wohnraums und deckten nicht einmal die nötigsten Reparaturen, geschweige denn die Erhaltung oder gar Modernisierung der Häuser. Dafür waren viele Waren extrem überteuert oder so knapp, dass sich schwarze Märkte bildeten und „Beziehungen" oder harte Währungen erforderlich waren, um sie zu erhalten.

In der DDR wurden die Preise besonders für Grundnahrungsmittel niedrig gehalten. So kostete zum Beispiel ein Kilo Roggenmischbrot 0,52 Mark, 1/2 Liter Milch 0,34 Mark, Schweinekotelett 8 Mark pro Kilo usw. Auch die Mieten waren sehr günstig. Für weniger als 100 Mark konnte eine Familie eine Dreieinhalbzimmerwohnung bewohnen. Andere Güter dagegen waren sehr teuer, wie zum Beispiel Kaffee oder Computer.

(Peter Czada/Michael Tolksdorf/Alparslan Yenal, Wirtschaftspolitik, Leske + Budrich, Opladen 1992, S. 25–27)

1. Erläutern Sie den Begriff „Zentralverwaltungswirtschaft" und die Aussage des Textes, dass die Idee eines solchen Wirtschaftssystems für eine „hoch arbeitsteilige Volkswirtschaft" „nahe liegend" sei (M 37).

2. Inwiefern setzt das System einer Zentralverwaltungswirtschaft voraus, dass es kein Privateigentum an Produktionsmitteln gibt? (M 37)

3. M 38 enthält konkrete Hinweise auf die Gründe für das Scheitern der DDR-Wirtschaft. Erläutern Sie insbesondere,
 – inwiefern die im Schaubild (S. 58) dargestellten Defizite auf das planwirtschaftliche System zurückzuführen sind und
 – welcher Zusammenhang zwischen den Preissubventionen für Grundnahrungsmittel, Mieten usw. und dem Verfall der Produktionsanlagen, den Umweltschäden usw. besteht.

Vergleichen Sie dazu auch M 36b. Welche Grundfunktionen eines Wirtschaftssystems konnten nicht hinreichend erfüllt werden?

M 39 Das System der Marktwirtschaft

In marktwirtschaftlichen Systemen wird ein prinzipiell völlig anderer Weg beschritten. Statt von der zentralen Steuerung aller Aktivitäten zur Verminderung des Knappheitsproblems wird in Marktwirtschaften davon ausgegangen, dass *unter geeigneten Regeln* **Selbststeuerungsmechanismen** *existieren*, durch die erstens die ökonomischen Aktivitäten der Menschen darauf ge-
5 lenkt werden, die Möglichkeiten zur Bedürfnisbefriedigung zu erhöhen, und zweitens die auftretenden Koordinationsprobleme über spontane, direkte Abstimmung zwischen den Individuen selbst gelöst werden können, ohne dass eine hierarchisch* übergeordnete Instanz tätig werden müsste. Die Grundidee besteht darin, dass der Staat im Wesentlichen nur für die Etablierung und Durchsetzung einer Menge von Regeln im Sinne eines *institutionellen Rahmens*
10 sorgt, durch die Individuen Freiheitsspielräume erhalten, die ihre – nur an ihrem Selbstinteresse orientierten – ökonomischen Aktivitäten in eine (auch aus Sicht des volkswirtschaftlichen Knappheitsproblems) produktive Richtung lenken. Im Mittelpunkt dieser marktlichen Selbststeuerung stehen dabei das System der *Preise* und der *Wettbewerb*.
Durch den in einer Marktwirtschaft zwischen je zwei Wirtschaftssubjekten stattfindenden frei-
15 willigen Tausch werden Güter und Ressourcen jeweils denjenigen Verwendungen zugeführt, in denen sie den höchsten Nutzen stiften (*effiziente Allokation**). Durch die sich in einer solchen Tauschwirtschaft frei durch Angebot und Nachfrage bildenden **Preise** wird allen Wirtschaftssubjekten die relative Knappheit der betreffenden Güter und Ressourcen angezeigt (*Signalfunktion*), sodass diese ausgehend von ihren eigenen Zielen und ihrem jeweils eigenen Wis-
20 sen selbst darüber entscheiden können, ob und wie viel sie von den betreffenden Gütern entweder herstellen und anbieten (Produktion) oder für ihren privaten Konsum verbrauchen (oder für die weitere Produktion einsetzen) und folglich auf dem Markt nachfragen. Kommt es bspw. zu einer Verknappung bestimmter Güter, so zeigt sich diese marktliche Selbststeuerung darin, dass die dadurch ausgelösten Preissteigerungen sowohl zu einer Erhöhung der angebo-
25 tenen als auch zu einer Verminderung der nachgefragten Mengen führen, wodurch es ohne Eingriff von staatlicher Seite von selbst wieder zu einem *Ausgleich von Angebot und Nachfrage* und folglich zu einer Koordination der wirtschaftlichen Aktivitäten von Anbietern und Nachfragern kommt.
Ein zweiter, eng mit dem Preissystem verbundener Selbststeuerungsmechanismus ist der
30 **Wettbewerb**. Die Schaffung neuen, besseren Wissens über die Wünsche der Konsumenten und über die besten und kostengünstigsten Möglichkeiten, diese Bedürfnisse zu befriedigen, steht im Mittelpunkt der Wettbewerbsaktivitäten der Unternehmen, die in Konkurrenz um die Konsumenten immer wieder neue Produkte und Produktionsverfahren (*Produkt- und Verfahrensinnovationen*) kreieren und auf dem Markt ausprobieren. [...]
35 Wettbewerb ist in mehrfacher Hinsicht ein Selbststeuerungsmechanismus. Zum einen kann er das *Informationsproblem* wesentlich besser lösen als die Zentralverwaltungswirtschaft, da alle

Individuen jederzeit auf dem Markt als Wettbewerber auftreten können, wenn sie glauben, die Wünsche der Konsumenten besser oder billiger als bisherige Anbieter befriedigen zu können. Nicht nur können hierdurch weit verstreute und nichtzentralisierbare Informationen besser
40 genutzt werden, sondern damit wird gleichzeitig auch das *Motivationsproblem* gelöst, da die Unternehmen mit besseren Leistungen durch Gewinne belohnt werden, während dauerhaft ineffiziente Unternehmen Verluste machen, in ihrer Existenz bedroht werden und längerfristig aus dem Markt ausscheiden müssen. Insbesondere wird aber durch den Wettbewerb auch der technische Fortschritt vorangetrieben (*Innovationsproblem*), da die Unternehmen im Wett-
45 bewerb laufend Anreize haben, nach neuem besserem Wissen zu suchen, um im Wettbewerb vorzustoßen. Aufgrund dieses *Wissen schaffenden Charakters des Wettbewerbs* handelt es sich bei Marktwirtschaften um ständig sich entwickelnde, *evolutorische Systeme*, die sich schnell an sich ändernde Umwelten anpassen können. [...]   (Wolfgang Kerber [= M 37], S. 603–606)

Zum System der Marktwirtschaft bringt M 39 eine kompakte Darstellung, deren zentrale Aspekte (insbesondere der Markt- bzw. Preismechanismus und die Funktion des Wettbewerbs) in den folgenden Abschnitten im Einzelnen konkreter entfaltet und problematisiert werden (s. M 40ff.). Versuchen Sie an dieser Stelle, diese Aspekte in Gegenüberstellung zur Darstellung der Zentralverwaltungswirtschaft und unter Rückbezug auf M 36b kurz zu erläutern:

– Welche Rolle spielt der Staat?
– Wie wird die Wirtschaft koordiniert/gesteuert?
– Welche Funktion haben die Preise?
– Wie werden die Probleme von Information, Motivation und Innovation gelöst?

Nach der Erarbeitung der genaueren Darstellung der Einzelaspekte (bzw. einiger ausgewählter Aspekte) in den folgenden Abschnitten kann die nochmalige Lektüre von M 39 der Sicherung des Verständnisses der Zusammenhänge dienen.

3. Märkte und Marktpreise – Modell und Funktionen

> *Was genau ist ein „Markt" und welche Interessen und Faktoren bestimmen das Verhalten der Nachfrager (Konsumenten) und der Anbieter (Produzenten)? (M 40 – M 45)*
> *Wie bildet sich unter Modellbedingungen der Marktpreis? (M 47 – M 49)*
> *Welche Funktionen können Marktpreise erfüllen? (M 50)*

(Foto: dpa)   (Foto: vario press/Süddeutscher Verlag-Bilderdienst)

(http://de.shopping.yahoo.com)

Suche gebr. **Jet-Ski** mit Trailer
05 71/2 53 43 Münzenankauf
1a Nokia 3110 gesucht!

Ab sofort: Kaufe alte Orientteppi-
che, auch beschädigt od. abge-
treten.

Achtung! Alte Gemälde und Teppiche von Privat gesucht.

Achtung! Alte Uhren, Spieluhren,
auch defekt, Uhrenersatzteile
und Werkzeuge ges.

Achtung! Kaufe altes Glas, Porzel-
lan, Bilder, Kleinmöbel etc.,
auch aus Haushaltsaufl.

Achtung, alter Kautabaktopf und
altes Reklameschild gesucht

Alte Schreibmaschine Torpedo
(runde Tasten) + alte Rechen-
maschine Brunswiga/ Olympia
AG zu verkaufen

Alte Zither „Rote Rose", von
Oma, sehr gepfl., 150 €, Ak-
kordeon 80 Bass, 280 € VHB

Alter Bosch Kühlschrank 60er-Jah-
re, zu verk., Preis VHS

Alter Kü.-Schrank, 60er-Jahre, 2-
teilig, ca. 170 H, 130 B, 50 T,
für 180,– €

Alter Küchenschrank von 1935.
VB € 200; Plattenspieler + Radio € 40.

Altes Küchenbuffet 20er-Jahre,
gute Violine, original Kinoses-
sel, alte Schulbank, E-Gitarre

(Westfälisches Volksblatt, „Schnäpp-
chenmarkt")

MÄRKTE **Büromarkt** **Stellenmarkt** Geldmarkt

Arbeitsmarkt **Trödelmarkt** **Baumarkt**

Flohmarkt Möbelmarkt **DROGERIEMARKT**

Sammlermarkt **Heimwerkermarkt** **Aktienmarkt**

Getränkemarkt **Gebrauchtwarenmarkt**

Weihnachtsmarkt Teppichmarkt **Grundstücksmarkt**

Kreditmarkt Immobilienmarkt

Baumaschinenmarkt Devisenmarkt

M 40 Der Markt als Treffpunkt von Angebot und Nachfrage

Jeden Sonntagmorgen um 5 Uhr erwartet die Frühaufsteher der Freien Hansestadt Hamburg
ein eigenartiges Schauspiel ... Attraktion für Einheimische und Besucher, für übrig gebliebene
Nachtschwärmer und biedere Hausfrauen: der Fischmarkt! Für wenige Stunden erwachen die
Straßen und Gassen nahe des Fischereihafens zu geschäftiger Betriebsamkeit: Buden und
5 Stände schießen wie Pilze nach einem warmen Sommerregen aus dem Boden; Fischfrauen
schleppen in mächtigen Kübeln frisch angelandete Ewerschollen herbei; Bauern aus den benachbarten Vierlanden türmen Äpfel und Kohlköpfe zu appetitlichen Pyramiden, öffnen But-
terfässer und Körbe mit nestwarmen Hühnereiern; Aalhändler in silbergeschmückten Joppen,
einen schwarzen Zylinderhut auf dem Kopfe, richten die fettglänzenden Delikatessen ordent-
10 lich auf ihren Tischen aus; Blumenfrauen arrangieren Nelken, Astern und Rosen zu bunten
Sträußen. Stände, die spitzenbesetzte Damenwäsche und fein bestickte Taschentücher anbieten, wechseln mit einfachen Holzverschlägen, in denen rosige Ferkelchen grunzen. Mit rasan-
tem Tempo wechseln Waren verschiedenster Art und Herkunft den Besitzer, untermalt durch
die fantasievollen Anpreisungen der Marktschreier. Eingekeilt in die Masse der Passanten zie-
15 hen Straßenmusikanten durch den frühen Morgen, ihr mehr lautes als melodiöses Spiel
mischt sich mit dem Geschrei der Ausrufer: „Zwei Apfelsinen für 50 Cent – nein, drei, weil
Sie's sind, Herr Direktor – ach, hier haben Sie vier, und wenn ich Pleite mache!" Alte Mütter-
chen drehen das Portmonee in den Händen, wählen sorgsam zwischen Bananen und Oran-
gen, zwischen Eiern der Klasse A und B, zwischen Kabeljau und Butt ... praktische *Grenznut-*
20 *zenerwägungen** (s. M 14), ohne dass sie sich dessen bewusst sind.
Nehmen wir der Szenerie das romantische und amüsante Beiwerk, so bleibt übrig nur ein
Markt. Ein Platz also, an dem sich Verkäufer und Käufer, Angebot und Nachfrage treffen.

Wirtschaftlich bedeutsam ist vor allem die Unterscheidung der Marktarten nach dem **Marktgegenstand**. Gegenstand von Markttransaktionen können Güter, Produktionsfaktoren und Geld sein. Entsprechend lassen
sich Güter- und Faktormärkte sowie der Geld- und Kapitalmarkt unterscheiden.
Gütermärkte oder Produktmärkte sind Märkte, auf denen Güter (Sachgüter bzw. Waren und Dienstleistungen) gehandelt werden. Gütermärkte stehen im Mittelpunkt volkswirtschaftlicher Überlegungen zu
Marktformen und Preisbildungsprozessen.
Faktormärkte sind Märkte für Produktionsfaktoren
(Boden/Natur, Arbeit, Kapital). Der wichtigste Faktor-
markt ist der Arbeitsmarkt. Die Preisbildung (= Lohn-
findung) auf dem **Arbeitsmarkt** stellt einen Sonderfall
dar. Bei Lohnverhandlungen stehen sich Gewerkschaften (Vertreter der Arbeitnehmer) als Anbieter
und Arbeitgeberverbände (Vertretung der Unternehmen) als Nachfrager gegenüber. Die Verhandlungs-
partner werden als Tarifpartner bezeichnet.
Auf dem **Geld- und Kapitalmarkt** wird Geldkapital gehandelt. Am Geldmarkt im engeren Sinne treten nur
Zentralbank*, Geschäftsbanken und große Wirtschaftsunternehmen auf. Getauscht werden u.a. Bargeld und Wertpapiere* mit kurzen Laufzeiten. Der Kapitalmarkt ist der Markt für langfristige Kredite und
Kapitalanlagen (Aktienmarkt, Rentenmarkt*, Kredite
der Geschäftsbanken an Nichtbanken, Einlagen der
Nichtbanken bei Geschäftsbanken).

(Hans-Jürgen Albers u.a., Volkswirtschaftslehre, Verlag Europa-
Lehrmittel, Haan-Gruiten 1998, S. 158)

25 Der Hamburger Fischmarkt (auf dem,
wie wir sahen, keineswegs nur mit
Fisch gehandelt wird) findet zu ganz
bestimmten Stunden an einem ganz
bestimmten Ort statt. Dasselbe gilt für
30 alle Wochenmärkte. Ebenso trifft es
auf die *Börsen* zu (s. S. 60): Auch hier
treffen sich Käufer und Verkäufer zu
festen Zeiten an festen Plätzen, um
Wertpapiere* oder Waren (die freilich
35 meistens dort nicht konkret vorhanden sind) zu kaufen oder zu verkaufen. Genannt seien etwa die Wertpa-
pierbörse in Düsseldorf und die Gold-
börse in Frankfurt. Die dort ausgehan-
40 delten oder festgelegten Kurse und
Notierungen kann man in Wirt-
schaftszeitungen, aber auch in den
Wirtschaftsteilen größerer Tageszeitungen nachlesen. Die technischen
45 Möglichkeiten des Computerzeitalters
erlauben es inzwischen sogar, so genannte virtuelle Warenhäuser mit Hilfe des Internets aufzubauen, in denen
die Güter auf elektronischem Wege
50 angeboten und verkauft werden (s. S.
61). So interessant und aufschluss-

reich diese Beispiele aber auch sein mögen, den Begriff *Markt* vermögen sie in seiner ganzen volkswirtschaftlichen Breite und Bedeutung nicht zu erklären. Wir verstehen darunter vielmehr jedes Zusammentreffen von *Angebot* und *Nachfrage*. Wenn beispielsweise Herr Meyer
55 auf dem Wege ins Büro am Kiosk 1 Euro hinlegt und eine Zeitung mitnimmt, bildet sich dort für Sekundenbruchteile ein Markt, und wenn sein Sohn Peter für 50 Cent Kaugummi kauft, passiert im Süßwarengeschäft das Gleiche.

Je nachdem, welche Sachgüter oder Dienstleistungen umgeschlagen werden, sprechen wir von einem Verbrauchsgütermarkt, einem Investitionsgütermarkt, einem Kapitalmarkt, einem
60 Geldmarkt, einem Immobilienmarkt, einem Agrarmarkt, einem Arbeitsmarkt usw. Innerhalb dieser Unterteilung wiederum gibt es eine Vielzahl von Teilmärkten (s. S. 61). So fällt zum Beispiel unter den Oberbegriff Verbrauchsgütermarkt der Automobilmarkt, und er teilt sich auf in einen Markt für Kleinwagen, für Mittelklassewagen, für Luxuswagen, für Coupés, für Sportwagen, für Kombis.

65 Wir wollen nicht den ungezählten Verästelungen weiter nachgehen. Worauf es ankommt, ist dies: Der Markt ist gewissermaßen das Nervenzentrum der Wirtschaft, in ihm treffen die Wünsche und Absichten von Konsumenten und Produzenten aufeinander, von Arbeitgebern und -nehmern, von Vermietern und Mietern, von Kapitalgebern und -nehmern – kurz: von Angebot und Nachfrage!

70 Nun verfolgen die verschiedenen Marktpartner recht unterschiedliche Ziele: Der Konsument will möglichst billig einkaufen, der Produzent möglichst teuer verkaufen, der Arbeitnehmer andererseits möglichst hohe Einkünfte erzielen, der Arbeitgeber mit möglichst niedrigen Löhnen und Gehältern auskommen – und so könnte man die Gegenüberstellung beliebig fortsetzen. Wer kauft (seien es Waren oder Arbeitskraft), ist immer an niedrigen Preisen, wer ver-
75 kauft (gleich ob seine Arbeitskraft oder Waren), immer an möglichst hohen Preisen interessiert.

Diese widerstreitenden Interessen zum Ausgleich zu bringen, das ist in der freien Marktwirtschaft die Aufgabe des Preises.

(Werner Heiring/Walter Lippens [= M 2], S. 90f.)

1. *Beschreiben Sie, was man unter dem Begriff „Markt" zu verstehen hat. Inwiefern ist ein Markt „nicht an einen konkreten Ort gebunden"? (M 40)*

2. *Erläutern Sie die Dreiteilung der Marktarten nach den Gegenständen: Güter (Sachgüter und Dienstleistungen), Produktionsfaktoren, Geld/Kapital (s. Kasten S. 62) und ordnen Sie die im Text und in der Begriffssammlung S. 61 u. genannten Märkte diesen drei Arten zu. Nennen Sie auch Beispiele für den (hier kaum berücksichtigten) Dienstleistungsmarkt (als Teil des Gütermarktes).*

3. *Stellen Sie eine der in M 40 (Z. 64) angesprochenen „Verästelungen" dar, z. B. für die Marktart „Konsumgüter" (als Oberbegriff mit der Unterteilung „Gebrauchsgüter" und „Verbrauchsgüter") bis zum konkreten Produkt, z. B. einer Flasche Coca-Cola oder eines Bleistifts (vgl. Kasten S. 22).*

M 41   Die Nachfrage – Das Verhalten der Konsumenten am Markt

Dem Konsumenten steht während einer Zeitperiode i.d.R. ein bestimmtes Einkommen zur Verfügung. Dieses erhält er beispielsweise als Entgelt für Arbeitsleistungen. Der Konsument muss nun entscheiden, welchen Teil seines Einkommens er für Konsumgüter ausgibt und welche Konsumgüter er in welcher Menge erwerben will. Als Restriktionen [Einschränkungen]
5 für die Entscheidungen können dabei die *Höhe des Einkommens* und seine *persönlichen Wünsche* (Bedürfnisse) sowie die verfügbaren Mengen der Produkte betrachtet werden. Insgesamt kann davon ausgegangen werden, dass jeder Konsument bewusst oder unbewusst versucht, ein solches Güterbündel zu erwerben, das seinen persönlichen Nutzen maximiert, d.h., er strebt *Nutzenmaximierung* an. Das schließt sowohl den Zusammenhang zwischen *Preis und*
10 *Menge* der Güter ein als auch die *individuellen Präferenzen** nach bestimmten Gütern, die von

Person zu Person sehr unterschiedlich sind. Demzufolge wird sich die Nachfrage nach einem Güterbündel durch die Gesamtheit der Konsumenten nicht in einem Modell erfassen lassen. Dieser Frage nachzugehen, erscheint auch wenig sinnvoll. Relevanter ist es deshalb, die Nachfrage nach einem ganz bestimmten Gut zu untersuchen.

15 Allgemein kann zunächst festgestellt werden, dass zu einer gegebenen Zeit die Menge des gekauften Gutes i.d.R. von dessen Preis abhängt. Offensichtlich ist davon auszugehen, dass die Konsumenten *ceteris paribus*, d.h. bei sonst unveränderten Bedingungen (vgl. dazu M 49b), umso mehr von einem Gut nachfragen, je niedriger dessen Preis ist, oder umgekehrt die Nachfrage geht zurück, wenn der Preis des Gutes steigt.

20 Dieser Zusammenhang zwischen Preis und Menge eines Gutes für einen bestimmten Zeitraum wird in der Ökonomie als Regelfall unterstellt und als *Nachfragefunktion* bezeichnet. Außerdem muss der Raum abgegrenzt werden, für den eine gegebene Nachfragefunktion gelten soll.

Bei der weiteren Darstellung der Nachfragefunktion wird davon ausgegangen, dass eine Vielzahl von Nachfragern erfasst wird. Da die Nachfragefunktion das Verhalten einer Gruppe von Nachfragern bezüglich der Menge und in Abhängigkeit vom jeweiligen Preis beschreibt, kann sie auch als eine *Verhaltensfunktion* bezeichnet werden. Dieser Zusammenhang lässt sich mithilfe der Nachfragekurve auch grafisch erfassen (vgl. Abb.).

Im Folgenden wird aus Vereinfachungsgründen eine lineare Nachfragefunktion unterstellt.

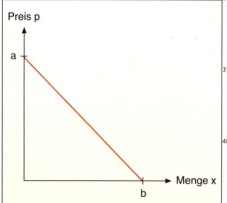

30 Auf der Abszisse wird die Menge (x) und auf der Ordinate der Preis (p) abgetragen. Da sich Menge und Preis umgekehrt proportional zueinander verhalten, hat die Kurve einen von links oben nach rechts unten fallenden Verlauf. [...]

35 Bezogen auf die Abbildung bedeutet die Größe a den Ordinatenabschnitt. In diesem Punkt ist die abgesetzte Menge gleich Null. Der Preis hat faktisch eine Höhe erreicht, die den Kauf des Gutes verhindert. Deshalb wird dieser Preis als 40 *Prohibitivpreis* bezeichnet. Dieser Prohibitivpreis hängt von den individuellen Präferenzen* und vom verfügbaren Nominaleinkommen ab. Der entsprechende Abschnitt auf der Abszisse beschreibt die nachgefragte Menge beim Preis von 45 Null. Sie wird mit dem Begriff der *Sättigungsmenge* erfasst. Bei einem Preis von Null kann jeder das Gut konsumieren, ohne auf den Konsum eines anderen Gutes zu verzichten. Gesetzt den Fall, der Preis des Gutes steigt an, so werden je nach der Höhe des Anstiegs einige Konsumenten auf die Nachfrage verzichten und möglicherweise Substitute* wählen. Diese Reaktion der Konsumenten hängt ab von der Höhe ihres 50 persönlichen Einkommens und von ihrer Präferenzstruktur.

Weiterhin bewirkt eine Erhöhung des Preises bei sonst gleich bleibenden Bedingungen eine Senkung der Kaufkraft des Einkommens: Mit einem gegebenen Einkommen können die Konsumenten weniger von diesem Gut kaufen. Analog umgekehrt wirkt eine Preissenkung wie eine Einkommenserhöhung. Die Nachfrager können unter sonst gleich bleibenden Bedingungen mehr von diesem Gut erwerben. Zusammenfassend lässt sich festhalten, dass die Nach-55 frage nach einem speziellen Gut im Wesentlichen abhängig ist:
– vom Preis des Gutes,
– vom Nominaleinkommen der Nachfrager sowie
– von den Substitutionsmöglichkeiten*.

60 Alle drei Komponenten können in der Realität nicht isoliert betrachtet werden, sondern sie sind im Komplex Grundlage für die Entscheidungsmöglichkeiten der Haushalte. Weiterhin sind sie geprägt durch die Präferenzen der Konsumenten. Daraus kann gefolgert werden, dass eine Vielzahl weiterer verhaltenswissenschaftlicher Aspekte die konkrete Nachfrage beeinflussen (s. M 42 a/b).

Außerdem zeigt es sich im Zeitablauf, dass die Nachfragefunktion nicht starr ist, sondern sich im Zeitablauf verändern kann. Einkommen und insbesondere persönliche Präferenzen sind Größen, die einer Wandlung unterliegen und somit auch zu entsprechenden Veränderungen der Nachfragefunktion führen (vgl. dazu später M 50, Kasten S. 80).

(Peter Oberender/Sabine Büttner, Was heißt und zu welchem Ende studiert man Mikroökonomie? In: Rolf Walter [Hrsg.], Wirtschaftswissenschaften, Schöningh, UTB, Paderborn 1997, S. 574–577)

M 42a

Einflussfaktoren (Determinanten) des Konsumentenverhaltens

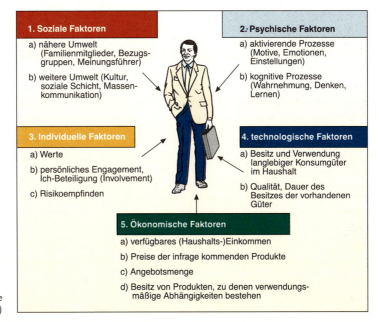

(IÖB – Institut für Ökonomische Bildung, Universität Oldenburg)

M 42b Verhaltensarten und Effekte

Neben dem „*Rationalverhalten*" unterscheidet man bei der Darstellung des Konsumverhaltens das „*Impuls-* oder *Affektverhalten*", das „*Gewohnheitsverhalten*" und das „*sozial abhängige Verhalten*". Das *Impuls-* oder *Affektverhalten* tritt häufig bei Bagatellkäufen auf oder beim Erwerb von Modeartikeln. Die vom Affekt gesteuerten Kontakte sind rein zufällig und entspringen meist einem plötzlich auftretenden Impuls.

Beim *Gewohnheitsverhalten* orientiert man sich an früheren Handlungsweisen, ohne Vor- und Nachteile der Entscheidung zu überdenken.

Beim *sozial abhängigen* Verhalten haben die Konsumforscher drei unterschiedliche „Effekte" entdeckt:

Im *Demonstrations-* oder *Prestigeeffekt* kommt ein Imponiergehabe zum Ausdruck, das zur Demonstration eines erstrebten hohen gesellschaftlichen Status* sogar finanzielle Einbußen in Kauf nimmt, z.B. für den Besitz eines Luxusautos Einschränkung des Urlaubs.

Der *Snob-Effekt* zeigt sich bei den Menschen, die unter der Vielzahl der anderen auffallen möchten. Das Streben nach Exklusivität – das Sichabheben von der breiten Masse – kann sowohl zu einem sehr aufwändigen Luxus als auch zu einer betonten Einfachheit (understatement) führen.

Im Gegensatz dazu steht der *Mitläufer-Effekt*. Hierbei orientiert sich der Käufer an dem Lebensstandard der anderen. Ein solches Verhalten erzeugt Statussicherheit. Man will nicht auffallen, und man ist „in".

(Heinrich Fisch/Hans-Helmuth Knütter, Sozialwissenschaften Bd. 1. Ein Lese- und Arbeitsbuch für die Sekundarstufe II, Oldenbourg, München 1980, S. 103)

▨ M 42c Konsumstile im Wandel

Gegen Ende der 60er-Jahre war eine junge Generation herangereift, die nicht mehr unbedingt bereit war, sich „nach oben" hin anzupassen, sondern sich „nach unten" hin orientierte. An die Stelle demonstrativen Geltungskonsums trat Understatement in Form von Blue Jeans und Turnschuhen, von alten Kleinwagen und selbst hergerichteten Wohnungen in Hinterhöfen. Die *jugendliche Protestbewegung* gegen die Wohlstands- und Leistungsgesellschaft erfasste alle westlichen Industrieländer in vielfältigen Formen (Hippies, „Blumenkinder", Umweltschützer, Studentenbewegung, außerparlamentarische Opposition, Friedensbewegung, Aussteiger und andere). [...] Die heutige Verbraucherschaft ist vielseitiger und stärker erlebnisorientiert, dabei wechselhaft und noch weniger berechenbar geworden. Es hat ein Wandel stattgefunden vom passiv rezeptiven Verbraucher zu vielseitig wählenden, aktiven Konsumenten, die am Markt ein immer differenzierteres, qualitativ verbessertes Angebot verlangen. Es besteht ein Hang zur *Individualität* und sinkende Bindungsbereitschaft (Produkt-, Marken- und Einkaufstättentreue) bei dem Bemühen um Selbstverwirklichung im Konsum. [...]
Nach wie vor gibt es neben der gut informierten, kritischen, selbstbewussten Konsumbürgergruppe viele Gleichgültige, Nachlässige und Desinteressierte. Aber diese haben kaum Einfluss auf die Entwicklung von Nachfrage und Angebot auf den Märkten. Vom Luxuskonsum bis zum Alltagsverbrauch bestimmen Aktiv-Konsumenten weitgehend, welche neuen Güter und Dienste Absatzerfolge am Markt erzielen.

(Helmut Keim/Heiko Steffens [= M 6], S. 23, 26)

▨ M 43 Wonach entscheiden sich die Eheleute Brockmann beim Kauf einer Hifi-Anlage?

Herr Brockmann sitzt am Sonntagabend mit seiner Frau vor dem Fernseher und ärgert sich wieder über das schlechte Programm. [...] „Da lege ich uns lieber eine Schallplatte auf, und wir hören richtig schöne Musik." Seine Frau stimmt ihm sofort zu, denn seit sie eisern für den Hausbau sparen, können sie sich eine teure Freizeitgestaltung nicht erlauben. Die beiden Eheleute hören einige Zeit Musik, bis Frau Brockmann schließlich sagt: „Du, Edgar, die Tonqualität ist so schlecht. Die Hifi-Anlage bei den Hussels hört sich wesentlich besser an." „Du hast Recht. Ich glaube, wir sollten für das alte Gerät bald ein neues kaufen. Weißt du was, wir haben das Weihnachtsgeld noch nicht verplant. Lass uns doch einfach dafür in diesem Jahr nicht den üblichen Kram kaufen, sondern eine richtig tolle Hifi-Anlage!" Seine Frau ist ganz begeistert und meint: „Dann nehmen wir eine Superanlage mit allem Schnickschnack, dass den Hussels die Luft wegbleibt! CD-Player und ..." Den restlichen Abend verbringen die Brockmanns damit, Werbeanzeigen, Prospekte und den Gebrauchtgerätemarkt am Wochenende zu studieren. Schließlich brummt beiden der Schädel und sie wissen nicht so recht, was sie denn eigentlich kaufen sollen. [...]
Am nächsten Nachmittag gehen die Eheleute mit ihrer Tochter in die Innenstadt und lassen sich in einem Fachgeschäft beraten. Da beide Ehepartner unentschlossen sind, gehen sie auf die Vorschläge ihrer Tochter ein, die einen hochwertigen Hifi-Set ausgesucht hat. Als sie aber den Gesamtpreis der Anlage erfahren, erkennen sie, dass ihr Weihnachtsgeld für solch einen Wunsch nicht ausreicht. Sie bummeln anschließend durch die Innenstadt und schauen in die Auslagen verschiedener Geschäfte. Endlich entdecken sie nach einer längeren Fahrt mit der U-Bahn in die Vorstadt in einem großen Verbrauchermarkt eine Anlage, die alle Geräteteile enthält, die sie wünschen. Allerdings erhalten sie hier keine Beratung. Die Geräte sind eingepackt und müssen ohne Probevorführung übernommen werden. Der Gesamtpreis ist für sie erschwinglich, und so entschließen sie sich ganz schnell zum Kauf.

(Heinz-Hermann Dewenter u.a., Politik gestalten Bd. 3, Schroedel, Hannover 1997, S. 85)

1. Die beiden Texte M 41 und M 44 beschreiben die Handlungsinteressen und Handlungsbedingungen der beiden Marktparteien (Nachfrager/Konsumenten – Anbieter/Unternehmer) etwas näher. Stellen Sie zunächst Faktoren heraus, die das Verhalten der Nachfrager bestimmen (M 41), und erläutern Sie die Darstellungsform der Nachfragefunktion und den spezifischen Verlauf der Nachfragekurve (zur Methode der grafischen Darstellung vgl. M 46).

2. M 41 weist darauf hin, dass neben den hier genannten Faktoren „weitere verhaltenswissenschaftliche Aspekte die konkrete Nachfrage beeinflussen". Erläutern Sie dazu die in M 42a aufgeführten Faktoren. Reflektieren Sie Ihr eigenes Konsumverhalten (Kleidung, Medien): Welche Faktoren beeinflussen Sie am stärksten?

3. Erläutern Sie die in M 42b weiterhin genannten drei „Effekte". Inwiefern handelt es sich um Konkretisierungen der „sozialen Faktoren" (M 42a)? Spielt unter Schülerinnen und Schülern der „Mitläufer-Effekt" eine große Rolle?

4. Verbraucherverhalten und Konsumstile wandeln sich mit der gesellschaftlichen und politischen Entwicklung. Wie drückte sich das am Ende der 60er-Jahre aus? Welche Merkmale kennzeichnen die „neue Verbraucherschaft" (der 90er-Jahre)? Was ist mit „Erlebnisorientierung" und „Individualisierung" gemeint?

5. Untersuchen Sie das Kaufverhalten der Eheleute Brockmann (M 43). Welche Einflussfaktoren und Effekte sind erkennbar? Ist die Kaufentscheidung insgesamt rational/vernünftig oder nicht?

▀ **M 44** Das Angebot – Rolle und Handlungsinteresse des Unternehmers

Die Nachfrage verlangt nach einer Befriedigung und eröffnet damit Betätigungsmöglichkeiten für einen interessierten Personenkreis. Diejenigen, die etwas unternehmen – produzieren und anbieten –, um der Nachfrage zu genügen, werden als Unternehmer bezeichnet. Sie machen sich ein subjektives Bild von den Wünschen der Nachfrager, damit sie letztlich auch Gewinn
5 bringend ihre produzierten Güter absetzen können. Als Motiv für das Handeln des Unternehmens kann das *Streben nach Gewinn* unterstellt werden. [...]
Soll nun das Verhalten der Gesamtheit der Mengenanpasser analysiert werden, so kann davon ausgegangen werden, dass umso mehr von einem Gut angeboten wird, je höher der Preis ist. Begründen lässt sich dies anhand des Gewinnstrebens der miteinander konkurrierenden Un-
10 ternehmer. Es ist zu vermuten, dass sie bei höheren Preisen mehr anbieten als bei niedrigeren, da die Gewinnerwartungen mit steigenden Preisen zunehmen. Umgekehrt geht das Angebot eines Gutes zurück, wenn die Preise sinken (s. grafische Darstellung in der Abbildung).

Der funktionale Zusammenhang zwischen Preis und angebotener Menge wird mit der An-
15 gebotsfunktion erfasst. Da sie das Verhalten der Gruppe der Unternehmer in ihrer Funktion als Anbieter von Gütern beschreibt, kann sie gleichfalls als eine Verhaltensfunktion betrachtet werden. [...]
20 Auf das Handlungsinteresse des Unternehmers, einen möglichst hohen Gewinn zu realisieren, wurde bereits hingewiesen. Da von der Höhe eines Preises nicht unmittelbar auf die Höhe der Gewinne geschlossen werden kann, müssen
25 weitere Überlegungen angestellt werden.

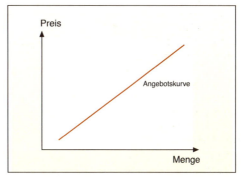

Das Angebot von Gütern setzt zwangsläufig deren Produktion voraus. Da die Produktion nicht im luftleeren Raum erfolgen kann, müssen Produktionsfaktoren – wie Arbeitskräfte, Maschinen, Roh- und Hilfsstoffe, Produktionsräume und vieles andere mehr – beschafft werden. Auch die Produktionsfaktoren stellen knappe Güter dar, weil verschiedene Unternehmer um
30 ihren Erwerb konkurrieren. Das bedeutet, dass beim Erwerb von Produktionsfaktoren *Kosten*

entstehen. Bei den Überlegungen zu möglicherweise entstehenden Gewinnen sind also die Kosten zu berücksichtigen (s. M 45).

Der Unternehmer wird folglich nur dann eine bestimmte Menge eines Gutes herstellen und anbieten, wenn er mindestens erwarten kann, einen Erlös (Menge x Preis) zu erzielen, der ne-
35 ben der Deckung der Kosten auch einen Gewinn enthält. Dieser Gewinn muss wiederum mindestens so hoch sein, wie er durch eine anderweitige Nutzung seiner Mittel (z.B. die Anlage seines Kapitals auf einem Bankkonto) erreicht werden könnte. Hinter diesen Überlegungen verbirgt sich ein Denken in Alternativkosten. Der Ökonom spricht hier von Opportunitätskosten (vgl. M 20).
40 Gleichsam zwingt die Knappheit der Produktionsfaktoren die Unternehmer, kostengünstige Produktionsverfahren und Produktionsfaktoren durch vorteilhaftere im dargestellten Sinne zu substituieren*. Das bedeutet, dass die Angebotskurve eine Größe ist, die laufenden Veränderungen unterliegt (dazu später M 50, S. 78f.).

(P. Oberender/S. Büttner [= M 41], S. 577–579)

▭ **M 45** **Kosten und Gewinne**

Kosten: Die Herstellung eines Produkts verursacht Kosten. Mithilfe seiner Kosten- und Leistungsrechnung bemüht sich der Betrieb, die auf eine Produkteinheit entfallenden Kosten möglichst exakt zu ermitteln. Er muss dabei sowohl die einer Produkteinheit direkt zurechenbaren Kosten (Einzelkosten) als auch die Kosten, die einer einzelnen Produkteinheit nicht direkt zu-
5 rechenbar sind (Gemeinkosten), berücksichtigen. Als Kostenarten fallen u.a. Material- und Lohnkosten sowie Kosten für die Verwaltung und den Vertrieb des Produkts an.

Gewinn: Der Gewinn wird als prozentualer Zuschlag auf die Selbstkosten behandelt. Er soll den Unternehmerlohn (als angemessene Vergütung für die Tätigkeit des Unternehmers), eine angemessene Verzinsung des im Betrieb angelegten Eigenkapitals sowie eine Wagnisprämie
10 für das unternehmerische Risiko abdecken. Ein so ermittelter Gewinnaufschlag ist zunächst einmal ein beabsichtigter Gewinn. Er wird daher auch kalkulatorischer Gewinn genannt. Inwieweit er realisiert werden kann, hängt von der Marktsituation ab.

	Kostenart	Euro
	Materialkosten	20,00
+	Lohnkosten	40,00
=	**Herstellkosten**	60,00
+	Verwaltungsgemeinkosten (10 % der Herstellkosten)	6,00
+	Vertriebsgemeinkosten (5 % der Herstellkosten)	3,00
=	**Selbstkosten**	69,00
+	Kalkulierter Gewinn (20 % der Selbstkosten)	13,80
=	**Angebotspreis (vor Steuern)**	82,80

Kalkulationsschema (vereinfacht)

(Hans-Jürgen Albers u.a., Volkswirtschaftslehre, Verlag Europa-Lehrmittel, Haan-Gruiten 1998, S. 164)

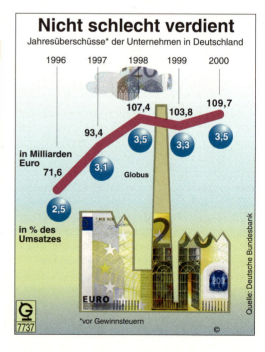

Nicht schlecht verdient

Jahresüberschüsse* der Unternehmen in Deutschland

1996   1997   1998   1999   2000

93,4   107,4   103,8   109,7

71,6

in Milliarden Euro

3,5   3,3   3,5

3,1

Globus

in % des Umsatzes

2,5

*vor Gewinnsteuern

Quelle: Deutsche Bundesbank

7737

1. Beschreiben Sie das Handlungsinteresse des Anbieters/Unternehmers (M 44). Inwiefern bestimmt es seine Entscheidungen als Marktteilnehmer und die Angebotsfunktion?

2. Bedenken Sie, dass in den Angebotspreisen neben den in der Übersicht (Kasten) genannten Bestandteilen auch indirekte Steuern (Mehrwertsteuer und z.T. besondere Verbrauchssteuern) enthalten sind. Erkundigen Sie sich nach der Höhe des Mineralölsteuer-Anteils am Preis eines Liters Superbenzin und nennen Sie weitere Verbrauchsgüter, die mit besonderen Verbrauchssteuern belegt sind.

3. Starten Sie eine „Blitzumfrage" unter Ihren Mitschülern, den Lehrpersonen oder im Bekanntenkreis: „Was meinen Sie, wie viel Gewinn bleibt im Durchschnitt einem Unternehmen je 100 Euro Umsatz (vor und nach Steuern)?" Vergleichen Sie das Ergebnis mit der Grafik in M 45.

4. „Auf Produzentenseite dürfte das Ausmaß an ökonomischem Rationalverhalten (vgl. M 18) schon deshalb größer als auf der Verbraucherseite sein, weil die Existenz des Unternehmens ohne Realisierung zumindest eines angemessenen Gewinnniveaus gefährdet wäre."
Erläutern und erörtern Sie diese Aussage.

Methode S

M 46 Grafische Darstellungen

Viele wirtschaftswissenschaftliche Begriffe können mit Zahlen ausgedrückt werden – der Preis einer Banane, die Menge der verkauften Bananen, die Kosten des Bananenanbaus usw. Oft sind die ökonomischen Variablen miteinander verknüpft. Wenn der Bananenpreis steigt, kaufen die Leute weniger Bananen. Eine Ausdrucksweise für derartige Zusammenhänge zwischen Variablen sind *Graphen*.

Graphen haben zweierlei Nutzanwendungen. Zum Ersten kann man damit wirtschaftstheoretische Aussagen, die mit Gleichungen oder Worten weniger leicht zu vermitteln wären, anschaulich im Bild ausdrücken. Zum Zweiten kann man damit bei der Datenanalyse den Zusammenhang von Variablen in der Empirie herausarbeiten. Ob man theoretisch oder empirisch* an ökonomische Relationen herangeht, Graphen bieten gleichsam ein Vergrößerungsglas, mit dem man in der Menge der Bäume den Wald erkennen kann.

Numerische Informationen können – wie es ja auch vielerlei verbale Ausdrucksweisen gibt – auf zahlreiche verschiedene Arten grafisch dargestellt werden. Ein guter Schreiber weiß Worte zu wählen, die ein Argument klar, eine Beschreibung ansprechend oder eine Szene dramatisch werden lassen. Ein leistungsstarker Ökonom wählt jene Art von Graphen, die zweckmäßig für die gerade erforderliche Darstellung ist.

Graphen einer einzelnen Variablen

Darüber braucht nicht weiter geredet zu werden. Fast jede PC-Software bietet dreierlei Darstellungsformen an: (1) Das *Flächendiagramm* (meist als kreisförmiger „Kuchen", der optisch „in Stücke geschnitten" die Zusammensetzung eines Ganzen zeigt; Beispiel: M 80b, S. 122), (2) das *Stabdiagramm* (mit nebeneinander stehenden „Säulen", deren Höhen z.B. die Bilanzsummen verschiedener Unternehmungen im Vergleich erkennen lassen; Beispiel S. 58) und (3) den *Zeitreihen-Graphen* (Ausprägung einer Variablen senkrecht abgetragen, Zeitachse waagerecht gezeichnet; Beispiel M 31a, S. 46). Jede gute Tages- und Wirtschaftszeitung bietet reichlich Anschauungsmaterial. [...]

Bei solchen Darstellungen kann die Wahl des Maßstabverhältnisses für dieselbe Datenentwicklung ganz unterschiedliche Eindrücke erwecken. Die drei Kurvendiagramme zeigen dieselbe Umsatzentwicklung eines Unternehmens (von 100 auf 105 Mio Euro in 10 Monaten). Die beiden Säulendiagramme darunter basieren ebenfalls auf identischen Daten (Entwicklung einer Geldanlage von 10.000 auf 21.000 Euro durch Zinseinnahmen über 10 Jahre).

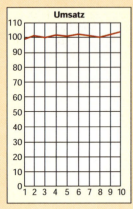

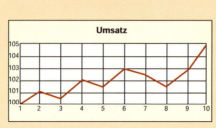

(Walter Krämer, So lügt man mit Statistik, Campus, Frankfurt/New York 1995, S. 31–34)

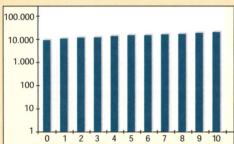

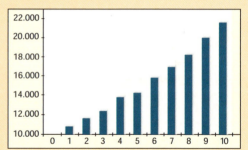

(Computer + Unterricht 16/1994, Friedrich Verlag, Seelze 1994, S. 48f.)

Graphen für zwei Variablen: Das Koordinatensystem

Wirtschaftswissenschaftler sind meistens mit Relationen von zwei oder mehreren Variablen befasst. Sie müssen wenigstens zwei funktional verknüpfte Variablen durch einen Graphen darstellen können. Die Möglichkeit dazu eröffnet das *Koordinatensystem*, [...] aus „x-Achse" (waagerecht) und „y-Achse" (senkrecht) aufgebaut, wobei – je nach dem Sachinhalt von x und y – neben den positiven Ausprägungen auch negative Werte der Variablen möglich sein sollen. In der Mathematik hat dieses so genannte kartesische Koordinatensystem vier Flächenbereiche oder Quadranten. Nur ein einziger Quadrant wird für die grafische Darstellung benützt, wenn die betrachteten ökonomischen Variablen auf einen Bereich von null und größer null beschränkt sind. Es entstehen die sehr einfachen Kurven- oder Graphen-Bilder, die hier besprochen werden. [...]

Die Nachfragekurve als Beispiel

Eine der wichtigsten Kurven in der empirischen Wirtschaftsforschung ist die Nachfragekurve. Sie bildet die Auswirkungen der Güterpreise auf die Nachfragemengen ab, die Konsumenten zu kaufen wünschen. Die Tabelle (S. 71) zeigt die Anzahl von Taschenbüchern (Krimis einer bestimmten Serie), die Emma B. je nach ihrem Einkommen und dem Preis kauft. Wenn die Taschenbücher billig sind, kauft Emma eine vergleichsweise große Menge. Sowie die Taschenbücher teurer werden, geht Emma gelegentlich einmal in eine Leihbücherei; sie kauft weniger. Ähnlich verhält es sich mit der Auswirkung der Einkommenshöhe auf die Nachfragemengen. Wenn ihr Einkommen steigt, kauft Emma B. zu jedem denkbaren Preis eine größere Menge. Sie gibt also von dem zusätzlichen Einkommen etwas für mehr Taschenbücher und einen Teil für mehr andere Güter aus. *Das senkrechte Einzeichnen der Preisachse hat sich bei den Ökonomen herausgebildet und gehal-*

Preis	Einkommen		
	€ 10.000	€ 15.000	€ 20.000
€ 8	2 Taschenbücher	5 Taschenbücher	8 Taschenbücher
€ 7	6 Taschenbücher	9 Taschenbücher	12 Taschenbücher
€ 6	10 Taschenbücher	13 Taschenbücher	16 Taschenbücher
€ 5	14 Taschenbücher	17 Taschenbücher	20 Taschenbücher
€ 4	18 Taschenbücher	21 Taschenbücher	24 Taschenbücher
€ 3	22 Taschenbücher	25 Taschenbücher	28 Taschenbücher
	Nachfragekurve, D_3	Nachfragekurve, D_1	Nachfragekurve, D_2

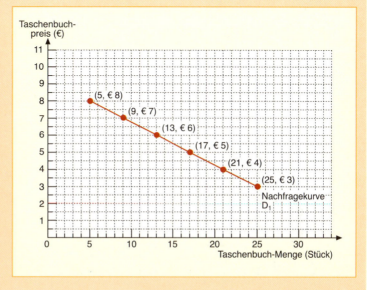

ten, obwohl die Preise zumeist die abhängige Variable darstellen.

Nehmen wir an, Emma erhält als Ehe- oder Ordensfrau neben freier Unterkunft und freier Verpflegung als „Taschengeld" € 10.000, € 15.000 oder € 20.000 pro Jahr. Die Zuordnung von Taschenbuchpreis und nachgefragten Mengen an Taschenbüchern zeigt die Tabelle. Die Mengen-Spalte für € 15.000 ergibt zusammen mit den €-Stückpreisen die Wertetabelle zum Zeichnen der Nachfragegerade D_1. [...]

Angenommen, Emma hätte ein Taschengeld von € 15.000 pro Jahr. Wenn wir die von Emma nachgefragten Taschenbücher auf der so genannten „x-Achse" und den Taschenbuchpreis auf der „y-Achse" abbilden, können wir die mittlere Spalte der Tabelle zeichnen (vgl. Schaubild). Sofern man die Eintragungen der Tabelle als Einzelpunkte – (5 Taschenbücher, € 8), (9 Taschenbücher, € 7) usw. – einzeichnet und mit dem Lineal verbindet, entsteht die Nachfragekurve D_1 des Schaubildes. Ebenso kann man bei den alternativ denkbaren Einkommen €10.000 und € 20.000 verfahren, um die Nachfragekurven D_3 und D_2 zu bekommen. [...]

Man kann sicher sagen, wann eine Kurvenverschiebung vorkommen wird: immer dann, wenn sich eine ökonomisch relevante Variable ändert (hier z.B. das Einkommen), die auf keiner der beiden Achsen abgetragen ist. Jede Veränderung, die Emmas Kaufgewohnheiten tangiert, kann zu einer Verschiebung der Nachfragekurve führen. So könnte z.B. die Leihbücherei aufgelöst werden, weshalb Emma dann zu jedem Preis mehr Taschenbücher kaufen wird und eine Rechtsverschiebung der Nachfragekurve eintritt (vgl. dazu M 50, S. 78f.).

(Gregory Mankiw, Grundzüge der Volkswirtschaftslehre, Schäffer-Poeschel, Stuttgart 1999, S. 42–46)

■■ **M 47** **Die Preisbildung im Modell des Marktes**

Im Folgenden soll nun untersucht werden, wie sich Marktpreise als Ergebnis von Tauschprozessen bilden und welche Funktionen diese Preise erfüllen, insbesondere soll gezeigt werden, welche Rolle sie bei der Koordination arbeitsteiliger Produktionsprozesse im Tauschzusammenhang spielen.

5 Da die Marktprozesse in der Komplexität ihrer Erscheinungen durch den Einzelnen nicht zu erfassen sind, macht sich der Ökonom ein Bild von den für ihn wesentlichen Sachverhalten. Das heißt, er arbeitet mit *Modellen*. Mithilfe des Modells wird versucht, wesentliche Zusammenhänge in vereinfachter und überschaubarer Form darzustellen und der Tendenz nach richtig zu erfassen (vgl. M 34). [...]

10 In der folgenden Analyse des Marktgeschehens wird vom Modell des homogenen Marktes ausgegangen.

1. Der homogene Markt

● Das Modell des homogenen Marktes enthält zunächst die Annahme, dass die Nachfrager die verschiedenen Produkte der konkurrierenden Unternehmen in ökonomischer und technischer

15 Hinsicht als völlig gleichwertig (homogen) ansehen. Das heißt, dass die Konsumenten **keine Präferenzen** (s. Kasten) gegenüber einzelnen Unternehmern und umgekehrt haben.

Die gehandelten Güter müssen *sachlich gleichartig* (= homogen) sein, d.h. es darf keine Unterschiede in der Qualität ein und desselben Gutes geben (keine sachlichen Vorzüge = Präferenzen für ein bestimmtes Gut). Beispiel: Brötchen, die von verschiedenen Bäckern mit gleicher Mehlsorte und sonstigen gleichen Zutaten unter Anwendung identischer Produktionsverfahren gebacken werden, betrachten die Käufer als gleichwertig. Sie sind also nicht der Meinung, die Brötchen des Bäckers A seien besser als diejenigen des Bäckers B. Es gibt demnach bei den Nachfragern für ein gleiches Gut keine vermeintlichen Qualitätsunterschiede.

Es dürfen *keine persönlichen Vorzüge* (Präferenzen) für ein Gut vorhanden sein. Zwischen Käufern und Verkäufern existieren also keine persönlichen Bindungen. Beispiel: Man darf in einem Geschäft nicht deshalb ein Gut kaufen wollen, weil die Verkäuferin ausgesprochen hübsch und nett ist.

(Horst Wagenblaß [= M 33c], S. 53)

● Wenn der Annahme weiter gefolgt wird, muss auf diesem Markt eine Tendenz zur Beseitigung von Preisdiffe-

20 renzen zu beobachten sein. Damit ist gemeint, dass die Konsumenten bei dem Unternehmer das Produkt erwerben werden, der es am günstigsten anbietet. Das setzt allerdings voraus,

25 dass Nachfrager und Anbieter über Veränderungen des Marktgeschehens Kenntnis erhalten und unverzüglich entsprechend reagieren. Da jeder Akteur eine subjektive Vorstellung der re-

30 al ablaufenden Marktprozesse hat, ist leicht nachzuvollziehen, dass sich hinter dieser Annahme ein immenses Informationsproblem verbirgt. Es wird im Folgenden deshalb davon ausge-

35 gangen, dass die Marktteilnehmer kostenlos und unendlich schnell über die Marktvorgänge informiert werden und

sofort auf Veränderungen der Preise entsprechend ihrer Verhaltensfunktionen reagieren. Das Modell des homogenen Marktes unterstellt damit sowohl eine **vollkommene Markttransparenz**

40 als auch eine **unendliche Reaktionsgeschwindigkeit**, die zu einer Preiseinheitlichkeit führen.

● Weiterhin muss angenommen werden, dass sich das Marktgeschehen räumlich und zeitlich konzentriert abspielt (**räumlicher und zeitlicher Punktmarkt**). Eine Verteilung von Nachfragern und Anbietern im Raum würde Transporte zur Überwindung der räumlichen Distanz erfordern. Diese verursachen Raumüberwindungskosten, die den zeitlichen Aufwand und den

45 Transportaufwand in sich vereinen. Dadurch könnten unterschiedliche *Präferenzen* (s. dazu M 56b) der Marktteilnehmer entstehen, wodurch die Annahmen des homogenen Marktes nur noch bedingt erfüllt wären.

● In enger Verbindung mit dem Begriff des homogenen Marktes steht die Modellvorstellung des **vollkommenen Marktes**[1]. Das Modell des vollkommenen Marktes fügt den Annahmen des ho-

50 mogenen Marktes – keine Präferenzen, Produkthomogenität, vollkommene Markttransparenz, unendliche Reaktionsgeschwindigkeit, Punktmarkt, jederzeitige Preiseinheitlichkeit – die Prämisse einer atomistischen Strukturierung der Anbieter- und Nachfragerseite hinzu. Das bedeutet, dass sich auf jeder Marktseite eine sehr große Zahl von Teilnehmern befinden. Auf der Anbieterseite wird dann von dem so genannten *Tropfenangebot* gesprochen, der einzelne Un-
55 ternehmer bedient nur einen winzig kleinen Teil der Nachfrage. Dadurch hat er nicht die Erwartung, durch das eigene Verhalten die Höhe des Preises beeinflussen zu können. Das erklärt gleichzeitig das Mengenanpasserverhalten der Anbieter (vgl. M 44). Das bedeutet, dass er zu einem gegebenen Marktpreis die Gütermenge wählt, die ihm einen maximalen Gewinn gewährleistet.

60 ## 2. Das Gleichgewicht

Die Erwartungen des Unternehmers, der den Produktionsprozess in Gang bringt, werden sich dann erfüllen, wenn die von ihm angebotene Menge eines bestimmten Gutes auch nachgefragt wird. Die erste Bedingung dafür besteht darin, dass Angebot und Nachfrage „zusammengebracht" werden. Grafisch wird das in der folgenden Abbildung dargestellt. Die Überein-
65 stimmung von Angebots- und Nachfragemenge ist nur in einem Punkt (Schnittpunkt der Angebots- und Nachfragefunktion), das heißt zu einem bestimmten Preis sowie einer bestimmten Menge, gegeben. In diesem Fall wird vom **Gleichgewichtspreis** G gesprochen. Der Gleichgewichtspreis bringt die Wünsche der Unternehmer und Konsumenten bezüglich des Preises und der Menge eines spezifischen Gutes zum Ausgleich. Genau bei diesem Preis
70 stimmt die Menge, die die Käufer abnehmen wollen, mit der Menge überein, die die Anbieter zur Verfügung stellen wollen. Mit dem Gleichgewichtspreis korrespondiert die **Gleichgewichtsmenge**. Unter der Bedingung, dass die Angebots- und Nachfragefunktion ihren Verlauf nicht ändern, besteht im Gleichgewicht keine Veranlassung, Preise und Mengen zu ändern. Der Gleichgewichtspreis definiert demzufolge zugleich den maximalen Absatz unter gegebe-
75 nen Marktbedingungen.

Außerdem ist zu erkennen, dass auch Nachfrager zum Gleichgewichtspreis kaufen, die durchaus bereit wären, einen höheren Preis für das Gut zu entrichten. Ihr persönli-
80 cher Vorteil, der sich aus der Differenz zwischen den Preisen, die sie jeweils im äußersten Fall bereit wären zu zahlen (maximale Zah-
85 lungsbereitschaft), und dem tatsächlich zu zahlenden Preis p ergibt, wird mit dem Begriff der *Konsumentenrente* [Rente = Gewinn, Vorteil]
90 erfasst. Die Konsumentenrente ist in der Abbildung als das waagerecht schraffierte Dreieck oberhalb des Gleichgewichtspreises G zu

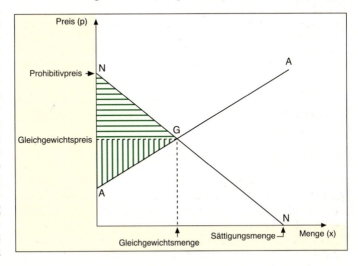

---

[1] Der Begriff „vollkommener Markt" wird in der wirtschaftswissenschaftlichen Literatur unterschiedlich und häufig synonym mit dem Begriff des „homogenen" Marktes verwendet (also als Kennzeichnung für einen Markt, auf dem Produkthomogenität, vollständige Markttransparenz usw. herrschen). Wenn das Merkmal „Vielzahl der Anbieter und Nachfrager" („atomistische Marktstruktur") mit berücksichtigt werden soll, spricht man dann vom Modell der „vollkommenen Konkurrenz". – Von einem „unvollkommenen" Markt spricht man allgemein, wenn mindestens eine der (in Z. 50f. aufgezählten) Annahmen nicht zutrifft.

95 erkennen. Demgegenüber wird der Vorteil, den einzelne Anbieter erzielen, weil sie ihr Produkt auch zu einem Preis unter dem Gleichgewichtspreis verkaufen würden, mit der Kategorie der *Produzentenrente* beschrieben. Sie wird in der Abbildung durch das senkrecht schraffierte Dreieck unterhalb des Gleichgewichtspreises dargestellt.

In den bisherigen Überlegungen wurde noch nicht der Frage nachgegangen, wie sich der
100 Gleichgewichtspreis herausbildet. Dem Modell der vollkommenen Konkurrenz ist es auf den ersten Blick nicht zu entnehmen, wie die Marktteilnehmer zu einer Gleichgewichtssituation kommen, wenn sie sich zunächst in einem Ungleichgewicht befinden (s. dazu M 48).

(P. Oberender/S. Büttner [= M 41], S. 581ff.)

◼ M 48 Der Prozess der Marktpreisbildung bei unveränderten Angebots- und Nachfragebedingungen

Bei einem relativ hohen Preis (p_1) bieten die Unternehmen eine große Gütermenge an. Die nachfragenden Haushalte werden aber durch den hohen Preis abgeschreckt und kaufen nur wenig oder gar nichts. Als Folge ergibt sich ein Überangebot (AC), d.h., die zum Preis p_1 angebotene Gütermenge ist größer als die nachgefragte Menge.

5 Da die Anbieter möglichst ihre gesamte Produktion verkaufen wollen, werden sie sich im Preis unterbieten, um möglichst viel Nachfrage auf sich zu ziehen. Der Marktpreis sinkt also unter p_1. Dabei wird bei jedem niedrigeren Preis als p_1 eine größere Menge als vorher nachgefragt (Nachfragegesetz) und eine kleinere Menge als vorher angeboten (Angebotsgesetz); das Überangebot verringert sich.

10 *Der Druck auf die Unternehmen, den Preis ihres Gutes zu senken, wird so lange anhalten, wie nicht alles verkauft werden kann, was produziert wurde, d.h. solange die angebotene Menge größer ist als die nachgefragte Menge (Überangebot).*

Senken die Anbieter den Preis sehr stark, z. B. bis auf p_2, so übertrifft die Nachfrage sogar das Angebot. Es herrscht
15 Übernachfrage (DB). Aufgrund des niedrigen Preises stehen die Kunden jetzt vor den Geschäften der Anbieter
20 Schlange, und nicht alle Kaufwilligen können das Gut bekommen. Sobald die Anbieter die Übernachfrage merken,
25 werden sie ihren Preis nicht unverändert lassen, sondern ihn in der Hoffnung erhöhen, ihr Angebot auch zu dem
30 angehobenen Preis abzusetzen. Bei Geltung der Angebots- und Nachfragegesetze hat das wiederum zwei Wirkungen:

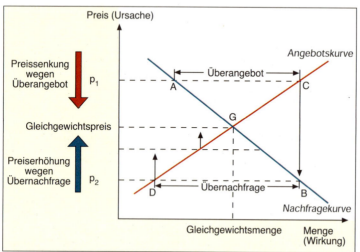

Abb.: Preisbildung auf einem Gütermarkt

35 – Die nachgefragte Menge geht zurück, da bei einem höheren Preis weniger Nachfrager bereit oder in der Lage sind, das Gut zu kaufen, und von den verbleibenden Nachfragern nur kleinere Mengen gekauft werden.

– Gleichzeitig wird ein höherer Preis die Anbieter bewegen, mehr als bisher anzubieten, weil sie sich davon einen höheren Gewinn erhoffen. Es werden eventuell sogar neue Anbieter

40 auf dem Markt erscheinen, die zum niedrigen Preis p$_2$ nicht bereit oder in der Lage waren, das betrachtete Gut anzubieten. *Die Tendenz zur Preiserhöhung wird so lange bestehen, wie die Anbieter mehr verkaufen könnten als produziert ist, d.h. solange die nachgefragte Menge größer ist als die angebotene Menge (Übernachfrage).*

Nehmen wir an, dass die Unternehmen den Preis ihres Gutes nach und nach so weit erhöhen,
45 bis der *Gleichgewichtspreis* realisiert wird. Bei ihm ist die angebotene Menge gerade gleich der nachgefragten Menge, d.h. die Angebots- und die Nachfragekurve schneiden sich. Also gibt es dann weder ein Überangebot (und damit keinen Druck auf die Unternehmen, den Preis zu senken) noch eine Übernachfrage, die die Unternehmen zu Preiserhöhungen veranlassen könnte. Entsprechend bleibt auf einem Markt – solange sich die Angebots- und Nachfragekur-
50 ven nicht ändern – der Gleichgewichtspreis erhalten.

Die zum Gleichgewichtspreis gehörige Menge ist die *Gleichgewichtsmenge*. Sie ist die größte Menge, die auf dem Markt umgesetzt werden kann; denn bei Preisen, die höher sind als der Gleichgewichtspreis, begrenzt die Nachfrage die Tauschmenge, und bei Preisen unterhalb des Gleichgewichtspreises sorgt das Angebot für eine kleinere als die Gleichgewichtsmenge. So ist
55 im **Marktgleichgewicht** die mengenmäßige Güterversorgung offenbar am höchsten.

In der Realität werden Marktgleichgewichte selten erreicht, und wenn einmal, dann meist nur für kurze Dauer. Der Grund liegt nicht so sehr in fehlenden Tendenzen der Marktkräfte, die zum Gleichgewicht hinführen. Vielmehr sind dafür in erster Linie die in der Praxis ständig auftretenden Datenänderungen verantwortlich, die zu Verschiebungen der Angebots- und/
60 oder Nachfragekurven führen (s. dazu S. 80), noch bevor das durch die alten Gegebenheiten determinierte Gleichgewicht verwirklicht ist. So steuern die Märkte zwar fortwährend Marktgleichgewichte an; bevor diese erreicht werden, gelten jedoch meist bereits neue Daten, die den Marktprozessen eine geänderte Ausrichtung geben.

Typisch für die Marktsteuerung sind also nicht Anpassungsprozesse an jeweils für lange Zeit gleich
65 *bleibende Gleichgewichtszustände. Vielmehr ändern sich die tendenziell angesteuerten Gleichgewichtswerte laufend.*

(Hartwig Bartling/Franz Luzius, Grundzüge der Volkswirtschaftslehre, Vahlen, München 1992, 12. Aufl. 1998, S. 55–58)

1. *Arbeiten Sie heraus (M 47), welche Voraussetzungen (Prämissen) dem Modell des Marktes im Hinblick auf die Güter, die Marktsituation, die Marktteilnehmer und ihr Verhalten zugrunde liegen, und erläutern Sie die Bedeutung des Gleichgewichtspreises in diesem Modell sowie die Begriffe Konsumentenrente/Produzentenrente (die Prämisse „keine Präferenzen bei den Konsumenten" wird später, in M 56b, S. 87, ausführlich erläutert).*

2. *Börsen sind Märkte, auf denen zu einer bestimmten Zeit an einem bestimmten Ort „Güter" (z.B. Devisen oder Aktien) gehandelt werden, deren Beschaffenheit nach Maß und Zahl genau definiert und allen Börsenteilnehmern bekannt ist und deren Preis unmittelbar durch einen Makler nach Angebot und Nachfrage ermittelt wird. Inwieweit treffen für diese Märkte die Modellannahmen des homogenen bzw. vollkommenen Marktes zu?*

3. *M 48 geht in einer sehr anschaulichen Weise der (am Ende von M 47 angesprochenen) Frage nach, wie sich der Gleichgewichtspreis bei modellmäßigem Funktionieren des Marktes herausbildet. Vollziehen Sie diese Darstellung Satz für Satz nach und verdeutlichen Sie jeweils, welche „Tendenzen der Marktkräfte" (insbesondere welche in M 41 und M 44 beschriebenen Handlungsinteressen der Marktteilnehmer) den Marktmechanismus funktionieren lassen. Erstellen Sie sodann zum Text ein kurzes Pfeilschema, das den Verlauf der Reaktionen von der Ausgangsposition (relativ hoher Preis) bis zum Erreichen des Gleichgewichts verdeutlicht. Ergänzen Sie das Schema durch ein zweites, das von der entgegengesetzten Situation (relativ niedriger Preis) ausgeht.*

4. *Erläutern Sie, warum die Marktrealität nicht durch Anpassungen an dauerhafte Gleichgewichtszustände gekennzeichnet ist – ein Eindruck, der durch die modellmäßige Betrachtung erzeugt wird –, sondern durch tendenziell angesteuerte, aber sich ständig ändernde Gleichgewichtswerte (M 48, letzter Absatz).*

5. Formulieren Sie kurze einprägsame Aussagen zum
   – „Gesetz der Nachfrage" und zum „Gesetz des Angebotes" (Beziehungen Preis – Menge)
   – zum typischen Verlauf der beiden Kurven im Diagramm (S. 73, 74).
   Erläutern Sie, inwiefern auf real existierenden Märkten sowohl der Grundsatz „Der Preis bestimmt Angebot und Nachfrage" als auch der Satz gilt: „Angebot und Nachfrage bestimmen den Preis". Unterscheiden Sie beide Aussagen auch mithilfe der Begriffe „unabhängige (ursächliche) Variable" – „abhängige Variable".

6. Überlegen Sie: Angebots- und Nachfragekurve müssen nicht immer gerade verlaufen und der Kurvenverlauf kann jeweils steiler oder flacher sein. Was bedeutet ein steiler bzw. flacher Verlauf der Nachfragekurve für die „Preisempfindlichkeit" der Nachfrage? Was bedeutet ein steiler/flacher Verlauf der Angebotskurve für die Abhängigkeit des Angebots vom Preis?

7. Zeichnen Sie für die in der Tabelle angegebenen Daten die Angebots- und die Nachfragekurve in einem Preis-Mengen-Diagramm und erläutern Sie kurz das Typische der Kurvenverläufe, aber auch das Besondere im Verhalten der Nachfrager und Anbieter dieses konkreten Beispiels. Zeichnen Sie in das Diagramm auch den Angebots- und den Nachfrageüberhang bei bestimmten Preisen ein.

Eiernachfrage und Eierangebot in Abhängigkeit vom Eierpreis		
(1) Preis für Eier (€/Stück)	(2) Haushaltsnachfrage (Stück)	(3) Angebot (Stück)
0,14	30000	19000
0,16	25000	19500
0,18	24000	20000
0,20	22500	20500
0,22	21000	21000
0,24	20200	21800
0,26	19500	24000
0,28	19000	25700

8. Neben unterschiedlichen Steigungen der Kurven (bei insgesamt noch immer typischem Verlauf) gibt es auch anormales/untypisches Angebots- und Nachfrageverhalten, wenn z.B. Unternehmen bei steigenden Preisen ihr Angebot drosseln, weil weitere Preissteigerungen erwartet werden, oder aber bei fallenden Preisen ihr Angebot erhöhen, da sie weitere Preissenkungen fürchten; untypisches Nachfrageverhalten zeigt sich beispielsweise bei medikamentenabhängigen Kranken (z.B. Insulin) oder Drogenabhängigen, aber auch in Bezug auf kaum verzichtbare Grundnahrungsmittel (Milch, Brot, Kartoffeln) oder nur schwer ersetzbare Gewürze (Salz). Beschreiben Sie ansatzweise, zu welchen Kurvenverläufen derartige Verhaltensweisen führen.

9. Erläutern Sie den modellmäßigen Preisbildungsprozess noch einmal zusammenfassend anhand des Schemas in M 48 und ergänzen Sie zur Sicherung Ihres Verständnisses verbal die Aussagen in der folgenden Übersicht (ausgehend von „Preis steigt").

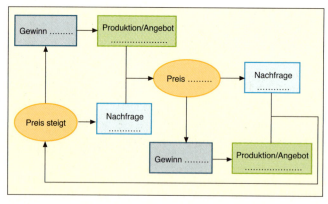

(Leitfragen Politik, Ernst Klett Schulbuchverlag, Stuttgart 1998, S. 126; Verf.: Horst Becker)

Methode S

M 49a Was das Marktpreismodell leistet

Zweifellos ist die Wirklichkeit immer sehr viel komplexer als die Modelle, die wir uns von ihr bilden. Und in besonderem Maße trifft das sicherlich für ökonomische Modelle zu. Doch ist es gerade die Tatsache der Komplexität, die Modelle so wichtig werden lässt. Geschehnisse, die demjenigen, der keine derartigen Modelle zur Verfügung hat, einfach nur als ein enormes und unverständliches Chaos von Ereignissen vorkommen, werden durch Modelle im Hinblick auf bestimmte, oft hochkomplexe Problemstellungen strukturiert, und die grundlegenden Zusammenhänge werden in (hinreichend) einfacher und verständlicher Weise dargestellt. Wenn diese einfachen Zusammenhänge einmal verstanden worden sind, lassen sich vorher abgeblendete Differenzierungen wieder einführen und auf dem Wege abnehmender Abstraktion situationsgerechte Annäherungen an die Komplexität der Probleme herbeiführen; aber die Grundstruktur der Modelle bleibt erhalten.

Auf diese Weise lassen sich durch Modelle, wie z.B. das Modell vom preisbildenden Markt, Probleme strukturieren, und man kann methodisch kontrolliert darüber nachdenken (und argumentieren), welche problemrelevanten Zusammenhänge zu beachten sind, wie einzelne Veränderungen der Situation zu bestimmten Veränderungen des Verhaltens und dann der sozialen Folgen führen usw. Wenn so einmal verstanden worden ist, wie Preise das Verhalten von Nachfragern und Anbietern koordinieren, lässt sich dann in einem weiteren Schritt präzise analysieren, warum in bestimmten Situationen andere Ergebnisse eintreten. So kann z.B. anhand der explizierten Voraussetzungen des Modells geklärt werden, warum in manchen Fällen ein anderes Ergebnis als zunächst erwartet eingetreten ist: Möglicherweise war die Bedingung der Homogenität des Gutes oder der Markttransparenz nicht hinreichend erfüllt, oder es lagen *Bindungen* von Marktteilnehmern vor, die den Markteintritt oder -austritt erschwerten oder gar verhinderten, vielleicht kamen auch andere Faktoren, z.B. institutioneller Natur, hinzu, und man kann dank des Modells diese Faktoren identifizieren und ihre Wirkungen genauer analysieren.

Wenn man also im Studium mit diesem oder anderen Modellen extensiv traktiert wird, so dient das der Ausbildung der Fähigkeit zu Situationsanalysen. Und auch dann, wenn die realen Verhältnisse deutlich vom Modell abweichen, lässt sich oft gerade durch die Konfrontation der Wirklichkeit mit einem (guten) Modell ein besseres Verständnis erreichen, denn man kann nun fragen, auf welche Bedingungen die Abweichung zurückgeht.

(Homann/Suchanek [= M 25c], S. 261f.)

M 49b Modellannahme: ceteris paribus

Alle Theorien und Modelle arbeiten mit bestimmten Annahmen bzw. Restriktionen* („wenn ...", oder: „unter der Voraussetzung, dass ..."). Eine Standardannahme ist z.B., dass die nicht explizit im Modell enthaltenen Größen sich nicht verändern. Wenn man beispielsweise die Veränderung des Bremsweges eines Autos in Abhängigkeit von unterschiedlicher Nässe der Fahrbahn untersuchen will, darf man während der Versuche z.B. nicht den Fahrer auswechseln (und er muss immer gleich wach sein) oder den Zustand des Autos verändern (z.B. andere Reifen aufziehen), weil man sonst vielleicht zu der Schlussfolgerung käme, dass der Bremsweg umso kürzer ist, je nasser die Fahrbahn ist. Diese Vorgehensweise, dass man bei mehreren Einflussfaktoren jeweils nur einen verändert (Fahrbahnnässe), die übrigen aber konstant gehalten werden, fasst man als Bedingung *„unter sonst gleichen Voraussetzungen"* zusammen (lateinisch: *ceteris paribus*, gelegentlich nur als c.p. abgekürzt). Zwar bildet ein solches Modell dann nicht die komplette Wirklichkeit ab, in der sich meist mehrere Größen gleichzeitig verändern, doch ermöglicht nur die ceteris-paribus-Betrachtung, den Einfluss einer einzelnen Variablen in einem komplexeren Zusammenhang zu isolieren.

(Jörn Altmann [= M 5], S. 10)

Eine Frage an die Wirtschaftstheorie kann lauten: „Wie verändert sich die Nachfragemenge nach einem Gut x, wenn der Preis dieses Gutes steigt?"

Die Nachfrage nach einem Gut hängt von mehreren Faktoren ab: Preis des Gutes, Preise anderer Güter, Einkommen, Nutzenschätzungen der Nachfrager.

In der Realität kann es vorkommen, dass mehrere Einflussgrößen *gleichzeitig* wirksam werden. So kann einerseits der Preis für das Gut steigen, das Einkommen der Nachfrager steigen und die Wertschätzung des Gutes bei den Nachfragern steigen, z.B. weil es in Mode gekommen ist. Für normales Nachfrageverhalten gilt:

- Bei steigendem Preis sinkt die Nachfragemenge.
- Steigendes Einkommen und steigende Wertschätzung erhöhen die Güternachfrage.

Sind die Effekte aus Einkommen und Wertschätzung in ihrer Wirkung auf die Nachfragemenge stärker als die Wirkung der Preiserhöhung, so steigt die Nachfrage nach dem Gut. Beobachtbar sind also drei auslösende Faktoren (Preissteigerung, Einkommenssteigerung, steigende Wertschätzung) und eine Wirkung (steigende Nachfragemenge). Unter der Oberfläche hat jedoch jeder Faktor eine eigene Wirkung entfaltet. Die Eingangsfrage gilt der Wirkung eines bestimmten Faktors; sein Einfluss muss also von den Einflüssen der übrigen Faktoren isoliert werden.

Die vollständige Antwort müsste demnach lauten: „Wenn der Preis eines Gutes steigt und wenn im Betrachtungszeitraum die Preise anderer Güter, das Einkommen und die Nutzenschätzungen der Güter gleich bleiben, sinkt die Nachfragemenge."

In Kurzform lautet die Antwort: „Wenn der Preis eines Gutes steigt, sinkt *ceteris paribus* (c.p.) die Nachfragemenge."

(Hans-Jürgen Albers [= M 45], S. 12)

1. *Machen Sie sich anhand von M 34 noch einmal den Charakter ökonomischer Modelle klar. Verdeutlichen Sie anhand des Marktpreismodells (M 49a), inwiefern Modelle nicht der unmittelbaren Beschreibung realer Vorgänge dienen (dazu würden sie gar nicht gebraucht), sondern als eine Art Vergleichsmaßstab und Verständnishilfe für die Vielzahl und Vielfalt realer Vorgänge und Veränderungsprozesse (in diesem Fall: realer Marktsituationen und ihrer Veränderungen; vgl. später Arbeitshinweis 2, S. 88).*

2. *Erläutern Sie die Bedeutung der „ceteris-paribus-Klausel" für die Modellbildung (M 49b) und entwickeln Sie analog zu dem dargestellten Beispiel (Veränderung der Nachfragemenge bei steigendem Preis) eine Antwort auf die Frage: Wie entwickelt sich die Angebotsmenge bei steigendem Preis? (Bestimmungsgründe des Angebots sind der steigende oder sinkende Preis und die steigenden oder sinkenden Produktionskosten).*

M 50 Wenn Nachfrage- und Angebotsverhalten sich ändern – Funktionen des Marktpreises

In den bisherigen Betrachtungen stand immer die Bewegung hin zu einem Gleichgewicht im Mittelpunkt. In einem Gleichgewicht funktionierte der Markt schließlich vollkommen. Veränderungen der Verhaltensweisen und Anpassungsprozesse waren nicht erforderlich. In den vorangegangenen Betrachtungen war ausdrücklich auf die Möglichkeit verwiesen worden, dass
5 unter bestimmten Bedingungen sich das Nachfrage- und Angebotsverhalten der Wirtschaftssubjekte verändert, was i.d.R. in den Preisen seinen Niederschlag findet. In diesen Fällen bildet der Preis eine Orientierungsgröße, die ein verändertes Verhalten der Unternehmer und/oder Konsumenten bewirkt. Es wird dabei von der **Signal- oder Orientierungsfunktion** des

Preises gesprochen. Auswirkungen von veränder-
10 ten Knappheitsrelationen sollen im Folgenden
unter zwei Aspekten erläutert werden.
Zunächst soll eine Verschiebung der Angebotskurve diskutiert werden. Auf dem Kaffeemarkt
lässt sich beispielsweise beobachten, dass als Fol-
15 ge einer schlechten Kaffeeernte die Kaffeepreise
steigen. Fällt dagegen aufgrund günstiger Witte-
rungsbedingungen die Kaffeeernte gut aus, können die Anbieter den Kaffee in großen Mengen
auf den Markt bringen und erzielen geringere
20 Preise.
Nach einer schlechten Ernte geht die angebotene
Menge zurück, was sich in einer Verlagerung der

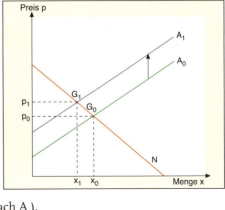

Angebotskurve nach links oben ausdrückt (von A nach A_I).
Wie wirkt sich diese Verschiebung der Angebotskurve aus? Die neue Angebotsfunktion A_I
25 schneidet sich mit der unveränderten Nachfragefunktion N in G_I – oberhalb des alten Gleichgewichts G_0. Der ursprüngliche Gleichgewichtspreis p_0 konnte bei der neuen angebotenen
Menge nicht gehalten werden, da er zu niedrig war. Also findet ein Preisanstieg bis p_I statt,
bei dem sich die nachgefragten und angebotenen Mengen wieder ausgleichen. Ceteris paribus
erhöht sich somit der Kaffeepreis, und die nachgefragte Menge geht zurück. [...]
30 Wird nun angenommen, dass das verfügbare Nominaleinkommen steigt, so bewegt sich die
Nachfragekurve nach rechts. Es steigt die Konsumentennachfrage bei einem bestimmten
Preis. Die Angebotskurve bleibt unverändert.
Zum alten Gleichgewichtspreis würden die Konsumenten nun wesentlich mehr nachfragen,
als die Produzenten anbieten. Das bedeutet, dass der Kaffee zum Preis p_0 knapp wird. Die zu-
35 sätzliche Nachfrage bewirkt ein Steigen des Preises, bis im neuen Gleichgewicht (neuer
Gleichgewichtspreis p_I) angebotene und nachgefragte Menge übereinstimmen.

Einflussfaktoren, die das *Nachfrageverhalten* bestimmen, unterliegen im Zeitablauf Veränderungen, die zu veränderten Nachfragefunktionen mit Auswirkungen auf Preise und Mengen
führen (s. Abb.).

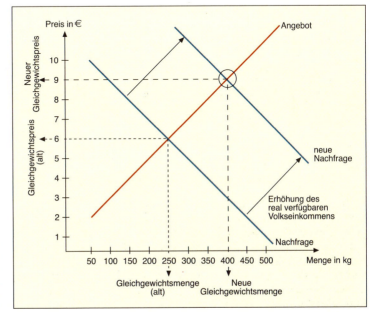

Veränderung des Gleichge-
wichtspreises durch Er-
höhung des real verfügba-
ren Volkseinkommens
(Horst Wagenblaß [= M 33c],
S. 65)

Verschiebung von Nachfrage- und Angebotskurven

Richtung	Nachfragekurve	Angebotskurve
Rechtsverschiebung (Zunahme)	• Erhöhung des Einkommens • Höhere Nutzenschätzung für das Gut (z.B. Änderung von Verbrauchsgewohnheiten, Modetrends) • Preiserhöhungen bei Substitutionsgütern* • Preissenkungen bei Komplementärgütern • Erhöhung der Zahl der Nachfrager (z.B. Bevölkerungswachstum)	• Sinkende Kosten (z.B. bei steigender Produktivität oder sinkenden Preisen der Produktionsfaktoren) • Erhöhung der Zahl der Anbieter
Linksverschiebung (Abnahme)	• Verminderung des Einkommens • Geringere Nutzenschätzung für das Gut (z.B. Änderung von Verbrauchsgewohnheiten, Modetrends) • Preissenkungen bei Substitutionsgütern • Preiserhöhungen bei Komplementärgütern • Verminderung der Zahl der Nachfrager (z.B. Bevölkerungsrückgang)	• Steigende Kosten (z.B. bei sinkender Produktivität oder steigenden Preisen der Produktionsfaktoren) • Verminderung der Zahl der Anbieter

(Hans-Jürgen Albers u.a. [= M 45], S. 142)

40 Veränderungen von Knappheitsrelationen, wodurch auch immer verursacht, bewirken Preisänderungen, die wiederum zu Verhaltensänderungen der Wirtschaftssubjekte führen. Insofern besitzt der Preis auch eine **Steuerungsfunktion oder Lenkungsfunktion**.
In dem Sinne, dass der Preis auch Anreize setzt, gegebene Situationen zu verändern (z.B. wenn ein Unternehmer mit der Gewinnlage unzufrieden ist oder sich seine relative Wettbe-
45 werbsfähigkeit verschlechtert), indem er neue Produkte und/oder Produktionsverfahren auf den Markt bringt, kann von einer **Anreizfunktion** des Preises gesprochen werden.

Die Darstellung der Preisbildung im Rahmen eines Gleichgewichtskonzeptes ist insofern zweckmäßig, als gezeigt werden kann, unter welchen Bedingungen ein gegebener Zustand andauern kann. Entscheidend ist jedoch, und in der kurzen Abhandlung zu den Funktionen der
50 Preise wurde das auch deutlich, dass realiter niemals eine dauerhafte Gleichgewichtssituation erreicht werden kann, sondern die wesentliche Funktion des Marktes – vermittelt durch den Preis – besteht darin, notwendige Veränderungen zu initiieren. Der Anreiz zur Veränderung von Verhaltensweisen der Marktteilnehmer entsteht jedoch nur in vorübergehenden Ungleichgewichten. [...]
55 Das Gesamtmarktsystem ist auch als ein sich im Fluss befindliches Datensystem zu verstehen, dessen Stabilität nur dadurch erhalten wird, dass Informationen über veränderte Bedingungen zuverlässig weitergegeben werden und zu entsprechenden Veränderungen der Erwartungen und des Verhaltens führen.

(P. Oberender/S. Büttner [= M 41], S. 584–590)

■ **M 51** „Heftige Reaktion der Märkte"

In der ersten Reaktion auf die Ernteschätzungen Brasiliens waren die Preise an der New Yorker Kaffee-, Zucker- und Kakaobörse für die Standardqualität „Arabicas" zunächst kräf-
5 tig um etwa 11 % eingebrochen. Das brasilianische Landwirtschaftsministerium hatte nämlich die Ernte für 2000/01 (Mai–April) – trotz der Dürreschäden der letzten drei Monate – auf 28,9 Mill. Sack (je 60 kg) veranschlagt
10 und damit auf mehr, als der Markt erwartet hatte. Als wenig hilfreich für die Hausse*-Spekulanten wirkte sich auch die zusätzliche Schätzung des Ministeriums über die Ernte 1999/2000 aus. Darin wurde der Ertrag von
15 24,78 auf 27,17 Mill. Sack nach oben revidiert. Judith Ganes von der Merrill Lynch-Bank ist von der heftigen Reaktion der Märkte (schließlich war der Kaffeepreis wegen der befürchteten Dürreschäden seit Anfang Okto-
20 ber von 85 auf zeitweise 150 Cents je Pfund gestiegen) zwar nicht überrascht. Kurzfristig sei der Markt tatsächlich reichlich versorgt. Doch drei verhältnismäßig niedrige Ernten Brasiliens in Folge, das etwa ein Drittel des
25 Weltmarktbedarfs an Kaffee decke, lasse aber auch keine nennenswerte Aufstockung der extrem niedrigen Produzentenvorräte erwar-
ten. Vor der Dürre war die Ernte Brasiliens immerhin auf 40 bis 45 Mill. Sack veranschlagt worden. 30
Die knappe Vorratslage werde noch durch die geringere Ernte Kolumbiens, des zweitgrößten Kaffeeproduzenten der Welt, verschärft. Wegen eines Übermaßes an Regen könnte dort die Ernte 1999/2000 von 12 auf 10 Mill. 35 Sack zurückgehen. „Der Markt braucht Zeit, um die neue Situation an Bord zu nehmen", meint Ganes von Merrill Lynch. Nach dem anfänglichen Rückschlag auf 117 Cents je Pfund stabilisierte sich der Preis zuletzt bei 40 122 Cents je Pfund.
Bei Kakao näherte sich der Preis indes mit 808 Dollar je t in New York dem niedrigsten Stand seit 13 Jahren. Neue Schätzungen über reichliche Ernten in Elfenbeinküste und Gha- 45 na, den zwei größten Kakaoexporteuren der Welt, schienen die Preise in New York in den freien Fall übergehen zu lassen. Zum Schluss bewirkten jedoch Berichte über eine Meuterei unter den Truppen der Elfenbein- 50 küste über schlechte Bezahlung einen sprunghaften Anstieg des Preises in New York von 807 auf 849 Dollar je t.

(Handelsblatt v. 27.12.1999, S. 28); Verf.: Dieter Claassen)

---

1. *Preise sind von zentraler Bedeutung für das Funktionieren des Marktes. M 50 entfaltet diese Bedeutung durch die genauere Darstellung einer Reihe von Funktionen, deren reine Begrifflichkeit nicht immer sehr trennscharf ist. Überprüfen Sie Ihr Verständnis, indem Sie die beschriebenen Funktionen mit eigenen Worten erläutern.*

2. *In die Beschreibung der „Signal- oder Orientierungsfunktion" (M 50, Z. 8ff.) ist die (in M 48 ausgesparte) Darstellung veränderten Nachfrage- und Angebotsverhaltens der Marktteilnehmer und sich daraus ergebender Kurvenverschiebungen enthalten. Analysieren Sie analog zur Verschiebung der Angebotskurve (Abb. S. 79 o.) das Kurvendiagramm mit veränderter Nachfragekurve (erhöhte Nachfrage) und erläutern Sie die Auswirkungen auf Preis und Menge (Abb. S. 79 u.).*

3. *Versuchen Sie einige der in der Übersicht (S. 80 o.) aufgeführten Änderungsfaktoren für Angebot und Nachfrage durch konkrete Beispiele näher zu erläutern. Wodurch könnte z.B. eine Erhöhung oder Verminderung der Einkommen zustande kommen? Was könnte für sinkende oder steigende Kosten verantwortlich sein?*

4. *Analysieren Sie den Bericht über die Preisentwicklung bei Kaffee und Kakao an der New Yorker Börse und stellen Sie dabei die angebotsverändernden Faktoren deutlich heraus (M 51).*

5. *Im letzten Abschnitt von M 50 wird noch einmal auf die Bedeutung der freien Marktpreisbildung für das Gesamtmarktsystem, vor allem im Hinblick auf schnelle und flexible Anpassungsreaktionen auf veränderte Bedingungen, hingewiesen. Erläutern Sie, inwiefern darin ein wichtiger Vorteil der Marktwirtschaft gegenüber einer Zentralverwaltungswirtschaft gesehen wird (vgl. M 38, letzter Abschnitt, S. 58).*

4. Marktformen, Marktrealität, Marktversagen

> *Die allgemeine Aussage, dass Angebot und Nachfrage die Preisbildung bestimmen, muss insofern ergänzt bzw. relativiert werden, als auch die unterschiedlichen Marktformen die Preisbildung beeinflussen.*
> ➤ *Welche Marktformen lassen sich unterscheiden? (M 52 – M 53)*
> ➤ *Welche Preisbildungsstrategien verfolgen die Anbieter in der verbreiteten Marktform des Oligopols? (M 54 – M 55)*
> ➤ *Marktmodell und Marktrealität: In welcher Hinsicht unterscheiden sich die real existierenden Märkte von den Annahmen des Modells? (M 56)*
> ➤ *Die Marktpreisbildung löst nicht alle Probleme: In welchen Bereichen kann man von einem „Marktversagen" sprechen und was ist damit gemeint? (M 57)*

▨ M 52 Welche Marktformen lassen sich unterscheiden?

Schon aus der alltäglichen Markterfahrung wissen wir, dass ein Anbieter, der an einem Ort allein ist und daher keine unmittelbare Konkurrenz fürchten muss, sich anders verhalten kann als ein Anbieter, der sich den Markt mit mehreren anderen teilen muss. Die Anzahl der Marktteilnehmer dient denn auch als Kriterium für das am häufigsten benutzte Schema zur Unter-
⁵ scheidung von Marktformen.

Unterschieden werden sowohl auf der Anbieter- als auch auf der Nachfragerseite drei Kategorien: viele, wenige, einer. Bei der Darstellung in einer Matrix ergeben sich neun verschiedene Kombinationen, die jeweils eine eigene Bezeichnung tragen. Zwar sind unterschiedliche Strukturen auf der Nachfrageseite keineswegs bedeutungslos, doch gilt für die Analyse von
¹⁰ Preisbildungsprozessen das Interesse vor allem der Struktur der Angebotsseite. Im Allgemeinen wird unterstellt, dass auf der Nachfrageseite viele Marktteilnehmer vorhanden sind. Wird die Angebotsseite nach den Kriterien viele, wenige, einer differenziert, ergeben sich die „klassischen" Marktformen Polypol, Oligopol und Monopol.

Polypol: Ein Gut wird von vielen Anbietern (mit geringen Marktanteilen) angeboten.
¹⁵ **Oligopol:**   Ein Gut wird von wenigen Anbietern (mit großen Marktanteilen) angeboten.
Monopol: Ein Gut wird von nur einem Anbieter angeboten.

(Hans-Jürgen Albers [= M 45], S. 160)

Klassifikation der Marktformen[1] für vollkommene Märkte

Anbieter \ Nachfrager	viele kleine	wenige mittlere	ein großer
viele kleine	vollständige Konkurrenz (Polypol)	Nachfrageoligopol (Oligopson)	Nachfragemonopol (Monopson)
wenige mittlere	Angebotsoligopol (Oligopol)	zweiseitiges (bilaterales) Oligopol	beschränktes Nachfragemonopol
ein großer	Angebotsmonopol (Monopol)	beschränktes Angebotsmonopol	zweiseitiges (bilaterales) Monopol

(Wie funktioniert das? Wirtschaft heute, Meyers Lexikonverlag, Mannheim 1999, S. 57)

[1] Der Begriffsbildung der Marktformenlehre liegen folgende griechische Wörter zugrunde: polloí – viele, olígoi – wenige, mónos – einer allein, poleín – verkaufen. Dabei sind allerdings die Begriffe Nachfragemonopol und Nachfrageoligopol sprachlich unlogisch gebildet, weil Nachfrager ja nicht verkaufen, sondern kaufen. Richtiger wären hier die Begriffe Monopson und Oligopson (von griech. opsoneín – etwas zukaufen). Bei den „zweiseitigen" Marktformen versagt freilich die (fremd)sprachlich korrekte Begriffsbildung.

Marktformen (Beispiele)

Anbieter / Nachfrager	viele (kleine)	wenige (mittlere)	ein (großer)
viele (kleine)	Devisenmarkt	Benzin, Autos, Waschpulver etc.	Post (Briefe)
wenige (mittlere)	Molkereigenossenschaften	Spezialmaschinen (z.B. Spezialkräne)	Erfinder (Patent)
ein (großer)	staatliches Branntweinmonopol*	Bundeswehr (z.B. Kasernenbau)	Tarifverhandlungen

In einer Marktwirtschaft ist oft auf den ersten Blick nicht festzustellen, ob es sich um ein Polypol oder Oligopol handelt. So tummeln sich z.B. auf dem Chemiemarkt viele kleine und mittlere Anbieter, die aber von wenigen großen Chemiegiganten (40 %) dominiert werden. Die
20 Beurteilung der Marktform nach der Gütervielfalt ist ebenso unbefriedigend, da viele Produkte als Konkurrenzprodukte erscheinen, die in Wirklichkeit aus demselben Konzern kommen. Es sind oft homogene Güter, die aus Konkurrenzgründen als heterogene Güter in Erscheinung treten (sachliche Präferenzen).

(Horst Seidel/Rudolf Temmen, Grundlagen der Volkswirtschaftslehre, Verlag Gehlen, Bad Homburg o. J., Lösungen S. 38)

M 53a Welche Marktformen sind gemeint?

1. Ein Unternehmen besitzt das Patent für ein medizinisch-technisches Gerät, mit dem Nierensteine von Patienten ohne Operation zertrümmert werden können.

5 2. In einer Kleinstadt gibt es 12 Damenfriseur-Geschäfte.

3. Die Bauunternehmen in einem Marktgebiet können Kies, wie er zum Bauen benötigt wird, von vier Kiesbaggereien beziehen. Präferenzen für einen Lieferer bestehen nicht.

4. Ein Hersteller von Speise-Essig berücksichtigt bei der Preisfestlegung allein die entstehenden Kosten.

15 5. Nur ein Unternehmen bietet Glühlampen an. Die Glühlampen werden von dem Unternehmen unter der Markenbezeichnung „Luxor" angeboten. Das Unternehmen bietet außerdem qualitativ gleichwertige
20 Glühlampen ohne Markenbezeichnung und in anderer Verpackung zu einem niedrigeren Preis an.

6. Vier Autofirmen bieten Mittelklassewagen verschiedener Typen zwischen 1200 ccm
25 und 1800 ccm an.

7. In einem Gemüseanbaugebiet fahren die Bauern das frisch geerntete Gemüse direkt vom Feld in eine Versteigerungshalle. Dort sind die Großhändler versammelt. Die Qualität jeder Wagenladung wird von 30 einem Fachmann klassifiziert und ausgerufen. An der Hallenwand ist für jeden Marktteilnehmer gut sichtbar eine „Versteigerungsuhr" angebracht, deren Zeiger sich bei Versteigerungsbeginn zu drehen 35 beginnt und steigende Preise anzeigt. Jeder Großhändler kann von seinem Sitzplatz in der Halle aus anzeigen, ob er bei dem angezeigten Preis noch mitbietet.

8. Ein Hersteller von Tapeten berücksichtigt 40 bei der Festlegung der Preise seine Kosten, die Reaktion der Nachfrager und die Reaktion der Konkurrenten.

9. Ein Energieversorgungsunternehmen ist der einzige Anbieter von elektrischer Ener- 45 gie in einem Regierungsbezirk.

(Hubert Reip/Wolfgang Ulshöfer, Volkswirtschaftslehre in Problemen, Gehlen, Bad Homburg 2000, S. 139)

M 53b Schwächen des Marktformenschemas

Die Schwäche des Marktformenschemas, in dem nach der Zahl der Marktteilnehmer unterschieden wird, liegt darin, dass nicht immer eindeutige Marktabgrenzungen möglich 5 sind. Der Wechsel von einer Marktform zu einer anderen bleibt in vielen Fällen sehr vage. Bei welcher Anzahl der Anbieter erfolgt der Wechsel vom Oligopol zum Polypol, also von den wenigen mittelgroßen Anbietern zu 10 den vielen kleinen Produzenten? Außerdem ist nicht immer deutlich, auf welches Gebiet sich der als Polypol beschriebene Markt bezieht. Für die Hausfrau mit Zweitwagen sind viele Lebensmittelgeschäfte der Umgebung sicherlich leicht zu erreichen. Für die Mutter 15 mit zwei kleinen Kindern in einem Neubaugebiet ohne eigenes Auto hat der nächstgelegene Lebensmittelhändler zumindest für Kleinartikel des täglichen Gebrauchs sicherlich Monopolstellung. 20

(Heidrun Peters, Volkswirtschaftslehre – Lernt gemeinsam handeln!, Winklers Verlag, Rinteln, 5. Aufl. 2000, S. 177)

1. *Auf die (in vielen Lehrbüchern zur Volkswirtschaftslehre sehr ausführlich dargestellte) Lehre von den Marktformen wollen wir an dieser Stelle nur kurz eingehen. Machen Sie sich das Prinzip klar, nach dem man die in der Übersicht dargestellten Marktformen (M 52) unterscheiden kann, und ordnen Sie die in M 53a aufgeführten Beispiele den Marktformen zu. Vielleicht können Sie bei einigen Beispielen zusätzlich angeben, ob es sich jeweils um einen vollkommenen oder einen unvollkommenen Markt handelt (vgl. M 47, S. 73, Anm. 1).*

2. *Erläutern Sie die in M 53b genannten Schwächen der Marktformenlehre. Inwiefern spielt auch der Gesichtspunkt eine Rolle, dass in der Theorie wohl eher angenommen wird, dass der Hersteller eines Gutes der Anbieter ist, während für den Konsumenten in der Regel der Händler die Güter anbietet?*

M 54 Strategien der Preisbildung im Oligopol

Aufgrund der zunehmenden Unternehmenskonzentration entstehen **Angebotsoligopole** immer häufiger. Hier werden die Absatzmöglichkeiten nicht nur vom Verhalten der Nachfrager, sondern auch von den Aktionen und Reaktionen der anderen Oligopolisten bestimmt. Bei der Preisbildung können die Anbieter folgende Strategien anwenden:

5 – Durch so genannte „**ruinöse Konkurrenz**" versucht ein Anbieter die anderen vom Markt zu verdrängen, indem er die Preise seiner Mitbewerber unterbietet. Dadurch will er die Verbraucher dazu bewegen, bei ihm und nicht bei der Konkurrenz zu kaufen. Dies lassen die Mitanbieter nicht zu und senken ebenfalls ihre Preise, oft sogar unter die Selbst- 10 kosten. In diesem Falle haben die Nachfrager den Vorteil von billigen Preisen. Allerdings besteht die Gefahr, dass durch den Konkurrenzkampf ein Teil der Anbieter vom Markt ausscheiden muss und ein Monopol entsteht, 15 bei dem danach die Preise wieder angehoben werden.

Wo nur wenige große Firmen miteinander konkurrieren, nimmt der Wettbewerb notwendigerweise heftige Formen an. 20 Jeder fühlt sich stark, oft strebt er die absolute Monopolstellung an, mindestens aber eine Vormacht-

Typisch für Oligopole sind in der Bundesrepublik Deutschland die Märkte für Automobile, Waschmittel, Elektrogeräte, Mineralöl usw. Hier findet man das *Angebotsoligopol*, d.h. wenigen Anbietern stehen viele Nachfrager gegenüber. Dergestalt etwa beherrschen wenige große Firmen den Mineralölmarkt. Auf der Nachfrageseite befinden sich viele Verbraucher von Mineralöl. Ein *Nachfrageoligopol* ist beispielsweise auf dem Markt für Zubehörteile der Automobilindustrie zu finden. Wenige große Nachfrager nach Zubehörteilen (VW, Opel, BMW, Ford) stehen mit vielen kleinen Produzenten (Anbietern) von Autozubehörteilen in Geschäftsbeziehungen.

(Horst Wagenblaß [= M 33c], S. 61)

stellung, der Konkurrent wird zum Rivalen. [...] Auch wenn man selbst keine Vormachtstel-
25 lung anstrebt, ist der Friede ständig bedroht, weil man nicht weiß, was der andere vorhat. Man
muss hier nicht nur aufpassen, was die Konkurrenz von sich aus tut, man muss sich Gedanken darüber machen, wie sie auf Maßnahmen reagiert, die man selbst trifft, z.B. auf Preis- und
Qualitätsveränderungen oder auch nur auf verstärkte Werbung, und man muss diese Reaktion
von vornherein einkalkulieren wie ein Schachspieler, der [...] die Züge eines Gegners voraus-
30 zuberechnen sucht und seine eigene Strategie danach einrichtet.
– Häufig erfolgen **Preisabsprachen** unter den wenigen Anbietern, um möglichst hohe Preise
zu erzielen. Benachteiligt sind hier die Nachfrager. Allerdings können die Anbieter ihre Preise
nicht beliebig erhöhen. Sonst versuchen die Verbraucher sich so weit wie möglich einzuschränken oder sie steigen um auf Ersatzgüter (Tee statt Kaffee, Margarine statt Butter). Da
35 Preisabsprachen den Wettbewerb ausschalten, sind sie in der Bundesrepublik Deutschland
nach dem Gesetz gegen Wettbewerbsbeschränkungen grundsätzlich verboten (s. dazu M 67,
M 69a).
– Oftmals übernimmt auch ein Anbieter die **Preisführung**. Wenn z.B. in einer Stadt mit 3
Großbetrieben der Betrieb A $3/_4$ des Marktes beliefert und B und C zusammen nur einen
40 Marktanteil von $1/_4$ haben, so liegt es nahe, dass A die Preise bestimmt und die anderen ihm
folgen. Würden B oder C versuchen, sein Verhalten zu behindern, so müssten sie mit existenz-
bedrohenden Maßnahmen von A rechnen. Deshalb verzichten sie darauf.
– Vielfach verlagern die Konkurrenten den Wettbewerb auf die **Qualität**, die Werbung und die
Aufmachung ihrer Erzeugnisse und vermeiden so eine gegenseitige Herausforderung durch
45 die Preise.

(Helmut Nuding/Josef Haller, Wirtschaftskunde, Ernst Klett Schulbuchverlag, Stuttgart, 2. Aufl. 2001, S. 218; Z. 18–30 aus: Erich Preiser, Nationalökonomie heute, Beck, München 1992, S. 67)

▸ **M 55** Brötchenverkauf

– Der Bäcker Hagens will mehr Brötchen verkaufen, da er eine neue Maschine abbe-
zahlen muss. Deshalb senkt er den Preis. Doch die Steigerung der Menge der ver-
5 kauften Brötchen entspricht nicht seinen Erwartungen.
– Die beiden Bäcker Schulze und Fischer wollen demnächst von der alten Backtradi-
tion abweichen und eine neue Art von Brötchen backen. Sie erwarten sich dabei
10 auch neue Absatzmöglichkeiten.
– Auf einem Fest der Bäckerinnung haben die vollzählig anwesenden Bäcker eine
Idee: Sie steigern alle zugleich den Preis
15 für ihre Brötchen um 10 Prozent.

– Der größte Arbeitgeber von Neustadt will das Angebot seiner Kantine auf ein Früh-
stück für alle MitarbeiterInnen ausdeh-
nen. Dazu will er jeden Morgen 10 000
20 Brötchen von den Bäckern abnehmen. Es werden Verhandlungen geführt, bei denen
der Großbetrieb den Preis zu drücken ver-
sucht und die einzelnen Bäcker, die alle gerne den sicheren Großauftrag hätten,
gegeneinander ausspielt. 25

(Heinz Hermann Dewenter, Politik gestalten 3, Schroedel, Hannover 1997, S. 116)

1. *In modellartigen Überlegungen kann man untersuchen, welchen Einfluss unterschiedliche Marktformen auf das jeweilige Anbieterverhalten bei der Preisbildung haben können. Als Grundformen
dieses Verhaltens lassen sich „Mengenanpassung" und „Preisfixierung" unterscheiden. In welchem Marktmodell sich die Anbieter als Mengenanpasser verhalten, konnten Sie M 44 entnehmen. Erläutern Sie, warum Preisfixierung im strengen Sinn nur beim Angebotsmonopol denkbar
ist.*

2. *In der Realität spielen Angebotsoligopole eine zunehmend wichtige Rolle (M 54). Nennen Sie zu
den im Text (Kasten) genannten weitere Beispiele aus Ihrem Erfahrungs- und Kenntnisbereich*

und erklären Sie, warum ein Oligopolist in seiner Markteinschätzung die Reaktionen seiner Ab-
nehmer und insbesondere auch seiner Konkurrenten stärker berücksichtigen muss als ein Polypo-
list oder ein Monopolist.

3. *Beschreiben Sie die verschiedenen Strategien, die Oligopolisten bei der Preisbildung für ihre Güter*
verfolgen (vgl. dazu auch die Darstellung der Verhältnisse im Lebensmittel-Einzelhandel in M
75). Welche davon sind Ihnen aus eigener Anschauung und Erfahrung heraus vertraut? Welche
spielen in den in M 55 angenommenen Fällen eine Rolle?

Mit der Untersuchung der Preisstrategien von Oligopolen (M 54) haben wir die weitgehend mo-
dellartige Betrachtung marktwirtschaftlicher Vorgänge (Modellanalyse), zu der ja auch die Beschäftigung mit dem Marktformenschema gehört, verlassen. Im Folgenden wollen wir ein Stück
weit untersuchen, in welcher Hinsicht und in welchen Bereichen die Realität des Marktgeschehens vom Modell abweicht (Realanalyse), und insbesondere auf einige Probleme eingehen, die
der Markt aus sich heraus nicht lösen kann („Marktversagen" im engeren Sinn; im weiteren
Sinn können auch die Tendenzen zur wirtschaftlichen Konzentration [M 67 ff.] und zur ungleichen Einkommens- und Vermögensverteilung [M 90ff.] als „Marktversagen" bezeichnet werden).

M 56 Kennzeichen der Marktrealität

M 56a Marktrealität: Vielgestaltigkeit

Im Gegensatz zum modellhaft skizzierten, idealtypisch reduzierten Marktgeschehen präsentiert sich uns die Marktrealität in einer verwirrenden Vielgestaltigkeit. Anstelle **eines** Marktes
mit **einem** bestimmten Preis begegnen wir einer Vielzahl von Märkten mit differenziertem
Warenangebot und ebensolchen Preisen. Statt Markttransparenz herrscht häufig Unübersicht-
5 lichkeit, die nicht selten durch verzerrende Werbung wie auch subjektive Fehleinschätzung
von Produkten und Produktqualitäten verstärkt wird. So kann beispielsweise bei Fehlen der
im Modell unterstellten Markttransparenz (vgl. M 47) auch der Monopolist Preisdifferenzie-
rung betreiben und daraus entsprechende Gewinnmitnahmen realisieren, die den theoretischen Monopolgewinn übersteigen.
10 Auch lassen sich Märkte mit homogenen Gütern allenfalls näherungsweise feststellen, so bei
Oligopolen der Grundstoffindustrien, wie beispielsweise im Steinkohlebergbau, der eisen-
schaffenden Industrie und der Zementfabrikation oder auch der Chemischen Industrie. Hier
werden zumindest in qualitativer Hinsicht weitgehend homogene Produkte angeboten. Die
räumlichen, zeitlichen und persönlichen Präferenzen dieser Angebote sind allenfalls von un-
15 tergeordneter Bedeutung.
Dem Idealtyp der „vollständigen Konkurrenz" ähneln mit gewissen Einschränkungen bestimmte Agrarmärkte, auf denen zahlreiche Anbieter aus Entwicklungsländern mit physisch
ziemlich gleichartigen landwirtschaftlichen (Kaffee, Tee, Kakao u.a.) oder industriellen (Kupfer, Zinn u.a.) Rohprodukten der großteils ungebündelten Weltnachfrage begegnen.
20 Monopole, in denen ein Anbieter den Markt beherrscht, begegnen uns in der Marktrealität
großteils als **Gebietsmonopole**, so beispielsweise als versorgungswirtschaftliche Elektrizitätsunternehmen. Doch auch hier hat die einschlägige Rechtsprechung der Konkurrenz durch
Freigabe der Verteilernetze das Tor zum Markt geöffnet. Ähnliches vollzog sich in einer höchst
nachfragedienlichen Weise durch Privatisierung (Aufgabe des Staatsmonopols) und Marktöff-
25 nung auf dem Gebiet des Fernmeldewesens wie auch (weniger spektakulär) bei der Paketbe-
förderung.
Insgesamt gesehen bleiben private Monopole die Ausnahme. Sie bilden sich in der Regel dort
heraus, wo aufgrund einer eng begrenzten Nachfrage die Aufteilung der Marktbedienung auf
mehrere Anbieter betriebswirtschaftlich uninteressant ist oder aber die Produktionstechnik
30 und das Know-how so hochwertig sind, dass – unter Berücksichtigung der relativ niedrigen
Produktpreise – der Aufbau von Konkurrenzpositionen wenig attraktiv ist.

(Hermann May, Ökonomie für Pädagogen, Oldenbourg, München 1999, S. 39)

M 56b Marktrealität: Präferenzen

Abweichend vom Modell des vollkommenen Marktes kommt es in den real existierenden Märkten zu Präferenzen sachlicher, persönlicher, räumlicher und zeitlicher Art. *Sachliche Präferenzen* ergeben sich daraus, dass es sich meist nicht um völlig gleichartige (homogene) Güter handelt. Absolute Gleichartigkeit besteht nur bei einer begrenzten Zahl von Gütern, in erster Linie von
5 Massengütern. Dem Namen nach gleiche Güter lassen sich in der Qualität unterscheiden.
Allein die Verpackung kann bei sonst gleichartigen Gütern eine sachliche Differenzierung bewirken. Oft versucht auch die Werbung den Eindruck der Unterschiedlichkeit zu betonen, indem sie spezielle Zusätze in einem Produkt besonders hervorhebt.
Persönliche Präferenzen sind oft das Ergebnis mangelnder Markttransparenz. Der Käufer müsste
10 theoretisch über alle konkurrierenden Produkte und deren Preise bei den verschiedenen Anbietern unterrichtet sein. Er müsste sich einen totalen Überblick über den ihn interessierenden Markt verschaffen und dabei auch noch die nötigen Kenntnisse – zum Beispiel technische – besitzen, um einen echten Vergleich vornehmen zu können.
Der Käufer dürfte sich bei seinen Entscheidungen auch nicht von Gesichtspunkten der Tradition
15 und von Gefühlsmomenten leiten lassen. Für die Hausfrau müsste es gleichgültig sein, in welchen Geschäften sie ihre Einkäufe tätigt. Persönliche Sympathien oder Antipathien dürften keine Rolle spielen. Und ein Autokäufer dürfte nicht einfach nach dem Grundsatz entscheiden: bisher die Marke A gefahren, immer die Marke A bevorzugt. Auch die Vorstellung, die teuerste Ware sei immer die beste, führt nicht zu einem rationalen Verhalten.
20 Die **räumlichen Präferenzen** spielen im täglichen Leben eine größere Rolle, als man im Allgemeinen annimmt. Ladengeschäfte in den Haupteinkaufsstraßen besitzen meist eine größere Anziehungskraft als die Konkurrenz in den Nebenstraßen, und sei es auch nur „um die Ecke". Die Verlegung eines Ladengeschäfts aus einer Fußgängerzone mit einer Konzentration von Geschäften an einen nur wenig mehr als hundert Meter entfernten Standort kann unter Umständen zu
25 einer deutlichen Umsatzminderung führen. Auch Ladengeschäfte im ersten Stock erleben es oft, dass Kunden sich schwer tun, die Treppen hinaufzusteigen. Schließlich bewirken unterschiedliche Transportkosten oft räumliche Präferenzen.
Eine **zeitliche Präferenz** kann durch spekulative Überlegungen ausgelöst werden. Auf einem vollkommenen Markt dürfte z.B. das Spekulieren auf eine mögliche spätere Verknappung keine Rol-
30 le spielen. Tatsächlich lassen sich die Käufer bei ihren Entscheidungen jedoch des Öfteren davon leiten, wie sie die zukünftige Entwicklung der Preise einschätzen. Möglicherweise warten sie bei Neuheiten der Unterhaltungselektronik ab, bis die Anfangspreise zu sinken beginnen. Oder der Heizöltank wird schon früher als notwendig aufgefüllt, weil man erhöhte Preise erwartet.
Alle dargestellten Präferenzen führen zu *unvollkommenen Märkten*. Dabei bedeutet die Kenn-
35 zeichnung eines Marktes als unvollkommen im Verhältnis zu vollkommen kein Werturteil. Der vollkommene Markt ist nicht besser. Vollkommene Konkurrenz ist ein Modell, das auf bestimmten Voraussetzungen beruht, die jedoch in der Wirklichkeit nicht oder nur begrenzt gegeben sind. Als Ausgangspunkt für eine Theorie der Märkte vermittelt es wertvolle Erkenntnisse, die dann in einer zweiten Stufe mehr der Wirklichkeit angenähert werden. Das ergibt die Lehre von
40 den „unvollkommenen Märkten". Nimmt man zu den aufgeführten Präferenzen noch die Zahl möglicher Marktformen – unterschieden nach der Zahl der Anbieter – hinzu, so gelangt man zu einer praxisnäheren Vorstellung von der Vielzahl unterschiedlicher, fast individueller Märkte, mit denen wir es in unserem täglichen Leben zu tun haben.

(Werner Heiring/Walter Lippens [= M 2], S. 101f.)

1. *Es war schon mehrfach darauf hingewiesen worden, dass die Annahmen des Marktmodells in der Realität der Märkte weitgehend nicht vollständig oder gar nicht gegeben sind. M 56a gibt kurze Hinweise zu den Prämissen Markttransparenz, Homogenität der Güter und vollkommene Konkurrenz; M 56b beschreibt die in der Realität vorhandenen verschiedenartigen Präferenzen. Versuchen Sie diese Darstellungen zu erläutern bzw. durch Beispiele zu ergänzen und zu konkretisieren. Ordnen Sie die folgenden Beispiele (1–12) den genannten Marktbedingungen (a–e) zu:*

a) Homogenität der Güter
b) persönliche Präferenzen
c) räumliche Präferenzen
d) zeitliche Präferenzen
e) Markttransparenz

1 Eine Hausfrau kauft am Markt meistens kurz vor Schluss, weil sie dann ihre Früchte billiger erhält.
2 Eine Hausfrau kauft vorwiegend bei einem Einzelhändler, mit dem sie befreundet ist.
3 Anbieter und Nachfrager sind über die Verkaufs- und Kaufbedingungen vollständig informiert.
4 Der einzige Bäcker am Ort verkauft ein Brötchen um zwei Cent teurer als der zwölf Kilometer weiter entfernte Bäcker.
5 Eine bestimmte Pralinensorte wird wegen der ansprechenden Verpackung bevorzugt gekauft.
6 Ein Bahnhofskiosk eines Hauptbahnhofs in der Großstadt hat Tag und Nacht geöffnet.
7 Ein Unternehmer verkauft seine Erzeugnisse im Ausland billiger als im Inland.
8 Ein Unternehmer bezieht aus traditionell freundschaftlichen Gründen seine Rohstoffe jahrzehntelang vom gleichen Lieferer.
9 Ein Kunde kauft stets eine bestimmte Automarke, weil der Hersteller einen guten Kundendienst hat.
10 Ein junger Mann nutzt die Gelegenheit, in einem bestimmten Laden zu kaufen, weil er dort von einer Verkäuferin bedient wird, die ihm gefällt.
11 Bäcker Feldmann ist zugleich Bürgermeister von Neustadt. Deshalb kaufen viele Bürger immer bei ihm.
12 Frau Mertens wohnt in Neustadt. Ihre Brötchen kauft sie immer bei Bäcker Winkelmann. Sie zahlt den Preis, der von Winkelmanns verlangt wird, und kauft jeden Tag im Durchschnitt sechs Brötchen für ihre Familie.

(1–10 aus: Seidel/Temmen [= M 52], S. 121; 11–12 aus: Politik gestalten [= M 55], S. 116)

2. *Die Beschäftigung mit der Marktpreisbildung kann sicherlich die Frage nahe legen, welchen Sinn die Konstruktion des betr. Modells macht, wenn seine Voraussetzungen in der Realität oft oder weitgehend nicht gegeben sind. Diskutieren Sie diese grundsätzliche Frage anhand von M 56b, Z. 34ff., und auch unter Rückgriff auf M 34 und M 49a. Bedenken Sie vor allem den Analysecharakter des Marktmodells.*

▬ M 57 Mängel des Preismechanismus – Marktversagen

„Wenn man einem Papageien beibringen will, ein Volkswirt zu sein, so bringt man ihm einfach bei, die Worte ‚Angebot und Nachfrage‘ zu wiederholen". Dieser Witz übertreibt ein wenig die Bedeutung, die das Gesetz von Angebot und Nachfrage in den Wirtschaftswissenschaften hat. Zwar ist das Gleichgewicht auf wettbewerblich organisierten Märkten bei vollständiger
5 Konkurrenz dadurch charakterisiert, dass sich Angebot und Nachfrage entsprechen. In der einfachen Modellwelt schafft der Preismechanismus den Ausgleich zwischen Angebot und Nachfrage und führt die Ressourcen* der Gesellschaft in ihre optimale Verwendung. Allerdings gibt es [...] gewichtige Ausnahmen von dieser Regel. Im Fall des **Marktversagens** (externe Effekte) ist ein Eingreifen des Staates notwendig, um ein gesellschaftliches Optimum zu er-
10 reichen. [...]

(Wie funktioniert das? [= M 33a], S. 72)

Märkte sind keineswegs vollkommen. Beispielsweise kann es sein, dass bestimmte Kosten und Nutzen der Ressourcenverwendung nicht in den Gleichgewichtspreisen enthalten, also nicht „internalisiert" sind. Man spricht in diesem Fall von „externen Effekten" und meint damit – positive oder negative – Auswirkungen auf Dritte, die in den Marktpreisen nicht enthalten
15 sind, die also einen nicht entgoltenen Schaden oder Nutzen, negative oder positive externe Effekte, darstellen. Wenn jemand bei einem Produkt nicht alle Kosten der Herstellung tragen muss, sondern einen Teil davon auf Dritte abwälzen kann, wird die Erstellung für ihn billiger, und es wird eine Gesamtmenge hergestellt, die über das gesellschaftlich erwünschte Maß hi-

nausgeht; bei positiven externen Ef-
20 fekten ist es umgekehrt. Klassische
Beispiele für negative externe Effekte
sind die Umweltzerstörung, weil und
solange der Faktor Umwelt keinen
Preis hat, die Ausbeutung von Versi-
25 cherungen, bei denen die einzelnen
einen Anreiz haben, mehr als ihren
Beitrag wieder herauszuholen, und
die mangelnde Bereitschaft, sich freiwillig an so genannten Gemein-
30 schaftsaufgaben zu beteiligen. Die
Herstellung solcher Güter wie der in-
takten Umwelt, kostengünstiger Versicherungen und Arbeit für die Gemeinschaft kann nicht über den
35 Marktmechanismus erfolgen, weil es

> Umwelt ist – in ökonomischer Terminologie – ein *knappes Gut*. Im Gegensatz zu anderen knappen Gütern hat sie jedoch keinen marktgerechten Preis. Sie gilt vielmehr weitgehend als öffentliches Gut, das man kostenlos beanspruchen kann. Folglich geht man nicht so mit der Umwelt um, wie es ihrem ‚richtigen‘ Wert entspricht: Umwelt wird vergeudet und verschleudert, teilweise irreparabel. Ökonomisch ist dies eine *Fehlallokation* von Umweltressourcen. Dieses *Marktversagen* beruht also zentral auf dem nur unvollständig anzuwendenden **Ausschlussprinzip**, das grundsätzlich für private Güter gilt: Wer ihren Preis nicht bezahlen kann oder will, wird von der Nutzung ausgeschlossen. Nicht so beim Umweltgut; dort ist kostenloses ‚*Trittbrettfahren*‘ möglich.
>
> (Jörn Altmann [= M 5], S. 243)

für die Akteure keinen Anreiz gibt, diese Produkte zu erstellen. Anders gesagt: Weil andere
Konsumenten von der kostenlosen Nutzung nicht ausgeschlossen werden können, spekuliert
jeder rationale Akteur darauf, andere diese Güter erstellen zu lassen, seinen Beitrag zurück-
zuhalten und dennoch in den Genuss dieser Güter zu kommen.
40 Der Satz, dass Märkte zu einem optimalen Allokationsergebnis* führen, stimmt also nur unter
der Bedingung, dass keine externen Effekte vorliegen. Ist das hingegen der Fall, so spricht
man üblicherweise vom „**Marktversagen**“. Dieses Phänomen des „Marktversagens“ ist für die
traditionelle ökonomische Theorie der Ansatz zur Bestimmung der Staatsaufgaben. Der Staat
übernimmt nämlich gemäß dieser Theorie die Produktion solcher Güter, z.B. Verteidigung,
45 innere Sicherheit, Rechtspflege, Sozialversicherungen, Aufrechterhaltung der Wettbewerbsordnung, das Bildungs- und Verkehrswesen, den Schutz der Umwelt durch Reglementierung
usw.

(Homann/Suchanek [= M 25c], S. 214f)

Von positiven **externen Effekten (externe Nutzen, externe Ersparnisse)** spricht man, wenn
durch die Produktion in einem Betrieb oder den Verbrauch in einem Haushalt anderen Be-
50 trieben oder Haushalten Vorteile entstehen. Entstehen Nachteile, so handelt es sich um negative externe Effekte (**externe Kosten**).
Der Preis eines Gutes soll die bei der Produktion entstandenen Kosten und den Nutzen des
Konsumenten aus dem Gut widerspiegeln. Genauer gesagt soll im Modell der vollständigen
Konkurrenz der Preis des Gutes den Grenzkosten* der Produktion sowie dem Grenznutzen*
55 des Konsumenten entsprechen. Der Unternehmer kalkuliert jedoch nur mit den ihm direkt
entstehenden **privaten Kosten (betriebswirtschaftliche Kosten)**. Die der Gesellschaft entstehenden **sozialen Kosten** z.B. durch Umweltbelastungen tauchen in seinem Kalkül der Gewinnma-
ximierung nicht auf. Der aufgrund dieser negativen externen Effekte zu niedrige Preis lenkt
die Ressourcen der Gesellschaft in eine nicht optimale Verwendung. Private und soziale Kos-
60 ten ergeben zusammen die **gesamtwirtschaftlichen Kosten**.
Beispiel: Ein Kohlekraftwerk verursacht Luftverschmutzung, durch die der Gesellschaft Kosten
entstehen. Die umliegende Natur wird geschädigt, Anwohner leiden unter Atemwegserkran-
kungen, Gebäude benötigen häufiger einen Anstrich. Diese sozialen Kosten werden im Ge-
winnmaximierungsansatz des Unternehmens nicht berücksichtigt, da sie außerhalb des Un-
65 ternehmens anfallen. Müsste das Unternehmen für diese externen Kosten aufkommen bzw.
die negativen externen Effekte der Luftverschmutzung von vornherein durch den Einbau von
Abgasfiltern vermeiden, wäre der Preis des erzeugten Stroms entsprechend höher. Die nachgefragte Menge wäre geringer. Der Marktpreis entspricht hier also nicht den tatsächlich entstandenen sozialen und privaten Grenzkosten. Im Marktgleichgewicht werden die Ressour-

Soziale Kosten am Beispiel PKW

Gebäude-schäden

Luftverschmutzung/ saurer Regen

Lärmbelästigung

Atemwegs-erkrankungen

Waldsterben

Bodenver-unreinigung

Unfallfolgen

Wasser-verschmutzung

Quelle: nach K. Tischler, Grundwissen Umwelt. Stuttgart/Dresden 1994

© OMNIA

(Nach: K. Tischler, Grundwissen Umwelt, Stuttgart/Dresden 1994; © Omnia)

70 cen* der Gesellschaft nicht im gesamtwirtschaftlich optimalen Sinne eingesetzt, es herrscht keine optimale **Allokation** (vgl. M 36a, S. 54).

Auf der anderen Seite kann es auch sein, dass der Marktpreis die *sozialen Nutzelemente* des Gutes nicht vollständig abbildet. Ein Beispiel zu diesen positiven externen Effekten ist die Bienenzucht eines Imkers. Die Bienen erhöhen den Ertrag der umliegenden Obstgärten. Diesen

75 zusätzlichen Nutzen kann der Imker jedoch nicht in Rechnung stellen.

Während eine staatliche Regulierung im Imker-Beispiel wohl kaum gefordert wird, besteht dieser Bedarf allgemein bei anderen **Externalitäten**. Scheidet z. B. eine Verhandlungslösung zwischen Schädigern und Geschädigten aus, muss durch staatliche Intervention auf eine **Internalisierung** der externen Kosten hingewirkt werden. Der Staat erhebt z. B. einen Preis für die Um-

80 weltnutzung (Emissionsteuer) oder erlässt Auflagen (Einbau von Abgasfiltern). Beides kann bewirken, dass der externe Effekt internalisiert wird: Ein Umweltschädiger übernimmt durch die Emissionsteuer oder die Ausgaben für Abgasfilter die von ihm verursachten sozialen Kosten.

(Wie funktioniert das? Wirtschaft heute, Meyers Lexikonverlag, Mannheim 1999, S. 72)

Wenn der Marktpreis seine (in M 50 dargestellten) Funktionen nicht erfüllt, spricht man von „Marktversagen". Analysieren Sie dazu die Darstellung M 57 und beachten Sie dabei folgende Fragestellungen.

– Auf die Bedeutung des „Ausschlussprinzips" für das Angebot öffentlicher Güter wurde bereits in M 10 hingewiesen. Verdeutlichen Sie es noch einmal am Beispiel der Umwelt (s. Kasten S. 89 o.). Was hat es mit dem genannten „Trittbrettfahrerverhalten" zu tun?

– Marktversagen bildet die Begründung für die Wahrnehmung bestimmter Aufgaben durch den Staat. Erläutern Sie diese Aussage konkreter an einer der in Z. 44ff. genannten Staatsaufgaben. Warum kann der Staat das leisten, worin der Markt versagt?

– Was ist mit „externen Effekten" gemeint? Können Sie dem Beispiel des Imkers (Z. 74f.) weitere Beispiele für positive externe Effekte hinzufügen?

– Was meint die Aussage, dass in der Kosten- und Gewinnkalkulation des Unternehmers (vgl. M 45) die „sozialen Kosten" nicht auftauchen (Z. 56 f.)? Inwiefern werden diese Kosten „externalisiert"? Verdeutlichen Sie die „sozialen Kosten" auch am Beispiel des PKW (s. Abb.).

– Worin liegt der grundsätzliche Unterschied zwischen einer betriebswirtschaftlichen und einer volkswirtschaftlichen (gesamtwirtschaftlichen) Betrachtungsweise?

– Welche der in M 50 genannten Funktionen des Marktpreises werden bei Marktversagen (im Sinne der Erzeugung negativer externer Effekte) nicht erfüllt?

– Was bedeutet konkret die Forderung nach der „Internalisierung" externer Kosten? Welche wirtschaftspolitischen Maßnahmen dienen dieser Zielsetzung?

III. Welche Bedeutung hat die Wirtschaftsordnung? – Soziale Marktwirtschaft als ordnungspolitisches Leitbild

In diesem Abschnitt wollen wir das, was Sie bisher über den Markt und die Marktwirtschaft erfahren haben, in einen größeren (historischen) Zusammenhang stellen und zugleich den Charakter der Wirtschaftsordnung, in der wir leben und deren zentrales Element der Markt ist, näher bestimmen.

Zunächst wird – in kompakter Darstellung – aufgezeigt, aus welcher historischen Situation und aus welchem Denken heraus die Idee der Marktwirtschaft entwickelt wurde (M 58/59). Das geschieht nicht aus bloßem historischen Interesse, sondern erscheint notwendig, weil bis heute – und gerade heute – die oft leidenschaftlich geführte Diskussion über das Verhältnis von Wirtschaft und Staat, von ökonomischer Freiheit und staatlichem (politischen) Eingreifen in den Wirtschaftsprozess sich maßgeblich an den Prinzipien und Vorstellungen des „Klassischen Liberalismus" (Ende des 18., Anfang des 19. Jahrhunderts) orientiert. Wie diese Ideen im 20. Jahrhundert durch eine Neubestimmung der Rolle des Staates erneuert bzw. verändert wurden („Neoliberalismus") und wie – auf diesem Hintergrund, aber mit neuer Akzentsetzung – nach dem 2. Weltkrieg in Deutschland das Konzept der „Sozialen Marktwirtschaft" entwickelt und ausgestattet wurde, wird danach etwas eingehender dargestellt (M 60 – M 64).

1. Liberalismus, Neoliberalismus, soziale Marktwirtschaft

> ➤ Welches Verhältnis zwischen Staat und Wirtschaft liegt der Ordnungsvorstellung des „klassischen Liberalismus" (der „freien Marktwirtschaft") zugrunde? Welche sind die Hauptgedanken von Adam Smith? (M 58 – M 59)
> ➤ Wodurch unterscheiden sich die Vorstellungen des Neoliberalismus/Ordoliberalismus von denen des klassischen Liberalismus? Inwiefern wird der Begriff „neoliberal" heute häufig missbräuchlich verwendet? (M 60 – M 61)
> ➤ Auf welchen Prinzipien beruht das Leitbild der „Sozialen Marktwirtschaft", das der Wirtschaftsordnung Deutschlands zugrunde liegt? (M 62 – M 64)

▇ M 58 Die Idee des klassischen Liberalismus

Adam Smith (1723–1790)

Die Idee des *Klassischen Liberalismus* entstand in der Auseinandersetzung mit dem Absolutismus* und dessen Wirtschaftssystem, dem Merkantilismus*. Beiden lag ein autoritär-patriarchalisches Wohlfahrtsverständnis zugrunde: Der
5 Wohlstand einer Nation bestand in der Steigerung von Macht und Reichtum des absoluten Herrschers. Die gewerbliche Produktion und der Außenhandel wurden deshalb nur gefördert, wenn dies seine Repräsentationsbedürfnisse befriedigte. Die Vertreter des klassischen Liberalismus hingegen (Adam Smith 1723–1790, John Stewart Mill
10 1806–1873, David Ricardo 1772–1823 oder Jean Baptiste Say

Das Wort vom „laissez-faire", mit dem er bisweilen identifiziert wird, hat Smith allerdings nie in den Mund genommen. Der völlige Rückzug des Staates aus der Wirtschaft war nicht seine Sache. [...] Für Smith hat der Staat die Aufgabe, dem Markt durch die Justiz (und ebenso durch das Militär) seine Spielregeln zu setzen und außerdem einige klar abgegrenzte öffentliche Güter bereitzustellen: Verteidigung, Verkehrswege, Bildung.

(Thomas Fischermann, in: DIE ZEIT v. 12.5.1999, S. 28)

1767–1832) sahen den Wohlstand einer Nation im „größten Glück der größten Zahl".

15 1776 konstatierte *Adam Smith* in seinem Werk „Der Wohlstand der Nationen" ein Versagen der zentralen Wirtschaftslenkung im Merkantilismus. [...]

20 Deshalb forderte Smith einen generellen Verzicht auf Bevormundung des Einzelnen durch den Staat. Als „Nachtwächterstaat" solle er lediglich Freiheitsrechte sichern und die innere bzw. äußere Sicherheit gewährleisten *(Laissez-faire*-Po-*
25 *litik)*.

Nicht mehr der Herrscher also, sondern private Unternehmen und Haushalte sollten danach (dezentral) über die Produktion, die Art der Einkommenserzielung und die Einkommensverwendung entscheiden. Als Steuerungs- bzw. Kontrollmechanismus sollte der (freie) Leistungswettbewerb dienen.

30 Nach liberalistischem Verständnis muss eine Wirtschaftsordnung deshalb so gestaltet sein, dass sie Leistungen belohnt, Leistungsanreize bietet und leistungsmindernde Zwänge vermeidet. Zur *Lösung des Leistungsproblems* setzen die Befürworter marktwirtschaftlicher Wirtschaftsordnungen auf Freiheitsrechte wie die

– *Freiheit zur privaten Eigentumsbildung und -nutzung* (freie Verfügbarkeit über Sachgüter und
35 finanzielle Mittel),
– *Konsumfreiheit* (Freiheit der Verbraucher, Güter und Dienstleistungen ihrer Wahl zu kaufen),
– *Gewerbefreiheit* (Freiheit der Produzenten, Güter nach ihrer Einschätzung der Absatzmöglichkeiten zu produzieren und anzubieten),
40 – *Freiheit der Wahl von Beruf und Arbeitsplatz* (Freiheit des Individuums, sich ohne Berufslenkung für einen Beruf zu entscheiden, der den eigenen Neigungen und Fähigkeiten entspricht und einen Arbeitsplatz nach persönlichen Kriterien zu wählen).

Aus den individuellen Freiheiten resultiert ein besonderes Interesse des Einzelnen, seine (wirtschaftlichen) Ziele (z.B. Steigerung des Einkommens) zu verwirklichen. Starke wirtschaftliche

Die *Wirtschaftsordnung des klassischen Wirtschaftsliberalismus* [...] entwickelte sich Ende des achtzehnten Jahrhunderts zur Zeit der industriellen Revolution in England. Damals wurde mit bahnbrechenden Erfindungen (Dampfmaschine, mechanischer Webstuhl) der Grundstein für die Industrialisierung der Produktion gelegt. Geistesgeschichtlich war diese Epoche vom Naturrechtsdenken der Aufklärung* geprägt, wonach jeder Mensch mit Vernunft ausgestattet ist und rational zu handeln vermag. Daraus wurde ein natürliches Recht auf individuelle Freiheit und Selbstständigkeit in allen Bereichen – also auch in der Wirtschaft – abgeleitet. Staatliche und private Sphäre waren strikt voneinander getrennt.

(Heinz Dieter Hardes/Gerd Jan Krol/Fritz Rahmeyer/Alfons Schmidt, Volkswirtschaftslehre problemorientiert, Mohr/ Siebeck, Tübingen 1999, S. 19)

45 Triebkräfte werden frei, der Leistungswettbewerb kann sich entfalten. Produktivitätssteigerung und eine verbesserte Güterversorgung werden möglich. Damit die Verfolgung des Eigeninte-
50 resses aber nicht im Chaos endet, muss ein Kontrollmechanismus das Zusammenspiel regeln. Diese Aufgabe kommt den Märkten zu. Im freien Spiel von Angebot und Nachfrage bil-
55 den sich dort Preise als Knappheitsmesser für die einzelnen Güter. Der Marktpreis bringt Angebot und Nachfrage zum Ausgleich. Steigt die Nachfrage nach einem Gut, so kommt es
60 zu höheren Preisen für das knappe Gut. Höhere Preise ihrerseits signalisieren bessere Gewinnmöglichkeiten

und veranlassen Unternehmen zu Produktionsausweitungen. Bei freiem Marktzutritt „locken"
sie zusätzlich Neuanbieter in den Markt. Es findet damit eine „Lenkung" der Produktionsfak-
65 toren in jene Bereiche statt, in denen eine erhöhte Nachfrage besteht.
Ohne staatliches Eingreifen löst die „unsichtbare Hand" (Adam Smith) des Marktmechanismus das Lenkungsproblem.

(Stefan Sekul/Horst Friedrich, Markt statt Plan. Wirtschaftsordnung in Deutschland – Thema im Unterricht, Lehrerheft, hrsg.
von der Bundeszentrale für politische Bildung, Bonn 1997, S. 8–10)

M 59 Adam Smith: Des einfache System der natürlichen Freiheit

Bei fast allen [...] Lebewesen ist jedes Einzel-
wesen, wenn es herangewachsen ist, vollkommen selbstständig und hat im Naturzu-
stand den Beistand keines anderen lebenden
5 Wesens mehr nötig; der Mensch dagegen
braucht fortwährend die Hilfe seiner Mit-
menschen und vergeblich erwartet er diese
von ihrem Wohlwollen allein. Er wird viel
eher sein Ziel erreichen, wenn er ihr Selbst-
10 interesse zu seinen Gunsten lenken und ihnen zeigen kann, dass sie auch ihren eigenen
Vorteil verfolgen, wenn sie für ihn tun, was
er von ihnen haben will. (*Man has almost con-
stant occasion for the help of his brethren, and it
15 is vain for him to expect it from their benevolence
only. He will he more likely to prevail if he can
interest their self-love in his favor, and show
them that it is for their own advantage to do for
him what he requires of them.*) Wer einem an-
20 deren ein Geschäft irgendwelcher Art an-
trägt, verfährt in diesem Sinne. Gib mir, was
ich brauche, und du sollst haben, was du
brauchst, das ist der Sinn eines jeden solchen
Anerbietens und auf diese Weise erhalten wir
25 voneinander den bei weitem größten Teil all
der Dienste, auf die wir gegenseitig angewiesen sind. Nicht von dem Wohlwollen des
Fleischers, Brauers oder Bäckers erwarten
wir das, was wir zum Essen brauchen, son-
30 dern von der Rücksichtnahme auf ihr eigenes
Interesse. (*It is not from the benevolence of the
butcher, the brewer, or the baker that we expect
our dinner, but from their regard to their own interest*). Wir wenden uns nicht an ihre Men-
35 schenliebe, sondern an ihr Selbstinteresse
und sprechen zu ihnen nie von unserem Bedarf, sondern von ihren Vorteilen.
Der Einzelne ist stets darauf bedacht herauszufinden, wo er sein Kapital, über das er ver-
40 fügen kann, so vorteilhaft wie nur irgend
möglich einsetzen kann. Und tatsächlich hat
er dabei den eigenen Vorteil im Auge und
nicht etwa den der Volkswirtschaft. Aber gerade das Streben nach seinem eigenen Vorteil ist es, das ihn ganz von selbst oder viel- 45
mehr notwendigerweise dazu führt, sein Kapital dort einzusetzen, wo es auch dem
ganzen Land den größten Nutzen bringt.
Verfolgt er nämlich sein eigenes Interesse, so
fördert er damit indirekt das Gesamtwohl viel 50
nachhaltiger, als wenn die Verfolgung des
Gesamtinteresses unmittelbar sein Ziel gewesen wäre. [...]
Wenn jeder Einzelne so viel wie nur möglich
danach trachtet, sein Kapital zur Unterstüt- 55
zung der einheimischen Erwerbstätigkeit einzusetzen und dadurch diese so lenkt, dass ihr
Ertrag den höchsten Wertzuwachs erwarten
lässt, dann bemüht sich auch jeder Einzelne
ganz zwangsläufig, dass das Volkseinkom- 60
men im Jahr so groß wie möglich werden
wird. Tatsächlich fördert er in der Regel nicht
bewusst das Allgemeinwohl, noch weiß er,
wie hoch der eigene Beitrag ist. Wenn er es
vorzieht, die nationale Wirtschaft anstatt die 65
ausländische zu unterstützen, denkt er eigentlich nur an die eigene Sicherheit, und
wenn er dadurch die Erwerbstätigkeit so fördert, dass ihr Ertrag den höchsten Wert erzielen kann, strebt er lediglich nach eigenem 70
Gewinn. Und er wird in diesem wie auch in
vielen anderen Fällen von einer unsichtbaren
Hand geleitet, um einen Zweck zu fördern,
den zu erfüllen er in keiner Weise beabsichtigt hat. Auch für das Land selbst ist es kei- 75
neswegs immer das schlechteste, dass der
Einzelne ein solches Ziel nicht bewusst anstrebt, ja, gerade dadurch, dass er das eigene
Interesse verfolgt, fördert er häufig das der
Gesellschaft nachhaltiger, als wenn er wirk- 80
lich beabsichtigt, es zu tun. (*He intends only
his own gain, and he is in this, as in many other
cases, led by an invisible hand to promote an end
which was no part of his intention. Nor is it al-
ways the worse for the society that it was no part 85
of it. By pursuing his own interest he frequently*

promotes that of the society more effectually than when he really intends to promote it.) Alle, die jemals vorgaben, ihre Geschäfte dienten dem Wohl der Allgemeinheit, haben meines Wissens niemals etwas Gutes getan. [...]

Gibt man daher alle Systeme der Begünstigung und Beschränkung auf, so stellt sich ganz von selbst das einsichtige und einfache System der natürlichen Freiheit her. Solange der Einzelne nicht die Gesetze verletzt, lässt man ihm völlige Freiheit, damit er das eigene Interesse auf seine Weise verfolgen kann und seinen Erwerbsfleiß und sein Kapital im Wettbewerb mit jedem anderen oder einem anderen Stand entwickeln oder einsetzen kann. Der Herrscher wird dadurch vollständig von einer Pflicht entbunden, bei deren Ausübung er stets unzähligen Täuschungen ausgesetzt sein muss und zu deren Erfüllung keine menschliche Weisheit oder Kenntnis jemals ausreichen könnte, nämlich der Pflicht oder Aufgabe, den Erwerb privater Leute zu überwachen und ihn in Wirtschaftszweige zu lenken, die für das Land am nützlichsten sind. Im System der natürlichen Freiheit hat der Souverän lediglich drei Aufgaben zu erfüllen, die sicherlich von höchster Wichtigkeit sind, aber einfach und dem normalen Verstand zugänglich: Erstens die Pflicht, das Land gegen Gewalttätigkeit und Angriff anderer unabhängiger Staaten zu schützen, zweitens die Aufgabe, jedes Mitglied der Gesellschaft so weit wie möglich vor Ungerechtigkeit oder Unterdrückung durch einen Mitbürger in Schutz zu nehmen oder ein zuverlässiges Justizwesen einzurichten, und drittens die Pflicht, bestimmte öffentliche Anstalten und Einrichtungen zu gründen und zu unterhalten, die ein Einzelner oder eine kleine Gruppe aus eigenem Interesse nicht betreiben kann, weil der Gewinn ihre Kosten niemals decken könnte, obwohl er häufig höher sein mag als die Kosten für das ganze Gemeinwesen.

(Adam Smith, Der Wohlstand der Nationen. Eine Untersuchung seiner Natur und seiner Ursachen, aus dem Englischen übertragen von H. C. Recktenwald, München 1978, S. 369–371, S. 582)

1. Vielleicht sind Ihnen aus dem Geschichtsunterricht der Mittelstufe einige Merkmale des in Europa verbreiteten Systems des Absolutismus vertraut. Nennen Sie wesentliche Merkmale des Merkantilismus (als des absolutistischen Wirtschaftssystems) und erläutern Sie, inwiefern der Liberalismus sich als Reaktion auf dieses Wirtschaftssystem verstehen lässt. Inwiefern stellt die Idee der Freiheit (Freiheit wovon?) das zentrale Element des liberalistischen Denkens dar? (M 58)

2. Welche Beziehungen sieht der Liberalismus zwischen dem Prinzip der Freiheit, der wirtschaftlichen Leistungsentwicklung und dem Marktmechanismus? Versuchen Sie diese Beziehung in einem Schema (Tafelschema) darzustellen.

3. Adam Smith gilt zu Recht als der geistige Vater der Wirtschaftstheorie des klassischen Liberalismus, der „freien Marktwirtschaft". Nehmen Sie sich Zeit, den Text (M 59) aus seinem Hauptwerk gründlich zu erarbeiten und zu analysieren.

   – Beschreiben Sie den Stellenwert des menschlichen Eigeninteresses (Eigennutzens) und dessen Verhältnis zum Gesamtinteresse (dem Nutzen für die Allgemeinheit, dem Allgemeinwohl) im Denken von Adam Smith.
   – Zu welchen Verhaltensweisen der Menschen führen nach Adam Smith staatliche Bevormundung und bürokratische Regelungen? Was entwickelt sich, wenn Menschen in Freiheit entscheiden dürfen, was sie produzieren und konsumieren wollen? Inwiefern hält Adam Smith darüber hinaus zentrale staatliche Wirtschaftslenkung für nicht realisierbar, selbst wenn beim Herrscher „menschliche Weisheit und Kenntnis" vorhanden ist?
   – Achten Sie bei der Textanalyse auf das möglichst konkrete Verständnis allgemeinerer Begriffe. Was meint Adam Smith z.B. mit den „Systemen der Begünstigung und Beschränkung"? Was heißt „natürliche" Freiheit?
   – Das berühmt gewordene Wort von der „unsichtbaren Hand" (M 59, Z. 72) wird in M 58 (Z. 66f.) unmittelbar auf den Marktmechanismus bezogen. Prüfen Sie, ob der Text das hergibt und was Adam Smith mit diesem Wort zunächst einmal zum Ausdruck bringen wollte.

– *Erläutern Sie genauer, welche Aufgaben nach Adam Smith dem Staat (dem „Souverän")*
überlassen bleiben sollen, und nennen Sie die Institutionen, die diese Aufgaben heute wahrneh-
men. Welche „öffentlichen Anstalten und Einrichtungen" könnten im Einzelnen gemeint sein?
Halten Sie die Kennzeichnung als „Nachtwächterstaat" (vgl. M 58, Z. 23) für gerechtfertigt?

▬ M 60 Neoliberalismus/Ordoliberalismus – Reaktion auf die „laissez-faire*"-Wirtschaft

Unter der „Herrschaft des Marktes"
verschlechterten sich in der ersten In-
dustrialisierungsphase die Lebensbedingungen weiter Teile der Bevölke-
5 rung. Als Schwachpunkte der „freien
Marktwirtschaft" stellten sich damit
vor allem heraus, dass
– die Vertragsfreiheit von den Unternehmen zu Wettbewerbsbeschrän-
10 kungen (Kartellen, marktbeherrschenden Fusionen u.Ä.) genutzt
werden konnte;
– die Masse der besitzlosen abhängig

> „Der Wirtschaftspolitik des *laissez-faire** lag ein großer
> Gedanke zugrunde. Freiheit soll gegeben werden, da-
> mit sich die natürliche, gottgewollte Ordnung ent-
> wickelt. [...] Aber die faktische Entwicklung zeigte,
> dass [...] diese Wirtschaftspolitik nicht *das* erreichte,
> was sie wollte. Es erwies sich, dass die Gewährung
> von Freiheit eine Gefahr für die Freiheit werden kann,
> wenn sie die Bildung privater Macht ermöglicht, dass
> zwar außerordentliche Energien durch sie geweckt
> werden, aber dass diese Energien auch freiheitszer-
> störend wirken können."
>
> (Zitat: Walter Eucken, 1955)

Beschäftigten weitgehend schutzlos den Existenzbedrohungen (wie Arbeitslosigkeit, Krank-
15 heit, Invalidität usw.) ausgesetzt war.

(Sekul/Friedrich [= M 58], S. 10)

Karl Marx, der schärfste Kritiker des Frühkapitalismus,
glaubte zwar, dass der Kapitalismus aufgrund innerer Widersprüche zur Selbstzerstörung verurteilt sei. Aber gleichzeitig baute er seine Vision der dann folgenden Diktatur des
20 Proletariats* auf den Segnungen des Kapitalismus auf. Die
Kapitalakkumulation* werde nämlich schließlich eine so hohe Arbeitsproduktivität hervorgebracht haben, dass im dann
folgenden Kommunismus ein hoher Lebensstandard für alle
bei sehr viel geringerer Arbeitszeit möglich sei.
25 Was Marx dabei freilich übersehen hat, war die Tatsache,
dass der Kommunismus die Kapitalakkumulation und damit
seine eigene wirtschaftliche Grundlage zwangsläufig wieder
zerstören würde. Zwar wurde auch in den sozialistischen
Staaten des späteren Ostblocks viel investiert, aber eben nur
30 auf staatliche Anordnung und ohne die Lenkungskraft des

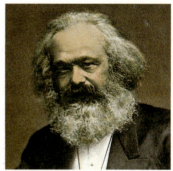

Karl Marx (1818–1883)
(Foto: AKG, Berlin)

Wettbewerbs. Das Ergebnis ist bekannt: Fehlinvestitionen, Misswirtschaft und Bürokratie haben alle diese Staaten zunächst in den wirtschaftlichen und schließlich auch in den politischen
Ruin getrieben. Man kann den Sozialismus als erneuten, wiederum extremen Pendelschlag des
Staatseinflusses auf die Wirtschaft deuten. Er ist eine zwar verständliche, aber gleichwohl
35 falsche Antwort auf die Auswüchse des unbeschränkten Liberalismus gewesen.

Eine andere Antwort darauf haben die Ordoliberalen* um Walter Eucken (1891 – 1950) und
Franz Böhm (1895–1977) gegeben. Die Ordoliberalen waren eine Gruppe von Ökonomen und
Juristen, die sich in den 30er-Jahren Gedanken darüber machten, wie es mit der deutschen
Wirtschaft nach dem Spuk des Nationalsozialismus weitergehen könnte. Ihr theoretischer
40 Ausgangspunkt waren die Lehren von Adam Smith und den anderen Klassikern der Natio-
nalökonomie.

Walter Eucken (1891–1950)
Hauptvertreter der „Freiburger
Schule" des Ordoliberalismus

(Foto: Archiv/INTERFOTO)

Dreh- und Angelpunkt des Denkens von Walter Eucken war der Wettbewerb. Er grenzte sich doppelt ab – gegen die Planwirtschaft, aber auch gegen den Laissez-faire*-Kapitalismus. Die Planwirtschaft lehnte er wegen ihrer Ineffizienz ab, vor allem aber, weil sie Rechtsstaat und Freiheit gefährdet; gegen den alten Liberalismus wandte er ein, dass dieser die Marktwirtschaft als natürliche Ordnung begriff – für ihn ein schwerer Fehler: Die Wettbewerbsordnung sah er als „gesetzt" an, sie ist latent gefährdet und muss daher vom Staat gesichert werden – durch Ordnungspolitik.

(Süddeutsche Zeitung v. 18./19.3.2000, S. 4; Verf.: Nikolaus Piper)

Zum anderen fußte der Ordoliberalismus aber auch auf den praktischen Erfahrungen mit dem Staatsinterventionismus* in der ersten Hälfte des 20. Jahrhunderts, die Eucken und
45 seine Mitstreiter ja persönlich miterlebt hatten. Schon in der Weimarer Republik und erst recht zur Zeit des Nationalsozialismus war es in Deutschland zu einer zunächst immer stärkeren Vermischung, später dann sogar zur Gleichschaltung von Staat und Wirtschaft gekommen. Sowohl politisch
50 als auch ökonomisch hatte dies schlimme Folgen. Für die Ordoliberalen war darum eine freiheitliche Staatsverfassung untrennbar mit einer freiheitlichen Wirtschaftsordnung verbunden.

Im Gegensatz zu den Klassikern sahen die Ordoliberalen
55 aber die Notwendigkeit, dem privatwirtschaftlichen Wettbewerb einen staatlichen Rahmen vorzugeben, innerhalb dessen Grenzen er sich abzuspielen hatte. Ordo heißt so viel wie Ordnung, und genau darum ging es. Der Staat sollte zwar nicht direkt in
60 das Wirtschaftsgeschehen eingreifen, wohl aber einen gesetzlichen „Datenkranz" vorgeben, an den sich alle Unternehmen und Haushalte zu halten haben. Auf diese Weise sollten die
65 Vorteile des freien Wirtschaftens mit der Notwendigkeit einer gewissen staatlichen Aufsicht verbunden werden.

(Ulrich van Suntum, Die unsichtbare Hand – Ökonomisches Denken gestern und heute, Springer-Verlag, Berlin/Heidelberg, 2. Aufl. 2001, S. 239f.)

▬ M 61 Missbrauch eines Etiketts

Erste Frage: Kennen Sie jemanden, der sich neoliberal nennt? Nein? Zweite Frage: Kennen Sie jemanden, der neoliberal genannt wird? Ja? Das ist kein Zufall. Der Neoliberale
5 ist zum Buhmann geworden. Keiner will so heißen, aber viele werden so geheißen. Von Guido Westerwelle bis Hans-Olaf Henkel, vom deutschen Sachverständigenrat bis zum Internationalen Währungsfonds. Heiner
10 Geißler war die Regierung Kohl zu neoliberal und dem ältesten Bundestagsabgeordneten Fred Gebhardt gar die SPD.

Alles, was sich irgendwie nach sozialer Kälte anfühlt, nach unternehmerfreundlicher Poli-
15 tik, nach Kostensenkung, Entregelung, Privatisierung, Flexibilisierung, Ungleichheit – alles rechts von Oskar Lafontaine fällt in die Kategorie. Und jeder, der sich nicht die Mühe machen will zu argumentieren, greift zum
20 vernichtenden Urteil: neoliberal.

Was steckt dahinter? Wo fängt der Neoliberalismus an, wo hört er auf?

Otto Schlecht muss es wissen. Der Chef der Ludwig-Erhard-Stiftung ist das ordnungspolitische Gewissen des Landes. Kämpfer gegen 25 den freien Markt hätten den Begriff verfälscht, bedauert Schlecht – als „Wiederbelebung des alten, ungehemmten Kapitalismus". Dabei sei Neoliberalität eigentlich „die Blaupause des dritten Weges, die Blaupause 30 der sozialen Marktwirtschaft".

Eine starke Behauptung. Und sie stimmt. Neoliberal nannten sich schon vor dem Zweiten Weltkrieg diejenigen, die mit dem staatsfeindlichen Altliberalismus so wenig anfan- 35 gen konnten wie mit dem Sozialismus. Ohne Markt gehe die Gesellschaft kaputt, hieß die Einsicht der Neoliberalen – aber ohne Ordnung auch. Sie hatten in den Zwanziger- und Dreißigerjahren gelernt, wie unkontrollierte 40

Monopole den Wettbewerb zerstörten und wie Gesellschaften ohne soziale Sicherheit am Abgrund manövrierten. Folglich suchten sie eine menschenwürdige Wirtschaftsord-
45 nung.

[Zwischenzeitlich geriet der Begriff neoliberal in der öffentlichen Diskussion nahezu in Vergessenheit oder wurde jedenfalls nicht mehr gebraucht. Erst in den 80er-Jahren
50 tauchte er in der wirtschaftspolitischen Dis-

kussion (über die ökonomische Chikagoer Schule von Milton Friedman*) wieder auf, wobei die Vorsilbe „neo" (griech.: neu) nun so (miss)verstanden wurde, als bezeichne der Begriff eine Neuauflage des klassischen („alt- 55 liberalen" „marktradikalen") Liberalismus, den man wegen seines Verzichts auf staatliche Sozialpolitik kritisieren wollte.]

(Thomas Fischermann, Missbrauch eines Etiketts, in: DIE ZEIT v. 3.12.1998, S. 24; letzter Teil zusammengefasst)

Freies Spiel der Kräfte
(Zeichnung: Luis Murschetz/CCC, www.c5.net)

DIE ZEIT

1. Stellen Sie heraus, welche historischen Erfahrungen mit der „freien Marktwirtschaft" die Vertreter des Neoliberalismus vor Augen hatten, als sie – im Unterschied zur völligen Ablehnung der Marktwirtschaft durch die marxistische Theorie – ihre Reformvorschläge entwickelten (M 60).

2. Erläutern Sie Walter Euckens Hinweis auf den Widerspruch zwischen der Freiheitsidee des klassischen Liberalismus und der faktischen Entwicklung (M 60, Kasten).

3. Vergleichen Sie die neoliberale mit der Theorie des klassischen Liberalismus im Hinblick auf die Rolle des Staates. Welche beiden Hauptprobleme, die sich aus der „wirtschaftspolitischen Abstinenz" entwickelt hatten, sollte der Staat durch aktive Politik (Gewährleistung von Sicherungen) lösen? Was bedeutet die Forderung nach einem „starken" Staat (M 60, Kasten)?

4. Der Begriff Neoliberalismus wird in der gegenwärtigen wirtschaftspolitischen Diskussion weitgehend schlagwortartig verwendet, um die sozialen Defizite der bestehenden Marktwirtschaft (z.B. die wachsende Armut, vgl. Kap. IV, 2.) zu brandmarken und sie auf diese (als unsozial eingeschätzte) Wirtschaftstheorie zurückzuführen. Interpretieren Sie dazu die Karikatur in M 61 und stellen Sie fest, inwiefern es sich dabei um den „Missbrauch eines Etiketts" (M 61) handelt.

▮ M 62 Soziale Marktwirtschaft als ordnungspolitisches Leitbild

Die ordoliberalen Gedanken hatten zwar prägenden Einfluss auf die Ausgestaltung der *Sozialen Marktwirtschaft*, doch sowohl der Begriff als auch die systematische Entwicklung gehen auf Alfred Müller-Armack zurück.
Den Begriff „Soziale Marktwirtschaft" benutzte der Universitätsprofessor und spätere Staats-
5 sekretär des Bundeswirtschaftsministers Ludwig Erhard, Alfred Müller-Armack, erstmals in

Alfred Müller-Armack (1901–1978)
(Foto: © dpa/Rohwedder)

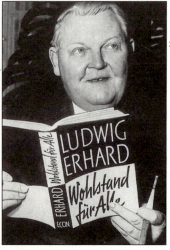

Ludwig Erhard (1897–1977)
(Foto: Süddeutscher Verlag –
Bilderdienst)

seinem 1947 erschienenen Buch „Wirtschaftslenkung und Marktwirtschaft". Dort hieß es (S. 88): „Es wäre ein aussichtsloses Unterfangen, wollte man in einer Zeit stärkster sozialer und gewandelter kultureller Überzeugungen die
10 ökonomische Weltanschauung des Liberalismus erneut empfehlen. Wir haben heute zu konstatieren: Die beiden Alternativen, zwischen denen die Wirtschaftspolitik sich bisher bewegte, die rein liberale Marktwirtschaft und die Wirtschaftslenkung sind innerlich verbraucht, und es kann sich
15 für uns nur darum handeln, eine neue dritte Form zu entwickeln, die sich nicht als eine vage Mischung, als ein Parteikompromiss, sondern als eine aus den vollen Einsichtsmöglichkeiten unserer Gegenwart gewonnene Synthese darstellt. Wir sprechen von ,Sozialer Marktwirtschaft', um diese dritte
20 wirtschaftspolitische Form zu kennzeichnen. Es bedeutet dies, dass uns die Marktwirtschaft notwendig als das tragende Gerüst der künftigen Wirtschaftsordnung erscheint, nur dass dies eben keine sich selbst überlassene liberale Marktwirtschaft, sondern eine bewusst gesteuerte, und zwar sozial
25 gesteuerte Marktwirtschaft sein soll."

Die Grundprinzipien der Sozialen Marktwirtschaft

Neben dem *„konjunkturpolitischen Prinzip"* (der Staat soll durch entsprechende Maßnahmen zu große Schwankungen der Wirtschaftsentwicklung vermeiden helfen) und dem
30 *„Marktkonformitätsprinzip"* (staatliche Eingriffe sollen die Marktprozesse möglichst wenig stören) sind vor allem die beiden folgenden Prinzipien wichtig für das Selbstverständnis der Sozialen Marktwirtschaft:

1. Wettbewerbsprinzip:

35 Marktwirtschaftlicher Wettbewerb gilt als ordnungspolitische Basis. Er entspricht dem menschlichen Grundbedürfnis nach individueller Freiheit (Raum für individuelle Leistungsanreize, freie Wahl des Arbeitsplatzes und des Konsums). Wettbewerb wird als ein dynamischer Prozess ver-
40 standen, der – besser als alle Systeme der zentralen Lenkung – die wirtschaftliche Entwicklung und neues technisches Wissen fördert. Um Wettbewerbsbeschränkungen zu verhindern, muss der Staat Wettbewerbsregeln schaffen und deren Einhaltung kontrollieren. Ein sich selbst überlassener Wettbewerbsprozess kann zu seiner Selbstaufhebung führen.

45 2. Sozialprinzip:

Die Marktwirtschaft ist bereits an sich sozial, z.B. als Folge ihrer wirtschaftlichen Leistungsfähigkeit, und fördert soziale Gerechtigkeit und Sicherheit. Durch eine wirksame Wettbewerbspolitik und eine progressive Ausgestaltung der Einkommensteuer lassen sich marktwirtschaftliche Verzerrungen der Einkommensverteilung vermeiden. Allerdings ist der Markt nicht in der Lage, alle
50 auftretenden sozialen Probleme zu lösen. Deshalb soll der Staat im Rahmen der Sozialpolitik die Marktwirtschaft zusätzlich sozial ausgestalten und ein vollständiges System der sozialen Sicherung errichten. Die Sozialordnung entwickelt sich damit zu einer eigenen Teilordnung.

(Autorentext; Z. 34–52 aus: Heinz Dieter Hardes/Gerd Jan Krol/Fritz Rahmeyer/Alfons Schmid, Volkswirtschaftslehre problemorientiert, Mohr/Siebeck, Tübingen 1999, S. 22)

> „Sozialer Ausgleich ist keineswegs nur ein im Grunde systemfremdes Anhängsel; er ist vielmehr ein wesentliches konstitutives Element der Sozialen Marktwirtschaft. Marktwirtschaftliche Effizienz und sozialer Ausgleich stehen dabei in einem engen, von Spannungen zwar nicht gänzlich freien, doch prinzipiell harmonischen Wechselverhältnis. Einerseits lassen sich ohne effizientes Wirtschaften die enormen Mittel kaum aufbringen, die erforderlich sind, um denen ein menschenwürdiges und sozial akzeptables Auskommen zu bieten, die unter Marktbedingungen dies temporär oder dauernd selbst nicht erwirtschaften könnten. Andererseits gründet sich marktwirtschaftliche Effizienz gerade auch auf die Akzeptanz einer Wirtschaftsordnung, die soziale Sicherheit, Abbau von sozialen Schranken und Verteilungsgerechtigkeit ebenso voraussetzt wie soziale Mitverantwortung".
>
> (Otto Schlecht, Grundlagen und Probleme der sozialen Marktwirtschaft, Tübingen 1990, S. 60)

M 63a Müller-Armack: Felder sozialer Gestaltung

Die angestrebte moderne Marktwirtschaft soll betont sozial ausgerichtet und gebunden sein. Ihr sozialer Charakter liegt bereits in der Tatsache begründet, dass sie in der Lage
5 ist, eine größere und mannigfaltigere Gütermenge zu Preisen anzubieten, die der Konsument durch seine Nachfrage entscheidend mitbestimmt und die durch niedrige Preise den Realwert des Lohnes erhöht und dadurch
10 eine größere und breitere Befriedigung der menschlichen Bedürfnisse erlaubt.
Liegt also bereits in der Produktivität der Marktwirtschaft ein starkes soziales Moment beschlossen, so wird es gleichwohl notwen-
15 dig sein, mit aller Entschiedenheit eine Reihe von Maßnahmen durchzuführen, die eine soziale Sicherheit gewährleisten und die durchaus im Rahmen einer Marktwirtschaft zu verwirklichen sind.
20 Um den Umkreis der Sozialen Marktwirtschaft ungefähr zu umreißen, sei folgendes Betätigungsfeld künftiger sozialer Gestaltung genannt:
1. Schaffung einer *sozialen Betriebsordnung*,
25 die den Arbeitnehmer als Mensch und Mitarbeiter wertet, ihm ein soziales Mitgestaltungsrecht einräumt, ohne dabei die betriebliche Initiative und Verantwortung des Unternehmers einzuengen.
30 2. Verwirklichung einer als öffentliche Aufgabe begriffenen *Wettbewerbsordnung*, um dem Erwerbsstreben der Einzelnen die für das Gesamtwohl erforderliche Richtung zu geben.

3. Befolgung einer *Antimonopolpolitik* zur Bekämpfung möglichen Machtmissbrauchs 35 in der Wirtschaft.

4. Durchführung einer konjunkturpolitischen *Beschäftigungspolitik* mit dem Ziel, dem Arbeitgeber im Rahmen des Möglichen Sicherheit gegenüber Krisenrückschlägen zu 40 geben. [...]

5. Marktwirtschaftlicher *Einkommensausgleich* zur Beseitigung ungesunder Einkommens- und Besitzverschiedenheiten, und zwar durch Besteuerung und durch Familienzu- 45 schüsse, Kinder- und Mietbeihilfen an sozial Bedürftige.

6. Siedlungspolitik und *sozialer Wohnungsbau*. [...]

9. Ausbau der *Sozialversicherung*. [...] 50

11. Minimallöhne und Sicherung der Einzellöhne durch Tarifvereinbarungen auf freier Grundlage.

[...] Beschränkung des Staates auf die Festlegung allgemeiner Grundsätze der Wirt- 55 schaftspolitik. In ihrem Rahmen jedoch Gewährung weit gehender Freiheit für den wirtschaftenden Menschen. [...]

(Alfred Müller-Armack, Genealogie der Sozialen Marktwirtschaft. Frühschriften und weiterführende Konzepte, 2. erw. Aufl., Verlag Paul Haupt, Bern/Wien/Stuttgart 1981, S. 99ff.)

M 63b Marktwirtschaft falsch verstanden?

Frankfurt/Main (dpa) FDP-Fraktionschef Wolfgang Gerhardt stellt das Begriffspaar „Soziale Marktwirtschaft" infrage. Markt, Wettbewerb und Vielfalt reichten aus, die Versorgung der Menschen mit sozialer Si- 5 cherheit und Gütern sicherzustellen, sagte Gerhardt gestern. Wer das bezweifle, begehe einen „großen Fehler". Soziale Marktwirt-

schaft werde als „Addition von Marktwirt-
10 schaft und Umverteilung" verstanden, und
das sei falsch. „Die soziale Funktion stellt
sich dann ein, wenn Marktwirtschaft richtig
funktioniert. Denn das größte soziale Thema

ist für mich der Arbeitsplatz und nicht die soziale Begleitung von Arbeitslosigkeit", sagte 15
der FDP-Chef.

(Pressemeldung v. Herbst 2000)

M 64

Der Grundgedanke der
Sozialen Marktwirt-
schaft besteht darin,
„... das Prinzip der Freiheit auf dem Markt mit
dem des sozialen Aus-
gleichs zu verbinden"
(A. Müller-Armack,
Wirtschaftsordnung
und Wirtschaftspolitik,
Bern 1976, S. 243).

Grundpfeiler der sozialen Marktwirtschaft

Wettbewerbsordnung ist nicht naturgegeben, sondern sie muss vom Staat organisiert und gegen Zerfallserscheinungen gesichert werden.

Professor Ludwig Erhard
- Wirtschaftsminister 1949–1963
- Bundeskanzler 1963–1966

Freiheit und Wettbewerb

sozialer Ausgleich

Der Staat hat die Aufgabe, eine funktionsfähige Wettbewerbsordnung zu schaffen.

- Privateigentum an Produktionsmitteln
- Gewerbe-freiheit
- Vertrags-freiheit

- Arbeitnehmer-schutz
- Verbraucher-schutz
- soziale Sicherung

aktiver Staat

Wettbewerbspolitik

Sozialpolitik

Verhinderung von Monopolen und Kartellen

Staatliche Eingriffe
erfolgen nur, um einen funktionierenden Wettbewerb zu erhalten und um die wirtschaftlich Schwächeren zu schützen.

Umlenkung von Einkommens-strömen

- sozial gerechtere Einkommens- und Vermögensverteilung
- Konjunktur- und Strukturpolitik
- Steuerung des Wirtschaftswachstums

(Peter J. Schneider/Zin-
del, Kopiervorlagen für
den Politikunterricht, Heft
2: Wirtschaftsordnungen
und Wirtschaftspolitik, ©
Winklers Verlag/Gebrüder
Grimm, Darmstadt o.J.,
Lösungen, S. 8)

1. *Zeigen Sie auf, inwiefern das Konzept der Sozialen Marktwirtschaft unmittelbar an die Vorstellungen des Neoliberalismus, insbesondere des Ordoliberalismus anschließt, in wichtigen Punkten
aber, insbesondere im Hinblick auf das Sozialprinzip (die sozialpolitische Rolle des Staates), über
den Neoliberalismus hinausgeht (M 62). Stellen Sie diesen charakteristischen Unterschied, der in
der heutigen Diskussion über die Wirtschaftsordnung nicht selten übersehen wird, auch mithilfe
der Darstellung von Müller-Armack (M 63a) deutlich heraus.*

2. *Inwiefern wird die soziale Ausrichtung der Marktwirtschaft schon durch die besondere Effektivität
der Marktwirtschaft geprägt? Inwiefern reicht jedoch dieser Aspekt nicht aus, um dem Sozialprinzip gerecht zu werden? (M 62, M 63a)*

3. *Untersuchen Sie, ob die Auffassung des FDP-Vorsitzenden Wolfgang Gerhardt dem Konzept der
Sozialen Marktwirtschaft entspricht (M 63b).*

M 64 stellt die Grundprinzipien der sozialen Marktwirtschaft noch einmal übersichtlich dar. In
den folgenden Materialien werden zunächst die Ausgestaltung und die Problematik des **Wettbe-
werbsprinzips** etwas näher beschrieben, ergänzt durch eine knappe Darstellung des Konzentra-
tionsproblems. Daran schließt sich eine Übersicht über die Ausgestaltung des Sozialprinzips an.
Die damit verbundenen Problembereiche (*Einkommens- und Vermögensverteilung, Armut* im
Reichtum, soziale Gerechtigkeit) werden in den folgenden Abschnitten ausführlich behandelt.

2. Der Nutzen des Wettbewerbs und das Problem der Konzentration

> ➤ Das Wettbewerbsprinzip ist von zentraler Bedeutung für die Marktwirtschaft. Welche Aufgaben soll der Wettbewerb im Einzelnen erfüllen? Inwiefern kann man ihn auch als „Instrument der Kooperation" verstehen? (M 65 – M 66)
> ➤ In welchen Formen versuchen Unternehmen häufig, den Wettbewerb zu beschränken? (M 67)
> ➤ Mit welchen Instrumenten versucht die staatliche Wettbewerbspolitik, den Wettbewerb zu sichern und das Ausmaß der Wirtschaftskonzentration zu begrenzen? (M 68 – M 70)
> ➤ Wie hat sich die wirtschaftliche Konzentration in den letzten Jahren entwickelt? Welche Rolle spielen Mega-Fusionen? (M 71 – M 73)
> ➤ Welche Situation hat sich im Bereich des Lebensmitteleinzelhandels ergeben? (M 74 – M 75)

M 65 Funktionen des Wettbewerbs

Freier Leistungswettbewerb soll eine optimale Marktversorgung sicherstellen. Dies geschieht dadurch, dass Unternehmen, die am Markt bestehen wollen, erstens ein Angebot bereitstellen, das den Konsumentenpräferenzen entspricht (*Steuerungsfunktion*), zweitens solche Produktionsverfahren anwenden, die eine bestmögliche Ausnutzung der Produktionsfaktoren er-
5 möglichen (*Allokationsfunktion*), drittens technische Fortschritte fördern und realisieren und damit kostengünstigere Produktionsmethoden ermöglichen sowie neue oder verbesserte Produkte hervorbringen (*Innovationsfunktion*) und viertens mit laufenden flexiblen Anpassungen ihrer Produktionsprogramme, -verfahren und -kapazitäten auf sich in einer wachsenden Wirtschaft ständig ändernde Daten schnell reagieren (*Anpassungsfunktion*). Auf den Faktormärkten
10 (z.B. Arbeitsmarkt) soll Wettbewerb eine leistungsgerechte Einkommensverteilung gewährleisten (*Verteilungsfunktion*).
Die Funktionen, die dem Wettbewerb zugeschrieben werden, las-
15 sen sich allgemein in gesellschaftspolitische und ökonomische Funktionen aufteilen (s. Abb.). Wettbewerb eröff-
20 net den Marktteilnehmern *Handlungs-* und

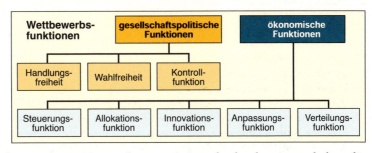

Wahlfreiheiten. Dadurch, dass mehrere Unternehmen miteinander konkurrieren, haben die Verbraucher die Wahl zwischen verschiedenen Angeboten und die Arbeitnehmer die Chance zum Wechsel ihres Arbeitsplatzes. Funktionierender Wettbewerb mit einer Vielzahl von Kon-
25 kurrenten beugt gleichzeitig zu starken gesellschaftlichen und politischen Machtstellungen vor (*Kontrollfunktion*).
Marktwirtschaftlicher Wettbewerb vollzieht sich als ein Prozess, der durch das Handeln jener Unternehmer in Gang gesetzt wird, die ihre Marktposition verbessern wollen. Der gewünschte Wettbewerbsvorteil wird erreicht, indem z.B. der Preis gesenkt, Qualität und Service verbes-
30 sert oder die Werbung verstärkt wird. Unternehmen, deren Innovationen zu erheblichen Kostenersparnissen führen (Prozessinnovationen) oder neue Produkte hervorbringen, die dem bisherigen Angebot überlegen sind (Produktinnovationen), werden nach dem österreichischen Ökonomen Joseph A. Schumpeter (1883–1950) als „Pionierunternehmer" bezeichnet.

(Wie funktioniert das?, Meyers Lexikonverlag, Mannheim 1999, S. 74)

M 66 „Keine Bedrohung der Solidarität" – Wettbewerb als Instrument der Kooperation

Auch nach dem Zusammenbruch sozialistischer Planwirtschaften und nach guten Erfahrungen mit der Marktwirtschaft ist vielen Menschen der Gedanke des Wettbewerbs, des
5 Marktwettbewerbs, immer noch suspekt. Im öffentlichen Bewusstsein und in der politischen Diskussion wird der Wettbewerb oftmals – und verstärkt unter Globalisierungsbedingungen* – als Bedrohung der Solidarität
10 der Menschen aufgefasst. Dies hat zur Folge, dass viele Menschen und auch politische und intellektuelle Meinungsführer mehr oder weniger große Bereiche des sozialen Lebens vom Wettbewerb ausnehmen möchten: Arbeitsplät-
15 ze, Wohnungen, den Bereich der „Daseinsvorsorge" und Grundversorgung, vor allem auch medizinische, karitative und soziale Dienste, aber auch Verwaltung, Schul- und Hochschulwesen, „hoheitliche" Tätigkeiten wie Recht-
20 sprechung, Strafvollzug, und vor allem natürlich Rettungswesen, Zuteilung von Organspenden und anderes mehr: An der Not anderer Menschen und an ihrer Daseinsvorsorge dürfe doch niemand privat „verdienen".
25 Die Leitvorstellung, die im Hintergrund solcher Auffassungen steht, findet in der Wissenschaft ihren Niederschlag in folgender verbreiteter Konzeptualisierung [Vorstellung]: *Kooperation und Wettbewerb* bilden zwei Extreme so-
30 zialen Handelns, und die realen Formen des Austauschs bewegen sich meist irgendwo zwischen diesen zwei Polen. Damit wird der Gegensatz von Wettbewerb und Kooperation konzeptionell festgeschrieben, und ein Schelm ist,
35 der sich dann noch für mehr Wettbewerb ausspricht, weil er dann unvermeidlich einer unsolidarischen Ellbogengesellschaft das Wort reden würde.
Wir halten diese Auffassung für völlig un-
40 zweckmäßig und für politisch ruinös, weil damit die Losung „mehr Wettbewerb" unvermeidlich [...] die Forderung nach weniger Solidarität, weniger Kooperation impliziert. Nicht nur auf dem Telefonmarkt erfahren wir dem-
45 gegenüber die positiven Wirkungen des Wettbewerbs. [...] Er dient dem Zustandekommen von Interaktionen zwischen den Partnern, für die die anstehende Interaktion am meisten wert ist – die die niedrigsten Preise und/oder
50 das beste Produkt bieten, was die anderen An-

bieter und Nachfrager zwingt, sich bei der Suche nach Kooperationschancen ebenfalls anzustrengen. Der Wettbewerb geht nicht in erster Linie um ein bestimmtes Gut, [...] sondern um Kooperationschancen, und er steht im Dienst 55 der gesellschaftlichen Kooperation, der Wettbewerb ist ein Instrument der Kooperation.
In den Auseinandersetzungen mit dem Sozialismus und seinem System der Planwirtschaft vor 1989 wurde als Vorzug der Marktwirt- 60 schaft oft die „Freiheit" gerühmt, die in der Marktwirtschaft herrsche. Kritiker hielten – und halten – dem entgegen, dass dies die Freiheit nur der Starken, nur der Leistungsfähigen sei, die auf dem Markt bestehen könnten, 65 während die Schwachen und weniger Leistungsfähigen im Marktwettbewerb das Nachsehen hätten. Unser einfaches Beispiel [ein Student will einen Gebrauchtwagen kaufen] bringt Klarheit in diese Argumentation. 70
Wenn auf dem Markt für Gebrauchtwagen Wettbewerb – wohlgemerkt: Marktwettbewerb – herrscht, hat unser Student in der Tat die Freiheit, bei diesem oder einem anderen Händler ein Auto zu kaufen. Insofern verfügt 75 er zweifellos über Handlungsfreiheit, weil er Alternativen hat – *auf der Marktgegenseite.* Unter den Händlern auf der Angebotsseite, also den Akteuren auf *derselben Marktseite,* jedoch herrscht keine Freiheit, sondern eher Druck 80 und sogar Zwang, die Tauschbedingungen für den Studenten so günstig zu gestalten, dass man selbst vor den anderen die Chance zur Kooperation erhält. Insofern den Händlern jedoch auf ihrer Marktgegenseite wiederum 85 mehr Nachfrager als nur unser Student entgegentreten, haben auch sie Alternativen und damit die Freiheit, sich ihre Käufer auszusuchen, genau wie umgekehrt unser Student [...] durch das Auftreten weiterer Interessenten für genau 90 diesen Wagen unter Konkurrenzdruck geraten kann. Auf Märkten, im Marktwettbewerb, herrschen also *immer zugleich Druck und Freiheit: Der Druck unter den Konkurrenten auf derselben Marktseite und die Freiheit in Bezug auf* 95 *die Auswahl der Interaktionspartner auf der Marktgegenseite.*

(Karl Homann/Andreas Suchanek, Ökonomik: Eine Einführung, Mohr Siebeck, Tübingen 2000, S. 17–19)

▨▨ M 67 Wettbewerbsbeschränkung: Konzentrationsformen

In der Praxis neigt eine sich selbst überlassene Marktwirtschaft dazu, dem Leistungswettbewerb auszuweichen oder ihn gar auszuschalten, denn die Konkurrenzsituation ist beschwerlich und lästig. Zur Sicherung oder Verbesserung ihrer Gewinnsituation bei Vermeidung von wettbewerblichen Auseinandersetzungen und der durch diese bedingten Anpassungen, Ver-
5 änderungen und Innovationen nehmen Unternehmen nicht selten Zuflucht zu Wettbewerbsbeschränkungen. Diese kommen im Wesentlichen über vertragliche Vereinbarungen (**Kartelle**), stillschweigende Abstimmungen, einseitige oder gegenseitige Kapitalbeteiligungen (**Konzerne**) und **Fusionen** zustande.

● **Kartelle** sind vertragliche Zusammenschlüsse zwischen rechtlich und weitgehend auch wirt-
10 schaftlich selbstständig bleibenden Unternehmen der gleichen (horizontalen) Wirtschaftsstufe. Die Partner unterwerfen sich für die Dauer des Vertrages bestimmten Regelungen, so hinsichtlich der Preise (**Preiskartell**), der regionalen Marktaufteilung (**Gebietskartell**), der Zuteilung von Produktions- und Absatzquoten (**Quotenkartell**) mit möglicherweise zentralen Verkaufsstellen (**Syndikate**), der zu gewährenden Konditionen* (**Konditionenkartell**), der in An-
15 wendung zu bringenden Kalkulationsregeln (**Kalkulationskartell**), der gemeinsamen Rationalisierungsmaßnahmen* (**Rationalisierungskartell**). Die Einhaltung der vereinbarten Regelungen wird häufig durch Konventionalstrafen zu sichern versucht.

● **Konzerne** sind Zusammenschlüsse rechtlich selbstständig bleibender, jedoch wirtschaftlich unselbstständig werdender Unternehmen unter einer einheitlichen wirtschaftlichen Leitung.
20 Die einzelnen Konzernunternehmen delegieren Entscheidungsbefugnisse an die Konzernleitung.
Die Konzernbildung erfolgt durch einseitige oder gegenseitige **Kapitalbeteiligung** auf **horizontaler** (Unternehmen der gleichen Produktionsstufe), **vertikaler** (Unternehmen unterschiedlicher Produktionsstufen) oder völlig unterschiedlicher (Mischkonzerne) **Ebene**, wobei im All-
25 gemeinen Mehrheitsbeteiligungen von mehr als fünfzig Prozent vorliegen. Damit entsteht in der Regel ein gegenseitiges Beherrschungs- und Abhängigkeitsverhältnis.

● Im Falle der **Fusion** schließlich geht die rechtliche Selbstständigkeit des (der) in einer neuen rechtlichen und wirtschaftlichen Einheit aufgehenden Unternehmen(s) verloren.
All den angesprochenen Fällen von Wettbewerbsbeschränkung – der Kartellisierung, der Kon-
30 zernierung oder der Fusionierung – liegt die Absicht zugrunde, über eine Erhöhung des „Monopolgrades" die erreichte Gewinnsituation zu stabilisieren oder zu verbessern.

(Hermann May [= M 56a], S. 40f.)

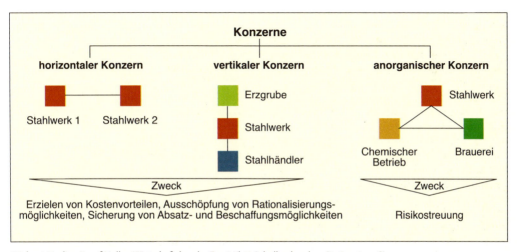

(Helmut Nuding/Josef Haller, Wirtschaftskunde, Ernst Klett Schulbuchverlag, Stuttgart 1998)

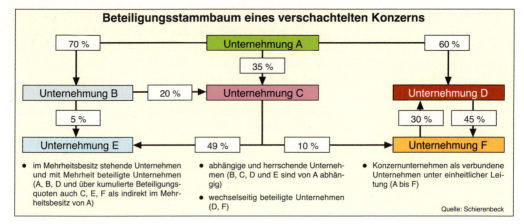

Beteiligungsstammbaum eines verschachtelten Konzerns

- im Mehrheitsbesitz stehende Unternehmen und mit Mehrheit beteiligte Unternehmen (A, B, D und über kumulierte Beteiligungsquoten auch C, E, F als indirekt im Mehrheitsbesitz von A)
- abhängige und herrschende Unternehmen (B, C, D und E sind von A abhängig)
- wechselseitig beteiligte Unternehmen (D, F)
- Konzernunternehmen als verbundene Unternehmen unter einheitlicher Leitung (A bis F)

Quelle: Schierenbeck

(Wie funktioniert das? [= M 65], S. 79)

1. *M 65 gibt einen Überblick über alle Funktionen, die dem Wettbewerb im Rahmen der sozialen Marktwirtschaft zugeschrieben werden. Erläutern Sie nach Möglichkeit jede der Funktionen näher durch konkrete Beispiele.*

2. *Erläutern Sie, inwiefern der Marktwettbewerb häufig als „Bedrohung der Solidarität der Menschen", als Kennzeichen einer „Ellbogengesellschaft" aufgefasst wird (M 66).*

3. *Beschreiben Sie das Verständnis von Wettbewerb, wie der Text es (am Beispiel des Gebrauchtwagenkaufs durch einen Studenten) entwickelt. Inwiefern ist Wettbewerb in dieser Sicht immer ein „Instrument der Kooperation", das zum einen „Druck und Zwang", zum anderen „Freiheit" beinhaltet? Versuchen Sie ein weiteres der in Z. 14ff. genannten Marktbeispiele (z.B. den Wohnungsmarkt) in dieser Sicht zu analysieren.*

4. *Erläutern Sie, warum Unternehmen im Allgemeinen dazu neigen, sich dem Wettbewerbsdruck (vgl. M 66) zu entziehen (M 67, Z. 1–6, 29–31).*

5. *Für das Verständnis der in den folgenden Materialien dargestellten Entwicklung in einzelnen Wirtschaftsbereichen und der staatlichen Politik zur Sicherung des Wettbewerbs ist es notwendig, sich ein klares Bild von den drei wichtigsten Formen zu machen, in denen Unternehmen den Wettbewerb zu umgehen oder einzuschränken versuchen (Formen der wirtschaftlichen Konzentration: Kartelle, Konzernbildung, Fusion). (M 67)*

▬ **M 68 Ziele, Träger und Maßnahmen der Wettbewerbspolitik**

Ziel der Wettbewerbspolitik ist die Erhaltung und die Wiederherstellung eines funktionsfähigen Wettbewerbs. Sie ist darauf ausgerichtet, den *Marktzutritt* offen zu halten, der Bildung von *Marktmacht* entgegenzuwirken und dort, wo Marktmacht besteht oder nicht zu verhindern ist, den *Machtmissbrauch* durch Kontrolle auszuschließen oder zumindest entscheidend einzu-
5 schränken. „Wirtschaftliche Macht besteht stets dann, wenn sich jemand wirtschaftliche Vorteile auf Kosten Dritter verschaffen kann, die entweder hiervon überhaupt nichts ahnen oder nicht in der Lage sind, sich hiergegen zu wehren" (H. Arndt, Die wirtschaftliche Macht, Düsseldorf 1975, S. 63). Die Ausübung von Marktmacht führt zur Einschränkung oder Aufhebung des Wettbewerbs, wodurch diejenigen, die den Leistungswettbewerb eingeschränkt haben, ihre
10 eigenen Ziele (z.B. überhöhte Gewinne) durchsetzen können, ohne den Partnern auf der Marktgegenseite (z.B. den Verbrauchern) eine entsprechende Gegenleistung zu erbringen.

(Horst Wagenblaß [= M 33c], S. 307)

Zu bekämpfende **Wettbewerbsbeschränkungen** sind: 1. Horizontale und vertikale *Absprachen* (z.B. Kartelle), 2. die Behinderung anderer Unternehmen durch *diskriminierendes Verhalten* (z.B. Boykott, Lieferverweigerung), 3. Ausbeutungsverhalten durch **marktbeherrschende Un-**
15 **ternehmen**, 4. **Unternehmenskonzentrationen**, sofern diese zu marktbeherrschenden Stellungen führen.

Entwicklung

Bis zum In-Kraft-Treten des Gesetzes gegen Wettbewerbsbeschränkungen (GWB) 1958 existierte in Deutschland keine Wettbewerbspolitik in dem beschriebenen Sinne. Kartellbildung
20 war, begründet durch die Vertragsfreiheit, allgemein zulässig. 1973 wurde das GWB mit der Einführung der Fusionskontrolle entscheidend novelliert. Im gleichen Jahr wurde die **Mono-polkommission** gebildet. Dieses Gremium legt alle zwei Jahre ein Gutachten über die Unternehmenskonzentration in Deutschland vor. Mit In-Kraft-Treten der EG-Fusionskontrollverordnung 1990 wird der Internationalisierung der Wirtschaft Rechnung getragen. Die Europäi-
25 sche Wettbewerbspolitik gewinnt zunehmend an Gewicht (s. S. 106 o. und M 69c).

Träger der Wettbewerbspolitik

Träger der Wettbewerbspolitik ist auf nationaler Ebene der Staat, auf europäischer Ebene die Europäische Kommis-
30 sion*. Für nationale wettbewerbsbeschränkende Strategien ist das Bundeskartellamt zuständig, bei regionaler Wettbewerbsbeschränkung liegt die Zuständigkeit bei den Landeskartellämtern
35 oder den Wirtschaftsministerien der einzelnen Länder. Das GWB findet keine Anwendung, soweit die Europäische Kommission nach der EG-Fusionskontrollverordnung ausschließlich zustän-

> Nach geltendem Recht entscheidet Brüssel über alle Fusionen mit mehr als fünf Milliarden Euro Umsatz. Es sei denn, dass mindestens zwei Drittel der Erlöse auf einem nationalen Markt erzielt werden. Die EU-Wettbewerbsbehörde kann jedoch jederzeit auch Großfusionen an die nationalen Wettbewerbshüter übergeben. So durfte die Böge-Behörde Ende vergangenen Jahres grünes Licht für den Zusammenschluss der Mineralölgesellschaften Shell und Dea geben. Brüssel nickte die Entscheidung nur noch ab.
>
> (Focus Nr. 12/2002 v. 18.3.2002, S. 258)

Über alle mit der Wettbewerbspolitik zusammenhängenden Aspekte, insbesondere auch über alle aktuellen Konzentrationsfälle und die betr. Entscheidungen des Bundeskartellamtes informiert das Amt unter seiner Internetadresse: www.bundeskartellamt.de

(Zeichnung: Oliver Sebel; Quelle: Frankfurter Allgemeine Zeitung v. 5.8.2000)

Beamte der EU-Kommission durchsuchten Anfang August 2000 fünf Buchverlage und Buchhändler in Deutschland und Österreich wegen des dringenden Verdachts auf Verstoß gegen das europäische Kartellrecht nach belastenden Material. Vermutet wurden Absprachen zwischen Verlegern und Auslieferern über einen Boykott von Internet-Buchhändlern, die beim Verkauf an Endkunden die deutsche Preisbindung* nicht respektierten.

40 dig ist (s. Kasten S. 105). Vor dem Hintergrund einer wachsenden Bedeutung des europäischen Wettbewerbsrechts in vielen Bereichen wendet das Bundeskartellamt verstärkt EG-Verordnungen an.

45 **Wettbewerbspolitische Maßnahmen**

Aufgabe des GWB ist es, bestehenden Wettbewerb vor Beschränkungen zu schützen. Die Wettbewerbsbehörden sind u.a. befugt, Kartelle, abgestimmte 50 Verhaltensweisen, Behinderungs- und Verdrängungspraktiken sowie marktbeherrschende Unternehmenszusammenschlüsse (Fusionen, Erwerb von Beteiligungen an anderen Unternehmen) zu verbieten, marktbeherrschen-55 den Unternehmen missbräuchliches Verhalten zu untersagen sowie Bußgelder zu verhängen. Das heißt jedoch nicht, dass das GWB auch Möglichkeiten böte, bislang monopolistische Be-60 reiche dem Wettbewerb zu öffnen und damit überhaupt erst die Voraussetzungen für Wettbewerbsprozesse zu schaffen. Das Missbrauchsverbot zielt heute v.a. auf den Erhalt offener Märkte ohne Zugangsschranken, denn bestehende marktbeherrschende Positionen werden meistens schneller und effektiver durch 65 neue Wettbewerber als durch langwierige Verfahren vor den Kartellbehörden und Gerichten abgebaut.

Praktische Schwierigkeiten im Rahmen der **Fusionskontrolle** bzw. **Zusammenschlusskontrolle** sowie der **Missbrauchsaufsicht** über marktbeherrschende Unternehmen, aber auch über genehmigte Kartelle und vertikale Wettbewerbsbeschränkungen (z.B. Ausschließlichkeitsbin-70 dungen) treten allerdings bei der Feststellung einer marktbeherrschenden Stellung sowie beim Nachweis missbräuchlichen Verhaltens auf. Zur Feststellung, ob eine marktbeherrschende Stellung eines Unternehmens vorliegt, hat der Gesetzgeber eine Reihe von Vermutungen aufgestellt. Die Marktmacht eines Unternehmens auf dem betreffenden Markt wird dabei insbesondere am Marktanteil und am Marktverhalten gemessen (s. Übersicht S. 107).

75 Nicht in jedem Fall ist eindeutig zu sagen, ob die Wettbewerbsbeschränkung nur negative Folgen für den Wettbewerb mit sich bringt (vgl. M 69a, Z. 8ff.). Ebenso kann es sein, dass kleinere Unternehmen erst durch Zusammenschluss als 80 Konkurrenz für ein marktbeherrschendes Unternehmen auftreten oder aufwändige Forschungs- und Entwicklungsprojekte realisieren können. Auch die internationale Wettbewerbs-85 fähigkeit der Unternehmen muss im Auge behalten werden.

(Wie funktioniert das? [= M 65], S. 140)

(Zeichnung: Klaus Pielert/CCC, www.c5.net)

Marktbeherrschung nach § 19 Gesetz gegen Wettbewerbsbeschränkungen

Marktbeherrschung	liegt vor	wird vermutet
Ein Unternehmen	*ist* marktbeherrschend, soweit es als Anbieter oder Nachfrager einer bestimmten Art von Waren oder gewerblichen Leistungen ➤ ohne Wettbewerber ist oder ➤ keinem wesentlichen Wettbewerb ausgesetzt ist oder ➤ eine im Verhältnis zu seinen Wettbewerbern überragende Marktstellung hat.	*gilt* als marktbeherrschend, soweit es über einen Marktanteil von mindestens einem Drittel verfügt (Vermutungstatbestand).
Zwei oder mehr Unternehmen	*sind* marktbeherrschend, soweit zwischen ihnen für eine bestimmte Art von Waren oder gewerblichen Leistungen ein wesentlicher Wettbewerb nicht besteht.	*gelten* als marktbeherrschend, wenn ➤ drei oder weniger der dieser Gesamtheit angehörenden Unternehmen zusammen einen Marktanteil von 50% erreichen oder ➤ fünf oder weniger der dieser Gesamtheit angehörenden Unternehmen zusammen einen Marktanteil von zwei Dritteln erreichen (Vermutungstatbestand).

(Eberhard Boller/Dietmar Schuster, Praxisorientierte Volkswirtschaft für das Fachgymnasium, Merkur Verlag, Rinteln 2001, S. 201)

▰ M **69a** Kartellrecht

Verboten sind insbesondere • *Preiskartelle* (Festlegung von Mindestpreisen, Liefer- und Zahlungsbedingungen), • *Gebietskartelle* (Aufteilung konkurrenzfreier Absatzgebiete unter den beteiligten Unternehmen), • *Produktionskartelle* (Beschränkung und Aufteilung der Produktionsmengen bestimmter Güter) und • *Quotenkartelle* (Aufteilung von Angeboten und Aufträgen

5 unter den Kartellmitgliedern nach vorher festgelegten Quoten).

Das Kartellgesetz lässt allerdings auch **Aus-**
10 **nahmen vom Kartellverbot** zu. Dahinter steht die Überlegung, dass bestimmte Marktabsprachen zwar den
15 Wettbewerb beeinträchtigen, gleichzeitig aber auch positive Auswirkungen haben können, die bei Abwä-
20 gung aller Vor- und Nachteile schwerer ins Gewicht fallen, so beispielsweise Vereinbarungen über einheitli-

25 che Normen oder die gemeinsame Entsorgung von Altgeräten oder die Beteiligung an Ein-
kaufskooperationen im Einzelhandel. Alle Ausnahmekartelle müssen beim Kartellamt ange-
meldet werden. Einige werden wirksam, wenn ihnen die Kartellbehörde nicht innerhalb von
drei Monaten widerspricht (Normen- und Typenkartelle, Konditionenkartelle, Spezialisie-
rungskartelle und Mittelstandskartelle). Andere sind erst nach ausdrücklicher Genehmigung
30 zulässig (Rationalisierungs-, Strukturkrisen-, Sonderkartelle und sonstige Kooperationen).
(Schmidt-Zahlenbilder)

 M 69b

© Erich Schmidt Verlag

ZAHLENBILDER

200 300

M 69c „Angriffslustig und hartnäckig" – Die Kartellwächter aus Bonn und Brüssel

Die Schreckensnachricht kam per Telefon: Die Kartelljäger der europäischen Wettbewerbsbehörde standen schon im Treppenhaus der Unternehmenszentrale! In seiner
5 Verzweiflung stürzte der Manager eines internationalen Konzerns ans Fenster und warf Dutzende verräterische Dokumente hinaus. Der Versuch, das brisante Beweismaterial für verbotene Preisabsprachen beiseite zu schaf-
10 fen, schlug jedoch fehl – dank der hauseigenen Wachleute. Im Irrglauben, ihrem Boss seien durch einen Windstoß Akten aus dem Fenster geflogen, hatten sie pflichtbewusst alle Blätter wieder eingesammelt. Die Wettbe-
15 werbsfahnder steckten das Material dankend ein. Seit es Wettbewerb gibt, schmieden Unternehmer Kartelle. Weil die Unternehmen bei verbotenen Preisabsprachen immer raffinierter vorgehen, rüsten auch die nationalen
20 und internationalen Wettbewerbshüter auf – wie etwa das Bundeskartellamt in Bonn, vor allem aber die übergeordnete EU-Behörde in Brüssel.

Um die konspirativen Kartelle zu knacken, will EU-Wettbewerbskommissar Mario Monti 25 in diesen Wochen die Macht seiner Behörde deutlich ausweiten. Dabei haben die EU-Kartellwächter schon heute mehr Rechte als ihre deutschen Kollegen. So dürfen sie etwa ohne richterliche Genehmigung in Firmen ermit- 30 teln. Bislang ist es den Fahndern aus Brüssel unter Mitwirkung der nationalen Behörden jedoch nur erlaubt, Geschäftsräume zu durchsuchen. Das möchte Monti ändern. Der mächtige EU-Kommissar will im Parlament und bei 35 den Mitgliedsstaaten durchsetzen, dass seine Rechercheure demnächst sogar in den Privatwohnungen verdächtiger Manager nach Beweisen stöbern und die Räume versiegeln dürfen.
40
26 Spürnasen einer EU-Spezialeinheit fahnden unter der Leitung des deutschen Juristen

Georg de Bronett nach Firmenverschwörungen und geheimen Absprachen über Preise oder Marktanteile. Im vergangenen Jahr waren die Jäger so erfolgreich wie nie: Sie kamen 56 Unternehmen auf die Spur, die sie zu Strafen von insgesamt 1,84 Mrd Euro verdonnerten. Dabei knackten sie zehn Kartelle, darunter das weltweite Vitaminkartell, an dem auch der deutsche Chemieriese BASF maßgeblich beteiligt war. Jahrelang hatten sich die Ludwigshafener mit ihren Wettbewerbern die Märkte aufgeteilt und gesetzwidrig die Preise für Vitaminbestandteile festgelegt. Als Folge mussten die Verbraucher für Kekse, Getränke, Tierfutter, Medikamente und Kosmetika deutlich mehr bezahlen.

Die Kartellwächter konnten die Vitaminverschwörung jedoch nur zerschlagen, weil der beteiligte Aventis-Konzern vor den Behörden auspackte: Die Manager verpfiffen ihre Kartellkollegen, um durch die Bonusregelung für Kronzeugen ihre eigene Strafe zu mildern. Mit Erfolg: Während BASF 296 Millionen Euro Strafe an den EU-Haushalt zahlen musste, kam Aventis mit gerade mal fünf Millionen Euro davon. „Ich brauche solche Informanten mit Insider-Wissen", begründet Top-Jäger Georg de Bronett den Judas-Lohn.

[...] Bei einer Razzia kreuzen im Schnitt zehn Fahnder auf – unterstützt durch Polizisten, Mitarbeiter nationaler Kartellämter und anderer EU-Abteilungen. [...]

Viele Missetäter verlieren bei den Durchsuchungen die Nerven. So versuchten die von einer Razzia Betroffenen sogar, einen EU-Inspektor im Lift gefangen zu halten. Andere meinten, brisante Papiere vor den Fahndern wegschreddern zu können. Doch die fischten die Fetzen aus dem Müll. Kartellverfolger de Bronett triumphiert: „Wir haben das Puzzle in Brüssel wieder zusammengefügt."

(Focus Nr. 12/2002 v. 18.3.2002, S. 254–256)

● **Geknackt**

Insgesamt 69 Unternehmen sprachen zwischen 1995 und 1998 ihre Preise für Transportbeton ab. Das Riesenkartell flog auf. Die Übeltäter zahlten insgesamt 189 Millionen Euro Bußgeld.

● **Tarif verboten**

Um dem neuen Mitbewerber Germania auf der Strecke Frankfurt-Berlin das Geschäft zu erschweren, senkte die Lufthansa die Preise. Zu billig, entschieden die Wettbewerbshüter und zwangen die Airline, 35 Euro mehr als der Konkurrent zu verlangen.

● **Verhindert**

5,5 Mrd. Euro wollte der US-Konzern Liberty für Kabelnetze der Deutschen Telekom ausgeben. Die Bonner Behörde verbot den Deal.

● **Wieder erwischt**

Weil VW seinen deutschen Händlern verbot, mit Preisnachlässen zu werben, verdonnerte die EU-Kommission den Konzern 2001 erneut zu 30,96 Millionen Euro Bußgeld.

● **Mutige Premiere**

Trotz des Drucks der US-Regierung untersagt die EU-Kommission erstmalig die Megafusion zweier amerikanischer Unternehmen: General Electric und Honeywell.

● **Abgestraft**

Im Herbst 2001 zerschmetterte Brüssel ein weltweites Vitaminkartell. Wegen jahrelanger Preisabsprachen musste allein BASF 296 Millionen Euro Geldbuße bezahlen.

● **Unter der Lupe**

Die EU stört, dass der europäische Fußballverband Uefa die Rechte an der Fernsehübertragung der Champions-League-Spiele exklusiv vermarktet.

(Focus Nr. 12/2002, S. 254)

▮ M 70 Grenzen staatlicher Wettbewerbspolitik

Die vorgenannten Maßnahmen (Kartellkontrolle, Fusionskontrolle, Missbrauchsaufsicht und Bekämpfung unlauteren Wettbewerbs) zählen zu den wichtigsten Instrumenten des Staates, einen **funktionsfähigen** Wettbewerb als **Steuerungsprinzip einer Marktwirtschaft** zu sichern. Allerdings weist dieses Instrumentarium auch gewisse Schwächen auf, sodass der Staat nicht selten mit stumpfen Waffen seine Wettbewerbspolitik betreiben muss. Einige Grenzen der staatlichen Wettbewerbspolitik sollen nachfolgend beispielhaft dargestellt werden:

➤ **Vielzahl von Ausnahmeregelungen:** Die

Handelsblatt-Karikatur zur Beantragung der „Ministererlaubnis" für die vom Kartellamt untersagte Übernahme der Ruhrgas AG durch den Düsseldorfer e.on-Konzern (Fusion; vgl. FAZ-Karikatur S. 113)

(Zeichnung: Peter Bensch/Handelsblatt v. 20.2.2002, S. 24)

15 Gesetze enthalten sehr viele Ausnahmeregelungen. So wird beispielsweise zunächst das **generelle Kartellverbot** durch die im Widerspruchsverfahren oder durch Freistellungsantrag möglichen Unternehmenszusammen-
20 schlüsse **aufgehoben**. Doch selbst wenn die Voraussetzungen für eine derartige Freistellung nicht gegeben sind, bleibt den Unternehmen immer noch der Weg, das Kartell durch den Bundeswirtschaftsminister genehmigen zu lassen, wobei den beteiligten Unter-
25 nehmen zur Erlangung der Genehmigung gerade in Zeiten hoher Arbeitslosigkeit sicher einige Gründe einfallen dürften, die einen Zusammenschluss aus „überwiegenden
30 Gründen der Gesamtwirtschaft und des Gemeinwohls" notwendig erscheinen lassen. Auch bei der **Fusionskontrolle** sind die

Rechtsnormen sehr großzügig festgelegt. So sind Fusionen **bis zur Grenze der Marktbeherrschung uneingeschränkt erlaubt**, was das 35 Instrument der Fusionskontrolle als solches in seiner Bedeutung bereits im Vorfeld stark herabsetzt. [...]

➤ **Problem der Marktabgrenzung:** Bei vielen Entscheidungen spielt das Kriterium der 40 „marktbeherrschenden" Stellung eine Rolle, wobei im Gesetz Vermutungstatbestände in Form von Marktanteilen angestellt werden, wann eine solche Stellung erreicht ist (s. S. 107 o.). Die Berechnung von Marktantei- 45 len bedarf allerdings der **Festlegung eines Gesamtmarktes** als Bezugsgröße, sodass dieser zunächst abgegrenzt werden muss, was jedoch in der Praxis mit erheblichen Problemen verbunden ist. Wollen beispielsweise zwei 50 große Brauereien fusionieren, so stellt sich die Frage, ob der Gesamtmarkt eng abzugrenzen ist (im Sinne eines Biermarktes) oder ob Bier nicht sogar im Wettbewerb zu allen alkoholischen Getränken steht. Eine noch weitere 55 Abgrenzung wäre die Zugrundelegung des gesamten Getränkemarktes als Bezugsgröße, da Bier durchaus auch in Konkurrenz zu Softdrinks oder Mineralwasser steht.

➤ **Problem der Operationalisierbarkeit* der** 60 **Rechtsbegriffe:** [...] Bei der Beurteilung von Marktbeherrschung in § 19 (2) KartellG beispielsweise finden Begriffe Anwendung, die wenig präzise sind. So gelten Unternehmen als marktbeherrschend, soweit sie als Anbie- 65 ter oder Nachfrager keinem **„wesentlichen"** Wettbewerb ausgesetzt sind oder wenn sie im Vergleich zu den Konkurrenten über eine **„überragende"** Marktstellung verfügen (s. S. 107 o.). Wie aber können diese Begriff- 70 lichkeiten zu einer objektiven Beurteilung tatsächlich ausgelegt und präzisiert werden?

„Da kann ich nichts machen. Das ist keine unzulässige Absprache; das ist ihre Art zu grüßen. "

(Zeichnung: Jupp Wolter/CCC, www.c5.net)

➤ **Schwierige Beweisführung:** Häufig scheitern Verfahren zum Schutz des Wettbewerbs auch an der schwierigen Beweisführung. Wie können beispielsweise Preisabsprachen zwischen den Wettbewerbern nachgewiesen werden, wenn diese auf informellem Wege durchgeführt werden. So erhöhten z. B. die drei deutschen Großbanken 1979 ihre Sollzinsen am gleichen Tag um denselben Prozentsatz und wenige Tage später die Habenzinsen einheitlich. Trotz dieses Parallelverhaltens musste das Bundeskartellamt seinerzeit das Verfahren mangels Beweisen einstellen.

(Eberhard Boller/Dietmar Schuster, Praxisorientierte Volkswirtschaft für das Fachgymnasium, Merkur Verlag, Rinteln 2001, S. 204f.)

1. *Beschreiben Sie, was man unter „Wettbewerbspolitik" versteht. Welche Bedeutung für ihre Entwicklung haben die Jahre 1958 und 1973? Wer ist für die Durchführung der Wettbewerbspolitik zuständig? (M 68)*

2. *Verschaffen Sie sich einen Überblick über die verschiedenen wettbewerbspolitischen Maßnahmen (M 68, M 69a/b) und stellen Sie fest, welche Wettbewerbsbeschränkungen (vgl. M 60) jeweils mit diesen Maßnahmen bekämpft werden sollen (vgl. auch M 62a). Inwiefern kommt im Hinblick auf die Fusionskontrolle und die Missbrauchsaufsicht dem Begriff der „marktbeherrschenden Stellung" (s. Übersicht S. 107 o.) eine zentrale Bedeutung zu? Welche Probleme ergeben sich hier? Was will die Karikatur (S. 110 u.) zum Ausdruck bringen?*

3. *Am Ende von M 68 heißt es, dass bei Zusammenschlüssen auch die „internationale Wettbewerbsfähigkeit" der Unternehmen berücksichtigt werden müsse. Erläutern Sie diesen Hinweis.*

M 71

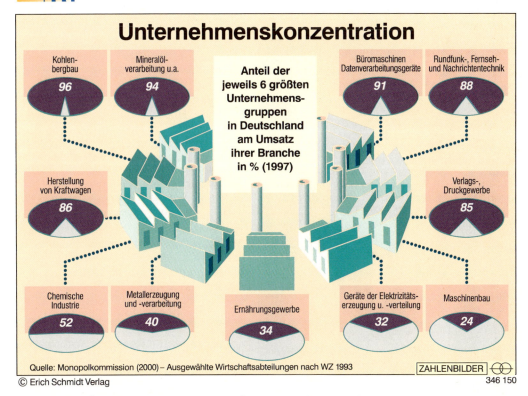

Quelle: Monopolkommission (2000) – Ausgewählte Wirtschaftsabteilungen nach WZ 1993
© Erich Schmidt Verlag
346 150

Weiteres zum Thema im Internet: www.monopolkommission.de

▬ **M 72** „Fusionitis" im Zuge der Globalisierung

Mergermania [engl. merger – Fusion] nennen die Amerikaner das, was nahezu jede Woche für Schlagzeilen sorgt. Zu deutsch bedeutet dies Fusions-Besessenheit, Sucht nach Größe und ökonomischer Macht. [...]

Eine solche Charakterisierung der Vorgänge wird dem Hintergrund nicht gerecht. Denn Merger-
5 mania würde ja bedeuten, dass etwas Irrationales, dem intellektuellen Bereich Entzogenes, die Triebfeder für die Fusionen ist, dass Menschen ihren Trieben statt ihrem Kopf folgen. Das aber ist in Kenntnis der handelnden Personen eine nur schwer aufrecht zu erhaltende Hypothese.

Hinter den Elefanten-Hochzeiten stecken vielmehr sehr rationale Überlegungen. Ob die er-hofften Erfolge sich eines Tages einstellen,
10 ist eine andere Frage. Begonnen aber wer-den solche Zusammenschlüsse wie AOL und Time-Warner, Vodafone und Mannes-mann, Pfizer und Lambert, Dasa und Aerospatiale, um nur einige aus der jünge-
15 ren Zeit zu erwähnen, stets mit der felsen-festen Überzeugung, dass eins und eins nicht zwei macht, sondern mindestens drei.

In vieler Hinsicht ist dies auch tatsächlich
20 so. Ja, ein Zusammengehen ist oftmals so-gar die blanke Notwendigkeit. Beispiel Großindustrie: Welches nationale Unter-nehmen wäre für sich in der Lage, ein neu-es Großraumflugzeug vom Typ Airbus
25 A3XX mit einem geschätzten Kostenauf-wand von mehr als 10 Milliarden € zu entwickeln? Beispiel Pharmaindustrie: Forschung und Entwicklung neuer Arz-neimittel ist mittlerweile so aufwändig ge-
30 worden, dass selbst einstige Weltunterneh-men wie Hoechst den Alleingang nicht mehr wagen. Also fusioniert man mit dem französischen Konzern Rhone-Poulenc, der exakt dieselben Probleme hat, zu
35 Aventis. [...]

Die Motive für solche Mega-Fusionen sind vielfältig. Auf der einen Seite sind es die Kosten, die sich auf diese Weise reduzie-ren lassen, auf der anderen ist es die
40 Marktposition, die es zu erreichen gilt. Be-sonders auf letzterem Feld ist mit der Glo-balisierung* vieles in Bewegung geraten. Anders als in Zeiten des Kalten Krieges, als die Welt in Blöcke aufgeteilt war, ist sie
45 heute ein einziger gewaltiger Markt, bei dem die Ländergrenzen nur noch Striche auf der Landkarte darstellen. Dafür haben auch zahlreiche Handelsrunden* gesorgt, in denen die Hemmnisse für den freien
50 Waren- und Dienstleistungsverkehr besei-tigt wurden.

Das große Fressen

(Zeichnung: Peter Bensch/Handelsblatt)

Erdkunde-Unterricht 2050

(Zeichnung: Horst Haitzinger/CCC, www.c5.net)

Das globale Monopoly, das sich in den Zusammenschlüssen ausdrückt, ist für viele ein rotes
Tuch, Zeichen eines menschenverachtenden Turbo-Kapitalismus. Der Ruf nach Übernahme-
regeln in Deutschland als Folge des erbitterten Ringens zwischen Vodafone und Mannesmann
55 („feindliche Übernahme"*) zeugt von dem Unbehagen, das die neue Unübersichtlichkeit verbreitet. Wer indes für freie Märkte plädiert, der muss vor allem darauf achten, dass durch die
Fusionen der Wettbewerb nicht eingeschränkt wird. Für die Fusion Ruhrgas/E.ON wurde im
Juli 2002 die „Ministererlaubnis" (s. M 69 b und Karikatur S. 110 o.) erteilt unter der Auflage,
dass die Unternehmen ihre Beteiligungen an einigen kleineren Unternehmen aufgaben. Nach
60 dem „Rekordjahr" 2000 (Unternehmensübernahmen mit deutscher Beteiligung im Umfang
von 478 Mrd . €, davon rd. 230 Mrd. für Vodafone/Mannesmann) kam es ab 2001 zu deutlich
weniger Fusionen (Volumen von 163 Mrd. €/2001; 120 Mrd./2002; 82 Mrd./2003).

(Süddeutsche Zeitung v. 8.3.2000, S. 23; Verf.: Helmut Maier-Mannhart; ergänzt)

▬▬ **M 73** Beispiel: „Elefantenhochzeit" auf dem Benzinmarkt

Das Bundeskartellamt hat
grünes Licht für eine Berei-
nigung auf dem deutschen
Tankstellenmarkt gegeben.
5 Die Wettbewerbshüter
stimmten der Fusion zwi-
schen Shell und Dea beziehungsweise der Deutschen
BP und Veba Oel (Aral-
10 Tankstellen) am Donners-
tag in Bonn zu. Wie Kartell-
amtschef Ulf Böge sagte,
sei das Vorhaben jedoch an
„strikte Auflagen" gebun-
15 den. „Die Unternehmen haben sich verpflichtet, ihre
Marktanteile durch den
Verkauf von Tankstellen

(Zeichnung: Oliver Sebel; Quelle: Frankfurter Allgemeine Zeitung v. 8.12.2001, S. 22)

unter die Schwelle der gemeinsamen Markt-
20 beherrschung abzubauen", sagte Böge.
Das Kartellamt stellte sich zunächst quer und
erteilte den Fusionsplänen der Ölmultis BP
und Shell eine klare Absage. „Es ist zu befürchten, dass die Fusionen unabhängig von-
25 einander zu weitgehend wettbewerbslosen
Strukturen führen", begründete Ulf Böge,
Präsident des Bundeskartellamtes, seine ab-
lehnende Haltung. Dadurch würde „der
Wettbewerb zum Nachteil des Verbrauchers
30 beeinträchtigt".
Der Warnschuss saß. Den Unternehmen
wurde eine Frist bis zum 10. Dezember eingeräumt, sich zu den Bedenken zu äußern
und überzeugende Argumente für die Zu-
35 sammenschlüsse vorzutragen. Mit umfassenden Zugeständnissen sollten die Vorhaben
doch noch genehmigungsfähig gemacht werden.

Konkret forderten die Wettbewerbshüter,
dass Shell/Dea und BP/Veba Oel ihren ge- 40
meinsamen Marktanteil in Deutschland um
rund zehn auf unter 50 Prozent verringern.
Dabei sollen Stilllegungen nicht als Verkauf
gezählt werden. Für Shell/Dea bedeutet das
eine Reduzierung des Kraftstoff-Absatzes um 45
zwei Millionen auf 7,8 Millionen Tonnen.
Damit sinkt der Marktanteil des Gemein-
schaftsunternehmens im Tankstellengeschäft
von 25 auf 20 Prozent, was einem Verkauf
von rund 850 der 3200 Tankstellen ent- 50
spricht. Auch die Übernahme der Aral-Zapf-
säulen durch BP genehmigt das Kartellamt.
Jedoch muss sich das gemeinsame Unternehmen dazu von 650 der 3300 Tankstellen
trennen, was einem inländischen Treibstoff- 55
absatz von vier Prozent entspricht.

(http://www2.tagesspiegel.de/archiv/2001/12/20/ak-wi-
un-5514747.html; Verf.: Tobias Symanski)

Straßentankstellen in Deutschland

Aral	2636
Shell	2598
Esso	1311
Total	1043
Conoco Phillips (Jet)	732
Avia	712
Orlen	491
Agip	453
OMV	390
Westfalen	208

Stand 1.7.2003

München – Der Bochumer Tankstellen-Konzern Deutsche BP AG hat die Übernahme der weitaus größeren Tankstellenkette Aral offenbar gut verdaut. [...]
60 Nach umfangreichen Marktstudien hatte sich BP entschieden, die eigene Marke in Deutschland aus dem Markt zu nehmen. Die BP-Tankstellen werden derzeit auf Aral „umgeflaggt". [...]
Damit ist eine der umfangreichsten Bereinigungen auf
65 dem deutschen Tankstellenmarkt fast abgeschlossen. Nahezu zeitgleich hatte Shell die von RWE übernommene Dea-Kette (einst Texaco) auf das eigene gelbrote Outfit getrimmt. Weitere 494 einstige BP- oder Aral-Tankstellen nahmen die Farben des polnischen Mine-
70 ralölkonzerns PKN Orlen an, die österreichische OMV verlieh 247 Tankstellen im Süden Deutschlands ihr blaugrünes Outfit. Die Verkäufe von BP- und Aral-tankstellen an PKN und OMV waren Bestandteil der Kartellamtsauflagen für die Fusion von BP und Veba
75 Oel. Die Wettbewerbshüter hatten den neuen Tankstellenriesen verpflichtet, von seinem alten Marktanteil (26 Prozent) vier Prozentpunkte abzugeben.

(Michael Bauchmüller, in: Süddeutsche Zeitung v. 2.1.2004, S. 21)

1. M 71 informiert in knapper Form über den Stand der Unternehmenskonzentration in der Bundesrepublik. Stellen Sie fest, welche Maßgröße hier verwendet wird und in welchen Branchen die Konzentration am größten ist. Vielleicht können Sie zu den Bereichen „Straßenfahrzeugbau" und „Mineralölverarbeitung" die Namen der größten Unternehmen nennen. Um welche Marktform handelt es sich hier (vgl. M 52, S. 82f.)? Herrscht in diesen Bereichen schwacher oder starker Wettbewerb?

2. Zu den Gründen und Problemen von so genannten Mega-Fusionen („Elefantenhochzeiten"), die sich durchaus nicht immer als erfolgreich erweisen, gibt M 72 einige Hinweise. Analysieren Sie dazu auch das Beispiel der Konzentration auf dem Benzinmarkt, das viel Aufsehen erregte (M 73). Um welche Art der Konzentration ging es? Nach welchen Kriterien verweigerte das Kartellamt zunächst seine Zustimmung, erteilte sie dann aber doch? Welche Folgen für die Verbraucher (Autofahrer) sind zu befürchten („In einem engen Oligopol können Preisspielräume eher genutzt werden als in einem großen Markt", verlautete zunächst aus dem Kartellamt)?

M 74 Konzentration im Einzelhandel – bis jetzt nur ein Kinderspiel?

Nur zehn Konzerne kontrollieren inzwischen rund 84 Prozent des Marktes – riesige Handelskonglomerate wie Me-
5 tro, Rewe, Edeka, Aldi, Lidl, Tengelmann oder Karstadt. Zur Metro etwa gehören Kaufhof, Real-SB-Warenhäuser und die Praktiker-Baumärkte. Wer
10 in Minimal-, Toom-, HL-Super-märkten oder bei Penny ein-

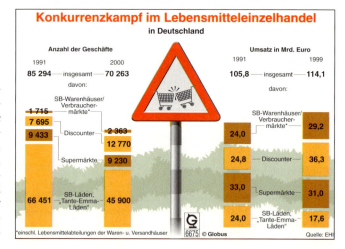

Konkurrenzkampf im Lebensmitteleinzelhandel
in Deutschland

Anzahl der Geschäfte

	1991	2000
insgesamt	85 294	70 263

davon:

	1991	2000
SB-Warenhäuser/Verbrauchermärkte*	1 715	2 363
Discounter	7 695	12 770
Supermärkte	9 433	9 230
SB-Läden, „Tante-Emma-Läden"	66 451	45 900

Umsatz in Mrd. Euro

	1991	1999
insgesamt	105,8	114,1

davon:

	1991	1999
SB-Warenhäuser/Verbrauchermärkte*	24,0	29,2
Discounter	24,8	36,3
Supermärkte	33,0	31,0
SB-Läden, „Tante-Emma-Läden"	24,0	17,6

*einschl. Lebensmittelabteilungen der Waren- u. Versandhäuser

6675 © Globus   Quelle: EHI

kauft, ist Rewe-Kunde. Doch das soll erst der Anfang gewesen sein. Rewe-Chef Hans Reischl behauptet: „Die Konzentration, wie wir sie bis jetzt in Deutschland erlebt haben, war ein Kinderspiel gegen das, was in naher Zukunft passieren wird." Schon rüsten die französische Carrefour/Promodes-Gruppe und der englische Konzern Kingfisher zum Kampf um Marktanteile in Deutschland. Michael Kliger von der Unternehmensberatung McKinsey ist überzeugt: „In fünf Jahren werden nur noch vier bis fünf große Lebensmittelhändler den gesamten europäischen Markt beherrschen."

(DIE WOCHE v. 21.1.2000; Verf.: Michael Kröger)

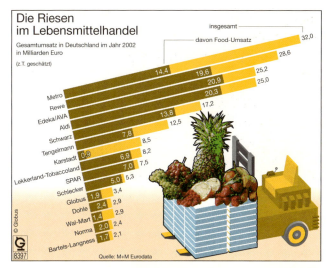

Die Riesen im Lebensmittelhandel
Gesamtumsatz in Deutschland im Jahr 2002 in Milliarden Euro (z.T. geschätzt)

insgesamt — davon Food-Umsatz

	insgesamt	davon Food-Umsatz
Metro	32,0	14,4
Rewe	28,6	19,6
Edeka/AVA	25,2	20,9
Aldi	25,0	20,3
Schwarz	17,2	13,8
Tengelmann	12,5	7,8
Karstadt	8,5	0,9
Lekkerland-Tobaccoland	8,2	6,9
SPAR	7,5	7,0
Schlecker	5,3	5,0
Globus	3,4	1,9
Dohle	2,9	2,4
Wal-Mart	2,9	1,4
Norma	2,4	2,0
Bartels-Langness	2,1	1,7

Quelle: M+M Eurodata
© Globus 8397

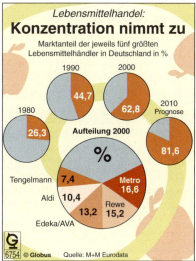

Lebensmittelhandel:
Konzentration nimmt zu
Marktanteil der jeweils fünf größten Lebensmittelhändler in Deutschland in %

1980: 26,3
1990: 44,7
2000: 62,8
2010 Prognose: 81,6

Aufteilung 2000
%
Metro 16,6
Rewe 15,2
Edeka/AVA 13,2
Aldi 10,4
Tengelmann 7,4

© Globus 6754   Quelle: M+M Eurodata

███ **M 75** Raue Sitten im Preiskampf

Schöner hätte das neue Jahr für die Verbraucher nicht beginnen können. Pünktlich zur Verteilung der neuen Währung läuteten die Lebensmitteldiscounter einen neuen Preiskampf ein. „Größte Aldi-Preisermäßigung aller Zeiten", trommelte der bedeutendste Billiganbieter in Zeitungsanzeigen, Konkurrent Lidl hielt dagegen mit dem Slogan „Euro = jetzt noch billiger", Plus wiederum startete die „Purzel-Preis-Kampagne".
Andere Handelskonzerne wie Rewe (Kaiser, Toom, Penny), Metro (Real, Extra), Spar oder Edeka beobachten die Aktionen der Billiganbieter mit Grausen. Sie haben das Jahr mit exakt umgerechneten Preisen begonnen, doch nun steigt der Druck. Dabei können sich die meisten Einzelhändler einen Preiskampf gar nicht leisten, weil sie seit Jahren mit geringen Gewinnmargen auskommen müssen.
Der Traditionsbetrieb Spar und die deutsche Dependance des US-Handelsgiganten Wal-Mart fahren jährlich Verluste von mehreren Hundert Millionen Euro ein.

Wettbewerb im Lebensmitteleinzelhandel in Deutschland

Zahl der Geschäfte Anfang 2002		Umsatz 2001 in Milliarden Euro
65 909	insgesamt davon:	117,2
693	SB-Warenhäuser	
2 085	Große Verbraucher- märkte	16,1
4 428		
13 426	Kleine Verbraucher- märkte	16,3
4 400	Discountmärkte	16,1
14 340	Supermärkte	40,3
26 537	Restliche mittlere und große Geschäfte (100 qm und größer)	12,3
	Restliche kleine Geschäfte (unter 100 qm)	11,6
		4,5

Quelle: A.C. Nielsen © Globus 7866

Wie rau die Sitten im Einzelhandel sind, zeigte das Jahr 2000. Wal-Mart, Aldi und Lidl setzten ihre Preise so weit nach unten, dass das Kartellamt eingriff, weil die Firmen, was verboten ist, Waren unter ihrem Einstands-preis verkauften. An der prekären wirtschaftlichen Lage vieler Betriebe haben auch die leichten Preissteigerungen des vergangenen Jahres kaum etwas geändert. „Die Unternehmen hatten sich gerade wieder etwas berappelt", sagt Johannes Siemes, Partner und Handelsexperte bei der Unternehmensberatung KPMG. „Diesen Vorteil geben sie jetzt wieder ab."
Erschwerend für die Supermärkte kommt hinzu, dass sie genau wie die großen Einkaufszentren seit Jahren Marktanteile an die Discounter verlieren. In den kargen Läden von Aldi und Co wird mittlerweile ein Drittel des Umsatzes der gesamten Branche gemacht. Der zunehmende Druck auf die Supermärkte „könnte dazu führen, dass Unternehmen aus dem Markt ausscheiden müssen", meint Siemes. Marktführer Aldi (www.aldi.de) kann die Scharmützel sogar gelassen mitmachen: Die 3400 Läden in Deutschland gelten als hochprofitabel. Das extrem verschwiegene Familienunternehmen beherrscht das Billigkonzept in Perfektion. Kleine Ladenflächen, spärliche Einrichtung, weit gehender Verzicht auf verderbliche Frischwaren und Service. Stehen in einem Real-Supermarkt an die 20 000 Artikel, sind es bei Aldi nur etwa 800. Weil davon große Mengen beschafft werden, kauft Aldi – wie andere Discounter – sehr günstig ein.
Die Konkurrenten der Discounter leiden nicht nur unter dem harten Preiskampf, sondern auch unter ihren gewaltigen Überkapazitäten. Aber kein Konzern will sich von einzelnen Geschäften trennen, vor allem aus Angst, Marktanteile zu verlieren. Die Folge: Der Quadratmeter-Umsatz ist hier zu Lande nur etwa halb so hoch wie in England oder Frankreich. Michael Kliger, Leiter des Handelsbereichs bei der Unternehmensberatung McKinsey: „In Deutschland gibt es einfach zu viele Flächen, die unprofitabel sind."

(DIE WOCHE v. 11.1.2002, S. 18; Verf.: Thomas Schwitalla)

Preiskämpfe
(Zeichnung: Waldemar Mandzel/CCC, www.c5.net)

1. *Machen Sie sich ein Bild von der Entwicklung der Konzentration im Lebensmittel-Einzelhandel (M 74). Welche Marktform hat sich hier deutlich herausgebildet?*

2. *Beschreiben Sie die Situation der „Discounter" und der mit ihnen konkurrierenden Handelskonzerne Anfang des Jahres 2002 (M 75). Warum ist hier von „rauen Sitten" die Rede? Welches Verhalten der Discounter hatte das Kartellamt im Jahr 2000 zum Einschreiten veranlasst?*

3. *Das Bundeskartellamt sieht für die Situation im Einzelhandel keinen „Handlungsbedarf", weil keine „marktbeherrschende Stellung" eines Unternehmens erkennbar sei und weil es gelte, „nicht die Wettbewerber, sondern den Wettbewerb" zu schützen. Erläutern Sie diese Begründung.*

4. *Wie schätzen Sie insgesamt die Folgen des scharfen Wettbewerbs im Lebensmittel-Einzelhandel für den Verbraucher ein? Worin liegen Unterschiede zwischen diesem oligopolistischen Markt und dem etwa gleich strukturierten Benzinmarkt?*

5. *Von unmittelbarer Bedeutung für den Verbraucher sind auch die Bestimmungen des Gesetzes gegen den unlauteren Wettbewerb. Ordnen Sie die in M 76 genannten zehn Bestimmungen (a–j) den einzelnen Fällen (1–10) zu. Sind Ihnen in Ihrem Erfahrungsbereich ähnliche Fälle schon einmal begegnet?*

M 76 Gesetz gegen unlauteren Wettbewerb

Das **Gesetz gegen den unlauteren Wettbewerb (UWG,** http://www.redmark.de/redmark/f/c/ UWG. html**)** soll den Verbraucher vor dem wettbewerbswidrigen Verhalten einzelner Waren- und Dienstleistungsanbieter schützen. Überprüfen Sie die nachfolgenden Fälle und nennen Sie das jeweils geltende Verbot nach dem UWG.

5 **Verbote**

a) *Nichteinhaltung gemachter Versprechen.*
b) *Werbung mit Preisgegenüberstellung.*
c) *Sittenwidrige Werbung, hier: aufdringliches Ansprechen des Verbrauchers auf der Straße.*
d) *Einsatz von Lockvogelangeboten und Nichteinhaltung gemachter Versprechen.*
10 e) *Missbrauch von Sonderveranstaltungen durch Nachschieben von Ware.*
f) *Missbrauch eines fremden, geschützten Markennamens.*
g) *Irreführende Werbungen, Verleumdung der Konkurrenz.*
h) *Irreführende Angaben über den Ursprung der Ware.*
i) *Zusenden unbestellter Ware.*
15 j) *Irreführende Angaben über Preise.*

Fälle

1. Der Friseursalon Glatz wirbt in der Lokalpresse mit folgendem Angebot. „Wer rechnet, geht zum Salon Glatz, denn dort ist die Dauerwelle 5 € billiger als im Salon Schick."
2. Ein Bekleidungsmarkt veranstaltet schon seit drei Monaten einen Räumungsverkauf. Trotz
20 hoher Verkaufsumsätze werden die angebotenen Textilien nicht weniger.
3. Frau Liebig macht einen Einkaufsbummel. Von einem aufdringlichen Vertreter wird sie auf der Straße angesprochen. Der Vertreter überredet sie einem Buchclub beizutreten und vierteljährlich Bücher für mindestens 30 € zu bestellen. Zu Hause angekommen, bereut sie diese Entscheidung.
25 4. Carola erhält unbestellt einen Kunstkalender zugeschickt.
5. Die Brauerei Pichler verkauft ihr Bier unter dem Werbeslogan: „Das beste Bier der Welt!"
6. Ein Limonadenfabrikant füllt seine Limonade in Coca-Cola-Flaschen ab.
7. Eine Metzgerei bietet importierte Hähnchen als „Deutsche Freilandhähnchen" an.
8. Ein Verbrauchermarkt verkauft Gemüsemais
30 in Dosen unter folgendem Angebot:

1 Dose 0,45 € • 3 Dosen 1,35 €

9. Der Wirt Arno Specht wirbt in der Zeitung mit folgendem Angebot: „1/2 Liter Bier nur 0,50 €!" Beim Besuch des Lokals erfährt der Gast, dass dieser Preis nur gilt, wenn gleichzeitig ein Essen im Wert von mindestens 10 € bestellt wird.

10. Das Versandhaus Bruch bietet ein Fleckenlösungsmittel für Flecken aller Art an. Im Werbeprospekt wird versprochen: „Bei Nichterfolg garantierte Rücknahme gegen Erstattung des Kaufpreises." Frau Fleck schickt das Mittel zurück, da sich trotz genauer Beachtung der Gebrauchsanweisung verschiedene Flecken nicht entfernen ließen. Firma Bruch verweigert die Rückzahlung des Kaufpreises, da angebrochene Packungen nicht zurückgenommen würden.

(Helmut Nuding/Josef Haller, Wirtschaftskunde, Arbeitsheft 1 mit Lösungen, Ernst Klett Schulbuchverlag, Stuttgart 1997, S. 36)

3. Soziale Sicherung in der sozialen Marktwirtschaft

Probleme des Sozialstaats und der Sozialpolitik werden im Rahmen der Kapitel IV und V eingehend erörtert. Die Materialien M 77 – M 80 dienen der grundlegenden Information zu den Fragen:

➤ *Was ist unter dem „Sozialstaatsprinzip" zu verstehen? Wozu verpflichtet es die Politik? (M 77)*
➤ *Nach welchen Grundsätzen ist die Sozialpolitik – insbesondere das System der Sozialen Sicherung – gestaltet? (M 78 – M 79a)*
➤ *Welchen (finanziellen) Umfang haben die gesamten Sozialleistungen? Wer trägt die Kosten? (M 79b – M 80)*

▬ M 77 Was das „Sozialstaatsprinzip" besagt

Das Sozialstaatsprinzip ist zu einem wesentlichen Merkmal der meisten westeuropäischen Länder geworden.

Nach Artikel 20 Absatz 1 des Grundgesetzes ist die Bundesrepublik Deutschland ein „demokratischer und sozialer Bundesstaat". Das Sozialstaatsprinzip ist also in Deutschland ein Verfassungsauftrag. Dieses ist jedoch sehr allgemein gehalten und legt noch nicht näher fest, was unter „sozial" eigentlich zu verstehen ist. Im wörtlichen Sinn bedeutet der Begriff nicht mehr als „gesellschaftlich" oder „bezogen auf die Gemeinschaft". Er kann daher auch nicht mit dem Terminus „sozialistisch" gleichgesetzt werden, der explizit auf eine Vergemeinschaftung von Privateigentum abzielt. In der Staatsrechtslehre wurde das Sozialstaatsprinzip aus der historischen Entwicklung des Sozialstaats in Deutschland jedoch so ausgelegt, dass man darin zumindest eine Verpflichtung auf zwei grundlegende Ziele zu erkennen glaubte: die **Schaffung sozialen Ausgleichs** (d.h. eine Verringerung der Unterschiede zwischen sozial starken und sozial schwachen Gruppen durch den Staat) sowie die **Gewährleistung von sozialer Sicherheit** (d.h. die staatliche Sicherung der Existenzgrundlagen seiner Bürger, z.B. durch Maßnahmen im Bildungs- und Gesundheitswesen, durch Sozial- und Wirtschaftspolitik).

Eine weiter gehende Konkretisierung findet sich in einer Reihe von Grundgesetzartikeln, die den Staat zur Einhaltung und Förderung bestimmter *sozialer Grundwerte* verpflichten. Dazu zählt insbesondere der Artikel 1 zur Achtung der Menschenwürde, woraus sich eine Verpflichtung für den Staat ableiten lässt, Bedürftigen ein materielles Existenzminimum zu gewährleisten. Hinzu kommen die Artikel zur Gleichheit vor dem Gesetz, der Gleichberechtigung von Mann und Frau, der Pflicht des Staates zum besonderen Schutz von Ehe und Familie, die Koa-

litionsfreiheit* sowie die Sozialbindung des Privateigentums. Artikel 15 GG beinhaltet darüber hinaus de jure eine Option der Vergemeinschaftung von Privateigentum an Grund und Boden, Naturschätzen und Produktionsmitteln gegen Entschädigung. De facto ist dieser Arti-
25 kel in der bisherigen Geschichte der BRD jedoch nicht zur Anwendung gekommen und daher ohne Bedeutung geblieben.

(RAAbits Sozialkunde/Politik November 1999, Einheit „Soziale Ungleichheit", S. 27, Raabe Verlag, Bonn; Text des Grundgesetzes: http://www.redmark.de/redmark/f/c/GG.html)

M 78a Grundprinzipien sozialer Sicherung

	Versicherungsprinzip	Fürsorgeprinzip
Voraussetzung für den Anspruch:	Mitgliedschaft in der Versicherung	Individuelle Notlage
Leistunganspruch entsteht bei:	Eintritt des Versicherungsfalls	Bedürftigkeit (gesellschaftlich definiert und von Zeit zu Zeit aktualisiert)
Gegenleistung erforderlich:	Ja – Beitragszahlungen	Nein
Staatliche Sozialleistungen: (Beispiele)	Sozialversicherung Gesetzliche Rentenversicherung Gesetzliche Krankenversicherung Gesetzliche Unfallversicherung Arbeitslosenversicherung Pflegeversicherung	Sozialhilfe Wohngeld Jugendhilfe Mietzuschuss
Finanzierung der Maßnahmen aus:	Beiträgen (Versicherungsgemeinschaft)	Öffentlichen Haushaltsmitteln

(Autorentext)

M 78b Solidarität und Subsidiarität

Das Solidaritätsprinzip setzt voraus, dass eine Gruppe von Menschen sich wechselseitig durch gemeinsame Interessen und Werteorientierungen verbunden fühlt. Die Mitglieder der betreffenden Gruppe treten füreinander ein, indem der Stärkere dem Schwächeren hilft und seine eigenen Interessen zugunsten der übrigen Gruppenmitglieder zurückstellt.
5 Als Beispiel für dieses Prinzip kann die gesetzliche Krankenversicherung dienen, bei welcher Familienangehörige des Versicherten ebenfalls Anspruch auf Leistungen durch die Krankenkasse haben, ohne dass für sie eigene Beiträge entrichtet werden müssen; die Solidargemeinschaft haftet für sie mit. [...]
Das Subsidiaritätsprinzip bedeutet, dass jede gesellschaftliche und staatliche Tätigkeit „subsi-
10 diär" (d.h. unterstützend und ersatzweise) erfolgt; die höhere staatliche Ebene wird jeweils nur helfend tätig, wenn die Kräfte der niederen Ebene (Familie, Gemeinde usw.) nicht ausreichen, diese Funktionen wahrzunehmen. [...]
Die Fürsorge tritt nur ein, wenn alle übrigen Auffangnetze (Familie, Sozialversicherung usw.) versagen. Hier werden Sozialleistungen nur gewährt, wenn die *Bedürftigkeit* zuvor überprüft
15 worden ist und andere Hilfsquellen nicht vorhanden sind. In der Regel sind die Leistungen der Fürsorge zeitlich begrenzt, und anders als bei der beitragsfinanzierten Sozialversicherung ist der Bezug finanzieller Hilfe aus der Fürsorge nicht von Vorleistungen abhängig, da die Zu-

wendungen aus Steuermitteln (häufig über die Haushalte der Gemeinden) aufgebracht werden. Die Ursachen der Bedürftigkeit spielen keine Rolle; andererseits orientieren sich Art und
20 Ausmaß der Unterstützung an den Besonderheiten des Einzelfalles. Daraus ergibt sich eine strenge Überprüfung der Bedürftigkeit des Leistungsempfängers.

Die Unterstützung wird als „Hilfe zur Selbsthilfe" gewährt, deshalb können mit ihr Auflagen (z.B. Aufforderung zur Übernahme eines Arbeitsverhältnisses, Verpflichtung zur Ausführung gemeinnütziger Arbeiten) verbunden werden.

(Gerhart Maier/Bruno Zandonella, Baustelle Sozialstaat, Thema im Unterricht Arbeitsheft 15/2001, Bundeszentrale für politische Bildung, Bonn 2001, S. 7)

M 79a Zweige der gesetzlichen Sozialversicherung im Überblick (2003)

	Rentenversicherung	Krankenversicherung	Arbeitslosenversicherung	Gesetzliche Unfallversicherung	Pflegeversicherung
Wer?	alle Angestellten und Arbeiter mit einem monatlichen Bruttoeinkommen bis zu 5100 € (West), 4250 € (Ost)	alle Angestellten und Arbeiter mit einem monatlichen Bruttoeinkommen bis zu 3450 €	alle Angestellten und Arbeiter mit einem monatlichen Bruttoeinkommen bis zu 5100 € (West), 4250 € (Ost)	alle Arbeitnehmer	alle, die in einer gesetzlichen oder privaten Krankenkasse versichert sind, zahlen einen gesetzlich vorgeschriebenen Beitrag
finanziert durch ...	Pflichtbeiträge: 19,5% des Bruttoeinkommens, je zur Hälfte vom Arbeitnehmer und Arbeitgeber zu tragen; Bundeszuschuss (2003): 77,3 Mrd. Euro	Pflichtbeiträge: 14,4%[1] des Bruttoeinkommens, je zur Hälfte vom Arbeitnehmer und Arbeitgeber zu tragen; Bundeszuschuss (2002): 3,0 Mrd. Euro	Pflichtbeiträge: 6,5% des Bruttoeinkommens, je zur Hälfte vom Arbeitnehmer und Arbeitgeber zu tragen; Bundeszuschuss (2003): 6,8 Mrd. Euro	Pflichtbeiträge: der Arbeitgeber, Höhe je nach Gefahrenklasse und Betriebsgröße	Pflichtbeiträge: in Höhe von 1,7% des Bruttoeinkommens bis zu einer Bemessungsgrenze von 3336 €, je zur Hälfte vom Arbeitnehmer und Arbeitgeber[2]
Leistungen	Renten bei Alter (60/63/65 Jahre), Invalidität und Tod des Versicherten (80% Hinterbliebenenrente)	Behandlungskosten, Hilfsmittel, Krankengeld (70% des Nettoeinkommens) bei Arbeitsunfähigkeit wegen Krankheit	Arbeitslosengeld*, dann bei Bedürftigkeit Arbeitslosenhilfe*; Maßnahmen zur Arbeitsförderung	Behandlungskosten und Fördermaßnahmen; evtl. Rente bei Arbeitsunfällen und Berufskrankheiten	je nach Pflegestufe (I–III) 205 € bis 1432 € für häusliche oder stationäre Pflege

[1] Bundesdurchschnitt; von Kasse zu Kasse verschieden

[2] praktisch aber von den Arbeitnehmern allein zu zahlen, wegen Streichung eines bezahlten Feiertages

(Nach: Peter Jöckel/Norbert Kiesow/Helmut Schorlemmer, Wirtschaftspolitik in der Sozialen Marktwirtschaft, Schroedel, Hannover 1999, S. 140; aktualisiert)

Die „Beitragslast" in der Sozialversicherung (Beitragssätze insgesamt [Arbeitgeber- und Arbeitnehmeranteile] in Prozent des Bruttoverdienstes) stieg von 35,3% in 1991 auf 42,14% in 1998, verringerte sich auf 40,84% in 2001 und stieg dann wieder auf 42,1% in 2003. Ursache war insbesondere die entsprechende Entwicklung der Arbeitslosigkeit. Von der Ende 2003 beschlossenen Reform der Krankenversicherung erhofft sich die Regierung zumindest keinen weiteren Anstieg der Krankenversicherungsbeiträge.

Die Arbeitslosenhilfe* wird 2005 mit der Sozialhilfe zusammengelegt („Arbeitslosengeld II") und damit in der Höhe abgesenkt.

M 79b

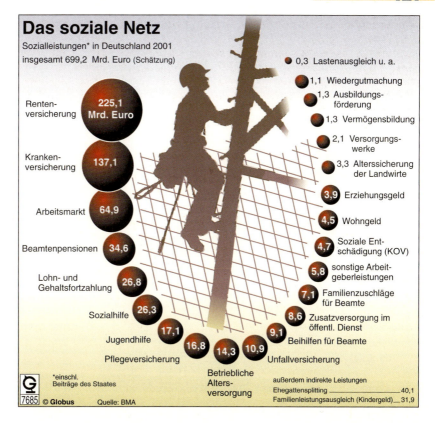

Das soziale Netz

Sozialleistungen* in Deutschland 2001
insgesamt 699,2 Mrd. Euro (Schätzung)

- Rentenversicherung — 225,1 Mrd. Euro
- Krankenversicherung — 137,1
- Arbeitsmarkt — 64,9
- Beamtenpensionen — 34,6
- Lohn- und Gehaltsfortzahlung — 26,8
- Sozialhilfe — 26,3
- Jugendhilfe — 17,1
- Pflegeversicherung — 16,8
- Betriebliche Altersversorgung — 14,3
- Unfallversicherung — 10,9
- Beihilfen für Beamte — 9,1
- Zusatzversorgung im öffentl. Dienst — 8,6
- Familienzuschläge für Beamte — 7,1
- sonstige Arbeitgeberleistungen — 5,8
- Soziale Entschädigung (KOV) — 4,7
- Wohngeld — 4,5
- Erziehungsgeld — 3,9
- Alterssicherung der Landwirte — 3,3
- Versorgungswerke — 2,1
- Vermögensbildung — 1,3
- Ausbildungsförderung — 1,3
- Wiedergutmachung — 1,1
- Lastenausgleich u. a. — 0,3

*einschl. Beiträge des Staates

außerdem indirekte Leistungen
Ehegattensplitting ———— 40,1
Familienleistungsausgleich (Kindergeld) — 31,9

G 7685 © **Globus**   Quelle: BMA

1. Erläutern Sie die Bedeutung des „Sozialstaatsprinzips". Inwiefern ist es zwar „Verfassungsauftrag", überlässt aber dem Gesetzgeber einen weiten Spielraum für die konkrete Ausgestaltung? Welche beiden grundlegenden Zielrichtungen lassen sich dabei unterscheiden? (M 77)

2. Verschaffen Sie sich einen Überblick über das System der sozialen Sicherung in Deutschland: Erläutern Sie die Abgrenzung der beiden Hauptprinzipien (M 78a; daneben ist noch das Versorgungsprinzip zu nennen, das bestimmte Rechtsansprüche auf staatliche Leistungen – von Beamten auf Pensionen und Beihilfen oder von Anspruchsberechtigten nach dem Kriegsopferversorgungsgesetz – beinhaltet.) Ordnen Sie Teile des „sozialen Netzes" (M 79b), die in M 78a nicht genannt sind, den Prinzipien zu.

3. Die beiden allgemeinen Prinzipien der Solidarität und der Subsidiarität (M 78b) gelten grundsätzlich für alle Bereiche der Sozialpolitik. Wie verhalten sie sich zueinander? Erläutern Sie ihre Bedeutung am Beispiel der Krankenversicherung und der Arbeitslosenversicherung einerseits und der Bedürftigkeitsprüfung* bei der Arbeitslosenhilfe (nicht beim Arbeitslosengeld) und der Sozialhilfe (s. M 112) andererseits.

4. Die Zweige der Sozialversicherung (M 79a) haben den Charakter von Zwangsversicherungen, für die alle „sozialversicherungspflichtig Beschäftigten" (also alle Erwerbstätigen außer den Selbstständigen und den Beamten) beitragspflichtig sind (zum Umfang dieser „Sozialabgaben" und ihrem Anteil am Bruttolohn s. später M 87). Welche Bedeutung hat in diesem Zusammenhang die so genannte „Beitragsbemessungsgrenze" (Obergrenze, bis zu der man beitragspflichtig ist)? Warum wird sie jährlich der allgemeinen Einkommensentwicklung angepasst (i.d.R. also erhöht)? Welche Möglichkeiten haben „besser Verdienende", deren Bruttolohn diese Grenze überschreitet?

M 80a

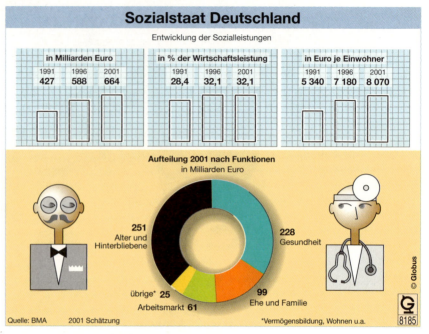

Sozialstaat Deutschland

Entwicklung der Sozialleistungen

in Milliarden Euro			in % der Wirtschaftsleistung			in Euro je Einwohner		
1991	1996	2001	1991	1996	2001	1991	1996	2001
427	**588**	**664**	**28,4**	**32,1**	**32,1**	**5 340**	**7 180**	**8 070**

Aufteilung 2001 nach Funktionen
in Milliarden Euro

251 Alter und Hinterbliebene

228 Gesundheit

übrige* **25**

Arbeitsmarkt **61**

99 Ehe und Familie

Quelle: BMA   2001 Schätzung   *Vermögensbildung, Wohnen u.a.

© Globus
8185

**M 80b**

Wer finanziert den Sozialstaat?

Sozialbudget 2001: insgesamt 676 Milliarden Euro

Unternehmen

Private Organisationen, Sozialversicherung

Gemeinden

Länder

Private Haushalte

Bund

27,8 %

1,9

9,5

11,8

22,5

26,5

7823 © Globus   Quelle: BMA

1. *Die drei (mit Abstand) größten „Töpfe" des Sozialbudgets (M 80a; Renten, Kranken- und Arbeitslosenversicherung) können nicht im strengen Sinne als Sozialleistungen bzw. Transferleistungen* des Staates bezeichnet werden. Stellen Sie fest, von wem diese Leistungen finanziert werden (M 79a), welchen Anteil diese drei Versicherungen am gesamten Sozialbudget haben und wie hoch daher der Anteil der beiden nichtstaatlichen Kostenträger (Unternehmen, private Haushalte) an der Gesamtfinanzierung des Sozialbudgets ist (M 80 b, vgl. M 129).*

2. *Analysieren Sie ansatzweise die Übersicht über die „Geldgeber des Sozialstaats" (M 80b): Welche Teile des „sozialen Netzes" (M 79b) werden durch die privaten Haushalte und die Unternehmen finanziert, welche durch den Staat (Bund, Länder, Gemeinden)?*

3. *Die Diskussion über die Höhe des Sozialbudgets, den Anstieg und das „Ausufern" der Sozialleistungen sowie über mögliche Reformmaßnahmen wird in Kap. V, Abschnitt 2. (M 129ff.) dokumentiert (an dieser Stelle geht es lediglich um einen knappen Überblick über das System als solches).*

M 81 Übersicht: Der Staat in der sozialen Marktwirtschaft

● **Sozialpolitik:** Wer in Not gerät, kann auf die Hilfe der Gemeinschaft zählen. Das System der *Sozialversicherungen* hilft bei Krankheit, Arbeitsunfällen, Arbeitslosigkeit und abnehmender Schaffenskraft. Reichen die Leistungen der Sozialversicherung nicht aus, dann springt die *Sozialhilfe* ein. Damit auch wirtschaftlich Schwache sozial geschützt und gesichert sind, unterstützt
5 sie der Staat durch *Transferleistungen* wie Kindergeld, Wohngeld, Sozialwohnungsbau, Ausbildungsförderung usw.
Arbeitsschutzbestimmungen sollen menschenunwürdige und gesundheitsschädigende Arbeitsbedingungen verhindern. *Beispiele:* Kündigungsschutzgesetz, Arbeitszeitgesetz, Mutterschutzgesetz, Jugendarbeitsschutzgesetz, Schwerbehindertengesetz, Gewerbeordnung.

10 ● **Einkommens- und Vermögenspolitik:** Damit eine gerechte Einkommens- und Vermögensverteilung erreicht wird, zahlt derjenige, der mehr verdient, sowohl absolut (in €) als auch prozentual mehr Steuern (*Steuerprogression*). Die Einteilung in Steuerklassen soll die besonderen Verhältnisse der einzelnen Steuerpflichtigen berücksichtigen. Zusätzlich werden innerhalb bestimmter Einkommensgrenzen verschiedene soziale Leistungen gewährt, z.B. die *Spar- und*
15 *Bausparförderung.*

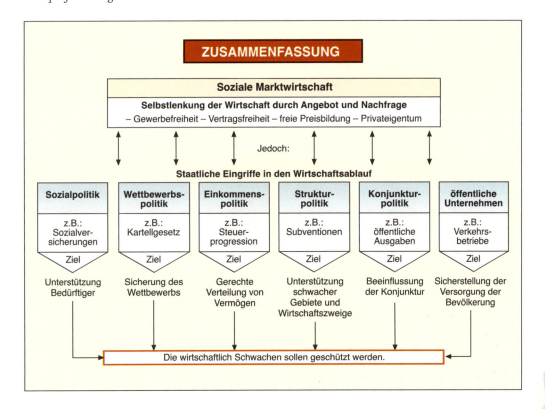

● **Wettbewerbspolitik:** Unternehmen versuchen häufig, den Wettbewerb einzuschränken, indem sie beispielsweise vereinbaren, gleiche Preise zu verlangen. Vielfach schließen sie sich auch zu Großunternehmen zusammen und schränken dadurch den Wettbewerb ein. Dies führt fast immer zu Nachteilen für die Verbraucher. Durch das *Gesetz gegen Wettbewerbsbeschränkungen*
20 (Kartellgesetz) verbietet der Staat Kartelle, kontrolliert und überwacht Unternehmenszusammenschlüsse. Des Weiteren kontrolliert er die Preisgestaltung marktbeherrschender Unternehmen. Weitere Gesetze zur Ordnung des Wettbewerbs und zum Schutze des Verbrauchers sind z.B. das Produkthaftungsgesetz, das Lebensmittelgesetz, das Eichgesetz, die Preisangabenverordnung.

25 ● **Konjunkturpolitik:** Wirtschaftskrisen können zu Konkursen und großer Arbeitslosigkeit führen. Um dies zu verhindern beeinflusst der Staat die wirtschaftliche Lage (Konjunktur), indem er seine *Steuern und Staatsausgaben* erhöht oder senkt.

● **Strukturpolitik:** Nicht alle Gebiete unseres Landes haben den gleichen Lebensstandard und die gleichen Beschäftigungsbedingungen. Um allen Bürgern gleiche Entwicklungschancen zu
30 ermöglichen, fördert der Staat wirtschaftlich schwache Regionen, indem er *Zuschüsse und günstige Kredite* für die Neugründung und Erweiterung von Betrieben zur Verfügung stellt. Auch bestehende oder existenzgefährdete Betriebe werden unterstützt, wenn dadurch Arbeitsplätze gesichert werden können oder wenn der Staat wichtige Wirtschaftszweige erhalten möchte. So erhalten z.B. die Landwirtschaft, der Bergbau und die Eisen- und Stahlindustrie staatliche
35 Unterstützungen (*Subventionen*).

● **Öffentliche Unternehmen:** Damit die Bevölkerung gleichmäßig mit wichtigen Gütern und Dienstleistungen versorgt wird, werden diese häufig von öffentlichen Unternehmen angeboten. Dazu zählen Wasserwerke, Elektrizitätsunternehmen, Schulen, Hochschulen, Theater, Krankenhäuser und andere wichtige öffentliche Einrichtungen. Beispielsweise würde ein privater
40 Verkehrsbetrieb jede unrentable Strecke im Personennahverkehr sofort einstellen.

(Nuding/Haller [= M 76], S. 232f.)

1. *Wir können im Rahmen dieses Buches nicht ausführlich auf alle Bereiche eingehen, in denen der Staat seine ihm durch das Konzept der Sozialen Marktwirtschaft zugeschriebene Rolle wahrnimmt. M 70 bietet dazu eine knappe Übersicht, die Sie zunächst auf die Unterschiedlichkeit der staatlichen Aktivitäten hin untersuchen sollten (zur Einkommensverteilung s. Abschnitt IV, M 82ff., zur Wettbewerbspolitik M 68ff., zur Sozialpolitik M 77ff.):*
   – Welche Politikbereiche setzen eher Rahmenbedingungen für die marktwirtschaftliche „Selbstlenkung"?
   – Wo handelt es sich eher um direkte Eingriffe (Interventionen) in den Wirtschaftsprozess selbst?

2. *Wie schätzen Sie insgesamt das Gewicht der Rolle des Staates in der Sozialen Marktwirtschaft ein? Vergleichen Sie dazu auch M 64, S. 100.*

IV. Immer mehr Reichtum, immer mehr Armut? – Soziale Ungleichheit in Deutschland

Luxus und Caritas   (Zeichnung: Jan Tomaschoff/CCC, www.c5.net)

1. Einkommens- und Vermögensverteilung

> ➤ Wie kommen Einkommen zustande und welche Arten von Einkommen gibt es? (M 82 – M 85)
> ➤ Welchen Anteil haben die Arbeitnehmerentgelte (Löhne und Gehälter) am gesamten Volkseinkommen? (M 84 – M 85)
> ➤ Was bedeutet der Unterschied zwischen Brutto- und Nettoeinkommen? (M 86 – M 88)
> ➤ Wie verteilen sich die Einkommen auf die verschiedenen Haushalts- und Berufsgruppen? Welche Maßgrößen sind am besten geeignet, um diese Verteilung und damit den Lebensstandard der einzelnen Gruppen vergleichend zu erfassen? (M 89 – M 93)
> ➤ Was lässt sich über die Verteilung des Vermögens in Deutschland sagen? (M 94 – M 100)

▮ M 82 Woher stammen die Einkommen?

In einer Marktwirtschaft können private Haushalte Einkommen erzielen, indem sie in Unternehmen oder beim Staat arbeiten, ihr gespartes Einkommen oder auf andere Weise erlangtes Vermögen (Erbschaft, Schenkung) gegen Zinsen verleihen, sich an Unternehmen beteiligen und damit am Gewinn (aber auch am Verlust) des Unternehmens teilhaben oder Grundstücke
5 und Gebäude verpachten und vermieten. In der abstrakten Sprache der Ökonomie sagt man: Die Haushalte erzielen Einkommen, indem sie ihre Produktionsfaktoren Arbeit, Kapital und Boden gegen Entgelt den Unternehmen und dem Staat zur Verfügung stellen.
Nach der Stellung im Erwerbsprozess können selbstständige und unselbstständige Erwerbstätige unterschieden werden. Zu den *Unselbstständigen* zählen Arbeiter, Angestellte und Beam-

10 te. Sie erhalten ein in der Höhe vertraglich festgelegtes Einkommen für ihre Arbeitsleistung. Als Grundlage für die Festlegung der Einkommen von Arbeitern und Angestellten dienen die zwischen den Gewerkschaften und Arbeitgeberverbänden ausgehandelten Tarifverträge, bei Beamten wird die Besoldung durch ein entsprechendes Besoldungsgesetz geregelt. Grundsätzlich soll dadurch gewährleistet werden, dass gleichartige Arbeit gleich entlohnt wird. Allerdings
15 bleibt es den Unternehmen vorbehalten, freiwillig übertarifliche Löhne und Gehälter zu zahlen. Im Gegensatz dazu beziehen die *Selbstständigen* kein im Voraus festgelegtes Einkommen. Die Höhe ihrer Einkommen richtet sich danach, wie der Markt die von ihnen erbrachten Leistungen bewertet. Erzeugt ein Unternehmen Güter, die hoch begehrt sind und für die sich daher ein hoher Preis erzielen lässt, wird der Gewinn und damit das Einkommen des Unterneh-
20 mers entsprechend hoch ausfallen. Werden dagegen Waren angeboten, die nicht nachgefragt werden, entstehen im Unternehmen Verluste, die der Unternehmer tragen muss. Sein Einkommen wird negativ, dadurch verringert sich sein Vermögen.

Die Summe aller individuell erzielten Bruttoeinkommen in einer Volkswirtschaft wird als Volkseinkommen bezeichnet.

25 Bei der Verteilung der Einkommen werden zwei Fragen unterschieden:

Einkommensentstehung
private Haushalte verfügen über die

Produktionsfaktoren: **Arbeit** **Kapital** **Boden**

und erhalten:

Erwerbs-einkommen **Vermögens-einkommen**

aus unselbstständiger Arbeit (Lohn, Gehalt) | aus selbstständiger Arbeit/Unternehmertätigkeit (Honorar, Unternehmerlohn) | Zinsen, Gewinnanteile | Mieten, Pachten

– Wie ist das Volkseinkommen auf die *Einkommensarten* ver-
30 teilt? („funktionelle" Verteilung)
– Wie groß sind die Unterschiede in der Höhe der Einkommen der einzelnen
35 *Haushaltsgruppen*? („personelle" Verteilung)

(Uwe Taenzer, in: F. J. Floren [Hrsg.], Politik 3, Schöningh, Paderborn 1999, S. 157)

M 83a

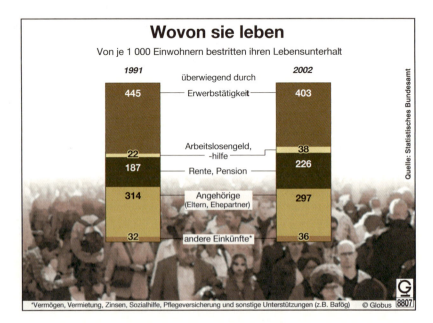

Wovon sie leben

Von je 1 000 Einwohnern bestritten ihren Lebensunterhalt

1991	überwiegend durch	*2002*
445	Erwerbstätigkeit	403
22	Arbeitslosengeld, -hilfe	38
187	Rente, Pension	226
314	Angehörige (Eltern, Ehepartner)	297
32	andere Einkünfte*	36

Quelle: Statistisches Bundesamt

*Vermögen, Vermietung, Zinsen, Sozialhilfe, Pflegeversicherung und sonstige Unterstützungen (z.B. Bafög) © Globus 8807

M 83b

Woher kommt das Einkommen?

Durchschnittliches Bruttoeinkommen der privaten Haushalte 1998

davon in % aus:	im früheren Bundesgebiet (3452 €)	in den neuen Ländern (2597 €)
selbstständiger Arbeit	7,0	4,2
nicht-selbstständiger Arbeit	54,0 %	54,8 %
Vermögen	12,7	6,8
öffentlichen Transferzahlungen	21,7	31,6
sonstigen Einnahmen	4,5	2,6

Quelle: Statistisches Bundesamt – EVS 1998

ZAHLENBILDER

286 312

© Erich Schmidt Verlag

1. Erläutern Sie die Übersicht zur Einkommensentstehung (S. 126) anhand des Textes und stellen Sie fest, wovon generell die Höhe des Einkommens der abhängig Beschäftigten, der „freien Berufe" und der Unternehmer abhängt (M 82).

2. M 82 berücksichtigt nicht, dass viele Menschen und Haushalte auch Einkommen beziehen, die nicht auf dem Einsatz von Produktionsfaktoren beruhen, sondern ihnen aus der Sozialversicherung und staatlichen (Steuer-)Mitteln zur Verfügung gestellt werden (Transfereinkommen*). Informieren Sie sich über den Umfang dieser Einkommen (M 83b) und die Zahl (den prozentualen Anteil) der Menschen, die davon (überwiegend) leben (M 83a).

3. Was fällt in M 83a im Hinblick auf die Entwicklung von 1991 bis 1999 auf? Wie sind die Veränderungen zu erklären? Welche Erklärung haben Sie für die Unterschiede zwischen Ost und West in M 83 b?

M 84 Die Verteilung des Volkseinkommens (funktionelle Verteilung)

Das Volkseinkommen als häufig genutzte Größe der Verteilungsrechnung ist die Summe aller Erwerbs- und Vermögenseinkommen, die Inländern letztlich zugeflossen sind. Es umfasst also das
5 von Inländern empfangene *Arbeitnehmerentgelt* (frühere Bezeichnung: Einkommen aus unselbstständiger Arbeit) sowie die *Unternehmens- und Vermögenseinkommen* (frühere Bezeichnung: Einkommen aus Unternehmertätigkeit und
10 Vermögen), die Selbstständigen oder Arbeitnehmern (auch sie haben Vermögenseinkommen) zufließen.

Verteilung des Volkseinkommens 2001

1526,7 Mrd. EUR

Unternehmens- und Vermögenseinkommen 27,3%

Arbeitnehmerentgelt 72,7%

Statistisches Bundesamt 2002-10-0019

(© Statistisches Bundesamt, Wiesbaden)

Verteilung des Einkommens		
Gegenstand der Nachweisung	1991	2003
	Mrd. Euro	
Volkseinkommen	1167,1	1570,0
– Unternehmens- und Vermögenseinkommen	321,1	438,0
= Arbeitnehmerentgelt	846,0	1132,0
– Sozialbeiträge der Arbeitgeber	153,0	223,0
= Bruttolöhne und -gehälter	693,0	909,0
– Abzüge der Arbeitnehmer	211,7	321,0
= Nettolöhne und -gehälter	481,3	588,0

(Daten: Statistisches Bundesamt)

15 Das **Arbeitnehmerentgelt** (als Anteil am Volkseinkommen auch als *Lohnquote* bezeichnet; s.u.) setzt sich zusammen aus
– den *Bruttolöhnen und -gehältern*
20 (von Arbeitern, Angestellten, Vorstandsmitgliedern, Beamten, Soldaten usw. einschließlich Urlaubsgeld, vermögenswirksame Leistungen und ähnliche Leistungen des
25 Arbeitgebers) und
– den *Sozialbeiträgen der Arbeitgeber* (Anteil der Arbeitgeber an den gesetzlich vorgeschriebenen Beiträgen zur Renten-, Kranken-, Arbeitslosen- und Pflegeversicherung und den freiwillig über-
30 nommenen Beiträgen (zu Pensionskassen, Unfallversicherung usw.).
Gegenüber den Bruttolöhnen und
– gehältern ergeben sich die *Nettolöhne und -gehälter* durch den Abzug der von den Arbeitnehmern zu zahlenden Lohnsteuer und Sozialbeiträgen (Arbeitnehmeranteil).

Die **Unternehmens- und Vermögenseinkommen** (als Anteil am Volkseinkommen: *Gewinn-
35 quote*) bestehen im Wesentlichen aus
– den Bruttoeinkommen der selbstständigen Unternehmer, Landwirte und Freiberufler (Anwälte, Ärzte usw.) und
– den Einkommen aus Vermögen (Zins-, Pacht- und Dividendeneinnahmen) der privaten Haushalte. (Autorentext)

40 **Bereinigte und unbereinigte Lohnquote**

Die Zweiteilung in Löhne bzw. Gewinne ist insbesondere deshalb unbefriedigend, weil z.B. ein und derselbe Haushalt sowohl in der Lohnquote (durch sein Erwerbseinkommen) als auch in der Gewinnquote erfasst wird, wenn er z.B. Zins- oder Mieteinkommen hat. Andererseits werden Leistungen mithelfender Familienangehöriger bei Selbstständigen nicht in der Lohn-
45 quote erfasst. Je stärker diese *Querverteilung* ausgeprägt ist, desto weniger aussagekräftig sind die Quoten. Offensichtlich kann die Lohnquote nur steigen, wenn gleichzeitig die Gewinnquote sinkt. Die Lohnquote kann aus zwei Gründen steigen: einmal, wenn bei konstanter Erwerbstätigenstruktur die *Löhne* stärker steigen als die Gewinneinkommen, zum anderen, wenn die *Zahl* der Lohnempfänger zunimmt.
50 Daher gibt es auch zwei Versionen der Lohnquote: Die **unbereinigte Lohnquote** erfasst pauschal den Anteil der Löhne am Volkseinkommen und steigt somit (zu Lasten der Gewinnquote) allein aufgrund des Strukturwandels, der sich ergibt, wenn Selbstständige ihre Tätigkeit aufgeben und eine unselbstständige Beschäftigung aufnehmen.
Dieser **Strukturwandel**, d. h. der Rückgang der selbstständigen Unternehmertätigkeit in der Bun-
55 desrepublik, der sich auch an zunehmenden Unternehmenskonzentrationen und dem Rückgang des Einzelhandels bzw. mittelständischer Unternehmen ablesen lässt, würde die Aussagekraft von Lohn- und Gewinnquoten verfälschen. Infolgedessen wird eine „bereinigte" Lohnquote ermittelt, bei der rechnerisch die als konstant unterstellte Beschäftigungsstruktur eines Basisjahres zugrunde gelegt wird. Dieses Verfahren entspricht im Prinzip der Berechnung von preisbe-
60 reinigten realen Größen, bei denen die Preisstruktur eines Basisjahres herangezogen wird. Dann kann die Lohnquote nur steigen, wenn die Lohneinkommen – bei unterstelltem konstanten Selbstständigenanteil – *stärker* steigen als die Gewinneinkommen. Die Abweichungen zwischen bereinigter und unbereinigter Quote am Volkseinkommen sind dabei z.T. beträchtlich.

(Jörn Altmann, Wirtschaftspolitik, Lucius & Lucius Verlag, Stuttgart 2000, S. 228f.)

**Abb. 1: Zur Entwicklung der Lohn-
quote (in vH)**

Jahr	Lohnquote		Anteil der Arbeit-nehmer an den Erwerbs-tätigen
	tat-sächlich	bereinigt[1]	
1960	60,1	60,1	77,2
1965	65,3	62,3	80,9
1970	68,0	62,9	83,4
1975	74,1	66,5	86,0
1976	72,9	64,9	86,7
1977	73,7	65,2	87,2
1978	72,9	64,3	87,6
1979	73,3	64,2	88,0
1980	75,8	66,2	88,3
1981	76,8	67,0	88,4
1982	76,9	67,1	88,4
1983	74,6	65,1	88,4
1984	73,4	64,0	88,5
1985	73,0	63,6	88,6
1986	72,1	62,7	88,7
1987	72,6	63,0	88,9
1988	71,5	62,0	89,0
1989	70,3	60,9	89,2
1990	69,6	60,1	89,4
1991	72,5	72,5	90,6
1992	73,7	74,0	90,3
1993	74,7	75,2	90,0
1994	73,8	74,5	89,7
1995	73,3	74,1	89,7
1996	72,8	73,6	89,4
1997	71,8	72,8	89,6
1998	71,5	72,5	89,4
1999	72,0	72,9	89,6
2000	72,8	73,7	89,7
2001	73,2	74,2	89,5
2002	72,3	73,4	89,4

Abb. 2

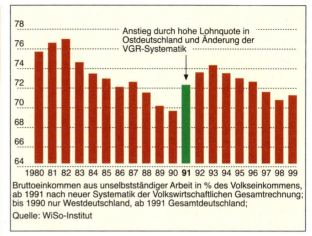

Bruttoeinkommen aus unselbstständiger Arbeit in % des Volkseinkommens, ab 1991 nach neuer Systematik der Volkswirtschaftlichen Gesamtrechnung; bis 1990 nur Westdeutschland, ab 1991 Gesamtdeutschland;
Quelle: WiSo-Institut

(Handelsblatt v. 4. 2. 2000, S. 7)

[1]Quote bei konstant gehaltenem Arbeitnehmeranteil an den Erwerbstätigen bis 1990 des Jahres 1960, ab 1991 des Jahres 1991.

(Statistisches Taschenbuch 2003. Hrsg. vom Bundesminister für Gesundheit und Soziales, und Statistisches Bundesamt, Fachserie 18, Reihe 1.2, 2001; ab 1991 Gesamtdeutschland. – Aufgrund einer Neuberechnung (Revision) der Volkswirtschaftlichen Gesamtrechnung sind die Zahlen ab 1991 mit den vorangehenden nicht vergleichbar)

▮▮ M 85a „Unbedeutende Schwankungen"

Nach der Übersicht des Wirtschafts- und Sozialwissenschaftlichen Instituts der Gewerkschaften ist die Lohnquote in Westdeutschland seit den 50er-Jahren stetig gestiegen, und zwar
5 von 58,2% auf einen historischen Höchststand von 76,9% im Jahre 1982. Darin spiegele sich vor allem der Wandel von einer noch stark von der Landwirtschaft und kleinen Selbstständigen geprägten Nachkriegsgesellschaft zu einer
10 hoch entwickelten Industrienation wieder. In den 70er-Jahren stiegen zudem die Löhne schneller als die Einkünfte aus Vermögen und Unternehmertätigkeit. In den 80er-Jahren ging die Lohnquote trotz steigender Beschäf-

tigtenzahlen zurück auf 69,6% im Jahre 15 1990. Gründe waren die steigende Arbeitslosigkeit und die Verkürzung der Arbeitszeit. Wegen der Revision der Volkswirtschaftlichen Gesamtrechnung und der höheren Lohnquote in den neuen Bundesländern fiel die erste ge- 20 samtdeutsche Lohnquote 1991 mit 72,1% wieder deutlich höher aus. Betrachtet man den gesamten Zeitraum der vergangenen 30 Jahre, seien diese Schwankungen jedoch zu vernachlässigen. So habe die Quote im Durchschnitt 25 der 70er-Jahre bei 72,2%, der 80er-Jahre bei 73,7% und der 90er-Jahre bei 72,6% gelegen.
(Handelsblatt v. 4.2.2000, S. 7; Verf.: Peter Thelen)

M 85b Aussagekraft der funktionellen Einkommensverteilung

a) Unter Fachleuten ist die Aussagekraft aus mehreren Gründen umstritten.

- Bei den Arbeitnehmern werden Niedriglohnempfänger und Vorstandsvorsitzende in einen Topf geworfen, bei den Selbstständigen und Unternehmern der Kleinbauer mit dem Rechtsanwalt und dem Eigentümer eines profitablen Konzerns. Über Gleichheit oder Ungleichheit der Arbeitnehmereinkommen untereinander sagt die Lohnquote also genauso wenig aus wie auf der Seite der Selbstständigen.
- Die in vollem Umfang der Gewinnquote zugeschlagenen Vermögenseinkommen fließen in steigendem Maße auf die Konten von Arbeitnehmern. 1985 zum Beispiel entstanden in der Bundesrepublik Einkommen aus Vermögen von rund hundert Milliarden Mark; davon ging die Hälfte an Arbeitnehmer, je ein Viertel an Selbstständige und Rentner. Der Begriff Gewinnquote darf also nicht mit der Kategorie „Selbstständige und Unternehmer" gleichgesetzt werden.
- Die Einkommen, die als Basis für die Ermittlung von Lohn- und Gewinnquoten dienen, sind Bruttogrößen. Sie berücksichtigen in keiner Weise die Besteuerung. Ebenso wenig gehen Transfereinkommen (wie Wohngeld, Kindergeld, Renten) in den Vergleich ein. Mit anderen Worten: Die funktionelle Verteilung zeigt einen Zustand, wie er vor der staatlichen Umverteilung* bestanden hat.

In Tarifverhandlungen, Steuerdebatten und ideologischen Auseinandersetzungen sind Lohn- und Gewinnquote gern benutzte Argumente. Genau besehen belegt aber die Erfahrung einer gesunkenen Lohnquote nicht zwingend die Behauptung der Umverteilung von unten nach oben. Ob von einer größeren Steigerung der Gewinne nur die Reichen und Superreichen profitiert haben, ob deswegen die Topmanager der Wirtschaft mehr zulegen konnten als mittlere Angestellte – darüber lassen sich anhand der Lohnquote nur Vermutungen anstellen.

(Klaus Peter Schmid, in: DIE ZEIT vom 27.2.1987)

b) Zumindest was den Unterschied zwischen Arm und Reich angeht, ist die Unterteilung in Selbstständige und Unselbstständige kaum noch brauchbar. Im Zeitalter industrieller Imperien und Großbetriebe sowie der wachsenden Bedeutung der Technik erhalten leitende Angestellte, Manager oder qualifizierte Techniker, also unselbstständig Beschäftigte, zum Teil Riesengehälter. [...] Andererseits sind durch die Konzentration kleinere selbstständige Betriebe in Bedrängnis geraten, was sich natürlich auch auf ihr ‚Unternehmereinkommen' auswirkt. Generaldirektorengehälter machen reich, werden aber auf der Seite der traditionellerweise armen Arbeitnehmer verbucht; das Unternehmereinkommen des selbstständigen Würstchenverkäufers ist ein Hungerlohn, schlägt sich aber statistisch auf der Seite der reichen Unternehmer nieder. Durch dieses Verfahren werden beide Seiten statistisch einander näher gebracht; das durchschnittliche Unternehmereinkommen wird durch den Würstchenverkäufer herabgedrückt, das durchschnittliche Arbeitnehmereinkommen durch den Manager angehoben."

(Jörg Huffschmid, Die Politik des Kapitals, Suhrkamp Verlag, Frankfurt 1971, S. 12)

1. *Erläutern Sie die Zusammensetzung des Volkseinkommens und den Unterschied zwischen der „unbereinigten" und der „bereinigten" Lohnquote. Warum ist diese Unterscheidung angebracht (M 84)?*
2. *Überprüfen Sie Ihr Verständnis der funktionellen Einkommensverteilung durch die Beantwortung folgender Fragen:*
   - *Das Volkseinkommen beträgt 785 Mrd. €, das Einkommen aus unselbstständiger Arbeit 154 Mrd. €. Wie hoch ist die Lohnquote, wie hoch die Gewinnquote?*
   - *Wie verändert sich tendenziell die (unbereinigte) Lohnquote, wenn ein bislang selbstständiger Unternehmer eine abhängige Beschäftigung aufnimmt?*
   - *Warum ist die bereinigte Lohnquote 1960–1990 geringer, 1991–1998 höher als die tatsächliche (M 84, Abb. 1)?*
3. *Mit welcher Lohnquote würden Sie argumentieren, wenn Sie bei den meist jährlichen Tarifver-*

handlungen um höhere Löhne Arbeitnehmer- bzw. Arbeitgeberinteressen vertreten müssten? Begründen Sie Ihre Entscheidung.

4. Erläutern Sie, inwiefern die funktionelle Einkommensverteilung wenig über die Verteilung von Reichtum und Armut in der Gesellschaft aussagt (M 85b). Auf welcher Seite wird das hohe Gehalt z.B. des Vorstandsvorsitzenden der Deutschen Bank oder des Volkswagenkonzerns, auf welcher das geringe Einkommen eines selbstständigen Fahrradverleihers verbucht?

5. Beschreiben Sie die Entwicklung der Lohnquote in der „alten" (1960–1990) und in der „neuen" Bundesrepublik (1991–2000) und erläutern Sie die Erklärungen, die in M 85a dafür gegeben werden (M 84, Abb. 1 und 2).

M 86 Einkommenskategorien der personellen Verteilung

Jede Darstellung von Einkommensungleichheiten muss zunächst klären, was unter „Einkommen" verstanden werden soll. [...]
Persönliche Einkommen sind jene, die bestimmten Personen zukommen, ohne Rücksicht darauf, ob nur diese Person allein oder auch andere hiervon leben. *Haushaltseinkommen* sind alle
5 Einkommen, die einem Haushalt zufließen. Oft geht in diesen Begriff die (zweifellos oft fragwürdige) Annahme ein, dass ein bestimmtes Haushaltseinkommen allen Haushaltsmitgliedern gleichermaßen zugute kommt, weil „aus einem Topf" gewirtschaftet wird.
Bruttoeinkommen sind jene Einkommen, die dem Einzelnen vor Abgabe von Steuern, Sozialbeiträgen etc. rechnerisch zustehen. *Nettoeinkommen* sind Einkommen nach Zahlung von
10 Steuern, Sozialabgaben etc. „*Verfügbare Einkommen*" sind Nettoeinkommen zuzüglich erhaltener Transferzahlungen*.
Welche der genannten Einkommenskategorien einer Darstellung von Einkommensungleichheit zugrunde gelegt werden, hängt davon ab, was wir wissen wollen. Keine Einkommenskategorie ist per se informativer als eine andere. Das persönliche Bruttoerwerbseinkommen etwa
15 gibt Auskunft über die Leistungsbewertung einer Berufsposition bzw. über den beruflichen Erfolg, berücksichtigt aber nicht den Verbrauchsbedarf aufgrund von Familienverhältnissen und gibt schon gar keine Antwort auf Fragen nach dem Lebensstandard. Das persönliche Nettoeinkommen gibt zum Teil Auskunft über die Leistungsbewertung und den Berufserfolg, zum Teil aber auch über die soziale Belastbarkeit des Einzelnen aufgrund seiner Einkom-
20 menshöhe und seiner familiären Gegebenheiten.

(Stefan Hradil, Soziale Ungleichheit in Deutschland, Leske + Budrich, Opladen, 8. Aufl. 2001, S. 215f.)

M 87 Brutto und Netto – Was „unterm Strich" bleibt

a)

Ehepaar (Alleinverdiener, zwei Kinder, Dresden)		Single (Göttingen)	
Bruttogehalt (in Euro) ohne Arbeitgeberbeiträge zur Sozialversicherung	4000,00	**Bruttogehalt** (in Euro) ohne Arbeitgeberbeiträge zur Sozialversicherung	4500,00
Direkte Abzüge		**Direkte Abzüge**	
Lohnsteuer (Klasse 3/2)	609,83	Lohnsteuer (Klasse 1)	1240,58
Steuervergütung Kindergeld	−308,00	Solidaritätszuschlag	68,23
Solidaritätszuschlag	18,56	Kirchensteuer (9 Prozent)	111,65
Kirchensteuer (keine)	–	Rentenversicherung[1]	429,75
Rentenversicherung[1]	358,13	Arbeitslosenversicherung[1]	146,25
Arbeitslosenversicherung[1]	121,88	Krankenversicherung (BEK)[1]	244,69
Krankenversicherung (BEK)[1]	244,69	Pflegeversicherung[1]	28,69
Pflegeversicherung[1]	45,56	**Abzüge insgesamt**	**2269,84**
Abzüge insgesamt	**1090,65**	in Prozent von brutto	50,4
in Prozent von brutto	27,3	**Nettogehalt**	**2230,16**
Nettogehalt	**2909,35**		

(Wirtschaftswoche Nr. 1/2 v. 3.1.2002, S. 32; Stand: Januar 2002; Verf.: Bert Losse)   [1]Arbeitnehmeranteil

b)

Dreierlei Lohn

Monatliche Durchschnittsbeträge je Arbeitnehmer in Euro im Jahr 2002

Diesen Betrag wendet der Betrieb auf (Arbeitnehmer-entgelt)

Sozialbeiträge des Arbeitgebers

Dieser Betrag steht oben auf der Verdienst-abrechnung (Bruttoverdienst)

Sozialbeiträge des Arbeitnehmers und Lohnsteuer

Dieser Betrag wird aufs Konto überwiesen (Nettoverdienst)

2 730 € − 520 € = 2 210 € − 770 € = 1 440 €

© Globus   8183   Quelle: Stat. Bundesamt, eigene Berechnungen

c)

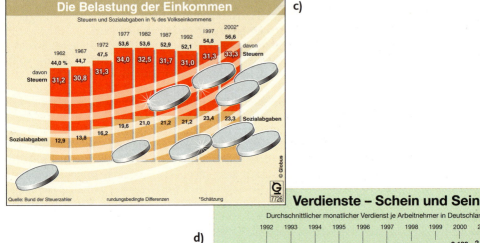

Die Belastung der Einkommen

Steuern und Sozialabgaben in % des Volkseinkommens

	1962	1967	1972	1977	1982	1987	1992	1997	2002*
	44,0 %	44,7	47,5	53,6	53,6	52,9	52,1	54,8	56,6
davon Steuern	31,2	30,8	31,3	34,0	32,5	31,7	31,0	31,3	33,3
Sozialabgaben	12,9	13,8	16,2	19,6	21,0	21,2	21,2	23,4	23,3

davon Steuern

Sozialabgaben

Quelle: Bund der Steuerzahler   rundungsbedingte Differenzen   *Schätzung   © Globus 7726

d)

Verdienste – Schein und Sein

Durchschnittlicher monatlicher Verdienst je Arbeitnehmer in Deutschland in Euro

	1992	1993	1994	1995	1996	1997	1998	1999	2000	2001	2002
Brutto	1 830	1 910	1 940	2 010	2 040	2 040	2 060	2 090	2 130	2 170	2 200
Netto	1 250	1 310	1 310	1 320	1 320	1 300	1 320	1 340	1 380	1 420	1 430
Real*	1 250	1 250	1 220	1 210	1 190	1 150	1 160	1 170	1 190	1 200	1 190

*Kaufkraft von 1992 (nach Abrechnung des Preisanstiegs)

Quelle: Statistisches Bundesamt, eigene Berechnungen   © Globus 8421

M 88 „Sekundärverteilung" ist „Umverteilung"

Die Erhebung von Steuern dient der Finanzierung der Staatsausgaben. Ein Teil dieser Staatsausgaben besteht aus *Transferleistungen** an die privaten Haushalte (Kindergeld, Wohngeld, Sozialhilfe usw.). Der Staat nimmt also Geld von den Haushalten, gibt aber einen Teil davon direkt wieder zurück.

5 Mit diesem „Verschiebebahnhof" verfolgt der Staat bestimmte Absichten: Er will die Einkommensverteilung, die sich im Wege der *Primärverteilung* ergeben hat, korrigieren. Von denen, die bei der **Primärverteilung** viel mitbekommen haben, nimmt er überproportional und gibt denen überproportional, die bei der Marktverteilung schlechter weggekommen sind. Für den Bezieher von Lohneinkommen äußert sich die Umverteilung in der Differenz zwischen Brut-
10 tolohn und Nettolohn zuzüglich staatlicher Leistungen. Die im Anschluss an die Primärverteilung stattfindende staatliche **Einkommensumverteilung** zugunsten der sozial Schwächeren wird **Sekundärverteilung** genannt.

(Hans-Jürgen Albers u.a., Volkswirtschaftslehre, Verlag Europa-Lehrmittel, Haan-Gruiten 2000, S. 423)

1. *Zur Analyse und Beurteilung der „personellen" Einkommensverteilung (also der Verteilung auf Personen- und Haushaltsgruppen) ist es von großer Wichtigkeit, genaue begriffliche Klarheit zu schaffen über das, was in Untersuchungen gemessen und in Statistiken dargestellt wird (hier wird z.B. in der Berichterstattung der Medien oft sehr ungenau, oberflächlich und manchmal auch irreführend verfahren). Klären Sie anhand von M 86 zunächst einmal die Abgrenzung der Begriffe „persönliche Einkommen" und „Haushaltseinkommen" sowie „Bruttoeinkommen", „Nettoeinkommen" und „verfügbares Einkommen". Erläutern Sie auch, was mit „Transferzahlungen" (Transfereinkommen) gemeint ist (vgl. M 88).*

2. *An den statistischen Darstellungen M 87a–c können Sie ablesen,*
– was der Unterschied zwischen Brutto- und Nettoverdienst konkret bedeutet,
– wie groß dieser Unterschied im Durchschnitt je Arbeitnehmer ist (M 87b/c),
– wie sehr sich einzelne Verdienste und Abzüge untereinander (insbesondere nach dem Familienstand und der entsprechenden Steuerklasse) und vom Durchschnitt unterscheiden können (M 87a).
Untersuchen Sie diese Beziehungen genau und stellen Sie heraus, was Ihnen dabei besonders auffällt (zu beachten ist auch, dass es sich bei den beiden konkreten Beispielen um ausgesprochen „gut verdienende" Arbeitnehmer handelt und dass die Verdienste in den neuen Bundesländern generell unter denen in den alten liegen).

3. *Die Beispiele M 87b können Sie dazu veranlassen festzustellen, wie die entsprechende Rechnung bei Ihren Eltern aussieht und welche Transfereinkommen ggf. mit zu berücksichtigen sind.*

4. *Erklären Sie, warum das persönliche Bruttoeinkommen keine sichere Auskunft über den Lebensstandard des Beziehers gibt (M 86; vgl. dazu später M 89) und warum man dazu eher beim Haushaltseinkommen ansetzen sollte.*

5. *Im Hinblick auf die staatlichen Transferzahlungen (und die Steuerpolitik) unterscheidet man zwischen einer „Primärverteilung" und einer „Sekundärverteilung", durch welche die Einkommen aus der Primärverteilung entweder verringert oder vermehrt („Umverteilung") werden. Erläutern Sie diese Unterscheidung (M 88), die uns bei der späteren Beurteilung staatlicher Sozialpolitik noch beschäftigen wird.*

▬ **M 89** Wie kann der „Lebensstandard" am besten gemessen werden?

Will man den Lebensstandard von Menschen erfassen, so wird man beim *Haushaltseinkommen* ansetzen. Ohne zusätzliche Berechnungen ist es aber wenig aussagefähig. Ein monatliches Haushaltsnettoeinkommen von z.B. 2200 € wird einem fünfköpfigen Haushalt nur ein bescheidenes Auskommen ermöglichen, ein Single wird hiervon gut leben können. Deshalb
5 kann das *Pro-Kopf-Haushaltseinkommen* Fragen nach dem Lebensstandard besser beantworten als das Haushaltseinkommen. Aber auch das Pro-Kopf-Haushaltseinkommen gibt über den jeweiligen Wohlstand nur bedingt Auskunft. Denn mit dem gleichen Pro-Kopf-Haushaltseinkommen sind große Haushalte besser gestellt als kleine. Mit z.B. 520 € pro Kopf kann ein Fünf-Personen-Haushalt erheblich großzügiger leben als ein Alleinlebender. In

10 großen Haushalten kann nämlich sparsamer gewirtschaftet werden. Hier fallen viele Gemeinkosten nicht für jede Person in nochmals gleicher Höhe an. Ein Fünf-Personen-Haushalt zahlt weder für Miete noch für Energie noch für einen Wagen den fünffachen Betrag eines Ein-Personen-Haushalts. Zudem kosten Kinder üblicherweise weniger als z.B. junge Erwachsene. Deshalb hat man sog. „Äquivalenzskalen" entwickelt, die die wirtschaftlichen
15 Vorteile großer Haushalte ausgleichen, indem sie deren Pro-Kopf-Haushaltseinkommen „künstlich hochrechnen".
Hierbei werden die Haushaltseinkommen je nach Zahl und Alter der einzelnen Haushaltsmitglieder *gewichtet*. Eine relativ einfache (ältere OECD*-Skala) gewichtet das Haushaltseinkommen für das erste erwachsene Mitglied mit dem Faktor 1, für weitere Haushaltsmitglieder
20 ab einem Alter von 15 Jahren mit dem Faktor 0,7 und für Kinder bzw. Jugendliche bis einschließlich 14 Jahre mit 0,5. Die Division des gesamten Haushaltseinkommens durch die Summe dieser Personengewichte ergibt das sog. *„Netto-Äquivalenzeinkommen"* des Haushalts, auch „bedarfsgewichtetes Pro-Kopf-Haushaltseinkommen" genannt.

Die Ermittlung des Einkommens der einzelnen Personen oder Haushalte ist in empirischen
25 Untersuchungen in der Praxis nur unter erheblichen Schwierigkeiten möglich (z.B. im Mikrozensus*, in der Einkommens- und Verbrauchsstichprobe*, im Europäischen Haushaltspanel* und im Sozio-ökonomischen Panel*). Viele Menschen verweigern hierbei allerdings Auskünfte über ihre Einkommensverhältnisse. Werden dazu Informationen gegeben, so neigen die Befragten dazu, ihre Einkünfte zu unterschätzen. Die so entstehenden Unterfassungen steigen
30 mit der Höhe und der Komplexität der Einkommen. Deswegen wurde z.B. in der Einkommens- und Verbrauchsstichprobe 1993 auf die Einbeziehung von Beziehern von Einkommen über € 17.500 pro Monat völlig verzichtet. Trotz dieser Probleme vermitteln die folgenden Angaben (M 90ff.) brauchbare Anhaltswerte. Denn die empirische Sozialforschung kann viele der fehlenden Informationen näherungsweise ergänzen bzw. korrigieren.

(Stefan Hradil [= M 87], S. 217f.)

1. *Beschreiben Sie die Unterscheidung zwischen Haushaltseinkommen, Pro-Kopf-Haushaltseinkommen und „Netto-Äquivalenzeinkommen". Warum erscheint nur die zuletzt genannte Größe als geeigneter Maßstab für den Lebensstandard eines Haushaltes (seiner Mitglieder)?*

2. *Berechnen Sie: Das Nettoeinkommen eines Haushalts von Eltern mit einem 12-jährigen und einem 16-jährigen Kind beträgt 3000 €. Wie ergibt sich das „Nettoäquivalenzeinkommen" von 937,50 €? Wie hoch wäre das Haushaltseinkommen bei einem „Pro-Kopf-Einkommen" von 937,50 €?*

3. *Informieren Sie sich auch über die genannten unterschiedlichen Quellen und Befragungsmethoden, aus denen die in den folgenden Materialien dargestellten statistischen Daten zur Einkommensverteilung stammen (M 89, Z. 20ff.; s. Glossar zu den markierten Begriffen).*

Für die Auswertung der folgenden Statistiken zur Einkommensverteilung (und später zur Vermögensverteilung) schlagen wir Ihnen *arbeitsteilige Gruppenarbeit* vor. Jede Gruppe könnte sich z. B. mit einer der Statistiken beschäftigen und bei der Erarbeitung des Gruppenberichtes auf folgende Fragen achten (vgl. auch die allgemeinen Hinweise zur Analyse von Statistiken, S. 390f.):

– Unter welchem Aspekt wird die Einkommensverteilung betrachtet und gemessen? Geht es z.B. um die Einteilung nach *Haushaltsgruppen* (mit jeweils einem bestimmten Anteil am Einkommen) oder von Einkommensgruppen (*Größenklassen der Einkommen*, denen bestimmte Anteile der *Einkommensbezieher* zugeordnet werden) usw.?
– Was kann man aus der Statistik erfahren, was nicht? Welche Fragen bleiben offen?
– Wie lassen sich die zahlenmäßigen Angaben der Statistik am besten in einprägsame und klar formulierte Aussagen umformen?

(Beispiel: Bei einer Zunahme von 8 auf 23 könnte man formulieren, dass sich der Wert „fast verdreifacht" hat, bei einer Abnahme von 34 auf 18 ist der Wert „fast auf die Hälfte gesunken"; 14 ist im Vergleich zu 5 „fast dreimal so viel" usw.; bei prozentualen Veränderungen ist zwischen der Veränderung in Prozent und in Prozentpunkten* zu unterscheiden.)

Natürlich sind auch die bei jeder Statistikanalyse üblichen Gesichtspunkte zu beachten, wie z.B. Art der Kategorien (vgl. M 89), Art der verwendeten Zahlen (absolute Zahlen, Prozentzahlen), Bezugsgrößen (Raum, Zeit). Zur inhaltlichen Auswertung haben wir den einzelnen Statistiken einige mögliche Untersuchungsaspekte (Fragen, Hinweise) hinzugefügt.

M 90 Nettoeinkommen nach Haushaltsgruppen[1]

Haushaltsgruppe	EUR je Haushalt			EUR je Haushaltsmitglied			EUR je Verbrauchereinheit (alte OECD-Skala)[3] = Nettoäquivalenzeinkommen		
	1991	1995	2002	1991	1995	2002	1991	1995	2002
Privathaushalte insgesamt	25700	28500	32100	11300	12900	15000	14200	16000	18500
Selbstständigenhaushalte	71900	75300	88400	24700	27200	32900	32300	35300	42700
Arbeitnehmerhaushalte	27200	30500	34800	10400	11900	14100	13500	15400	18100
Beamtenhaushalte	33900	37100	41500	12300	13900	16200	16100	18000	20800
Angestelltenhaushalte	29000	32700	37000	11900	13800	16000	15200	17500	20300
Arbeiterhaushalte	24100	26500	30000	8700	9600	11200	11300	12600	14500
Nichterwerbstätigenhaushalte	16400	19300	20300	9600	11000	12200	11100	12800	14200
dar.[2]: mit überwiegendem Lebensunterhalt der Bezugsperson aus									
Arbeitslosengeld/-hilfe	15900	17900	19000	6700	7900	8600	8600	9900	10800
Rente	16700	19800	20600	10300	12100	13100	11700	13700	14900
Pension	23000	25500	29000	14100	15 600	17400	16000	17700	19800
Sozialhilfe	10700	13300	13900	4700	5500	6100	6200	7300	8000

[1] Verfügbares Einkommen aller Haushaltsmitglieder aus allen Quellen (also Löhne und Gehälter, Renten und Pensionen, Sozialhilfe, Wohngeld, Bafög, Zins- und Mieteinnahmen etc.) nach dem Ausgabenkonzept bereinigt um unterstellte Einkommen aus eigengenutztem Wohneigentum und Vermögenseinkommen aus Versicherungsverträgen, Erstattungen privater Krankenversicherungen, Beihilfezahlungen und Unterstützungen im Krankheitsfall.

[2] Die Einkommen für die sonstigen Nichterwerbstätigenhaushalte werden nicht explizit angegeben, da ein Nachweis für diese heterogen zusammengesetzte Gruppe wenig aussagefähig ist.

[3] Zur Berechnung der Verbrauchereinheiten nach der alten OECD-Skala wurden folgende Äquivalenzziffern verwandt: 1,0 für den ersten Erwachsenen im Haushalt, 0,7 für jede weitere Person ab 15 Jahren und 0,5 für Kinder unter 15 Jahren (s. M 89).

(© Statistisches Bundesamt, Wiesbaden, August 2003)

Die in der Tabelle ausgewiesenen Ergebnisse deuten eine erhebliche Ungleichheit der personellen Einkommensverteilung an, sollten aber sehr vorsichtig interpretiert werden. Zum einen sind die verfügbaren Einkommen – und entsprechend die daraus abgeleiteten Nettoäquivalenzeinkommen – der *Selbstständigen-Haushalte* zum großen Teil *vor Abzug von Vorsorgeauf-*
5 *wendungen* definiert und von daher nur eingeschränkt mit denen der Arbeitnehmer-Haushalte vergleichbar, bei denen die Sozialversicherungsbeiträge bereits abgezogen sind. Zum anderen wird mit den gruppenspezifischen Durchschnittswerten die *innerhalb der Gruppen* bestehende Ungleichheit der Verteilung ausgeklammert, die wesentlich bedeutsamer ist als die Ungleichheit zwischen sozio-ökonomischen Gruppen. Man denke beispielsweise an den selbstständi-
10 gen Kioskbesitzer im Vergleich zu einem freiberuflichen Zahnarzt oder an einen angestellten Verkäufer in einem Supermarkt im Vergleich zu einem hoch dotierten Manager eines großen Konzerns. Schließlich werden durch die fehlende Differenzierung zwischen Ost- und West-

deutschland spezifische Strukturen und möglicherweise Teilentwicklungen, die sich tendenziell kompensieren, verdeckt. Unter diesen Gesichtspunkten ist die Aussagefähigkeit der vorliegenden Gruppendaten sehr begrenzt.

¹⁵ *(platzhalter)*

(Irene Becker, Einkommens- und Vermögensverteilung in Deutschland: ein Bild mit unscharfen Konturen, in: Politische Bildung 2/2001, Wochenschau-Verlag, Schwalbach, S. 25)

Hinweise zur Analyse:

– *Verdeutlichen Sie noch einmal die Unterschiede zwischen den drei Kategorien (vgl. auch die Anmerkungen zur Tabelle).*
– *Beschreiben Sie die Verteilung und die Entwicklung der Einkommen der verschiedenen Haushaltsgruppen (am sinnvollsten in der Kategorie „Durchschnittseinkommen je Verbrauchereinheit" = Netto-Äquivalenzeinkommen, vgl. M 89, Z. 17ff.). Berechnen Sie dazu auch die prozentualen Steigerungsraten für die einzelnen Haushaltsgruppen 1991–2000. Sind die Einkommen der Nichterwerbstätigenhaushalte im gleichen Ausmaß gestiegen wie die der Arbeitnehmerhaushalte?*
– *Stellen Sie die drei Aspekte heraus, die eine begrenze Aussagefähigkeit (im Hinblick auf die Ungleichheit der Einkommensverteilung) bedingen und für eine „vorsichtige Interpretation" sprechen (Text zur Tabelle).*

 M 91

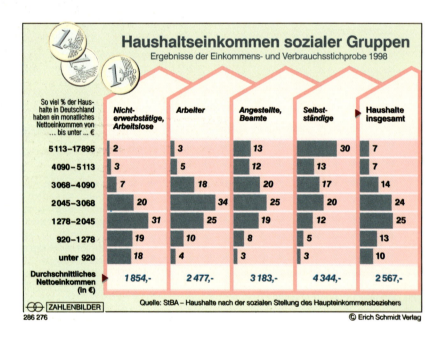

Haushaltseinkommen sozialer Gruppen
Ergebnisse der Einkommens- und Verbrauchsstichprobe 1998

So viel % der Haushalte in Deutschland haben ein monatliches Nettoeinkommen von ... bis unter ... €	Nichterwerbstätige, Arbeitslose	Arbeiter	Angestellte, Beamte	Selbstständige	Haushalte insgesamt
5113–17895	2	3	13	30	7
4090–5113	3	5	12	13	7
3068–4090	7	18	20	17	14
2045–3068	20	34	25	20	24
1278–2045	31	25	19	12	25
920–1278	19	10	8	5	13
unter 920	18	4	3	3	10
Durchschnittliches Nettoeinkommen (in €)	1854,-	2477,-	3183,-	4344,-	2567,-

Quelle: StBA – Haushalte nach der sozialen Stellung des Haupteinkommensbeziehers

ZAHLENBILDER
286 276
© Erich Schmidt Verlag

Hinweise zur Analyse:

– *Verdeutlichen Sie das Kriterium, nach dem in M 91 die Verteilung der Haushaltseinkommen dargestellt wird (Einkommensgrößenklassen).*
– *Beschreiben Sie, wie sich die einzelnen Haushaltsgruppen auf die Einkommensklassen verteilen. Dabei können Sie z.B. von der Spalte für alle Haushalte ausgehen und formulieren, in welcher Weise sich die Verteilung bei den vier Haushaltsgruppen von diesem Durchschnitt unterscheidet. Beispiel: Im Durchschnitt haben 14% der Haushalte mehr als 4090 Euro monatlich zur Verfügung. Wie sieht das jeweils bei den vier Haushaltsgruppen aus?*
– *In M 90 (Text) hieß es, dass die „innerhalb der Gruppen bestehende Ungleichheit der Verteilung wesentlich bedeutsamer ist als die Ungleichheit zwischen sozio-ökonomischen Gruppen". Können Sie dieser Beurteilung aufgrund der Darstellung M 91 zustimmen?*

M 92a **Die Anteile der Bevölkerungsfünftel Westdeutschlands am Gesamteinkommen 1950–1998 (in %)**

	1. Fünftel	2. Fünftel	3. Fünftel	4. Fünftel	5. Fünftel
1950	5,4	10,7	15,9	22,8	45,2
1960	6,0	10,8	16,2	23,1	43,9
1970	5,9	10,4	15,6	22,5	45,6
1980	6,9	11,2	16,2	22,5	43,3
1990	9,5	14,0	17,7	22,4	36,4
1998	8,9	13,5	17,3	22,4	37,9

Die Werte für 1950–1980 beruhen auf volkswirtschaftlichen Gesamtrechnungen (DIW); die Werte für 1990 beruhen auf dem Sozioökonomischen Panel (Hauser 1997, 68); die Werte für 1998 stammen aus der Einkommens- und Verbrauchsstichprobe (WiSta 2000, 137); hieraus ergeben sich leichte Abweichungen.

(Stefan Hradil [= M 86], S. 227)

M 92b

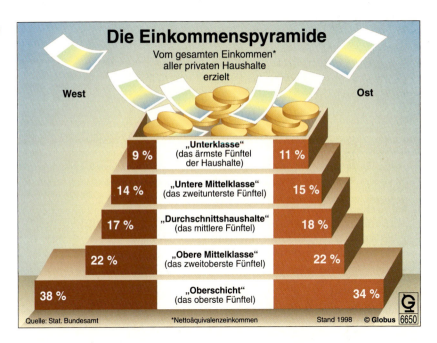

Die Einkommenspyramide
Vom gesamten Einkommen*
aller privaten Haushalte
erzielt

West

Ost

9 %	„Unterklasse" (das ärmste Fünftel der Haushalte)	11 %
14 %	„Untere Mittelklasse" (das zweitunterste Fünftel)	15 %
17 %	„Durchschnittshaushalte" (das mittlere Fünftel)	18 %
22 %	„Obere Mittelklasse" (das zweitoberste Fünftel)	22 %
38 %	„Oberschicht" (das oberste Fünftel)	34 %

Quelle: Stat. Bundesamt   *Nettoäquivalenzeinkommen   Stand 1998   © Globus 6650

Hinweise zur Analyse:

– *Welches (ganz andere als in M 91) Maß zur Darstellung der Einkommensverteilung ist hier gewählt? Was kann die Einteilung nach „Quintilen" gut verdeutlichen, was weniger gut?*
– *Zur Verdeutlichung der ungleichen Verteilung wird bei dieser Art der Darstellung häufig das „Quintilsverhältnis" angegeben (für Westdeutschland 1998 nach M 92 b: 38:9 = 4,22), dessen Größe das Maß der Ungleichheit bezeichnet. Ist nach diesem Maßstab die Ungleichverteilung in Ostdeutschland (M 92b) größer oder geringer als in Westdeutschland?*
– *Wie haben sich zwischen 1950 und 1998 die Anteile des 1. („ärmsten") und des 5. („reichsten") Fünftels entwickelt (M 92 a)? Gibt es eine „Trendwende" zu verzeichnen? Sind nach diesen Messergebnissen „die Reichen immer reicher, die Armen immer ärmer" geworden?*

M 93 Höhe und Ungleichgewicht der Einkommen in der EU 1994

| | Anteil in Prozent am Gesamteinkommen | | | |
bedarfs- gewichtetes Nettohaushalts- einkommen pro Person in Kauf- krafteinheiten*	oberes Fünftel	unteres Fünftel	Verhältnis der Anteile des oberen zum unteren Fünftel	Rang[1]
Luxemburg	23532	39	8	4,8	8
Deutschland	14197	38	8	4,9	9
Österreich	14106	37	8	4,7	7
Belgien	13727	37	8	4,6	6
Dänemark	13589	33	10	3,2	2
Frankreich	13510	38	8	4,5	4,5
Großbritannien	13377	41	7	5,5	12
Niederlande	12878	36	9	3,9	3
Irland	12054	43	7	6,0	13
Schweden	11881	34	8	4,5	4,5
Finnland	10450	33	11	3,1	1
Italien	10273	39	7	5,3	10
Spanien	9046	40	7	5,4	11
Griechenland	8221	41	7	6,2	14
Portugal	7622	44	6	7,2	15
EU	12522	39	8	5,0	

[1] Reihenfolge der Länder nach dem Grad der Ungleichheit (Rang 1 am wenigsten Ungleichheit, Rang 15 am meisten Ungleichheit).

Zusammengestellt nach Europäische Kommission (Hg.): Living Conditions in Europe, Ausgabe 1999, S. 60 und 62.

(Informationen zur politischen Bildung Nr. 269/2000, S. 13; Verf.: Rainer Geißler)

Um einschätzen zu können, ob die Einkommen in Deutschland eher gleich oder aber eher ungleich verteilt sind, sind Vergleiche mit anderen Ländern nützlich (s. Tabelle). Sie zeigen, dass sich die nationalen Einkommensverteilungen sehr unterscheiden. [...] Diese internationale Ungleichheit der Einkommenskonzentrationen ist nicht leicht zu erklären. Sie ist keine Frage des
5 Modernisierungsgrades, das heißt der Technisierung, des Wohlstandes, der Bildungsexpansion usw. Unter hochmodernen Ländern befinden sich solche mit sehr ungleicher neben anderen mit eher gleicher Einkommensverteilung. Der Ausbaugrad sozialpolitischer Einrichtungen erklärt diese Differenzen wenigstens teilweise. Zusätzlich wird man wohl historische und kulturelle Besonderheiten zur Erklärung heranziehen müssen.

(Stefan Hradil [= M 86], S. 225f.)

Hinweise zur Analyse:

– Erklären Sie, wie (aufgrund welcher Berechnung) es zu der in der Tabelle (Spalte: Rang) angegebenen Reihenfolge der Länder kommt. Dabei ist im Hinblick auf die Zahlenwerte für das „Quintilsverhältnis" (vgl. M 52) zu beachten, dass bei den Prozentzahlen für das obere und das untere Fünftel die Dezimalstellen hier nicht angegeben sind und es so manchmal zu erklärungsbedürftigen Platzierungen kommt (Luxemburgs Verhältniszahl 4,8 kann auf dem Verhältnis 39,3 : 8,1 beruhen, Deutschlands Wert 4,9 auf dem Verhältnis 38,9 : 8,0).
– Wenn man davon ausgeht, dass in wirtschaftlich schwächeren Ländern die Ungleichverteilung größer ist als in wirtschaftlich starken Ländern, für welches Land ist das hohe Maß der Ungleichverteilung dann auffällig? Worin könnte die Erklärung dafür liegen (vgl. Text)?
– Wie ist die Position Deutschlands zu bewerten?

M 94 Was heißt „Vermögen"? – Begriff, Arten, Funktionen

Wenn man über jemanden sagt: „Der ist vermögend", dann meint man damit in der Umgangssprache, dass er ein beachtliches Vermögen besitzt und nicht nur einige Tausend Mark auf dem Sparkonto hat. Will man sich jedoch wissenschaftlich mit dem Vermögen und seiner Verteilung auf die Haushalte beschäftigen, dann genügt die umgangssprachliche Vorstellung
5 von Vermögen nicht; man braucht einen genauer abgegrenzten Begriff. Zunächst muss man zwischen Brutto- und Nettovermögen unterscheiden. Unter **Bruttovermögen** versteht man die Summe aller zu Marktpreisen bewerteten Vermögensbestände, wie man sie etwa auch auf der Aktivseite* einer Unternehmensbilanz findet, nur dass es sich hier um eine Bilanzierung des privaten Vermögens handelt. Dabei kommt es nicht auf die Höhe des Vermögens an; selbst
10 ein kleines Sparguthaben stellt in diesem Zusammenhang einen Bestandteil oder sogar das einzige Element des Bruttovermögens dar. Die wichtigsten Vermögensarten, die ein privater Haushalt besitzen kann, sind: *Gebrauchsvermögen* (Wohnungseinrichtung, Kleidung, Auto, Schmuck, Münzen und Edelmetalle, Antiquitäten und Kunstwerke), *Bruttogeldvermögen* (Bargeld, Bankguthaben, Bausparguthaben, festverzinsliche Wertpapiere*, Versicherungsgutha-
15 ben, andere in Geldeinheiten bewertete Forderungen* gegen Private, Firmen, den Staat und ausländische Schuldner), *Grund- und Hausvermögen* (einschließlich Eigentumswohnungen) sowie *Beteiligungen an Unternehmen* (Aktien, Investmentanteile*, GmbH-Anteile und Anteile an Personengesellschaften und Einzelfirmen). Wenn man von der Summe des Bruttovermögens die Summe der Schulden (Verbindlichkeiten gegenüber Banken und anderen Gläubigern) ab-
20 zieht, erhält man das **Nettovermögen** eines Haushalts. Eine Aufteilung des Haushaltsvermögens auf die Haushaltsmitglieder danach, wer als Eigentümer im Grundbuch eingetragen oder als Inhaber eines Bankdepots registriert ist, kann man als Außenstehender mangels genauerer Informationen nicht vornehmen. Daher werden im Folgenden nur *Haushalte* betrachtet.
Die Bewertung des Vermögens zu Marktpreisen ist ein sehr schwieriges Problem, weil die
25 meisten Haushalte nur selten Vermögensbestandteile veräußern. Man kann sich daher nur an den Preisen gleichartiger Güter und Wertpapiere orientieren, die tatsächlich verkauft wurden. Dies ist sehr einfach bei Bankguthaben oder bei Staatsanleihen* und Aktien, die an der Börse gehandelt werden, aber es ist umso schwieriger, je stärker sich die einzelnen Güter unterscheiden (z.B. Häuser und Grundstücke oder Kunstwerke) und je seltener sie auf den Markt
30 kommen.
Aus der Sicht der Haushalte spricht man von fünf **Funktionen**, die Vermögen erfüllen kann: Vermögen, insbesondere der Besitz von größerem *Produktivvermögen* (Anteile oder Alleinbesitz von Unternehmen) verleiht wirtschaftliche und gegebenenfalls auch politische Macht (*Machtfunktion*); aus Vermögen kann man Einkommen in Form von Zinsen, Dividenden*,
35 Mieten, Pachten und ausgeschütteten Gewinnen erhalten (*Einkommenserzielungsfunktion*); Sachvermögen kann selbst genutzt werden (*Nutzungsfunktion*); schließlich kann Vermögen verbraucht oder vererbt werden; es dient daher der individuellen Unabhängigkeit und der Absicherung gegen Risiken (*Sicherungsfunktion*), aber auch als Starthilfe für die Kinder und zu deren Statuserhalt* in der gesellschaftlichen Hierarchie* (*soziale Platzierungs- und Statuserhal-*
40 *tungsfunktion*).
Die Statistiken über das gesamte Vermögen aller Haushalte und über die Verteilung auf einzelne Haushaltsgruppen sind sehr unzulänglich, sodass für viele Elemente nur Schätzungen möglich sind oder sie mangels genauerer Informationen sogar völlig weggelassen werden müssen. Dies verzerrt natürlich das Bild, das man von der Vermögensverteilung zeichnen
45 kann. Hinzu kommt, dass insbesondere über die sehr vermögensreichen Haushalte kaum Informationen vorliegen, weil diese in der Regel nicht an Umfragen mit freiwilliger Beteiligung teilnehmen.

(Richard Hauser/Werner Hübinger/Holger Stein, Große Vermögen, kleine Vermögen und überhaupt kein Vermögen – zur Vermögensverteilung in Deutschland. In: Gegenwartskunde Nr. 4/1999, Leske + Budrich, Opladen 1999, S. 405f.)

M 95 Stand und Entwicklung der Vermögensbildung

Das Bruttovermögen der privaten Haushalte in Deutschland peilt die Marke von 9,2 Bio € an. Obwohl der Spareifer der Deutschen in den Neunzigerjahren kontinuierlich abgenommen hat und die Sparquote* inzwischen unter zehn Prozent liegt, verfügen die Privathaushalte über ein beträchtliches Vermögen an Immobilien, Gebrauchswerten und Finanzanlagen. Einerseits
5 haben steigende Abgaben und Steuern in den Neunzigerjahren die Einkommen belastet (vgl. M 87 c). Andererseits haben große Wertzuwächse beim Geldvermögen das rückgängige Sparvolumen teilweise ausgeglichen. Bis zum Jahresende 2000 dürfte der Geldvermögensbestand auf etwa 3,8 Billionen € angewachsen sein. Das ist ein Anstieg von mehr als 70 Prozent seit 1992. Die Anleger investieren häufiger in renditeträchtige Finanzanlagen und brauchen des-
10 halb weniger aus dem laufenden Einkommen zu sparen. Hinzu kommt die Aussicht auf künftige Vermögensübertragungen in Form von Erbschaften, die auf jährlich 127 bis 152 Milliarden Euro geschätzt werden.

Für das Jahr 1999 beziffert die Deutsche Bundesbank den Gesamtwert des *Bruttovermögens* privater Haushalte in Deutschland auf 8,85 Bio. €. Der größte Anteil davon entfiel mit 4,51
15 Bio. € auf *Immobilien* und Sachanlagen. Hochwertige *Gebrauchsgegenstände* wie Autos, Möbel, Teppiche oder Schmuck summierten sich auf 0,89 Bio. € und für das *Geldvermögen* errechnete sich ein Volumen von 3,45 Bio. €. Dem Gesamtvermögen standen Darlehen für Immobilien und Kredite für gewerbliche Zwecke und den Konsum in Höhe von 1,41 Bio. € gegenüber. Nach Abzug der Verbindlichkeiten errechnet sich für das Jahr 1999 ein *Nettovermö-*
20 *gen* von 7,44 Bio. €. Das sind im Schnitt 199400 € für jeden privaten Haushalt, stellt die Dresdner Bank fest. Allerdings verberge sich hinter diesem Durchschnittswert eine beträchtliche Streuung. Während die meisten Haushalte finanzielle Rücklagen – wenn auch in sehr unterschiedlicher Höhe – gebildet hätten, verfüge nur jeder zweite Haushalt über Wohneigentum.

(Frankfurter Allgemeine Zeitung v. 5.1.2001, S. 25; Verf.: Holger Steltzner)

25 **1970** belief sich das **Gesamtvermögen** der privaten Haushalte (in der „alten" Bundesrepublik) brutto auf rd. 818 Mrd. € (netto rd. 716 Mrd.). Bis zum Jahre **1980** hatte es sich fast verdreifacht (auf rd. 2.300 Mrd. € brutto/1995 Mrd. netto). Im gleichen Zeitraum hatte das **Geldvermögen** von rd. 280 Mrd. € (brutto) auf rd. 800 Mrd. zugenommen. Das Geldvermögen hat sich von 1991 bis 2002 fast verdoppelt. Es betrug Ende 2002 3.659 Mrd. € und lag damit erst-
30 malig seit 1948 unter dem Stand des Vorjahrs (vgl. Tabelle). Im Durchschnitt besaß jeder Haushalt 94.300 € minus 39.600 € Schulden = 54.700 € netto.

(Autorentext)

Vermögen der privaten Haushalte in Deutschland (in Milliarden Euro)

	1991	1993	1995	1997	1999	2001
Gesamtes Bruttovermögen	5.992	6.878	7.585	8.217	8.958	9.226
Sachvermögen	3.347	3.742	4.121	4.317	4.515	4.615
Geldvermögen	2.020	2.420	2.699	3.072	3.556	3.668
Gebrauchsvermögen	624	715	765	827	887	943
Verbindlichkeiten	824	980	1.150	1.287	1.451	1.518
Reinvermögen	5.168	5.898	6.435	6.930	7.507	7.708

(Institut der deutschen Wirtschaft [Hrsg.], Deutschland in Zahlen 2003, Köln 2003, S. 64)

M 96 Das Geldvermögen

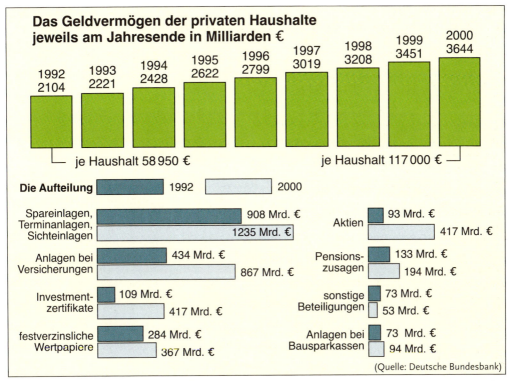

Das Geldvermögen der privaten Haushalte jeweils am Jahresende in Milliarden €

1992	1993	1994	1995	1996	1997	1998	1999	2000
2104	2221	2428	2622	2799	3019	3208	3451	3644

je Haushalt 58 950 €   je Haushalt 117 000 €

Die Aufteilung   ▮ 1992   ▯ 2000

	1992	2000
Spareinlagen, Terminanlagen, Sichteinlagen	908 Mrd. €	1235 Mrd. €
Anlagen bei Versicherungen	434 Mrd. €	867 Mrd. €
Investmentzertifikate	109 Mrd. €	417 Mrd. €
festverzinsliche Wertpapiere	284 Mrd. €	367 Mrd. €
Aktien	93 Mrd. €	417 Mrd. €
Pensionszusagen	133 Mrd. €	194 Mrd. €
sonstige Beteiligungen	73 Mrd. €	53 Mrd. €
Anlagen bei Bausparkassen	73 Mrd. €	94 Mrd. €

(Quelle: Deutsche Bundesbank)

2002 nahmen die Anteile der Anlagen in Spareinlagen usw. (1.341 Mrd. = 37%; 2000: 34%) und bei Versicherungen (994 Mrd. = 27%; 2000: 24%) zu, während die Anlagen in Aktien (166 Mrd. = 5%; 2000: 12%) sich mehr als halbierten. Investmentfonds (12%) und festverzinsliche Wertpapiere (11%) konnten ihre Anteile halten.

M 97

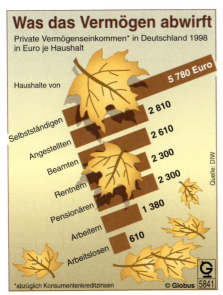

Was das Vermögen abwirft
Private Vermögenseinkommen* in Deutschland 1998 in Euro je Haushalt

Haushalte von

Selbstständigen	5 780 Euro
Angestellten	2 810
Beamten	2 610
Rentnern	2 300
Pensionären	2 300
Arbeitern	1 380
Arbeitslosen	610

*abzüglich Konsumentenkreditzinsen

Quelle: DIW

© Globus 5841

(Zeichnung: © Marie Marcks, Heidelberg)

1. *Erstellen Sie aus M 94 eine Übersicht über die verschiedenen Vermögensbegriffe und beschreiben Sie die Entwicklung der Vermögensarten von 1992–1999/2000 (M 95).*

2. *Berechnen und vergleichen Sie den prozentualen Anstieg für das Gesamtvermögen und das Geldvermögen (1992–1999). Welche Arten der Vermögensanlage haben in den 90er-Jahren enorm an Bedeutung gewonnen (s. Arbeitshinweis 4.)?*

3. *„Wer hat, dem wird gegeben." Erläutern Sie dieses Sprichwort anhand von M 97. Welcher Zusammenhang besteht zwischen Einkommen und Vermögen? Was will die Karikatur dazu sagen?*

4. *Erläutern Sie (auch mithilfe des Glossars) die verschiedenen Anlagearten des Geldvermögens (M 96, vgl. M 94).*
   Seit 1970 hat sich die Struktur der Anlagen deutlich verändert: Der Anteil der Spareinlagen hat sich erheblich verringert (von ca. 34 auf ca. 21%), der Anteil der Versicherungen (von 17 auf 30%) und vor allem der Wertpapiere (festverzinsliche Investments*, Aktien) (von 15 auf 29%) sehr stark erhöht. Was könnten mögliche Erklärungen für diese Veränderungen sein?

M 98 Quintilsdarstellung der Verteilung des Nettogesamtvermögens privater Haushalte in der Bundesrepublik Deutschland von 1973 bis 1998

Bezugsjahr	Anteile der Haushalte am Nettogesamtvermögen[1] in %						
	1973[a]	1983[b]	1988[c]	1993 (West)[c]	1998 (West)[c]	1993 (Ost)[c]	1998 (Ost)[c]
1. Quintil	0,8	− 0,2	− 0,7	0,0	− 0,3	0,3	− 0,3
2. Quintil	2,0	1,1	1,7	2,3	1,9	3,1	2,6
3. Quintil	5,7	5,5	7,4	10,4	9,5	6,4	7,4
4. Quintil	13,5	23,5	24,7	26,3	25,9	15,4	19,8
5. Quintil	78,0	70,1	66,9	61,0	63,0	74,8	70,3

Quellen: a) Mierheim/Wicke, 1978, S. 58; b) Schlomann, 1992, S. 137; c) Eigene Berechnungen auf Basis der EVS-Datenbank der Professur für Verteilungs- und Sozialpolitik der Goethe-Universität in Frankfurt am Main.

[1]Nettogeld- und Nettoimmobilienvermögen. Der Vermögensbesitz in Form von Unternehmensanteilen (außer gehandelten Aktien, die bei den Berechnungen ab 1988 im Nettogeldvermögen enthalten sind) sowie das private Gebrauchsvermögen ist in diesen Berechnungen nicht enthalten. Im Unterschied dazu ist das Unternehmensvermögen auf der Grundlage von Einheitswerten in den Untersuchungen für die Jahre 1973 und 1983 im Gesamtvermögen berücksichtigt worden. Da das Unternehmensvermögen sehr ungleichmäßig verteilt ist, führt dies bei beiden Untersuchungen zu einem höheren Ausmaß an Ungleichheit. Trotzdem lassen die hier ausgewiesenen statistischen Kennzahlen einen Vergleich zu.

(Stein, Holger, 2001: Trend zu abnehmender Konzentration der Vermögen scheint gestoppt. Analysen zur Vermögensverteilung in Deutschland. In: Informationsdienst Soziale Indikatoren, Nr. 25, S. 3) http://www.gesis.org/Publikationen/Zeitschriften/ISI/pdf-files/isi-25.pdf

M 99a Kein Privileg mehr – Anteile der Immobilienbesitzer in den jeweiligen sozialen Gruppen (in Prozent)

Der Anteil der Haushalte mit Einfamilienhäusern oder Eigentumswohnungen liegt zurzeit in den alten Bundesländern bei 41,1 Prozent. In Ostdeutschland haben inzwischen fast 25 Prozent ein eigenes Dach über dem Kopf.
Rund zehn Millionen Besitzer von Einfamilien-, 2,5 Millionen von Zweifamilien- und 860 000
5 von Mehrfamilienhäusern gibt es in Deutschland, dazu 3,7 Millionen Inhaber von Eigentumswohnungen und 1,7 Millionen von Baugrundstücken. Den privaten Haushalten gehört Haus und Grund im Wert von 3,73 Bio. €. Längst ist der Immobilienbesitz kein Privileg Besserverdienender mehr. Die neueste Einkommens- und Verbrauchsstichprobe des Statistischen Bun-

desamtes (1998) zeigt, dass in den alten Bun-
10 desländern selbst fast jeder zweite Arbeiter-
haushalt [49%] Wohneigentum oder wenigstens ein Baugrundstück sein eigen nennt
[34% der ostdeutschen Haushalte, wobei der
ostdeutsche Durchschnittswert je Haushalt
15 mit Immobilien um 50% niedriger lag als der
westdeutsche Durchschnittswert].

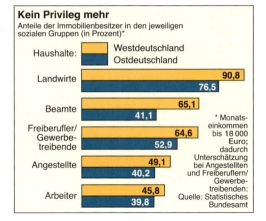

(Wirtschaftswoche Nr. 43 v. 21.10.1999, S. 94)

M 99b

**Beim Wohneigentum
sind die Deutschen
Nachzügler**

(Handelsblatt v. 28.12.2000, S. 4)

M 100 Verbreitung des Produktivvermögens

Über den Verbreitungsgrad des *Produktivvermögens* gibt es keine verlässlichen Angaben. Bekannt ist ein sehr hoher Konzentrationsgrad in den alten Bundesländern. Ende der 60er-Jahre
wurde festgestellt, dass die reichsten 1,7% der Haushalte einen Anteil von ca. 70% am gesamten Produktivvermögen besaßen. Mierheim/Wicke (1978) kommen für diese Spitzengruppe
5 auf einen Anteil von ca. 50% im Jahr 1973, Schlomann (1992) stellt für 1983 wieder eine höhere Konzentration fest, die jener der 60er-Jahre nahe kommt. Da es für die vergangene Dekade
keine Hinweise gibt, dass sich die Konzentration des Produktivvermögens in den alten Bundesländern wesentlich verringert hätte, muss man vermuten, dass sie auch gegenwärtig besteht. Für die neuen Bundesländer kann man davon ausgehen, dass der Großteil des privati-
10 sierten Staatsvermögens von westdeutschen und ausländischen Unternehmen aufgekauft wurde, sodass auch hierdurch die Konzentration des Produktivvermögens eher gestiegen als gesunken ist.

(Bernhard Schäfers/Wolfgang Zapf [Hrsg.], Handwörterbuch zur Gesellschaft Deutschlands, Leske + Budrich, Opladen 1998,
S. 161)

1. Analysieren Sie die Verteilung des Vermögens nach Quintilen (M 98) und vergleichen Sie sie (auch durch die Berechnung des Quintilsverhältnisses) mit der entsprechenden Darstellung zur Einkommensverteilung in Westdeutschland (M 92a).

2. Bei der Beurteilung des Ausmaßes der Ungleichheit bei der Vermögensverteilung ist auch zu berücksichtigen, dass die EVS*, die der Berechnung zugrunde liegt, Haushalte mit einem Netto-monatseinkommen über 17.500 € nicht erfasst (vgl. M 89). Warum kann man vermuten, dass sich in dieser Haushaltsgruppe auch die großen Vermögen befinden? Was bedeutet das für die Einschätzung des Ausmaßes der realen Verteilungsungleichheit?

3. Im Hinblick auf die Streuung des Immobilienbesitzes heißt es in M 99a, dass Immobilienbesitz „längst kein Privileg Besserverdienender" mehr ist. Vergleichen Sie dazu die Position Deutsch-lands innerhalb der europäischen Länder (M 99b; dabei ist allerdings zu bedenken, dass nur die Zahl der Haus- und Wohnungsbesitzer, nicht die Größe und Qualität des Haus- und Wohnungs-besitzes der Statistik zugrunde liegt).

4. Über die Verteilung des Produktivvermögens („gewerbliches Sachvermögen", Anteile an Unter-nehmen oder Alleinbesitz) „gibt es keine verlässlichen Angaben" (M 100). Zwar enthält das durch die EVS* erfasste Geldvermögen auch den Besitz von Aktien. Warum ist damit aber noch nichts über die Verteilung des gesamten Produktivvermögens (auf Bevölkerungsgruppen oder -tei-le) gesagt?

M 101 Verfahren zur Messung der Konzentration: Lorenz-Kurve und Gini-Koeffizient

Die **Lorenz-Kurve**[1] stellt ein häufig verwendetes Verfahren zur Darstellung der personellen Ein-kommensverteilung dar. Dabei werden die Haushalte einer Volkswirtschaft nach ihrer Einkom-menshöhe, beginnend mit den niedrigsten Einkommen, geordnet. Auf der y-Achse werden die kumulierten Einkommen, auf der x-Achse die kumulierten Einkommensbezieher abgetragen.

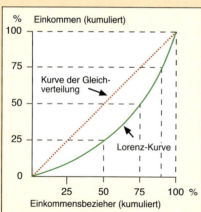

Wird diese Aufstellung mit dem Volkseinkommen verglichen, ergibt sich ein Maß für die Einkom-menskonzentration.

Als Hilfslinie wird die 45°-Linie verwendet. Sie stellt die Kurve der Gleichverteilung dar. Auf ihr entspre-chen sich stets die Anteile der Haushalte und des Volkseinkommens. 30% des Volkseinkommens ent-fallen auf 30% der Haushalte, 50% des Volksein-kommens auf 50% der Haushalte, 70% des Volks-einkommens auf 70% der Haushalte usw.

Aus der Lorenz-Kurve lässt sich ablesen, wie viel Prozent des Volkseinkommens auf wie viel Prozent der Einwohner entfallen. In dem hier gewählten Bei-spiel einer fiktiven Einkommensverteilung entfallen auf die ärmeren 50% der Bevölkerung lediglich 25% des Volkseinkommens. Am oberen Ende der Einkommensskala können die reichsten 10% der Bevölkerung ebenfalls 25% des Volkseinkommens auf sich ziehen. Entsprechend müssen sich im unteren Einkommensbereich 75% der Bevölkerung die eine Hälfte des Volkseinkommens

[1] M. C. Lorenz, amerikanischer Statistiker, stellte erstmals 1905 die Einkommensschichtung mit der später nach ihm benannten Methode dar.

teilen, während die andere Hälfte des Einkommens den restlichen 25% der Bevölkerung zur Verfügung steht.

Die Abweichung der Lorenz-Kurve von der Kurve der Gleichverteilung zeigt somit den Grad der Ungleichheit der Einkommensverteilung an. Je weiter sich in einer Volkswirtschaft die Lorenz-Kurve der Gleichverteilungskurve anschmiegt, umso gleichmäßiger ist das Volkseinkommen verteilt; je bauchiger die Kurve ausfällt, umso ungleichmäßiger ist das Einkommen verteilt.

Der **Gini-Koeffizient** ist ein Konzentrationsmaß, mit dessen Hilfe die Abweichung der tatsächlichen Verteilung von der Gleichverteilung in einer Kennziffer ausgedrückt werden kann. Hierzu wird die Fläche zwischen Gleichverteilungskurve und Lorenz-Kurve (Fläche A) ins Verhältnis gesetzt zur gesamten Dreiecksfläche unterhalb der Gleichverteilungskurve (Fläche B):

$$\text{Gini-Koeffizient} = \frac{\text{Fläche A}}{\text{Fläche B}}$$

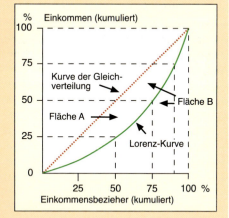

Beispiel

Beträgt die Fläche A 45 und die Fläche B 150, so ergibt sich ein Gini-Koeffizient von 0,3.

Je größer der Gini-Koeffizient ist, umso größer ist die Ungleichverteilung bzw. die Konzentration der Einkommen in wenigen Händen. Der Gini-Koeffizient gibt allerdings nur ein Gesamtmaß der Ungleichverteilung an. Er sagt nichts über die Beschaffenheit der Fläche, z.B. darüber aus, ob die Lorenz-Kurve in ihrem unteren Teil oder ihrem oberen Teil bauchiger ist.

(Hans-Jürgen Albers u. a. [= M 88], S. 454–456)

M 102a

Gini-Koeffizienten zur Einkommensverteilung in den 80er- und 90er-Jahren im internationalen Vergleich

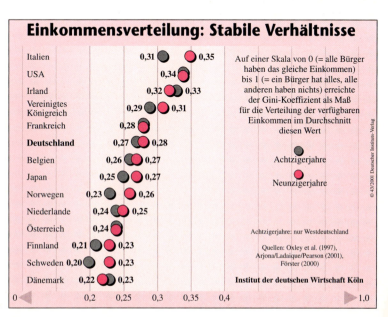

Einkommensverteilung: Stabile Verhältnisse

Auf einer Skala von 0 (= alle Bürger haben das gleiche Einkommen) bis 1 (= ein Bürger hat alles, alle anderen haben nichts) erreichte der Gini-Koeffizient als Maß für die Verteilung der verfügbaren Einkommen im Durchschnitt diesen Wert

Achtzigerjahre

Neunzigerjahre

Achtzigerjahre: nur Westdeutschland

Quellen: Oxley et al. (1997), Arjona/Ladaique/Pearson (2001), Förster (2000)

Institut der deutschen Wirtschaft Köln

Land	Achtzigerjahre	Neunzigerjahre
Italien	0,31	0,35
USA		0,34
Irland	0,32	0,33
Vereinigtes Königreich	0,29	0,31
Frankreich	0,28	
Deutschland	0,27	0,28
Belgien	0,26	0,27
Japan	0,25	0,27
Norwegen	0,23	0,26
Niederlande	0,24	0,25
Österreich	0,24	
Finnland	0,21	0,23
Schweden	0,20	0,23
Dänemark	0,22	0,23

0 | 0,2 | 0,25 | 0,3 | 0,35 | 0,4 | 1,0

© 43/2001 Deutscher Instituts-Verlag

(iwd Nr. 43 v. 25.10.2001, S. 4;
© Deutscher Instituts-Verlag)

M 102b

Gini-Koeffizienten für das Nettogesamtvermögen privater Haushalte in der Bundesrepublik Deutschland von 1973 bis 1998

(Aus: Stein, Holger, 2001: Trend zu abnehmender Konzentration der Vermögen scheint gestoppt. Analysen zur Vermögensverteilung in Deutschland. Informationsdienst Soziale Indikatoren, Nr. 25 [Januar], S. 1–4)

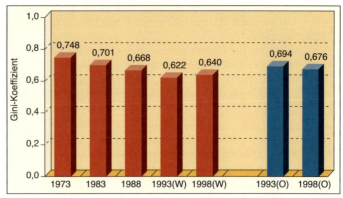

Quellen: Für 1973: Mierheim/Wicke, 1978, S. 59; für 1983: Schlomann, 1992, S. 139; ab 1988: Eigene Berechnungen auf Basis der EVS-Datenbank der Professur für Verteilungs- und Sozialpolitik der Goethe-Universität in Frankfurt am Main.

M 103

Personelle Verteilung des Nettoäquivalenzeinkommens und des Nettovermögens 1998: Lorenzkurven der Verteilung

(Irene Becker [= M 90], S. 27)

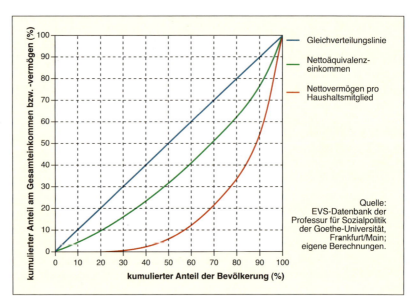

1. Die Gini-Koeffizienten in M 102a zeigen z. T. deutliche Unterschiede zwischen den aufgeführten Ländern (vgl. auch M 93). Inwieweit erscheinen Ihnen einzelne Werte aufgrund Ihrer Kenntnisse über das betr. Land plausibel bzw. erklärbar? Sagt der Gini-Koeffizient etwas aus über die absolute Höhe des Wohlstandes (der Einkommen) in einem Land?

2. Die Darstellung zur Vermögensverteilung, der M 102b entnommen ist, trägt die Überschrift: „Der Trend zur abnehmenden Konzentration des Vermögens scheint gestoppt." Woran kann man diese Entwicklung ablesen? Kann man schon von einer „Trendwende" hin zu größerer Ungleichverteilung des Vermögens sprechen?

3. Beschreiben Sie – auf dem Hintergrund Ihrer Kenntnisse aus M 101 – genau den Verlauf der Lorenzkurven zur Einkommens- und zur Vermögensverteilung 1998 (M 103). Was bedeuten insbesondere die Unterschiede des Verlaufs im unteren Fünftel der Bevölkerung (0–20%) und im oberen Fünftel (80–100%)? Vergleichen Sie dazu die Darstellungen in M 92a und M 98.

2. Armut in Deutschland – Begriff, Umfang, Entwicklung

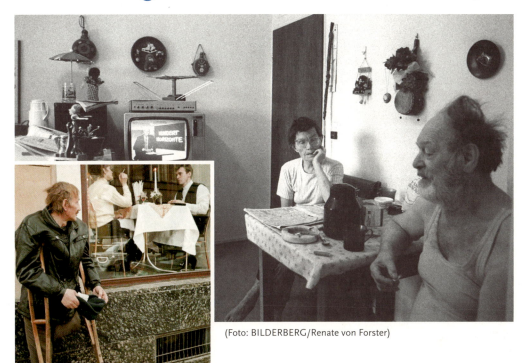

(Foto: BILDERBERG/Renate von Forster)

(Foto: dpa)

M 104 Bei Familie Schulze: ein Gespräch über Armut

Die Adventszeit naht. Die Mutter packt Kisten voller Sachspenden und selbst gemachter Handarbeiten für einen Wohltätigkeitsbasar. Großmutter und Sabine helfen ihr dabei.

MUTTER (zu Vater und Timo): Morgen brauch' ich mal zwei starke Herrn. Im Gemeindezentrum müssen wir die Verkaufsstände aufbauen für unseren Wohltätigkeitsbasar.

5 TIMO (mürrisch): Muss das sein? Jedes Jahr diese Plackerei vor Weihnachten!

MUTTER: Wir helfen Menschen, die in Not geraten sind. Es gibt bei uns mehr Hilfsbedürftige, als man gemeinhin vermutet.

TIMO: Bei uns braucht doch niemand arm zu sein. Wirkliche Armut gibt es nur in der Dritten Welt. Der Staat zahlt schließlich allen Sozialhilfe.

10 VATER: Und nicht zu wenig. Die bekommen die Wohnung bezahlt und die Heizung. Und im Winter warme Kleidung und was weiß ich noch alles. Unsereins muss alles sauer verdienen. Wenn einer nur ein geringes Gehalt und Kinder hat, ist er auch nicht besser dran, als wenn er zum Sozialamt geht. Da fragt sich mancher, wozu er noch arbeiten soll.

TIMO: Die meisten sind doch einfach zu faul zum Arbeiten. Und warum sind sie überhaupt
15 in eine Notlage geraten? Wenn sie mit Geld umgehen könnten, würden sie nicht dahin kommen. Ich kenne das von der Bank, ich kann euch sagen ... die leben über ihre Verhältnisse und nachher liegen sie dem Staat auf der Tasche. Warum rackerst du dich überhaupt für andere ab,

Mutter? Wäre es nicht besser, sich mehr um die eigene Familie zu kümmern und vielleicht mal wieder den leckeren Apfelkuchen …

20 SABINE: Typisch! Selbst keinen Handschlag rühren, Ansprüche stellen und die anderen als faul bezeichnen! Bei deinem Lebensstil würdest du jedenfalls nie und nimmer mit den 285 Euro Sozialhilfe im Monat auskommen. Spätestens in der zweiten Woche wärst du schon verhungert. Außerdem: Die meisten suchen doch Arbeit, aber finden keine. Und was können denn die Kinder dafür, wenn ihre Eltern arm sind? Erst wachsen sie in einer schlechten Wohnge-
25 gend auf und dann kriegen sie keine Lehrstelle. Wenn die bei der Bewerbung ihre Adresse angeben, haben sie schon verspielt. Einmal arm, immer arm! Die Gesellschaft lässt den Armen doch keine Chance!

GROẞMUTTER: Wir haben früher auch schwere Zeiten durchgemacht. Aber heute muss bei uns wenigstens niemand mehr hungern. Wer arbeiten kann, der sollte auch dazu gebracht wer-
30 den, sich eine Arbeit zu suchen. Manche Menschen muss man einfach zum Glück zwingen.

VÄTER: Die meisten Armen sind selbst schuld an ihrer Lage, weil sie zu passiv und unselbstständig sind. Ich habe mich auch von ganz unten hocharbeiten müssen. Jeder ist doch seines Glückes Schmied. Wenn ich es geschafft habe, warum sie denn nicht auch?

SABINE: Das könntest du erfahren, wenn du mit den Betroffenen mal persönlich sprichst.
35 Dann würdest du bestimmt anders reden. Man darf nicht alle über einen Kamm scheren.

(Bundeszentrale für politische Bildung [Hg.], Thema im Unterricht 15/2001: Baustelle Sozialstaat, S. 39; Verf.: Gerhart Maier/Bruno Zandonella)

▬ **M 105** Konfliktwahrnehmung 2001

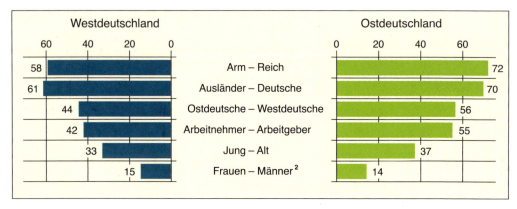

[1] Anteil der Befragten, die Konflikte zwischen den jeweiligen Gruppen als „sehr stark" oder „stark" einschätzen.
[2] 1999.

Datenbasis: Repräsentativumfrage IPOS (Frauen-Männer: Wohlfahrtssurvey 1999).

(Rainer Geißler, Sozialstruktur und gesellschaftlicher Wandel, in: Karl-Rudolf Korte/Werner Weidenfeld [Hg.], Deutschland-TrendBuch, Bundeszentrale für politische Bildung, Bonn 2001, S. 129)

1. *Die Mitglieder der Familie Schulze äußern in diesem (erfundenen) Gespräch (M 104) eine Reihe von Meinungen und Urteilen (vielleicht auch von Vorurteilen?) zu verschiedenen Aspekten von Armut, Sozialhilfe und Arbeitslosigkeit. Setzen Sie sich mit den Äußerungen der fünf Familienmitglieder auseinander. Welche Einstellungen haben Sie zu den angesprochenen Aspekten? Auf welchen Informationen beruhen Ihre (sicherlich unterschiedlichen) Positionen? Was müsste man genauer wissen, um zu besser begründeten Urteilen zu kommen?*

2. M 105 zeigt, dass der Gegensatz zwischen Arm und Reich 1999 in der Bevölkerung als sehr problematisch und konflikthaltig wahrgenommen wurde. Welche Unterschiede – auch im Hinblick auf die weiteren „Konfliktstoffe" – zwischen Ost und West fallen Ihnen auf? Stellen Sie eine begründete Vermutung an: Würden die Ergebnisse einer aktuellen Befragung vergleichbar oder anders (in welcher Hinsicht?) ausfallen?

> ➤ Wie kann man näher bestimmen, was „Armut" bedeutet? Welche Ansätze und Maßstäbe gibt es, um das Ausmaß von „Armut" zu messen? (M 106 – M 109)
> ➤ Zu welchen Ergebnissen sind wissenschaftliche Untersuchungen über die Verbreitung und Entwicklung von Armut in Deutschland gekommen? (M 110 – M 111)
> ➤ Wie ist das System der Sozialhilfe organisiert? Wie haben sich die Empfängerzahlen und die Sozialhilfeausgaben entwickelt? Welche Kritik am Sozialhilfesystem gibt es? (M 112 – M 116)

M 106 Was heißt arm? – Zwei Fallbeispiele

M 106a Pauls Familie will kein „Sozialfall" sein

Zwei Kinder in einer Berliner Suppenküche. Für warmes Essen ist daheim kein Geld. Ihre Eltern gehören zu der wachsenden Zahl von Menschen in Deutschland, die kurz vor dem Sturz in die Armut stehen. Reserven sind aufgebraucht, Arbeit ist nicht in Sicht. Ein Leben an der Grenze des sozialen Netzes. Paul hat es nur Max erzählt. Max ist sein bester Freund. Der lacht
5 ihn nicht aus. Der verrät es nicht den anderen. Max ist es egal, dass Pauls Eltern kein Geld haben, um das Schulessen zu bezahlen.
Wenn die letzte Schulstunde aus ist, trennen sich die Wege von Paul und Max. Max geht mit den anderen in den Speisesaal. Paul rennt um die Ecke, die Wollankstraße hoch. Max sitzt mit den Klassenkameraden vor Hühnchen und Reis. Paul steht mit Obdachlosen, Alkoholikern, Punks
10 und mit seiner Mutter und den beiden Schwestern in der Schlange der Armenküche um Suppe an. Schwester Monika, die Nonne, die im Hof eines Franziskanerklosters Suppe verteilt, hat ihn gleich gefragt, wie er heißt. Das macht sie bei neuen Kindern immer so. „Und wenn ihr was zum Anziehen braucht", hat sie gesagt, „dann sucht ihr euch hier was Schönes aus."

Armenspeisung in Berlin

(Foto: Paul Glaser)

Schwester Monika hat die Suppenküche eigentlich nur für Obdachlose gegründet. Aber in der
15 letzten Zeit kommen auch immer mehr Leute, die zwar noch eine Wohnung haben, aber sonst
nichts mehr. „Viele, die heute hier stehen, hätten nie gedacht, dass sie einmal auf die Armenküche angewiesen sind. Viele haben immer auf die Penner runtergeblickt", sagt Schwester Monika.
Auch für Pauls Mutter Margit war der erste Gang in die Suppenküche eine Art Offenbarungs-
20 eid, voller Angst, voller Scham. Aber sie hatte keine Wahl. Das Kabelwerk, wo Margit Kamptz
arbeitete, machte dicht, entließ sie nach der Babypause. Und mit 36 Jahren und drei Kindern,
das weiß sie selbst, steht sie nicht gerade ganz oben auf der Wunschliste der Arbeitgeber. Immerhin bekommt sie Arbeitslosenhilfe*. Ihr Mann, gelernter Dachdecker, macht eine Um-
schulung. Dass sie kein „Sozialfall" sind, ist ihr wichtig. Eine kurze Zeit, als sie schwanger
25 war, haben sie mal Sozialhilfe bekommen. Das will sie nie wieder.
[...]
Als Erstes haben die Eltern alle Versicherungen für sich gekündigt. Ein Auto haben sie nicht,
eingekauft wird nur bei Penny. Statt Saft gibt es Tee. Fleisch nur an manchen Sonntagen. Im
Winter haben die Kamptzs mit einer Handkarre Holz gesucht – um Kohlen für den Ofen zu
30 sparen. Mitten in der Stadt. „Na, was glauben Sie, wie viel Sperrmüll nutzlos verbrannt wird",
sagt Margit Kamptz. Ihre Glühbirnen haben 25 Watt. Sie teilen sich das Fernsehen und Ra-
diohören ein, um Strom zu sparen. Sie baden alle im selben Wasser. Vorige Woche kamen
zwei Herren von den Stadtwerken. Sie klemmten bei den Kamptzs den Strom ab. Weil das Ge-
bührenkonto 200 Euro minus aufwies. Die Mutter hat geheult. Sie fühlte sich ganz unten. Pa-
35 nik, jetzt auch noch die Wohnung zu verlieren.

(Frauke Hunfeld, Menschen am Rande, in: Stern, Nr. 42/1996, S. 38ff.)

▬▬ M 106b Arm mit 4400 Euro Monatseinkommen?

Die Schulleitung eines Stuttgarter Gymnasiums zeigte sich hilfsbereit. Weil die Eltern der 13-
jährigen Sonja die 317 Euro Fahrtkosten für den geplanten Ausflug ins Schullandheim nach
Südtirol nicht aufbringen konnten, bot die Schule Unterstützung aus dem Sozialfonds an.
Die Eltern lehnten zunächst ab: „Das können wir doch nicht machen", erklärte Vater Siegfried
5 Stresing. „Andere Familien haben viel weniger als wir".
Tatsächlich gehört die Familie Stresing zu den Besserverdienern. Siegfried Stresing bekommt
als Geschäftsführer des Familienrates Baden-Württemberg monatlich 3677 € brutto, dazu
715 € Kindergeld – macht knapp 4400 € . Netto bleiben ihm jeden Monat 3016 € .
Doch davon die Familie zu ernähren ist ein wahrer Balanceakt. Denn Siegfried und Resi Stre-
10 sing haben fünf Kinder. Ihr Kinderreichtum macht sie arm. Siegfried Stresing: „Das ist keine
Klage, sondern eine nüchterne Rechnung."
Nach Abzug aller Fixkosten in Höhe von 2070 € , darunter 873 € Ra-
15 tenzahlungen für das Haus bei Stuttgart plus Nebenkosten von 253€ , bleiben der Familie pro Tag lediglich 30 € für sieben Personen zum Leben.
20 Die Kinder, drei Jungen und zwei Mädchen zwischen 4 und 13 Jahren, tragen meist gebrauchte Kleidung. Manchmal lassen sich die Eltern zu Neuanschaffungen erweichen, so
25 kauften sie Sonja eine Jeansjacke für 90 € , die sie sich schon lange gewünscht hatte.

(Foto: Joachim E. Röttgers/Graffiti)

Die einzige Zeitung im Haus ist bereits abbestellt, das Telefonieren für alle darf im Monat nicht mehr als 30 € kosten. Die Urlaubsreise fällt aus.

30 Unter der Rubrik „Vereine/Freizeit" haben die Stresings 107 € monatlich veranschlagt, darunter neben 93 € für die Musikschule [...] nur läppische Beiträge wie 1 € Harmonikaklub, 3 € Schulförderverein, 1,50 € Jugendherbergswerk, 5 € Partei.

Das Auto, monatliche Kosten einschließlich Steuer und Schutzbrief 224 €, braucht der Familienvater, um zur Arbeit nach Stuttgart zu kommen, Einkäufe zu erledigen oder die Kinder ir-
35 gendwohin zu bringen.

Den Stresings bringt das neue Jahressteuergesetz gerade 17 € monatlich mehr in die Haushaltskasse. Deshalb fordert er einen höheren Familienlastenausgleich, der die tatsächlichen Mehrkosten deckt: „Ich möchte nur, dass uns der Staat so viel lässt, dass wir ordentlich leben können."

(Aus: Nüchterne Rechnung, DER SPIEGEL, Nr. 44/1996, S. 52; DM-Beträge in Euro umgerechnet)

M 107a Was gehört zu einem menschenwürdigen Leben?

Bitte kreuzen Sie an:	Halte ich		Ausgewählte Ergebnisse der Umfrage	Anteil der Befragten, die das Gut für unbedingt notwendig halten (in Prozent)
	... für notwendig zum Leben	... zwar für wünschenswert, aber entbehrlich		
Altersversorgung			**Notwendige Dinge:**	
abends ausgehen			1) keine feuchten Wände	87,5
ein Telefon			2) WC in der eigenen Wohnung	87,2
Spielzeug			3) Bad oder Dusche in der Wohnung	85,4
einwöchiger Jahresurlaub			4) Gas, Wasser, Strom bezahlen können	85,0
gesunder Arbeitsplatz			5) ausreichende Heizung	83,2
Garten, Balkon, Terrasse			6) ein Berufsabschluss	81,7
auf die Qualität achten			7) Mieten/Zinsen zahlen können	79,7
neue Kleider			8) eine Waschmaschine	79,0
warme Mahlzeit			9) ein Radio	74,8
ein Berufsabschluss			10) gesunder Arbeitsplatz	68,2
Bad oder Dusche in der Wohnung			11) sicherer Arbeitsplatz	65,6
guter baulicher Zustand der Wohnung			12) gesund leben	65,3
eine Waschmaschine			13) Altersversorgung (Arbeit)	58,8
ein Radio			14) warme Mahlzeit	51,3
alle zwei Tage Fleisch			15) ein Telefon	50,4
WC in der Wohnung			16) Spielzeug	49,6
gute Wohngegend			17) Kindergarten/Kinderkrippe	44,1
ausreichende Heizung			18) einwöchiger Jahresurlaub	40,8
Gas, Wasser, Strom bezahlen können			19) Kontakt mit der Nachbarschaft	39,1
Kindergarten/Kinderkrippe			20) ein Auto	33,8
keine feuchten Wände			21) auf die Qualität achten	31,5
Kontakt mit der Nachbarschaft			22) guter baulicher Zustand	30,8
gesund leben			23) Kinderzimmer	30,4
neue Möbel			24) alle zwei Tage Fleisch	22,0
Mieten/Zinsen zahlen können			25) Garten, Balkon, Terrasse	21,5
ein Auto			26) gute Wohngegend	20,1
Kinderzimmer			27) abends ausgehen	8,1
sicherer Arbeitsplatz			28) neue Möbel	7,6
			29) neue Kleider kaufen	7,2

(Thema im Unterricht 15/2001: Baustelle Sozialstaat [= M 104], S. 43)

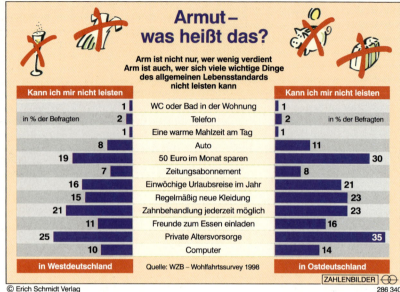

Armut – was heißt das?

Arm ist nicht nur, wer wenig verdient
Arm ist auch, wer sich viele wichtige Dinge
des allgemeinen Lebensstandards
nicht leisten kann

Kann ich mir nicht leisten		Kann ich mir nicht leisten
1	WC oder Bad in der Wohnung	1
2 (in % der Befragten)	Telefon	2 (in % der Befragten)
1	Eine warme Mahlzeit am Tag	1
8	Auto	11
19	50 Euro im Monat sparen	30
7	Zeitungsabonnement	8
16	Einwöchige Urlaubsreise im Jahr	21
15	Regelmäßig neue Kleidung	23
21	Zahnbehandlung jederzeit möglich	23
11	Freunde zum Essen einladen	16
25	Private Altersvorsorge	35
10	Computer	14
in Westdeutschland	Quelle: WZB – Wohlfahrtssurvey 1998	**in Ostdeutschland**

ZAHLENBILDER

© Erich Schmidt Verlag

286 340

✗ Die beiden Fallbeispiele (M 106a/b) sollen Sie u.a. zum Nachdenken darüber anregen, welchen Begriff, welche Vorstellung Sie selbst von „Armut" haben. Beschreiben Sie die jeweilige Lebenssituation der beiden Familien und achten Sie dabei vor allem auf die Lebensbereiche, in denen sich die Familienmitglieder eingeschränkt fühlen. Vergleichen Sie beide Fälle miteinander und machen Sie deutlich, anhand welcher Kriterien (welcher Definition) Sie sich z.B. dafür entscheiden, dass Armut (bzw. mehr oder weniger Armut) vorliegt oder nicht. Können Sie Konsens untereinander herstellen oder liegen die Ansichten in Ihrem Kurs weit auseinander?

2. M 107a gibt eine weitere Möglichkeit, über die Bedeutung dessen, was man mit „arm" meint, nachzudenken. Führen Sie die Befragung in Ihrem oder einem anderen Kurs durch und vergleichen Sie die Ergebnisse mit denen einer repräsentativen Befragung (von 1995).

3. Analysieren Sie das in M 107b dargestellte Befragungsergebnis. Was fällt Ihnen auf (auch im Hinblick auf den Unterschied zwischen Ost und West)? Gibt es für Sie überraschende Ergebnisse?

M 108 Armut in der Wohlstandsgesellschaft – Was ist Armut?

Leben in der Bundesrepublik, einem der reichsten Länder der Welt, Menschen in Armut? Dieser Frage nach der Existenz und Verbreitung von Armut kommt bei der Analyse des Sozialleistungssystems und der Einkommensverteilung eine herausragende Bedeutung zu. Armut inmitten einer Wohlstandsgesellschaft, die sich als Sozialstaat begreift, stellt das Wirtschafts-
5 und Sozialsystem in Frage und gefährdet die politische und soziale Legitimation eines Sozialstaats. Die Informationen über Armut im Wohlstand und mehr noch über den Gegenpol „Reichtum" sind freilich begrenzt; erst seit Ende der 8oer-Jahre hat sich auf kommunaler, regionaler und auch europäischer Ebene eine Armuts- und Sozialberichterstattung entwickelt. [...]
10 Um die Frage nach Existenz und Ausmaß von Armut zu beantworten, muss definiert werden, was unter Armut verstanden wird. Erst wenn die *Armutskriterien* benannt sind, lässt sich empirisch-statistisch aufzeigen, ob und wann von Armut geredet werden muss, welche quantitativen Dimensionen Armut hat, welche Personen und Gruppen mit welchem Schweregrad und in welcher Dauer unter Armut zu leiden haben. Bei der Suche nach diesen Kriterien kann
15 nicht auf irgendwelche „objektiven" Daten zurückgegriffen werden.

Die Bestimmung dessen, was Armut ist, hängt von *normativen* Entscheidungen ab.

Zunächst ist zwischen absoluter und
20 relativer Armut zu unterscheiden:

● **Absolute Armut** liegt vor, wenn Personen nicht über die zur Existenzsicherung notwendigen Güter wie Nahrung, Kleidung und Wohnung verfü-
25 gen und ihr Überleben gefährdet ist. Diese am *physischen Existenzminimum* gemessene Form von Armut dominiert nach wie vor in vielen Staaten der „Dritten Welt", ist aber in Deutschland
30 wie auch in den anderen Industriestaaten weitestgehend überwunden.

> Armut messbar zu machen ist eine schwierige Aufgabe, die im streng wissenschaftlichen Sinn nicht zu lösen ist; denn letztlich stehen hinter jeder Interpretation des Armutsbegriffs und hinter jedem darauf beruhenden Messverfahren Wertüberzeugungen, über deren Richtigkeit im ethischen Sinn sich wissenschaftlich nicht abschließend urteilen lässt. Aus diesem Grund kann jedes Ergebnis einer empirischen Armutsmessung von einer anderen Wertbasis aus angegriffen werden.
>
> (Richard Hauser, Eine Frage der Gerechtigkeit. Armut und Reichtum in Deutschland, in: Aus Politik und Zeitgeschichte B18/99 v. 30.4.1999, S. 5)

● Die **relative Armut** wird auf Raum und Zeit bezogen, sie bemisst sich am konkreten, historisch erreichten Lebensstandard einer Gesellschaft. Armut liegt in Deutschland nach diesem Verständnis dann vor, wenn Menschen das *sozial-kulturelle** Existenzminimum unterschreiten. Es geht um die Lebenslage der Bevölkerung am untersten Ende der Einkommens- und Wohl-
35 standspyramide im Verhältnis zum allgemeinen Einkommens- und Wohlstandsniveau. Armut ist der extreme Ausdruck *sozialer Ungleichheit.*

Es besteht weit gehender Konsens darüber, dass in Wohlstandsgesellschaften das Konzept der relativen Armut angemessen ist, obgleich auch hier – wie die Lebenssituation von Nichtsesshaften zeigt – einzelne Menschen durchaus in absoluter Armut leben.

40 Gemeinhin wird Armut als eine Unterausstattung mit ökonomischen Mitteln verstanden. Abgestellt wird bei diesem **Ressourcenansatz** auf die Verfügung über Einkommen und Vermögen. Personen bzw. Haushalte befinden sich in Armut, wenn ihr Einkommen nicht ausreicht, um die Güter und Dienstleistungen, die zur Abdeckung des sozial-kulturellen Existenzminimums erforderlich sind, zu kaufen. Dieser Maßstab ist allerdings nicht unproblematisch, da
45 die Frage, *wie* das Einkommen tatsächlich verwendet wird, unbeantwortet bleibt. So kann auch dann eine Notlage vorliegen, wenn zwar das verfügbare Einkommen die Armutsgrenze übersteigt, aber unwirtschaftlich eingesetzt wird oder die Mittel unausgewogen unter den Haushaltsmitgliedern verteilt werden.

Eine ausschließliche Betrachtung der ökonomisch-finanziellen Aspekte greift allerdings zu
50 kurz, Armut ist im umfassenden Sinn Ausdruck einer gesamten *Lebenslage.* Eine an der Lebenslage orientierte Definition von Armut fragt danach, ob bei der Versorgung der Menschen mit Nahrung, Bekleidung, Wohnraum, Wohnungseinrichtung, Leistungen des Gesundheits- und Sozialwesens Mindeststandards erreicht werden. Dieser **Lebenslagenansatz** muss darüber hinaus berücksichtigen, ob die Menschen ausreichend am gesellschaftlichen, kulturellen und
55 politischen Leben teilhaben können. Dies betrifft so zentrale Bereiche wie Arbeit, Bildung, Freizeitgestaltung, soziale Beziehungen und Information. Ist dies der Fall und liegt Unterversorgung in gleich mehreren Lebensbereichen vor, besteht das Risiko, dass Armut zugleich mit *sozialer Ausgrenzung* verbunden ist.

Ressourcenansatz und Lebenslagenansatz stehen vor großen Problemen, wenn es darum geht,
60 das Ausmaß der Armut zu beziffern. Es muss definiert werden, ab welchen *Grenzwerten* der Zustand der Schlechterstellung und Benachteiligung in Armut umschlägt. Über diese **Armutsgrenzen** lässt sich nicht wissenschaftlich neutral befinden, ihre Festlegung ist vielmehr von individuellen Überzeugungen und Wertentscheidungen abhängig. Dies bedeutet, dass die Diskussion über Existenz und Ausmaß von Armut in Wohlstandsgesellschaften immer kont-
65 rovers verlaufen wird. Je nach der Definition von Armut und der Bestimmung der Armutsgrenzen kann dabei der Kreis der Armutsbevölkerung enger oder weiter gesteckt werden. Eine

In einer mobilen, räumlich verteilten Gesellschaft ohne öffentlichen Personennahverkehr kann ein eigenes Auto durchaus zu den Notwendigkeiten zählen; ein Haushalt ohne Auto wäre dort vom Leben der Gemeinschaft ausgeschlossen und damit in einem durchaus absoluten Sinne arm. In einer Dorfgemeinde dagegen ist ein eigenes Auto zur Teilnahme am sozialen Leben nicht erforderlich, ein Haushalt ohne Auto wäre hier nicht arm. Auch Güter wie Radio, Fernseher und Telefon sind je nach sozialem und kulturellem Umfeld mal zum Leben nötig und mal nicht. Wo Nachrichten per Ausrufer, Extrablatt oder Schwatz an der Haustür verbreitet werden, ist ein Telefon nicht zum Leben nötig, ein Haushalt ohne Telefon daher auch nicht arm. Wo dagegen fast alle Haushalte einer Gemeinschaft über Telefon verfügen, verändert sich die Kommunikationsstruktur (Telefonkette: Heute fällt die Schule aus), ein Haushalt ohne Telefon ist dort arm – und wohlgemerkt: nicht in einem relativen, sondern in absolutem Sinne.

Ein Computer mit Internet-Anschluss ist nicht zum Leben nötig, ein Haushalt ist ohne ihn nicht arm. Aber es kann sein, dass eines Tages Bankgeschäfte oder Briefkontakte nur noch elektronisch möglich sind; dann wäre ein menschenwürdiges Leben ohne Internetzugang nicht mehr zu führen. Menschen ohne ihn wären arm – nicht nur relativ zu anderen, sondern absolut, weil es ohne Internet-PC nicht mehr möglich wäre, am sozialen Leben teilzunehmen.

(Walter Krämer, in: Frankfurter Allgemeine Zeitung v. 20.6.2001, S. 15)

bewusste Eingrenzung des Kreises relativiert die Armutsproblematik und kann dazu dienen, die tatsächlichen sozialen Verhältnisse zu kaschieren oder zu verdecken, während andererseits eine bewusst weite Fassung des Kreises den Blick auf die eigentlichen Betroffenen verstellen kann.

Besonders schwierig ist es, die **Mindeststandards** für die Bedarfsgüter des täglichen Lebens sowie für das notwendige Maß der sozialen Teilhabe zu bestimmen: Gehört die Ausstattung mit Fernsehen und Telefon zum Mindeststandard? Ist für die Teilhabe am Leben heute ein Auto erforderlich? Welche Bekleidungsstandards müssen Kindern anerkannt werden, um ihre Ausgrenzung zu verhindern? Diese beispielhaften Fragen ließen sich beliebig verlängern (vgl. Kasten). Hinzu kommt, dass die empirischen Daten über die Versorgungsstruktur der Bevölkerung nur sehr lückenhaft sind. Für den Gesamtbereich der sozialen Teilhabe, der stark durch nicht-quantitative Elemente bestimmt ist, fehlt es nahezu völlig an repräsentativen Daten. Hier sind qualitative Untersuchungen erforderlich, die die Lebensbedingungen der jeweils von unterschiedlichen Problemen betroffenen Bevölkerungsgruppen gesondert darstellen. Zu denken ist an die Lebenslage von körperlich und geistig Behinderten, Wohnungslosen, Nichtsesshaften, Strafentlassenen, Drogen- und Alkoholabhängigen sowie psychisch Kranken.

Beim *Ressourcenansatz* muss entschieden werden, bei welcher Einkommenshöhe das soziokulturelle Existenzminimum angelegt werden soll und wie sich der Grenzwert an die wirtschaftliche Entwicklung anzupassen hat. Auch hier gibt es keine allgemein verbindlichen Antworten. Als ein quasi-offizieller, *politisch bestimmter Grenzwert* für die Einkommensarmut kann das Niveau der „Hilfe zum Lebensunterhalt" nach dem Bundessozialhilfegesetz dienen. Auf *wissenschaftlichen Konventionen* beruht das international üblich gewordene Verfahren, jemanden als einkommensarm zu betrachten, dessen verfügbares Einkommen einen bestimmten Prozentwert eines nationalen Durchschnittswertes unterschreitet. In der Regel wird die *Armutsgrenze* bei 50% des Durchschnittseinkommens angesetzt. Ergänzend werden auch die Grenzen von 40% („strenge Armut"), 60% („milde Armut") und 75% („prekärer Wohlstand") verwendet.

Um eine Armutsdefinition, die von allen Seiten – und besonders auch im internationalen Vergleich – anerkannt wird, hat man sich bisher vergeblich bemüht. Der *Rat der Europäischen Gemeinschaft* hat 1975 in seinem Beschluss über die Armutsbekämpfung eine Definition versucht, die allerdings das Phänomen Armut nur wenig konkret beschreibt. Darin heißt es, in Armut lebende Personen sind „Einzelpersonen oder Familien, die über so geringe Mittel verfügen, dass sie von der Lebensweise ausgeschlossen sind, die in dem Mitgliedstaat als Minimum annehmbar ist, in welchem sie leben." Mittel im Sinne dieses Beschlusses sind „das Bareinkommen, das Vermögen und die zur Verfügung stehenden öffentlichen und privaten Leistungen".   (Autorentext)

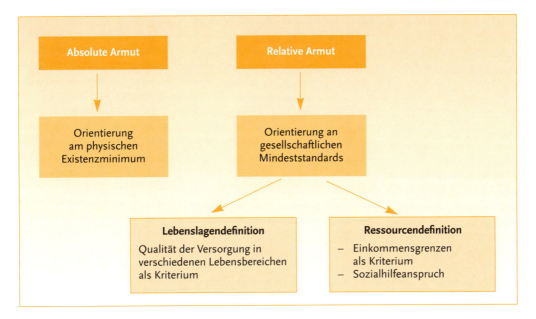

Durch das Verfahren, Einkommensarmut am Durchschnittseinkommen zu bemessen, wird
die Ungleichheit der Einkommensverteilung abgebildet. Einkommensarmut in diesem Sinne
lässt sich nur dann abbauen, wenn die niedrigen Einkommen stärker als die hohen Einkommen ansteigen. Bei einer gleichmäßigen prozentualen Erhöhung aller Einkommen hingegen
bleibt der Anteil unter der Hälfte des Durchschnitts gleich. Eine Erhöhung des gesamtgesell-
schaftlichen Wohlstandes allein ist also, da Armut immer ein relativer Tatbestand ist, noch
kein Beitrag zum Abbau von Einkommensarmut.

(Gerhard Bäcker/Reinhard Bispinck/Klaus Hofemann/Gerhard Naegele, Sozialpolitik und soziale Lage in Deutschland Bd. 1,
3. Aufl., Westdeutscher Verlag, Wiesbaden 2000, S. 242ff.)

M 109 „Untauglicher Armutsbegriff"?

Dass die absolute Armut in Staaten wie
Deutschland glücklicherweise der Vergangenheit angehört, veranlasste Armutsanwälte,
„Armut" neu zu definieren und damit die
neue Armut zu erfinden: Als arm gilt, wer
mit weniger als der Hälfte des Durchschnittseinkommens jener Gesellschaft lebt, der er
oder sie angehört. Mit dieser Definition sind
in den reichen OECD*-Ländern jedenfalls die
Oppositionsparteien, die Wohlfahrtsverbände
und die Leitartikler glücklich, garantiert sie
doch, dass Armut ein Thema bleibt, über das
man sich in alle Ewigkeit moralisch aufregen
und Verantwortliche ausfindig machen kann.
Natürlich kann man untersuchen, wie viele
Familien ein Einkommen haben, das zum
Beispiel 50, 40, 30 oder gar nur 20 Prozent
des Durchschnittseinkommens der Bezugsgruppen ausmacht. Doch damit wird über die
Einkommensverteilung oder die Ungleichheit informiert. Zur Bestimmung von „Armut" ist das untauglich und im Blick auf das
Alltagsverständnis von „arm" zumindest irreführend.
Wie unbrauchbar diese neue Definition ist,
um damit Armut zu bestimmen, wird deutlich, wenn man sich vergegenwärtigt, dass
sich am Prozentsatz der Armen nichts änderte, wenn das Durchschnittseinkommen in
Deutschland dank märchenhafter Umstände
plötzlich zehnmal oder hundertmal höher
oder wegen verantwortungsloser Regierungen zehnmal oder hundertmal geringer würde. Gleiche Verteilung vorausgesetzt, hätten

die Wohlfahrtsverbände und die Leitartikler in beiden Fällen immer noch 20 Prozent Arme, die ihre Empörung (und ihre Arbeitsplätze) garantieren helfen.

Die Untauglichkeit des neuen Armutsbegriffs zeigt sich auch dann, wenn man annimmt, dass alle Familien das Gleiche verdienen: Dann gäbe es weder Arme noch Reiche. [...]

Prof. Dr. Volker Krumm, Institut für Erziehungswissenschaften der Universität Salzburg
(Leserbrief in der Süddeutschen Zeitung v. 18.8.1998)

Die *relativen Armutsgrenzen* stellen einen „Wissenschaftsstandard" dar, der auf Übereinkunft beruht. Sie werden heute international in den meisten Armutsstudien verwendet. Die Abgrenzungen beziehen sich auf die Ungleichheit der Einkommensverteilung und setzen hierin eine im Grunde willkürliche Grenze als Armutsgrenze fest. Sie besagen nicht unmittelbar etwas über den jeweiligen Mindestlebensstandard und über Armut. Denn sie bringen weder das generelle Einkommensniveau der Betroffenen noch ihren Bedarf zum Ausdruck. „Nach dieser Sicht der Dinge sind Menschen, die gemeinsam hungern, niemals arm." (*W. Krämer, Statistische Probleme bei der Armutsmessung,* 1997, S. 12) In modernen Gesellschaften bewegen sich die genannten relativen Armutsgrenzen aber erfahrungsgemäß in der Nähe der Einkommensschwellen, unterhalb derer von Armut gesprochen wird. Zudem sind relative Armutsgrenzen in empirischen Untersuchungen gut handhabbar, international und zeitlich vergleichbar und vermitteln insoweit zuverlässige Informationen.
(Stefan Hradil [= M 87], S. 246)

1. Erläutern Sie die grundsätzliche Schwierigkeit, Armut zu definieren und messbar zu machen (M 108).

2. Wodurch unterscheidet sich „absolute Armut" („physisches Existenzminimum") von „relativer" („sozio-kulturelles Existenzminimum")? Wo gibt es heute noch Gesellschaften, in denen absolute Armut verbreitet ist?

3. Beschreiben Sie, möglichst mit eigenen Worten, die jeweiligen Merkmale, Stärken und Schwächen der beiden „Armutskonzepte". Inwiefern wird das Lebenslagen-Konzept als umfassender und sachlich angemessener bezeichnet? Warum wird es bis heute in Armutsstudien kaum verwendet? Welches Konzept liegt der EU-Definition (Kasten S. 154 u.) zugrunde?

4. Erläutern Sie den jeweiligen Maßstab der beiden Verfahren, mit denen in der Bundesrepublik Armut (im Sinne des Ressourcenkonzeptes) gemessen wird (Sozialhilfestandard – relative Armutsgrenzen) und klären Sie in diesem Zusammenhang auch den Begriff der „Operationalisierung" (vgl. M 5, S. 297f.).

5. Im Text (M 108) wird der „Sozialhilfestandard" als „politisch bestimmter Grenzwert", die „relativen Armutsgrenzen" als „wissenschaftliche Konvention" (Vereinbarung) bezeichnet. Erläutern Sie diese Charakterisierungen und stellen Sie die genannten Vor- und Nachteile der beiden Verfahren stichwortartig gegenüber (Näheres enthalten die folgenden Materialien, in denen die Ergebnisse beider Messverfahren dargestellt werden).

6. Setzen Sie sich mit der in M 109 geäußerten Kritik am relativen Armutsbegriff und mit seiner Rechtfertigung auseinander.

▬▬ M 110 Relative Armut in Deutschland

Ermittelt man Armut nach dem *„Wissenschaftsstandard"* (relative Armutsgrenzen) und betrachtet alle die als arm, die weniger als 40% (strenge Armut), 50% (Armut) bzw. 60% (Niedrigeinkommen) der durchschnittlichen Äquivalenzeinkommen verdienen, so *lebten Ende der 90er-Jahre in Gesamtdeutschland etwas weniger als ein Zwanzigstel der Bevölkerung in „strenger Armut", ein Zehntel in „Armut" und ca. ein Fünftel im Bereich der Niedrigeinkommen.*
Im internationalen Vergleich findet sich Armut in Deutschland weder besonders häufig noch besonders selten. Betrachtet man jene als arm, die weniger als die Hälfte des „nationalen

Tab. 1: Relative Einkommensarmut in West- und Ostdeutschland 1962/63 bis 1997 (Arme Personen in % der Gesamtbevölkerung)

Jahr	Westdeutschland			Ostdeutschland		
	40%	50%	60%	40%	50%	60%
1962/63	4,1	10,6	20,9			
1969	2,0	7,1	17,1			
1973	1,7	6,5	16,1			
1978	1,6	6,5	16,0			
1983	2,9	7,7	16,9			
1984	5,2	12,6	21,0			
1986	5,0	11,9	20,1			
1988	4,8	10,3	19,5			
1990	3,9	10,5	18,5	0,8	3,5	8,6
1991	3,7	8,7	18,4	2,2	4,2	9,4
1992	4,0	8,6	18,6	1,9	5,7	10,7
1993	4,5	10,1	19,8	2,8	5,8	11,8
1994	4,1	9,4	21,9	3,0	7,5	13,4
1995	5,3	11,5	21,6	2,6	6,8	13,9
1996	4,3	9,5		2,1	4,7	
1997	3,7	9,1		2,0	6,2	

Anmerkungen: Die Angaben bis 1983 und ab 1984 sind wegen unterschiedlicher Datengrundlagen und Berechnungsweisen nicht voll vergleichbar. Westdeutsche Angaben sind auf das westdeutsche, ostdeutsche Werte auf das ostdeutsche Durchschnittseinkommen bezogen.
Eine Untersuchung des Deutschen Instituts für Wirtschaftsforschung (www.diw.de/deutsch/publikationen/wochenberichte/docs/03-04-1.html) kommt für das Jahr 2000 auf eine Armutsquote (Bevölkerungsanteil mit unter 50% des durchschnittlichen Nettoäquivalenzeinkommens *im jeweiligen Landesteil* [Ost/West]) von 7,3 (Ostdeutschland) und 14,4 (Westdeutschland). Bezogen auf den *gesamtdeutschen Mittelwert* des Einkommens betragen die Quoten 13,2 (Ost) und 13,0 (West). Für Gesamtdeutschland ergeben sich 13%.

Quelle: Stat. Bundesamt (Hg.) 1997, 518; Daten 1991–97: SOEP, Deutsche und Ausländer, Monatseinkommen, Äquivalenzgewichtung nach älterer OECD-Skala; Quelle: Stat. Bundesamt (Hg.) 2000, 589f.

Durchschnittskonsumenten" ausgeben können (Personenäquivalenzausgaben), gab es Ende der 80er-Jahre in Portugal, Italien, Griechenland, Spanien und Irland besonders viele arme
10 Menschen. Mit Ausnahme von Italien sind dies die wirtschaftsschwächsten Länder Europas. Dass Armut aber nicht nur mit ökonomischer Entwicklung einhergeht, zeigt sich an so hochentwickelten Ländern wie Frankreich und Großbritannien, wo fast genau so viele Arme leben. Am seltensten war Armut in Dänemark, den Niederlanden und in Belgien.

Tab. 2: Armut in den Ländern der Europäischen Union

(Arme Personen in % der Bevölkerung; etwa 1988; gemessen an den Ausgaben pro Person in % der durchschnittlichen Ausgaben des jeweiligen Landes; Personenäquivalente nach modifizierter OECD-Äquivalenzskala; vgl. M 89, Z. 17 ff.)
Untersuchungsergebnisse für 1996 (Eurostat 2000) zur 60%-Grenze ergaben für fast alle Länder deutlich niedrigere Prozentsätze: Frankreich 16, Spanien 18, Portugal 22, Italien 19, Griechenland 21, Irland 18, Luxemburg 12, Großbritannien 19, Deutschland 16.

Land	Arme Personen (40%)	Arme Personen (50%)	Arme Personen (60%)
Frankreich	6,9	14,7	25,0
Spanien	8,7	16,9	26,6
Portugal	15,5	24,5	33,3
Italien	11,6	21,1	31,4
Griechenland	11,4	18,7	27,6
Irland	7,5	15,7	26,3
Belgien	2,2	7,4	15,5
Luxemburg	4,8	11,1	20,0
Dänemark	1,1	3,9	11,5
Niederlande	1,5	4,8	11,4
Großbritannien	6,4	14,8	25,3
Deutschland	4,5	10,9	19,9

(Stefan Hradil, Soziale Ungleichheit in Deutschland, Leske + Budrich, Opladen, 8. Aufl. 2001, S. 249, 251)

1. *Für die Analyse der Ergebnisse zur Armutsmessung nach dem „Wissenschaftsstandard" sollten Sie sich zunächst noch einmal klarmachen, was unter dem „durchschnittlichen Äquivalenzeinkommen" verstanden wird (vgl. dazu M 89). Erläutern Sie auch, was mit dem Unterschied zwischen „strenger Armut", „Armut" und Niedrigeinkommen" gemeint ist.*

2. *Berücksichtigen Sie bei Ihrer Analyse der Tabelle 1 auch folgende Fragen:*
- *Inwieweit lassen sich im zeitlichen Verlauf seit Beginn der 60er-Jahre bestimmte Entwicklungsphasen (Zunahme, Abnahme, gleiche Höhe der Armutsraten) feststellen (bezogen auf Westdeutschland)?*
- *Sind Parallelen zur Entwicklung der Arbeitslosigkeit (massiver Anstieg zu Beginn der 80er-Jahre: 1980/0,9 Mio., 1982/1,8 Mio., 1983/2,2 Mio.; leichte Abflachung bis 1991/1,7 Mio.; erneuter Anstieg in den 90er-Jahren: 1992/2,3 Mio.; 1995/2,6 Mio.) erkennbar?*
- *Wie haben sich die Armutsraten in Ostdeutschland entwickelt? Wie verhalten sie sich zu den Raten für Westdeutschland?*
- *In welche Richtung würden sich die ostdeutschen Armutsraten verändern, wenn die Werte auf das westdeutsche Durchschnittseinkommen bezogen würden?*
- *Welcher der folgenden Aussagen stimmen Sie zu?*
  - *a) Es gibt seit Mitte der 80er-Jahre in Westdeutschland immer mehr Arme.*
  - *b) Die Zahl der Armen hat sich seit Mitte der 80er-Jahre in Westdeutschland kaum verändert.*
  - *c) Die Zahl der Armen hat sich seit Mitte der 80er-Jahre verringert.*

3. *Beschreiben Sie die „Armutsposition" Deutschlands (1988) innerhalb der EU-Länder (Tab. 2).*

▌ **M 111 Armut als Sozialhilfeanspruch**

Grundsätzlich wird vonseiten mancher Sozialpolitiker gegen den Sozialhilfestandard eingewendet, dass Sozialhilfeempfänger nicht arm seien. Diejenigen, die die ihnen zustehenden Sozialhilfeleistungen in Anspruch nähmen, seien nicht mehr arm. Sozialhilfe bekämpfe Armut und schaffe sie nicht. Die Anwendung des Sozialhilfestandards habe die absurde Konse-
5 quenz, dass eine intensive Armutsbekämpfung durch eine über dem Anstieg der Lebenshaltungskosten liegende Anhebung der Regelsätze ein Ansteigen und nicht etwa ein Sinken der Armut signalisiere. Nur wer seinen Anspruch auf Sozialhilfeleistungen nicht wahrnehme, könne als arm gelten.
So verständlich diese Einwände aus der Sicht von Sozialpolitikern erscheinen mögen, so muss

„Der ist wenigstens so ehrlich, selbst zuzugeben, dass er teilweise zu viel hat!"

(Zeichnung: Jupp Wolter)

10 doch andererseits berücksichtigt werden, dass mit dem Bezug von Sozialhilfe, insbesondere von „Laufender Hilfe zum Lebensunterhalt" außerhalb von Einrichtungen, Erscheinungsformen der Armut einhergehen: So waren es die 15 unzureichenden Möglichkeiten, die minimalen Ressourcen* aus eigener Kraft zu gewinnen, die die Einzelnen in Sozialhilfe gerieten ließen. Es ist das Angewiesen-Sein auf die Hilfe anderer, die die aktuelle Lebenssituation prägt. Es 20 sind schließlich die Prozesse der gesellschaftlichen Stigmatisierung*, der bürokratischen Unterordnung und des Verlusts von Sozialbeziehungen als „Sozialhilfeempfänger", die eine Armutssituation schaffen. Vor allem dann, wenn 25 auch nicht-materielle Aspekte in das Verständnis von Armut einbezogen werden, eignet sich aktueller Sozialhilfebezug u. E. durchaus als Armutsindikator. [...]

Fasst man Armut als *Sozialhilfean-*
30 *spruch* auf, so kommt man zu folgenden Ergebnissen:

Die Gewährung von Sozialhilfe gilt in
Deutschland als unterstes Netz der sozialen Sicherung und ist dazu gedacht,
35 „dem Empfänger der Hilfe die
Führung eines Lebens zu ermöglichen,
das der Würde des Menschen entspricht" (§ 1 Bundessozialhilfegesetz).
Neben der „*Hilfe in besonderen Lebensla-*
40 *gen*" (HBL) wird Sozialhilfe als „*Laufen-*
de Hilfe zum Lebensunterhalt" (HLU) gezahlt. Diese wird bedürftigen Personen
gewährt, die ihren „notwendigen Lebensunterhalt nicht oder nicht ausrei-
45 chend aus eigenen Kräften und Mitteln" durch Erwerbstätigkeit oder Vermögen bestreiten können (§ 11 BSHG).
Als arm gelten alle Personen mit Ein-
künften bis hin zu den Einkommens-
50 grenzen, unterhalb derer ihnen „Laufende Hilfe zum Lebensunterhalt"
außerhalb von Einrichtungen (wie z.B.
Pflegeheimen) zusteht, gleichgültig ob
sie diese Leistungen erhalten („be-
55 kämpfte Armut") oder nicht beziehen
(„verdeckte Armut").

Die Anzahl derjenigen, die tatsächlich
Sozialhilfe erhalten, stellt daher nur einen Teil der Menschen dar, die nach

(Zeichnung: Til Mette/CCC,www.c5.net)

Untersuchungen haben gezeigt, dass der Verzicht von
Leistungsberechtigten auf eine Inanspruchnahme der
Sozialhilfe als Ursachen vor allem mangelnde Informiertheit, fehlende Kenntnis der Anspruchsvorausset-
zungen, Angst vor der Stigmatisierung* als Sozialhilfeempfänger und vor sozialer Kontrolle hat. Vor allem
bei älteren Menschen spielt die Sorge eine Rolle, sie
könnten indirekt, über Heranziehung von Verwandten, ihre Kinder belasten. Es bedarf massiver Aufklärung über den Rechtsanspruch auf Sozialhilfe, vor
allem bei der Gewährung geringer Leistungen im
Rahmen der gesetzlichen Sozialversicherung.

(Autorentext)

60 dem Sozialhilfestandard als arm gelten. Die Zahl der Sozialhilfebeziehenden ist nach den vorliegenden Untersuchungen um 50 bis 100% zu erhöhen, um die Gesamtzahl der Armen im Sinne
von Sozialhilfeberechtigten zu erhalten. Denn eine große Anzahl meist älterer Menschen hat
zwar Anspruch auf Sozialhilfeleistungen, macht ihn aber aus unterschiedlichen Gründen
(Scham, Unkenntnis, Scheu vor Behörden oder Aufwand etc.) nicht geltend (s. Kasten). Manches
65 spricht dafür, dass diese sog. „Dunkelziffer der Armut" abnimmt. Vor allem jüngere Menschen
betrachten es heute oft als ihr „gutes Recht", ggf. Sozialhilfe in Anspruch zu nehmen.

(Stefan Hradil [= M 110], S. 245, Anm. 53, und S. 246f.)

1. Erläutern Sie die in M 111 (1. Abschnitt) wiedergegebene Kritik daran, dass die Zahl der Sozialhilfeempfänger als Maßzahl für das Ausmaß von Armut verwendet wird. Setzen Sie sich damit
und auch mit den Einwänden auseinander, die gegen diese Kritik vorgetragen werden.

2. Was ist mit der „Dunkelziffer der Armut" gemeint? Wie hoch wird sie eingeschätzt? Welche Ursachen (s. Kasten) halten Sie selbst für entscheidend?

3. Auf welche Aspekte der Darstellung nehmen die beiden Karikaturen Bezug? Halten Sie die jeweilige Aussageabsicht für berechtigt?

4. Bevor Sie sich der Untersuchung zuwenden, wie sich die Zahl der Sozialhilfeempfänger (und damit die nach diesem Maßstab gemessene Armut) in der Bundesrepublik entwickelt hat (M 112),
sollten Sie auf jeden Fall Ihr Verständnis des Systems der Sozialhilfe sichern (Arten, Bestandteile,
Höhe der Sozialhilfe usw.). Die folgenden Materialien (M 112 – M 113) geben dazu die notwendigen Informationen.

M 112 Das System der Sozialhilfe

Wenn Menschen – aus welchem Grund auch immer – in materielle Not geraten sind und ihren Lebensunterhalt nicht aus eigenen Mitteln (z.B. Einkommen, Vermögen, Transferleistungen* aus anderen Bereichen des sozialen Sicherungssystems) bestreiten können, haben sie Anspruch auf Sozialhilfe. Deren Aufgabe besteht in erster Linie darin, das Existenzminimum
5 der Bedürftigen abzusichern, und zwar so, dass ein menschenwürdiges Leben in der Gemeinschaft möglich ist (vgl. M 111). In Form der Hilfe zum Lebensunterhalt ist sie für einen beträchtlichen Teil der Bevölkerung zur Existenzgrundlage geworden.

Die **Hilfe zum Lebensunterhalt** erstreckt sich auf Essen und Kleidung, Wohnung, Heizung und Hausrat, Körperpflege und persönliche Dinge des täglichen Bedarfs und lässt auch Be-
10 dürfnisse wie den Kontakt zur Umwelt oder die Teilnahme am kulturellen Leben nicht ganz außer Acht. Sie umfasst also – wenn auch nur in einem bescheidenen Rahmen – die wichtigsten Dinge, die der Mensch zum Leben braucht. Ein großer Teil davon, vor allem die Ernährung, muss aus den regelmäßigen Zahlungen der laufenden Hilfe zum Lebensunterhalt bestritten werden. Diese wird nach *pauschalen Regelsätzen* gewährt, und zwar in unterschiedli-
15 cher Höhe für die einzelnen Haushalts- oder Familienmitglieder. Die von den Bundesländern festgelegten Regelsätze orientieren sich am statistischen Bedarf der unteren Einkommensgruppen, sind aber so bemessen, dass die Sozialhilfe für eine Familie mit drei Kindern insgesamt niedriger ausfällt als das Einkommen eines vergleichbaren Arbeitnehmerhaushalts. Wegen der regionalen Unterschiede in der Lebenshaltung ergeben sich bei den Regelsätzen leich-
20 te Abweichungen von Land zu Land. In Baden-Württemberg beläuft sich der Regelsatz für den Haushaltsvorstand (Eckregelsatz) ab Juli 2003 auf 297 €, in Thüringen auf 282 € im Monat. Der Ehepartner oder andere erwachsene Haushaltsmitglieder erhalten jeweils 80% dieses Betrags, Kinder nach dem Alter gestaffelt zwischen 50 und 90%. Bestimmte Personengruppen (z.B. werdende Müt-
25 ter, Alleinerziehende, gehbehinderte ältere Menschen, Behinderte) haben darüber hinaus Anspruch auf
30 *Mehrbedarfszuschläge* in Höhe von 20 bis 60% des jeweiligen Regelsatzes.

Miete und Heizung
35 sind in den Regelsätzen nicht berücksichtigt, sondern werden vom Sozialamt zusätzlich übernom-
40 men, soweit sie sich in angemessenem Rahmen halten. Neben den laufenden Sozialhilfeleistungen
45 kommen noch **einma-**

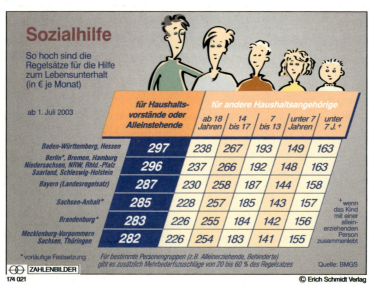

Sozialhilfe

So hoch sind die Regelsätze für die Hilfe zum Lebensunterhalt (in € je Monat)

ab 1. Juli 2003

	für Haushalts-vorstände oder Alleinstehende	für andere Haushaltsangehörige				
		ab 18 Jahren	14 bis 17	7 bis 13	unter 7 Jahren	unter 7 J. +
Baden-Württemberg, Hessen	297	238	267	193	149	163
Berlin*, Bremen, Hamburg Niedersachsen, NRW, Rhld.-Pfalz Saarland, Schleswig-Holstein	296	237	266	192	148	163
Bayern (Landesregelsatz)	287	230	258	187	144	158
Sachsen-Anhalt*	285	228	257	185	143	157
Brandenburg*	283	226	255	184	142	156
Mecklenburg-Vorpommern Sachsen, Thüringen	282	226	254	183	141	155

+wenn das Kind mit einer alleinerziehenden Person zusammenlebt

* vorläufige Festsetzung

Für bestimmte Personengruppen (z.B. Alleinerziehende, Behinderte) gibt es zusätzlich Mehrbedarfszuschläge von 20 bis 60 % des Regelsatzes.

Quelle: BMGS

ZAHLENBILDER
174 021

© Erich Schmidt Verlag

lige Beihilfen für in größeren Zeitabständen anfallende Ausgaben, etwa für die Anschaffung von Kleidung und Hausrat oder für Umzugskosten, in Betracht. Hilfe Suchende müssen aber das ihnen verbliebene Einkommen (darunter auch Sozialleistungen wie das Kindergeld), ihr Vermögen und ihre Arbeitskraft zur Überwindung ihrer Notlage einsetzen und können nur
50 für den restlichen Bedarf Hilfe vom Sozialamt erwarten.

(Schmidt-Zahlenbilder)

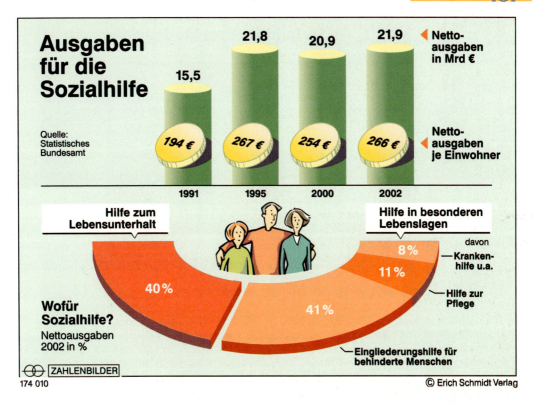

Ausgaben für die Sozialhilfe

Quelle: Statistisches Bundesamt

Nettoausgaben in Mrd €

Nettoausgaben je Einwohner

1991	1995	2000	2002
15,5	21,8	20,9	21,9
194 €	267 €	254 €	266 €

Hilfe zum Lebensunterhalt

Hilfe in besonderen Lebenslagen

davon
— Krankenhilfe u.a.

8 %

11 %

— Hilfe zur Pflege

40 %

41 %

Wofür Sozialhilfe?
Nettoausgaben 2002 in %

— Eingliederungshilfe für behinderte Menschen

ZAHLENBILDER
174 010

© Erich Schmidt Verlag

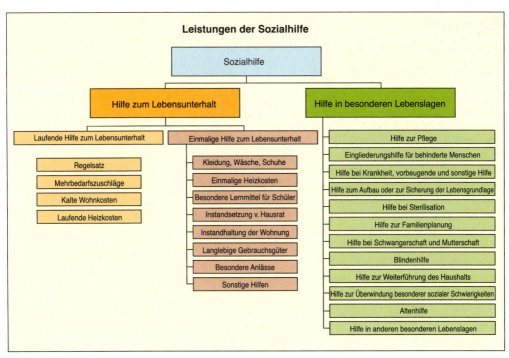

Leistungen der Sozialhilfe

Sozialhilfe

Hilfe zum Lebensunterhalt

Hilfe in besonderen Lebenslagen

Laufende Hilfe zum Lebensunterhalt

Einmalige Hilfe zum Lebensunterhalt

- Regelsatz
- Mehrbedarfszuschläge
- Kalte Wohnkosten
- Laufende Heizkosten

- Kleidung, Wäsche, Schuhe
- Einmalige Heizkosten
- Besondere Lernmittel für Schüler
- Instandsetzung v. Hausrat
- Instandhaltung der Wohnung
- Langlebige Gebrauchsgüter
- Besondere Anlässe
- Sonstige Hilfen

- Hilfe zur Pflege
- Eingliederungshilfe für behinderte Menschen
- Hilfe bei Krankheit, vorbeugende und sonstige Hilfe
- Hilfe zum Aufbau oder zur Sicherung der Lebensgrundlage
- Hilfe bei Sterilisation
- Hilfe zur Familienplanung
- Hilfe bei Schwangerschaft und Mutterschaft
- Blindenhilfe
- Hilfe zur Weiterführung des Haushalts
- Hilfe zur Überwindung besonderer sozialer Schwierigkeiten
- Altenhilfe
- Hilfe in anderen besonderen Lebenslagen

(Quelle: Bundessozialhilfegesetz)

■ **M 113**

Fallbeispiele

a)

Sozialhilfe: Drei Modell-Fälle			
Durchschnittswerte für Westdeutschland in DM pro Monat			
	Alleinstehender	**Alleinerziehende 1 Kind (5 Jahre)**	**Ehepaar, 2 Kinder (5 und 11 Jahre)**
Regelsatz	546	846	1.611
+ Mehrbedarf	–	218	–
+ einmalige Leistungen	87	147	303
+ Unterkunft und Heizung	548	730	939
– Kindergeld	–	250	500
– Unterhalt	–	220	–
= Regelbedarf insgesamt	1.181	1.471	2.353
+ Kindergeld	–	270	540
+ Unterhalt vom Jugendamt	–	220	–
= Verfügbares Einkommen	1.181	1.961	2.893
+ Krankenversicherung	254	254	254
= Summe aller Transfers	1.435	2.226	3.147

Stand: 1. Halbjahr 2000; Ursprungsdaten: Bundesministerium für Arbeit und Soziales
Institut der deutschen Wirtschaft Köln

© 26/2000 Deutscher Instituts-Verlag

(iwd Nr. 26/2000 v. 29.6.2000; © Deutscher Instituts-Verlag)

b) Dora Schulze ist ledig und hat eine fünfjährige Tochter. Der Vater des Mädchens zahlt trotz eines vorliegenden Urteils keinen Unterhalt für seine Tochter – Frau Schulze erhält daher einen Unterhaltsvorschuss in Höhe von 122 € (106 €). Frau Schulze arbeitet halbtags als Bürohilfe und verdient netto 633,20 € (554,05 €), hinzu kommen 154 € Kindergeld und 155 € (147 €) Wohn-
5 geld. Ihr anzurechnendes Haushaltseinkommen beläuft sich auf monatlich 851,75 € (755,60 €). Das anzurechnende Einkommen von Frau Schulze berechnet sich wie folgt:

	früheres Bundesgebiet	neue Länder und Berlin-Ost
mtl. Bruttoarbeitsentgelt	800,00 €	700,00 €
Nettoarbeitsentgelt	633,20 €	554,05 €
Kindergeld	154,00 €	154,00 €
Unterhaltsvorschuss	122,00 €	106,00 €
Wohngeld	155,00 €	147,00 €
verfügbares Haushaltseinkommen	1.064,20 €	961,05 €
Kosten für Arbeitsmittel	– 5,20 €	– 5,20 €
Freibetrag für das Kind	– 10,25 €	– 10,25 €
Absetzbetrag wegen Erwerbstätigkeit	– 197,00 €	– 190,00 €
anzurechnendes Haushaltseinkommen	851,75 €	755,60 €

Um festzustellen, ob Frau Schulze einen Anspruch auf Hilfe zum Lebensunterhalt hat, wird vom Sozialamt folgende Bedarfsberechnung erstellt:

Regelsatz Haushaltsvorstand	295,00 €	285,00 €
Mehrbedarf für allein Erziehende	118,00 €	114,00 €
Regelsatz für Tochter Katrin, 5 Jahre	162,00 €	157,00 €
Kosten der Unterkunft	344,00 €	287,00 €
Heizkosten	60,00 €	53,00 €
Gesamtbedarf	979,00 €	896,00 €
Anspruch auf laufende Hilfe zum Lebensunterhalt	127,25 €	140,40 €

Das Sozialamt stellt fest, dass Frau Schulze nach dieser Berechnung nicht nur Anspruch auf eine einmalige Leistung hat, sondern auch auf laufende Hilfe zum Lebensunterhalt in Höhe von 127,25 € (140,40 €) im Monat. Neben dieser Summe bekommt sie eine einmalige Leis-
10 tung, um Kleidung für ihre Tochter kaufen zu können. Sollte sie auch später Bedarf an Kleidung für sich oder ihre Tochter haben, muss sie sich erneut wegen einer einmaligen Leistung an das Sozialamt wenden. Außerdem klärt die Sachbearbeiterin Frau Schulze über weitere Hilfen auf, die sie vom Sozialamt erhalten kann.

(Bundesministerium für Gesundheit und Soziales, Sozialhilfe, Bonn, 5. Aufl. 2003, S. 11f.)

1. *Verschaffen Sie sich einen Überblick über das System der Sozialhilfe in der Bundesrepublik: Funktion, Arten und Bestandteile, Höhe der Leistungen für die Hilfe zum Lebensunterhalt (Sozialhilfe im engeren Sinn), Verteilung der Kosten auf die Arten, Kostenentwicklung insgesamt (M 112).*

2. *Die Modellfälle und das Fallbeispiel (M 113 a/b) vermitteln ein konkretes Bild von der möglichen Höhe des Regelbedarfs (M 113a, für das Jahr 2000, noch in DM!; die Sätze haben sich inzwischen leicht verändert; s. M 112) sowie von der Praxis der Berechnung des konkreten Sozialhilfeanspruchs und von einer Lebenssituation, die diesen Anspruch ggf. begründen kann (M 113).*

M 114 Entwicklung und Struktur der Zahl der Sozialhilfeempfänger

a) **Empfänger/-innen von laufender Hilfe zum Lebensunterhalt in Deutschland jeweils am Jahresende in 1000 Personen**

Jahr	Empfänger/-innen laufender Hilfe zum Lebensunterhalt		
	Insgesamt	**Deutsche**	**Ausländer**
	Deutschland		
1991	2036	1469	567
1995	2516	1995	520
1997	2893	2228	665
2000	2677	2083	594
2002	2757	2143	614

Am Jahresende **2002** erhielten in Deutschland 2,76 Mio. Personen in 1,44 Mio Haushalten laufende Hilfe zum Lebensunterhalt außerhalb von Einrichtungen (= sog. „Sozialhilfe im engeren Sinne"), um ihren Grundbedarf an Nahrung, Kleidung, Unterkunft und Heizung decken zu können (sog. „soziokulturelles Existenzminimum"). Das waren **3,3% der Bevölkerung.**
5 Mittels der personenbezogenen Sozialhilfequote (Anteil der Hilfebezieher an der jeweiligen Bevölkerung) kann die Inanspruchnahme verschiedener Bevölkerungsgruppen quantifiziert werden:
- **Kinder** (unter 18 Jahren) gehören mit einer Sozialhilfequote von 6,6% relativ häufiger zu den Hilfeempfängern als ältere Menschen (65 Jahre und älter), deren Quote 1,3% beträgt.
- **Frauen** beanspruchen mit einer Quote von 3,7% relativ häufiger Sozialhilfe als Männer (3,0%).
10 - **Ausländer** haben mit 8,4% eine deutlich höhere Sozialhilfequote als Deutsche (2,9%).
- In Westdeutschland (ohne Berlin) ist die Sozialhilfequote mit 3,2% höher als in Ostdeutschland (ohne Berlin), wo sie 3,0% beträgt. In Berlin liegt die Quote bei 7,4%.
Daneben lassen sich auch haushaltsbezogene Quoten bestimmen. In Deutschland beziehen 3,8% aller Haushalte Sozialhilfe. Im Detail ergibt sich folgendes Bild:
15 - **Allein erziehende Frauen** mit Kindern unter 18 Jahren weisen mit 26,1% die mit Abstand höchste Sozialhilfequote auf.
- Allein stehende Männer (5,2%) gehören relativ öfter zu den Sozialhilfeempfängern als allein stehende Frauen (4,0%).
- Eine geringe Inanspruchnahme ist dagegen bei Ehepaaren mit Kindern (2,0%) und bei Ehepaaren
20 ohne Kinder (0,9%) festzustellen.

(© Statistisches Bundesamt, Wiesbaden, Pressemitteilung vom 18.11.2003)

b)

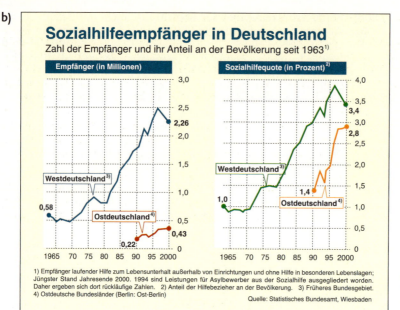

Sozialhilfeempfänger in Deutschland
Zahl der Empfänger und ihr Anteil an der Bevölkerung seit 1963[1]

Empfänger (in Millionen)

Sozialhilfequote (in Prozent)[2]

1) Empfänger laufender Hilfe zum Lebensunterhalt außerhalb von Einrichtungen und ohne Hilfe in besonderen Lebenslagen; Jüngster Stand Jahresende 2000. 1994 sind Leistungen für Asylbewerber aus der Sozialhilfe ausgegliedert worden. Daher ergeben sich dort rückläufige Zahlen. 2) Anteil der Hilfebezieher an der Bevölkerung. 3) Früheres Bundesgebiet. 4) Ostdeutsche Bundesländer (Berlin: Ost-Berlin)

Quelle: Statistisches Bundesamt, Wiesbaden

(Grafik: Stefan Walter; Quelle: Frankfurter Allgemeine Zeitung v. 22.8.2001, S. 2)

c)

(Zeichnung: Gerhard Mester/CCC, www.c5.net)

1. Analysieren Sie die statistischen Daten zur Entwicklung der Zahl der Sozialhilfeempfänger (Sozialhilfe im engeren Sinn = Hilfe zum laufenden Lebensunterhalt).
Fassen Sie die Ergebnisse in aussagekräftigen Formulierungen zusammen (M 114a/b).

2. Die gelegentlich von den Wohlfahrtsverbänden veröffentlichten Zahlen liegen deutlich höher als die vom Statistischen Bundesamt veröffentlichten. Grund: Das Statistische Bundesamt erfasst die Zahl zu einem bestimmten Zeitpunkt (Stichtag am Jahresende), die Verbände zählen die Sozialhilfefälle zusammen, die sich während eines Jahres (also auch vorübergehend für einen kurzen Zeitraum) ergeben haben („kumulierte Jahresgesamtzahlen"). Welche Zählweise halten Sie für angemessen?

3. Vergleichen Sie die Ergebnisse der „Armutsmessung" nach den beiden Verfahrensweisen (Sozialhilfestandard – relative Armutsgrenze 50%) im Hinblick auf die zeitliche Entwicklung. Inwieweit lassen sich Übereinstimmungen feststellen (M 114b, rechter Teil, und M 110)?

4. Erläutern Sie die Aussageabsicht der Karikatur M 114c. Handelt es sich nur um einen Scherz?

■ M 115 Muss die Sozialhilfe reformiert werden?

Die vielfältige Diskussion über eine Reform des Sozialhilfesystems (bzw. eine Zusammenlegung der Sozialhilfe mit der Arbeitslosenunterstützung) können wir hier nicht ausführlich darstellen. Streitpunkt ist insbesondere die Frage, ob das gegenwärtige System zu wenig Anreize bietet (bzw. zu wenig „Druck ausübt" auf Nicht-Erwerbstätige), eine Arbeit anzunehmen, etwa weil die Sozialhilfe in vielen Fällen (insbesondere bei Familien mit Kindern) im Vergleich zu einem Lohneinkommen zu hoch liegt (mangelnder „Lohnabstand") oder weil die Zahlung von Hilfe zum Lebensunterhalt bei Nicht-Erwerbstätigen nicht stärker an die Bedingung geknüpft wird, dass sie sich ernsthaft um einen Arbeitsplatz bemühen. Zu diesen Aspekten bieten der folgende Text und M 116 einige Informationen, mit deren Hilfe Sie sich ansatzweise ein eigenes Urteil bilden können.

Die Diskussion um eine Reform der Sozialhilfe schlägt derzeit hohe Wellen. Ausgelöst wurde sie durch den hessischen Vorschlag, das Modell des US-Bundesstaates Wisconsin auf Deutschland zu übertragen. Dieses will Hilfeempfänger zuallererst in Jobs bringen und wirft damit die Frage auf, was Sozialhilfe sein soll – Fürsorge oder Anstoß zur Rückkehr in den Arbeits-
5 markt.
Das Bundessozialhilfegesetz definiert, wer nicht für den eigenen Lebensunterhalt sorgen muss – Kranke, Behinderte und Mütter, die keine Möglichkeit zur Betreuung ihrer minderjährigen Kinder haben. Ebenfalls darf einem Hilfeempfänger keine Arbeit zugemutet werden, „wenn ihm die künftige Ausübung seiner bisherigen überwiegenden Tätigkeit (durch eine Arbeits-
10 aufnahme) wesentlich erschwert würde" oder der Arbeit „ein sonstiger wichtiger Grund entgegensteht".
Viele Politiker und Sozialexperten glauben indes, dass man mehr Menschen in Jobs bringen kann, wenn man sie systematisch fördert und fordert.
Wie man tatkräftig Unterstützung leistet, macht seit 1997 der US-Bundesstaat Wisconsin vor.
15 Dort geht man davon aus, dass jeder Erwachsene gemäß seinen Fähigkeiten arbeiten kann. Die Maßnahmen zielen deshalb darauf, Sozialhilfeempfängern den Weg zurück in den Arbeitsmarkt zu ebnen. Anspruch auf Unterstützung haben dabei nur Familien, wobei über 90 Prozent davon Alleinerziehende sind.
Sozialhilfe wird vom ersten Tag an nur als Leistung für Gegenleistung gezahlt, also wenn die
20 Hilfeempfänger sich aktiv um eine Tätigkeit bemühen oder wenn sie an einem Arbeitsprogramm teilnehmen.
Sobald eine „welfare mom" auf Jobsuche geht, eine Arbeit annimmt oder noch mal die Schulbank drückt, erhält sie kostenlose Betreuung und Krankenversicherung für ihre Kinder, bekommt die Transport-
25 kosten erstattet und hat Anspruch auf Bewerbungstraining, Beratung sowie Training-on-the-job.
30 Schaffen die Hilfeempfänger den Sprung in den ersten Arbeitsmarkt, erhalten sie weitere Unterstützung [...].
35 In Deutschland dagegen sind viele Hilfeempfänger schon durch die enge Definition von Arbeitsfähigkeit fast
40 zwangsläufig zur Passivität verurteilt. Wie wenig das in deren eige-

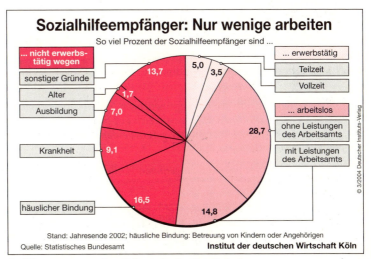

Sozialhilfeempfänger: Nur wenige arbeiten
So viel Prozent der Sozialhilfeempfänger sind ...

... nicht erwerbstätig wegen
sonstiger Gründe
Alter
Ausbildung
Krankheit
häuslicher Bindung

13,7 5,0 3,5
1,7
7,0
9,1
16,5 14,8 28,7

... erwerbstätig
Teilzeit
Vollzeit
... arbeitslos
ohne Leistungen des Arbeitsamts
mit Leistungen des Arbeitsamts

© 3/2004 Deutscher Instituts-Verlag

Stand: Jahresende 2002; häusliche Bindung: Betreuung von Kindern oder Angehörigen
Quelle: Statistisches Bundesamt   **Institut der deutschen Wirtschaft Köln**

(iwd Nr. 3 v. 15.1.2004, S. 3; © Deutscher Instituts-Verlag)

nem Interesse ist, zeigt das Beispiel allein erziehender Sozialhilfeempfängerinnen. Diese Frauen sind doppelt so häufig erwerbstätig wie der Durchschnitt aller Hilfeempfänger – es könnten
45 wohl noch mehr sein. Vielen allein Erziehenden ist der Weg in den Job aber versperrt, weil Kindergartenplätze fehlen oder die Öffnungszeiten der vorhandenen Betreuungseinrichtungen beschränkt sind – Wisconsin ist da schon weiter.

(iwd Nr. 35 v. 30.8.2001, S. 3; © Deutscher Instituts-Verlag)

▬▬ M 116a Ist der „Lohnabstand" gewährleistet?

Für viele Sozialhilfeempfänger rechnet es sich kaum, arbeiten zu gehen. Ein Ehepaar mit zwei Kindern kommt durch die Sozialhilfe auf ein verfügbares Haushaltseinkommen
5 von 1479 € im Monat (s. M 113a). Ein vergleichbarer verheirateter Alleinverdiener mit zwei Kindern verfügt bei einem Bruttoverdienst von 1534 € einschließlich der Sozialtransfers über ein Nettoeinkommen von 1571 €. Zwischen Nicht-Arbeit und Vollzeit-10 Erwerbstätigkeit liegt demnach nur eine Differenz von 92,54 €. Zu diesem Ergebnis kommt eine von der informedia-Stiftung geförderte Studie. [...] Letztendlich ergibt sich für Arbeit suchende Sozialhilfeempfänger ein 15 verfügbares Einkommen, das genau so hoch ist wie im Fall der Sozialhilfe.

(iwd Nr. 26. v. 29.6.2000, S. 4)

▬▬ M 116b Der irreführende Missbrauchsvorwurf

Unter den Empfängern, die ihr Leben in der Sozialhilfe aktiv bewältigen, gibt es zwar einige, die man als „strategische Nutzer" bezeichnen kann. Es handelt sich hierbei meist um
5 jüngere Männer, die häufig den Job wechseln und diese Lebensform durch wiederkehrenden Sozialhilfebezug absichern. Wenn Kritiker der Sozialhilfe von „Missbrauch", „Arbeitsscheu" oder „sozialer Hängematte" re-
10 den, werden unterschiedslos alle Sozialhilfeempfänger in diese Schublade gesteckt. Aber der „strategische Nutzer" ist nur ein (Unter-) Typ unter anderen und zudem meist auf bestimmte Lebensphasen beschränkt. [...]
15 Der Missbrauchsvorwurf trägt nicht weit: Nur eine Minderheit der Hilfeempfänger ist überhaupt arbeitsfähig. Für die Hilfen in besonderen Lebenslagen, vor allem die Hilfen für Pflegebedürftige oder Behinderte, auf die die Masse der Sozialhilfeausgaben (2000: 20 58%) entfallen (s. M 112, S. 161 o.), sind „Missbrauch" und „Arbeitsscheu" kein Thema. Aber auch die Mehrzahl der Empfänger von „laufender Hilfe zum Lebensunterhalt" ist nicht oder nur eingeschränkt arbeitsfähig, 25 weil sie zu jung oder zu alt sind oder Kinder alleine großziehen müssen. Nur bei etwa einem Drittel (2000: 40,2%, s. M 115, S. 165 o.) der Hilfeempfänger ist Arbeitslosigkeit die Hauptursache des Bezugs. 30

(Peter Buhr, Sozialhilfe – Mythos und Realität. In: Blätter für deutsche und internationale Politik 9/95, Blätter Verlagsgesellschaft mbH, Bonn 1995, S. 1063)

---

1. *Erläutern Sie die Kritik, die am gegenwärtigen System der Sozialhilfe geübt wird (M 115, Einleitung). Auf welchen Kritikpunkt bezieht sich das beschriebene „Wisconsin-Modell"? Wie beurteilen Sie diese Regelung? Was müsste getan werden (M 115, Schluss), wenn man sie auf deutsche Verhältnisse übertragen wollte?*

2. *Erläutern Sie das Problem des zu geringen „Lohnabstandes" (M 116a). Für welche Familienform existiert es offenbar?*

3. *Erfahrungen von Arbeitsämtern zeigen, dass es das „Drückeberger"-Problem beim Bezug von Arbeitslosenunterstützung und Sozialhilfe in gewissem Umfang gibt. Inwiefern handelt es sich für den Bereich des Sozialhilfebezugs nur um eine Minderheit (M 116b)? Was soll durch die geplante organisatorische Zusammenlegung von Sozialhilfe und Arbeitslosenunterstützung erreicht werden?*

■■ M 117 „Problemgruppen" – Wichtige Ergebnisse der Armutsforschung im Überblick

„Die Reichen werden immer reicher, die Armen werden immer ärmer." Obwohl mehr als drei Viertel der Deutschen dieser Formel 1999 zustimmten, gibt sie die Situation am Rande der Gesellschaft nicht richtig wieder. Die Sozialhilfesätze werden in etwa prozentual der durchschnittlichen Einkommensentwicklung angepasst; dadurch profitieren auch die Armen in be-
5 scheidenem Maß von der allgemeinen Wohlstandsentwicklung. Allerdings verhindert diese „Dynamisierung" der Sozialhilfeleistungen nicht, dass sich die Schere zwischen offizieller Armutsgrenze und Durchschnittsverdiensten immer weiter öffnet. Die Armen werden zwar nicht immer ärmer, aber die Armutskluft wird immer größer; der Abstand im Lebensstandard zwischen Armen und Bevölkerungsdurchschnitt nimmt kontinuierlich zu.
10 Bestimmte Bevölkerungsgruppen haben aus unterschiedlichen Gründen ein wesentlich größeres Risiko als andere, mit Einkommen an oder unterhalb der Armutsgrenzen auskommen zu müssen.

● Häufig wird angenommen, *ältere Menschen* und *Frauen* seien besonders häufig arm. Dies war früher in der Tat der Fall. So war das Armutsrisiko (50%-Grenze) der Älteren zu Beginn der
15 6oer-Jahre noch etwa doppelt so hoch wie das der Gesamtbevölkerung. Und im Jahre 1963 bezogen fast doppelt so viele Frauen laufende Sozialhilfe wie Männer. Das relative Armutsrisiko beider Gruppen ist in den vergangenen Jahrzehnten stark gesunken. Rentenerhöhungen haben es ermöglicht, dass ältere Menschen – vermutlich erstmals in der Geschichte – seltener arm sind als der Bevölkerungsdurchschnitt. [...]
20 Im Jahre 1995, als (nach der 50%-Grenze) ca. 12% der Menschen in Westdeutschland und 8% der ostdeutschen Bevölkerung als arm eingestuft wurden, waren „nur" 8% der über 65-Jährigen in Westdeutschland arm. In Ostdeutschland war Altersarmut in den 90er-Jahren infolge der Sonderregelungen nach Übertragung der westdeutschen gesetzlichen Rentenversicherung kaum mehr vorhanden.
25 Frauen waren 1995 in Westdeutschland mit 12,7% nur noch geringfügig häufiger arm (50%-Grenze) als Männer. In Sozialhilfeabhängigkeit geraten Frauen jedoch nach wie vor deutlich häufiger als Männer.

30 Mögen die alten Armutsrisiken der Alten und der Frauen nicht mehr hervorstechen; es sind **neue Risikogruppen** der Armut entstanden. Ein Strukturwandel führte weg von der Armut der Älteren, der Frauen und der Alleinstehen-
35 den, hin zur Armut Jüngerer und größerer Familien: Die Haushalte von *Arbeitslosen, allein Erziehenden, kinderreichen Familien* und *Ausländern* geraten sehr viel häufiger in Armut als andere. Insbesondere müssen Kinder beson-
40 ders häufig in Armut aufwachsen.

● **Arbeitslose**, genauer gesagt: Haushalte mit mindestens einem arbeitslosen Mitglied, waren schon seit Anfang der 8oer-Jahre etwa drei Mal so oft arm wie der Rest der Bevölkerung.
45 Daran hat sich bis heute kaum etwas geändert. Sie unterliegen nach wie vor in Westdeutschland einem Armutsrisiko von etwa 30%. In den neuen Bundesländern hat es bis zur Wende keine nominale Arbeitslosigkeit gegeben. Von
50 diesem Stand Null ist das Verarmungsrisiko

Abb. 1

Armutsrisiken und Schutz vor Armut Armutsraten in Prozent nach der 50 Prozent-Grenze (1997)	
Durchschnitt Wohnbevölkerung	9
Durchschnitt deutsche Wohnbevölkerung	7
Risikogruppen (mind. 14 Prozent)	
Einelternfamilien	30
Arbeitslose	24
Familien mit mind. 3 Kindern	22
Ausländer	20
Personen ohne abgeschlossene Lehre	16
Kinder 0–15 Jahre	14
Schutz vor Armut (maximal 5 Prozent)	
ältere Alleinlebende (über 65 Jahre)	5
Abitur	5
Vollzeiterwerbstätige	4
Partner-Haushalt ohne Kinder	3
ältere Partner-Haushalte (über 65 Jahre)	3
Hochschulabschluss (Uni, Fachhochschule)	1

(Zusammengestellt nach Roland Habich/Peter Krause: Einkommen und Lebensqualität im vereinten Deutschland. In: DIW-Vierteljahreshefte zur Wirtschaftsforschung 2000, Heft 2, S. 226f. [Datenbasis: Sozioökonomisches Panel 1997.])

Abb. 2

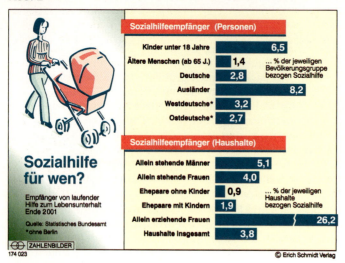

Sozialhilfeempfänger (Personen)	
Kinder unter 18 Jahre	6,5
Ältere Menschen (ab 65 J.)	1,4
Deutsche	2,8
Ausländer	8,2
Westdeutsche*	3,2
Ostdeutsche*	2,7

... % der jeweiligen Bevölkerungsgruppe bezogen Sozialhilfe

Sozialhilfeempfänger (Haushalte)	
Allein stehende Männer	5,1
Allein stehende Frauen	4,0
Ehepaare ohne Kinder	0,9
Ehepaare mit Kindern	1,9
Allein erziehende Frauen	26,2
Haushalte insgesamt	3,8

... % der jeweiligen Haushalte bezogen Sozialhilfe

Sozialhilfe für wen?

Empfänger von laufender Hilfe zum Lebensunterhalt Ende 2001

Quelle: Statistisches Bundesamt
*ohne Berlin

ZAHLENBILDER
174 023

© Erich Schmidt Verlag

Arbeitsloser in Ostdeutschland bis Mitte der 90er-Jahre auf ca. 25% gestiegen. Da die Menschen in den neuen Bundesländern bis 1990 in einer extrem abgesicherten Gesellschaft gelebt haben und auf Arbeitslosigkeit in keiner Weise vorbereitet waren, wird dieser Anstieg als überaus bedrohlich empfunden.

● Schon im Jahre 1962/63 waren doppelt so viele **allein Erziehende** mit ihren Kindern arm als im Bevölkerungsquerschnitt. Seither ist die Armutsquote unter allein Erziehenden bis 1995 auf das Dreifache des „Normalen"

(31%) gestiegen (vgl. Abb. 2). Vor allem sind es die ca. 85% weiblichen allein Erziehenden, selten sind es die männlichen allein Erziehenden, die in Armut geraten.

● Im Gefolge wachsender Arbeitslosigkeit und zunehmender Anteile von allein Erziehenden verarmen immer mehr Familien mit mehreren Kindern. Das Armutsrisiko der **Kinder** nimmt in Westdeutschland seit den 80er-Jahren, in Ostdeutschland seit der Wende ständig zu. Während 1980 nur ca. 2% der Kinder unter 7 Jahren von Sozialhilfe leben mussten, etwa so häufig wie ältere Menschen, war bis 1993 die Sozialhilfequote der kleinen Kinder auf 7,3% gestiegen, jene der Alten dagegen auf etwa 1,5% gefallen (vgl. Abb. 3). Damit musste jedes 14. Kind unter 7 Jahren in einem Haushalt aufwachsen, dessen Lebensstandard lediglich auf Sozialhilfeniveau lag. Diese Zahlen zeigen die Tendenz hin zu einer *Infantilisierung der Armut* sehr deutlich. Armut wurde von der älteren auf die jüngere Generation verlagert.

(Stefan Hradil [= M 110], S. 248–250)

Abb. 3

Von je 1 000 Personen in diesen Altersgruppen erhalten Sozialhilfe*

unter 7 Jahre	84
7 bis unter 15 Jahre	58
15 bis unter 18 Jahre	44
zum Vergleich: Bevölkerung insgesamt	33

*Empfänger von laufender Hilfe zum Lebensunterhalt

G
8668 © Globus

Stand: Ende 2001; Ende 2003 betrugen die Zahlen: 86 (unter 7 J.), 58 (7 bis unter 15 J.) und 47 (15 bis unter 18 J.).

Für das Armutsrisiko von Kindern zeigte sich erwartungsgemäß bei der Untersuchung nach Erwerbsstatus der Bezugsperson ein deutlicher Zusammenhang mit *Arbeitslosigkeit:* Fast ein Sechstel der Kinder in relativer Einkommensarmut in Westdeutschland lebte 1998 in einem Haushalt mit arbeitsloser Bezugsperson. Betrachtet man die Kinder in relativer Einkommensarmut aus einem anderen Blickwinkel, nämlich nach dem *Familientyp,* so waren Kinder von allein Erziehenden mit einem Viertel überproportional häufig unter den Kindern einkommensarmer Eltern vertreten, wobei zwei Drittel dieser allein erziehenden Bezugspersonen nicht erwerbstätig waren. Kinder in Ehepaarhaushalten bildeten die Mehrheit, wobei auch hier das Fehlen einer Erwerbstätigkeit bei der Bezugsperson oder dessen Ehepartner für das Armutsrisiko ausschlaggebend war. Zusammenfassend kann gesagt werden, dass bei fehlender Erwerbstätigkeit – infolge von Arbeitslosigkeit oder wegen der Betreuungspflichten gegenüber Kindern – der bestehende Familienleistungsausgleich häufig nicht ausreichte, um Kinderarmut zu verhindern.

(Bundesministerium für Arbeit und Sozialordnung [Hg.], Lebenslagen in Deutschland. Der erste Armuts- und Reichtumsbericht der Bundesregierung, 2001, S. 28)

105 ● Eine starke Verschiebung hat sich auch hin zur Armut von **Ausländern** ergeben. Bis etwa 1980 bezogen Ausländer seltener als Deutsche laufende Sozialhilfe. Im Jahre 1993 lebten Ausländer schon fünf Mal so häufig wie
110 Deutsche von Sozialhilfe (einschl. Asylbewerber). Seit dem Jahre 1994 ist mit Inkrafttreten des „Asylbewerberleistungsgesetzes" die Versorgung von Asylbewerber aus der Sozialhilfe ausgegliedert. Asylbewerber erhalten nun-
115 mehr geringere Leistungen, als sie das Bundessozialhilfegesetz vorsieht. Danach war das Sozialhilferisiko von Ausländern ca. drei Mal so hoch wie das von Inländern. [...]

Abb. 4

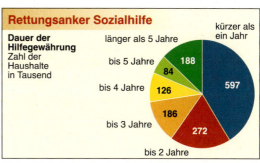

(Daten: Statistisches Bundesamt, 2001)

● Die meisten Armutsphasen dauern nicht allzu lang. Gemessen an relativen Standards (50%-
120 Grenze) war Mitte der 90er-Jahre nur jeder 25. Bewohner Deutschlands dauerhaft arm: In den sechs Jahren von 1990 bis 1995 lebten lediglich 4% der Bevölkerung fünf Jahre oder länger in Armut. Erhebungen unter den Sozialhilfeempfängern des Jahres 1994 erbrachten ähnliche Ergebnisse: Nur etwa 18% von ihnen hatten bereits mehr als drei Jahre und nur ca. 10% schon seit mehr als fünf Jahren Sozialhilfe bezogen. Auch Längsschnittuntersuchungen von Sozialhilfe-
125 empfängern bestätigen diese Resultate: Während eines Untersuchungszeitraums von sechs Jahren erhielten nur 11% der untersuchten Sozialhilfeempfänger über fünf Jahre lang ständig Sozialhilfe. [Auf die Zahl der Haushalte von Sozialhilfeempfängern bezogen, zeigt Abb. 4 für das Jahr 2000 einen Anteil von rd. 27% für den länger als dreijährigen Bezug und von rd. 13% für den mehr als fünfjährigen Bezug von Sozialhilfe.]

130 ● Diese Angaben zeigen, dass sich Armut sehr oft auf einen kurzfristigen Lebensabschnitt beschränkt, in dem sich kaum eine umfassende Lebenslage der Armut ausbilden dürfte. Andererseits wird aber auch deutlich, dass für weite Bevölkerungskreise ein erhebliches Risiko besteht, in Armut zu geraten. Fast ein Viertel (22,9%) der Bevölkerung Westdeutschlands war 1990 bis 1995 wenigstens ein Mal von „relativer" Armut betroffen. *Was das Armutsrisiko betrifft,*
135 *so ist Deutschland keine Zwei-Drittel-Gesellschaft. Man kann sie aber als eine Gesellschaft bezeichnen, in der 70% der Bevölkerung nie, 25% gelegentlich und 5% lange in Armut leben.*

(Stefan Hradil [= M 110], S. 250, 247f.)

---

1. Werten Sie die Informationen zu den vier besonderen „Risikogruppen der Armut" (M 117) aus und fassen Sie sie jeweils in kurzen Formulierungen zusammen.

2. Achten Sie beim Vergleich der Statistiken (Abb. 1 und 2) auf die unterschiedlichen Armutskonzepte („50%-Grenze" und Sozialhilfebezug). Inwieweit lassen sich im Hinblick auf das „Armutsrisiko" bestimmter Bevölkerungsgruppen Übereinstimmungen zwischen den Messergebnissen nach den beiden Konzepten feststellen?

3. Welche Ursachen und Zusammenhänge sind dafür verantwortlich, dass die „Kinderarmut" ein so hohes Ausmaß erreicht hat (vgl. Abb. 3)? Welche Forderungen ergeben sich daraus? Welche Maßnahmen müssten aus Ihrer Sicht realisiert werden?

4. „Armut ist für die meisten Betroffenen ein kurzzeitiges Problem." Erläutern Sie diese Feststellung näher.

5. *Falls Sie das in M 118 vorgeschlagene Projekt nicht realisieren wollen, sollten Sie während oder gegen Ende der Arbeit zum Thema Sozialhilfe auf jeden Fall eine **Expertenbefragung** planen und durchführen. Der Leiter oder ein Mitarbeiter des örtlichen Sozialamtes wird sicherlich gern bereit sein, Ihnen Rede und Antwort zu den örtlichen Verhältnissen und Problemen zu stehen. Zum Fragenkatalog, den Sie sorgfältig vorbereiten sollten (s. die Hinweise zur Expertenbefragung im Anhang, S. 391f.), könnten u.a. gehören (vgl. M 118):*

– *Wie stellen sich die örtlichen Zahlen zur Sozialhilfe (Prozentsätze der Empfänger, Entwicklung im Zeitablauf, Verteilung auf Alters- und besondere Risikogruppen, Dauer des Anspruchs) im Vergleich zu den in diesem Buch enthaltenen Gesamtzahlen für West-/Ostdeutschland dar?*

– *Welche Gründe könnte es für eventuelle Unterschiede geben?*

– *Wo sind aus der Sicht des Experten/der Expertin Verbesserungen im System und in der Praxis der Sozialhilfe notwendig und möglich?*

Methode

M 118 Erkundung und Dokumentation: Armut in unserer Gemeinde

Im Zusammenhang mit dem Thema Armut in Deutschland (bzw. Sozialhilfeempfang als „Armutsindikator") schlagen wir Ihnen die Erkundung der konkreten Situation in Ihrer Gemeinde mit dem Ziel einer öffentlichen Dokumentation des Erkundungsergebnisses vor. Ein solches Projekt bedarf einiger Vorüberlegungen und einer sinnvollen Planung der einzelnen Arbeitsschritte. Dazu wollen wir Ihnen hier einige Hilfen und Hinweise geben.

1. Zunächst sollten Sie Klarheit darüber schaffen, welche **Bereiche** des weiten Spektrums, das sich mit der „Armutssituation" einer Gemeinde verbinden lässt, sich für eine Erkundung eignen. Solche Bereiche könnten z.B. sein:

   – der Umfang und die Entwicklung der *Sozialhilfe* (Empfänger, Ausgaben),
   – die Situation der *Obdachlosen* („Penner", „Bettler"),
   – die Lebensbedingungen, insbesondere die *Wohnungssituation* (Notunterkünfte) sozial schwacher Familien und Einzelpersonen,
   – die Arbeit der in der Gemeinde tätigen *Einrichtungen der „Wohlfahrtspflege"* (z.B. Arbeiterwohlfahrt, Caritas, Diakonisches Werk, Deutsches Rotes Kreuz).

   Sie können sich für einen dieser Bereiche entscheiden oder auch Bereiche miteinander kombinieren.

2. Sodann gilt es festzustellen, wo Sie am besten **Informationen** aller Art zu den genannten Bereichen einholen können. Hier sind die städtischen Ämter von zentraler Wichtigkeit. Für alle Fragen der Sozialhilfe ist das Sozialamt zuständig, für die Wohnungssituation das Amt für Wohnungswesen, für die Situation der Obdachlosen auch das Ordnungsamt. Da die Ämterverteilung und die Zuständigkeiten von Ort zu Ort etwas variieren, sollten Sie sich vielleicht bei einer zentralen Informationsstelle der Stadtverwaltung zuvor erkundigen. Die Adressen der Wohlfahrts-Einrichtungen sind im Telefonbuch zu finden. Vielleicht sollten Sie auch Kontakt mit den zuständigen Ausschüssen des Kommunalparlamentes (z.B. Jugendwohlfahrtsausschuss) aufnehmen.

3. Auf welche **Art von Informationen** kommt es Ihnen an? Was genau wollen Sie wissen und recherchieren? Vielleicht lassen sich zwei Dimensionen unterscheiden:

   – *Fakten*, Zahlen, statistische Daten, Anschauungsmaterial (Pläne, Fotos), Tätigkeits- und Verhaltensbeschreibungen
   – *Einstellungen*, Einschätzungen, Meinungen, Beurteilungen der Beteiligten (ggf. auch von nicht beteiligten Bürgerinnen und Bürgern sowie von Politikern)

Für die Erkundung der Sozialhilfe-Situation kommt es z.B. vor allem auf die beim Sozialamt vorhandenen statistischen Daten an, z.B. zur genauen Zahl der Empfänger und zum Umfang der Ausgaben, zu den verschiedenen Arten und zur Dauer der Sozialhilfe, zur Altersgliederung und zur familiären Situation der Empfänger, zur Entwicklung all dieser Daten in den letzten Jahren (vgl. dazu die Materialien M 112 – M 116 für die Bundesrepublik). Entsprechende Informationsbereiche ergeben sich für die Erkundung der Wohnsituation in Notunterkünften und der Situation von Obdachlosen.

Für den zweiten Bereich (Einstellungen, Einschätzungen) sollten Sie für entsprechende Interviews Fragenkataloge entwickeln. Fragebeispiele für die *von Armut betroffenen Menschen* könnten z.B. sein:

- Wie lange leben Sie schon in unserer Gemeinde?
- Seit wann sind Sie in der jetzigen schwierigen Situation?
- Wodurch sind Sie in diese Situation geraten?
- Welche Hilfen erhalten Sie von städtischen oder anderen Stellen?
- Woran mangelt es Ihnen in Ihrer Situation vor allem?
- Welche unangenehmen oder angenehmen Erfahrungen haben Sie im Umgang mit Mitbürgerinnen und Mitbürgern, mit Vertretern städtischer und anderer Stellen gemacht?
- Wie schätzen Sie die zukünftige Entwicklung Ihrer Situation ein?

Fragebeispiele für die *Mitarbeiter in den sozialen Einrichtungen der Stadt und der Verbände* könnten sein:

- Wie lange sind Sie schon in Ihrem jetzigen Aufgabenbereich tätig?
- Welche spezifischen Qualifikationen und Voraussetzungen bringen Sie für Ihre Tätigkeit mit?
- Worin sehen Sie die wichtigsten Probleme und die größten Belastungen bei Ihrer Arbeit?
- Welche unangenehmen und angenehmen Erfahrungen haben Sie bei Ihrer Arbeit gemacht? Gab es besonders ungewöhnliche Fälle?
- Gibt es Ihrer Erfahrung nach Menschen, die soziale Einrichtungen und soziale Leistungen missbräuchlich in Anspruch nehmen? Wie hoch schätzen Sie ggf. den Umfang solchen Missbrauchs ein?
- Haben Sie das Gefühl, dass die von Ihnen vermittelten Hilfen die Situation der Betroffenen wirklich verbessern? Wie nachhaltig wirken solche Hilfen?
- Wollen Sie weiterhin in Ihrem Aufgabenbereich tätig sein oder streben Sie einen Wechsel an?

Die Fragebeispiele stellen nur Anregungen dar. Denken Sie über spezifische Erkundungsinteressen nach und ergänzen oder verändern Sie die Beispiele entsprechend.

4. Die **Wege und Mittel der Informationsbeschaffung** können unterschiedlich sein: verabredete Besuche in den sozialen Einrichtungen oder z.B. in den Notunterkünften, Einladungen zu „Expertenbefragungen" in den Unterricht, Gesprächsprotokolle, schriftliche Befragungen, mündliche Interviews, Fotoaufnahmen ...

5. Die **Sammlung, Sichtung und Aufbereitung** der eingeholten Informationen und Dokumente sollte von vornherein unter dem Gesichtspunkt erfolgen, welche Form der Dokumentation/Präsentation Sie wählen wollen (z.B. die einer kleinen Broschüre oder die einer Ausstellung mit Stellwänden und Wandzeitungen). In jedem Fall sollten Sie auf eine gute Mischung der Informationsmaterialien (Texte, Grafiken, Fotos) und besonders auf eine eindrucksvolle Gestaltung/Anordnung achten. Für die Information der Öffentlichkeit/der Presse könnten Sie entsprechend den Hinweisen in M 20, S. 326 u. verfahren.

(Autorentext)

3. Bereiche staatlicher Umverteilungspolitik

Aus der Vielfalt der Maßnahmen, mit denen die staatliche Sozialpolitik (vgl. M 78 – M 80) die ungleiche Verteilung von Einkommen und Vermögen ein Stück weit auszugleichen versucht (Umverteilungspolitik), werden zwei Bereiche ausgewählt:

➤ *Inwiefern stellt der Einkommensteuertarif ein Instrument staatlicher Umverteilungspolitik dar? (M 119)*

➤ *Mit welchen Mitteln unterstützt der Staat die Vermögensbildung breiter Gruppen der Bevölkerung? (M 120)*

M 119 **Umverteilung der Einkommen**

Die Einkommen, die sich am Markt bilden, werden durch die Maßnahmen der Steuer- und Sozialpolitik korrigiert. Ziel dieser Einkommenskorrektur ist eine **Umverteilung*** der leistungsbezogenen Verteilung unter sozialen Gesichtspunkten. Die Nettoeinkommen sind daher wesentlich gleichmäßiger verteilt als die Bruttoeinkommen. Die Umverteilung der Einkom-
5 men durch den Staat ist eines der tragenden Elemente der Sozialen Marktwirtschaft.

Das wichtigste steuerpolitische Instrument der Umverteilung ist die progressive Ausgestaltung des **Einkommensteuertarifs**. Progressiv heißt: Die Bezieher niedrigerer Einkommen haben nur einen kleinen Teil ihrer Einkünfte als **Steuern** zur Finanzierung der öffentlichen Aufgaben aufzubringen; die Bezieher hoher Einkünfte müssen dagegen einen weit größeren Teil ih-
10 res Einkommens als Steuer abführen. Progressive Besteuerung heißt also, dass der Steueranteil der höheren Einkünfte prozentual größer ist als der Steueranteil kleinerer Einkünfte. Die Finanzierung der öffentlichen Aufgaben, im Interesse aller Bürger, wird daher von Arm und Reich in unterschiedlichem Ausmaß getragen. Richtschnur der Steuersätze sind Annahmen über die Belastbarkeit der Einkommen. Mit steigenden Einkommen nimmt die Belastbarkeit
15 zu, sodass die Steuersätze progressiv steigen. Auf der Einnahmenseite ist die progressive Einkommenbesteuerung das dominierende Umverteilungsinstrument. [...]

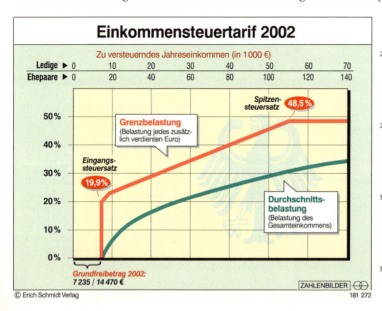

Einkommensteuertarif 2002

Zu versteuerndes Jahreseinkommen (in 1 000 €)

| Ledige ▶ 0 | 10 | 20 | 30 | 40 | 50 | 60 | 70 |
| Ehepaare ▶ 0 | 20 | 40 | 60 | 80 | 100 | 120 | 140 |

Spitzensteuersatz **48,5 %**

Grenzbelastung
(Belastung jedes zusätzlich verdienten Euro)

Eingangssteuersatz **19,9 %**

Durchschnittsbelastung
(Belastung des Gesamteinkommens)

Grundfreibetrag 2002:
7 235 / 14 470 €

ZAHLENBILDER

© Erich Schmidt Verlag   181 272

Auch über die Ausgabenseite des Staatshaushalts finden Um-
20 verteilungsprozesse statt. Mithilfe der **Transferzahlungen** wie Wohngeld, Kindergeld, Bafög und Sozialhilfe
25 verteilt der Staat Einkommen.

Neben diesen monetären Transferzahlungen setzt der Staat
30 auch so genannte **Realtransfers** zur Umverteilung ein. Unter Realtransfer versteht man im weitesten Sinne alle
35 staatlich subventionierten Leistungen wie beispielsweise Kindergar-

tenplätze oder Leistungen der Schulen und Hochschulen. Auch der Personennahverkehr und die meisten kulturellen Angebote haben Realtransfercharakter, da diese Leistungen nicht zu
40 kostendeckenden Preisen bereitgestellt werden. Ob mit dieser Form der Preissubventionierung unter Berücksichtigung der Finanzierung dieser Leistungen tatsächlich die erwünschten Umverteilungswirkungen erzielt werden, ist umstritten. Eine Preissubventionierung wirkt undifferenziert: In ihren Genuss kommen Arme wie Reiche, die einer Subventionierung nicht bedürfen. In manchen Fällen, so beispielsweise bei Theatern und Museen, ist wegen der spe-
45 zifischen Nutzungsprofile sogar eine Umverteilung von Arm zu Reich nicht ausgeschlossen. Effizienter wäre deshalb in vielen Fällen ein Übergang von der Objekt-(=Preis-) zur Subjektförderung. Das Verteilungsziel könnte dadurch effektiver und unter Einsatz erheblich verminderter Umverteilungsbudgets erreicht werden.

(Soziale Marktwirtschaft. Arbeitshilfen für die politische Bildung, hrsg. von der Bundeszentrale für politische Bildung, Bonn 1997, S. 162; Verf.: Rolf Kroker)

M 120 Vermögensumverteilungspolitik

Es gibt eine enge Verzahnung zwischen der Einkommens- und Vermögensverteilung, da Vermögen stets durch nicht-konsumiertes (= gespartes) Einkommen aufgebaut wird. Andererseits ist das Vermögen eine Einkommensquelle. Ungleichheiten in beiden Verteilungen haben die Tendenz sich zu verstärken: Hohes (z.B. ererbtes) Vermögen bietet die Möglichkeit, aus sei-
5 nen Erträgen ein hohes Einkommen zu erzielen; je höher das Einkommen, umso mehr wird Vermögen gebildet usw. Maßnahmen der Einkommensumverteilungspolitik haben somit Echowirkungen auf die Vermögensverteilung. Setzen wirtschaftspolitische Eingriffe bei der Vermögensverteilung an, so ergeben sich umgekehrt Auswirkungen auf die Einkommensverteilung.
10 Bei der Vermögensumverteilungspolitik handelt es sich entweder um die Umverteilung *bestehenden* Vermögens oder um eine Umverteilung des Vermögens*zuwachses*.

Umverteilung vorhandenen Vermögens

Die radikalste Form der Umverteilung bestehenden Vermögens besteht in der Enteignung durch den Staat. In den Verfassungen der meisten Industrienationen ist geregelt, dass eine
15 Enteignung jedoch nur ausnahmsweise und gegen volle Entschädigung erfolgen darf. Dies bedeutet, dass sich insofern kein eigentlicher Umverteilungseffekt ergibt. Bisheriges Sachvermögen wird nämlich lediglich in Geldvermögen umgetauscht, das später wieder zum Erwerb von Sachvermögen verwendet werden kann. [...]
In den meisten Ländern wird eine rigorose Umverteilungspolitik am bestehenden Vermögen
20 abgelehnt, weil sonst der Anreiz zur künftigen Vermögensbildung über Sparen und Investition verloren ginge. Würde Umverteilungspolitik über eine extrem hohe *Erbschaftsbesteuerung* betrieben, so würden viele das Ansparen zum Bau eines Eigenheimes unterlassen, das sie für sich und ihre Kinder nutzen wollen. Die Aussicht, dass die Kinder gar nichts oder nur einen geringen Teil des Vermögens erben können, wird in diesem Falle die Vermögensbildung
25 kaum als sinnvoll erscheinen lassen.
Im Übrigen ist nicht einzusehen, dass – um ein extremes Beispiel zu nehmen – derjenige, der sich sein Leben lang die Finanzierung seines Eigenheimes vom Munde abgespart hat, damit u.a. auch seine Kinder in dessen Genuss kommen, mit einer hohen Erbschaftsteuer bestraft wird im Vergleich zu demjenigen, der sein Leben lang sein Einkommen bei Wein, Weib und
30 Gesang durchgebracht hat und der somit dieses Problem nicht kennt.
Die Erbschaftsbesteuerung ist daher regelmäßig so ausgestaltet, dass Kleinvermögen (Eigenheim, Hausrat, usw.) von der Besteuerung ausgenommen und größere Vermögensmassen stufenweise und in Abhängigkeit vom Verwandtschaftsgrad zunehmend besteuert werden. In Unternehmerhaushalten würde infolge einer extrem hohen Erbschaftsbesteuerung die Nei-
35 gung abnehmen, Produktivvermögen mittels Investitionen zu bilden. Abschwächungen des wirtschaftlichen Wachstums würden die Folge sein.

(Wilhelm Henrichsmeyer/Oskar Gans/Ingo Evers, Einführung in die Volkswirtschaftslehre, Ulmer, Stuttgart 1993, S. 543f.)

Umverteilung der Vermögenszuwächse

Bei den hier zu betrachtenden Maßnahmen handelt es sich zunächst um solche staatlichen Aktivitäten, die die Bruttofaktoreinkommen der Haushalte, also die primäre Einkommensver-
40 teilung, unverändert lassen. Es handelt sich um **Sparförderungsmaßnahmen** in Form von Steuervergünstigungen oder Prämien für den Sparvertrag.

Bestimmte Sparverträge, die sog. Vorsorgeaufwendungen, können bis zu einer Höchstgrenze als Sonderausgaben vom Einkommen abgesetzt werden. Dadurch vermindert sich die Steuerlast des betreffenden Sparers, sodass er einen Teil der Ersparnis aus der Steuerersparnis leis-
45 ten kann. Allerdings müssen die begünstigten Aufwendungen für längere Zeit festgelegt werden. Die durch § 10 Einkommensteuergesetz begünstigten Sparformen sind insbesondere die Beitragszahlungen an Lebens- und Rentenversicherungen.

Des Weiteren kann es sich um Maßnahmen zur *Erhöhung der Faktoreinkommen** der Arbeitnehmer handeln.

(Ulrich Baßeler/Jürgen Heinrich/Walter A. S. Koch, Grundlagen und Probleme der Volkswirtschaft, Wirtschaftsverlag Bachem, Köln 1999, S. 683)

▬ M 121a Vermögensbildung

Arbeitnehmer bekommen in der Regel von ihrem Arbeitgeber so genannte **vermögenswirksame Leistungen (VL)**, die bis zu 40 € pro Monat betragen können. Ausbezahlt werden sie zusätzlich zum Lohn. Nach dem Willen des Gesetzgebers sollen diese VL der Vermögensbildung dienen. Deshalb werden sie nicht direkt mit dem Gehalt ausbezahlt, sondern sie müssen vom
5 Arbeitgeber auf einen speziellen vermögenswirksamen Sparvertrag eingezahlt werden. Außerdem darf über das Geld mehrere Jahre – meist 7 Jahre – nicht verfügt werden. Die genauen Bedingungen des vermögenswirksamen Sparens sind im **Vermögensbildungsgesetz** festgelegt.

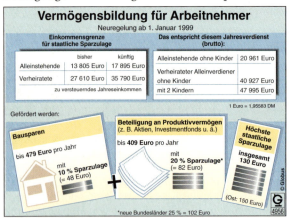

Seit dem 1. Januar 1999 ist die Vermögensbildung neu geregelt. Da-
10 durch sollen die Arbeitnehmer stärker am Produktivvermögen beteiligt werden. Mit der neuen Sparförderung ist die Zahl der Anspruchsberechtigten auf eine Arbeitnehmer-
15 sparzulage angestiegen. Dies wurde erreicht durch eine Anhebung der Einkommensgrenzen auf 17900 € bei Ledigen und 35800 € bei Verheirateten. Die derzeitige Sparförderung
20 umfasst das Beteiligungssparen und das Bausparen.

(Nuding/Haller [= M 76], S. 145)

▬ M 121b „Kleinvieh kann verdammt viel Mist machen" – Anzeige einer Bausparkasse

Mit den VL (Vermögenswirksamen Leistungen) vom Chef und einem Teil eigenem Geld kannst du bei uns mächtig Kohle machen. Und je früher du damit anfängst, desto besser. Das folgende Beispiel zeigt's:

Dein Arbeitgeber zahlt monatlich:	40 Euro
5 Du selbst zahlst monatlich:	45 Euro
Nach sieben Jahren beträgt dein Guthaben:	8.430 Euro

4.565 Euro – mehr als die Hälfte – kommen durch Prämien vom Staat, VL vom Chef und Zinsen von uns zusammen (anfallende Gebühren wurden hierbei schon berücksichtigt). Das nimmt man doch gerne mit.

▬ M 121c Christines Bausparvertrag

Christine, 45 Jahre alt, Sekretärin, Bruttoverdienst 1.700 EUR im Monat, ledig

Situation
- hat Anspruch auf vermögenswirksame Leistungen des Arbeitgebers in Höhe von 26 EUR im Monat
5 - möchte die maximale Sparzulage ausschöpfen

Sparen
- Christine lässt die Arbeitgeberleistung auf einen Bausparvertrag einzahlen, das sind 312 EUR im Jahr.
- Zusätzlich spart Christine monatlich 48 EUR von ihrem Gehalt. Damit kann sie die Bauspar-
10 beiträge um 168 EUR auf 480 EUR im Jahr aufstocken und für 408 EUR im Jahr Anteile an einem Aktien-Investmentfonds* kaufen. Der Arbeitgeber zieht diese Beträge vom Gehalt ab und überweist sie.
- Christine erhält je Sparjahr 48 EUR Sparzulage für das Bausparen und 82 EUR für den Beteiligungserwerb.

15 **Ergebnis für einen Zeitraum von 7 Jahren:**

7 Jahre mit 480 EUR auf den Bausparvertrag und 6 Jahre mit 408 EUR auf den Investment-Sparvertrag machen zusammen ein eingesetztes

Eigenkapital in Höhe von	5.808 EUR
dazu Sparzulage	828 EUR
20 dazu Kapitalerträge	rund 1.000 EUR
Auszahlungsbetrag	**rund 7.600 EUR**

(http://www.bma.bund.de/download/broschueren/a191.rtf)

▬ M 121d „Nur geringer Erfolg"

Im Hinblick auf eine Angleichung der Vermögensverteilung haben die bestehenden staatlich finanzierten Maßnahmen der Vermögenspolitik nur geringen Erfolg gehabt.
5 Die unteren Einkommensgruppen wurden von ihnen wegen deren geringer Sparfähigkeit kaum erreicht, und besser verdienenden Bevölkerungsgruppen dienten sie in erster Linie zur Finanzierung langlebiger Verbrauchs-
10 güter. Eine breitere Streuung von Vermögensbeständen ist eher von einer allgemeinen Erhöhung der Realeinkommen und der Sparfähigkeit zu erwarten.

Schwieriger Aufstieg   (Zeichnung: Jupp Wolter)

(Stefan Hradil, Soziale Ungleichheit in Deutschland, Leske + Budrich, Opladen 2001, S. 242)

1. Beschreiben Sie die in M 119 dargestellten Maßnahmen der Umverteilungspolitik im Bereich der Einkommen. Welche Gestaltungsmerkmale des Einkommensteuertarifs dienen dem Ziel des sozialen Ausgleichs zwischen „Arm" und „Reich"? Zu den staatlichen Transferleistungen vgl. auch M 79b und M 129, zu den „Realtransfers" M 10.

2. Erläutern Sie, warum direkte Enteignungen als Mittel der Vermögensumverteilung abgelehnt werden (M 120), und beschreiben Sie dann, mit welchen Instrumenten der Staat die Vermögensbildung breiter Schichten der Bevölkerung zu fördern versucht. Welche Verbesserungen gelten hier seit 1999 (M 110a)? Vergleichen Sie dazu auch die Anzeige einer Bausparkasse (M 121b) und das von der Bundesregierung dargestellte Beispiel (M 121c).

3. Wie beurteilen Sie die genannten Maßnahmen? Beziehen Sie auch die Einschätzungen in M 121d in Ihre Meinungsbildung ein.

V. Was heißt „soziale Gerechtigkeit"? – Die Diskussion über die Sozialpolitik in Deutschland

(DER SPIEGEL Nr. 37 v. 13.9.1999)

(Wirtschaftswoche Nr. 6 v. 31.1.1998)

Wie gerecht muss der Staat sein?

(DIE WOCHE v. 6.8.1999, S. 1)

WAS EIGENTLICH IST GERECHT?

(DIE ZEIT v. 29.7.1999, S. 5)

1. Soziale Gerechtigkeit zwischen Leistungs- und Bedarfsprinzip

> ➤ *Wie kommt es, dass die Diskussion über „soziale Gerechtigkeit" in den letzten Jahren so lebhaft geworden ist? (M 122 – M 123)*
> ➤ *Wie kann man den Begriff „soziale Gerechtigkeit" genauer bestimmen? An welchen Prinzipien soll sich Verteilungsgerechtigkeit orientieren? (M 125 – M 128)*

▬ M 122 Was die Deutschen über die soziale Marktwirtschaft denken

a) Wie die Bevölkerung im Einzelnen über die Marktwirtschaft sowie Unternehmen und Unternehmer denkt, ermittelte im Sommer 1999 das Institut für Demoskopie Allensbach bei 1170 Bundesbürgern:

Haltung zur Marktwirtschaft. Die Deutschen haben zur Sozialen Marktwirtschaft heute längst
5 nicht mehr ein so inniges Verhältnis wie früher. In Westdeutschland beurteilen derzeit 47 Prozent der Befragten das Wirtschaftssystem positiv, 1994 waren es noch 57 Prozent. Einem Erdrutsch gleich kommt die Entwicklung des Meinungsklimas in den neuen Bundesländern: Kurz nach der Wende standen 69 Prozent der Befragten dem neuen System geradezu euphorisch gegenüber. Heute kann sich lediglich jeder vierte Befragte mit ihm anfreunden.

10 Das Stimmungsbild wird offenbar kaum von den Realitäten beeinflusst – denn auch Bundesbürger, die die eigenen wirtschaftlichen Verhältnisse positiv beurteilen, verweigern der Marktwirtschaft die Zustimmung:

Jeder fünfte zufriedene Deutsche lässt kein gutes Haar an der Marktwirtschaft – und jeder Dritte sieht neben dem Licht auch viel Schatten.

15 Die große Mehrheit der Bevölkerung bezweifelt nicht, dass die Marktwirtschaft effizient ist – im Gegenteil: Mit ihr verbunden werden ein umfassendes Warenangebot, Leistung, Erfolg, Wohlstand, sozia-
20 le Sicherheit und Freiheit (Grafik). Doch im gleichen Atemzug wird die Marktwirt-
25 schaft von 61 Prozent für die Arbeitslosigkeit verantwortlich gemacht – vor allem Ostdeutsche (80 Prozent)
30 schieben dem Markt den schwarzen Peter zu. 39 Prozent sind der Meinung, die Soziale Marktwirtschaft
35 verdiene das Prädikat sozial nicht.

(iwd Nr. 18 v. 4.5.2000, S. 4; © Deutscher Instituts-Verlag)

Woran die Deutschen beim Wort Marktwirtschaft denken

in Prozent der Befragten

Großes Warenangebot	84
Leistung	74
Soziale Sicherheit	64
Arbeitslosigkeit	61
Erfolg	61
Wohlstand	60
Freiheit	59
Gerechtigkeit	43
Egoismus	42
Menschlichkeit	41
Hohe Löhne	27
Ausbeutung	27
Armut	25
Gleichheit	24

So viel Prozent der Deutschen haben persönlich die Marktwirtschaft bereits
▲ als hart und unmenschlich empfunden
◢ nicht darunter gelitten
△ weiß nicht, unentschieden

insgesamt: 21 / 15 / 64
West: 18 / 14 / 68
Ost: 31 / 19 / 50

Umfrage bei 1.170 Bundesbürgern ab 16 Jahren im August 1999
Quelle: Institut für Demoskopie Allensbach im Auftrag des Instituts der deutschen Wirtschaft Köln
Institut der deutschen Wirtschaft Köln

© 18/2000 Deutscher Instituts-Verlag

b) Frage: „Jemand sagte uns neulich: ‚Marktwirtschaft und Menschlichkeit, das passt nicht zusammen. Eine freie Marktwirtschaft führt immer zu einer Gesellschaft, die nicht menschlich ist.' Würden Sie dem zustimmen?"

	16 – 29-Jährige	
	West-deutschland	Ost-deutschland
Ja, würde zustimmen	31	59
Nein, würde nicht zustimmen	39	21
Weiß nicht, unentschieden	30	20
	100	100
n =	93	108

(Allensbacher Archiv, IfD-Umfrage 7007, Mai/Juni 2001)

c)

Wenn es um die Zukunft der sozialen Marktwirtschaft geht: Brauchen wir da ... *	Gesamt	West	Ost
eher mehr Markt, also mehr freien Wettbewerb,	27	29	20
eher mehr soziale Absicherung, oder	48	43	67
brauchen wir da keine großen Änderungen?	18	20	8
weiß nicht	8	8	5

* Umfrage Oktober 2000.

(Wilhelm Bürklin/Christian Jung, Deutschland im Wandel – Ergebnisse einer repräsentativen Meinungsumfrage, in: Karl-Rudolf Korte/Werner Weidenfeld [Hg.], Deutschland-TrendBuch, Bundeszentrale für politische Bildung, Bonn 2001, S. 692)

d)

(Zeichnung: Reiner Schwalme/CCC, www.c5.net)

e)

(Zeichnung: Thomas Plaßmann/CCC, www.c5.net)

■ M 123a Die Rückkehr der Gerechtigkeitsfrage

Tatsächlich ist in den Neunzigerjahren die Gerechtigkeitsfrage in die deutsche Politik zurückgekehrt, und zwar auf breiter Front: Der überkommene *Generationenvertrag** wird
5 von jungen Menschen teilweise als ungerecht und revisionsbedürftig angesehen. *Familien mit Kindern* werden von Politikern und Verfassungsrichtern zunehmend als gegenüber Kinderlosen benachteiligt dargestellt, verbun-
10 den mit der Forderung massiver Umverteilungen. Derzeit scheint die soziale Frage streckenweise geradezu zu einer Familienfra-

ge umdefiniert zu werden. Den Verlauf des *Einigungsprozesses* haben Ostdeutsche häufig als ungerecht empfunden, reaktiv traten Be- 15 nachteiligungsgefühle auch bei Westdeutschen auf. Hinzu kommen Themen der Achtzigerjahre, die in den Neunzigerjahren weiter virulent sind, vor allem die Frage einer gerechten gesellschaftlichen *Verteilung von Ar-* 20 *beit* und der *Gleichstellung von Frauen.*

(Lutz Leisering, Eine Frage der Gerechtigkeit. Armut und Reichtum in Deutschland. In: Aus Politik und Zeitgeschichte B 18/99 v. 30.4.1999, S. 10)

■ M 123b Die „Gerechtigkeitsfalle"

Derzeit geht jede zweite Mark, die von den Bundesbürgern erwirtschaftet wird, durch die öffentliche Hand, wie die Staatsbürokratie gern genannt wird – alles in allem die gewal-
5 tige Summe von 1,9 Billionen Mark und damit etwa so viel, wie die Deutschen in den ersten zehn Jahren Bundesrepublik insgesamt erwirtschaftet haben.
Doch erstaunlich: Je mehr Geld die Regieren-
10 den zum Wohle ihrer Bürger ausgeben, desto größer werden deren Zweifel, wie gerecht es in diesem Land noch zugeht. Selbst die Frage, ob nun ein Rückzug des Staates oder ein weiterer Ausbau mehr soziale Gerechtigkeit
15 schafft, lässt sich für die meisten nicht eindeutig beantworten.

Sozial gerecht. Um keinen Begriff wird derzeit so heftig gerungen wie um das schillernde Wortpaar, das noch jede Partei für sich reklamiert hat und das gerade in seiner Kombina- 20 tion so wirkmächtig ist wie kein anderer politischer Begriff. Denn dass bei der Verteilung von Lasten und Wohltaten niemand zu kurz kommt, aber auch niemand zu gut dasteht, das ist das zentrale Versprechen jeder Politik. 25 Deutschland steckt in der Gerechtigkeitsfalle. Nur wer die Deutungshoheit erobert, was als sozial gerecht zu gelten hat, hat Aussicht auf Politik- und Gestaltungsfähigkeit.

(DER SPIEGEL Nr. 37 v. 13.9.1999, S. 97)

■ M 123c Wachsende Erwartungen

In soziologischer Sicht ist Gerechtigkeit oder Ungerechtigkeit keine objektive Eigenschaft einer Gesellschaft, sondern eine individuelle oder kollektive subjektive Bewertung sozialer
5 Verhältnisse. Eine *Bewertung* als gerecht oder ungerecht hat eine weitere subjektive Voraussetzung, nämlich ob und wie ein Sachverhalt subjektiv überhaupt *wahrgenommen* wird. Wenn Ungleichheit und Gerechtigkeit in den
10 politischen Debatten der Neunzigerjahre verstärkt thematisiert werden, so ist dies nicht als bloßer Reflex objektiv gestiegener Ungleichheit zu nehmen, sondern es ist auch zu fragen, ob und wie sich subjektive Wahrneh-
15 mungs- und Bewertungsmuster verändert haben. Mit dem Erklärungsmodell ‚wachsender Erwartungen' (*rising expectations*) kann etwa das Paradoxon* verständlich gemacht wer-

den, dass eine zunehmende Bedürfnisbefriedigung u.U. nicht zu mehr, sondern zu weni- 20 ger Zufriedenheit führt. [...] Tatsächlich ist die Armut und das Ausmaß der Ungereimtheit insgesamt nur wenig gestiegen. [...] Während in weiten Teilen der politischen Öffentlichkeit eine Polarisierung als fraglose 25 Gegebenheit angenommen wird, teilen die meisten empirischen Forscher diese Sicht nicht. Die verstärkte Thematisierung von Ungleichheit und Gerechtigkeit kann also nur sehr eingeschränkt als Reflex tatsächlicher 30 Veränderungen von Ungleichheit gedeutet werden. Vielmehr handelt es sich wesentlich um veränderte Wahrnehmungen.

(Lutz Leisering, Eine Frage der Gerechtigkeit. Armut und Reichtum in Deutschland. In: Aus Politik und Zeitgeschichte B 18/99 v. 30.4.1999, S. 13)

1. *Die Titelseiten und Schlagzeilen (S. 176) zeigen, dass die öffentliche Diskussion über soziale Gerechtigkeit Ende der 90er-Jahre lebhafter geworden ist. Erläutern Sie die in M 123a genannten fünf Bereiche, an denen sich diese Diskussion vor allem entzündet hat (die ungleiche Einkommens- und Vermögensverteilung als langfristig vorhandenes Problem wird hier nicht eigens genannt).*

2. *Untersuchen Sie im Einzelnen die verschiedenen Umfrageergebnisse (auch im Hinblick auf die Unterschiede zwischen „Ost" und „West") und die Aussageabsichten der Karikaturen in M 122a–e. Wie beurteilen Sie das Ausmaß des Unbehagens an der sozialen Marktwirtschaft? Auf welchen – bei gewissen Unterschieden im Einzelnen – gemeinsamen Nenner lässt sich die kritische Einstellung der Bürger bringen? Halten Sie persönlich diese Kritik für gerechtfertigt?*

3. *Erläutern Sie das Wort von der „Gerechtigkeitsfalle" (M 123b).*

4. *Viele Beobachter finden Befragungsergebnisse wie die in M 122 „erstaunlich", weil durch die reale Wohlstandsentwicklung nicht gerechtfertigt. Erläutern Sie das „Erklärungsmodell", dass in M 123d für die wachsende Empfindung sozialer Ungerechtigkeit angeführt wird. Welcher Erklärung neigen Sie selbst zu?*

Wir wollen im Folgenden der Frage, was soziale Gerechtigkeit bedeuten kann, etwas grundsätzlicher nachgehen und uns dabei zunächst am Bereich der Einkommensverteilung orientieren. M 124 soll zunächst einmal verdeutlichen, dass es sich bei der Frage nach der Gerechtigkeit um eine „normative" Frage handelt, die grundsätzlich nicht wissenschaftlich, sondern nur politisch diskutiert und entschieden werden kann. Was Wissenschaft zur Versachlichung und zur Qualität solcher Auseinandersetzungen beitragen kann, auch dazu enthält M 124 wichtige Hinweise.

Methode S

M 124 Positive (deskriptive) und normative (präskriptive) Aussagen – Wissenschaft und Werturteile

Zwei junge Leute diskutieren z.B. über Mindestlohnbestimmungen, wobei sie sich wie folgt äußern:

POLLY: Mindestlohnbestimmungen verursachen Arbeitslosigkeit
NORMA: Man sollte die vorgeschriebenen Mindestlöhne erhöhen.

Ob Sie den Aussagen nun zustimmen oder nicht, bemerkenswert ist, worin sich Polly und Norma bei ihren Absichten unterscheiden. Polly spricht wie ein Wissenschaftler: Sie sagt etwas darüber, wie die Welt funktioniert. Norma spricht wie ein Politiker: Sie sagt etwas darüber, wie sie die Welt verändert sehen möchte.
Generell gibt es zwei Typen von Aussagen über die Realität. Ein erster Typ, wie die Aussage von Polly, ist positiv. **Positive Aussagen** sind beschreibend. Sie richten sich darauf, wie die Welt *ist*. Ein zweiter Typ, wie die Aussage von Norma, ist normativ. **Normative Aussagen** sind präskriptiv. Sie richten sich darauf, wie die Welt *sein sollte*.
Ein Hauptunterschied zwischen positiven und normativen Aussagen zeigt sich darin, wie wir ihre Gültigkeit überprüfen. Positive Aussagen können wir grundsätzlich dadurch annehmen oder verwerfen, indem wir sie auf empirische Gültigkeit überprüfen. So könnte ein Ökonom Pollys Aussage mithilfe statistischer Daten über Veränderungen der Mindestlöhne und der Arbeitslosigkeit untersuchen. Im Gegensatz dazu kommen bei der Bewertung normativer Aussagen Fakten und Werturteile zusammen. Normas Aussage kann man nicht nur mit statistischen Daten überprüfen. Darüber zu entscheiden, ob politische Maßnahmen gut oder

schlecht sind, ist nicht nur eine Sache der Wissenschaft. Dabei sind auch unsere persönlichen Einstellungen zur Ethik, zur Religion und zur politischen Philosophie gefragt. Selbstverständlich mögen positive und normative Aussagen verwandt sein. Unsere positiven Bilder davon, wie die Welt funktioniert, beeinflussen unsere normativen Ansichten darüber, welche politischen Maßnahmen wünschenswert sind. Pollys Anspruch, dass Mindestlöhne Arbeitslosigkeit verursachen, könnte – wenn er zutrifft – uns dazu veranlassen, Normas Wunsch nach Erhöhung der Mindestlöhne abzulehnen. Doch unsere normativen Folgerungen können nicht allein aus positiver Analyse entstehen. Sie erfordern beides: *Positive Analysen* und *Werturteile.*

(Gregory Mankiw, Grundzüge der Volkswirtschaftslehre, Schäffer-Poeschel, Stuttgart, 2. Aufl. 2001, S. 33f.)

Wertungen, über die man verschiedener Ansicht sein kann, sind **keine wissenschaftlichen Aussagen.** Diese Abgrenzung des Wissenschaftsbegriffs sei an einigen Beispielen erläutert: Ob Kauf und Konsum eines bestimmten Gutes – z.B. eines schnellen Sportwagens oder alten Whiskys – einen Luxus darstellt, darüber wird es verschiedene Meinungen geben. Der Ausdruck Luxus ist also ein wertbezogener und deshalb unwissenschaftlicher Begriff, und die Begründung einer Luxussteuer kann sich nicht auf wissenschaftliche Aussagen stützen. Verschiedener Ansicht wird man auch darüber sein, ob ein Einkommen im Hinblick auf die erbrachte Leistung angemessen oder die Verteilung der Einkommen gerecht ist. Wer von gerechten Löhnen oder von ungerechter Einkommensverteilung spricht, bedient sich nach dem herrschenden Wissenschaftsverständnis einer unwissenschaftlichen Ausdrucksweise. [...] Ein häufiger Gebrauch von Begriffen wie „gerecht", „fortschrittlich" oder „gut" – geradezu charakteristisch für politische Äußerungen – sollte nicht darüber hinwegtäuschen, dass sich dahinter die handfeste Absicht verbergen kann, bestimmte Meinungen gegen widerstreitende durchzusetzen. Werturteile stehen zu wissenschaftlichen Aussagen in demselben Verhältnis wie meinen zu wissen. Sie haben die Form von imperativen (etwas soll sein) oder normativen (etwas ist gut oder schlecht) Aussagen. Wissenschaftliche Feststellungen sind dagegen Tatsachenaussagen (etwas ist so oder nicht so). Das Merkmal zur Unterscheidung von Werturteilen und wissenschaftlichen Aussagen ist demnach die Möglichkeit der intersubjektiven Überprüfbarkeit und der Kritik. Die Aussage: „Das Wetter ist schön" stellt ein Werturteil dar, es sei denn, „schön" ist durch intersubjektiv überprüfbare Angaben (wie Temperatur, Luftfeuchte, Bewölkung) näher definiert und der Kritik zugänglich.

Die Entscheidung für eine in ihren *Aussagen* werturteilsfreie Wissenschaft bedeutet **keineswegs**, dass es eine **in jeder Hinsicht wertfreie Wissenschaft** gibt oder auch nur geben könnte. *Erstens* sei wiederholt, dass die Wahl des Wissenschaftsbegriffs selbst eine Wertung ist. Ob Aussagen der allgemeinen Wissensvermehrung dienen sollen, darüber kann man verschiedener Meinung sein, und tatsächlich hat es zu allen Zeiten Menschen gegeben, die der Wissenschaft eine an-

Einen Tatbestand erläutern bedeutet nicht, dass man ihn gutheißt oder ein moralisches Urteil darüber fällt. Verstehen bedeutet weder beurteilen noch billigen. Ökonomen haben genauso wie Physiker, Chemiker, Anwälte oder Maurer bestimmte Wertvorstellungen, ethische Prinzipien und politische Überzeugungen, die sie zu unterschiedlichen Schlussfolgerungen führen, je nachdem, ob sie dem positiven oder dem normativen Lager angehören. Die Aussage, dass der gesetzte Mindestlohn die Entwicklung der Arbeitslosigkeit begünstigt, ist zum Beispiel die konkrete Beobachtung eines Tatbestands; sie impliziert aber nicht, dass der Ökonom, aus dessen Munde sie kommt, ein herzloser Rohling ist, der den Menschen nicht ihre Lohntüte gönnt. Nein, in dieser Phase fällt der Ökonom keinerlei moralisches Urteil, er erläutert lediglich einen Tatbestand (womit nicht ausgeschlossen ist, dass er in seiner Erläuterung irrt – aber das ist eine andere Frage ...).

(André Fourçans, Die Welt der Wirtschaft, Campus, Frankfurt/New York 1998, S. 23)

dere Aufgabe gestellt haben. Zweitens ist nach aller Erfahrung die Zahl der zu lösenden Probleme größer als die Forschungskapazität. Eine Auswahl ist unvermeidlich (Selektionsproblem). In der Problemwahl werden sich die persönlichen Neigungen des Forschers niederschlagen.

Vermutlich hegen die meisten Menschen die Hoffnung, dass Wissenschaftler Probleme aufgreifen, von deren Lösung für alle ein Nutzen ausgeht, und keine Erkenntnisse erarbeiten, aus denen allgemeiner Schaden erwächst. Da wissenschaftliche Ergebnisse in ihren Konsequenzen, ihrer Verwertung meistens schwer abzuschätzen sind, ist diese Maxime*, der sicherlich fast alle Wissenschaftler entsprechen möchten, tatsächlich nicht leicht zu befolgen. *Drittens* können Werturteile selbst Gegenstand wissenschaftlicher Aussagen sein. Die Behauptung: „Diese Einkommensverteilung ist ungerecht" ist ein Werturteil. Es kann jedoch wissenschaftlich untersucht werden, wieso die meisten Menschen dazu kommen, eine bestimmte Einkommensverteilung als ungerecht zu bezeichnen. Insbesondere ist die Entstehung oder Vereinbarkeit von Werturteilen in wissenschaftlichen Untersuchungen grundsätzlich klärbar. Die genannten drei Wertbezüge lassen jedoch die Forderung nach wertfreien *Aussagen* unberührt. Diese Forderung behindert den Forscher auch nicht, persönlich Stellung zu beziehen und Werturteile abzugeben. Nur kann er sich dann nicht auf die Wissenschaft berufen und deren Autorität in Anspruch nehmen.

Die Fähigkeit, *Werturteile von wissenschaftlichen Aussagen zu unterscheiden*, lässt sich durch sorgfältigen Sprachgebrauch erhöhen. Einige Beispiele sollen das Gesagte noch einmal verdeutlichen:

Sachverhalt	Mögliches Werturteil	Mögliche wissenschaftliche Aussage
1. Einige Bauarbeiter essen Kaviar zum Frühstück.	Der Verzehr von Kaviar ist ein Luxus für Bauarbeiter.	Die Kaviarnachfrage der Bauarbeiter wird aus Lohnerhöhungen bestritten.
2. Unternehmer verdienen im Durchschnitt zehnmal so viel wie Arbeiter.	Die Einkommensverteilung ist ungerecht	Die Einkommensverteilung ist ungleichmäßig.
3. Die deutsche Landwirtschaft erhält jährlich rd. 3,6 Mrd. Euro Subventionen.	Die Subventionen sind zu hoch (oder zu gering).	Die öffentliche Hilfe für die Landwirtschaft bindet etwa 300000 Beschäftigte in der Landwirtschaft.

(Artur Woll, Allgemeine Volkswirtschaftslehre, Vahlen, München 1996, S. 8f., 10f.)

▬▬ M 125 An welchem Maßstab soll Verteilungsgerechtigkeit gemessen werden?

▬▬ M 125a Leistungsprinzip

Was ist „Leistung" und wie kann eine Einkommensverteilung nach Leistung aussehen? Verteilungsobjekt ist das Volkseinkommen. Der Gedanke liegt nahe, das Volkseinkommen nach dem Beitrag zu verteilen, den der Einzelne zur Entstehung des Volkseinkommens geleistet hat (**Leistungsprinzip**).

5 Dabei wird gleich ein erstes Problem erkennbar: Wer keinen Beitrag zur Entstehung des Volkseinkommens leistet (z.B. Kinder, Kranke, Arbeitslose usw.), bekommt auch nichts. Einen weiteren Problemkreis stellt die Leistungsmessung dar. Wenn das Einkommen der Leistung entsprechen soll, muss die Leistung gemessen werden. Das setzt voraus, dass klar ist, was „Leistung" ist und wie „Leistung" gemessen werden kann.

10 Was soll als Leistung gemessen werden?

Im Volkseinkommen schlagen sich nur die Tätigkeiten nieder, die an der Herstellung von Marktgütern beteiligt sind. Zahlreiche andere Tätigkeiten, die gesellschaftlich ebenfalls wertvoll sind, aber nicht über den Markt abgewickelt werden (z.B. Arbeit in Haus, Haushalt, Garten, Vereinen usw.), werden bei der Erfassung des Volkseinkommens nicht berücksichtigt und 15 sind somit auch nicht in Verteilungsüberlegungen einbezogen. [...] Darüber hinaus verursachen zahlreiche Tätigkeiten, die das Volkseinkommen steigern, Umweltschäden, die jedoch nicht von der Leistung bzw. vom Einkommen abgezogen werden.

Wie kann Leistung gemessen werden?

Eine Orientierung der Leistungsmessung am Marktpreis der erbrachten Leistung ist proble-20 matisch. [...] Es ist auch kaum möglich, den Beitrag einzelner Personen zum Produktionsergebnis einigermaßen exakt festzustellen. Produktionsergebnis ist beispielsweise ein Auto, das einen Marktpreis von 20.000,00 Euro erzielt. Wie soll objektiv ermittelt werden, welchen Anteil daran der Vorstandsvorsitzende hat, ein Entwicklungsingenieur, ein Buchhalter, ein Montagearbeiter oder sonst einer von den vielen Beschäftigten, die direkt und indirekt zum Pro-25 duktionsergebnis beigetragen haben?

Mess- und Zurechnungsprobleme stellen sich bereits bei rein **manueller Tätigkeit**. Ungleich schwieriger ist aber noch die Messung **geistiger Arbeit**, die in modernen Produktionsprozessen und im Dienstleistungsbereich einen immer größeren Anteil am gesamten Arbeitsvolumen ausmacht.

30 Schließlich konkurrieren auch eine subjektive und eine objektive Sichtweise von Leistung miteinander. Wenn zwei Personen A und B jeweils ihre bestmögliche Leistung geben, so erbringen sie subjektiv die gleiche Leistung (Input-Gleichheit). Wenn beide Personen das gleiche Arbeitsergebnis haben, erbringen sie objektiv die gleiche Leistung (Output-Gleichheit). Was soll aber der Leistungsbewertung zugrunde gelegt werden, wenn bei gleicher Input-Leistung un-35 terschiedliche Output-Leistungen – z.B. aufgrund unterschiedlicher körperlicher oder geistiger Leistungsfähigkeit – zustande kommen?

Es stellt sich also die Frage, inwieweit bei der erbrachten Leistung auch die persönliche Leistungsfähigkeit berücksichtigt werden soll. In der Realität geschieht dies unter anderem dadurch, dass Leistungen mit höheren Qualifikationsanforderungen in der Regel besser bezahlt 40 werden. Da Leistungen zur Bewältigung höherer Qualifikationsanforderungen zumeist auch eine höhere und längere Ausbildung verlangen, werden in gewisser Weise die zu einem früheren Zeitpunkt erbrachten Ausbildungsleistungen den erbrachten Arbeitsleistungen hinzugerechnet.

Einerseits zeigt sich, dass eine strikte Anwendung des Leistungsprinzips zur Erreichung einer 45 „gerechten" Einkommensverteilung kaum lösbare Schwierigkeiten aufweist. Andererseits erscheint eine leistungsorientierte Einkommensgestaltung sowohl individuell als auch gesellschaftlich unumgänglich zu sein. Dabei geht es nicht nur darum, bereits erbrachte Leistungen möglichst leistungsgemäß zu entlohnen, sondern – was noch wichtiger ist – durch die Aussicht auf höhere Entlohnung Anreize zu höheren Leistungen zu bieten.

(Hans-Jürgen Albers u.a. [= M 88], S. 433f.)

▬▬ M 125b Bedarfsprinzip

Wie kann eine Einkommensverteilung nach Bedarf aussehen?

Dem **Bedarfsprinzip** liegt die Vorstellung zugrunde, dass jeder so viel Einkommen erhält, wie er zur Deckung seiner „berechtigten" Bedürfnisse benötigt.

Auf den ersten Blick erscheint eine am Bedarf orientierte Einkommensverteilung durchaus ein-5 leuchtend zu sein. Wenn jeder das bekommt, was er braucht, scheint die Gerechtigkeit ein Stück näher gerückt zu sein. Bei genauerem Hinsehen zeigen sich jedoch zahlreiche Probleme.

Ein am Bedarf orientiertes Einkommen ist in seiner Höhe nicht mehr individuell bestimmbar, sondern müsste nach irgendwelchen Bedarfsgesichtspunkten zugewiesen werden.

Dazu bedürfte es einer „Verteilungsinstanz". Ein erstes Problem wäre bereits, wie eine solche
10 Instanz zusammengesetzt sein soll und nach welchen Kriterien sie entscheiden soll. Die „Verteilungsinstanz" müsste nicht nur über eine allgemeine Höhe des „berechtigten" Bedarfs, sondern auch über seine Struktur entscheiden. Zwar ließe sich sicher noch relativ leicht Einigkeit darüber erzielen, dass ein Vier-Personen-Haushalt im Hinblick auf Nahrung, Wohnung usw. einen größeren Bedarf hat als ein Ein-Personen-Haushalt. Ein Vier-Personen-Haushalt mit vier
15 Erwachsenen hat jedoch bereits eine andere Bedürfnisstruktur als ein Vier-Personen-Haushalt mit zwei Erwachsenen und zwei Kindern. Auch bei gleicher Personenstruktur ergeben sich aufgrund individueller Besonderheiten weitere Unterschiede bei den Bedürfnissen. Eine Familie mit musikbegabten Kindern hat beispielsweise höhere Ausgaben für die Ausbildung der Kinder als eine andere Familie. So weit die Verteilung nicht in Sachgütern, sondern in Geld
20 vorgenommen wird, müssten die Bedarfsunterschiede nicht nur festgelegt, sondern auch in Heller und Pfennig ausgedrückt werden. Weiterhin müsste sichergestellt werden, dass die Empfänger das Geld auch tatsächlich entsprechend dem festgestellten Bedarf verwenden usw. Für eine Realisierung des Bedarfsprinzips wäre es also notwendig, die berechtigten Bedürfnisse jedes Menschen objektiv festzustellen. Bedürfnisse sind jedoch ihrem Wesen nach subjektiv
25 und entziehen sich dadurch einer irgendwie gearteten objektiven Festlegung durch eine fremde Instanz. Wie soll es sich in einer bedarfsgerechten Einkommensverteilung etwa niederschlagen, dass der eine gutes Essen schätzt, der andere lieber Reisen unternimmt? Es wäre überhaupt grundsätzlich zu fragen, warum Personen unterschiedliche Bedürfnisse zugebilligt werden sollen. Nach welchen Gesichtspunkten soll beispielsweise dem einen eine lange und
30 teure Ausbildung zugebilligt werden, einem anderen aber nicht?
Aus dem Postulat von der Gleichheit aller Menschen folgt, dass alle auch das gleiche Recht auf Wohlfahrt haben. Zwar haben nicht alle Menschen die gleichen Bedürfnisse, jedoch steht jedem prinzipiell das gleiche Recht auf die Befriedigung seiner Bedürfnisse zu. In letzter Konsequenz läuft das Bedarfsprinzip somit auf das **Egalitätsprinzip*** zu. Es wäre nur zu realisie-
35 ren, wenn jeder vom Volkseinkommen den gleichen Anteil erhielte und diesen Anteil nach seinen individuellen Bedürfnissen verwenden würde.
Den vom allgemeinen Menschenbild abgeleiteten Argumenten für eine gleichmäßige Verteilung der Einkommen steht jedoch entgegen, dass damit die notwendigen Anreize entfallen würden für die individuelle Entwicklung, für Leistungserbringung, für den Erhalt gesellschaft-
40 licher Einrichtungen und für gesellschaftlichen Fortschritt.
Zusammenfassend kann festgehalten werden, dass eine allen Vorstellungen entsprechende „Gerechtigkeit" bei der Einkommensverteilung nicht zu erreichen ist. Letztlich muss man sich damit begnügen, entstandene Ungleichheiten im Wege der Einkommensverteilung zu verringern, ohne jedoch die Ungleichheiten völlig einzuebnen.

(Hans-Jürgen Albers u.a. [= M 88], S. 434f.)

▬ **M 125c** „Hohe Einkommensunterschiede sind funktional notwendig"

a) In einer kapitalistischen Marktwirtschaft – allerdings auch in anderen Wirtschaftssystemen – sind Einkommensunterschiede als Leistungsanreizsysteme und als Lenkungs-
5 instrument funktional notwendig. Die Einkommen sind in dieser Sicht nicht deswegen unterschiedlich, weil die Menschen eine unterschiedliche Leistung erbringen, sondern um die Menschen zu höherer Leistung anzu-
10 spornen. In diesem Sinne bietet unser Wirtschaftssystem Karrieren mit Risiko. Einige wenige Menschen nur erreichen Spitzenpositionen, die Spitzenpositionen sind aber so dotiert, dass viele sich anstrengen und hohe Leistungen erbringen, um sie zu erreichen. 15 Ein hohes Einkommen z.B. für Vorstandsmitglieder von Aktiengesellschaften kann in dieser Sicht also nicht als „gerecht" oder „ungerecht" bezeichnet werden; es ist lediglich als Leistungsanreiz für die untergeordneten 20 Ebenen (Hauptabteilungsleiter, Abteilungsleiter) funktional notwendig.

(Ulrich Baßeler u.a. [= M 120], S. 663)

„Welche Berufe sind über- bzw. unterbezahlt?"		über-bezahlt	
90	Profi-Fußballer	91	1
67	Politiker	71	4
60	Manager	62	2
48	Rechtsanwälte	50	2
44	Schauspieler	48	4
33	Beamte	40	7
17	Ärzte	29	12
10	Flugzeugpiloten	30	20
9	Journalisten	16	7
5	Arbeitslose	25	20
Index	Anteil „überbezahlt" minus „unterbezahlt"	**%**	**%**
−7	Lehrer	17	24
−18	Stewardessen	6	24
−30	Handwerker	11	41
−55	Polizisten	5	60
−57	Bauern	4	61
−79	Krankenschwestern	1	80
−80	Verkäuferinnen	0	80
			unter-bezahlt

(DIE WOCHE v. 25.5.2001, S. 15; Quelle: Forsa, 1008 Befragte, Zeitraum: 16.-17.5.2001; Lesebeispiel: 17% halten Lehrer für über-, 24% für unterbezahlt.)

b) Da hat die Unternehmensberatung Arthur Andersen eine Studie präsentiert, wer in deut-
25 schen Vorständen eigentlich wie viel kassiert. Ein durchschnittliches Vorstandsmitglied der Deutschen Bank kam danach im Jahr 2000 einschließlich aller Boni und Aktienoptionen theoretisch auf erkleckliche 11 Millionen Euro. Ein DaimlerChrysler-Vorstand brachte es im- 30 merhin noch auf gut 6 Millionen Euro, während ein Mitglied des Allianz-Führungsgremiums lediglich mit 1,4 Millionen Euro für seine Dienste entlohnt wurde.

Zum Thema Gerechtigkeit: Niemand wird auf 35 die Idee kommen, dass ein Deutsche-Bank-Vorstand neunmal so gut sei wie sein Kollege bei der Allianz – gleich gut wäre schon ein schöner Erfolg. Im egalitären Deutschland, das seinen Eliten nicht selten sehr skeptisch ge- 40 genübersteht, wecken solche Bezüge Empörung, Misstrauen und Neid. Dies gilt besonders in Zeiten, in denen hoch bezahlte Vorstände ihr Heil vor allem im Abbau von Arbeitsplätzen suchen. 45

Doch ist Gerechtigkeit in der Frage der Entlohnung das höchste Gut? Die Antwort lautet nein. Bei Vergütungen von Vorständen muss der Aufsichtsrat* – müssen die Aktionäre – zunächst einmal entscheiden, ob eine Person 50 in der Lage ist, den Unternehmenswert nachhaltig zu steigern. Ist dieses Vorstandsmitglied dazu in der Lage, kommt es für die Aktionäre auf die eine oder andere Million nicht an.

Wir leben in einer Marktwirtschaft. Hohe und 55 höchste Gehälter können sinnvoll oder sogar erforderlich sein.

(Handelsblatt v. 6.11.2001, S. 11; Verf.: Joachim Dorfs)

▮ M 126a „Geläutertes Gerechtigkeitsempfinden"?

Auch in der neuen Allensbach-Umfrage halten die Bürger mehrheitlich die soziale Marktwirtschaft selbst für untauglich, soziale Gerechtigkeit zu schaffen. Und auf die Frage, ob man
5 sich mehr soziale Gerechtigkeit wünsche, lautete die Antwort natürlich Ja. Eine gerechtere Welt wünscht sich schließlich ein jeder.

Allerdings ist Gerechtigkeit im öffentlichen Diskurs der vergangenen Jahre und Jahr-
10 zehnte meist mit sozialer Gleichheit synonymisiert worden. Eine Auseinandersetzung über die Frage, was überhaupt Gerechtigkeit ausmache, unterblieb. [...] Die Allensbach-Umfrage ergibt ein überraschend klares Vo-
15 tum zu Gunsten der Leistungsgerechtigkeit. Auf die Frage „Was ist gerecht?" antworteten die Deutschen

– zu 77 Prozent: Wer viel leistet, soll auch viel verdienen; nur 13 Prozent sind gegen große Einkommensunterschiede; 20

– zu 65 Prozent: Arbeitslose sollen weniger bekommen als Berufstätige; nur 15 Prozent plädieren für ähnliche Einkommen bei Arbeitslosigkeit wie im Beruf;

– zu 57 Prozent: Die Altersversorgung soll je 25 nach Einzahlungen unterschiedlich sein; nur 25 Prozent sind für ein ähnliches Niveau bei den Rentenzahlungen.

[...] Mit ihrem geläuterten Gerechtigkeitsempfinden setzen die Bundesbürger die Poli- 30 tik unter Zugzwang. Denn wer Leistungsgerechtigkeit bejaht, verneint im Gegenzug hohe Steuern und Sozialabgaben.

(Wirtschaftswoche Nr. 1/2 v. 4.1.2001, S. 18f.; Verf.: Christian Ramthun)

M 126b Neues Verständnis sozialer Gerechtigkeit in der SPD

Die SPD hat ihre Diskussion um ein neues Grundsatzprogramm mit einem öffentlichen Forum über den Grundwert Gerechtigkeit begonnen und dabei eine grundlegende Abkehr
5 von traditionellen Gerechtigkeitsbegriffen in der Sozialdemokratie erkennen lassen. [...]
Im Mittelpunkt der ersten Veranstaltung stand der Begriff der Gerechtigkeit, und es wurde schnell deutlich, dass die maßgebli-
10 chen Personen, die am neuen Programm mitarbeiten, für ein völlig neues Verständnis von Gerechtigkeit in der SPD werben. Nach Scharpings Darstellung muss künftig die Teilhabe-Gerechtigkeit und die Beteiligungs-
15 gerechtigkeit vor der reinen Verteilungsgerechtigkeit kommen. Scharpings Ausführungen waren stark [geprägt] von der Idee, wie mit stärkerer Eigenverantwortung das Allgemeinwohl verbessert und der Staat entlastet
20 werden kann. Er wandte sich dagegen, soziale Gerechtigkeit nur als Lazarettwagen zu verstehen, der hinterhergezogen werde, um die Schwachen zu versorgen.
Eine sehr deutliche Position zum Thema so-
25 ziale Gerechtigkeit bezog der neue stellvertretende Vorsitzende, Nordrhein-West-

falens Ministerpräsident Wolfgang Clement. Clement [...] mutete der SPD mit seinen Ausführungen einiges zu. Traditionen könnten
30 nicht mehr auf traditionellem Wege verteidigt werden, sagte er in Anlehnung an den britischen Labour-Vordenker Anthony Giddens, der ebenfalls Gast auf dem Podium war. Clement plädierte für eine radikale Ab-
35 kehr von der Forderung nach mehr Gleichheit und Verteilungsgerechtigkeit. Sein Kernsatz: „Die Erwirtschaftung des Wohlstandes kommt vor seiner Verteilung – und zwar im Interesse von Leistung und Gerechtigkeit."
40 Im Zentrum seiner Ausführungen stand das Leistungsprinzip, die Förderung von Spitzenbegabungen. Eine „verordnete Gleichheit" lehnte Clement ab, eine „begrenzte Ungleichheit im Ergebnis" hingegen könne individu-
45 elle und gesellschaftliche Kräfte freisetzen.

(Süddeutsche Zeitung v. 27.4.2000, S. 5; Verf.: Christoph Schwennicke)

Die Mitte finden
(Zeichnung: Pepsch Gottscheber/CCC,www.c5.net)

1. Erläutern Sie den grundsätzlichen Unterschied der beiden Prinzipien, die allgemein als mögliche Maßstäbe für eine gerechte Einkommensverteilung diskutiert werden, und stellen Sie dann stichwortartig (oder in Form offener Fragen) die einzelnen Probleme zusammen, die sich bei der Anwendung jedes der beiden Prinzipien ergeben (M 125a/b). Beziehen Sie, was in M 125a (Z. 30ff.) gesagt wird, auch auf das Problem der Leistungsmessung und -bewertung in der Schule.

2. Beide Texte fassen am Schluss das Ergebnis der jeweiligen Erörterung zusammen. Überprüfen Sie, ob Sie diese Schlussfolgerungen übernehmen, sie differenzieren/ergänzen oder ablehnen wollen.

3. M 125c fügt den beiden Prinzipien (Leistung, Bedarf) ein drittes hinzu, nach dem ein gewisses Maß an sozialer Ungleichheit „funktional notwendig" ist. Wie beurteilen Sie diese These?

4. Der Wirtschaftswoche-Artikel (M 126a) erschien unter dem Titel „Die neuen Deutschen" und wies darauf hin, dass „die Akzeptanz von Leistung, Unternehmertum und Selbstständigkeit in jüngster Zeit rasant gestiegen" sei. Steht das Umfrageergebnis im Widerspruch zu den in M 122a–c mitgeteilten Umfrageergebnissen?

5. Analysieren Sie den Bericht über die SPD-Diskussion zum Verständnis von sozialer Gerechtigkeit (M 126 b). Welche Rolle spielen dabei die in M 125 dargestellten Verteilungsprinzipien?

■ M 127 Was junge Erwachsene meinen

„Wenn man die Konten eines Fließbandarbeiters mit denen des Fabrikbesitzers vergleicht, dann hinterlässt das Wort ‚gerecht' einen fast kriminellen Nachgeschmack. Die
5 Frage nach gerechter Umverteilung stellt sich zwangsläufig. Aber: Ich glaube, dass wir für eine egalitäre Einkommensverteilung noch (lange) nicht reif sind.
Denn wenn alle annähernd gleich viel ver-
10 dienten, müsste jeder Einzelne sich in gleichem Maße für das Gemeinwohl (Staat) verantwortlich fühlen und auch tätig engagieren, bisweilen unter Zurückstellung persönlicher Ansprüche.
15 Heute engagieren sich unsere Spitzenverdiener, sie treiben die Wirtschaft voran, tragen Verantwortung. Das sollte niemand verkennen. Aber sie tun es, weil ungeheure materielle Gewinne auf sie warten. Gewinne in die-
20 ser Höhe allen Bürgern zukommen zu lassen, ist volkswirtschaftlich unmöglich. Das Bestreben muss (ab sofort) dahin gehen, Spitzeneinkommen abzubauen, Hungerlöhne anzuheben und ein politisches Verantwor-
25 tungsbewusstsein bei allen Bevölkerungsschichten zu wecken. Bei egalitärer Einkommensverteilung muss das, was heute aus Profitsucht geschieht, aus Verantwortungsbewusstsein geschehen, weil finanzielle An-
30 reize fehlen." *Ernst Mader, 20 Jahre*

„Die moralische Forderung nach einer gerechten Einkommensverteilung in einer industriell produzierenden und verwalteten Gesellschaft kann gestellt, diskutiert, debattiert
35 werden, realisiert werden kann sie aber nur auf Kosten des Leistungsprinzips. Damit wäre früher oder später ein Wandel der Gesellschaftsstruktur verbunden. Die Interessen der Machthabenden allerdings sind anders
40 orientiert und werden wohl kaum eine nähere Betrachtung dieses Problems zulassen – jedenfalls im Moment noch nicht!" *Gabie Nies, 20 Jahre*

„Diese Frage wird meiner Meinung nach schwerlich positiv beantwortet werden können. Denn selbst wenn man eine Differenzie-
45 rung nach Leistung, Erfahrung, Ausbildungszeit und Verantwortung befürwortet, ist die Differenz zwischen niedrigen und höchsten Gehältern immer noch immens. Dass diese Einkommensdifferenzen wesentlich verrin-
50 gert werden, halte ich aus humanen und sozialen Gründen für unerlässlich. Eine Verringerung der Gehaltsunterschiede kann aber nicht darin bestehen, jedem arbeitenden Menschen ungefähr den gleichen niedrigen
55 Lohn zu zahlen, egal welche Arbeit er macht, sondern das Einkommen derjenigen muss drastisch gekürzt werden, die, gemessen an ihrer Leistung und der Relevanz ihrer Arbeit, überproportional viel verdienen oder sich auf
60 Kosten vieler anderer bereichern." *Hans Kreuziger, 19 Jahre*

„Wenn man bedenkt, dass ein Universitätsprofessor viele Jahre braucht, bis er einer ist, ein ungelernter Fließbandarbeiter aber sofort
65 seinen Lohn bekommt, ein Arzt mit, ein Müllmann ohne Risiko arbeitet, sind die Einkommen sicher gerecht verteilt.
Andererseits ist es schwer verständlich, wieso Wissenschaftler für die Verwirklichung eigener Ideen, für Arbeiten, die Freude und
70 Identifikation zulassen, ein Mehrfaches bekommen als Arbeiter, die, lohnabhängig, das machen, was man oben sagt, die sich körperlich Höchstleistungen abverlangen müssen, während sie geistig veröden. Um diesen Un-
75 terschied auszugleichen, müsste man sie besser, zumindest genauso gut bezahlen wie die übrigen Gehaltsempfänger. Für die Wenigverdiener (und auf sie kommt es an in unserem System) wäre dieser Ausgleich eher An-
80 sporn zu Mehrarbeit." *Margrete Schwind, 19 Jahre*

(Leserbriefe zur Frage: Sind die Einkommen gerecht verteilt? In: DIE ZEIT v. 2.11.1973, S. 72)

Setzen Sie sich mit den (immer noch aktuellen) Stellungnahmen der vier Leserbriefschreiber auseinander (M 127) und stellen Sie fest, inwieweit sie sich an den drei Verteilungsprinzipien (M 125 a–c) orientieren. Verfassen Sie selbst, jede(r) für sich, eine vorläufige Stellungnahme zu der Frage nach der gerechten Einkommensverteilung.

M 128 Beispiel: Sind Studiengebühren sozial gerecht?

Die These:

Die deutschen Hochschulen sind chronisch unterfinanziert. Wenn sich Forschung und Lehre nicht noch weiter verschlechtern sollen, müssen sich die künftigen Akademiker an der Finanzierung ihrer Ausbildung beteiligen. Sinnvoll sind sozial gestaffelte Gebühren, wie sie beispielsweise der niedersächsische Wissenschaftsminister Thomas Oppermann (SPD) vorge-
5 schlagen hat: 500 Euro Gebühren im Jahr bei einem Brutto-Jahreseinkommen der Eltern von mehr als 42 500 Euro, 1000 Euro Gebühren pro Jahr ab einem Einkommen von 50 000 Euro und für Langzeitstudenten. Gleichzeitig muss sichergestellt werden, dass die Gelder direkt den jeweiligen Hochschulen zugute kommen und nicht in den Etats der Länder versickern. Zur These der WOCHE nehmen Stellung:

10 **Manfred Erhardt**, Generalsekretär des Stifterverbandes für die deutsche Wissenschaft:

Studiengebühren sollen ja nicht nur der Unterfinanzierung von Studium und Lehre abhelfen, sondern auch wettbewerbliche Elemente in die Hochschulen tragen. Dabei könnte es den Hochschulen überantwortet werden, ob und in welcher Höhe sie Studiengebühren erheben. Sozialverträglichkeit könnte über Freiplätze für Begabte und Bedürftige, über Bildungssparen
15 und Bildungsgutscheine sichergestellt werden. Jedenfalls würden Studiengebühren den sozialen Missstand beseitigen, dass 70 Prozent der Steuerzahler, die nicht studieren, für 30 Prozent Privilegierte aufkommen, die als Akademiker später mehr verdienen und seltener arbeitslos sind.

Hans Zehetmair, Bayerischer Wissenschaftsminister (CSU):

20 Studiengebühren lehne ich ab, solange sie nicht durch entsprechende Stipendien abgefedert werden. Ich halte es für eine wichtige Errungenschaft eines relativ reichen Landes, dass es seinen jungen Menschen die Erstausbildung kostenfrei anbietet. Die Hoffnungen der Gebühren-Befürworter auf finanzielle Verbesserungen durch Studiengebühren scheinen mir gerade in Zeiten leerer öffentlicher Kassen blauäugig: Welcher Finanzminister könnte schon der Versu-
25 chung widerstehen, mit diesen Geldern seine Haushaltslöcher zu stopfen? Der Unterfinanzierung der Hochschulen müssen wir mit anderen Mitteln gegensteuern, wobei ich hier nicht nur an Geld, sondern vor allem an strukturelle Maßnahmen denke.

Maritta Böttcher, bildungspolitische Sprecherin der PDS:

Warum sollen die zukünftigen Akademiker für ihr Studium selbst bezahlen? Wäre es nicht
30 besser, die zur Finanzierung heranzuziehen, die heute viel verdienen, weil sie ein kostenloses Studium genießen konnten? Ich denke dabei vor allem an Freiberufler*, die sich mithilfe zahlreicher Abschreibemöglichkeiten* armrechnen können. Ich bin gegen Studiengebühren, vor allem weil sie nie sozial gerecht sein können. Differenzierte Regeln sind schön, aber sie bleiben unklar und beeinflussen die Schüler und deren Eltern lange vor dem Abitur. Wer immer
35 glaubt, sich das sowieso nicht leisten zu können, arbeitet auch nicht auf das Ziel Studium hin. Schade um die Fähigkeiten, die dadurch verloren gehen.

Winfried Schlaffke, Geschäftsführer des Instituts der Deutschen Wirtschaft:

Die Vorteile liegen auf der Hand: Studiengebühren liefern die Mittel für eine bessere Lehre und Betreuung der Studierenden. Diese werden zu Kunden, Qualitätsprüfern und können
40 Leistung einfordern. Gleichzeitig wird den Studierenden ein sorgsamer Umgang mit ihren eigenen und fremden Ressourcen* abverlangt. Es gibt genügend überzeugende Konzepte, auch den finanziell Schwachen ein Studium zu ermöglichen.

(Zit. nach: DIE WOCHE v. 22.10.1999, S.4)

Überprüfen Sie Ihr Verständnis von sozialer Gerechtigkeit am konkreten Fall der Forderung nach Studiengebühren (M 128). Stellen Sie die Argumente pro und kontra gegenüber (auch in Ergänzung der Texte) und führen Sie in Ihrer Lerngruppe dann eine entsprechende Abstimmung durch.

2. Probleme der zukünftigen Ausgestaltung des Sozialstaats

Wir können im Rahmen dieses Arbeitsbuches auf die außerordentlich komplexe, facettenreiche und schwierig zu beantwortende Frage nach der Zukunft des Sozialstaates Bundesrepublik Deutschland und der „richtigen" Sozialpolitik nur ansatzweise eingehen. Schwierig ist diese Frage insbesondere auch deshalb, weil, wie wir gesehen haben, viele soziale Probleme (auch das Problem der Armut) unmittelbar mit dem Problem der Arbeitslosigkeit verknüpft, ja oft eben dadurch verursacht sind. Die Frage aber, wie (mit welchen Maßnahmen) man die Massenarbeitslosigkeit am besten bekämpft, ist nach wie vor auch unter Wirtschaftswissenschaftlern und Politikern heftig umstritten. Ihre Beantwortung setzt eine Reihe von Kenntnissen voraus, die es im Rahmen eines Kurses („Wirtschaftspolitik") zu erwerben gilt.

> ➤ *Worin liegen die Hauptprobleme der sozialen Sicherungssysteme? (M 129 – M 130)*
> ➤ *Warum ist gerade das Problem der Alterssicherung für heutige Jugendliche von Bedeutung?*
> ➤ *Welchen Weg der Problemlösung geht die Rentenreform 2001? (M 131)*
> ➤ *Welche unterschiedlichen Positionen im Streit um die „Zukunft des Sozialstaats" stehen sich gegenüber? (M 132–M 133)*

M 129 Der Ausbau des Sozialstaats – Sozialausgaben[1] in Milliarden Euro

	1960	1970	1980	1991	1995	2000	2001	2001 in %
Sozialausgaben insgesamt	32,6	86,5	242,4	427,4	562,4	645,6	663,4	100,0
darunter[2]								
Rentenversicherung	10,0	26,4	72,4	133,3	184,8	217,4	225,1	32,2
Krankenversicherung	4,9	12,9	45,5	92,7	122,1	132,0	137,1	19,6
Pflegeversicherung					5,3	16,7	16,8	2,4
Unfallversicherung	0,9	2,0	4,8	7,4	10,2	10,8	10,9	1,6
Arbeitsförderung[3]	0,6	1,8	11,7	44,6	65,8	64,8	64,9	9,3
Beamtenpensionen	3,5	8,1	16,8	27,8	28,3	33,4	34,6	4,9
Entgeltfortzahlung	1,5	6,5	14,8	23,4	28,3	26,3	26,8	3,8
Kindergeld[5]	0,5	1,5	8,8	10,4	10,9	0,1	0,1	0,0
Erziehungsgeld				3,2	3,9	3,7	3,9	0,6
Kriegsopferversorgung	2,0	3,7	6,8	6,9	7,1	5,2	4,7	0,7
Wohngeld		0,4	1,0	2,5	3,2	4,3	4,5	0,6
Jugendhilfe	0,3	1,0	4,3	10,9	14,9	16,8	17,1	2,5
Sozialhilfe	0,6	1,7	6,8	18,1	27,7	25,7	26,3	3,8
Sozialausgaben je Einwohner in Euro	588	1426	3736	5343	6887	7855	8069	
Sozialleistungsquote[4]	21,1	25,1	30,6	28,4	31,2	31,9	32,1	
Finanzierung des Sozialbudgets nach Quellen in Prozent								
Unternehmen	33,7	31,8	32,1	32,7	30,6	27,8	27,8	
Bund	25,1	23,6	22,4	20,4	20,8	22,4	22,5	
Länder	13,6	13,7	11,5	10,1	10,0	11,7	11,8	
Gemeinden	4,9	6,7	7,2	8,5	9,7	9,5	9,5	
Sozialversicherung	0,2	0,2	0,2	0,3	0,4	0,4	0,3	
Private Organisationen	1,0	0,8	1,1	1,4	1,5	1,5	1,5	
Private Haushalte	21,5	23,1	25,5	26,6	27,0	26,7	26,5	

[1]ab 1991 einschließlich neue Bundesländer, 2000 vorläufige, 2001 geschätzte Ergebnisse; [2]in Auswahl; [3]Arbeitsförderung und Arbeitslosenversicherung; [4]Sozialausgaben in Prozent des Bruttoinlandsprodukts; BIP ab 1991 neu berechnet, daher ist die absolute Höhe der Sozialleistungsquote ab 1991 nur bedingt mit den Vorjahren vergleichbar; [5]Kindergeld wird seit 1996 monatlich als Steuervergütung gezahlt. (Bundesministerium für Arbeit und Sozialordnung, Sozialbudget 2001, Bonn 2002; www.bma.de/download/broschueren/A102.pdf)

▨ M 130 Der Sozialstaat unter Druck – Probleme des sozialen Sicherungssystems

Müssen die Sozialpolitiker wirklich neue Wege gehen, um die Sicherungssysteme zu bewahren? Woher kommen die immer lauteren Rufe nach Reformen und sind sie gerechtfertigt?
Um die Kirche im Dorf zu lassen, muss auf die ungebrochene Wirksamkeit unserer Sozialsysteme verwiesen werden. Nach wie vor befinden wir uns auf einem Niveau, dass sich Reichs-
5 kanzler Bismarck nicht hätte träumen lassen, als er 1878 die Sozialgesetzgebung in Deutschland in die Wege leitete. Aber der Sozialexperte Bernd Raffelhüschen warnte vor kurzem, dass wir ohne tief greifende Reformen in 30 Jahren rund zwei Drittel unseres Einkommens für die soziale Sicherung aufbringen müssten. Da das keinem zugemutet werden kann, müssen wir uns Alternativen überlegen.
10 Doch was sind die Ursachen dafür, dass die Sozialversicherungen in den letzten Jahren so unter Druck geraten sind? Ihren Beitrag dazu leistet mit Sicherheit die *Globalisierung** – die Unternehmer argumentieren, sie bräuchten niedrige Sozialabgaben, um im zunehmend freien Welthandel konkurrie-
15 ren zu können. [...]
Die *demographische Entwicklung* ist ein Faktor, der die Zukunft der sozialen Sicherungssysteme in düsterem Licht erscheinen lässt. Renten-, Kranken-, Ar-
20 beitslosen- und Pflegeversicherung beruhen zu großen Teilen auf dem Umlageverfahren, wonach die jungen für die Alten und die Gesunden für die Kranken einzahlen. Treffen nun zu
25 viele Alte und Kranke auf zu wenig Junge und Gesunde, gerät das System ins Wanken. Hinzu kommt, dass sich die *Erwerbsstruktur* im letzten Jahrzehnt stark gewandelt hat.
30 Die Zahl der Selbstständigen hat genauso zugenommen wie das Heer der freien Mitarbeiter, die von „outsourcing" betrof-
35 fen ihrer Arbeit nachgehen. Die Sozialsysteme sind aber nun mal auf die kontinuierliche Beitragzahlung ihrer
40 Versicherten angewiesen. [...]

(Das Parlament v. 22.2.2002, S. 1; Verf.: Rainer Büscher)

„Am Boot kann es doch nicht liegen; das ist 30 Jahre tadellos gelaufen!"
(Zeichnung: Jupp Wolter)

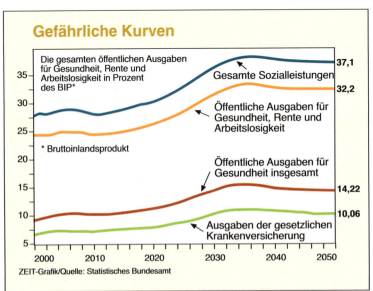

ZEIT-Grafik/Quelle: Statistisches Bundesamt

(Grafik: Wolfgang Sischke, in: DIE ZEIT v. 27.12.2001, S. 22)

Nach längerer lebhafter Diskussion und gegen den Widerstand der Gewerkschaften
45 einigten sich Regierungs- und Oppositionsparteien im Dezember 2003 auf die nebenstehend aufgeführten Maßnahmen, zu denen (ab 1.1.2005)
50 die Zusammenlegung von Arbeitslosenhilfe und Sozialhilfe („Arbeitslosengeld II"; in der Regel auf Sozialhilfeniveau) hinzukommt. Den Belastun-
55 gen im Gesundheits- und Sozialbereich stehen allerdings Steuerentlastungen (in einer Gesamthöhe von 9 Mrd. Euro) gegenüber, die ebenfalls
60 für 2004 beschlossen wurden.

(Autorentext)

Die wichtigsten Änderungen **2004**

Gesundheit	
■ *Höhere Zuzahlungen für Arznei- u. Hilfsmittel:*	generell 10 %, mindestens 5, höchstens 10 Euro
■ *Praxisgebühr für Arztbesuche:*	10 Euro je Quartal
■ *Häusliche Krankenpflege u. Heilmittel:*	10 Euro je Verordnung + 10 % der Kosten
■ *Krankenhaus:*	10 Euro Zuzahlung pro Tag (max. 28 Tage)

■ *Gestrichen* werden Zuzahlungen für: Fahrtkosten zur ambulanten Behandlung, Sterbegeld, Entbindungsgeld, Zuschüsse für Brillen, künstl. Befr
■ *Beitragsbemessungsgrenze* steigt auf 3 487,50 Euro

Renten
■ *Rentenanpassung* 2004 fällt aus
■ *Beitragsbemessungsgrenze* steigt auf 5 150 Euro (West) bzw. 4 350 Euro (Ost)

Arbeitsmarkt
■ *Kündigungsschutz* wird gelockert für neue Mitarbeiter in Betrieben bis zu 10 Beschäftigten
■ *Betriebsbedingte Kündigungen* werden vereinfacht, Kriterien für Sozialauswahl geändert
■ *Handwerksordnung:* Künftig Meisterzwang nur noch in 41 Berufen (vorher 94)

dpa-Grafik 8907

■ **M 131** Wer bezahlt meine Rente? Die Krise der Rentenversicherung und die Reform 2001

Nur 16 von 100 Jugendlichen zwischen 14 und 17 Jahren glauben, dass sie später einmal eine Rente erhalten werden. Das ergab eine Befragung des Emnid-Instituts im Jahr 2000. Tatsächlich ist die gesetzliche Rentenversicherung seit langem ein Sorgenkind im System der Sozialversicherungen. Bisher funktionierte diese Versicherung so: Die aktiv im Berufsleben Stehen-
5 den zahlen mit ihren Beiträgen zur Rentenversicherung die Rente für diejenigen, die jetzt im Ruhestand sind. Das eingezahlte Geld bleibt also nicht auf der hohen Kante liegen, vielmehr wird es jetzt zur Zahlung der Renten verwendet. Dafür erhalten diejenigen, die jetzt Beiträge

zahlen, das Recht, später einmal von der nachfolgen-
10 den Generation versorgt zu werden. Dieses System, in dem immer eine Generation für die nächste sorgt, nennt man **Generationen-**
15 **vertrag**. Es hat lange Zeit gut funktioniert. Eine Ursache für die Krise der Rente hat eigentlich einen erfreulichen Hintergrund. Die
20 Deutschen haben eine immer längere Lebenserwartung. 1950 hatten Männer eine Lebenserwartung von durchschnittlich 65 Jahren.
25 2000 sind es bereits 75 Jahre. Bei Frauen ist die Lebenserwartung noch um mehrere Jahre länger.

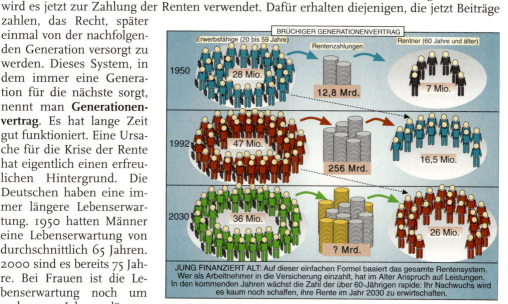

BRÜCHIGER GENERATIONENVERTRAG
Erwerbsfähige (20 bis 59 Jahre) — Rentenzahlungen — Rentner (60 Jahre und älter)

1950 — 28 Mio. — 12,8 Mrd. — 7 Mio.
1992 — 47 Mio. — 256 Mrd. — 16,5 Mio.
2030 — 36 Mio. — ? Mrd. — 26 Mio.

JUNG FINANZIERT ALT: Auf dieser einfachen Formel basiert das gesamte Rentensystem. Wer als Arbeitnehmer in die Versicherung einzahlt, hat im Alter Anspruch auf Leistungen. In den kommenden Jahren wächst die Zahl der über 60-Jährigen rapide: Ihr Nachwuchs wird es kaum noch schaffen, ihre Rente im Jahr 2030 zu erwirtschaften.

(Quelle: Statistisches Bundesamt)

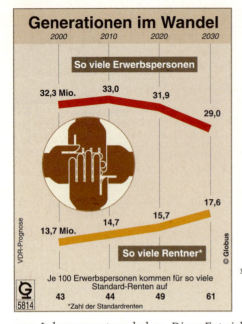

Generationen im Wandel

	2000	2010	2020	2030

So viele Erwerbspersonen

32,3 Mio. 33,0 31,9 29,0

17,6

14,7 15,7

13,7 Mio.

VDR-Prognose

© Globus

So viele Rentner*

Je 100 Erwerbspersonen kommen für so viele
Standard-Renten auf

43	44	49	61

*Zahl der Standardrenten

G
5814

(Zeichnung: Walter Hanel/CCC, www.c5.net)

Außerdem werden mit einem Schnitt von nur 1,3
30 Kindern pro Ehepaar in Deutschland immer weniger Kinder geboren. Das bedeutet für die Zukunft: Immer weniger Junge finanzieren die Rente für immer mehr Alte, die dazu noch eine immer längere Lebenserwartung haben. Diese Entwicklung macht die Rentenfinanzierung zum Problem.
35 Entweder müssen die Deutschen wesentlich höhere Beiträge zahlen oder die Renten sinken.
Im Jahre 2001 beschlossen Bundestag und Bundesrat eine **Rentenreform**, indem die Höhe der Rentenansprüche behutsam Jahr für Jahr bis auf etwa zwei Drittel des letzten Nettoeinkommens abgesenkt wird. Der Versicherte, also die jungen Leute heute, erhalten später einmal für ihre eingezahlten Beiträge eine gesetzlich garantierte Rente, die allerdings prozentual niedriger aus-
40 fällt, als es bisher der Fall war. Darüber hinaus muss jede Arbeitnehmerin und jeder Arbeitnehmer *zusätzlich private Vorsorge* treffen, damit der Lebensstandard im Alter nicht drastisch sinkt. Ab dem Jahr 2008 sollen alle Arbeitnehmer freiwillig vier Prozent ihres Bruttoeinkommens für die private Altersabsicherung aufwenden. Dafür erhalten sie vom Staat Zuschüsse und Steuervergünstigungen. Die Rente der Jungen heute und der Alten von morgen wird also ein
45 Mischsystem von gesetzlicher Pflichtversicherung plus freiwilliger Zusatzversicherung sein.

(Wolfgang Mattes [Hg.], Politik erleben, Schöningh, Paderborn 2001, S. 187)

1. *Das gegenwärtige System der Sozialpolitik, insbesondere das soziale Sicherungssystem, wurde in Kap. III, 3. dargestellt. Informieren Sie sich ggf. anhand der Materialien M 78 – M 79 über die wichtigsten Strukturen (zur Sozialhilfe vgl. ausführlich M 112).*

2. *Verschaffen Sie sich anhand von M 129 einen Überblick über die Entwicklung der Sozialausgaben (Sozialbudget) seit 1960. In welchem Jahrzehnt ergab sich die höchste Steigerungsrate?*

3. *Beschreiben Sie anhand von M 130, durch welche Entwicklungen das System der sozialen Sicherung „unter Druck" geraten ist (Stichworte: Globalisierung, demographische Entwicklung, Arbeitslosigkeit).*

4. *Von den möglichen Reformbereichen, die in M 130 angesprochen werden, haben wir in M 131 die Rentenversicherung ausgewählt.*
   - *Was versteht man unter dem „Generationenvertrag", der dem System der Rentenversicherung zugrunde liegt? Durch welche Entwicklung ist er gefährdet? (M 131)*
   - *Beschreiben und erörtern Sie Eckpunkte der Rentenreform 2001. Inwiefern ist das Problem der Alterssicherung und die Reform der Rentenversicherung gerade auch für Jugendliche von erheblicher Bedeutung?*

Die Frage nach der Zukunft des Sozialstaates lautet – vereinfachend formuliert –, ob angesichts
- *geringerer Wachstumsraten* des Bruttoinlandsprodukts,
- *anhaltender Massenarbeitslosigkeit*,
- *hoher Arbeitskosten* und *hoher Sozial-
abgabenlast* (vgl. M 87) sowie
- *steigender Ansprüche* an den Sozialstaat (vgl. M 123c)
das gegenwärtige Leistungsniveau des
sozialen Sicherungssystems (s. M
79a/b) erhalten bzw. gar gesteigert wer-

(Zeichnung: Reiner Schwalme/CCC, www.c5.net)

den kann oder ob hier „gespart" werden muss und die privaten Haushalte in stärkerem Maße
zur Absicherung gegen soziale Risiken verpflichtet werden sollen. Zu dieser Fragestellung nehmen die Texte M 132 in unterschiedlicher Weise Stellung. Zu inzwischen beschlossenen Maßnahmen s. Grafik S. 191 oben.

▬ M 132a „Erneuerung des Sozialstaats durch mehr Freiheit und Selbst-
verantwortung"

Wer sich in Deutschland für die Erneuerung der sozialen Marktwirtschaft einsetzt, muss mit
der Frage rechnen: Wo bleibt da das Soziale? Meine Antwort: Das Soziale hat mindestens zwei
Dimensionen. Zum einen die soziale Qualität des Marktes selbst, der die Unternehmen in den
Dienst der tatsächlichen Bedürfnisse der Konsumenten stellt. Zum anderen die Verpflichtung
5 des Staates, allen Bürgern die Chance auf Teilhabe am Wohlstand zu eröffnen. Beide Dimen-
sionen hängen eng zusammen, denn nur auf funktionierenden Märkten schaffen die Starken
Zuwächse, die der Staat an die Schwachen umverteilen kann.
Wenn unter dem Deckmantel sozialer Sicherheit die Flexibilität der Märkte immer stärker eingeschränkt wird und die wachsende Abgabenbelastung die internationale Wettbewerbsfähig-
10 keit mit beeinträchtigt, dann ist dies nicht nur ein ökonomisches, sondern auch ein soziales
Problem. [...]
Natürlich setzt der Staat den Ordnungsrahmen. Natürlich braucht Deutschland auch in Zukunft einen Sozialstaat, der Chancen für alle ermöglicht. Aber wenn der (Sozial-)Staat die Leis-
tungsbereitschaft und Selbstverantwortung der Menschen durch Überregulierung und über-
15 mäßige Abgabenbelastung erstickt, beraubt er sich selbst seiner eigenen wirtschaftlichen
Grundlage.
Zu Recht hat auch Alfred Müller-Armack (s. M 62, S. 98) darauf hingewiesen, die Leitidee der
sozialen Marktwirtschaft bestehe darin, „auf der Basis der Wettbewerbswirtschaft die freie Initiative mit einem gerade durch die marktwirtschaftliche Leistung gesicherten sozialen Fort-
20 schritt zu verbinden". Die Voraussetzung sozialer Sicherheit liegt also in der Initiative des Einzelnen und dem funktionierenden Wettbewerb. Diese Einsicht will die Initiative Neue Soziale
Marktwirtschaft auf eine veränderte Situation in Deutschland anwenden.
Es geht der Initiative also um die Erneuerung des Sozialstaates, nicht um seine Abschaffung.
Noch vor zehn Jahren haben viele unsere Renten für sicher gehalten. Heute ist die Notwen-
25 digkeit privater Verantwortung und Vorsorge allgemein anerkannt. Es geht der Initiative nicht
um Markt pur, sondern um die Rückbesinnung auf die Grundprinzipien der sozialen Marktwirtschaft. Und es geht der Initiative auch nicht um „Deregulierung* als Selbstzweck", sondern darum, den Menschen die Freiheit und Selbstverantwortung zurückzugeben, die wir in
den vergangenen Jahrzehnten Stück für Stück dem Staat überlassen haben. Die soziale Markt-
30 wirtschaft lebt von einem ausgewogenen Verhältnis zwischen marktwirtschaftlicher Steuerung
und staatlicher Rahmensetzung. Wir brauchen Wettbewerb und unternehmerisches Engagement genauso wie faire Spielregeln und Chancengleichheit.

Dass Deutschland die Balance zwischen Markt und Staat verloren hat, zeigen schon einige wenige Zahlen: Die Quote der Sozialabgaben liegt bei über 40 Prozent, die Staatsquote* immer
35 noch bei fast 50 Prozent. Auf dem Konto des Durchschnittsverdieners landet nicht einmal die Hälfte dessen, was der Arbeitgeber an Lohn und Lohnzusatzkosten bezahlt. Besonders bedrückend ist die anhaltend hohe Zahl der Arbeitslosen, die den höchsten persönlichen Preis für die mangelnde Flexibilität des Arbeitsmarktes zahlen. Sie wissen am besten, dass die Höhe des Sozialbudgets kein guter Gradmesser für die soziale Qualität eines Staates ist.

(Hans Tietmeyer, Vorsitzender der Initiative „Neue Soziale Marktwirtschaft“, zuvor Präsident der Deutschen Bundesbank, in: DIE ZEIT v. 31.10.2001, S. „Forum“)

M 132b „Soziale Sicherheit ist Voraussetzung für wirtschaftliche Leistungsfähigkeit“

Im Kern geht es um die Beantwortung der Frage, ob das bisherige Sozialstaatsverständnis mit der Betonung der Ziele von sozialer Gerechtigkeit, sozialer Sicherheit und gleichen Lebenschancen und Teilhabemöglichkeiten unter dem Druck der ökonomischen und sozialen Veränderungen relativiert oder ganz aufgegeben werden muss.
5 Die Analyse der Lebens- und Arbeitsverhältnisse zeigt, dass auch in einer modernen Hochtechnologie- und Dienstleistungswirtschaft die überwiegende Mehrheit der Bevölkerung auf kollektive Sicherungseinrichtungen angewiesen ist.
Gerade weil sich traditionelle Lebensweisen und soziale Bindungen auflösen, Erwerbsverläufe instabiler werden und sich die Risiken auf dem Arbeitsmarkt verschärfen, hat das Bedürfnis
10 nach sozialer Sicherheit und verlässlichen, allgemein zugänglichen Leistungsangeboten im Sozial- und Gesundheitswesen eine unverändert hohe, ja sogar steigende Bedeutung. Sozialstaatlichkeit ist insofern institutionelle Voraussetzung für den fortlaufenden Prozess des ökonomischen, sozialen und kulturellen Wandels. Sozialstaat und Freiheit, Solidarität und Individualität schließen sich dabei nicht aus, sondern bedingen und ergänzen einander. Der Sozialstaat
15 ist Voraussetzung dafür, dass die Werte von Individualität und Freiheit nicht nur ein Privileg für die Einkommensstarken und Vermögenden sind.
Auf der anderen Seite ist es ein unbestrittener Zusammenhang, dass soziale Leistungen über Abzüge vom Markteinkommen finanziert werden müssen und nur das verteilt werden kann, was auf dem Markt auch produziert und erwirtschaftet worden ist. Angesichts der Wachs-
20 tumsabschwächung und der hohen Belastung der öffentlichen Haushalte durch die Kosten der Arbeitslosigkeit fällt die Finanzierung eines dicht geknüpften sozialen Netzes schwer. Hinzu kommen die Folgelasten der deutschen Einigung, die noch auf längere Sicht zu tragen sind. Und unstrittig ist auch, dass sich die Weltmarktkonkurrenz deutlich verschärft hat und sich mittlerweile ganze Volkswirtschaften mit ihren Sozialstandards in Konkurrenzbeziehungen
25 befinden. [...]
Der Sozialstaat ist kein unproduktiver „Kostgänger“ einer Volkswirtschaft, sondern wirkt als produktiver Faktor positiv auf die wirtschaftliche Leistungsfähigkeit zurück: Eine breit angelegte Ausbildung der Erwerbsbevölkerung und eine hohe Arbeitsproduktivität sind bei Angst vor sozialem Abstieg, Ausgrenzung und Armut nicht gewährleistet.
30 Diese Hinweise auf die „Produktivkraft Sozialstaat“ sollen nicht verdecken, dass viele Sozialleistungen und Angebote der sozialen Infrastruktur aus einer engen ökonomischen Perspektive durchaus als entbehrenswert angesehen werden könnten, beispielsweise Rehabilitations- und Qualifizierungsmaßnahmen für all jene Menschen, die nicht (mehr) im Produktionsprozess eingesetzt werden können. Ausdrücklich zu betonen ist aber, dass der Sozialstaat eigen-
35 ständige politisch-moralische Ziele auch jenseits der Maßstäbe der engen ökonomischen Funktionalität hat. [...]
Die immer wieder aufbrechenden Lücken zwischen Einnahmen und Ausgaben in den sozialen Systemen sind in erster Linie eine Folge der Arbeitsmarktlage: Nicht der Sozialstaat ist zu teuer, sondern die Arbeitslosigkeit, weil Unterbeschäftigung gleichzeitig die Ausgaben erhöht
40 und die Einnahmen mindert. [...]

Der Weg, den die Sozialpolitik in Deutschland einschlagen wird, ist nicht vorgezeichnet. Quantität und Qualität von sozialer Sicherung und Sozialpolitik hängen nicht nur davon ab, was sich eine Volkswirtschaft ökonomisch leisten kann; viel entscheidender ist, welches Niveau an sozialer Sicherung sich die Menschen leisten wollen und welchen Beitrag an Solida-
45 rität sie bereit sind zu geben. Es bedarf immer der Bereitschaft der Bevölkerung, die hohen Lasten, die ein ausgebautes Sozialsystem unweigerlich verursacht, mit den entsprechenden Einbußen im verfügbaren Einkommen auch zu tragen. Nicht nur die Schwächeren, sondern auch die Stärkeren müssen das System stützen. Die Frage nach der Verlässlichkeit und Zukunftsfähigkeit eines Sozialstaates wird damit zu der Frage nach seiner politischen Akzeptanz.

(Gerhard Bäcker/Reinhard Bispinck/Klaus Hofemann/Gerhard Naegele, Sozialpolitik und soziale Lage in Deutschland Bd. 1, 3. Aufl., Westdeutscher Verlag, Wiesbaden 2000, S. 41f., 44f.)

M 133 Probleme des Sozialstaats in der Karikatur

a)

(Zeichnung: Walter Kurowski)

b)

„So engmaschig, wie's mal war, ist es nicht mehr!"

(Zeichnung: Fritz Wolf/ CCC, www.c5.net)

c)

STAAT

„Los, tu mal was für mich!"

BÜRGER

(Zeichnung: Jupp Wolter)

d)

SOZIAL STAAT

(Zeichnung: Wolfgang Horsch)

e)

f)

(Zeichnung: Hogli)

Soziales Netz der Zukunft?

(Zeichnung:
Luis Murschetz/
CCC,www.c5.net

1. *Arbeiten Sie aus den beiden Stellungnahmen (M 132a/b) die wichtigsten Argumente heraus und stellen Sie sie gegenüber. Die folgenden Fragen und Hinweise können Ihnen dabei eine Hilfe sein:*
   – *Hans Tietmeyer (M 132a) ist der Sprecher einer „Initiative Neue Soziale Marktwirtschaft"
     (www.chancenfueralle.de), zu der sich eine Reihe bekannter Persönlichkeiten aus Politik, Wirt-
     schaft und Wissenschaft zusammengeschlossen haben. Wie beschreibt er (Z. 1–7) das Verhält-
     nis der beiden Aspekte „Markt" und „Soziales"? Welche Entwicklung hat der Sozialstaat ge-
     nommen und zu welchen Folgen hat diese Entwicklung geführt (Z. 8–16, Z. 33–39)?*
   – *In welche Richtung soll die „Erneuerung des Sozialstaats" gehen? Inwiefern geht es um eine
     Verlagerung der Verantwortung weg vom Staat hin zum Einzelnen? Was soll damit erreicht
     werden (Z. 17–32)? Inwiefern ist durch die Rentenreform (s. M 131, Z. 55 ff.) ein Schritt in
     diese Richtung schon erfolgt?*
   – *Stellen Sie heraus, inwiefern das Verhältnis „Markt" – „Soziales" bzw. Staat – Einzelner in
     M 132b (Z. 1–16) anders gesehen wird als in M 132a. Was spricht in dieser Sicht für eine Bei-
     behaltung starker „kollektiver" (staatlicher) Sicherungssysteme?*
   – *Wie sehen die Autoren das Verhältnis zwischen Sozialstaat und den Problemen, die sich im
     Hinblick auf die Finanzierung und die Weltmarktkonkurrenz ergeben haben? (Z. 17–29)*
   – *Inwiefern ist auch in dieser Sicht eine kritische Überprüfung der Sozialausgaben sinnvoll?
     Worin liegt die eigentliche Ursache der „Krise des Sozialstaates"? (Z. 30–40) Inwiefern ist nach
     dieser Darstellung der Erhalt des bisherigen Sozialleistungssystems nicht so sehr eine ökonomi-
     sche Frage, sondern eine der „Bereitschaft der Bevölkerung"? (Z. 41–49)*

2. *Die Karikaturen veranschaulichen und kommentieren unterschiedliche Aspekte der Probleme des
Sozialstaats und der dazu geführten Diskussion. Ihre Interpretation kann Ihnen bei Ihrer Diskussion zu M 132a/b eine Hilfe sein.*

3. *Diskutieren Sie bei Ihrer Auseinandersetzung mit den dargestellten Positionen auch die folgende
Meinungsalternative:*
   a) *Der Staat muss die Sozialleistungen kürzen. Jeder muss selbst mehr Verantwortung für sich
      übernehmen.*
   b) *Der Staat soll die Sozialbeiträge erhöhen; denn lieber höhere Beitragsbelastungen als weniger
      garantierte Absicherung für alle.*

B JUGENDLICHE IM PROZESS DER VERGESELLSCHAFTUNG UND DER PERSÖNLICHKEITSBILDUNG

I. Wie sind wir geworden, was wir sind? – Sozialisation und Rollenhandeln

(Foto: M. Meyborg/laif)

(Foto: Barbara Klemm/
Frankfurter Allgemeine Zeitung)

1. Soziales Handeln und soziale Normen

M 1 „Ich will jetzt erst mal leben" – Sieben Schülerinnen und Schüler diskutieren über die Zukunft und das Leben nach dem Abitur

Ihr seid im Sommer alle mit der Schule fertig. Derzeit sind die Aussichten auf dem Arbeitsmarkt in Deutschland nicht besonders toll. Wie sehen eure Pläne aus?

ROBERTO: Man muss flexibel bleiben. Aussuchen kann man sich heute nichts mehr.

LAURA G.: Das sehe ich eigentlich nicht so, aber bis ich mit meiner Ausbildung fertig bin, hat
5 sich die Situation doch noch dreimal verändert. Ich will machen, was ich will.

PETER: Wenn man gut ist, kriegt man immer was.

ULRICH: Wenn man sich bewirbt und nur Absagen kommen, muss man sich überlegen, ob man lieber auf der Straße sitzt oder doch das nimmt, was eben kommt.

PETER: Jobsuche ist Einstellungssache. Und wenn man in unsrem Alter schon so anfängt ...

10 ULRICH: Man kann doch deshalb nicht blauäugig loslaufen und sagen, ich mache nur das, was ich will. Das geht nicht.

MARLEEN: Aber man soll es wenigstens versuchen.

KERSTIN: Ich will zum Beispiel Kunst studieren. Da sieht es eh nicht sehr rosig aus. Aber deshalb will ich doch jetzt nicht gleich Hotelkauffrau werden.

15 LAURA G.: Mich schreckt die Joblage auch nicht ab, Ethnologie zu studieren. Keiner weiß doch, wie es in fünf oder zehn Jahren aussieht.

PETER: Man darf sich eben nicht auf einen Standort festlegen. Das kann man sich nicht leisten.

Macht ihr euch Sorgen um die Zukunft?

ULRICH: Na ja, Sorgen vielleicht direkt nicht. Aber man hat schon im Hinterkopf, dass auch 20 was schief gehen kann.

KERSTIN: Ich mache mir manchmal Sorgen, dass ich erst mein praktisches Jahr mache und dann keinen Studienplatz bekomme. Man wird ja auch nicht jünger. Nach dem Studium bin ich 25. Das ist schon ganz schön alt. Einerseits will man dann noch ein paar Jahre arbeiten. Andererseits will ich auch nicht erst mit 27 Jahren eine Familie gründen.

25 PETER: Aber 27 ist doch nicht alt.

KERSTIN: Na ja, früher dachte ich immer: mit 20 ein Kind, das ist doch toll. Das sehe ich heute schon anders. Aber wenn man selber jünger ist, gibt es auch weniger Generationenkonflikte.

Wie stellt ihr euch das denn vor mit Studium, Beruf und Familie?

ULRICH: Das kann man mit 18 Jahren doch noch nicht planen.

30 MARLEEN: Würd' ich so nicht sagen. Meine Mutter war auch 19, als ich auf die Welt kam. Und sie hatte noch nicht mal einen Mann. Aber in der DDR ließ sich das leichter organisieren. Wo lässt man denn heute sein Kind, wenn man studieren will? Das wäre wirklich schwierig.

ULRICH: Man muss erst mal eine gute Ausbildung machen, einen Job finden und Geld nach Hause bringen. Das kann man einem Kind sonst nicht zumuten.

35 LAURA G.: Ja, es muss schon eine sichere Basis da sein, nicht nur Stress.

LAURA A.: Ich will da noch gar nichts planen. Jetzt schon an „backe, backe Kuchen" zu denken – bloß nicht. Sich eine Zukunft aufbauen, das klingt doch schrecklich. Schon den Gedanken an Mann und Familie finde ich einengend. Ich will jetzt erst mal leben.

Was ist euch für eure Zukunft wichtig?

40 LAURA G.: Ich will mit mir und meiner Arbeit glücklich sein. Und andere glücklich machen. Geld ist nicht so wichtig.

MARLEEN: Ich möchte in zehn Jahren einen schönen Lebensstandard erreicht haben. Einen angenehmen, sicheren Job, ein paar süße Kinder und einen Mann.

KERSTIN: Ich wünsche mir, dass ich später noch immer sagen kann: Mir macht mein Leben 45 Spaß. Finanziell muss nicht alles perfekt sein. Das ist heute schwierig.

ULRICH: Mir ist es wichtig, in meinem Beruf etwas zu erreichen und mich weiterentwickeln zu können. Bloß nicht stecken bleiben, und dann läuft alles im Einheitstrott. Ich möchte immer zurückblicken können und sagen: Mensch, das war wirklich abwechslungsreich.

PETER: Ich will auf jeden Fall Karriere machen.

50 KERSTIN: Warum denn das?

PETER: Ich will etwas schaffen im Leben. Nicht ständig nur beim gleichen Unternehmen arbeiten, auch mal nach Amerika oder Japan gehen.

LAURA G.: Dir geht es aber wirklich eher um materielle Dinge.

PETER: Nee, das Materielle hängt da zwar dran. Aber mir geht es darum, nicht ein Leben lang 55 bei demselben Unternehmen zu arbeiten und dann nicht weiterzukommen.

ULRICH: Das Leben soll ja auch abwechslungsreich sein. Mir geht's nicht nur ums Geld. Aber ich will sagen können: Das ist von mir. Ich möchte später auf etwas stolz sein können.

MARLEEN: Auch wenn's mit der Familie dabei dann nicht so klappt?

ULRICH: Wäre natürlich schön, wenn das auch funktioniert.

60 PETER: Das hängt auch von meiner späteren Frau ab. Wenn sie genauso Karriere machen will, ist das mit der Familie vielleicht nicht so einfach. Aber wenn sie glücklich ist, sich um die Kinder zu kümmern ...

ULRICH: Nur ist man mit einer Familie nicht mehr so flexibel.

PETER: Wieso? Dem Kind ist es doch egal, ob es in Amerika oder in Deutschland groß wird.

65 ULRICH: Nur, wenn es in die Schule kommt, sollte man einen festen Platz in der Welt haben.

Seht ihr euren festen Platz in Deutschland? Identifiziert ihr euch mit diesem Land?

LAURA A.: Na ja, man hat ja keine andere Wahl.

LAURA G.: Ich sage immer, ich bin Berlinerin, nicht Deutsche.

LAURA A.: Deutschland ist noch immer so vorbelastet.

70 ULRICH: Es ist wichtig, dass man auch stolz auf sein Vaterland ist, ohne gleich nationalistisch zu sein. Zu viele Menschen stehen nicht zu Deutschland.

LAURA A.: Ich kann aber nicht hinter allem stehen, was mein Land macht.

LAURA G.: Musst du ja auch nicht. Aber gerade, wenn man im Ausland ist, lernt man seine Heimat schätzen.

75 ULRICH: Ich war mal in Großbritannien. Die haben mich angesprochen, wie klasse unser Sozialsystem ist. Da habe ich erst mal geguckt. Hier sagt man immer, alles ist scheiße und blödsinnig. Aber wenn man das mal mit anderen Ländern vergleicht, dann ist es gar nicht so schlecht.

Was bedeutet für euch die deutsche Einheit?

80 PETER: Ich wäre ohne sie ganz sicher nicht als Austauschschüler in Amerika gewesen.

LAURA G.: Wir haben einfach viel mehr Möglichkeiten. Zu DDR-Zeiten konnte man nur in sozialistischen Ländern studieren, wenn überhaupt.

ULRICH: Damals konnte man zwar nicht tun, was man wollte, aber man wusste auch, dass man auf keinen Fall auf der Straße sitzt. Heute gibt es mehr Möglichkeiten. Ob man die dann

85 auch nutzen kann, ist eine andere Frage.

(Wirtschaftswoche, Sonderheft Beruf und Studium 1/2000, S. 6ff.; Verf.: Brigitte v. Haacke)

1. *Versuchen Sie aus den Interview-Äußerungen für jede/jeden der sieben Schülerinnen und Schüler zusammenzustellen, welche spezifischen Erwartungen, Vorstellungen und Einstellungen er/sie im Hinblick auf die zukünftige Gestaltung der Lebens- und Arbeitswelt (bzw. das Studium) hat. Lassen sich deutliche Unterschiede auch in der Einschätzung der Lebensverhältnisse in Deutschland feststellen?*

2. *Untersuchen Sie, ob sich die unterschiedlichen Einstellungen der Schülerinnen und Schüler bestimmten allgemeinen Orientierungsmustern zuordnen lassen (z.B. Flexibilität, Leistungsorientierung, Anpassungsbereitschaft, Selbstverwirklichung, Erfolgsorientierung).*

Wir wollen das Interview-Gespräch der Schülerinnen und Schüler zum Anlass nehmen, darüber nachzudenken, wie es kommt, dass Jugendliche (Menschen überhaupt) so unterschiedlich in ihren Einstellungen, Auffassungen und Bewertungen sind, wie Sie das selbst alle aus Erfahrung kennen und wie sich das auch in diesem Gespräch zeigt. Wir gehen dieser Frage im Folgenden etwas ausführlicher und systematischer nach.

Es ist eine der zentralen Fragen der Soziologie als der Wissenschaft von der gesellschaftlichen Bedingtheit des menschlichen Lebens.

➤ *Was bedeutet es, wenn man den Menschen als „soziales Lebewesen" bezeichnet? (M 2 – M 3)*

➤ *Welche Bedeutung für unser Handeln haben Werte und Normen? (M 4 – M 6)*

M 2 Der Mensch als „soziales Lebewesen"

(Foto:
© Keystone)

(Foto:
Günter Schlottmann/
Verlagsarchiv Schöningh)

„Lange bevor Soziologen und Verhaltensforscher es nachwiesen, wusste man es im Grunde schon, wie stark Zeit und Milieu die Entwicklung des Menschen beeinflussen. Es
5 gab und gibt einen einfachen Ausdruck dieses Wissens, wenn man sagt: er war ein Kind seiner Zeit." (H. A. Neunzig: Johannes Brahms, Rowohlt, Reinbek 1973, S. 7)

Statt von Milieu und Zeit spricht man heutzutage meistens von *Gesellschaft*. Und Soziologie
10 bedeutet wörtlich übersetzt die kundige Rede (logos) über den Gesellen beziehungsweise Genossen (socius), einfacher ausgedrückt: über den Menschen als Gefährten anderer Menschen. Dem entspricht die Vorstellung von Soziologie als einer Gesellschafts- bzw. Sozialwissenschaft, wobei unter Gesellschaft zunächst ganz einfach das *Beisammensein von Lebewesen* verstanden werden kann. [...]
15 Der Mensch ist Gegenstand vieler Wissenschaften, weshalb es auch unterschiedliche Auffassungen geben kann, die hier jedoch nicht erörtert werden müssen.

Bei allen Differenzen im Detail ist doch manches unstrittig. [...]
– Es bestreitet erstens niemand, dass Menschen im Mit- und Gegeneinander beisammen sind. Die alltägliche Erfahrung bestätigt jedem, wie weit reichend und intensiv wir mit an
20 deren Menschen zusammenleben.
Was also ist der Mensch? Ein geselliges Lebewesen – was ungesellige Geselligkeit (Kant) nicht ausschließt.
– Es bestreitet zweitens niemand, dass Menschen beisammen sein müssen. Der Soziologe kann auf seine Weise, eine kundige Rede vorausgesetzt, begreiflich machen, dass Gesellschaft eine
25 unerlässliche Voraussetzung für menschliches Leben ist und mithin einen für den Menschen notwendigen Lebensraum darstellt. Menschen sind also auf das Beisammensein mit anderen Menschen angewiesen, und menschliches Leben ist ohne ein bestimmtes, allerdings nur schwer exakt definierbares Maß an befriedigenden sozialen Beziehungen unmöglich.
Was also ist der Mensch? Ein der Gesellschaft bedürftiges Lebewesen – was Kritik an ge
30 sellschaftlichen Zuständen und deren Veränderung nicht ausschließt.

– Es bestreitet drittens niemand, dass Empfindungen, Denken und Handeln der Menschen von ihrem Beisammensein und der Art und Weise, wie sie beisammen sind, stark beeinflusst werden. [...]

Was also ist der Mensch? Ein nach Zeit und Ort gesellschaftlich oft unterschiedlich geformtes
35 Lebewesen (was andere Einflüsse nicht ausschließt).

(Alfred Bellebaum, Soziales Handeln und soziale Normen, Schöningh, Paderborn 1983, S. 7f.)

Das Kind ist auf einen anderen Menschen angewiesen, um lernen zu können. Es kann ohne eine erwachsene Person, die es nährt und pflegt, die mit ihm lacht und spricht, als Organismus nicht überleben. Die Tatsache, dass das organische Überleben des Individuums beim Menschen – stärker und länger als bei anderen Gattungen – vom sozialen Zusammenleben
40 abhängt, kann man als die *Sozialnatur des Menschen* bezeichnen. Der Mensch ist von Natur sozial, auf andere Menschen angewiesen – und er kann von Natur aus mit dieser Angewiesenheit fertig werden, indem er soziale Fähigkeiten entwickelt.

(Heiner Meulemann, Soziologie von Anfang an, Westdeutscher Verlag, Wiesbaden 2001, S. 29)

M 3 Der Mensch – gesellschaftliches Wesen oder Individuum: die falsche Alternative

Wenn man Soziologie betreibt und über die Menschen nachdenkt, die sich durch „soziales Handeln" zu Gruppen und Gesellschaften zusammenschließen oder sich gegenseitig mit vielfältigen Mitteln und in den verschiedensten Ausdrucksformen bekämpfen, muss man sich fragen:

- Wie sieht die Soziologie den Menschen?
5 - Wie sieht sie die Beziehungen zwischen Individuum, sozialer Gruppe und der Gesellschaft?
- Worin unterscheidet sich das „soziologische" Menschenbild von anderen Definitionen und Sichtweisen?

Wie wir bereits gesehen haben, besitzen wir ja alle bestimmte Vorstellungen von der Beschaffenheit „des" Menschen. Ausgehend von der Annahme bestimmter psychischer Eigenschaf-
10 ten und der Unterstellung bestimmter Motive, deuten wir einmal den Menschen als ein vernunftbegabtes, aus freiem Willen handelndes Individuum oder vermuten ein anderes Mal, der Mensch sei durch seine Erbanlagen sowie durch Rasse, Geschlecht und Instinkte vorprogrammiert oder auch durch sein Milieu mehr oder weniger ausschließlich determiniert. [...]
Soziologen (wie etwa James *Baldwin*, 1860–1934) wiesen indessen darauf hin, dass der
15 Mensch sowohl eine individuelle als auch eine soziale Seite hat, dass also die scheinbar kontroversen Begriffe „Individuum" und „Gesellschaft" komplementär zu verstehen sind. Der Mensch stellt einerseits ein kleines Stück Gesellschaft dar, während die Gesellschaft andererseits aus Individuen besteht, die in ihr wirken und sie teils bewahren, teils verändern. So gibt es ebenso wenig ein Individuum ohne Gesellschaft wie eine Gesellschaft ohne Individuen.
20 Diese Betrachtungsweise hat sich auch in der modernen Soziologie weitgehend durchgesetzt, wobei das Forschungsinteresse den sozialen Einflüssen gilt, denen ein Individuum ausgesetzt ist und die es mit vielen anderen teilt. Eben dies ist ja die eigentliche *soziologische* Perspektive und die Entwicklung eines solchen Deutungssystems die besondere Aufgabe der Soziologie. Von daher betrachtet die Soziologie selbstverständlich immer nur einen bestimmten Ausschnitt der „Wirklich-
25 keit", doch ist es wichtig, dass sich eine Wissenschaft auch *dieser* Realität zuwendet. Mit anderen Worten: Es gibt konkurrierende Erklärungssysteme und Auffassungen vom Menschen, die per definitionem gleichfalls ausschnitthaft, eben beispielsweise psychologischer, pädagogischer, philosophischer oder theologischer Natur sind. Während aber der *Philosoph* nach dem „Wesen" des Menschen fragt, der *Theologe* den Menschen im Zusammenhang mit einem letzten Prinzip (Gott)
30 zu verstehen sucht oder der *Psychologe* sich auf die Bewusstseinsstrukturen des Menschen konzentriert, interessiert sich der *Soziologe* für das „Zwischenmenschliche", für das soziale Beziehungsgefüge, das Personen ziel- und zweckgerichtet miteinander handeln lässt.

(Hans Peter Henecka, Grundkurs Soziologie, Leske + Budrich, Opladen 1997, S. 57f.)

1. *Erläutern Sie, in welcher spezifischen (z.B. von Medizin, Biologie und anderen Wissenschaften unterscheidbaren) Weise sich die Soziologie mit dem Menschen befasst und über welche Grundtatbestände zum Wesen der Menschen Einigkeit besteht (M 2).*

2. *„Der Satz, der Mensch sei durch und durch ein gesellschaftliches Wesen, ist nicht mit dem Satz identisch, der Mensch werde ganz und gar durch Gesellschaft vereinnahmt." Erläutern Sie diese Aussage anhand von M 3. Wieso kann man von einem Spannungsverhältnis zwischen „Mensch" (Individuum) und „Gesellschaft" sprechen?*

3. *Beschreiben Sie auf der Grundlage der Darstellung in M 2 und M 3 die spezifische Aufgabe und das Interesse der Soziologie als Wissenschaft (vgl. auch M 7). Versuchen Sie eine Definition zu formulieren und (die Beschäftigung mit Kap. A dieses Buches vorausgesetzt) in Abgrenzung davon die Aufgabe der Ökonomie zu definieren.*

■ M 4 Soziale Normen und Werte

Norm bedeutet Richtschnur, Regel. Normen geben mithin bestimmte Richtungen an, sie sind *Regeln* beziehungsweise Regelungen für etwas. Hier interessieren nun nicht DIN-Maße oder Konfektionsgrößen, sondern nur solche Normen, die menschliches Leben und Zusammenleben regeln. (Zugegeben, auch DIN-Maße bei Kleidung oder baulichen Einrichtungen sind für
5 Menschen nicht belanglos, sie sind dennoch von einer anderen Qualität.) Und derartige Regeln gibt es nicht nur für unser äußerlich sichtbares Verhalten, sondern auch für den Umgang mit unserer Innenwelt.

Das Wort *sozial* ist mehrsinnig. Hier interessieren drei Bedeutungen, die vor allem in der Wissenschaftssprache eine Rolle spielen.
10 Sozial heißen die fraglichen Normen zunächst einmal deshalb, weil sie sich nicht auf je einzelne Menschen in ihrer Individualität beziehen, sondern auf mehrere Menschen in angebbaren und sich wiederholbaren Situationen. So gilt beispielsweise: Alle Menschen sollen bei Rot nicht über die Straße gehen; oder immer, wenn Ampeln auf Rot umschalten, dürfen Fußgänger nicht über die Straße gehen. (Ausnahmen bleiben außer Betracht.)
15 Mit dem Wort sozial ist auch gemeint, dass solche Regeln ihre Existenz der sozialen Umwelt verdanken, dass also das geforderte Verhalten nicht anlagemäßig oder metaphysisch, sondern gesellschaftlich bedingt ist. Das ist unstrittig bei einer Norm, die vorschreibt, beim Schnäuzen ein Taschentuch zu benutzen, kann aber strittig sein bei einer Norm, die fordert, nicht zu sündigen.
20 Schließlich lässt sich das Wort sozial noch dahingehend deuten, dass Normen für den Menschen als gesellschaftliches Lebewesen in der gleichen Weise unerlässlich sind, wie dies für Gesellschaft als Lebensraum generell zutrifft. Diesbezüglich gibt es mit Sicherheit keinen Dissens.

Wenn mehrere Menschen Regeln beachten, die für sie gelten, dann hat das jene *sozialen Regel-*
25 *mäßigkeiten* zur Folge, von denen schon die Rede war. Alle gehen nur bei Grün über die Straße; alle einander gut bekannten Menschen grüßen sich freundlich; alle Theaterbesucher verhalten sich während der Aufführung ruhig; alle Gläubigen gehen zur Kirche; alle Schüler lernen; alle Beamte dienen klaglos Volk und Staat (und manche sich selbst). In all diesen Fällen sind, was wohl niemand bestreitet, gesellschaftliche Ansprüche vorhanden und also *soziale*
30 *Normen* im Sinne von *Verhaltenserwartungen* wirksam.

Dieses Verständnis von Normen wird zwar im Allgemeinen akzeptiert, gelegentlich jedoch ein einschränkendes Argument vorgebracht. Soziale Verhaltensregelmäßigkeiten kann es, muss es aber nicht deshalb geben, weil mehrere Menschen sich *normgemäß* verhalten. Sicherlich, soziale (!) Regelmäßigkeiten sind allemal etwas anderes als das bloß gleichförmige Tun meh-
35 rerer. Nicht jede soziale Regelmäßigkeit muss aber normiert sein. Es gibt nämlich gleichförmiges Handeln, das schlichtweg selbstverständlich ist, rein gewohnheitsmäßig geschieht, pures Eingelebtsein und nichts als Routine darstellt.

Und solche Routinen kann man beachten, muss es jedoch nicht. Wenn
40 man sie nicht beachtet, dann bleibt
das folgenlos. Für soziale Gewohnheiten gilt also: „Die Abweichung mag
Verwunderung erregen, vielleicht Ver-
stimmung, aber die Reaktion anderer
45 überschreitet nicht einen bestimmten
Schwellenwert.“[1] Der in diesem Zusammenhang verwendete Begriff der
sozialen Norm ist also immer schon
auf *abweichendes Verhalten* und *negati-*
50 *ve Sanktionen* und somit schließlich
auf *soziale Kontrolle* bezogen.

Norm-Abweichungen sind, so paradox es klingt, ein
integrierender Bestandteil einer [...] Gesellschaft. [...]
Würden alle sozialen Normen befolgt, dann gäbe es
keine Abweichungen und entsprechend auch keine
sozialen Normen mehr. Erst die Abweichung ruft die
Gültigkeit der sozialen Normen in Erinnerung. Soziale Normen, die nur noch halbherzig oder gar nicht
mehr durchgesetzt werden, büßen ihre verhaltens-
steuernde Wirkung ein. Normen-Losigkeit (*Anomie*)
bezeichnet den Zustand, in dem allgemein anerkann-
te soziale Normen als Folge raschen sozialen Wandels
oder des Geltungsverlusts überkommener Werte und
Normen fehlen.

(Bernhard Schäfers [Hg.], Grundbegriffe der Soziologie, Leske +
Budrich, Opladen 1998, S. 256)

Soziale *Normen* kann man von gesell-
schaftlichen *Werten* unterscheiden. Auch hier gibt es keine einheitliche Sprachregelung.
Nützlich ist jene Unterscheidung, wonach Werte bestimmte Ziele, Ideale, wünschbare Zu-
55 stände sind – wohingegen Normen Handlungsweisen darstellen, die der Zielverwirklichung
dienen. Erwähnt sei beispielsweise der bei uns weithin akzeptierte Wert „Demokratie“. Es sind
Normen erforderlich, die vorschreiben, wie dieser Wert verwirklicht wird. Für Anhänger einer
freiheitlich-parlamentarischen Demokratie sind hier zu nennen: Es soll freie und geheime
Wahlen, mehrere Parteien, Gewaltenteilung, rechtsstaatliche Verfahren u.v.a.m. geben. In
60 ähnlicher Weise lassen sich Normen mit Blick auf Werte wie Freiheit, Gerechtigkeit, Menschenwürde und soziale Sicherheit bestimmen.

(Alfred Bellebaum [= M 2], S. 34f.)

---

[1] Heinrich Popitz, Die normative Konstruktion von Gesellschaft, Tübingen 1980, S. 25

■■ M 5 Was Gleichheit kon-
kret bedeutet

Werte sind wünschenswerte Grund-
haltungen, die ein erstrebenswertes
Ziel charakterisieren, aber noch nicht
auf aktuelle Verhaltensweisen ausge-
5 prägt sind. Der Wertbegriff ist also
umfassender als der Normbegriff. Es
ist nun möglich, dass ein und derselbe
Grundwert eine große Anzahl aktueller Verhaltensnormen speist und mit
10 Kraft erfüllt. Die Abbildung soll das
Gesagte klarmachen.

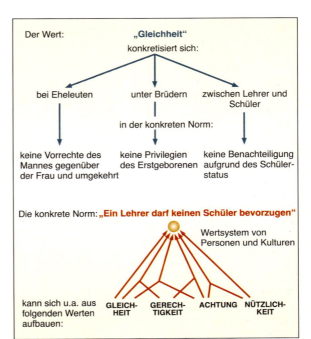

(Julius Morel: Werte als soziokulturelle Produkte.
In: Theodor Hanf u.a.: Funk-Kolleg Sozialer Wandel, Bd. 1, Fischer Taschenbuchverlag, Frankfurt/M.
1975, S. 206–209)

M 6 Büro-Ordnung

1. Gottesfurcht, Sauberkeit und Pünktlichkeit sind die Voraussetzungen für ein ordentliches Geschäft.

2. Das Personal braucht jetzt nur noch an Wochentagen zwischen 6 Uhr vormittags und 6 Uhr nachmittags anwesend zu sein. Der Sonntag dient dem Kirchgang.

3. Es wird von jedermann die Ableistung von Überstunden erwartet, wenn das Geschäft sie begründet erscheinen lässt.

4. Der dienstälteste Angestellte ist für die Sauberkeit der Bureaus verantwortlich.

5. Alle Jungen und Junioren melden sich bei ihm 40 Minuten vor Arbeitsbeginn und bleiben nach Arbeitsschluss zur Verfügung.

6. Einfache Kleidung ist Vorschrift. Das Personal darf sich nicht in hellschimmernden Farben bewegen und nur ordentliche Strümpfe tragen. Überschuhe und Mäntel dürfen im Bureau nicht getragen werden, da dem Personal ein Ofen zur Verfügung steht. Ausgenommen sind bei schlechtem Wetter Halstücher und Hüte.

7. Während der Bureaustunden darf nicht gesprochen werden. Ein Angestellter, der Zigarren raucht, Alkohol in irgendwelcher Form zu sich nimmt, Billardsäle und politische Lokale aufsucht, gibt Anlass, seine Ehre, Gesinnung, Rechtschaffenheit und Redlichkeit anzuzweifeln.

8. Während der Einnahme von Nahrung darf die Arbeit nicht eingestellt werden.

9. Der Kundschaft und Mitgliedern der Geschäftsleitung nebst den Familienangehörigen ist mit Ehrerbietung und Bescheidenheit zu begegnen.

10. Jedes Personalmitglied hat die Pflicht, für die Erhaltung seiner Gesundheit Sorge zu tragen, im Krankheitsfalle wird die Lohnzahlung eingestellt.

(Zit. nach: Der Einzelne und die Gesellschaft. Materialien für den Unterricht, Madog, Kaarst o. J., S. 37)

1. *Am Ende von M 2 war schon auf die zentralen soziologischen Begriffe „soziales Handeln" und „soziale Normen" hingewiesen worden. Klären Sie die Bedeutung des Begriffs „sozial" bzw. „soziales Handeln" (M 4).*

2. *Erläutern Sie die Bedeutung sozialer Normen für das soziale Handeln (M 4). Welche Bedeutung haben Sanktionen* für diesen Bereich?*

3. *Erläutern Sie den Unterschied zwischen Normen und Werten (M 4, letzter Abschnitt) und das abgebildete Beispiel für den Bereich der Schule (M 5). Auf welchen Wert/welche Werte wären die Normen zurückzuführen,*
   – pünktlich zum Unterricht zu erscheinen,
   – die Mitschüler nicht zu beleidigen,
   – bei Klassenarbeiten nicht zu mogeln?

4. *Beschreiben Sie „soziale Regelmäßigkeiten", die sich im Verhalten von Schülern und Lehrern im normalen Schulbetrieb zeigen. Welche davon sind bloße Gewohnheiten, welche beruhen auf sozialen Normen (sind also mit Sanktionen verbunden, wenn man von ihnen abweicht)? Gibt es auch eine „Grauzone" zwischen beiden Arten von Regelmäßigkeiten?*

5. *Untersuchen Sie die „Büro-Ordnung" (ca. 1890) im Hinblick darauf,*
   – welche Werte, Normen, Sitten und Sanktionen angesprochen werden,
   – welche sich möglicherweise bis heute erhalten haben und welche nicht,
   – worauf der Wandel zurückzuführen ist (M 6).

2. Der Prozess der Sozialisation

> ➤ *Wie wird man fähig, in der Gesellschaft leben zu können? Welche Einflüsse umfassen die Begriffe Sozialisation und Kultur? Prägt der Mensch die Gesellschaft oder wird er von ihr geprägt? (M 7)*
> ➤ *Neben der Familie nimmt vor allem die Schule Einfluss auf unser Leben. Worin besteht dieser Einfluss im Einzelnen und wie bewerten ihn die Schüler? (M 8 – M 9)*

M 7 Sozialisation: Vergesellschaftung der menschlichen Natur

Die Frage, wie wir werden, was wir sind, ist keine neue Frage. Seit je hat man darüber nachgedacht, wie das Verhältnis zwischen Individuum und
5 Gesellschaft zustande kommt. Interessanterweise spielt in allen Erklärungen dieses Verhältnisses der Gedanke eine Rolle, dass der Mensch nicht von selbst mit der Gesellschaft zurecht-
10 kommt und umgekehrt dass auch die Gesellschaft sich ihrer Mitglieder nicht von vornherein sicher sein kann. Vor allem dieser Aspekt scheint auch schon bei der ersten Verwendung des

> Der Ausdruck „*Sozialisation*" bezeichnet in sehr allgemeiner Weise das Hineinwachsen des Menschen in seine Gesellschaft, die Aneignung all der Kenntnisse und Fertigkeiten, der Wertmaßstäbe und Verhaltensregeln, die er braucht, um sich in der gesellschaftlichen Umwelt zurechtzufinden. Dieser Vorgang, auch „Vergesellschaftung" genannt, hat sein Schwergewicht während der Kindheit und des Jugendalters, wiederholt sich aber im Prinzip, wann immer jemand sich in einer neuen Position zurechtfinden muss.
>
> (Peter Stromberger/Will Teichert, Einführung in soziologisches Denken, Beltz, Weinheim und Basel 1978, S. 129)

15 Begriffes *Sozialisation* im Vordergrund gestanden zu haben. Im Oxford Dictionary of the English Language aus dem Jahre 1828 wird „socialization" nämlich im Sinne von „to make fit for living in society" verwendet. In Gesellschaft leben zu können, ergibt sich offensichtlich nicht von selbst, sondern man muss es irgendwie lernen. Damit stellt sich die Frage, *warum* man es lernen muss, *wie* man es lernt und was die *Bedingungen* sind, unter denen man es
20 lernt.

(Heinz Abels, Einführung in die Soziologie, Bd. 2: Die Individuen in der Gesellschaft, Westdeutscher Verlag, Wiesbaden 2001, S. 47)

Sozialisation ist mehr als Erziehung

Sozialisation meint mehr als der klassische pädagogische Begriff der „Erziehung", der sich ja vor allem auf jene in der Regel absichtsvollen und bewusst geplanten Bemühungen und Handlungsschritte von Eltern oder Lehrern bezieht, die zum Ziel haben, die Persönlichkeitsent-
25 wicklung des Kindes pädagogisch positiv zu beeinflussen, d.h. bestimmte Verhaltensdispositionen zu entwickeln oder vorhandene zu verändern.
Vielmehr schließt Sozialisation den Vorgang der Erziehung mit ein und umfasst darüber hinaus auch jene ungeplanten, aber persönlichkeitsprägenden Lernvorgänge, die sowohl das Kleinkind wie auch später noch der Erwachsene durch eigene Erfahrungen machen kann.
30 Hierzu zählen jene unspezifischen Lernvorgänge, für die auch in Gesellschaften mit breit entwickeltem Erziehungswesen keine erziehende Instanz und keine erzieherischen Maßnahmen als explizite Einwirkungen auszumachen sind. Überhaupt lassen sich solche Einflüsse – denkt man beispielsweise an die prägenden Wirkungen von jugendlichen Freundschaftsgruppen, Fan-Clubs, Reklame, Massenmedien, Interessenorganisationen, politische Öffentlichkeit usw.
35 – nach pädagogischem Selbstverständnis schwerlich alle sinnvoll als Erziehung oder Ausbildung charakterisieren, während sie faktisch indessen zweifellos sozialisierende Prozesse darstellen.

Es sind jedoch gerade diese Lernvorgänge, die den Soziologen besonders interessieren. Denn dass der Mensch durch seine Umwelt geformt werden kann, ist zunächst keine exklusive Er-
40 kenntnis der Sozialwissenschaft: Alle Erziehung fußt auf dieser Voraussetzung. Unser All-tagswissen verbucht erst dann durch die soziologische Perspektive einen Zugewinn an „Welt-verständnis", wenn prägende Einflüsse dort entdeckt werden, wo man zunächst keine vermu-tet oder wenn wir als Soziologen zeigen können, dass die intendierte Erziehung oder die ge-plante Ausbildung noch andere als die beabsichtigten Effekte hat: eben die Vermittlung jener
45 sozialen Regeln und Gepflogenheiten menschlichen Zusammenlebens und konkreter Lebens-wirklichkeit, die kein Erziehungsprogramm und kein Curriculum thematisieren.
Sozialisation begegnet uns damit als ein relativ weit gefasster Begriff, der *alle* sozialen Gesche-hensverläufe abbildet, durch die das Individuum, das „mit einer enormen Variationsbreite von Verhaltensmöglichkeiten geboren wird", zur Ausbildung seines faktischen, weit enger begrenz-
50 ten Verhaltens geführt wird" (*Child*). In anderen Worten: Der Begriff Sozialisation bezeichnet einen Vorgang, der aus unendlich vielen Einzelereignissen zusammengesetzt ist, die sich un-möglich nur einem einzigen, z.B. dem „pädagogischen" Handlungssystem und -feld zuord-nen lassen. Sozialisation ist vielmehr allgegenwärtig und beinhaltet alle prozessualen Zusam-menhänge, durch die der zunächst nur „biologisch" geborene Mensch allmählich zu einem
55 Mitglied seiner ihn umgebenden Gruppe und Gesellschaft wird, eben zur sozial-kulturellen Person. Von daher lässt sich Sozialisation sehr zutreffend mit *„Vergesellschaftung der menschli-chen Natur"* (*Hurrelmann*) umschreiben.

Der Mensch: Schöpfer und Geschöpf der Kultur

Die – biologisch gesehen – „defizitäre" Ausstattung des „Mängelwesens*" Mensch (*Gehlen*) er-
60 weist sich damit gerade aufgrund ihres „Nicht-festgelegt-Seins" als eine positive, den Men-schen auszeichnende Voraussetzung zu einer fast unendlichen Lernfähigkeit und sozial-kultu-rellen Variabilität. So ist der Mensch *„Nesthocker"** und *„Nestflüchter"** zugleich, – ein „hilfloser Nestflüchter" (*Portmann*), der zunächst auf intensive Pflege und ständige Zuwendung durch seine soziale Umwelt angewiesen ist, aber andererseits infolge seiner entwickelten Sinnesor-
65 gane und der damit korrespondierenden Weltoffenheit und Entscheidungsfreiheit sich ver-schiedenen kulturellen Umgebungen und gesellschaftlichen Alternativen anpassen kann bzw. dieselben auch nach seinen Wünschen und Bedürfnissen umzugestalten in der Lage ist, um in ihnen leben zu können. In diesem Sinne kann der Mensch als zugleich *Schöpfer und Geschöpf der Kultur* bezeichnet werden.

70 **Unterschiedliche Kulturen schaffen unterschiedliche Sozialisationseffekte**

Im Gegensatz zur rein biologischen Geburt stellt die Sozialisation keine „biomechanische", unabänderliche und situationsunabhängige Größe dar. Das zu sehen ist wichtig, da die Kultur und Gesellschaft, in der wir leben und der wir angehören, nur eine von vielen möglichen Ar-ten der Konkretisierung menschlicher Lebensformen ist, innerhalb derer Neugeborene auf ei-
75 ne nach Ort und Zeit bemerkenswert unterschiedliche Art und Weise „Menschen werden". Welche Vielfalt gesellschaftlicher und kultureller Organisationsformen, den Einzelnen prä-gender Sitten und Bräuche es wirklich gibt, haben uns vor allem die Berichte der modernen Völkerkunde (Ethnologie) gezeigt. Dass das, was man – auch in der Wissenschaft – lange für „natürlich" gehalten hat, im Wesentlichen *kulturell* bedingt ist und durch Sozialisation vermit-
80 telt und gelernt erscheint, hat beispielsweise die amerikanische Ethnologin Margaret *Mead* sehr anschaulich in den Berichten über ihre Forschungsreisen zu Naturvölkern der Südsee il-lustriert. Bei einem Vergleich dreier nahe beieinander lebender „primitiver" Gesellschaften auf Neuguinea, die sie in den Jahren 1925–1933 besuchte, zeigte sich, dass nicht nur soziale Ge-wohnheiten, Bräuche und Sitten, sondern auch das Temperament und das geschlechtsspezifi-
85 sche Verhalten jedes einzelnen Menschen zutiefst von seiner Kultur geprägt sind. Selbst Ei-genschaften wie „Männlichkeit" und „Weiblichkeit", die ja nach landläufiger Meinung unmit-telbar aus der biologischen Mitgift erklärt werden, sind in hohem Maße sozialer Natur, d. h. Ergebnis der Auffassungen vom Mann und von der Frau, die in der jeweiligen Gesellschaft dominieren.

90 Gemessen an unserer eigenen Kultur waren bei einem der von Margaret *Mead* untersuchten Stämme, den Tchambuli, die Rollen von Mann und Frau geradezu vertauscht. Die Frauen
95 besaßen dort aktive, sachorientierte, planende und „herrische" Eigenschaften, zogen zum Fischen aus und ernährten die Familie. Die „typisch fraulichen" Interessen gingen ihnen
100 völlig ab. Ihre Männer dagegen blieben im Dorf und widmeten sich der Herstellung von Kostümen und Masken, der Malerei, dem Tanz und der Gestaltung von Festlichkeiten. Bei den
105 benachbarten Arapesh und Mundugumor fand die Ethnologin eine völlig andere Form der Rollenverteilung und nur sehr geringe Temperamentunterschiede zwischen Mann und Frau. Bei
110 den Arapesh zeigten Männer und Frauen eine gleichermaßen sanfte und eher ängstliche Persönlichkeitsstruktur und einen ausgesprochen altruistischen* Sozialcharakter, gut-
115 mütig, freundlich und verständnisvoll gegenüber den Wünschen und Bedürfnissen anderer Menschen; bei den kannibalistischen Mundugumor erschienen beide Geschlechter in ihrem

Schon in der Antike war die Erkenntnis, dass andere Länder andere Sitten haben, offenbar weit verbreitet. Die Ägypter, so berichtet Herodot im 5. Jahrhundert v. Chr., haben „entsprechend dem Himmel, der bei ihnen anders ist, und dem Flusse, der ein anderes natürliches Gepräge hat als die sonstigen Flüsse, sich Sitten und Gebräuche gegeben, die in fast allen Stücken im Gegensatz zu denen der übrigen Menschheit stehen. Bei ihnen gehen die Frauen auf den Markt und treiben Handel, während die Männer zu Hause bleiben und am Webstuhl sitzen. Während alle anderen beim Weben den Einschlag nach oben stoßen, stoßen ihn die Ägypter nach unten. Die Lasten tragen die Männer auf dem Kopf, die Frauen auf den Schultern. Die Frauen urinieren stehend, die Männer sitzend. Den Abort haben sie im Hause, das Essen nehmen sie außerhalb des Hauses auf der Straße ein, wobei sie als Erklärung geben, man müsse, was zwar hässlich, aber unumgänglich ist, im Verborgenen erledigen, was aber nicht hässlich ist, solle man in aller Öffentlichkeit tun. Keine Frau übt ein Priesteramt aus, weder für eine männliche noch für eine weibliche Gottheit, die Männer aber für alle Götter und Göttinnen. Den Unterhalt der Eltern zu bestreiten, beruht für die Söhne ganz auf Freiwilligkeit, und es wird kein Zwang ausgeübt. Dagegen besteht keine Freiwilligkeit, vielmehr voller Zwang für die Töchter".

(Herodot [griech. Geschichtsschreiber, ca. 480–430 v. Chr.], Historien II 35; in: Peter Stromberger/Will Teichert [s. S. 205], S. 172, S. 130)

120 Charakter dagegen rücksichtslos und egoistisch, misstrauisch und ehrgeizig, gewalttätig und aggressiv gegenüber ihrer Umwelt.

Aus den Beobachtungen geht hervor, dass diese großen Unterschiede nicht auf eine allgemeine Natur des Menschen zurückzuführen sind, sondern auf die Sozialisation, und diese wieder auf die kulturbedingten Normen, Werte und Institutionen, die sich in ihr ausdrücken. So wer-
125 den die Kinder der Arapesh liebevoll umsorgt, erhalten jede Zuwendung und werden von allen Kümmernissen ferngehalten. Die Mutter ist dauernd bei ihnen, sie stillt sie sehr lange, sie ist sehr zärtlich. Das Arapesh-Kind erfährt so eine freundliche, bejahende Umgebung, in der es nach Möglichkeit nie abgewiesen und verletzt wird. Dagegen gelten Kinder bei den Mundugumor als Ärgernis und Quelle ehelicher Spannungen und Konflikte. Sie werden oft unmittel-
130 bar nach der Geburt getötet oder – sofern sie am Leben blieben – mit betonter Gefühlskälte, Härte und Gleichgültigkeit behandelt. Die Mundugumor-Kinder erfahren ihre Umwelt als einen permanenten Kampfplatz, auf dem es nur um das Überleben geht. Jede „Weichheit" ist Ausdruck von Schwäche, keinem Menschen kann man vertrauen, alles muss man gewaltsam erringen und gegen Feinde behaupten.
135 Margaret *Mead* folgert aus diesen sehr unterschiedlichen Sozialisationseffekten bei Stämmen, die gar nicht so weit voneinander entfernt leben, „dass die menschliche Natur außerordentlich formbar ist und auf verschiedene Kulturbedingungen entsprechend reagiert. Individuelle Unterschiede zwischen Menschen verschiedener Kulturmilieus beruhen fast ausschließlich auf verschiedenen Umweltbedingungen, vor allem auch der frühesten Kindheit, und die Beschaf-
140 fenheit dieser Umwelt wird durch die Kultur bestimmt". (Margaret Mead, Jugend und Sexualität in primitiven Gesellschaften, Bd. 3, München 1970, S. 250)

(Hans Peter Henecka, Grundkurs Soziologie, Leske + Budrich, Opladen 1997, S. 71–75)

M 7 beschreibt in etwas ausführlicherer Darstellung den (bereits in M 2 und in der Einleitung zu diesem Abschnitt genannten) Begriff der Sozialisation, der von zentraler Bedeutung für unser Thema („Wie sind wir so verschieden geworden, wie wir sind?") ist. Wir schlagen Ihnen vor, die Erarbeitung des Textes in zwei großen Schritten vorzunehmen:

a) *Erläutern Sie die zentralen Merkmale des Begriffs (Prozesscharakter, Ziel, Dauer) und die Unterscheidung zwischen Erziehung und Sozialisation: Inwiefern ist der Sozialisationsbegriff umfassender? Gibt es auch im Bereich der Schule (des Unterrichts und des Schullebens) Einflüsse und Effekte, die nicht pädagogisch beabsichtigt und geplant sind (vgl. M 9)? Inwiefern ist Sozialisation „allgegenwärtig", inwiefern bewirkt sie, dass die dem Menschen angeborene enorme Offenheit und „Variationsbreite von Verhaltensmöglichkeiten" auf bestimmte Verhaltensweisen hin begrenzt wird?*

b) *Beschreiben Sie, inwiefern sich aus der angesprochenen „Offenheit" der menschlichen Natur eine Vielfalt konkreter gesellschaftlicher und kultureller Verhältnisse und menschlichen Verhaltens ergibt. Warum staunte Herodot, der griechische „Vater der Geschichtsschreibung" (ca. 490–430 v. Chr.), über die Verhältnisse, die er bei einer Reise nach Ägypten zu sehen bekam (s. Kasten S. 207)? Welche Bedeutung kommt den Forschungen der amerikanischen Ethnologin (Völkerkundlerin) Margaret Mead zu?*

M 8 „Jugendzeit ist Schulzeit" – Schulische Sozialisation

Vereinfacht lässt sich sagen: *Die Jugendzeit in den modernen Industriegesellschaften ist zur Schulzeit geworden.* [...] Die Schule bestimmt praktisch bis an das Ende des zweiten Lebensjahrzehnts für die große Mehrheit der Jugendlichen den täglichen Lebensrhythmus. Wegen der hohen Bedeutung, die hochwertige Schulabschlüsse haben, bestimmt die Sozialisationsinstanz
5 Schule natürlich nicht nur den zeitlichen Tages-, Wochen- und Jahresrhythmus, sondern auch die soziale Orientierung. Die Schule ist der „Arbeitsplatz" der Jugendlichen, an dem sich über eine lange Spanne der Lebenszeit hinweg wichtige Gedanken und Planungsvorstellungen orientieren.

Der hohe Stellenwert der Schule als Sozialisationsinstanz im Jugendalter erscheint uns heute
10 selbstverständlich, doch er hat sich erst in jüngerer Geschichte herausgebildet. Noch zur Zeit der Industrialisierung war die Schule faktisch nur für einen kleinen Teil der Jugendlichen ein wichtiger Aufenthaltsraum, da es die Familie war, die neben sonstigen Aufgaben der Erziehung auch die Einweisung in berufliche und gesellschaftliche Qualifikationen vornahm. Diese Funktion hat die Familie inzwischen vollständig an die Spezialinstitution Schule abgegeben.
15 [...]

In Untersuchungen an der Universität Bielefeld wurden [...] seit Mitte der 80er-Jahre mehrere Studien durchgeführt, die sich auf die subjektive Auseinandersetzung von Jugendlichen mit der Schule und die sozialen, psychischen und gesundheitlichen Konsequenzen für die Jugendlichen beziehen, wenn schulischer Erfolg oder Misserfolg eintritt.
20 In einem fallstudienartig angelegten Projekt wurde die Untersuchung von subjektiven Einstellungen und Bewertungen der eigenen Schullaufbahn von zu Beginn der Untersuchung 14-jährigen Jugendlichen über einen Zeitraum von insgesamt 8 Jahren vorgenommen. [...]

Aus den Interviews mit den 14- bis 21-jährigen Jugendlichen ergibt sich insgesamt das folgende Bild von der Schule als Sozialisationsinstanz:

25 – Die entscheidende Bestimmung der Aufgaben schulischer Bildung wird von der Mehrzahl der befragten Schülerinnen und Schüler – übrigens im Einklang mit den ebenfalls interviewten Lehrern und Eltern – in der „Vorbereitung auf das spätere Leben" gesehen.

– Der Schule wird ein subjektiv nachvollziehbarer Sinn für die eigene Lebensplanung zugesprochen, soweit sie etwas für die Gestaltung und Bewältigung der Zeit nach der Schule, also
30 einer ferneren Zukunft, leistet.

– Die gesellschaftliche Auslese- und Platzierungsfunktion* der Schule wird von den Jugendlichen erkannt und auch für notwendig und legitim gehalten.

35 – Damit zusammen hängt ihre Einschätzung, dass das Abschlusszeugnis das
eigentlich wichtige Resultat der Lernvorgänge in der Schule sei. Dem Abschlusszeugnis wird eine Art „Tauschwert" für den Eintritt in das „Leben
40 nach der Schule" zugesprochen, das
mit der Berufs- und Erwerbstätigkeit
gleichgesetzt wird.

– Je nach Qualität des Abschlusszeugnis-
ses verfügt man – so die Sichtweise
der Jugendlichen – über eine mehr
45 oder weniger gute Ausgangsbasis für
den Eintritt in das Berufsleben. Diese
Aufgabenzuschreibung schulischer
Bildung folgt dem gesellschaftlichen
Deutungsmuster „Man lernt nicht für
50 die Schule, sondern für das Leben".
Die Implikation ist, dass man als Jugendlicher 10 oder 13 Jahre in einem
diffus als Zwischen- oder Übergangs-
phase definierten Lebensabschnitt ver-
55 bringen müsse, um sich auf das „eigentliche Leben", das mit dem Berufsleben gleichgesetzt wird, vorzubereiten.

– In der Schulzeit muss man sich als
60 Jugendlicher nach diesem Interpretationsmuster unter Zurückstellung eigener Bedürfnisse und Interessen intellektuell trainieren lassen, um sich
ausreichende Kenntnisse und eine ge-
65 eignete Startposition für den Einstieg

„Die Schule konnte dich nur vorbereiten, den Schritt ins Leben musst du nun selber tun!" (Zeichnung: Jupp Wolter)

(Zeichnung: © Marie Marcks/Heidelberg)

in den Beruf anzueignen. Dieser Aneignungsprozess dokumentiert sich am Schluss der
Schulzeit mit einem mehr oder weniger gut verwertbaren Zertifikat.

Dieses Deutungsmuster ist bei der Mehrheit der Schülerinnen und Schüler verbreitet. Es
zwingt die Schülerinnen und Schüler zu einer instrumentellen* Sicht der Schule: Der Wert
70 des schulischen Bildungsprozesses drückt sich demnach maßgeblich oder sogar ausschließlich in dem Wert des Abschlusszertifikats aus. Die Schüler bewältigen die Zumutungen einer
instrumentellen Orientierung, indem sie die schulische Tätigkeit wie eine industrielle, quasi
den Gesetzen von Lohnarbeit folgende, definieren und gestalten. Der Lohn ist für sie das
Zeugnis mit seinem Tauschwert für vermeintlich erfüllendere Lebensbereiche.

(Klaus Hurrelmann, Lebensphase Jugend, Juventa, München 1994, S. 105ff.)

▬ **M 9** **Der „heimliche Lehrplan"** **der Schule**

Mit den Mitteln der Binnendifferenzierung,
also Organisation und Leistungsmessung,
kann die Effizienz des schulischen Lernens
gesteigert werden. Aber auch wenn die Schule Lernprozesse aus Lebensvollzügen heraus- 5
löst und in Gegensatz zum „Leben" tritt,
bleibt sie selber „Leben". Die Schule tritt als
ein weiterer sozialer Lebensbereich neben Arbeit und Familie. Auch die Schule vermittelt
daher nichtschulische Lernprozesse; sie hat 10
neben dem offiziellen ein „heimliches Curri-

Lernen in der Schule beschränkt sich keineswegs auf den geplanten und vom Lehrer organisierten Unterricht. Daneben gibt es eine Vielzahl sozialer Lernprozesse zwischen Lehrern und Schülern sowie zwischen Schülern und Schülern, deren Ziele meist verborgen, deren Mechanismen unentdeckt und deren Effekte oft unbeachtet bleiben, obwohl manche Kritiker meinen, dass gerade dieses ungeschriebene Curriculum wirksamer sein kann als das in Bildungsplänen kodifizierte.

(Franz Emanuel Weinert, Die Schule als Sozialisationsbedingung. In: Franz Emanuel Weinert u. a. [Hg.], Funk Kolleg Pädagogische Psychologie, S. Fischer Verlag, Frankfurt/M. 1974, S. 429)

Lehrer mit Autorität jenseits der Person aus, so dass die Schüler die Versuchungen von Autoritätsrollen erleben und den Umgang mit ihnen erlernen können. Die Einteilung des Lernstoffes in Lektionen und Stunden lehrt Ordnung und Selbstdisziplin. Die Organisationsform der Schulklasse schafft einen Korpsgeist*, mit dessen angenehmen und weniger angenehmen Seiten die Schüler zurechtkommen müssen. Die Organisation der Schule in Klassen und Stunden mit wechselnden Pensen lehrt Flexibilität, Rücksichtnahme, Anpassungsbereitschaft usw., kurzum: den Umgang mit Organisationen überhaupt.

(Heiner Meulemann, Soziologie von Anfang an. Eine Einführung in Themen, Ergebnisse und Literatur, Westdeutscher Verlag, Wiesbaden 2001, S. 241)

culum". Das heimliche Curriculum beruht nun vor allem auf den besonderen Organisationsformen der Schule. Die Rolle stattet den

1. Überprüfen Sie, ob die Sichtweise von Schule, wie sie 14- bis 21-jährige Jugendliche nach der Hurrelmann-Studie aus den 80er-Jahren entwickelt haben, auch die Ihre ist. Inwieweit können Sie den einzelnen Aspekten (Spiegelstrichen) zustimmen?

2. Erläutern Sie, warum der Autor hier von einer „instrumentellen" Sicht der Schule spricht. Worin besteht nach Hurrelmann offenbar die „eigentliche", pädagogische Funktion von Schule? An welche „veränderten Bedingungen", die zur „Instrumentalisierung" der Schule zwingen, mag der Autor denken?

3. Inwieweit können Sie aus Ihrer Erfahrung und Einstellung heraus der folgenden Aussage zustimmen: „Schule hat mit dem Abschlusszeugnis immer schon ‚Sozialchancen' verteilt, das ist nicht neu. Daneben hat es immer aber auch eine zweite Sichtweise gegeben (und gibt es heute noch), in der Schüler die schulische Bildung in ihrer Bedeutung für die Persönlichkeitsentwicklung erkennen."

4. Erläutern Sie, was mit dem „heimlichen Curriculum" (Lehrplan) der Schule gemeint ist und in welchen Bereichen des Schullebens er zum Tragen kommt.

5. Erläutern Sie konkreter: Auf welche Weise können sich die im Text angeführten positiven Effekte des heimlichen Lehrplans (Ordnung, Flexibilität, Rücksichtnahme usw.) ergeben?

6. Der Text deutet auch problematische Effekte des heimlichen Lehrplans an, die Bert Brecht an einer bekannten Stelle seiner „Flüchtlingsgespräche" (Suhrkamp 1961, S. 31ff.) nicht ohne Ironie folgendermaßen formuliert hat: „Der Schüler lernt alles, was nötig ist, um im Leben vorwärts zu kommen. Es ist dasselbe, was nötig ist, um in der Schule vorwärts zu kommen. Es handelt sich um Unterschleif (Unterschlagung), Vortäuschung von Kenntnissen, Fähigkeit, sich ungestraft zu rächen, schnelle Aneignung von Gemeinplätzen, Schmeichelei, Unterwürfigkeit, Bereitschaft, seinesgleichen an Höherstehende zu verraten usw.". Erläutern Sie Brechts Sicht näher und nehmen Sie dazu Stellung. Brecht bezieht sich auf seine eigene Schulzeit (ca. 1908–1918). Inwieweit hat sich seither Ihrer Meinung (und der Ihrer Lehrerin/Ihres Lehrers) nach dieser heimliche Lehrplan der Schule verändert?

Die bisherige Betrachtung war darauf gerichtet, inwiefern der Mensch ein „gesellschaftliches" Wesen ist und welche Bedeutung dem Prozess der Sozialisation zukommt. Dabei waren wir vor allem auf bestimmte allgemeine Aspekte dieses Prozesses (Werte, Normen, Bedingungen, Instanzen) eingegangen. Im Folgenden wollen wir der Frage nachgehen, wie dieser Prozess nun eigentlich „funktioniert", auf welche Weise also z.B. bestimmte Werte und Normen der Gesellschaft vom Individuum übernommen werden, durch welche „Mechanismen" der Mensch „vergesellschaftet" wird. Mit der „**Rollentheorie**" als dem spezifisch soziologischen Erklärungsansatz, der dieser Frage vor allem nachgeht – es gibt auch andere, z.B. psychologische Sozialisationstheorien –, verlassen wir zugleich den engeren, auf den Bereich „Sozialisation" bezogenen Rahmen der Betrachtung. Die „Rollentheorie" weist in ihrer Bedeutung über den Bereich Sozialisation hinaus; sie gilt „als eine (bei einigen Autoren als die) zentrale Kategorie der Soziologie. Ihre herausragende Wirkung beruht sicherlich z.T. auf ihrer Nähe zum Alltagsleben und insbesondere zur Welt des Theaters." (Bernhard Schäfers [Hrsg.], Grundbegriffe der Soziologie, Leske + Budrich, Opladen 1998, S. 291)

3. Das Modell der sozialen Rolle

> Jeder spielt seine Rolle(n). Was verbirgt sich hinter dieser bekannten Redeweise? (M 10)
> Welche wichtigen Erklärungen für unser Handeln kann die soziologische Rollentheorie liefern? (M 11)

M 10 Die „Rolle" spielt im Leben eine große Rolle

Der Begriff der sozialen Rolle ist wohl der am meisten verbreitete und akzeptierte Begriff im Umfeld sozialwissenschaftlicher Überlegungen und Theorien. Dies gilt sowohl für die Soziologie selbst als auch für Nachbardisziplinen, wie z.B. für eine sozialwissenschaftlich orientierte Pädagogik. Es gilt aber auch für populärwissenschaftliche Darstellungen in Tageszeitungen
5 und Zeitschriften, wenn diese versuchen, bestimmte Phänomene „soziologisch" zu beschreiben. So wird oft ganz selbstverständlich von der „Vater- und Mutter-Rolle" gesprochen, von der „Berufsrolle", der „Lehrer-Rolle" oder auch vom „Rollenkonflikt" oder von einer „Rollenfixierung". Auch vie-
10 le Begriffe, die mit dem Rollenbegriff eng zusammenhängen, wie Position, Status*, verfestigte Erwartungen oder Normensystem, sind ziemlich allgemein geläufig.
15 Ein wichtiger Grund, warum der Rollenbegriff so eine breite und selbstverständliche Verwendung gefunden hat, ist die Nähe zu umgangssprachlichen Vorformungen („dann ist er aus der
20 Rolle gefallen", „der spielt keine Rolle mehr") und zu beobachtbaren und erlebbaren Sachverhalten. Dies gilt auch für viele Begriffe, die eng mit dem Rollenbegriff zusammenhängen, wie
25 Position, Status, Erwartung, Funktion usw. Hierin liegt zweifellos ein Vorteil: Die sozialwissenschaftlichen Begriffe sind nicht „abstrakt", und das heißt für die meisten: unverständlich
30 formuliert, sie sind nicht von Wissen-

> **„Die ganze Welt ist eine Bühne"**
>
> All the world's a stage,
> And all the men and women merely players;
> They have their exits, and their entrances;
> And one man in his time plays many parts, [...]
> (Shakespeare, 1599, As you like it, II 7, 668ff.)
>
> Genau dieses Bild des Auftretens und wieder Abtretens findet sich auch bei dem amerikanischen Kulturanthropologen *Ralph Linton*, der in einem Aufsatz über den kulturellen Hintergrund der Persönlichkeit feststellt, dass „ein System fortbesteht, während die Individuen, die Plätze in ihm einnehmen, kommen und gehen können". Im soziologischen Sinne sind die Plätze Positionen. [...] Von dieser Definition nimmt die soziologische Rollentheorie ihren Ausgang. Danach sind Positionen „etwas prinzipiell unabhängig vom Einzelnen Denkbares", und der Begriff der sozialen Rolle bezeichnet ein Bündel von Erwartungen, das sich auf den Inhaber einer Position richtet.
>
> (Heinz Abels, Einführung in die Soziologie, Bd. 2: Die Individuen in der Gesellschaft, Westdeutscher Verlag, Wiesbaden 2001, S. 196)

schaftlern nur „konstruiert", sondern beziehen sich auf erfahrbare und verstehbare Prozesse. Aber dieser Sachverhalt hat auch einen schwer wiegenden Nachteil: Die Begriffe werden vieldeutig, unbestimmt, vage. Sie passen „irgendwie" überall, „richtig" aber nirgends. Viele soziale Erscheinungen können mit diesen Begriffen beschrieben werden, die dabei gewonnenen Sätze
35 sind aber ohne größeren Aussagewert, ohne eigentliche „Erkenntnis".
Dies war und ist ein zentrales Problem jeder Rollenanalyse und Rollen„theorie". Hierauf fußt auch ein großer Teil der Kritik an der Rollentheorie. [...]
Soll der Begriff der „Rolle" sozialwissenschaftlich verwendet werden, ist es also notwendig, ihn eindeutig zu machen, ihn einzugrenzen, ihn abzugrenzen von möglichen anderen Bedeutun-
40 gen, ihn also strenger zu definieren. Dieses Verfahren ist allgemein üblich in den Wissenschaften. Begriffe wie z.B. Kraft oder Energie wurden auch aus der Umgangssprache entnommen und dann durch die Naturwissenschaft zunehmend strenger definiert, bis sie mit dem Alltagsverständnis nur noch sehr wenig gemein hatten.

(Otto Ullrich, Soziale Rolle in der Industriegesellschaft, Juventa, München 1978, S. 10f.)

1. *Erläutern Sie, was Sie darunter verstehen, wenn Sie im alltäglichen Sprachgebrauch das Wort „Rolle" (im nicht-physikalischen Sinn) verwenden.*

2. *Vielleicht kennen Sie weitere umgangssprachliche Wendungen, die den Begriff Rolle verwenden (M 12). Erläutern Sie seine unterschiedliche Bedeutung z.B. in den beiden Wendungen „Das spielt doch keine Rolle" und „Der ist total von der Rolle". Halten Sie die Nähe eines fachwissenschaftlichen Begriffs (Beispiel „Energie" in der Physik) zur Alltags- und Umgangssprache eher für einen Vorteil als für einen Nachteil?*

M 11   Tagebuch des Lehrers Markus Schmitt

Markus Schmitt unterrichtet Deutsch und Geschichte an einem Gymnasium in einer hessischen Kleinstadt. Seine Planstelle hat er noch nicht lange und die Verhältnisse an der Schule sind ihm noch nicht so vertraut wie den „alten Hasen". Er ist 28 Jahre alt, verheiratet und hat eine Tochter von 6 Jahren.

5 „Montag, den ...
– Um 7.30 Unterricht in der 10 a. Auf dem Lehrplan steht Kleists „Michael Kohlhaas". Wir müssen bald eine Klassenarbeit schreiben. Wir haben nochmals über das Verhalten von Kohlhaas gesprochen. Die Diskussion war schwierig. Die Schüler finden den Text langweilig, von Kojak sind sie anderes gewöhnt. „Wozu diese ollen Kamellen", fragten sie. Nur weil
10 sie wissen, dass wir eine Klassenarbeit schreiben, machen sie halbwegs mit. Ich habe mich abgezappelt, um die Aktualität von Kleist zu demonstrieren.
– Um 8.20 Geschichte in der gleichen Klasse. Wir müssen laut Lehrplan über die industrielle Revolution sprechen. Merkwürdig, wie sehr sich die politischen Anschauungen der Schüler verändert haben. Da vertritt einer, ohne dass viele Einwände kommen, die Meinung: „Viele
15 Arbeiter waren selbst daran schuld, dass es ihnen nicht gut ging. Die Tüchtigen sind auch damals hochgekommen. Heute geht es aber allen Arbeitern gut und die fleißigen kriegen immer noch eine gute Position." Ich muss aufpassen, sein Vater ist Stadtrat.
Die Diskussion war recht lebhaft. Sie richtete sich auf den Zusammenhang von Industrie und Umweltproblemen. Davon hört man was in Zeitung und Fernsehen. Es ist schwer, auf
20 die „industrielle Revolution" und ihre Folgen zurückzulenken.
– Um 9.30 Sprechstunde. Ein schweres Problem. Ferdinand M. ist im Deutschen schlecht. Er macht unglaublich viele Fehler. Ich spreche mit seiner Mutter, wie man ihm helfen kann. Der Vater arbeitet in einer Fabrik und verdient nicht viel. Sie will trotzdem versuchen, dem Sohn Nachhilfestunden zukommen zu lassen. Ich kann ihn nicht dauernd drannehmen
25 men und motivieren. Es gibt so viele Schüler in der Klasse.
– Um 10.05 eigentlich Freistunde. Ich musste zum Schulleiter. Mir war gleich klar, was der woll-

te. Ich habe den Streikaufruf der GEW unterschrieben, obwohl ich gar nicht in der Gewerkschaft bin. Er teilte mir mit, dass eine gute Zusammenarbeit und Harmonie im Kollegium bestünde. Solche Praktiken wie bei den radikalen Frankfurter Gesamtschullehrern seien hier nicht

30 üblich. Er gibt mir den guten Rat, doch etwas zurückhaltender zu sein, ich wisse doch, was das Beamtenrecht und das Regierungspräsidium zum Streik beamteter Staatsdiener sagten.
Ich muss das schlucken. Hier gibt es keine Kollegen, mit denen man Interessenpolitik von Lehrern diskutieren kann. Der Kumi droht obendrein noch mit Gehaltsabzügen. Bei den Kollegen merke ich, dass sie mich für einen Störenfried halten."

35 Hier können wir die Schilderung, die Markus Schmitt von Problemen seiner Berufstätigkeit gibt, abbrechen und uns die Frage stellen, wie eine bestimmte soziologische Denkweise, nämlich die *Rollentheorie*, seine Berufssituation erfassen würde.
Im Theater gibt es Personen, die andere Personen darstellen. Der Schauspieler Mayer-Günzenburg spielt heute im Schauspiel-

40 haus den Wilhelm Tell; er spielt eine Rolle. „Schauspieler" ist die **Position**, die er im System der Berufe unserer Gesellschaft mehr oder minder gut ausfüllt, „Wilhelm Tell" ist die Rolle,

45 die er auf dem Theater spielt. (Position und Rolle werden von manchen Rollentheoretikern so unterschieden: „Position" ist gewissermaßen der statische Aspekt einer Rolle, eine Stel-

50 lung im System sozialer Beziehungen, „Rolle" ist die dynamische Seite des gleichen Phänomens, entweder das Bündel von Erwartungen an das tatsächliche Verhalten der Rollenspie-

55 ler in einer Position oder das tatsächliche „dynamische" Rollenspiel.)

Markus Schmitt hat natürlich auch eine Position im Berufssystem: die des Lehrers für Deutsch und Geschichte.

60 Eine Position, so sagt der Rollentheoretiker, ist eine Stelle im System der verschiedenartigen Aufgaben, die ein Einzelner, ein Individuum, in einer Gesellschaft einnehmen kann. Selbst-

65 verständlich gibt es nicht nur Berufspositionen, sondern auch die Position der Mutter in der Familie, des Vorsitzenden im Skatklub usw. *Eine Position ist also gleichsam eine Stelle im System*

70 *der Aufgaben und Tätigkeiten einer Gesellschaft, die von verschiedenen Subjekten ausgefüllt werden kann.*
Die Soziologen, von denen wir gerade sprachen, meinen nun, dass wir alle

75 Theater spielen. Das heißt: Auch im wirklichen Leben übernehmen wir in bestimmten und ganz verschiedenen

Gesellschaft als Netzwerk von Positionen

Die Gesellschaft erscheint uns als ein riesiges organisiertes Gefüge, Netzwerk oder System, in dem von dem Einzelnen unabhängige Positionen zu besetzen sind: von Eltern in der Familie, vom Lehrer in der Schule, vom Meister im Betrieb, vom Pfarrer in der Kirchengemeinde, vom Bürgermeister in der Verwaltung, vom Offizier beim Militär, vom Vorstand im Verein usw. Wird eine soziale Position z.B. durch freiwilliges Ausscheiden oder Tod ihres bisherigen Inhabers frei, so nimmt ein anderer die frei gewordene Stelle ein. Gesellschaftlich gesehen gibt es – anders als in Nachrufen – keine Lücke, die sich nicht wieder schließen lässt.

Von seiner wissenschaftlichen Perspektive her lassen sich also für den Soziologen – wiederum im Gegensatz zum Psychologen, den ja primär die besonderen Eigenschaften und individuellen Erlebniswelten interessieren – die Menschen vor allem unterscheiden nach den sozialen Positionen, die sie im Laufe ihres Lebens einnehmen oder auch gleichzeitig nebeneinander innehaben. Hierbei unterscheidet man:

● *zugewiesene* oder *zugeschriebene* Positionen, die wir ohne eigenes Zutun (gewissermaßen „natürlich") erlangen und die z.B. bestimmt werden durch unser Geschlecht (Mann, Frau), durch unser jeweiliges Alter (Kleinkind, Kind, Jugendlicher, Erwachsener, Greis), durch unsere Position in der Herkunftsfamilie (Sohn, Bruder, Tochter, Schwester) und durch unsere Rasse, Hautfarbe oder Nationalität;

● *erworbene* Positionen, wie beispielsweise unsere berufliche Stellung (Lehrer, Auszubildender, Schreinermeister, Versicherungsvertreter, Beamter, Hilfsarbeiter, Ärztin, Friseuse, Sekretärin usw.), unsere Position in der selbst gegründeten Familie (Ehemann, Vater, Ehefrau, Mutter), in Freizeitgruppen (Freund, Freundin, Kegelbruder, Kassierer des Fußballklubs, Jugendtrainer u. Ä.) oder in öffentlichen Organisationen (Parteifreund, Gemeinderat, Kirchenältester, aber auch Patient im Krankenhaus usw. usf.).

(Hans Peter Henecka [= M 7], S. 84)

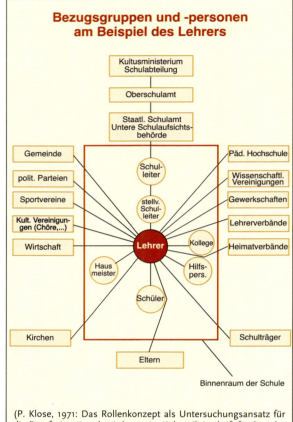

Bezugsgruppen und -personen am Beispiel des Lehrers

(P. Klose, 1971: Das Rollenkonzept als Untersuchungsansatz für die Berufssituation des Lehrers. In: Kölner Zeitschrift für Soziologie und Sozialpsychologie, 23. Jg., S. 7)

Positionen die entsprechenden Rollen. Wer schreibt das Drehbuch?

80 Wenn Markus Schmitt in die *Rolle des Lehrers* schlüpft, dann hat er bestimmte Rechte und Pflichten. Er muss im Unterschied zu einem Arbeiter nachmittags nicht immer an seinem Ar-
85 beitsplatz sein. Seine Aufgabe ist es, den Kindern Deutsch und Geschichte beizubringen. Wenn er eine Rolle im gesellschaftlichen Leben spielt, wenn er die Berufsrolle des Lehrers über-
90 nimmt, macht er mehr oder minder ausgiebig von seinen Rechten Gebrauch, übernimmt er mehr oder minder nachdrücklich seine Pflichten – und er spielt seine Rolle unter der
95 Aufsicht einer ganzen Menge von Regisseuren. Der Rollentheoretiker nennt sie **Bezugsgruppen.** Das sind die Gruppen, auf die er während seiner Tätigkeit dauernd achten muss.
100 Schüler,
Eltern,
Kollegen,
Schulleiter,
Ministerialbürokraten
105 (Kumi, Reg.-Präs.)
wurden in seinem Tagebuch genannt. Diese Bezugsgruppen haben bestimmte **Erwartungen** gegenüber seinem Verhalten. Sie erwarten von ihm,
110 dass er bestimmte Dinge tut, andere unterlässt. Sie sind die Regisseure für sein Rollenspiel im wirklichen Leben. Sie schauen darauf, dass er das tut, was man ihrer Meinung nach in seiner Position tun sollte, sie haben normative Erwartungen. Sie wären auch überrascht, wenn er plötzlich etwas ganz anderes unternimmt, als es ein Inhaber seiner Posi-
115 tion gemeinhin tut.

Markus Schmitt und seine Kollegen bilden wiederum für die Schüler eine wichtige Bezugsgruppe, die bestimmte Erwartungen gegenüber dem Schülerverhalten hegt. Markus Schmitt erwartet, dass die Schüler die Charaktereigenschaften von Michael Kohlhaas erkennen und darüber eine Arbeit schreiben.

120 Das Drehbuch hat also sehr viele Seiten und – je nach Bezugsgruppe – ganz verschiedene Kapitel. Man spielt in unseren Positionen tatsächliche Rollen, weil man einen vorgegebenen Text – die Rechte und Pflichten, die sich mit einer Position verbinden – nicht nur lernen, sondern auch darstellen muss. Allein – Mayer-Günzenburg, der Doppelrollenspieler, kann nach geraumer Zeit aus seiner Rolle als Wilhelm Tell schlüpfen. Er braucht nicht ständig nach Äpfeln zu
125 schießen. Markus Schmitt hat seine Rolle als Lehrer nicht einfach abgestreift, wenn er die Schule verlässt. Berufsrollen kleben ganz schön fest. Man stelle sich nur vor, er würde außerhalb der Schule dabei erwischt, wie er auf einer Demonstration Schmähreden gegen den Kultusminister hält! Dann drohten ihm unter Umständen härtere **Sanktionen*** als ein unerfreuliches Gespräch mit dem Schulleiter. „Sanktionen" sind die Reaktionen, die ein Rollenverhal-
130 ten bei den Bezugsgruppen hervorruft. Erfüllt jemand seine Aufgaben „pflichtgemäß", dann

kann er vielleicht *positive* Sanktionen erwarten: Markus Schmitt wird zum Oberstudienrat befördert. Weicht er von den Erwartungen ab,
135 dann muss er *negative* Sanktionen befürchten: z.B. ein Verbot der Ausübung seines Berufs als Lehrer, wenn er auf einer Veranstaltung gegen Berufsverbote auftritt. Je
140 nach Intensität der Erwartungen, die bei den Bezugsgruppen herrschen, können die negativen Sanktionen verschieden hart sein. Der Soziologe Ralf Dahrendorf unter-
145 scheidet drei *Arten von Erwartungen:*

Kann-Erwartungen,
Soll-Erwartungen,
Muss-Erwartungen.

Am Beispiel von Herrn Schmidts Stellung als Schatzmeister des 1. F.C. X-Stadt lassen die Formen von Rollenerwartungen und ihre Sanktionen sich folgendermaßen resümieren:

Art der Erwartung	Art der Sanktion		Beispiel (Schatzm. des 1. F.C. X-Stadt)
	positiv	negativ	
Muss-Erwartung	–	gerichtliche Bestrafung	ehrliches Finanzgebaren usw.
Soll-Erwartung	(Sympathie)	sozialer Ausschluss	aktive Teilnahme an allen Club-Veranstaltungen usw.
Kann-Erwartung	Schätzung	(Antipathie)	freiwilliges Sammeln von Geldern usw.

(Ralf Dahrendorf, Homo Sociologicus, Westdeutscher Verlag, Opladen 1977, S. 3)

150 *Kann-Erwartungen* bedeuten die schwächste Form der Erwartung. Irgendwie erwartet man, dass einer etwas mehr als seine Pflicht tut. Er kann das gewiss unterlassen, aber wenn er es trotzdem tut, dann steigert er das Ansehen, das er bei seinen Bezugsgruppen genießt. Markus Schmitt brauchte sich nicht so intensiv um die Belange jenes schlechten Schülers zu kümmern, bemüht er sich trotzdem, dann werden ihn die Eltern für einen guten Lehrer halten.
155 *Soll-Erwartungen* bezeichnen schon den harten Kern seiner Pflichten, ohne dass sie in Form von Rechtsregeln festgelegt sein müssten. Markus Schmitt soll den Kindern Deutsch, nicht Singen beibringen.
Muss-Erwartungen bedeuten die Pflichten, für die verbindliche Regelungen festgelegt sind. Der Schulleiter formuliert „Muss-Erwartungen", wenn er den Kollegen Schmitt darauf aufmerk-
160 sam macht, dass das Beamtengesetz das Streikrecht ausschließt.
Ein Positionsinhaber als Rollenspieler hat es also schwer. Die Inhalte seines Drehbuches reichen vom Gesetzestext bis zu den kleinen Ansprüchen, die andere in Form von „Kann-Erwartungen" an ihn stellen. Der Regisseure gibt es so viele, wie man Bezugsgruppen ausmachen kann.
Wenn der Lehrer Schmitt aus der Rolle fällt, dann kann er mit negativen Sanktionen rechnen.
165 Nicht nur das – im Grunde kann er es keinem recht machen. Die *Schüler* erwarten von ihm, dass sein Unterricht „lebendig" und so aktuell wie die TV-Serie „Kojak" ist. Die *Eltern* erwarten
170 von ihm, dass er zu den Themen, die er im Geschichtsunterricht behandelt, klare Aussagen macht. Nur erwarten die einen, dass sie „konstruktiv" sind, die anderen, dass sie das „kritische
175 Verständnis" als Staatsbürger wecken. Der *Schulleiter* erwartet von ihm, dass er sich strikt an den (vom Schulleiter verbindlich interpretierten) Inhalt der Erlasse und Gesetze hält …
180 *Die Rolle ist also ein Bündel von Erwartungen, das sich auf den Inhaber einer Position richtet.*

Was Lehrer Schmitt zu hören bekommt:
a) „Musst du immer noch arbeiten? Wir wollten doch Fußball spielen!"
b) „Sie wissen doch, dass Sie eine Viertelstunde vor Beginn der ersten Stunde in der Schule sein müssen!"
c) „In Ihrer Klasse ist nie aufgestuhlt und unter den Tischen ist nie aufgeräumt."
d) „Unser Lehrer ist immer so streng!"
e) „Komm, jetzt gehen wir noch in die Disko. Dann bist du morgen eben mal nicht vorbereitet."
f) „Sie müssen meinen Sohn mehr fordern, sonst wird nie was aus ihm."

(Autorentext)

Von welchen Bezugspersonen stammen die hier zum Ausdruck kommenden Erwartungen?

Jede Art dieser Erwartungen bestimmt – von der jeweiligen Bezugsgruppe her gesehen – einen Ausschnitt aus der Gesamtrolle (Gesamtposition) „Lehrer". Je nach Bezugsgruppe: Eltern,
185 Schülern, Kollegen usw. wird durch deren Erwartungen ein *Rollensegment* festgelegt. Die Unannehmlichkeiten rühren daher, dass sich die Erwartungen widersprechen können. Die Schüler wollen, dass der Lehrer Schmitt möglichst gute Noten gibt, die Eltern, dass er die Anforderungen erhöht usf. Kurz: Aus den widersprüchlichen Erwartungen,
190 die die einzelnen Segmente seiner Rolle ausmachen, entstammen Konflikte, **Intrarollenkonflikte**. Die eine Bezugsgruppe will Hü, die andere will Hott – das hält das stärkste Pferd
195 nicht aus! „Die mannigfaltigen und verschiedenartigen Rollenerwartungen mit ihren Spannungen, Diskrepanzen und ihrer Interpretationsbedürftigkeit verwirren und entmutigen
200 den Lehrer. Er empfindet sich belastet und in vielen Fällen permanent überfordert, sodass seine Frustrationstoleranz* oft überschritten wird. Rollenüberlastung (Rollenstress) und Rollen-
205 konflikte können zu einem verfestigten Rollenverhalten führen, das mit Anpassung, Aggression, ausweichendem Verhalten und dergleichen beschrieben werden kann." (Peter Klose,
210 Das Rollenkonzept als Untersuchungsansatz für die Berufssituation des Lehrers, in: Kölner Zeitschrift für Soziologie u. Sozialpsychologie, 23. Jg., 1971, S. 89)
215 Aber damit nicht genug: Markus Schmitt ist nicht nur Lehrer, er ist auch Vater einer 6-jährigen Tochter. Er hat eine Vaterrolle, eine Rolle als Ehegatte, eine Freizeitrolle als Skatbruder
220 usw. Wenn er nun zum Kollegen Maier geht, der seiner Tochter in der Grundschule das Rechnen beibringen will, und diesem etwas über seinen Unterrichtsstil sagt, dann können sich
225 seine beiden Rollen (Vater, Kollege) reiben. Es ergibt sich ein Konflikt zwischen verschiedenen Rollen, ein **Interrollenkonflikt**. Als Vater bestraft er den Kollegen, wenn dieser aus der Rolle
230 fällt!

Markus Schmitt, der dieses Szenario liest, das ein Rollentheoretiker zu seinem Tagebuch geschrieben hätte, stellt mit Erstaunen fest, was aus ihm
235 geworden ist. Er ist von Bezugsgrup-

Abb. 1: Der Intrarollenkonflikt

(H. Reimann: Basale Soziologie, Opladen 1991, S. 197)

Abb. 2: Der Interrollenkonflikt

(H. Reimann: Basale Soziologie, Opladen 1991, S. 199)

pen umstellt, die auf sein Rollenspiel achten, ihn belohnen, wenn er brav ist, bestrafen, wenn er aus der Rolle fällt. Seine Probleme sollen daher rühren, dass er es nicht allen recht machen kann. Aber „Ich bin Ich!", sagt er sich.

Der Soziologe sagt: Nicht ganz! Du bist als Mensch der Inhaber einer riesigen Anzahl von Po-
240 sitionen. Dein **Rollensatz** („role-set") umfasst Positionen wie Lehrer, Vater, Staatsbeamter, Ehegatte, Kollege, Autofahrer usf. usf. In diesen Positionen erhältst du Rechte und übernimmst du Pflichten, du spielst eine Rolle wie viele andere, die in eine gleichartige Position einrücken. Es ist dir anzuraten, sie gut zu spielen. Denn wehe, wenn du aus der Rolle fällst. Dann wird von den Bezugsgruppen, die dein Verhalten beobachten, ein Feuerwerk von Sank-
245 tionen abgebrannt. Passe dich an und bleibe gesund.

Die Inter- und Intrarollenkonflikte, die nicht zu umgehen sind, weil so viele Gruppen so Verschiedenes, teilweise Widersprüchliches, von dir wollen, musst du irgendwie taktisch ausbalancieren. Darin besteht deine Leistung als „Ich bin Ich".

(Arbeitsgruppe Soziologie, Denkweisen und Grundbegriffe der Soziologie, Campus, Frankfurt/M. 1978, S. 20ff.)

(Zeichnung:
Walter Kurowski)

◼ **M 12** „Vergesellschaftung" in der Sicht von Karikaturisten

a) Mafalda

(Quelle: Frankfurter Rundschau, © Quino/Distr. Bulls)

b)

(Zeichnung: Sepp Buchegger)

c)

Der Weg ins Leben
(Zeichnung: Fritz Wolf)

1. M 11 vermittelt die Grundbegriffe der Rollentheorie anhand eines erfundenen „Tagebuchs des Lehrers Markus Schmitt". Klären Sie die zentralen Begriffe auch dadurch, dass Sie für jeden von ihnen eine kurze (lexikonartige) Definition formulieren: Position (zugewiesene, erworbene), Rolle, Bezugsgruppe, Sanktion, Rollensegment, Rollenset, (Inter- und Intra-) Rollenkonflikt.

2. Der Rollen-Begriff des Theaters kommt dem soziologischen Begriff sehr nahe (Kasten S. 211 u.). Übersetzen Sie das Shakespeare-Zitat (die kurze Rollen-Definition wird im Text erläutert).

3. Die Karikatur am Ende von M 11 kann Sie dazu anregen, analog zu M 11 einen Bericht (Tagebuch-auszug) zu Ihrer eigenen Rolle als Schüler/in zu verfassen und dabei die Grundbegriffe der Rollentheorie zu verwenden. Fertigen Sie dabei auch ein Bezugsgruppenschema (analog zur Abb. S. 214) an.

4. Setzen Sie sich mit den Aufforderungen des „Soziologen" (M 11, Z. 239 ff.), bezogen auf Ihre Schüler-Rolle, auseinander (das angesprochene Problem wird in M 13 – M 19 ausführlich diskutiert).

5. Vergleichen Sie in einigen ausgewählten Aspekten die Schüler- mit der Lehrerrolle, z.B. im Hinblick auf
– die Zahl der Rollensegmente und den Umfang des (normalen, durchschnittlichen) Rollensets,
– die Strenge der Erwartungen (Wie verteilen sich Muss-, Soll- und Kann-Erwartungen bei beiden Rollen?) sowie
– die Schärfe und die Anwendungsmöglichkeit von Sanktionen.

6. Kann man bei folgenden Menschentypen von „sozialen Rollen" sprechen: Hippie, Snob, Spazier-gänger, Sportsegler, Gelehrter, Schüler, Cousine, Deutscher, Katholik, Autofahrer, Patient, Pen-sionär, Liebhaber, Einbrecher, Bandenchef?
Bei der Bearbeitung dieser Frage muss man berücksichtigen, dass bei jeder sozialen Rolle auch ein Kern spezieller normativer Erwartungen an Träger bestimmter sozialer Positionen vorfindbar sein muss. Daneben mag es allerdings noch andere Erwartungen nichtnormativer Art geben, die sich auf Gewohnheiten oder Bräuche beziehen, wie sie typischerweise bei Rollenträgern auftauchen. Keineswegs verweisen aber alle Erwartungsstrukturen auf Rollen.

7. „Ein Gewerkschaftssekretär ist gleichzeitig im Stadtrat als Mitglied der SPD-Fraktion, im Auf-sichtsrat der Städtischen Brauerei sowie im Vorstand der Arbeiterwohlfahrt tätig und ist darüber hinaus praktizierendes Mitglied der katholischen Kirche und Familienvater. Inwieweit handelt es sich hier um verschiedene Rollen oder um Segmente übergreifender Rollen?" (Zitat: H. P. Bahrdt, Schlüsselbegriffe der Soziologie, München 1984, S. 81)

8. Analysieren Sie die karikaturistischen Darstellungen (M 12 a – c) im Hinblick auf Aspekte, die in den Materialien zum Sozialisationsprozess (M 7, Z. 1–57, M 8, M 9) und zur Rollentheorie (M 11, später auch M 13 a, b, d) zur Sprache kamen. Stellen Sie entsprechende Textbezüge her. Wie beurteilen Sie, was der Zeichner jeweils zum Ausdruck bringen will?

4. „Homo sociologicus" und „flexible Ich-Identität"

Die in M 11 verwendete, in der Soziologie allgemein übliche Terminologie (Anwendung von klar definierten Fachbegriffen) der Rollentheorie ist für den deutschen Raum vor allem durch eine kleine Schrift des bekannten Soziologen *Ralf Dahrendorf* eingeführt worden: Homo Sociologicus. Ein Versuch zur Geschichte, Bedeutung und Kritik der Kategorie der sozialen Rolle (zuerst erschienen 1958). In der Auseinandersetzung mit diesem (auch heute noch sehr lesenswerten) Text haben sich die Rollentheorie und die Diskussion über dieses Konzept in der deutschen Soziologie in zahlreichen Veröffentlichungen entfaltet. Wir haben in M 13 einige kurze Textstücke zusammengestellt, an denen sich in den 60er- und 70er-Jahren die Hauptpunkte der Kritik am Dahrendorf'schen Rollenkonzept entzündeten. Auch für diese Kritik haben wir an dieser Stelle nur einige kurze Texte ausgewählt, die verdeutlichen können, warum das Dahrendorf'sche Konzept in der Folgezeit durch einen Ansatz erweitert wurde, der die Möglichkeiten individueller Gestaltung des Rollenhandelns stärker betonte bzw. in den Mittelpunkt der Analyse rückte (M 15).

M 13 Homo Sociologicus

a) „Der Mensch ist die ärgerliche Tatsache der Gesellschaft"

Die Probleme der Soziologie führen auf eine Tatsache zurück, die unserer naiven Erfahrung ebenso zugänglich ist wie die Naturtatsachen unserer Umwelt. Das ist die Tatsache der Gesellschaft, an die wir so oft und so intensiv gemahnt werden, dass sie sich mit gutem Grund auch
5 als die ärgerliche Tatsache der Gesellschaft beschreiben lässt. Bloße Zufallswahrscheinlichkeit vermag unser Verhalten zu anderen und zu uns selbst schwerlich zu erklären. Wir gehorchen Gesetzen, gehen zur Wahl, heiraten, besuchen Schulen und Universitäten, haben einen Beruf und sind Mitglied einer Kirche; wir sorgen für unsere Kinder, ziehen den Hut vor unseren Vorgesetzten, geben Älteren den Vortritt, sprechen mit verschiedenen Menschen in verschie-
10 denen Zungen, fühlen uns hier zugehörig und dort fremd. Keinen Schritt können wir gehen, keinen Satz sprechen, ohne dass zwischen uns und die Welt ein Drittes tritt, das uns an die Welt bindet und diese beiden so konkreten Abstraktionen vermittelt: die Gesellschaft. [...]
Die Soziologie hat es mit dem Menschen im Angesicht der ärgerlichen Tatsache der Gesellschaft zu tun. Der Mensch, jeder Mensch, begegnet dieser Tatsache, ja *ist* diese Tatsache, die,
15 obschon sie sich unabhängig von bestimmten Einzelheiten denken lässt, ohne bestimmte Einzelne doch eine bedeutungslose Fiktion wäre. [...]

b) Die Gesellschaft erzwingt die Aufgabe „unberührter Individualität"

Es ist also zu zeigen, dass Gesellschaft nicht nur eine Tatsache, sondern eine ärgerliche Tatsache ist, der wir uns nicht ungestraft entziehen können. Soziale Rollen sind ein Zwang, der auf den
20 Einzelnen ausgeübt wird – mag dieser als eine Fessel seiner privaten Wünsche oder als ein Halt, der ihm Sicherheit gibt, erlebt werden. Dieser Charakter von Rollenerwartungen beruht darauf, dass die Gesellschaft *Sanktionen* zur Verfügung hat, mit deren Hilfe sie die Vorschriften zu erzwingen vermag. Wer seine Rolle nicht spielt, wird bestraft; wer sie spielt, wird belohnt, zumindest aber nicht bestraft. Konformismus mit den vorgeprägten Rollen ist keineswegs nur die For-
25 derung bestimmter moderner Gesellschaften, sondern ein universelles Merkmal aller gesellschaftlichen Formen. [...] Die Tatsache der Gesellschaft ist ärgerlich, weil wir ihr nicht entweichen können. [...] Für jede Position, die ein Mensch haben kann, sei sie eine Geschlechts- oder Alters-, Familien- oder Berufs-, National- oder Klassenposition oder von noch anderer Art, kennt „die Gesellschaft" Attribute und Verhaltensweisen, denen der Träger solcher Positionen sich ge-
30 genübersieht und zu denen er sich stellen muss. Übernimmt und bejaht er die an ihn gestellten Forderungen, dann gibt der Einzelne seine unberührte Individualität zwar auf, gewinnt aber das Wohlwollen der Gesellschaft, in der er lebt; sträubt der Einzelne sich gegen die Forderungen der Gesellschaft, dann mag er sich eine abstrakte und hilflose Unabhängigkeit bewahren, doch verfällt er dem Zorn und den schmerzhaften Sanktionen der Gesellschaft.

35 c) Spielraum für kleine Freiheiten

So wenig indes *homo sociologicus* den ganzen Menschen ausmacht, so wenig schreibt jede einzelne seiner Rollen Herrn Schmidt sein gesamtes Verhalten als Träger einer sozialen Position vor. Es gibt einen Bereich, in dem der Einzelne frei ist, seine Rollen selbst auszugestalten und sich so oder anders zu verhalten. Wenn wir in der Tatsache der Gesellschaft vor allem das Är-
40 gernis sehen, werden wir besondere Mühe daran zu wenden haben, diesen freien Bereich abzugrenzen. Es ist offenbar Vater Schmidt überlassen, ob er mit seinen Kindern Eisenbahn oder Fußball spielt. Keine soziale Instanz schreibt ihm vor, ob er sich das Gehör seiner Schüler durch seinen Humor oder seine intellektuelle Kompetenz verschafft. Aber diese Freiheiten scheinen gering, wenn man sie an dem Zwang sanktionierter Rollenerwartungen misst. Das
45 moralische Problem des *homo sociologicus*, der in jeder seiner Ausdrucksformen nur Rollen spielt, die dem Menschen von der unpersönlichen Instanz der Gesellschaft auferlegt sind, wird umso bedrohlicher, je schärfer wir die Kategorie der sozialen Rolle zu fassen suchen. [...]
Jenseits aller Psychologie und Soziologie wird das Ärgernis der Gesellschaft für den Einzelnen damit zu einer Frage des Spielraums, den das Auge der selbst sein Innerstes durchdringen-
50 den Gesellschaft ihm lässt bzw. den er sich zu schaffen vermag. [...] Obwohl wir Herrn Schmidt von dem Rollenspieler Schmidt kaum zu trennen vermögen, lassen ihm seine sämtlichen Rollen doch einen wesentlichen Rest, der sich der Berechnung und Kontrolle entzieht. Es ist nicht leicht, vom Verhalten des Einzelnen her seinen möglichen Spielraum abzugrenzen. Doch scheint es, als sei für den Menschen außer dem freien Bereich, den jede Rolle ihrem
55 Spieler lässt, auch der durch verbindliche Erwartungen geregelte Verhaltensbereich weniger determiniert als eingrenzt. Rollenerwartungen sind nur in seltenen Fällen definitive Vorschriften; in den meisten Fällen erscheinen sie eher als Sektor erlaubter Abweichungen. Insbesondere bei Erwartungen, an die sich vorwie-
60 gend negative Sanktionen knüpfen, ist unser Verhalten nur privativ* bestimmt; wir dürfen gewisse Dinge nicht tun, aber solange wir diese vermeiden, sind wir in unserem Verhalten frei.

d) Sozialisation als „Prozess der Entpersönli-
65 chung"

Um Teil der Gesellschaft und Objekt soziologischer Analyse zu werden, muss der „reine" Mensch vergesellschaftet, an die Tatsache der Gesellschaft gekettet und dadurch zu ihrem
70 Glied gemacht werden. Durch Beobachtung, Nachahmung, Indoktrination und bewusstes Lernen muss er in die Formen hineinwachsen, die die Gesellschaft für ihn als Träger seiner Positionen bereithält. Seine Eltern, Freunde,
75 Lehrer, Priester und Vorgesetzten sind der Gesellschaft vorwiegend als Agenten wichtig, die der sozialen *tabula rasa** des rollenlosen Menschen den Plan seines Lebens in Gesellschaft einritzen. In dem Interesse der Gesellschaft an
80 Familie, Schule und Kirche bekundet sich keineswegs nur der Wunsch, dem Einzelnen zur vollen Entfaltung seiner individuellen Anlagen zu verhelfen, sondern vor allem auch die Absicht, ihn auf die Aufgaben, deren Erfüllung
85 die Gesellschaft von ihm erwartet, effektiv und kostensparend vorzubereiten.

(Quelle: M. Foucault, Überwachen und Strafen. Die Geburt des Gefängnisses, übers. von W. Seitter, Frankfurt/Main 1977, Abb. 30)

Für Gesellschaft und Soziologie ist der Prozess der Sozialisierung stets ein Prozess der Entpersönlichung, in dem die absolute Individualität und Freiheit des Einzelnen in der Kontrolle und Allgemeinheit sozialer Rollen aufgehoben wird. Der zum *homo sociologicus* gewordene Mensch
90 ist den Gesetzen der Gesellschaft und den Hypothesen der Soziologie schutzlos ausgeliefert.

(Ralf Dahrendorf, Homo sociologicus, Westdeutscher Verlag, Opladen 1977, S. 17, 36, 27, 41, 59, 58)

M 14   Kritik am „Homo sociologicus"

a) „Das Kind mit dem Bade ausgeschüttet"

Ein *Einwand* geht dahin, dass Dahrendorf mit seiner Grundannahme, dass Rollenhandeln stets mit Zwang und Unterdrückung der individuellen Persönlichkeit verbunden sei, sozusagen eine „*überradikale*" Position einnimmt. [...] Denn wenn *alle* sozialen Rollen auf Zwang und
5 Gewalt beruhen, wird Rollenzwang zu einer invarianten Gesetzlichkeit sozialen Lebens erklärt. Leben ohne Zwang wäre dann allenfalls außerhalb der Gesellschaft denkbar; die Idee von zwangsfreien *Sozial*beziehungen ist per definitionem sinnlos. *Dahrendorfs* „überradikale Gesellschaftskritik" richtet sich also gegen das Phänomen Gesellschaft überhaupt und schüttet damit gleichsam das Kind mit dem Bade aus.

(Reinhard Kreckel, Soziologisches Denken, Leske + Budrich, Opladen 1975, S. 166)

10 b) „Die Prämisse kann nicht stimmen"

Dahrendorf macht durchgängig die Unterstellung, der nicht-vergesellschaftete Mensch sei frei; er verliere mit der Prägung durch die Gesellschaft seine (natürliche?) Freiheit. Dieser Prämisse, die recht stark an die in der philosophischen Tradition auftauchende Denkfigur des Lebens im Urzustand erinnert und vielleicht der Gesellschaftstheorie von Rousseau* verpflichtet ist,
15 gilt es nachzugehen. Wenn man sie in eine prüfbare Hypothese umwandeln würde, kann sich fast nur ergeben, dass der Mensch als Säugling besonders frei sei, als Erwachsener aber unfrei. In dieser Operationalisierung* wird sofort deutlich, dass die Prämisse nicht stimmen kann – ein abhängigeres Wesen als einen Säugling gibt es kaum. Was Dahrendorf als Freiheit bezeichnet, ist wohl eher Leere und Bedürftigkeit. [...] Dahrendorf sieht den Prozess der Soziali-
20 sation zwar als Bereicherung, die aber letztlich einen fragwürdigen Charakter hat, weil sie die Bereicherung um gesellschaftliche Zwänge darstellt.

(Friedbert Mühlhoff/Sibylle Reinhardt, Stundenblätter Rollentheorie, Ernst Klett Schulbuchverlag, Stuttgart 1983, S. 77)

c) „Das Leben ist nicht nur vorgefertigt"

„(Es ist) einfach nicht richtig, dass die volle Breite des Lebens in einer menschlichen Gesellschaft, und zwar in jeder beliebigen Gesellschaft, nur ein Ausdruck vorgefertigter Formen ge-
25 meinsamen Handelns ist. Innerhalb des Bereichs menschlichen Zusammenlebens entstehen ständig neue Situationen, die problematisch sind und für die bestehende Regeln sich als unzureichend erweisen. [...] Derartige Bereiche nicht-vorgeschriebenen Verhaltens sind im menschlichen Zusammenleben ebenso natürlich, selbstverständlich und wiederkehrend wie solche Bereiche, die vorgefertigte und getreulich befolgte Vorschriften gemeinsamen Han-
30 delns umfassen."

(H. Blumer, Der methodologische Standort des symbolischen Interaktionismus. In: Arbeitsgruppe Bielefelder Soziologen [Hg.], Alltagswissen, Interaktion und gesellschaftliche Wirklichkeit Bd. 1, Rowohlt, Reinbek 1973, S. 98)

1. *Analysieren Sie die ausgewählten Aspekte des Rollenkonzeptes von Ralf Dahrendorf (M 13), stellen Sie die Hauptaussagen deutlich heraus (vgl. die Karikaturen M 12a–c) und nehmen Sie zunächst aus Ihrer Sicht dazu Stellung.*

2. *Wenden Sie sich dann den kurzen kritischen Stellungnahmen (M 14a–c) zu und stellen Sie bei ihrer Erläuterung fest, auf welche Dahrendorf-Aussagen (M 13) sie Bezug nehmen. Formulieren Sie mit eigenen Worten, gegen welche Aspekte des Dahrendorf'schen Rollenkonzeptes sich diese Einwände (direkt oder indirekt) wenden.*

3. Der Soziologe F. H. Tenbruck hat kritisiert, dass Dahrendorfs Darstellung den Eindruck erweckt, als spielten die Individuen ihre Rollen nur, weil sie negative Sanktionen fürchteten. „Wer nicht heiratet, setzt sich allenfalls sehr geringen Sanktionen aus, obwohl das Heiraten für die Gesellschaft vital ist. Man verlässt sich also darauf, dass zum Heiraten nicht genötigt zu werden braucht." (Tenbruck, 1961) Erörtern Sie, ausgehend von diesem oder einem anderen Beispiel, inwieweit soziales Handeln durch Rollenzwänge und Aktionsdrohungen bestimmt wird (vgl. M 11, Z. 134 ff.).

4. Interpretieren Sie dazu auch die Abbildung S. 220 Inwieweit bringt sie zum Ausdruck, a) was Dahrendorf als „Prozess der Entpersönlichung" bezeichnet, und b) die Art, wie Sie selbst Ihren eigenen „Vergesellschaftungsprozess" empfinden?

5. Der große deutsche Soziologe Georg Simmel (1858 – 1918) hat darauf hingewiesen, dass die Gegenüberstellung von Individuum (individuelle Eigenständigkeit) und Gesellschaft (Eingebundensein in soziale Zusammenhänge) die „einheitliche Position des sozial lebenden Menschen" nicht erfasst, weil die Person nicht getrennt von sozialen Zusammenhängen zu denken ist und weil diese Zusammenhänge individuelles Leben erst ermöglichen (vgl. M 3). Erläutern Sie, inwiefern diese Aussage auch als Kritik an Dahrendorfs Darstellung verstanden werden kann.

▭ **M 15** **Rollenhandeln ist Interaktion**

Die [traditionellen] Rollentheoretiker, so sagen sie [die „Interaktionisten"], zeichnen ein viel zu starres Bild von unserem Handeln. Wir sind nicht bloß Darsteller, die nach Vorschriften handeln, welche man in einem von außen vorgegebenen Drehbuch finden kann. Die Normen und Werte der Drehbücher sind allesamt nicht so genau festgelegt, dass man ihre klare Beachtung
5 unmittelbar belohnen und ihre Verletzung ohne Umstände bestrafen könnte. Man muss zunächst einmal davon ausgehen, dass die Subjekte dauernd ganz verschiedenen Situationen gegenüberstehen, in denen sie etwas tun oder lassen müssen. [...]
Das, was in der sozialen Wirklichkeit vor sich geht, kann also davon abhängig sein, was die Menschen in und über eine Situation meinen, wissen, glauben. Das tatsächliche Geschehen
10 kann von den „Definitionen der Situation" abhängig sein, die man für richtig hält, und nicht nur von festen Normen und Werten! [...]
Nach Auffassung der symbolischen Interaktionisten* handelt man in der Mehrzahl der Fälle aufgrund der Bedeutung, die Dinge in der Umwelt für einen haben. „Ding" ist dabei ein Begriff für alles, dem man in einer Situation begegnen kann. Das können Naturgegenstände wie
15 Steine, hergestellte Objekte, aber auch andere Menschen und Organisationen sein. Und je nach unseren Absichten und Meinungen in der Situation können die gleichen „Dinge" verschiedene Bedeutung haben. Entscheidend für eine Interaktion ist, dass man wissen muss, welche Bedeutung ein Handelnder selbst einem „Ding", etwa dem Tun seines Gegenübers zuerkennt, um zu verstehen, was er ist, was er gerade tut. [...]
20 Man muss im Alltag ständig ein Stück Interpretation der Bedeutung leisten, die die vokalen und nichtvokalen Gesten eines anderen für einen haben. So hundertprozentig ist nie ganz klar, was es bedeutet, was der andere da gerade tut. Es handelt sich also bei der Verwendung von signifikanten bedeutungsvollen Gesten eher um einen ständigen Interpretationsvorgang für die Bedeutung, den gemeinten Sinn der Handlung eines anderen.

(Arbeitsgruppe Soziologie [= M 11], S. 41ff.)

▭ **M 16** **Ein junger Mann fällt aus der Rolle**

Stellen wir uns einmal einen jungen Mann vor, der in einen geselligen Kreis eingeführt wird. Im Raum sind schon ein paar Leute beiderlei Geschlechts anwesend. Die typische
5 Erwartung ist, dass man, wenn man erst einmal vorgestellt worden ist, seine Runde macht, allen die Hand schüttelt und sich dann irgendwo hinsetzt. Wer all das tut, reagiert typisch. Was aber, wenn unser junger Mann, nachdem er alles Notwendige erledigt 10

(Zeichnung: Chlodwig Poth)

hat, aufsteht, zu einer der anwesenden Damen geht, vor ihr niederkniet, mit der Stirn den Boden berührt und verkündet: „Sie sind schön. Gestatten Sie, dass ich Ihrer Schön-
15 heit huldige!"

Höchstwahrscheinlich sind alle Anwesenden (sogar in einer sehr kultivierten Gesellschaft) und besonders die so geehrte Dame etwas beunruhigt. Wenn sich herausstellen sollte, dass der kniende Mann nicht etwa aus einem 20 exotischen Land im Fernen Osten, sondern einfach aus Brooklyn oder Altona stammt, wächst die Beunruhigung. Je nachdem, wie er sich weiter benimmt, wird man ihn nun klassifizieren. So könnte man beschließen, 25 dass es sich einfach um einen komischen Kauz handelt, der „Eindruck schinden" will. Vielleicht stellt sich aber auch heraus, dass er eine etwas eigenwillige Auffassung vom Umgang mit schönen Frauen zum Ausdruck 30 bringen möchte. Er gehört vielleicht zu einem Kreis von Sonderlingen, die die höfischen Sitten des Mittelalters wieder einführen möchten. Es kann aber auch sein, dass er nach Abschluss eines Intensivkurses 35 zur Stärkung des Gefühlslebens den einsamen Beschluss gefasst hat, dass Kniefälle vor schönen Frauen zu seinem ureigensten Stil gehören. Die Anwesenden könnten jedoch auch zu dem Urteil gelangen, dass er einfach 40 ein Psychopath ist.

(Peter L. Berger/Brigitte Berger: Wir und die Gesellschaft, Rowohlt, Reinbek 1976, S. 208 [© Deutsche Verlags-Anstalt GmbH, Stuttgart])

1. Erläutern Sie anhand von M 15, wodurch in der Sicht der „interaktionistischen" Theoretiker soziales Handeln gekennzeichnet ist. Was bringt der Begriff „Interaktion" zum Ausdruck? Worin liegt der Unterschied dieser Sichtweise zu der der „konventionellen" Rollentheorie (etwa im Sinne Dahrendorfs)?

2. Lesen Sie zunächst nur den ersten Abschnitt des Textes M 16b (Z 1–15) und analysieren Sie die dargestellte Szene mit den Kategorien der Rollentheorie: Rollenträger, Bezugsgruppe, Inhalt und Art der Rollenerwartungen (Muss-, Soll-, Kann-Erwartungen), Art des Verstoßes, Sanktionsmöglichkeiten. Überlegen Sie dann, wie die Szene sich weiterentwickeln würde, wenn das strenge Konzept Dahrendorfs (vgl. M 13b) als gültig vorausgesetzt wird. Wie würde nach diesem Konzept die vornehme gesellschaftliche Gruppe reagieren?

3. Vergleichen Sie mit dem von Ihnen nach Dahrendorf prognostizierten Verlauf die im Text (Z. 16ff.) beschriebenen Interpretations- und Reaktionsmöglichkeiten. Wie kommt es hier dazu, dass verschiedene Reaktionen möglich erscheinen, die aber alle (vielleicht mit Ausnahme der letzten) noch nicht als negative Sanktionen zu bewerten sind? Was tritt offenbar zwischen das Verhalten des jungen Mannes in dieser Situation und die Reaktionen der Bezugsgruppen? Ziehen Sie zur Beantwortung dieser Frage die Hinweise auf die Sicht hinzu, die die sog. „interaktionistischen" Rollentheoretiker entwickelt haben (M 15), und stellen Sie deutlich heraus, worin der Unterschied zwischen beiden Sichtweisen besteht.

4. Interpretieren Sie die Zeichnung von Chlodwig Poth. Gegen welche Rollenerwartungen verstößt Herr Dr. Köster? Wie könnte hier die „feine Gesellschaft" reagieren? Welche Deutungsmöglichkeiten sehen Sie für Dr. Kösters Verhalten?

M 17 Was man können muss, wenn man sich verstehen will – Qualifikationen des Rollenhandelns

„Das traditionelle Rollenkonzept, wie es in Amerika vor allem von Talcott Parsons*, in Deutschland besonders eindrucksvoll von Ralf Dahrendorf vertreten wird [...], entspringt primär dem Bemühen, menschliches Verhalten in seiner Regelhaftigkeit als durch überindividuelle Normen und gesellschaftliche Zwänge determiniert, insofern weitgehend berechenbar zu erweisen; das Forschungsinteresse zielt in erster Linie nicht auf Einsicht in die sozialen Bedingungen personaler Identität, sondern auf Einsicht in die Voraussetzungen der Stabilität sozialer Systeme (s. Glossar zu Parsons). Für dieses Konzept ist autonomes individuelles Denken und Handeln prinzipiell nur ein Grenzfall menschlichen Verhaltens, der entweder in (gesellschaftlich irrelevanten) Verhaltensbereichen auftritt, die sich der sozialen Kontrolle* entziehen bzw. noch nicht durch ‚verbindliche Erwartungen geregelt‘ sind, oder als so genanntes ‚deviantes‘, d.h. von den Erwartungen der relevanten Bezugsgruppen abweichendes Verhalten, das eine Störung, wenn nicht gar eine Bedrohung sowohl des psychischen wie des sozialen Gleichgewichts signalisiert.“ (Wolfgang Kramp, Studien zur Theorie der Schule, München 1973, S. 201–206)

Diesem traditionellen Rollenkonzept stellen die interaktionistischen Rollentheoretiker ein Modell gegenüber, das davon ausgeht, dass infolge der Vielfalt von Positionen in der Gesellschaft oft nur wenig eindeutige oder gar widersprüchliche Erwartungen an die Rolleninhaber gerichtet werden und dass es daher nicht darauf ankommt, vorgegebene Normen nur einfach zu lernen und sich daran auszurichten, sondern dass zur Sicherung zufrieden stellender sozialer Interaktion die Rollenspieler gehalten sind, mehr oder weniger soziale Erwartungen aufzugreifen, ihr eigenes Verständnis zu verdeutlichen und sich auf ein gemeinsames „vernünftiges“ (die Beteiligten möglichst weitgehend zufrieden stellendes) Verständnis zu einigen. Nach Lothar Krappmann (Soziologische Dimensionen der Identität, Klett-Cotta, Stuttgart 1982) sollte das handelnde Subjekt für ein solches „souveränes“ Rollenhandeln über vier Grundqualifikationen verfügen, die in dem folgenden Text von Wolfgang Kramp (ergänzt durch kurze Krappmann-Zitate) etwas näher beschrieben werden.

1. Souveränes Rollenhandeln (setzt) die Fähigkeit des Individuums voraus, jede seiner Rollen im Bewusstsein und im Lichte aller übrigen zu spielen, das heißt aber zugleich: gegenüber jeder einzelnen Rolle Distanz zu halten (s. Kasten). Solche *„Rollendistanz“* setzt ihrerseits die Fähigkeit voraus, Normen zu reflektieren und flexibel zu internalisieren*. Wo diese Voraus-
5 setzungen gegeben sind, begünstigt Rollenvielfalt und Rollenkomplexität offenbar die Einübung distanzierten, also souveränen Rollenverhaltens.

2. Wenn Rollendistanz die notwendige Voraussetzung dafür ist, unterschiedliche Verhaltenserwartungen miteinander und mit den eigenen Bedürfnissen in ein erträgliches Verhältnis zu bringen, so setzt die dabei erforderliche Abwägung ihrerseits die Fähigkeit des Individuums
10 voraus, die Erwartungen der jeweiligen Interaktionspartner richtig zu erfassen, das heißt aber letztlich: sich in *ihre* Situation, *ihre* Bedürfnisse denkend und fühlend hineinzuversetzen, ohne

> Da die Rollenerwartungen tatsächlich vielfach inkongruent sind und das Individuum oft überfordern, bietet *Rollendistanz* einen Weg, in einer Rolle zu handeln, ohne die anderweitigen Rollenbeziehungen völlig abzuschneiden. Sie hilft dem Individuum, sich nicht voll an das Schicksal einer Rolle zu binden, sondern der Beteiligung in einer Rolle einen bestimmten Stellenwert in einem Gesamtbild zuzuweisen, das das Individuum von sich in einer bestimmten Situation aufrecht erhalten möchte.
>
> (L. Krappmann, Soziologische Dimensionen der Identität, Klett-Cotta, Stuttgart 1982, S. 137)

dabei eigene Bedürfnisse oder Einstellungen auf sie zu projizieren. Diese als *„Empathie“* (auch als *role taking*“)
15 bezeichnete ... Fähigkeit schließt aber die Bereitschaft ein, bestimmte Erwartungen anderer ... gegebenenfalls auch als inakzeptabel, nämlich als den eigenen Bedürfnissen nach Wahrung
20 von Ich-Identität abträglich zu betrachten und zurückzuweisen (s. Kasten S. 225 o.).

3. Wenn Empathie die Fähigkeit ist, fremde und zumeist konkurrierende

25 Erwartungen als solche wahrzunehmen ... und sich schließlich von ihnen
allen mehr oder minder distanzieren
zu können, so setzt die Realisierung
eines entsprechenden Verhaltens im
30 sozialen Kontext eine weitere Fähigkeit voraus: die Fähigkeit des Individuums nämlich, der „Ambiguität" [lat.
ambiguitas = Zweideutigkeit] oder Wi-
dersprüchlichkeit standzuhalten, die
35 innerhalb einer Rolle wie zwischen
den Anforderungen verschiedener Rollen und den eigenen Bedürfnissen nahezu immer waltet ... Souveränes Rollenhandeln [ist] nur bei ausgeprägter

Obgleich man Empathie mit „Einfühlungsvermögen"
übersetzen könnte, ist also zunächst ein kognitiver
Vorgang gemeint. Dies erscheint der Ergänzung be-
dürftig. „Role taking" wird, wie uns bereits die Alltags-
erfahrung zeigt, von affektiv-motivationalen Faktoren
stark beeinflusst. Sympathie scheint zu erleichtern,
Reaktionen eines anderen zu antizipieren. [...] Zwar
betonen die heutigen technologischen Gesellschaften
die Relevanz kognitiver Fähigkeiten in besonderer
Weise. Bei der großen Bedeutung, die den affektiv-
motivationalen Strukturen in den Prozessen der Iden-
titätsbildung eingeräumt wurde, kann jedoch auch
Empathie nicht nur als rein kognitive Fähigkeit betrachtet werden.   (L. Krappmann, S. 143)

40 *„Ambiguitätstoleranz"* möglich, nämlich bei hinlänglicher Bereitschaft und Fähigkeit des Individuums, Rollenkonflikte als unvermeidlich anzusehen, auszuhalten und produktiv zu verarbeiten. Wo aber solche Bereitschaft und Fähigkeit vorhanden ist, da erscheint die Widersprüch-
lichkeit einer Rolle wie etwa der des Lehrers nicht mehr nur als Gefahr, sondern auch als besondere Chance für die Wahrung und
45 Stabilisierung von Ich-Identität.
4. Nun kann freilich trotz Rollendistanz, Empathie und Ambiguitätstoleranz die Sicherung der Ich-Identität
angesichts vielfältiger Rollenvorschrif-
50 ten immer noch in Gefahr geraten, sofern das Individuum nicht über eine
vierte wichtige Fähigkeit verfügt: über
die Fähigkeit nämlich, die Identität
seiner Person ... auch gegenüber ande-
55 ren deutlich sichtbar werden zu lassen. Solche *„Identitätsdarstellung"* erfordert unter anderem den zumindest
zeitweiligen Verzicht auf jene Mittel,
die das Individuum als Inhaber einer
60 bestimmten Position und der damit
verknüpften Rolle kenntlich machen:
auf das Tragen einer (möglicherweise
respekterheischenden) Amtskleidung,
auf die Beachtung bestimmter rol-

Jedes interagierende Individuum ist folglich gezwungen, neben der Befriedigung, die ihm eine Interaktion
gewährt, ein gewisses Maß an gleichzeitig auftreten-
der und durch eben diese Interaktion erzeugter Unbe-
friedigtheit zu ertragen [...]
Allerdings bedeutet diese Toleranz weder Resignation
noch Anpassung. Sie meint also nicht, dass die Person
vorhandene Divergenzen und Widersprüche einfach
bestehen lässt oder dass sie entstandene Spannungen
als unabänderlich gegeben hinnimmt.
Sie drückt die Überzeugung und die Forderung aus,
eine interaktionsfähige Person müsse darauf vorbereitet sein, dass es in ihr selbst und im Zusammenleben
mit anderen immer wieder zu Spannungen kommen
kann, die sich nicht immer sofort alle vollständig auf-
heben lassen, ohne einen Verlust an Identität oder an
sozialem Kontakt hervorzurufen.
(L. Krappmann, S. 151, und Hermann L. Gukenbiehl, Felder der
Sozialisation, Westermann, Braunschweig 1979, S. 83)

65 lenspezifischer Umgangsformen oder Sprachmuster und dergleichen mehr. Entscheidend ist
jedoch, dass das Individuum sich im Rahmen jeder Rolle seinen Partnern als jemand darstellt,
der nicht nur diese, sondern auch bestimmte andere Rollen zu spielen hat, in keiner aber völlig
aufgeht und aufzugehen wünscht...
Schon die schlichte Mitteilung, dass
70 man unterschiedlichen Erwartungen
ausgesetzt sei und einfach keine von
ihnen ganz zu erfüllen vermöge, lässt
sonst unerträgliche Rollenkonflikte offensichtlich auf ein aushaltbares Maß
75 schrumpfen.
(Wolfgang Kramp, Studien zur Theorie der Schule,
München 1973, S. 201–206)

Es ist zu beobachten, dass Individuen, auch wenn sie
über Distanzierungskraft, Empathie und Ambiguitätstoleranz verfügen, in unterschiedlichem Maße in der
Lage sind, die aufrechtzuerhaltende Ich-Identität auch
sichtbar werden zu lassen. Aber eine Identität, die das
Individuum nicht in den Interaktionsprozess eingeführt hat, ist weder für es selber noch für die anderen
wirksam.   (L. Krappmann, S. 168)

1. *Stellen Sie das Forschungsinteresse des traditionellen Rollenkonzeptes dem des „interaktionistischen" gegenüber (Einleitung zu M 17, S. 224). Inwiefern könnte man sagen, dass bei dem einen die „Stabilität des Gesellschaftssystems" im Vordergrund steht, bei dem anderen das Interesse und die Selbstbestimmung des handelnden Subjektes?*

2. *Erläutern Sie möglichst mit eigenen Worten die vier Grundqualifikationen des Rollenhandelns (der Begriff der Ich-Identität wird in M 21 näher erläutert). Um zu verdeutlichen, welches konkrete Verhalten Ausdruck der jeweiligen Fähigkeit sein kann, sollten Sie versuchen, aus dem Bereich der Schule (oder eines anderen Erfahrungsbereichs) Fallbeispiele für die vier (sich z.T überschneidenden) Fähigkeiten zu beschreiben, d.h. also schulische Situationen zu schildern (zu erfinden), in denen Lehrer oder Schüler z.B. Rollendistanz und Empathie zeigen oder aber vermissen lassen (vgl. Arbeitshinweis 4).*

3. *Sind Sie der Meinung, dass Lehrer und Schüler im Allgemeinen über die beschriebenen Qualifikationen verfügen? (Die Frage, inwieweit die institutionellen Bedingungen der Schule souveränes Rollenhandeln erschweren, wird in M 18 thematisiert.)*

4. *Noch ein paar kurze Hinweise zu den einzelnen Qualifikationen:*
   - *Zur **Rollendistanz:** Beweist ein Lehrer Rollendistanz, wenn er gegenüber der Schüler-Erwartung, die geschriebene Klausur nach drei Tagen zurückzugeben, auf seine sonstigen „Engagements" (z.B. als Familienvater oder als Mitglied eines Hobby-Clubs) verweist?*
   - *Zur **Empathie:** Inwiefern ist Empathie nicht gleichzusetzen mit Sympathie, wird aber durch Sympathie erleichtert (Kasten S. 225 o.)? Was kommt in dem Begriff „role taking" zum Ausdruck? Beweist ein Lehrer Empathie, wenn er einem Schüler eine schwere Täuschung (bei einer Klausur) durchgehen lässt?*
   - *Zur **Ambiguitätstoleranz:** In welchem Verhältnis steht diese Qualifikation zu dem (häufiger zu hörenden) Begriff der Frustrationstoleranz*? Beweist ein Schüler Ambiguitätstoleranz, wenn er eine klar als ungerecht empfundene Klausurnote fraglos akzeptiert, weil er davon ausgeht, dass der Lehrer ohnehin die Note nicht ändern wird?*
   - *Zur **Identitätsdarstellung:** Sollte ein Lehrer/eine Lehrerin im Sinne dieser Qualifikation auf eine „rollenspezifische Umgangsform" wie z.B. das Sich-Siezen-Lassen durch Schüler verzichten (s. auch die folgende Karikatur)?*

(Zeichnung: © Marie Marcks, Heidelberg)

M 18 Schülertaktiken als „konstruktives Merkmal schulischer Kommunikation"?

Die Vorgaben der Institution definieren grundsätzlich die Kommunikation im Unterricht und begrenzen zugleich die Handlungsmöglichkeiten in den verschiedenen Rollen –
5 und zwar für Lehrer wie für Schüler. Bezieht man dies auf die Lehrenden, so finden sich neben den unhintergehbaren Anforderungen der Institution breite Möglichkeiten für eine Interpretation der eigenen Rolle. Jeder Lehrer
10 muss zwar einen bestimmten Stoff durchnehmen, im Unterricht für eine disziplinierte Arbeitshaltung sorgen, Zensuren erteilen etc. Doch in der konkreten Ausgestaltung dieser Anforderungen werden ihm erhebliche Frei-
15 heitsgrade zugestanden: Er bestimmt die Methoden der Stoffbearbeitung, wählt eine typische Form der Ansprache seiner Schüler (Unterrichtsstil), übt eine mehr oder weniger ‚scharfe' Zensierungspraxis aus. Lehrer ha-
20 ben also bei der Erfüllung der institutionellen Vorgaben einen breiten Spielraum und damit hinreichende Möglichkeiten, innerhalb des Unterrichts ihre eigene, unverwechselbare Identität darzustellen. Für Schüler ist dies ein
25 bekannter, ein eher trivialer Sachverhalt. Sie wissen, dass die eine Lehrerin ‚so', die andere hingegen ‚anders' ist. Was bei der einen erlaubt ist, gilt bei der anderen als streng verboten; was bei der einen stets zu guten Zensu-
30 ren verhilft, ist bei der anderen unwichtig oder gar schädlich. Schüler wissen dies und stellen sich in gewisser Weise darauf ein: Sie erwerben – wie Brecht es einmal ausdrückte – „Menschenkenntnis ... in der Form von
35 Lehrerkenntnis".

(Zeichnung: © Marie Marcks, Heidelberg)

Aus der Schülerperspektive wird dadurch die unterrichtliche Kommunikationsstruktur allerdings verkompliziert: Zum einen bestehen für sie generelle Regeln, an die sie sich immer halten sollen. Sie sollen sich dem Lernen der 40 vorgegebenen Inhalte widmen, sollen nicht „stören" oder „träumen", sich um gute Zensuren bemühen und stets ihre Hausaufgaben machen. Grundsätzlich erwartet die Institution somit die konforme Übernahme der 45 Rolle des fleißigen Schülers. Es kommt hinzu, dass die unterschiedlichen Interpretationen der Lehrerrolle, die ein Schüler tagtäglich erlebt, für diesen Schüler ebenfalls Anweisungscharakter haben: Bei Lehrerin X. darf man 50

(Zeichnung: © Marie Marcks, Heidelberg)

(Zeichnung: Tom Körner, 2001)

nicht mit dem Nachbarn reden, sonst gibt es Ärger; beim Lehrer Y. müssen Aufgaben kooperativ in der Gruppe erledigt werden, sonst ist er unzufrieden. Die relativ breite Möglich-
55 keit von Lehrenden, ihre Rolle zu interpretieren und damit einen eigenen Identitätsentwurf einzubringen, stellt sich für die Schüler somit als eine Art „zweite Ebene" der institutionellen Verhaltensanforderungen dar. Sie
60 sollen nicht nur generell gute Schüler sein, sondern auch noch die spezifischen Anforderungen der einzelnen Lehrer erfüllen. Schüler bewegen sich innerhalb des Unterrichts daher in einem Netz von zum Teil dauerhaften, zum
65 Teil wechselnden Verhaltensanforderungen, die alle ein gemeinsames Merkmal haben: Sie werden ihnen gegenüber machtvoll vorgetragen, eine Zurückweisung solcher Anforderungen wird häufig als Regelverstoß interpretiert
70 und kann sanktioniert werden.
Schüler sind mit vielfältigen Anforderungen konfrontiert, die sie nicht einfach negieren können. Sie haben aber auch eigene Bedürfnisse, Motive und Intentionen, die nicht oh-
75 ne weiteres mit diesen Anforderungen konform gehen. Zu diesen Bedürfnissen gehört es, den eigenen Identitätsentwurf, die Darstellung der eigenen Persönlichkeit in die unterrichtliche Kommunikation einbringen
80 zu wollen; denn ein Schüler, der sich ausschließlich nach den Anforderungen der jeweiligen Lehrer richtet, würde sich automatenhaft verhalten, würde keinerlei personale Identität erkennen lassen. Die Präsentation
85 der eigenen Identität trotz enger Verhaltens-

kontrolle, die Darstellung von Rollendistanz trotz machtvoll vorgetragener Rollenerwartungen – dies stellt sich als grundsätzliches und immer wieder prekäres Problem für den Schüler als Akteur. Sich jederzeit konform zu 90 verhalten, ist angesichts der Fülle der Regeln illusionär und angesichts der eigenen Bedürfnisse nicht erstrebenswert.
Der Verstoß gegen die von Lehrern vorgetragenen Erwartungen ist jedoch risikoreich; 95 denn jeder Schüler macht entweder selbst „oder am Schicksal von Mitschülern alltäglich die Erfahrung, dass man es sich keineswegs leisten kann, des Öfteren wegen ,abweichender' Handlungen aufzufallen ... Im Lau- 100

(Zeichnung: Hans Traxler)

fe der Schulzeit entwickeln Schüler daher besondere Problemlösungs- und Anpassungsstrategien, die sich am besten mit dem Begriff „Taktiken" ... umschreiben lassen. 105 Durch den Einsatz situationsspezifischer Taktiken werden unerlaubte Handlungen praktisch erst möglich gemacht, indem Schüler Regeln und ihre Anwendungen unterlaufen, Sanktionen entgehen und iden- 110 titäts- und statusbedrohende Etikettierungen abwehren". (Brumlik/Holtappels 1987, S. 97) Solche Taktiken sind allen (ehemaligen) Schülern wohlbekannt, inzwischen sind sie auch in differenzierter Weise empirisch er- 115 forscht worden. Die verdeckten Nebenbeschäftigungen (Lesen, Kartenspielen) gehören ebenso dazu wie die Erschleichung guter Noten (durch Abschreiben, „Mogeln" etc.); die geschickte, nicht identifizierbare Störung 120 des Unterrichts ist als verdeckter Widerstand ebenso bekannt wie die klug kalkulierten Abwesenheitszeiten (etwa bei Klassenarbeiten). In interaktionistischer Sicht ist damit keineswegs ein nebensächlicher (weil „inoffizieller") Sachverhalt angesprochen, sondern ein 125 konstruktives Merkmal schulischer Kommunikation benannt: Schüler bewegen sich in einer Institution, die ihnen übermächtig erscheint. In ihren Taktiken drückt sich zum einen ihre Normen- und Rollendistanz aus, 130 zum anderen wird damit auf die diffizilen Formen von Anpassung und Widerstand verwiesen, die Schüler in jahrelanger Schulerfahrung entwickelt haben. Auf diese Weise verteidigen sie ihre eigenen Handlungsspiel- 135 räume und ihre Identitätsentwürfe.

(Klaus-Jürgen Tillmann, Sozialisationstheorien – eine Einführung in den Zusammenhang von Gesellschaft, Institution und Subjektwerdung, Rowohlt, Reinbek, 9. Aufl. 1999, S. 145–146)

1. *Erläutern und diskutieren Sie – auch aufgrund Ihrer eigenen Erfahrungen –, inwiefern Lehrer/Lehrerinnen in der Schule größere Möglichkeiten der Rollendistanz und der Identitätsdarstellung haben als Schüler/Schülerinnen (M 18, Z. 1–35).*

2. *Inwiefern sehen sich die Schüler/innen schulischen Verhaltensanforderungen auf „zwei Ebenen" ausgesetzt? (Z. 36–71)*

3. *Worin besteht das Problem der Schüler/innen, ihre eigene Persönlichkeit in den Unterricht mit einzubringen? Aus welchen Gründen wird ein Verzicht auf „Identitätsdarstellung" für nicht möglich und nicht erstrebenswert gehalten? (Z. 71–93)*

4. *Analysieren Sie bei der Erarbeitung des Textes auch die Karikaturen. Auf welche Aspekte der Textdarstellung lassen sie sich jeweils beziehen?*

5. *Wie beurteilen Sie selbst die beschriebenen Schülertaktiken? Fordert der Text Sie zum Mogeln und Schwänzen auf?*

6. *Stellen Sie abschließend noch einmal fest, inwieweit in der Darstellung der schulischen Kommunikation (M 18) auf die vier Qualifikationen des Rollenhandelns (M 17) Bezug genommen wird.*

M 19 Ich-Identität als Balance

Gespräche und gemeinsames Handeln sind nur möglich, wenn wir uns auf unsere Partner einstellen. Aber dies findet dort eine Grenze, wo nicht mehr zu erkennen ist, wofür wir denn „wirklich" eintreten. [...] Obwohl gemeinsames Handeln und Kommunikation auf der einen Seite voraussetzen, dass die Partner sich in Handlungsorientierungen und Sprache einander 5 angleichen, muss jeder auf der anderen Seite doch zugleich verdeutlichen, „wer er ist", um den Ablauf von Zusammenkünften vorhersehbar und auf diese Weise planbar zu machen. Das Individuum steckt folglich in einem Dilemma*: Wie soll es sich den anderen präsentieren, wenn es einerseits auf seine verschiedenartigen Partner eingehen muss, um mit ihnen kommunizieren und handeln zu können, andererseits sich in seiner Besonderheit darzustellen hat, 10 um als dasselbe auch in verschiedenen Situationen erkennbar zu sein? [...] Die vom Individuum für die Beteiligung an Kommunikation und gemeinsamem Handeln zu

Es gibt immer wieder soziologische Begriffe, die sich großer Beliebtheit in der Alltagssprache erfreuen, weil man sie als Kürzel für Zusammenhänge benutzen kann, die einem nicht so ganz klar sind, über die sich deswegen aber umso rascher stilles Einverständnis erzielen lässt. *Identität* ist ein solcher Begriff. Ich will ihn so skizzieren, wie er im Allgemeinen in der Soziologie gebraucht wird. Identität ist das Bewusstsein, ein unverwechselbares Individuum mit einer eigenen Lebensgeschichte zu sein, in seinem Handeln eine gewisse Konsequenz zu zeigen und in der Auseinandersetzung mit anderen eine Balance zwischen individuellen Ansprüchen und sozialen Erwartungen gefunden zu haben. In Hinsicht auf die Entwicklung des Individuums heißt Identität, die Vergangenheit mit der Gegenwart in einer sinnvollen Ordnung zu halten und die Zukunft planvoll anzugehen. Insofern kann man Identität gleichsetzen mit dem Wissen um eine eigene Biografie. In Hinsicht auf die Interaktion mit anderen heißt Identität, dass sich das Individuum seiner Einzigartigkeit und seiner Normalität zugleich bewusst sein muss, und aus der Sicht der anderen, dass sein Handeln wahr sein muss, um eine Mindestverlässlichkeit für alle zu garantieren.

(Heinz Abels, Einführung in die Soziologie, Bd. 2: Die Individuen in der Gesellschaft, Westdeutscher Verlag, Wiesbaden 2001, S. 196)

(Zeichnung: Ivan Steiger, Quelle: Frankfurter Allgemeine Zeitung)

erbringende Leistung soll hier mit der Kategorie der *Identität* bezeichnet werden. Damit das Individuum mit ande-
15 ren in Beziehungen treten kann, muss es sich in seiner Identität präsentieren; durch sie zeigt es, wer es ist. Diese Identität interpretiert das Individuum im Hinblick auf die aktuelle Situa-
20 tion und unter Berücksichtigung des Erwartungshorizontes seiner Partner. Identität ist nicht mit einem starren Selbstbild, das das Individuum für sich entworfen hat, zu verwechseln;
25 vielmehr stellt sie eine immer wieder neue Verknüpfung früherer und anderer Interaktionsbeteiligungen des Individuums mit den Erwartungen und Bedürfnissen, die in der aktuellen Si-
30 tuation auftreten, dar.
Diese Identität stellt die Besonderheit des Individuums dar; denn sie zeigt auf, auf welche besondere Weise das Individuum in verschiedenartigen Si-
35 tuationen eine *Balance zwischen widersprüchlichen Erwartungen*, zwischen

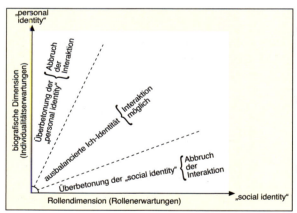

(Aus: Hermann L. Gukenbiehl, Felder der Sozialisation, Westermann, Braunschweig 1979, S. 76)

den Anforderungen der anderen und eigenen Bedürfnissen sowie zwischen dem Verlangen nach Darstellung dessen, worin es sich von anderen unterscheidet, und der Notwendigkeit, die Anerkennung der anderen für seine Identität zu finden, gehalten hat. [...]
40 Nach E. Goffmann* lassen sich die Erwartungen, mit denen sich das Individuum bei seiner Selbst-Präsentation in Interaktion auseinander zu setzen hat, in zwei Dimensionen ordnen: die vertikale *Zeitdimension,* in der die Ereignisse im Leben des Individuums zu einer *„personal identity"* zusammengefasst werden, und die horizontale Dimension, in der die zu einem gewissen Zeitpunkt nebeneinander aktualisierbaren Rollen zu einer *„social identity"* vereinigt wer-

45 den. Beides sind von den anderen zugeschriebene, nicht selbst entworfene Identitäten. Sie stehen zueinander im 50 Widerstreit, denn in der *biografischen Dimension* der „personal identity" wird vom Individuum verlangt, *zu sein wie kein* 55 *anderer.* In der horizontalen Dimension der „social identity" dagegen wird das Individuum betrachtet, als ob es mit den vorgegebenen Nor-60 men voll zur Deckung

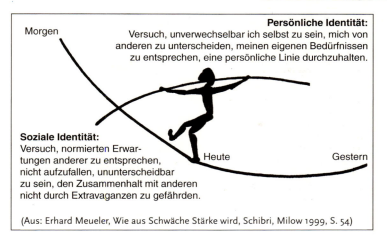

Persönliche Identität:
Versuch, unverwechselbar ich selbst zu sein, mich von anderen zu unterscheiden, meinen eigenen Bedürfnissen zu entsprechen, eine persönliche Linie durchzuhalten.

Morgen

Soziale Identität:
Versuch, normierten Erwartungen anderer zu entsprechen, nicht aufzufallen, ununterscheidbar zu sein, den Zusammenhalt mit anderen nicht durch Extravaganzen zu gefährden.

Heute   Gestern

(Aus: Erhard Meueler, Wie aus Schwäche Stärke wird, Schibri, Milow 1999, S. 54)

zu bringen sei. In dieser Dimension wird ihm folglich zugeschrieben, *zu sein wie alle anderen. Diese sich ausschließenden Anforderungen verlangen dennoch sämtlich Berücksichtigung. Zwischen ihnen zu balancieren, ist die Leistung des Individuums, die als Ich-Identität bezeichnet werden soll.* 65 *Sie bewirkt, dass das Individuum trotz der von ihm erwarteten Einzigartigkeit (zu sein wie kein anderer) sich nicht aus der Kommunikation und Interaktion mit den anderen ausschließt, dass es andererseits aber nicht den auf es eindringenden sozialen Erwartungen derart unterliegt, dass es nicht mehr seine eigenen Bedürfnisse und Vorstellungen in die Interaktion einzubringen vermag, d.h. nicht ‚es selbst' sein darf.*

(Lothar Krappmann, Soziologische Dimensionen der Identität, Klett-Cotta, Stuttgart 1982, S. 7–9; Z. 65–69 aus: Neuere Rollenkonzepte. In: betrifft: erziehung, 1971, H. 3, S. 34)

1. *Erläutern Sie, was Krappmann mit dem Begriff der Identität meint (M 19, Z. 11 ff.; vgl. Kasten S. 230 o.). Inwiefern ist „Identität" für die Beteiligung an Kommunikation und Interaktion unbedingt erforderlich? Inwiefern handelt es sich um eine widersprüchliche Aufgabe?*

2. *Erläutern Sie, inwiefern es sich bei der vom Individuum geforderten „Ich-Identität" um einen „Balanceakt" (eine einem Drahtseilakt vergleichbare außerordentlich schwierige Leistung) handelt (s. Abbildungen S. 230 und 231).*

3. *Erläutern Sie das Verhältnis von „personaler Identität", „sozialer Identität" und „Ich-Identität".*

4. *Diskutieren Sie die Ansicht, dass „personale Identität" auch das Ergebnis vergangener Zuschreibungsprozesse „biografischer" Natur, also letztlich auch sozialer Herkunft ist.*

5. *Überlegen Sie: In welchen (z.B. schulischen oder familiären) Situationen kann für Sie das Erfordernis gelten, typische „Balance-Leistungen" zu erbringen?*

6. *Das interaktionistische Rollenmodell geht sicherlich davon aus, dass die beschriebene Balance-Leistung nicht in jeder einzelnen Situation vollständig erbracht werden kann, sondern dass es eher darauf ankommt, im zeitlichen Verlauf der Entwicklung den insgesamt „mittleren" Weg zu finden und einzuhalten. Wovon hängt es im Einzelnen ab, inwieweit der „Balanceakt" zum einen in einer bestimmten Situation, zum anderen auf längere Sicht gelingt?*

7. *Die Zeichnung am Ende von M 19 kommentiert der Autor des Buches, aus dem sie stammt, mit den Worten: „Im Hier und Jetzt müssen wir im Hinblick auf die Zukunft Entscheidungen treffen. Wir versuchen, aus der Vergangenheit zu lernen, um gegenwärtig und zukünftig bewusster handeln zu können." Versuchen Sie anhand der folgenden Übung (M 20) ein kleines Stück bewusster Lebensplanung zu realisieren.*

Methode

M 20 Übung: Lebensplanung

Ziel: Auseinandersetzung mit persönlichen Zukunftsperspektiven, Abklärung realisierbarer und nicht realisierbarer Ziele, Entwicklung konkreter Handlungsschritte.

Durchführung: Diese Übung wird am Anfang vom Moderator/der Moderatorin gründlich erklärt und dann schrittweise moderiert. Jeder Teilnehmer/jede Teilnehmerin arbeitet eine längere Phase für sich allein und diskutiert in einer zweiten Phase in einer Dreiergruppe die Ergebnisse.

1. Jeder Teilnehmer/jede Teilnehmerin benötigt mehrere DIN-A4-Blätter. Das erste Blatt erhält die Überschrift: *„Meine Lebensziele".* Jede/r schreibt nun im Brainstorming*-Verfahren alle Ziele auf, die ihm/ihr einfallen: persönliche, berufliche, finanzielle, familiäre usw. Nach drei Minuten wird die Zielliste erneut, jetzt gründlich reflektierend durchgegangen unter der Frage: „Welche Ziele sind mit hoher Wahrscheinlichkeit für mich erreichbar, welche sind zweifelhaft, welche sind völlig irreal?" Die drei oder vier realitätsnächsten Ziele werden auf einen zweiten Bogen geschrieben. (Zeit: 5 Min.)

2. Auf den zweiten Zettel wird als Überschrift geschrieben: *„Meine nächsten drei Jahre".* Für jedes auf diesem Zettel notierte Ziel wird jetzt die Frage gestellt: „Was muss und kann ich in den nächsten drei Jahren zur Erreichung dieser Ziele tun?" Diese Frage wird für jedes Ziel gestellt und beantwortet. (Zeit: 10 Min.)

3. Auf den dritten Zettel wird jetzt geschrieben: *„Die nächsten sechs Monate".* Jeder Teilnehmer/jede Teilnehmerin geht den zweiten Zettel nochmals durch und entscheidet, zu welchem Ziel (eins auswählen!) er/sie in den nächsten sechs Monaten konkret am meisten tun kann und muss. Manchen Teilnehmern/Teilnehmerinnen fällt es schwer, auf die anderen Ziele zu verzichten. Wenn aber praktische Realisierung angestrebt wird, ist *zunächst* diese Beschränkung nötig. Gleichwohl können die Teilnehmer/Teilnehmerinnen die Übung später allein zu den anderen Zielbereichen fortsetzen.
Jeder Punkt, der auf dem zweiten Zettel zum gewählten Ziel notiert wurde, wird jetzt einzeln auf den dritten Zettel geschrieben und jeweils unter der Frage konkretisiert: „Was kann und muss ich in den nächsten sechs Monaten zu diesem Punkt konkret tun?". (Zeit: 5 Min.)

4. Auf den vierten Zettel wird jetzt als Überschrift geschrieben: *„Aktivitätenliste".* Bogen drei wird nochmals durchgegangen und gegebenenfalls konkretisiert und ergänzt. Dann werden die dort genannten Handlungsmöglichkeiten und -notwendigkeiten in eine Prioritätenliste umgeformt, die auf dem vierten Blatt notiert wird. Leitfrage ist dabei: „Welche Aktivität ist die nächstliegende, muss zuerst angepackt werden, welche folgt dann? usw." Auf diese Weise entsteht eine konkrete Aufgabenliste nach zeitlicher Priorität. (Zeit: ca. 4 Min.)

5. Auf den letzten Zettel wird schließlich geschrieben: *„Handlungsplan".* Hier werden jetzt nach der Reihenfolge des vierten Blattes ganz praktische Handlungsschritte notiert, Termine, Gespräche, Entscheidungen, Zeiteinteilungen, ganz konkrete zu erledigende Aufgaben notiert (eventuell in Verbindung mit einem Terminkalender). (Zeit: 5 Min.)

(Gesamtzeit: ca. 35 Min.)

Auswertung:
In Dreiergruppen:
– Gibt es Widersprüche zwischen Zielbereichen?
– Aus welchen Motiven wurden Auswahlentscheidungen getroffen?
– Welche Gefühle entstehen gegenüber diesem Versuch der Lebensplanung?
– Welchen Verbindlichkeitsgrad haben die Entscheidungen?
– Wird der „Abstand" zwischen Lebenszielen und praktischen Handlungsschritten eher enttäuschend oder eher ermutigend empfunden?

Material: Mindestens fünf DIN-A4-Bögen für jeden Teilnehmer/jede Teilnehmerin, Stift

(Herbert Gudjons/Marianne Pieper/Birgit Wagener, Auf meinen Spuren, Bergmann + Helbig, Hamburg 1994, S. 251, 252)

M 21 Sackgassen der Identitätsentwicklung

In früheren Zeiten begaben sich die jungen Leute nach Beendigung ihrer Lehrzeit auf Wanderschaft und drückten damit äußerlich aus, was heute vorwiegend innerlich vollzogen werden muss: sich als Wanderer – als Werdenden – zu begreifen und sein Selbstverständnis darauf zu gründen.

5 Eine solche Einstellung erfordert vor allem Zeit und die Bereitschaft, Ungewissheit zu ertragen, sich auf Experimente einzulassen und Fehlschläge in Kauf zu nehmen. Die Erfahrung, dass Konflikte kein Zeichen von Schwäche sind, sondern die Grundlage für Entwicklung, muss erst mehrfach gemacht werden, ehe daraus eine gewisse Zuversicht erwachsen kann. Für Menschen mit einem hohen Bedarf an Sicherheit ist die Offenheit und Vorläufigkeit einer

10 derartigen Situation oft schwer erträglich. Die Versuchung, ihr auszuweichen und sich nach rasch verfügbaren Sicherheiten umzusehen, ist groß. Die Identitätsentwicklung kann dabei in eine ganze Reihe von Sackgassen geraten:

● Die erste besteht darin, sich von den familiären Definitionen nicht lösen zu können, wie im Fall der Deborah Blau [...]. Dieses junge Mädchen versucht nach außen hin, dem Bild, das sich

15 seine Familie von ihm macht, zu entsprechen. Innerlich aber ist es immer weniger in der Lage, sich selbst mit seinen Wünschen und Ängsten, seinen Fantasien und Verletzungen darin wiederzufinden, so dass schließlich seine Persönlichkeit auseinander bricht und erst in einem langwierigen therapeutischen Prozess wieder zu einer Einheit findet.

● Die zweite Sackgasse läuft in die gegenteilige Richtung: Anstatt zu überprüfen, welche der

20 elterlichen Zuschreibungen mit den eigenen Selbsterfahrungen übereinstimmen, verwirft der Jugendliche oft alle miteinander und schafft sich eine negative Identität, indem er sich definiert an dem, was er *nicht* ist und *nicht* sein will. Nicht von ungefähr nehmen die meisten Protestbewegungen in diesem Lebensabschnitt ihren Anfang, und wir alle kennen Fälle, in denen Heranwachsende sich auf berufliche oder soziale Wege einlassen, die vor allem dadurch cha-

25 rakterisiert sind, dass sie das Gegenteil von dem darstellen, was ihnen die Eltern zugedacht haben, obwohl die Jungen sich dabei möglicherweise genauso verfehlen wie auf dem entgegengesetzten Wege.

● Der dritte Fluchtweg ist der [...] in eine Gruppenidentität. Indem einer ganz in einer Freundesgruppe, einer Sekte, Clique, Bande oder Ähnlichem aufgeht, gewinnt er einen Halt, den er

30 durch die Lösung von der Familie zu verlieren droht. Als Teil einer Gruppe braucht er nicht allein auf sich zu bauen, muss sich nicht auf den mühseligen Weg der Selbsterkenntnis begeben, sondern kann die Gruppenstärke zu der seinen machen. Mag er auch auf diese Weise einem Gefühl der Einsamkeit und Verlorenheit entgehen, so bleibt er doch um so schutzloser zurück, sobald die Gruppe ihn im Stich lässt.

35 ● Die vierte und vielleicht beliebteste Form, sich den Fährnissen einer langsamen Identitätsentwicklung zu entziehen und nach außen hin stark zu erscheinen, ist die, in eine Rolle zu

(Zeichnung: papan)

schlüpfen: sich z. B. „cool" zu geben wie Humphrey Bogart, sportlich wie Boris Becker, extravagant
40 wie Nina Hagen. Die Stärke und Souveränität, die einer auf diese Weise ausstrahlt, ist geborgt, aber sie schützt ihn wie den Ritter seine Rüstung in Zeiten allzu großer Ver-
45 letzlichkeit.[...]

All die eben geschilderten Auswege können zu Fehlentwicklungen führen und auf die Dauer das Gefühl von Einheitlichkeit und Konti-
50 nuität verhindern, aber sie können auch als Zwischenstation dienen auf einem Weg wachsender Selbsterkenntnis, der schließlich in der Überzeugung mündet, dass man
55 sich selbst in den Wechselfällen des Lebens als ein verlässlicher Partner zur Seite steht.

(Anna Maria Hirsch, Wenn Kinder flügge werden, © Piper Verlag GmbH, München 1991, S. 112–114)

Aus der Sicht des Individuums hat die peer group die Funktion, den Übergang von emotionalen zu sachlichen Beziehungen zu erleichtern. Weniger soziologisch kann man aus der Sicht der Jugendlichen auch sagen: Geteiltes Leid ist halbes Leid. Aus der Sicht der Gesellschaft ist die Funktion der peer group, die Motivation zur Zustimmung zu den Rollen der Erwachse-
5 nengesellschaft herzustellen. Dafür gewährt sie einen *Übergangsraum*, in dem emotionale Bedürfnisse noch befriedigt werden und neue, sachliche Beziehungen ohne direkte negative Sanktion gelernt werden können. Diese Mischung aus emotionaler Zuneigung und sachlicher Distanz ist auch noch in einer anderen Hinsicht förderlich: Die peer group im Jugendalter ist praktisch der erste soziale Raum, in dem der soziale Status* des Individuums nicht mehr zu-
10 geschrieben ist, sondern von der persönlichen Leistung abhängt. Der Jugendliche bringt bei seiner Annäherung an die Clique im Grunde nur sein Alter mit; wie er letztlich angesehen wird und wo man ihn in der Struktur der Gruppe platziert, das hängt ganz wesentlich von seinen Anstrengungen ab. Er muss sich seinen Status hart erarbeiten. Zwar bringt die Gruppe der Gleichaltrigen einiges Verständnis mit, weil sich alle in der gleichen Phase emotionaler,
15 sexueller und sozialer Entwicklung befinden, auf der anderen Seite ist die Gruppe nicht zimperlich mit der Definition von gut und böse, richtig und falsch. Der soziale Status verlangt, sich ständig der Zustimmung durch die anderen zu versichern!

In diese Richtung zielt auch die Theorie von *Erik H. Erikson*, der die Funktion der peer group im Jugendalter darin sieht, die Identität des Jugendlichen zu stützen. [...] Der Jugendliche ist
20 nicht Fisch und nicht Fleisch und so empfindet er auch. Er will ständig herausfinden, wer er ist und wer er nicht ist, wie er aussieht und wie ihn die anderen ansehen. Unsicher in seinem Selbstgefühl sucht er nach Anerkennung der ganzen Person. Da er dabei ist, sich neu zu positionieren, löst er sich von den Eltern ab, deren Urteil von heute auf morgen nichts mehr gilt. Das geschieht oft in großen Gesten und in dramatischen Auseinandersetzungen, was aber
25 nicht darüber hinwegtäuschen sollte, dass die Jugendlichen diese Ablösung selbst auch als Risiko erleben.

In dieser Phase ist die Gruppe der Gleichaltrigen besonders wichtig. Doch alle sind sie in der gleichen Situation, sodass sich manches subjektive Problem schon durch die Erfahrung, dass alle anderen genau die gleichen Probleme (meist mit den Eltern) haben, aufschaukelt. Im
30 Zweifel, wer man wirklich ist und wie es weitergehen soll, entscheidet man sich für eine bestimmte Meinung oder Verhaltensform, die man heute total vertritt und vielleicht morgen schon wieder vergessen hat. Dahinter steckt der Versuch, eine einmal entworfene Identität zusammenzuhalten. Die anderen in der Gruppe bilden dafür gewissermaßen den Chor, der diesen Entwurf absegnet und stützt. Das erfolgt in der kommentierenden Form von Kritik („Find
35 ich doof!") und Lob („Echt cool!"). Die peer group ist in diesem Alter die bei weitem wichtigste Bezugsgruppe. Gemeinsam versichern sich die Jugendlichen ihrer Identitätsentwürfe und erwarten, dass sich alle an die Ideale halten, die dahinter stehen. Deshalb ist die Treue in dieser Phase auch so wichtig. Es ist natürlich auch die Treue im emotionalen Sinne oder gar romantischen Sinne.
40 Genauso wichtig ist aber die durch Reden und Handeln zu belegende Treue, die fest zu gemeinsamen Weltentwürfen steht. Das erklärt auch, warum Jugendliche oft totalitären Ideen anhängen: Sie erklären alles, grenzen richtig und falsch klar ab und sie geben gemeinsamem Handeln die Richtung vor. Das hat zur Folge, dass mit dem erwachenden „Wir-Gefühl" in der Gruppe fast immer eine Abgrenzung zu „den anderen" verbunden ist! Die Solidarität, die sie
45 sich gegenseitig geben, hat eine gefährliche Rückseite: die Verachtung aller anderen. Dabei ist die harmloseste Form der Trennung zwischen ‚in group' und ‚out group' ein bestimmtes modisches outfit.
Nach der Theorie von Erikson findet der Jugendliche seine soziale Identität ganz wesentlich in der peer group. Darüber besteht in der Soziologie Konsens. Strittig ist aber, ob es eine so-
50 ziale Identität ist, die auch der Gesellschaft nützt. Diese Frage hat in der Diskussion über die Funktion der peer group von Anfang an eine wichtige Rolle gespielt, und manche Soziologen haben die peer group auch als Raum betrachtet, in den Jugendliche ausweichen oder in dem sie gar den Widerstand gegen diese Gesellschaft proben. In vielen Jugenduntersuchungen spielte diese Befürchtung eine zentrale Rolle und manchen Eltern ist auch heute noch der Ein-
55 fluss der Clique nicht ganz geheuer. Dass die Gruppe der Gleichaltrigen abweichendes Verhalten fördern kann, ist auch gar nicht zu leugnen. Doch auch hier muss man wieder sagen, dass kein Individuum und kein soziales Gebilde im gesellschaftsfreien Raum existiert. Wo die peer group einen anderen Zugang zu einer anderen gesellschaftlichen Ordnung vermittelt, gibt es dafür Gründe. Sie liegen sicher oft genug auf der Seite der Individuen, aber genauso oft
60 sicher auch auf der Seite der Gesellschaft.

(Heinz Abels, Einführung in die Soziologie, Bd. 2: Die Individuen in der Gesellschaft, Westdeutscher Verlag, Wiesbaden 2001, S. 280–282)

M 22b Jugendsubkulturen als „Entwicklungsschritt auf dem Weg zur Selbstfindung"?

Die Frage „Wer bin ich denn eigentlich?" ist heute die Leitfrage des Jugendalters, andere, ebenso schwere, wie „Was will ich mit meinem Leben?" und „Wo braucht mich die
5 Welt?" kommen hinzu. Das bedeutet, dass sich in diesem Lebensalter alle Risiken und Überforderungen des Individualisierungsprozesses wie durch ein Brennglas bündeln; besteht doch ein extremer Entscheidungsdruck
10 gleichzeitig darin, dass jene Ich-Identität noch gar nicht vorhanden ist, sondern in diesem Lebensalter erst gebildet werden muss.

Es wird heute von Jugendlichen etwas verlangt, wofür die persönlichen Voraussetzungen – eben die Selbstfindung – noch gar 15 nicht gegeben sind; aber, Grundgesetz allen Lernens: Gerade in dieser Spannung muss sich jene Selbstfindung vollziehen. [...] Dieser Weg bleibt hoch riskant und prinzipiell gefährdet, und es stellt sich in jeder Jugendli- 20 chenbiografie immer wieder neu die Frage, ob diese Überforderung den jungen Menschen zerbricht oder gerade sein Ich heraustreibt. [...]

25 Wie es scheint, gibt es in dieser Situation einen Selbstschutz der Jugendlichen, hinter den sie sich flüchten können, wenn die Offenheit ihrer Entwicklungssituation sie zu dekomponieren droht: Das ist nicht mehr die Familie,
30 die es ja zu verlassen gilt [...], sondern die Gleichaltrigengruppe mit ihrer Subkultur*. Hier werden außerhalb der Erwachsenengesellschaft und gemeinsam eigene Ordnungen und Strukturen, Verhaltensregeln und Orien-
35 tierungen über „richtige" Zukunft gebildet. Die Spielregeln, die sich hier herausbilden, mögen den Erwachsenen oft komisch vorkommen – etwa, ob man die Zunge seiner (Marken-) Turnschuhe nun unter oder über
40 den Schuhbändern zu tragen hat –, aber sie zeigen doch, wie groß hier die Not ist, sich an

irgendetwas zu orientieren. Die Jugendsubkultur muss als höchst produktiver Beitrag der Jugendlichen zu der geschilderten Situation betrachtet werden: Zwar führt sie zweifellos 45 nicht unmittelbar zur Individualisierung – der soziale Gruppenzwang kann ungeheuer sein –, aber sie zeigt, wie angesichts fehlender allgemein verbindlicher Normen eigene Normen entstehen und „von unten" gebildet wer- 50 den können. Die Jugendkultur ist ein Entwicklungsschritt auf dem Weg zur Selbstfindung, ambivalent, aber in vielen Fällen wohl die entscheidende Stütze in der allgemeinen Auflösung der bisher geltenden Welt. 55

(Michael Brater, Schule und Ausbildung im Zeichen der Individualisierung, in: Ulrich Beck [Hg.], Kinder der Freiheit, Frankfurt a. M., 2. Aufl. 1997, S. 151f.)

Punks
(Foto: dpa)

Graffitti-Sprayer
(Foto: Marco Saß)

Gothics (Foto: dpa)

1. Beschreiben Sie die in M 21 dargestellten „vier Sackgassen" der Identitätsentwicklung von Jugendlichen. Interpretieren Sie sie auch mit Hilfe des Modells der „balancierenden Ich-Identität" (M 19). Wie verbreitet sind Ihrer Meinung und Erfahrung nach diese Sackgassen unter Jugendlichen?

2. Der bedeutende amerikanische Soziologe David Riesman hat im Hinblick auf die Identitätsfindung Jugendlicher gesagt: „Die Gruppe der Altersgenossen (engl. peers) ist das Maß aller Dinge." Erläutern Sie mit eigenen Worten, inwiefern nach M 22a gerade die Gleichaltrigengruppe spezifische Funktionen erfüllen kann: die Funktionen des „Übergangs", der Erarbeitung eines bestimmten Ansehens durch persönliche Leistung und der Stützung der bisher erworbenen Identität. Warum kann in dieser Altersphase die Familie diese Funktionen nicht in gleicher Weise erfüllen?

3. Welche problematischen Seiten des Einflusses der peer-group werden im Text angesprochen (M 22a; vgl. dazu auch M 21, Z. 28ff.)? Welche Arten „abweichenden Verhaltens" kann sie fördern? – Von bestimmten, im Verhalten und im Erscheinungsbild von der gesellschaftlichen Normalität stark abweichenden Jugendgruppen (Jugendsubkulturen) ist in M 22b die Rede.

4. M 22b weist zu Beginn noch einmal auf den Spannungscharakter und die besondere Schwierigkeit des Wegs der Identitätsfindung hin und bewertet dann den in M 21 genannten „Fluchtweg" in die „Gruppenidentität" jugendlicher Subkulturen als „in vielen Fällen entscheidende Stütze" auf dem Weg zur Selbstfindung in der heutigen Welt. Setzen Sie sich mit dieser Sicht auseinander. Vielleicht kennen Sie Mitglieder solcher subkulturellen Gruppen und/oder können sie nach ihren Motiven und Lebenseinstellungen befragen.

II. Wie Gruppen uns verändern

> „Gruppe" gehört zu den alltagssprachlichen Begriffen, die in der soziologischen Fachsprache spezifisch definiert und verwendet werden.
> ➤ Welche verschiedenen Arten von „Gruppen" unterscheidet die Soziologie? Welche Merkmale liegen diesen begrifflichen Unterscheidungen zugrunde? (M 24–M 26)
> ➤ In welchem Sinne ist die Schulklasse eine „soziale Gruppe"? Welche Bedeutung hat die „Soziometrie" als Methode zur Erfassung von Gruppenstrukturen in der Schule? (M 27–M 32)

1. Arten und Merkmale von Gruppen

M 23 Die Bedeutung der Gruppe für den Einzelnen

Im Alltag hat das Individuum mit der Gesellschaft nur im Rahmen bestimmter *Gruppen* zu tun, in denen es lebt (z.B. Familie), ausgebildet wird (z.B. Schulklasse), seine Arbeit verrichtet (z.B. Kollegen im Betrieb) und seine Freizeit verbringt (z.B. Sportverein). Während die *Gesellschaft* für die meisten Menschen eine anonyme Instanz bleibt, unter der sie sich nichts Ge-
5 naueres vorstellen können, bildet die Gruppe für sie eine unmittelbare Erfahrung. Sie begegnen dort Leuten, die sie dem Namen nach kennen, deren individuelle Eigenarten sie gewahr werden, mit denen sie sprechen, kooperieren, sich auseinander setzen usw. Anders ausgedrückt: Das soziale Handeln des Individuums vollzieht sich in Gruppen; Gruppen stellen sozusagen den ‚Normalfall der Vergesellschaftung' des Menschen dar.

(Eberhard Hermes, Individuum, Gruppe, Gesellschaft, Ernst Klett Schulbuchverlag, Stuttgart 1994, S. 89)

10 Die Zugehörigkeit zu einer relativ dauerhaften Gruppe, in der unmittelbare Interaktion eines Mitglieds mit jedem anderen möglich ist und in der die Beziehungen durch Vertrautheit und Intimität gekennzeichnet sind, gehört offenbar zu den individuellen Grundbedürfnissen, deren Befriedigung die Voraussetzung für eine normale Persönlichkeitsentfaltung und speziell für das seelische Gleichgewicht des Einzelnen ist. [...]

15 Gruppen beeinflussen das Verhalten ihrer Mitglieder. Das Individuum handelt, wenn es Mitglied einer Gruppe ist, zumindest in bestimmten Situationen anders, als wenn es keiner Gruppe angehörte. (Martin Schwonke, Die Gruppe als Paradigma der Gesellschaft. In: Bernhard Schäfers [Hg.], Einführung in die Gruppensoziologie, Quelle & Meyer, Wiebelsheim 1999, S. 37)

„Unsere Stellung in und zu der Gesellschaft als Ganzem bemisst sich nach unserer Zugehörigkeit zu ihren Gruppen. Aufgaben und Anerkennung fließen uns unmittelbar aus un-
20 seren Gruppen zu. In ihnen erfüllt sich unser Leben. Wer in keiner Gruppe Anerkennung, Zuneigung, Lob findet, beginnt an seinem Selbstwert zu zweifeln, mit eventuell schweren und dauernden psychischen Schäden." (Friedrich H. Tenbruck)

Erläutern Sie die drei Aspekte, unter denen die Bedeutung der Gruppe für das Individuum gesehen werden kann (M 23). Inwiefern ist „Vergesellschaftung" (vgl. dazu auch M 2) ohne Gruppe nicht denkbar?

Die Hinweise in M 23 gehen von einem bestimmten Begriff von Gruppe (Dauerhaftigkeit, unmittelbare Interaktion, Vertrautheit) aus. Da der Gruppenbegriff sehr vielfältig gebraucht wird, ist es notwendig, auch diese zentrale soziologische Kategorie genauer zu untersuchen und den Begriff „soziale Gruppe", auf den es in unserem Zusammenhang ankommt, von anderen Verwendungen des Begriffs „Gruppe" abzugrenzen. Wir haben dazu Texte ausgewählt, die keine abstrakte Begriffsklauberei betreiben, sondern durch ständige Bezugnahme auf konkrete Beispiele unseren Blick für die soziale Wirklichkeit schärfen und die Relevanz soziologischer Begriffsbildung für eine differenzierte Analyse sozialer Sachverhalte unter Beweis stellen können.

M 24 Nicht jede Gruppe ist eine „soziale Gruppe" – Arten und Begriffe von Gruppen

Menschen lassen sich sehr unterschiedlich gruppieren. Bei einer Volkszählung werden etwa Einkommenshöhe, Alter, Hausbesitzer, Gewerbetreibende, Haushaltsvorstände, Geschiedene und Tierhalter gezählt. Meinungsforscher erfassen z.B. Fernsehzuschauer, Waschmittel-Benutzer, Pillenliebhaber und Boxfreunde. In besonderen Statistiken interessieren Kirchgänger,
5 Bücherfreunde, Diebe und Zuhälter. Denkbar wäre auch, Menschen nach Fußgröße, Brustumfang, Einäugigkeit, Linkshändigkeit und Haarfarbe aufzuteilen. Obwohl in allen Fällen häufig von Gruppen gesprochen wird, handelt es sich doch nicht immer um soziale Gruppen im soziologischen Sinne. (Alfred Bellebaum, Soziologische Grundbegriffe, Kohlhammer, Stuttgart 1994, S. 26f.)

Statistische Gruppe/Kategorie

10 Mit „*statistischer Gruppe*" oder besser (weil unmissverständlich) mit „*Kategorie*" wird hier schlicht eine Anzahl von Personen bezeichnet, die sich aufgrund eines oder mehrerer gemeinsamer Merkmale zusammenfassen lassen. Hierunter fallen beispielsweise Brillenträger, Mopedfahrer, Linkshänder, Menschen mit der Blutgruppe A usw. Im Sinne einer statistischen Kategorie hat diese Gemeinsamkeit keine weitere soziale Bedeutung. Träger dieser Merkmale
15 haben weder spezifische Normen und Werte gemeinsam, noch stehen sie aufgrund ihres statistischen bzw. kategorialen Merkmals miteinander in Interaktion und Kommunikation. Es handelt sich hier lediglich um eine gedankliche Zusammenfassung bzw. Zuordnung von Menschen aufgrund bestimmter Merkmale.

Soziale Aggregate*

20 Ganz ähnlich verhält es sich bei einer Anzahl von Menschen, die im Zusammenhang mit einem bestimmten Ereignis, zu einem bestimmten Zeitpunkt und an einem bestimmten Ort zusammenkommen. Man denke hier etwa an die Besucher eines Konzerts oder an die Zuschauer in einem Fußballstadion. Obwohl solche Menschen aufgrund gemeinsamer Merkmale und Interessen in einem räumlichen Zusammenhang stehen, müssen sie dennoch keine

25 sozialen Kontakte und wechselseitigen Beziehungen aufweisen. Nach *Josef H. Fichter* ist bei der Definition und Beschreibung solcher *sozialer Aggregate* u.a. von folgenden Elementen auszugehen:

- Die Personen, die das Aggregat bilden, sind einander weitgehend fremd und bleiben auch relativ *anonym*.
30 - Das soziale Aggregat hat keine hierarchische* Struktur im Sinne von spezifischen Rollen und Funktionen, d.h., es ist *nicht organisiert*.
- Trotz potenziell sehr großer physischer Nähe besteht innerhalb eines Aggregats – wenn überhaupt – nur *sehr beschränkte soziale Kontaktmöglichkeit*.
- Die meisten sozialen Aggregate sind durch bestimmte räumliche Begrenzungen umschrie-
35 ben, sodass ihre soziale Bedeutung sich im Wesentlichen auf die *territoriale* Dimension beschränkt.
- Die meisten Aggregate sind schließlich auch zeitlich definiert und haben *vorübergehenden Charakter*, insofern die Menschen in rascher Abfolge in sie ein- und aus ihnen austreten bzw. zwischen ihnen hin- und herpendeln. [...]

40 ## Sozialkategorien

Bedeutet ein gemeinsames Merkmal bei den davon betroffenen Menschen mehr als bloß eine statistische Gemeinsamkeit, dann spricht man häufig von einer *Sozialkategorie*. Dieser Begriff kann beispielsweise auf Personen mit hohem Einkommen angewandt werden, insofern sie aufgrund dieses Merkmals gesellschaftlich eine besondere Stellung einnehmen bzw. einer be-
45 stimmten sozialen Schicht angehören und dadurch oft Macht und politischen Einfluss ausüben können. Auch die Zugehörigkeit zu einem bestimmten Geschlecht, zu einer bestimmten Nationalität oder Rasse, aber auch die Tatsache, dass man ein bestimmtes Alter hat oder einen bestimmten Schulabschluss nachweisen kann, hat im Allgemeinen mehr als eine nur statistisch feststellbare Bedeutung, d.h., sie
50 hat weiter reichende, eben soziale Konsequenzen, die sich beispielsweise auf den sozialen Status*, die Arbeitsmöglichkeiten oder die Gehaltshöhe u. Ä. auswirken können: Das vorder-
55 gründig statistische bzw. kategoriale Merkmal wird damit *sozial* relevant.

Da überdies die gemeinsamen sozialen Anknüpfungspunkte, latent übereinstimmende Interessen und gleiche
60 oder ähnliche Lebenslagen dazu führen können, dass sich Personen unter gewissen Bedingungen und in bestimmten Situationen zu Gruppen zusammenschließen und organisie-
65 ren, spricht man nach einem Vorschlag von *Morris Ginsberg* (1953) hier auch von *Quasi-Gruppen*.

Soziale Gruppen

Aufgrund gleicher – sozial relevanter
70 – kategorialer Merkmale können sich bei den hiervon betroffenen Menschen unter bestimmten Voraussetzungen Gefühle der Zusammengehörigkeit entwickeln, die zur Auf-

> „Die Haarfarbe spielt zwar bei uns im Allgemeinen keine große Rolle, wenngleich sie auch nicht völlig folgenlos ist für mancherlei Zu- und Abneigungen. Eine auffallend rote Haarfarbe dagegen kann besondere Aufmerksamkeit erregen. Tatsächlich gelten Rothaarige oft als Außenseiter und als Objekte von negativen Vorurteilen, Spott und Diskriminierung. Deshalb könnte sich bei Rothaarigen ein Wir-Gefühl entwickeln und also eine soziale Gruppe entstehen. Körpergröße ist zwar nicht unbedingt folgenschwer, zwergenhafter Wuchs war aber seit jeher vielfach Anlass für Hohn und Beschränkung auf besondere Tätigkeiten. Und selbst auffällige Körperlänge kann zum Keim einer sozialen Gruppe werden, wie der ‚Verein langer Menschen‘ zeigt.
> Die Sozialkategorie Einkommenshöhe bedeutet dann mehr, wenn die Bezieher höchster Einkommen beispielsweise der Oberschicht angehören und die Mitglieder der Oberschicht eine besondere Schichtmentalität aufweisen, die sich etwa an gleichen Lebenseinstellungen, Überzeugungen und Handlungen ablesen lässt. In dem Fall hätte man es mit einer sozialen Gruppe zu tun. Ähnliches kann, muss aber nicht zutreffen beispielsweise für Hauseigentümer, hohes Alter, Rasse, Konfession und Pkw-Besitzer, desgleichen für Geschiedene, unehelich Geborene oder Handwerker.“
>
> (Alfred Bellebaum [= M 21], S. 27f.)

75 nahme von sozialen Beziehungen untereinander und zur Ausbildung systematischer Muster der Interaktion führen können.

Wird das so entstandene soziale Gebilde von den Beteiligten selbst oder auch von ihrer Umwelt als „Einheit" angesehen und behandelt, dann können wir von der Existenz einer *„sozialen Gruppe"* sprechen.

80 Für das Vorhandensein einer sozialen Gruppe müssen demnach folgende Bedingungen gegeben sein:

- die Existenz gemeinsamer *Motive, Ziele und Interessen*, die die Einzelnen überhaupt erst zusammenführen;

- ein *„Wir"-Bewusstsein* der Mitglieder, das einerseits bestimmt, „wer dazugehört", und ande-
85 rerseits zur Abgrenzung gegenüber „den anderen" dient;

- ein gemeinsames *Wert- und Normensystem*, das die Regelmäßigkeiten des Handelns in den sozialen Beziehungen der Gruppenmitglieder begleitet;

- ein längerfristiges Zusammenwirken der Gruppenmitglieder und zumindest Ansätze einer internen Rollenstruktur und *Statusdifferenzierung**.

Eine soziale Gruppe umfasst eine bestimmte Zahl von Mitgliedern (Gruppenmitglieder), die zur Erreichung eines gemeinsamen Ziels (Gruppenziel) über längere Zeit in einem relativ kontinuierlichen Kommunikations- und Interaktionsprozess stehen und ein Gefühl der Zusammengehörigkeit (Wir-Gefühl) entwickeln. Zur Erreichung des Gruppenziels und zur Stabilisierung der Gruppenidentität ist ein System gemeinsamer Normen und eine Verteilung der Aufgaben über ein gruppenspezifisches Rollendifferenzial erforderlich.

(Bernhard Schäfers [Hg.], Einführung in die Gruppensoziologie, UTB, Quelle & Meyer, Wiebelsheim 1999, S. 118)

90 Auch diese begriffliche Fassung der sozialen Gruppe ist noch relativ abstrakt, insofern sie eine ganze Reihe verschiedener Arten und Formen alltäglicher Konkretisierungen „sozialer
95 Gruppen" umspannt. Ohne Anspruch auf Vollständigkeit und gültige Systematisierung werden daher im Folgenden (M 25) unter Berücksichtigung zusätzlicher bzw. feinerer Merkmale
100 weitere Begriffsdifferenzierungen zur Charakterisierung bestehender sozialer Gruppen vorgenommen.

(Hans Peter Henecka [= M 7], S. 117–121)

---

1. Fertigen Sie eine kurze Übersicht an, in der Sie jedem der vier Gruppen-Begriffe die Merkmale zuordnen, auf denen die jeweilige Abgrenzung (Definition) beruht (M 24). Versuchen Sie darüber hinaus für jeden der vier Begriffe eine kurze einprägsame Definition zu formulieren („Eine Sozialkategorie ist ...").

2. Erläutern Sie, inwiefern es sich bei folgenden Gruppen um „soziale Aggregate" handelt: Fußgänger am Zebrastreifen, Neugierige bei einem Verkehrsunfall, Theaterpublikum, Teilnehmer an einer öffentlichen Demonstration. Könnten sich solche „flüchtigen Gruppen" zu sozialen Gruppen entwickeln?

3. Um welche Arten von Gruppen handelt es sich bei den folgenden:

a) Jugendgruppe der Pfarrgemeinde
b) Fernsehpublikum
c) Rudermannschaft
d) Kaffeekränzchen älterer Damen
e) SPD-Mitglieder
f) Schülermannschaft des Sportvereins
g) Teilnehmer einer Protestkundgebung
h) Kirchenbesucher beim Gottesdienst
i) Liebespaar

j) Mitglieder des Hubertus-Schützenvereins
k) „Spiegel"-Leser
l) Folklore-Tanzgruppe
m) Partygäste
n) Crew eines Jumbo-Jets
o) Bundeswehrkompanie
p) Zuhörer bei einem Rock-Festival
q) Wähler einer Partei
r) Bürgerinitiative

▰▰ M 25 Arten sozialer Gruppen

Primär- und Sekundärgruppen

Eine recht geläufige Unterscheidung von Gruppen ist die Einteilung in *Primär- und Sekundärgruppen,* – eine Differenzierung, die auf Charles H. *Cooley* (1864–1929) zurückgeht.

● Charakterisiert werden die sog.
5 *Primärgruppen* durch enge und gefühlsmäßige Bindungen, überschaubare und umfassend personenbezogene Kontakte, direkte und unmittelbare zwischenmenschliche Beziehungen
10 (*„face-to-face-relations"*) sowie durch relativ freie Handlungsräume mit der Möglichkeit zur Spontaneität. Als „primär" sind diese Gruppen sowohl

> „Unter Primärgruppen verstehe ich Gruppen, die durch eine sehr enge unmittelbare persönliche Verbindung (face-to-face association) und Kooperation gekennzeichnet sind. Sie sind primär in verschiedener Hinsicht, aber hauptsächlich in derjenigen, dass sie fundamental an der Herausbildung der Sozialnatur und der sozialen Ideale der Individuen beteiligt sind."
>
> (Charles H. Cooley, Social Organization, 1909, S. 23)

im zeitlichen Sinne als erste soziale Erfahrungsräume als auch unter dem qualitativen Aspekt
15 besonders nachhaltiger und entscheidender Prägungen auf die Sozialnatur des Individuums zu verstehen. Es sind Gruppen, die einem am nächsten stehen und denen man sich vor allen anderen Zugehörigkeiten verbunden fühlt. Als Prototyp einer Primärgruppe gilt gemeinhin die *Familie,* andere Beispiele wären aber auch eine enge freundschaftliche Verbindung, eine „Clique", u. Ä.
20 ● Den Primärgruppen stehen die übrigen gesellschaftlichen Gruppenverflechtungen gegenüber, die zusammenfassend als *Sekundärgruppen* bezeichnet werden. Bei diesen Sekundärgruppen handelt es sich in der Regel um Gruppen, die auf bestimmte Ziele hin zweckhaft ausgerichtet und organisiert sind, wie beispielsweise Schulen, Industriebetriebe, Standesorganisationen, Vereine, politische Parteien u.Ä. Solche Sekundärgruppen sprechen nicht mehr den
25 „ganzen" Menschen an, sondern fragen – entsprechend ihrer Zielsetzung – jeweils relevante einzelne Fähigkeiten und Interessen des Menschen nach (z.B. berufliche Leistung, politisches Engagement usw.). Von daher grenzen Sekundärgruppen die sozialen Beziehungen auf bestimmte Ausschnitte der Person ein. Die zwischenmenschlichen Kontakte sind weniger gefühlhaft, ja im Prinzip eher unpersönlich und sachlich bestimmt; sie werden auch weniger auf
30 der Grundlage wechselseitigen Vertrauens als vielmehr über formale Abmachungen und rechtliche Vertragsvereinbarungen geregelt. Hinzu kommt, dass Sekundärgruppen aufgrund ihrer zahlenmäßigen Größe für das einzelne Mitglied oft unübersichtlich sind.
Gegenüber dem Begriff der Primärgruppe ist das Konzept der Sekundärgruppe relativ unscharf und diffus. Da es „alles Übrige" darstellt, ist es dem definitorischen Charakter nach eine
35 ziemlich weit gespannte Restkategorie. Aus den Alltagserfahrungen ist uns aber bekannt, dass Primär- und Sekundärgruppen keineswegs immer so unvermittelt und kontrastierend einander gegenüberstehen, wie dies vielleicht von der theoretisch-systematischen Betrachtungsweise her erscheinen mag. Offenbar gibt es auch soziale Erfahrungsfelder, die sowohl primär- als auch sekundärgruppenhafte Bezüge nebeneinander ermöglichen. Dies führt uns zu einer wei-
40 teren in der Soziologie üblichen Unterscheidung, nämlich derjenigen von informeller und formeller Gruppe.

Formelle und informelle Gruppen

● *Formelle Gruppen* finden wir überall dort, wo Menschen zusammengeführt werden, um bestimmte Ziele aufgrund planvoller organisatorischer Festlegungen zu erreichen, also insbe-
45 sondere im *beruflichen* Bereich. Wie bei Sekundärgruppen steht auch bei formellen Gruppen der jeweils genau fixierte Zweckcharakter im Vordergrund: Es sind geplante und stark strukturierte soziale Gebilde zur optimalen Erfüllung bestimmter Aufgaben. Die Aufteilung von Arbeiten und das Zusammenwirken bei den zu bewältigenden Aufgaben sind vielfach so weitgehend vorweggedacht und die damit verbundenen Positionen neben möglichst eingehenden und präzi-
50 sen Rollenerwartungen so stark vorbestimmt und definiert, dass in der Regel nur noch Men-

„Die im Außendienst tätige Fürsorgerin besucht einen Klienten und schreibt einen Bericht, der Sachbearbeiter im Innendienst liest den Bericht und hakt ab, der Abteilungsleiter liest ebenfalls und genehmigt, die Sekretärin schreibt die Zahlungsanweisung aus, der Kassierer liest gegen und überweist das Geld, der Prüfer liest erneut und entdeckt einen Fehler, der Leiter des Sozialamtes wird mit dem Fall befasst, sein Assistent hält die Auszahlung überhaupt für ungerechtfertigt, der Abteilungsleiter bekommt einen Rüffel, er gibt ihn an den Sachbearbeiter weiter, dieser hält die Fürsorgerin für schuldig, sie macht einen erneuten Besuch – und wenn sie auf ihrer Interpretation des Falles besteht und vielleicht noch die Presse davon erfährt, beginnt alles von vorn, exakt, bürokratisch geregelt. [...] Nicht persönliche Gefühle sollen für die Gestaltung der sozialen Beziehungen maßgeblich sein, sondern ausschließlich die geltenden Arbeitsvorschriften. Würde sich ein Sachbearbeiter weigern, mit Inspektor Y zusammenzuarbeiten, weil dieser CDU-, SPD-Mitglied, Schürzenjäger, Jude, Beat-Anhänger, Bachliebhaber, Junggeselle, Benutzer eines bestimmten Waschpulvers, Single oder Fernsehzuschauer ist, würde das die vom Zweck der Organisation her vorgeschriebenen sozialen Beziehungen stören."

(Alfred Bellebaum [= M 21], S. 33f.)

schen gesucht werden, die in der Lage sind, sich in die so entworfenen und organisierten Handlungsabläufe optimal einzufügen. An den Bewerbern für
55 Aufgaben in solchen formellen Gruppen ist daher in erster Linie ihre Funktionalität im Hinblick auf den formellen Gruppenzweck und die daraus abgeleitete Arbeitsplatzbeschreibung
60 bzw. spezifische Leistung interessant. Sie sollen sich möglichst reibungslos in das ihnen zugeordnete Funktionsgefüge einordnen, in der vorgeschriebenen Weise arbeitsteilig zusammen-
65 wirken und die erwarteten Leistungsnachweise erbringen. Die sozialen Beziehungen der Gruppenmitglieder untereinander sollen sich im Prinzip auf den Austausch von formal defi-
70 nierten Einzelleistungen beschränken. Infolgedessen sind die Handlungsabläufe in formellen Gruppen über entsprechende Organisationspläne, Geschäftsordnungen, Satzungen u. Ä. in
75 der Regel eindeutig festgelegt und formal ausgestaltet (vgl. Kasten):

– Wer hat was zusammen mit wem unter Beachtung welcher Kommunikationskanäle („Dienstweg") zu tun?
– Auf welchen Ebenen werden Anweisungen mit welchen Wirkungen an welchen Personen-
80 kreis erteilt?
– Welche Stellen sind in Konfliktfällen anzurufen?

● Wie wir jedoch aus Ergebnissen einschlägiger soziologischer Untersuchungen, aber wohl auch aus unseren eigenen Erfahrungen in beruflichen Arbeitsgruppen, in und mit großen Organisationen (Bundeswehr, Krankenhaus, Kirchen, Behörden u. Ä.) oder auch Vereinen, Verbänden
85 oder politischen Parteien usw. her wissen, sind die dort tätigen Menschen im Allgemeinen keine blutleeren „Funktionäre", die gleichsam mechanisch und emotionslos ihre Position verwalten und ihre Rollen in organisatorisch vorprogrammierten Formen vollziehen, sondern auch Menschen aus Fleisch und Blut, mit Stärken und Schwächen, deren Handeln sich – im Allgemeinen wenigstens – nicht in formellen Beziehungen erschöpft. Seitens der Organisationslei-
90 tung nicht berechenbar und im Hinblick auf die geplanten sozialen Beziehungen in formellen Gruppen durchaus nicht immer funktional, bringen die Gruppenmitglieder als Individuen doch immer auch nicht kalkulierbare Eigenschaften und Haltungen mit, persönliche Lebenserfahrungen und individuelle Arbeitsstile, mitmenschliche Wertungen und emotional getönte Zu- und Abneigungen, Kontaktbedürfnisse oder Distanzansprüche, sodass sie auf die ihnen dort zu-
95 gedachten „objektiven" Anforderungen der Aufgaben im Allgemeinen nur mehr oder weniger „persönlich" gefärbte Antworten zu geben vermögen.

Diese Gegebenheiten führen beispielsweise in einem Industriebetrieb, einer Behörde oder einem Verband dazu, dass sich innerhalb oder auch außerhalb formeller bzw. organisierter Gruppen immer auch sog. „informelle" Sozialbeziehungen entwickeln, die wesentlich auf per-
100 sönlicher Sympathie, ähnlichen Gefühlslagen, gleichgerichteten Interessen und Erwartungen beruhen, formelle Strukturen oft durchkreuzen und sich in informellen Gruppen kristallisieren. Diese informellen Gruppen sind vergleichsweise klein und dienen primär der Befriedi-

gung persönlicher, privater und emotionaler Bedürfnisse wie z. B. nach Anerkennung und Achtung, Mitsprache und Mitwissen, spontaner Personenbeziehung, Geborgenheit, Kollegialität, Freundschaft u. Ä., – individuelle Bedürfnisse also, die im Rahmen von Großgruppen formal nur ungenügend berücksichtigt werden (können).
Da sich informelle Gruppen jedoch nicht nur auf die sie begründenden affektiven Aspekte und Verbundenheiten begrenzen lassen, wirken sie sich auch häufig in positiver (*funktionaler*) oder negativer (*dysfunktionaler*) Weise auf die formalen Organisationsstrukturen, -ziele und -zwecke aus (vgl. Kasten). Da unmöglich alle Eventualitäten einer Organisation formal vorweg zu regeln sind, können informelle Beziehungen beispielsweise bestehende Lücken der formalen Organisation

Der aus Australien stammende amerikanische Psychologe Elton Mayo untersuchte 1927–1932 in den Hawthorne-Werken in Chicago, welche Auswirkungen Faktoren wie Beleuchtung, Arbeitszeit, Ruhepausen usw. auf die Arbeitsleistung haben könnten. Er stellte fest, dass diese viel mehr als durch solche äußeren Bedingungen durch das im Betrieb herrschende soziale Klima bedingt sei, und entdeckte auf diese Weise die Bedeutung der informellen Arbeitsgruppe für die betriebliche Sozialstruktur. [...]
Sie bietet dem einzelnen Arbeiter eine Verhaltensorientierung, die ihm die formelle Organisation des Betriebes nicht gewähren kann:
– eine besondere Weise persönlichen Umgangs mit den Arbeitskollegen,
– eine soziale Stellung innerhalb der Gruppe und Wertschätzung seiner Individualität durch die anderen,
– verlässliche soziale Beziehungen, die sich daraus ergeben, und
– Beistand und Solidarität bei innerbetrieblichen Konflikten. (Eberhard Hermes [= M 23], S. 89, 100f.)

lich angemessener, „unbürokratischer" Problemlösungen ausfüllen. Umgekehrt kann aber auch der von der Organisationsleitung unkontrollierbare Austausch einzelner Leistungen und Informationen „Sand ins Getriebe" bringen: Beispielsweise können sich leistungshemmende Cliquenstreitigkeiten und gruppenspaltende Rivalitäten entfalten, Gerüchte können sich ausbreiten, informelle, die offiziellen Arbeitsvorschriften unterlaufende Leistungs- und Verhaltensnormen können sich herausbilden u. v. m. Aus diesem Grunde können informelle Gruppen Folge wie Ursache von Spannungen und Problemen innerhalb formeller Gruppen sein.
Im Zusammenhang mit formellen Gruppen sind praktisch immer und überall auch informelle Gruppen anzunehmen. Selbst in „totalen" Organisationen wie Gefängnissen u. Ä. lassen sich erfahrungsgemäß informelle Gruppen mit *subkulturellen** Effekten nicht verhindern, wenngleich sie sich dort allerdings in der Regel sehr geschickt zu tarnen vermögen.
(Hans Peter Henecka [= M 7], S. 122–126)

1. Während in M 24 die „soziale Gruppe" von anderen Gruppen-Begriffen unterschieden wird, geht es in M 25 um die Differenzierung verschiedener Arten von sozialen Gruppen, genauer um eine doppelte Zweiteilung nach jeweils unterschiedlichen Kriterien. Wir schlagen Ihnen vor, in arbeitsteiliger Gruppenarbeit für die beiden Unterscheidungen (primär – sekundär, formell – informell) aus dem Text heraus jeweils eine tabellarische Gegenüberstellung mit den wichtigsten Merkmalen zu erstellen und sie (von jeweils einer Arbeitsgruppe) dem Plenum zu präsentieren und mit eigenen Worten zu erläutern.

2. In der Diskussion der Arbeitsergebnisse werden Sie feststellen, dass die beiden begrifflichen Unterscheidungen sich z. T. überschneiden, dass also z. B. eine konkrete Gruppe sowohl primär als auch informell sein kann. Welche Unterscheidungskriterien liegen der jeweiligen Zweiteilung zugrunde?

3. Die Unterscheidung „formelle – informelle Gruppe" stammt ursprünglich aus der Betriebssoziologie, die u. a. die negativen bzw. positiven Auswirkungen der Bildung informeller Gruppen innerhalb der formellen Organisation des Betriebs untersucht hat (s. Kasten S. 243 o.). Untersuchen Sie – mithilfe Ihrer Lehrerin/Ihres Lehrers – die formelle Gruppe „Lehrerkollegium einer Schule" im Hinblick auf die in M 25 genannten Aspekte und Probleme (also auch bezüglich der „funktio-

nalen" und „dysfunktionalen" Wirkungen informeller Gruppen innerhalb eines Lehrerkollegiums).
– Zur Schulklasse als Gruppe s. M 26.

4. *Fertigen Sie eine Übersicht über die verschiedenen Arten von Gruppen (statistische Gruppe, soziales Aggregat/flüchtige Gruppe, Sozialkategorie, soziale Gruppe) an und ordnen Sie die folgenden, für die jeweilige Gruppe typischen Merkmale richtig zu: relativ stabile Beziehungen, ein oder mehrere Merkmale ohne soziale Bedeutung, zufällige Ansammlung von Menschen, Gefühl der Zusammengehörigkeit (Wir-Gefühl), geringe Kontakte, keine Kontakte, gemeinsames sozial relevantes Merkmal, gemeinsames Ziel und gemeinsame Normen, kollektives Verhalten,*

5. *Ergänzen Sie die Übersicht um die verschiedenen Arten sozialer Gruppen (formelle – informelle Gruppe, Primärgruppe, Sekundärgruppe; die Begriffe überschneiden sich z.T.). Folgende Merkmale sind zuzuordnen: enge persönliche Beziehung aller Mitglieder untereinander, ausgeprägte und rechtlich festgelegte Struktur, unpersönliche und für den Einzelnen unübersichtliche Beziehungen, persönliche Zuneigung, festgefügte überschaubare Einheit, vorgegebene Rollen und Normen, geringe Mitgliederzahl, große Mitgliederzahl.*

6. *Ordnen Sie auch die folgenden Beispiele (eins für jede Gruppe außer sozialer Gruppe) zu: Konfession, Partei, Familie, Großbetrieb, Blutgruppe, bestimmte Mitglieder eines Lehrerkollegiums oder einer Schulklasse, Demonstranten.*

2. Die Schulklasse als soziale Gruppe

M 26 Ist die Schulklasse eine soziale Gruppe?

Nach geltendem Schulrecht, das Kinder und Jugendliche verpflichtet, vom 7. bis zum vollendeten 15. Lebensjahr die allgemein bildende Schule zu besuchen, also Schüler zu sein, werden diese üblicherweise in Klassenverbänden bzw. Schulklassen mit 20–30 Mitschülern derselben Altersklasse [...] pro Unterrichtsstunde und Fach von je einem Lehrer unterrichtet. Mit dem
5 Unterricht müssen Lehrer und Schüler per Gesetz bestimmte Ziele verfolgen, die sich summarisch als Vermittlung bzw. Aneignung der Kulturtechniken, des Kulturwissens und der Kulturwerte einerseits bei gleichzeitiger Leistungsauslese unter den Schülern andererseits charakterisieren lassen. Zur Erreichung der Ziele haben sich alle an bestimmte Regeln zu halten, die ihr Verhalten von der Zeiteinteilung über die Formen und Inhalte der Kommunikation bis zu
10 ihren Attitüden und der äußeren Erscheinung regeln. Ist dieses Sozialgebilde Schulklasse eine Gruppe? Und – wenn ja – welchem Gruppentyp ist sie zu ihrer näheren Kennzeichnung zuzuordnen?
Unzweifelbar haben die institutionalisierten Schulklassen eine Reihe von Gruppenmerkmalen. Sie bestehen aus mehreren Personen, die dauerhaft zu einem bestimmten *Zweck* beisam-
15 men sind – wobei es allerdings fraglich ist, ob dieser Zweck auch von allen Mitgliedern, insbesondere den Schülern, verfolgt wird –; es gibt ferner gewisse Normen, die die Zweckerreichung steuern sollen; es gibt unterschiedliche *Positionen* mit unterschiedlichen Aufgaben und *Rollen*: zumindest die des Lehrers und die der Schüler. Weiter ist die Klasse auch vertikal *differenziert*, indem die Beziehungen zwischen Lehrer(n) und Schüler(n) weitgehend hierarchisch*
20 organisiert sind und die Schüler – zumindest der Leistungsfeststellung nach – eine Statushierarchie bilden.
Problematisch ist allerdings, ob Schulklassen auch die Gruppenkriterien „Interaktion aller Mitglieder untereinander" und „*Wir-Gefühl*" erfüllen. In der Realität werden kaum alle Schüler miteinander in Kommunikation stehen, es ist sogar der Extremfall denkbar, dass die Schüler
25 untereinander keine Beziehungen haben, sondern nur jeweils einzeln mit dem Lehrer in Kontakt stehen. [...]
Wegen der nicht hinreichend gesicherten Gemeinsamkeit des verfolgten Zwecks und der fehlenden Interaktion unter allen Schülern sowie des mangelnden Wir-Gefühls wird der Schul-

klasse, so wie die Schulverwaltung sie einrichtet, von einigen Forschern der Gruppencharakter
30 nicht ohne weiteres zugesprochen. Man klassifiziert sie stattdessen als „soziale Organisation"
oder auch als „beziehungslose Masse"; wegen der gesetzlich vorgeschriebenen Zugehörigkeit
der Schüler zur Schulklasse wird auch von einem „Zwangsaggregat", einer „Zwangsversamm-
lung" und Ähnlichem gesprochen.

Gleichzeitig wird aber von einigen dieser Autoren nicht ausgeschlossen, dass aus dieser Schul-
35 klasse eine soziale Gruppe werden kann, weil insbesondere die Raum- und Zeitbedingungen
der Schulklasse als fördernde Faktoren angesehen werden: Das regelmäßige und langfristige
Beisammensein der Schüler in einem abgeschlossenen, eigenen Unterrichtsraum begünstige
nicht nur die Kontaktaufnahme untereinander, sondern würde sie nahezu zwangsläufig herbeiführen.

40 Diesen interaktionsfördernden Faktoren von Raum und Zeit steht aber andererseits das spezielle, der Schulklasse vorgegebene Unterrichtsziel entgegen: Die Schüler sollen vor allem kognitive Lernleistungen nach einem für alle gleichen Leistungsstandard erbringen; die sog. „sozialen Lernziele", die die gegenseitige Verantwortung und solidarische Gemeinsamkeit betonen, sind demgegenüber auf allen Schulstufen und in allen Schulformen – wenn man von
45 Sonderformen des Schulwesens absieht – formal von untergeordneter Bedeutung. Die ver-
langten kognitiven Lernleistungen im Wissens- und Fertigkeitsbereich sind vielmehr einzeln
zu erreichen, „jeder muss dieses Ziel für sich anstreben" (D. Ulich 1973: 118)[1]. Die Schulklasse
hat im Unterschied zu anderen Arbeitsgruppen und zu anderen Interessen- und Freundschaftsgruppen „kein Ziel, das sie in gemeinsamer Arbeit erreichen könnte" (ebenda), denn
50 bei kognitiven Lernleistungen lassen sich – anders als bei den z.B. für soziale Ziele oft ver-
langten Leistungen in den Bereichen des Suchens, des Bestimmens, des Hebens und des Tragens – durch Gruppentätigkeit keine Vorteile gegenüber isoliert arbeitenden Einzelnen feststellen. Hier, bei den kognitiven Lernleistungen, ist vielmehr das „Einzelkämpferdasein" (D.
Ulich) gefragt.
55 Gefördert wird dieses „Einzelkämpferdasein" auch durch die mit der Leistungsauslese verbundene Konkurrenz unter den Schülern sowie ferner durch das vom Unterrichtsziel nahe gelegte
Unterrichtsverfahren des auch üblicherweise stattfindenden Frontalunterrichts. Empirische
Untersuchungen zum Frontalunterricht haben ergeben, dass hierdurch provozierte
Schüleräußerungen wohl zu Zwiegesprächen zwischen einzelnen Schülern und dem Lehrer,
60 jedoch nicht zu einem Klassengespräch unter den Schülern führen.

Insgesamt gesehen bleibt es also fraglich, ob die institutionalisierte Schulklasse in jedem Fall
alle Merkmale einer sozialen Gruppe aufweist. In der Realität wird es wohl mehr Schulklassen mit Organisationscharakter als mit Gruppencharakter geben. Im Einzelfall sind neben der
Dauer der Klassenexistenz, der Schulform und der Altersstufe der Schüler vor allem die Lern-
65 zielinterpretation, die Unterrichtsintention sowie die Unterrichtsform und der Unterrichtsstil
des jeweiligen (Klassen-)Lehrers mitentscheidend. Diese graduell mögliche „Offenheit der
Schulklasse für Gruppenbildung" durch den Lehrer erklärt sich daraus, dass die Schulklasse
zwar aufgrund gesetzlicher Bestimmungen zustande kommt, dass aber trotz der Fülle von
Vorschriften sich daraus allein die alltägliche Schularbeit in und mit der Klasse nicht automa-
70 tisch ergibt. Vorschriften müssen nicht nur interpretiert, sondern aufgrund situativer Besonderheiten oft auch ergänzt werden, um die vorgeschriebenen Ziele im Unterricht zu erreichen.
Da wird der eine Lehrer mehr, der andere Lehrer weniger eine Zusammenarbeit der Schüler
für erreichenswert und notwendig halten und anstreben. Führungs- und Unterrichtsstile, die
die Wünsche der Schüler zu Inhalt und Form des Unterrichts einbeziehen, sollen nach Ergeb-
75 nissen mehrerer Untersuchungen mit einem Klassenklima verbunden sein, das durch relativ
wenig Aggressivität und ein relativ geringes Ausmaß an Außenseitern in der Klasse bei offenen und durchlässigen Bindungen unter den Schülern gekennzeichnet ist. Dieser Unterrichtsstil wird daher auch als sozialintegrativ und demokratisch bezeichnet.

Kommt es so in einigen oder mehr Fällen auch in der institutionalisierten Schulklasse zu

---

[1] Dieter Ulich, Gruppendynamik. In: Handbuch der Unterrichtspraxis, München 1973.

80 Gruppenbildungen, so wird die Gruppe neben den Kennzeichen einer formellen Gruppe durchaus auch Züge einer informellen Gruppe haben. Die gesetzlich konstituierte Gruppe Schulklasse ist weiter zu klassifizieren als eine recht große Kleingruppe, die an der Grenze zur Großgruppe ist. [...]

Des Weiteren ist die institutionalisierte Schulklasse im Falle einer Gruppenbildung eher der
85 Restkategorie Sekundärgruppe zuzurechnen als zu den Primärgruppen: Die vom Lehrer initiierten durchgehenden Beziehungen unter den Schülern werden selten durch Intimität und starke Gefühlsbindung geprägt sein, sondern Zweckkontakte sein.

(Ingrid Herlyn, Gruppen in schulischen Lehr- und Lernprozessen. In: Bernhard Schäfers [Hrsg.], Einführung in die Gruppensoziologie, UTB 996, Quelle & Meyer, Wiebelsheim, 3. Aufl. 1999, S. 228ff.)

1. *Beschreiben Sie, aus welchen Gründen von einigen Forschern der Schulklasse der Charakter als soziale Gruppe eher abgesprochen wird (vgl. dazu die Definition der sozialen Gruppe in M 24, Kasten S. 240).*

2. *Wovon hängt es nach Meinung der Autorin ab, ob eine Schulklasse im Einzelfall eine soziale Gruppe darstellt oder nicht? Nehmen Sie aus Ihrer Sicht und Erfahrung Stellung zu den Aspekten „fehlendes gemeinsames Ziel", „Einzelkämpferdasein", „Frontalunterricht".*

3. *Inwieweit hängt es Ihrer Meinung nach von der einzelnen Lehrperson ab, ob sich die Klasse zu einer sozialen Gruppe (in vollem Sinne) entwickelt oder nicht? Ist der jeweilige Führungsstil maßgeblich für die Entwicklung eines spannungsfreien, gemeinschaftsorientierten „Klassenklimas"? Welchen Stil halten Sie in diesem Sinne für wünschenswert?*

4. *Erläutern Sie die am Schluss des Textes (Z. 79 ff.) vorgenommene Zuordnung einer Schulklasse zu den verschiedenen Arten von Gruppen.*

■ M 27 Eine typische Schulklasse? – Rollenstrukturen und Gruppenprozesse

Kommt man als Lehrer neu in eine Klasse, so werden einem bald einige Schüler stärker auffallen als andere. Einige dadurch, dass sie dem Unterricht nicht folgen, sondern, ganz
5 gleich wie interessant die Aufgabe auch gestellt sein mag, sich grundsätzlich mit anderen Dingen beschäftigen. Andere haben zu allen Dingen lautstarke Bemerkungen zu machen; wieder andere zeigen sich übertrieben
10 „dienstbeflissen" bei Ordnungsdiensten, drängen sich nach Extraaufgaben; einige kommen grundsätzlich zu spät in den Unterricht und ein paar fallen dadurch auf, dass sie überhaupt nichts sagen. In den Pausen sieht
15 man einige Schüler nur in Gruppen beisammen, andere meist nur einzeln.

Man wird also bald feststellen können, dass jeder Schüler eine ganz bestimmte Rolle in der Klasse spielt: die Rolle des Clowns oder
20 des Eifrigen, des Verantwortungsbewussten oder des Stillen, des Angebers oder des Sündenbocks usw. Und man wird ebenfalls bemerken, dass ein oder zwei Schüler bei Fragen, die die ganze Klasse angehen, den größ-

ten Einfluss haben, die den Ausschlag bei 25
Abstimmungen geben, die die Klasse führen. Sie sind es, die ganz entscheidend die Atmosphäre in der Klasse bestimmen. Ganz gleich, auf welche Weise sie ihre Führungsrolle erhalten haben, sei es durch körperliche 30
Überlegenheit, durch Verhandlungsgeschick mit Lehrern oder durch schulische Leistungen, sie prägen das Gesamtverhalten der Klasse. Denn ihr Verhalten wird von den meisten Mitschülern respektiert oder gar be- 35
wundert und deshalb auch zum Teil nachgeahmt. Setzen die Führer ihren Machtanspruch mit Drohungen oder Einschüchterungen durch, so färbt dieser Führungsstil auch auf die Übrigen ab, die Klasse wird „ruppig". 40
Versuchen sie, alle Meinungen mit einzubeziehen, kann es zu einem ausgeglichenen, einem „demokratischen" Verhalten in der Klasse kommen.

Tritt ein Schüler neu in eine Klasse ein, dann 45
wird von ihm erwartet, dass er sich „einlebt".
Er wird bald, bewusst oder unbewusst, die
Rangfolge in der Klasse erkannt haben und

selbst eine Rolle in der Klasse einnehmen.
50 Schafft er das ohne Schwierigkeiten, übernimmt er ohne weiteres die herrschenden
Verhaltensweisen, dann hat er sich angepasst
(Assimilation).

Kann er sich der Klasse nicht anpassen, muss
55 er nicht unbedingt zum Außenseiter werden,
der bei allen Möglichkeiten aneckt. Er kann
versuchen, Streitigkeiten aus dem Wege zu
gehen, zurückzustecken, um in der Gemeinschaft, die er sich nicht ausgesucht hat, zu
60 überleben (Akkommodation).

Der Prozess, den die meisten Lehrer zu fördern versuchen, ist der der Zusammenarbeit
oder Kooperation. Dass mehrere Personen
mehr wissen als ein Einzelner und es deshalb
65 leichter ist, eine Aufgabe gemeinsam zu lösen, dies ist leicht einzusehen, meist jedoch
schwer in die Tat umzusetzen. So kommt es
im „normalen" Unterricht hauptsächlich zu
Prozessen, in denen jeder für sich versucht,
70 die besten Leistungen zu bringen, und zwar
gegen die übrigen Mitglieder der Klasse. Es
kommt nicht zur Kooperation, sondern zur
Konkurrenz. Bei besonders negativer Konkurrenz können dann sogar Verhaltenswei-
75 sen entwickelt werden, mit denen der „Gegner" mit allen Mitteln schlecht gemacht wird,
etwa bei Zensurenbesprechungen.

Ob die Mitglieder einer Klasse für- oder gegeneinander handeln, zeigt sich besonders
80 bei Konflikten. Hat z.B. ein Lehrer in einer
Klasse, in der ein starkes Wir-Gefühl besteht,

einen Schüler offensichtlich ungerecht behandelt, so wird sich die ganze Klasse zur
Wehr setzen und versuchen, den Lehrer um-
zustimmen; herrscht dieses Gefühl nicht, ar- 85
beitet jeder nur für sich, dann wird jeder froh
sein, dass es ihn nicht getroffen hat.

Oder hat ein Lehrer eine ganze Klasse mit einer Kollektivstrafe belegt, weil der Schuldige
nicht festzustellen war (was er zwar nicht tun 90
sollte, was aber dennoch vorkommt), kann es
bei einer Klasse ohne starkes Zusammengehörigkeitsgefühl so weit kommen, dass ein
Sündenbock gesucht, gefunden und „ausgeliefert" wird, um der Strafe zu entkommen. 95
All diese Prozesse spielen sich immer wieder
ab, nur sind sie manchmal nicht immer
gleich zu erkennen, denn sie treten kaum in
reiner Form auf, sondern vermischen oder
überschneiden sich. Zudem kann auch ein 100
Schüler zur gleichen Zeit in mehrere verschiedene Prozesse verwickelt sein, je nachdem, welche Rolle er den verschiedenen
Schülern oder Lehrern gegenüber spielt.

Man kann also sagen, dass in einer Klasse, 105
genau wie in jeder anderen Gruppe auch,
sehr vielfältige Bindungen eingegangen werden und sich sehr verschiedenartige, stark ineinander greifende Prozesse abspielen; und
erst der Gesamteindruck all dieser Vorgänge, 110
Rollenverteilungen und Beziehungen macht
das Charakteristische einer Klasse aus.

(Norddeutscher Rundfunk [Hrsg.], Schulfunk, Gesellschaft
und Politik, 2. Hj. 1979)

▬ M 28 Rollenmuster in Gruppen

F – Der Gruppenführer
Er hat die Funktion, die Gruppenziele zu bestimmen und die Gruppe zu koordinieren. In
Gruppen ohne offiziellen Führer ist die Füh-
5 rerrolle jedoch oft in B und T aufgeteilt.

B – Der Beliebte
Er hat die Funktion, die Gruppe zusammenzuhalten. Er verkörpert die menschliche Seite
der Gruppenbedürfnisse.

10 **T – Der Tüchtige**
Er verkörpert die sachlichen Bedürfnisse in
der Gruppe. Er ist im Wesentlichen nicht
gruppen-, sondern zielorientiert.

M – Der Mitläufer
Er orientiert sich hauptsächlich am Gruppen- 15
führer.

O – Der Opponent
Er hat auch Führungsqualitäten. Da er aber
nicht Gruppenführer geworden ist, geht er in
die Opposition. Er hat eine besondere Bezie- 20
hung zum Gruppenführer, weil er diesem
unbewusst die Position streitig macht.

S – Der Sündenbock
Oft löst der Opponent Aggressionen in der
Gruppe aus. Da er aber ein „starkes" Grup- 25
penmitglied ist, richten sich schließlich die
Aggressionen gegen einen Schwächeren, den
„Sündenbock".

A – Der Außenseiter

30 Er hat keinen bestimmten Platz in der Gruppe. Er kann aber bei entsprechender intellektueller Qua-
35 lität oft eine Beratungsfunktion übernehmen.

(Reiner E. Kirsten/Joachim Müller-Schwarz, Gruppen-training, Rowohlt, Reinbek bei Hamburg 1976, S. 216)

(Zeichnung: Oliver Wetterauer, in: RAAbits Sozialkunde/ Politik, Impulse und Materialien für die kreative Unterrichtsgestaltung, 23. EL, Raabe Verlag, Stuttgart 1998, III/B, Projekt 9, M 1)

| Streiter | Positive | Leb-hafte | Red-selige | Schüch-terne | Ablehnende | Un-interes-sierte | Alles-wisser |

▨ M 29 Sind wir eine Gruppe? – Fragebogen zum Gruppenklima

Im Folgenden finden Sie einige Aussagen zur Gruppe. Fertigen Sie Kopien an und kreuzen Sie an, inwieweit die Aussagen auf Sie bzw. Ihre Kursgruppe zutreffen. (1 = stimmt genau, 2 = stimmt weitgehend, 3 = stimmt ein wenig, 4 = stimmt eher nicht, 5 = stimmt weitgehend nicht, 6 = stimmt überhaupt nicht)

	1	2	3	4	5	6
1. Freiwilligkeit: Ich bin freiwillig in dieser Kursgruppe.	☐	☐	☐	☐	☐	☐
2. Vielfalt der Meinungen:						
a) In unserer Gruppe werden Ansichten und Meinungen anderer angehört.	☐	☐	☐	☐	☐	☐
b) Alle Gruppenmitglieder haben genügend Zeit und Möglichkeiten, ihre Gedanken und Haltungen einzubringen.	☐	☐	☐	☐	☐	☐
c) Andere Standpunkte werden gelten gelassen.	☐	☐	☐	☐	☐	☐
3. Aktiv sein dürfen:						
a) Der Kursleiter/die Kursleiterin dominiert die gesamte Arbeit.	☐	☐	☐	☐	☐	☐
b) Gemeinsame Diskussionen stehen im Vordergrund der Kursarbeit.	☐	☐	☐	☐	☐	☐
c) Interessen der Kursmitglieder können durchgesetzt werden.	☐	☐	☐	☐	☐	☐
d) Wir haben eine lohnende Aufgabe.	☐	☐	☐	☐	☐	☐
4. Mehrheitsentscheidungen annehmen:						
a) Mehrheitsentscheidungen werden in unserem Kurs angenommen und mitgetragen.	☐	☐	☐	☐	☐	☐
b) In unserem Kurs ist es möglich, dass sich jemand zeitweise zurückzieht, weil er/sie nicht hinter einer Sache stehen kann.	☐	☐	☐	☐	☐	☐
5. Kein Druck von außen:						
a) Unser Kurs hat die Möglichkeit, freie Entscheidungen im Rahmen der gegebenen Grundbedingungen zu treffen.	☐	☐	☐	☐	☐	☐
b) Unser Kursleiter/unsere Kursleiterin übt Druck aus.	☐	☐	☐	☐	☐	☐
6. Nicht abwertend über Abwesende reden: Bei uns in der Gruppe wird nicht über Abwesende geredet, sondern mit ihnen.	☐	☐	☐	☐	☐	☐

7. Konflikte austragen:
a) Konflikte werden im Kurs nicht verdrängt. ☐ ☐ ☐ ☐ ☐ ☐
b) Konflikte werden mit psychischem und/oder physischem
Druck ausgetragen. ☐ ☐ ☐ ☐ ☐ ☐

8. Eine Gruppe braucht ein Ziel:
Unsere Gruppe hat ein gemeinsames Ziel. ☐ ☐ ☐ ☐ ☐ ☐

9. Reflektion über die Handlungen:
In unserem Kurs wird reflektiert, wenn etwas gut oder nicht gut läuft. ☐ ☐ ☐ ☐ ☐ ☐

10. Wenige Mitglieder:
Jeder/jede von uns kann mit jedem/jeder gut in Kontakt treten. ☐ ☐ ☐ ☐ ☐ ☐

11. Eine Gruppe braucht psychologische Beziehungen untereinander:
a) In unserem Kurs werden nur Sachprobleme besprochen. ☐ ☐ ☐ ☐ ☐ ☐
b) Über das Beziehungsgeschehen in unserem Kurs wird nicht geredet. ☐ ☐ ☐ ☐ ☐ ☐

12. Beständigkeit:
In unserem Kurs wechseln die Zielsetzungen häufig. ☐ ☐ ☐ ☐ ☐ ☐

13. Eine Gruppe braucht ein „Nest":
a) Unser Kursraum ist von uns selbst gestaltet. ☐ ☐ ☐ ☐ ☐ ☐
b) Ich fühle mich in unserem Raum wohl und heimisch. ☐ ☐ ☐ ☐ ☐ ☐

14. Eine Gruppe braucht das Miteinander:
a) In unserer Gruppe wird gemeinsam entschieden. ☐ ☐ ☐ ☐ ☐ ☐
b) Außenseiter gibt es in unserem Kurs nicht. ☐ ☐ ☐ ☐ ☐ ☐

15. Freiraum:
a) Unser Kurs wird nicht dauernd kontrolliert (z.B. von Lehrern/Lehrerinnen). ☐ ☐ ☐ ☐ ☐ ☐
b) Ich kann mich in diesem Kurs frei entfalten ☐ ☐ ☐ ☐ ☐ ☐
c) In unserem Kurs ist auch Raum für Privates. ☐ ☐ ☐ ☐ ☐ ☐

(Nach: Josef Griesbeck, Eine Gruppe leiten. Einstiege, Ziele, Hilfen, Don Bosco Verlag, München 1983, S. 52–56)

1. *Auch wenn nicht alle der in M 27 aufgeführten Aspekte für jede einzelne Schulklasse zutreffen mögen (der Text will „Typisches", nicht ein konkretes Beispiel beschreiben): Sie werden sicherlich aus eigener Erfahrung der Aussage zustimmen können, dass eine Schulklasse (ein Kurs) ein außerordentlich differenziertes, geradezu „vibrierendes" Gebilde ist (was nicht von allen Lehrpersonen immer entdeckt und berücksichtigt wird). Heben Sie hervor, welche der beschriebenen Strukturen und Prozesse Ihnen besonders relevant erscheinen und welche Bedeutung sie für einzelne Schülerinnen und Schüler und für den Unterricht haben können. Ziehen Sie zur Diskussion der Rollenstruktur auch M 28 hinzu. Inwieweit scheinen Ihnen die dort genannten Rollenmuster, die sich an sich auf kleinere Arbeitsgruppen beziehen, auch typisch für die Struktur von Schulklassen/Kursen zu sein?*

2. *Strukturen und Prozesse beeinflussen das „Gruppenklima", das sich auf die Befindlichkeit und das Leistungsvermögen der Gruppe bzw. der einzelnen Gruppenmitglieder auswirkt. Wir schlagen Ihnen vor, das Gruppenklima Ihres Kurses durch eine Befragung zu untersuchen. Wenn Ihnen in dem Fragebogen, den Sie dafür verwenden können (M 29), einzelne Items für Ihren Kurs nicht relevant zu sein scheinen, können Sie sie unberücksichtigt lassen.*

3. *Falls das Befragungsergebnis wichtige Defizite im Hinblick auf ein gutes Gruppenklima aufweisen sollte, könnten Sie zusammen mit Ihrer Kursleiterin/Ihrem Kursleiter eine Liste wünschenswerter und möglicher Veränderungen erstellen (vorausgesetzt, Sie sind bereit, solche Veränderungen mitzutragen).*

Methode S

M 30 Soziometrie als Methode zur Erfassung von Gruppenstrukturen

Unter Soziometrie versteht man ein sozialwissenschaftliches Messverfahren zur quantitativen Erfassung und Darstellung bestimmter affektiver (gefühlsmäßiger) und/oder funktionaler (aufgabenbezogener) Aspekte zwischenmenschlicher Beziehungen in einer Gruppe. Ursprünglich in den 30er-Jahren in den USA von dem österreichischen Arzt und Psychiater Jacob L. *Moreno* [...] entwickelt, hat sich diese Methode inzwischen überall dort analytisch bewährt, wo sich Spannungen zwischen formellen (z.B. durch die Arbeitsorganisation vorgeschriebenen) und informellen (d.h. spontan und freiwillig daneben entstehenden) Gruppenstrukturen und -beziehungen entwickelt haben. So findet die Soziometrie auch insbesondere in der Betriebssoziologie und im pädagogischen Bereich Anwendung, um beispielsweise in den sozialen Handlungsfeldern Werkstätten, Büros oder Schulklassen die Bedeutung informeller Kommunikations- und Informationsprozesse und damit korrespondierender Autoritätspositionen bzw. informeller Führungsstrukturen für das allgemeine Gruppenklima wie für die Leistung der Gruppe und einzelner Gruppenmitglieder zu erforschen.

Mithilfe eines relativ einfach durchführbaren sog. *soziometrischen Tests* sollen die sozialen Wechselbeziehungen zwischen Gruppenmitgliedern über die Kriterien der *Bevorzugung*, *Gleichgültigkeit* und *Ablehnung* gemessen werden. Dies wird dadurch zu erreichen versucht, dass die Gruppenmitglieder hinsichtlich ihrer Interaktionspräferenzen oder faktischen Interaktionen meist schriftlich befragt werden, welche anderen Mitglieder der Gruppe sie am meisten mögen oder nicht mögen, als Partner in bestimmten Situationen (z.B. bei der Arbeit, in der Freizeit, im Urlaub) bevorzugen oder ablehnen oder mit wem sie tatsächlich üblicherweise interagieren und kommunizieren und mit wem nicht. Es werden also Wahlakte aller Art erfragt, die sich teils undifferenziert manifestieren können oder auch schon direkt auf die *affektive* Dimension Beliebtheit/Sympathie („Wen würdest du als besten Freund ansehen?") oder auf die *funktionale* Ebene Leistungsfähigkeit/Tüchtigkeit („Mit wem möchtest du bei dieser Aufgabe am liebsten zusammenarbeiten?") der Gruppe beziehen.

(Hans Peter Henecka [= M 7], S. 195)

1. Die Wahlfrage kann sich auf die allgemeine Zu- oder Abneigung richten (z.B.: „Welchen deiner Klassenkameraden magst du am liebsten?") oder auf eine spezifische Beziehung („Mit wem zusammen möchtest du spielen?").
2. Spezifische Wahlfragen können indikativ oder konjunktiv sein, d.h. nach tatsächlichen oder nach gewünschten Beziehungen (Interaktionspräferenzen) fragen; z.B.: „Mit wem spielst du meistens in der Pause?" bzw. „Mit wem würdest du in der Pause am liebsten spielen?".
3. Es können positive und/oder negative Wahlen erfragt werden. So kann beispielsweise gefragt werden: „Wen würdest du zu deinem Geburtstag einladen – und wen bestimmt nicht?". Da im soziometrischen Test keine Anonymität zugesichert werden kann (der Befragte muss seinen Namen angeben und er muss die gewählten Personen namentlich nennen), ist die Frage nach den abgelehnten Personen für den Befragten sehr peinlich. Der Sozialforscher muss deswegen mit einem beträchtlichen Prozentsatz an Antwortverweigerungen rechnen.
4. Auch mehrere Wahlen sind möglich. Der Befragte soll in diesem Fall nicht nur eine, sondern mehrere Personen wählen. Entweder überlässt man es dem Befragten, wie viele andere Personen er nennt, oder man fixiert die Zahl der Wahlen. Mehr als fünf Personen sollen dem Befragten jedoch nicht abverlangt werden. Die 1., 2., 3. und eventuelle andere weitere Wahlen werden dabei gewöhnlich als Rangordnung aufgefasst (am liebsten, zweit-

liebsten usw.). Bei der Auswertung ist zu bedenken, dass diese individuellen Rangordnungen nicht strikt vergleichbar sind.

5. Eine besondere Art des soziometrischen Tests entsteht, wenn der Befragte gebeten wird, diejenigen Personen zu nennen, die ihn seiner Meinung nach bei einer bestimmten Frage gewählt und/oder abgelehnt haben. In diesem Falle spricht man von einem soziometrischen Wahrnehmungstest.

(Renate Mayntz/Kurt Holm/Peter Hübner, Einführung in die Methoden der empirischen Soziologie, Westdeutscher Verlag, Opladen 1974, S. 123f.)

Die Häufigkeit, mit der einzelne Gruppenmitglieder „positive Wahlen" (+) oder „negative Wahlen" bzw. Ablehnungen (–) auf sich vereinigen, wird zunächst tabellarisch in eine *Soziomatrix* übertragen. Die Tabelle zeigt hierzu beispielsweise die Soziomatrix einer Jugendgruppe, bei der die Anzahl der Wahlmöglichkeiten nicht begrenzt war.

Die Mitglieder der untersuchten Gruppe erscheinen dabei in der Randspalte als Wählende, in der Randzeile als Gewählte. Die Symbole in den einzelnen Matrixzellen informieren darüber, wer von wem gewählt oder abgelehnt wurde und wer nicht.

Tabelle: Soziomatrix einer Jugendgruppe

	Gewählte													Anzahl der abgegebenen Wahlen		
	1	2	3	4	5	6	7	8	9	10	11	12	13	+	−	Gesamt
1	/	+	+	+	+		−						−	4	2	6
2	+	/	+		+								−	3	1	4
3	+	+	/										−	2	1	3
4	+		+	/									−	2	1	3
5	+			+	/									2		2
6	+				+	/							−	2	1	3
7	−						/	+	+				−	2	2	4
8							+	/	+					2		2
9							−	−	/				−	−	3	3
10				+			+			/			−	2	1	3
11							+	+			/			2		2
12	+						+					/	−	2	1	3
13		−	−				−					−	/	−	4	4
+	6	2	3	3	3	−	4	2	2	−	−	−	−			
−	1	1	1	−	−	−	3	1	−	−	−	1	9			
Σ	7	3	4	3	3	−	7	3	2	−	−	1	9			

Randspalte: **Wählende** — Randzeile unten: **Erhaltene Wahlen**

Eine derartige Soziomatrix kann nun in unterschiedlicher Weise weiterbearbeitet werden. So können auf ihrer Grundlage einzelne Gruppenpositionen statistisch näher charakterisiert werden, wobei z.B. die Spaltensummen für die Kennwertberechnung des *soziometrischen Status** (S) der einzelnen Gruppenmitglieder (im Hinblick auf die Kriterien Sympathie und/oder Leistung) herangezogen werden. Hierbei bedient man sich der Formeln

$$S^+ = \frac{\text{Anzahl der erhaltenen positiven Wahlen}}{n-1}$$

bzw.

$$S^- = \frac{\text{Anzahl der erhaltenen negativen Wahlen}}{n-1}$$

wobei n der Anzahl der Gruppenmitglieder entspricht. Der so berechnete S-Wert schwankt zwischen 0 und 1.

Neben solchen statistischen Kennwerten zur Auswertung soziometrischer Ergebnisse wird die Soziomatrix jedoch meist in ein sog. *Soziogramm* überführt. [...] Nach wie vor wird insbesondere im pädagogischen Bereich das von *Moreno* selbst entwickelte Netzsoziogramm benutzt. Bei dieser grafischen Form werden die am häufigsten gewählten „Stars" einer Gruppe zunächst in der Blattmitte verortet und um sie herum diejenigen, die sie gewählt haben, gruppiert. Die Randfiguren werden schließlich ins weitere Umfeld gezeichnet. Die Gruppenmitglieder werden dabei durch Dreiecke (männlich) und Kreise (weiblich) symbolisiert, die mit entsprechenden Identifikationsnummern versehen sind. Jede positive Wahl wird mit einem durchgezogenen Pfeilstrich, jede negative Wahl durch eine punktierte Pfeillinie verdeutlicht; gegenseitige Wahlen werden entsprechend verdickt und mit Pfeilen an beiden Enden dargestellt. – Die Abbildung auf der folgenden Seite stellt das entsprechende Netzsoziogramm der Soziomatrix (S. 251) dar.

(Hans Peter Henecka [= M 7], S. 196f.)

Die **Auswertung** des Soziogramms in seinen verschiedenen Formen besteht im Wesentlichen darin, bestimmte soziometrische Konfigurationen zu entdecken (und in ihrer Häufigkeit zu zählen). Typische soziometrische Konfigurationen sind

1. das *Paar:* A und B wählen sich gegenseitig;
2. das *Dreieck:* A, B und C wählen sich gegenseitig;
3. die *Kette:* grafisch A → B → C → D (auch mit gegenseitigen Wahlen möglich);
4. der *Stern:* Eine Person wird außerordentlich häufig von anderen gewählt, die sich untereinander nur wenig wählen;
5. die *Clique:* Eine bestimmte Anzahl von Personen wählt sich untereinander sehr häufig, richtet jedoch wenige Wahlen auf die anderen Gruppenmitglieder und empfängt von diesen auch nur wenige Wahlen.
6. der *Star:* eine viel gewählte Person; der Mittelpunkt eines Sterns. Je nach der untersuchten Dimension kann man von einem „Sentiment"-Star (der Beliebte), einem „Expertness"-Star (der Beste) oder einem „Kommunikations"-Star (der am besten Informierte) sprechen;
7. die *graue Eminenz:* eine isolierte Person, die nur eine gegenseitige Beziehung zum Star besitzt;
8. der *Isolierte:* eine Person, die keine Wahlen empfängt und selbst auch niemanden wählt;
9. der *Vergessene:* eine Person, die zwar andere wählt, aber von niemandem gewählt wird;
10. der *Abgelehnte:* eine Person, die nur Ablehnungen empfängt.

(Mayntz/Holm/Hübner, s. o., S. 125)

Die Abbildung auf der nächsten Seite oben zeigt das Soziogramm der (S. 251) genannten Jugendgruppe. Es fallen sofort einige Gruppenmitglieder in typischen Rollen auf: der „Star" Nr. 1, ein zweiter, umstrittener Star („Oppositionsführer") Nr. 7, ein allseitig abgelehntes „schwarzes Schaf" Nr. 13, das seinerseits auch mit Ablehnung (gegenüber Nr. 2, 3, 7 und 12) reagiert und einige unbeachtete „Randfiguren" (6, 10, 11, 12). Wir sehen weiter, dass sich die Gruppe in zwei Untergruppen gliedert: eine größere, die sich um den Star Nr. 1 schart (Nr. 2, 3, 4, 5), und eine kleinere von 3 Gliedern (7, 8, 9), in der offenbar 7 die führende Rolle hat. Die Glieder der beiden Teilgruppen sind untereinander in gegenseitiger Freundschaft verbunden (dicke Linien). Nr. 6 sucht Anschluss an Gruppe I, Nr. 11 an Gruppe II. Nr. 10 und 12 scheinen zwischen beiden Gruppen zu schwanken. Sie gehören als „Randfiguren" keiner wirklich an. Die beiden Teilgruppen scheinen sich feindlich gegenüberzustehen, was am klarsten aus der gegenseitigen Ablehnung der beiden Führer, Nr. 1 und 7, hervorgeht. Einer der „Gefolgsleute" von Untergruppe 1, Nr. 4, hat diese Ablehnung des „Oppositionsführers" übernommen. Besonders beachtenswert ist die typische „Mitläufer-Haltung" von Randfigur Nr. 12: Sie übernimmt, obwohl selbst in keiner Gemeinschaft stehend, die kollektiven Werturteile: Wahl der beiden Stars Nr. 1 und 7, Ablehnung des „schwarzen Schafs" Nr. 13. Die Gefahren und Bruchstellen dieser Gruppe liegen einmal in dem Bestehen zweier sich befehdender Untergruppen, zum anderen in deren isoliertem, cliquenhaftem Charakter, der relativ viele Randfiguren bestehen lässt, vor allem aber in der geächteten Ausgestoßenen-Stellung von Nr. 13.

Ihren eigentlichen Sinn bekommen Soziogramme erst, wenn sie in gewissen Abständen wiederholt werden. Sie machen dann die Strukturwandlungen, gewissermaßen den Verlaufsprozess einer Gruppe sichtbar. Sie sind oft ein viel feinerer und rascherer Hinweis auf solche Änderungen, als es die reine Beobachtung des Außenstehenden wäre.

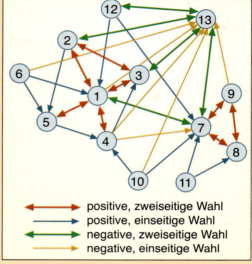

positive, zweiseitige Wahl
positive, einseitige Wahl
negative, zweiseitige Wahl
negative, einseitige Wahl

(Elfriede Höhn/Gerhard Seidel, Das Soziogramm. Die Erfassung von Gruppenstrukturen. Eine Einführung für die psychologische und pädagogische Praxis, Verlag für Psychologie Dr. C. J. Hogrefe, Göttingen 1976, S. 33f.)

■ **M 31** **Gruppenstruktur zweier Flugstaffeln**

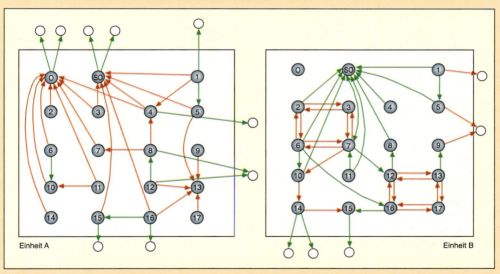

Einheit A

Einheit B

Zeichenerklärung zu den Soziogrammen: O = Offizier; SO = Unteroffizier; 1, 2, 3 [...] bis 17 = Piloten mit niedrigeren Dienstgraden; die kleinen, außerhalb des Vierecks liegenden Kreise bezeichnen Armeeangehörige, die nicht zum Geschwader gehören. – Ein einfacher roter Pfeil bedeutet eine positiv gerichtete Wahl (Ausdruck für Sympathie, Freundschaft, Wertschätzung); doppelte rote Pfeile (⇌ oder ⟷) kennzeichnen eine gegenseitige positive Wahl; grüne Pfeile (⟵) kennzeichnen eine negative Wahl (Ablehnung, Feindschaft, Verachtung).

Muster einer Soziomatrix (Flugstaffeln)

Gewählter → Wähler ↓	O	SO	1	2	3	usw.
O						
SO						
1						
2						
3						
usw.						
Wie oft gewählt?						
Wie oft abgelehnt?						
insgesamt +/−						
Rangplatz						

(Die Soziogramme entstammen den „Grundlagen der Sozialpsychologie" (von Eugene L. Hartley und Ruth F. Hartley); sie sind entnommen aus: Eckart Machwirth, Die Gruppe als pädagogisches Feld, Dimensionen der Pädagogik 4, Bagel, Düsseldorf 1975, S. 28f., 31)

1. Machen Sie sich mit der Soziometrie als einer empirischen Methode zur Erfassung von Gruppenstrukturen vertraut. Klären Sie dazu auch den Begriff „Struktur" und die drei (durch unterschiedliche Arten von Fragen zu erfassenden) Strukturebenen („emotional", d.h. auf persönliche Zuneigung/Abneigung bezogen; „funktional", auf die „Interaktionspräferenz", d.h. auf die gewünschte Bevorzugung beim Umgang, bei der Zusammenarbeit usw. bezogen; auf die „faktische Interaktion", d.h. auf das tatsächliche Zusammensein, die tatsächliche Zusammenarbeit usw. bezogen). Erörtern Sie dazu auch die Probleme, die sich bei dieser Klassifizierung ergeben (M 30).

2. Setzen Sie die folgenden (auf die emotionale Ebene bezogenen) Wahlen einer 10er-Gruppe in eine Soziomatrix und dann in ein Soziogramm um und interpretieren Sie das Ergebnis (+ = positive, − = negative Wahl/Ablehnung).

   1: +2, +5, − 6; **2:** +3; **3:** + 2, +4, +5, −8; **4:** +5, −9; **5:** + 1, +2, +3, +4, −8;
   6: +1, +7; **7:** + 6, + 9; **8:** − 5, + 7; **9:** +3, −8; **10:** +8

3. M 31 enthält die tatsächlichen Soziogramme zweier Flugstaffeln (Geschwader) der US-Airforce während des 2. Weltkriegs. Einige Psychologen und Soziologen waren beauftragt worden festzustellen, warum die Moral einiger Kampfeinheiten hoch und die anderer Kampfeinheiten entschieden niedriger war. Mithilfe von soziometrischen Methoden der Gruppenanalyse stellten die Forscher die Unterschiede zwischen Gruppen mit hoher und solcher mit niedriger Moral fest. Ein besonders aufschlussreiches Beispiel aus dieser Untersuchungsreihe stellt die Untersuchung der beiden Flugstaffeln dar. Die Frage lautete, wer mit wem fliegen bzw. nicht fliegen möchte.
   Interpretieren Sie die beiden Soziogramme (ggf. in Gruppenarbeit). Achten Sie dabei auch auf folgende Aspekte: Position des Offiziers und des Unteroffiziers, Positionen bestimmter Piloten (z.B. 13 in A), Existenz von (informellen) Gruppen, Beziehungen nach außerhalb der Gruppe. Beurteilen Sie anschließend beide Gruppen hinsichtlich des bestehenden oder nicht bestehenden Zusammenhaltes (Integration, Desintegration) bzw. der militärischen Disziplin (Gruppenmoral) und der zu vermutenden Leistungsfähigkeit der jeweiligen Gruppe.

▎ **M 32** Kritik der Soziometrie in der Schule

Da die Soziogrammanalyse das vor allem in der Pädagogik bekannteste empirische Verfahren ist, wollen wir hier einige kritische Momente aufzeigen, die teilweise auch für
5 andere Verfahren im Klassenzimmer gelten. Mit dem Soziogramm kann man Möglichkeiten zur Verbesserung sozialer Beziehungen in Gruppen erkennen. Die Theorie der Methode lautet etwa so: Innerhalb eines Ge-
10 bildes sind Strukturen wirksam, die aus informellen, sozialemotionalen Beziehungen herrühren. Diese Beziehungen bewegen sich zwischen den extremen Graden der Zuneigung und der Abneigung.
15 Was „misst" also das Soziogramm eigentlich? Die meisten Forscher scheinen der Meinung zu sein, tatsächliche Beziehungen und Strukturen erfasst zu haben. Wir haben gesehen, dass zwischen den tatsächlichen Beziehun-
20 gen und den bloßen (Rollen-) Erwartungen oder Normen Unterschiede bestehen können. Das erhaltene Beziehungsfeld kann aber auch ein bloßes Wunschbild sein, das nicht einmal Rollenerwartungen repräsentiert, son-
25 dern bloß individuelle Wünsche und Bevorzugungen. Die Wahl eines Klassenkameraden zum fiktiven Banknachbarn kann ja gerade deshalb erfolgen, weil zu ihm noch keine Beziehungen bestehen, wohl aber ge-
30 wünscht werden.
Ergebnisse von Soziogrammanalysen verleiten sehr oft zu Fehlschlüssen, wenn man sich nicht genau an die tatsächlich gestellten Fragen hält. Das Ergebnis gibt meist nicht mehr und nicht weniger als die Antworten 35 eben auf diese Frage wieder (z.B.: Mit wem möchtest du im Ferienheim dein Zimmer teilen?). Man kann mit dieser Methode grundsätzlich nicht feststellen, aus welchen Gründen bestimmte Beziehungen, Unter- 40 gruppen, Wünsche und Randpersonen existieren und welche Vorstellungen und Normen die Wahlen im Einzelnen beeinflussen. Die häufige Anwendung des Soziogramms in der Schule lässt vermuten, dass einige seiner 45 Hauptgefahren möglicherweise nicht richtig eingeschätzt werden. Von den Wünschen wird ohne weiteres auf die Struktur geschlossen.

Das Soziogramm kann Werturteile anregen, 50 die der Gruppenintegration durchaus schaden können; die Unbeliebtheit einzelner Schüler tritt stark ins Bewusstsein, wenn man im Fragebogen auch Ablehnungen verlangt. Ferner bewirken situative Fragen eben 55 oft nur situative Antworten, die sich nicht auf die allgemeinen sozialen Beziehungen generalisieren lassen. Schließlich sollte man die Wechselwirkungen zwischen Beobachter und Beobachteten nicht übersehen, die gerade in 60 der Schule das Ergebnis verfälschen können oder jedenfalls jene ausführlichen Nachforschungen verbieten, die erst eine sinnvolle Deutung der Befunde ermöglichen würden. Ein Lehrer setzt sich leichter dem Vorwurf 65 der Parteilichkeit aus als ein Sozialforscher.

(Dieter Ulich, Gruppendynamik in der Schulklasse, Verlag Ehrenwirth, München 1974, S. 54f.)

Wenn Sie (was natürlich sehr reizvoll und im Hinblick auf die Einschätzung dieser Methode der empirischen Sozialwissenschaft sehr ergiebig ist) eine eigene soziometrische Befragung durchführen wollen, sollten Sie dabei sehr behutsam vorgehen und zusammen mit Ihrer Lehrperson folgende Frage bedenken: Gibt es eine (nicht zu große!) Klasse, die/deren Klassenlehrer/Klassenlehrerin bereit ist, den Test durchzuführen? Wie kann bei der Auswertung (!) die Anonymität der Schüler/Schülerinnen gesichert werden (z.B. durch eine zahlenmäßige Verschlüsselung der Namen)? Welche Strukturebene soll mit welcher Frage erfasst werden (z.B. die „funktionale", ggf. unter Verzicht auf negative Wahlen)?

Es sollte der betr. Klasse verdeutlicht werden, dass es hier um eine methodische Übung geht, nicht um eine pädagogische Maßnahme.

Bedenken Sie auch die grundsätzlichen kritischen Hinweise in M 32.

3. Gruppenstrukturen und Gruppenprozesse

Die gruppenspezifische Entstehung von Vorurteilen und Aggressionen

 M 33 Die Ferienlager Sherifs

Soziometrische Tests waren auch Bestandteil einer berühmt gewordenen Untersuchung des amerikanischen Psychologen türkischer Herkunft Muzafer Sherif (s. Kasten), die sich aber nicht so sehr auf bestehende Gruppenstrukturen, sondern auf Prozesse bezog, die zur Entstehung von Gruppen und sodann von gruppenspezifischen Verhaltensweisen führen. Sherif bediente sich dazu einer zentralen Methode der empirischen Sozialforschung, des sozialwissenschaftlichen *Experiments*, mit dessen Charakter (Merkmale, Arten, Probleme) Sie sich (ggf. nach einer ersten Lektüre der Versuchsbeschreibung in M 33) vertraut machen sollten (M 34). Beachten Sie zur Analyse und Auswertung dieser umfangreichen, außerordentlich interessanten Untersuchung die Arbeitshinweise S. 259.

Dass man auch in sehr erfolgreicher Weise mit den Spielen Jugendlicher, etwa 12-jähriger Jungen, experimentieren kann, hat niemand hübscher demonstriert als M. Sherif. In den Jahren 1949, 1953 und 1954 veranstaltete er Sommerlager mit ungefähr zwei Dutzend Teilnehmern, psychisch normalen Jungen, die einander vorher nicht gekannt hatten und die aus ähnlichen
5 häuslichen Verhältnissen stammten. Zwei Studenten fungierten als Beobachter, die sich an den Unternehmungen der Burschen lebhaft beteiligten, ohne sich dabei aber in die Rolle von Gruppenführern manövrieren zu lassen. Der Versuchsleiter
10 selbst trat als Verwalter des in den Bergen gelegenen Geländes auf, in dem die Lager abgehalten wurden. Er gab sich dabei als ein etwas einfältiger Brummbär, dem niemand seine „nai-
15 ven Fragen" (z.B. danach, welcher Gruppe ein bestimmter Junge angehöre) übel nehmen konnte.

Die drei Versuchsreihen Sherifs folgten demselben vier-phasigen Schema, wo-
20 bei jedes Stadium etwa 3-4 Tage dauerte. Im ersten Stadium hatten die Jungen Gelegenheit, einander näher kennen zu lernen und sich spontan zu Freundschaftsgruppen zusammenzu-
25 schließen. Sehr stark entgegen ihren anfänglichen Sympathien erfolgte im zweiten Stadium die Aufteilung in zwei Untergruppen, die – mit je 12 Mitgliedern – getrennt voneinander hausten
30 und sich betätigten. Die Bildung dieser beiden Gruppen erfolgte aufgrund einer soziometrischen Befragung, und zwar so, dass in die neu zu bildenden Gruppen jeweils vorwiegend Lagerteil-

Muzafer Sherif (geb. 1906), aus der Türkei in die USA eingewandert, war der erste Psychologe, der die traditionellen Fachgrenzen zu überwinden suchte. Seine Monographie „The Psychology of Social Norms" (1936) ist ein kaum jemals wieder übertroffener Versuch zur Integration allgemeinpsychologischer, sozialer und kultureller Aspekte. – Seine Ferienlagerstudien gelten als Meilenstein der modernen Gruppenforschung, denn hier gelang es zum ersten Male, in natürlichen, durchaus lebensnahen Situationen die Entstehung von Gruppen mit gruppenspezifischen Norm- und Wertsystemen, die Entwicklung echter, von überraschend heftigen Vorurteilen begleiteter Intergruppenkonflikte und schließlich den Abbau dieser Gruppenspannungen unter experimentelle Kontrolle zu bringen. Diese klassische Untersuchungsreihe, deren exemplarische Bedeutung nicht hoch genug veranschlagt werden kann, hat in der modernen Sozialpsychologie* bisher noch kein vergleichbares Gegenstück gefunden.

(Hans Anger, Die historische Entwicklung der Sozialpsychologie. In: Kindlers „Psychologie des 20. Jahrhunderts". Sozialpsychologie Bd. 1, Beltz, Weinheim und Basel 1984, S. 47)

35 nehmer kamen, die sich in der ersten Phase nicht besonders eng aneinander angeschlossen hatten. Durch dieses von den Jungen selbst als recht unbillig empfundene Arrangement wird der Einfluss von Faktoren verringert, die bei freier Partnerwahl zu Sympathiebindungen führen. Dies war notwendig, um die bindungsstiftende Wirksamkeit des Gruppenkontakts möglichst rein zur Geltung zu bringen. Tatsächlich kam es in den künstlich zusammengestellten Gruppen inner-
40 halb weniger Tage zu einem sehr intensiven Zusammenschluss. Die Gruppen entwickelten – jede für sich – ein echtes Wir-Erlebnis, so dass schon nach kürzester Zeit niemand mehr den ursprünglich zerrissenen Freundschaftsbanden nachtrauerte.

Das dritte Stadium des Experiments entwickelte sich aus dem zweiten nahezu von selbst. Mit einem Mal tauchte nämlich bei jeder der beiden Gruppen, die sich inzwischen u. a. auch eigene Na-
45 men beigelegt hatten – „Bulldogs" und „Red Devils" im Lager des Jahres 1949 –, die Frage nach dem Leben der anderen Gruppe auf. Diese mag sich etwa in der folgenden Überlegung geäußert haben: „Wir haben uns alle so nett eingerichtet, wir sind außerdem auch alle tüchtige Sportler, bei den anderen – da drüben – klappt es sicher nicht so gut, die können sich mit uns überhaupt nicht messen!" Empfindungen dieser Art sind es, um die es im Grunde dem Versuchsleiter ging;
50 in ihnen scheidet sich die Binnen-Gruppe von der Außen-Gruppe bzw., wie ich sagen möchte, die „Wir-Gruppe" von der „Die-Gruppe". Natürlich wurde den beiden Gruppen Gelegenheit dazu gegeben, sich aneinander zu messen. Es kam also zu sportlichen Wettkämpfen (Tauziehen) und zu gemeinsamen Ausflügen – es kam freilich auch zum Ausbruch eines erheblichen Maßes an gruppenspezifischer Aggressivität. Das Tauziehen mündete in eine Rauferei, man beschuldigte einan-
55 der der Unehrlichkeit, Schimpfnamen flogen hinüber und herüber, Überfälle auf die feindliche Unterkunft ereigneten sich, mit Fallobst wurden Schlachten ausgetragen, und schließlich wurde sogar die Fahne der gegnerischen Die-Gruppe einmal feierlich verbrannt.

(Peter R. Hofstätter, Gruppendynamik, Rowohlt [rde 38], Reinbek, S. 108-110)

Es wurden Wettbewerbsspiele arrangiert (Baseball, Fußball, Tauziehen, Schatzsuche etc.) und Preise für die Gewinner ausgesetzt. Große Anzeigetafeln dokumentierten die täglichen Leis-
60 tungen der Gruppen. In allen drei Experimenten begannen die Wettspiele im Geist sportlicher Kameradschaft. Niederlagen und geplante ebenso wie spontan eintretende Frustration bei den Gruppen führten mehr und mehr zu Beschimpfungen und vehement aggressiven Verhaltensweisen zwischen den Gruppen.

Nach einem Spiel, bei dem innerhalb kurzer Zeit möglichst viele Bohnen in einem Behälter
65 gesammelt werden mussten, wurden kurzzeitig jeweils 45 Bohnen in unterschiedlicher Anordnung als angebliche Sammler-Leistungen präsentiert. Es wurde dazu angegeben, ob diese von einem Mitglied der eigenen oder der anderen Gruppe erzielt wurde. Durchgängig wurde die Zahl überschätzt, wenn sie von einem (angeblichen) ingroup-Mitglied, unterschätzt, wenn sie von einem (angeblichen) outgroup-Mitglied stammte.

(Schäfer/Six, s. u., S. 168–169)

70 In einer Kampfpause sammelten die Beobachter auf jeder der beiden Seiten die Urteile über die Wir-Gruppe und die Die-Gruppe. Vorgelegt wurde eine Reihe von sechs Adjektiven (mutig, ausdauernd, ordentlich, hinterlistig, spielverderberisch, unsauber), die jeweils hinsichtlich ihrer Gültigkeit für die entsprechende Gruppe zu bestimmen waren. Dazu standen fünf Kategorien in Gestalt der Sätze zur Verfügung: „Alle X-Leute sind ...", „Einzelne X-Leute sind ..." bis
75 zu „Keiner von den X-Leuten ist ...". Das Ergebnis lässt sich leicht erraten: Die jeweilige Wir-Gruppe belegte sich selbst vorwiegend mit günstigen Attributen, die rivalisierende Die-Gruppe hingegen mit ungünstigen.

(Hofstätter, S. 110)

Schlussfolgerungen:

1. Wenn Mitglieder zweier Gruppen in einer Serie von Aktivitäten Kontakt haben, bei denen
80   beide das gleiche Ziel ernsthaft verfolgen, es aber nur eine Seite auf Kosten der anderen er-

reichen kann, führt dieser Wettbewerb – nach einer gewissen Zeit – zu Feindseligkeit zwischen den Gruppen.

2. Im Verlauf solcher Wettbewerbs-Interaktionen werden negative Einstellungen und Stereotype* gegenüber den anderen Gruppen entwickelt, durch die „die anderen" von der eigenen
85 Gruppe distanziert werden.

3. Konflikt zwischen den Gruppen führt zu einem Anwachsen der Solidarität innerhalb der Gruppen.

4. Die Steigerung von Solidarität und Stolz auf die eigene Gruppe geht einher mit einer Überschätzung der Leistungen von Mitgliedern der eigenen Gruppe und einer Unterschätzung
90 der Leistungen von outgroup-Mitgliedern.

(Schäfer/Six, S. 168)

Im vierten und letzten Stadium des Experiments ging es um die Beilegung der Gruppenfehden, d.h. um die Rückgliederung der beiden Kleingruppen in eine gemeinsame Großgruppe.
(Hofstätter, S. 110)

Phase 1: Angenehmer Kontakt ohne wechselseitig abhängige Aktivitäten.
Es wurden Kontaktsituationen wie gemeinsamer Kinobesuch, Einnahme von Mahlzeiten im
95 gleichen Speisesaal, Veranstaltung eines Feuerwerks an einem Feiertag etc. geschaffen. Diese Situationen dienten den Jungen aber in erster Linie als Gelegenheit, sich gegenseitig zu attackieren.

Phase 2: Kontakt mit übergeordneten Zielen.
Es wurde eine Serie natürlich erscheinender Situationen erzeugt, die Probleme hinsichtlich
100 wichtiger Ziele beider Gruppen enthielten und die nur durch gemeinsame Aktivität der Mitglieder beider Gruppen bewältigt werden konnten.
Zum Beispiel brach das Wasser-Versorgungssystem zusammen. Die Jungen wurden zusammengerufen und über die eingetretene Krise unterrichtet; sie gingen getrennt auf die Suche nach der Ursache, taten sich dann zusammen und lokalisierten gemeinsam einen Rohrbruch
105 als Ursache. Die dabei entstandene gute Stimmung überdauerte die gemeinsame Bewältigung der Krise allerdings nicht lange.
Während eines Ausflugs, als die Jungen sehr hungrig und auf Essen eingestellt waren, blieb das Lastauto mit den Nahrungsmitteln (durch unauffällige Intervention der Experimentatoren) stecken. Mithilfe eines in einer früheren Auseinandersetzung verwendeten Seils beim Tauzie-
110 hen wurde das Auto wieder flott gemacht.
Die gemeinsamen Aktivitäten zur Erreichung gemeinsamer übergeordneter Ziele verminderten nach und nach alle feindseligen Aktivitäten zwischen den Gruppen. In abschließenden Interviews und Freundschafts-Wahlen wurden weitgehend freundliche Gefühle zwischen den Gruppen festgestellt.

115 Schlussfolgerungen:

– Kontakt zwischen verfeindeten Gruppen auf der Ebene von Gleichheit reduziert auch dann nicht notwendigerweise Konflikt und Feindseligkeit, wenn die Kontakt-Situation als angenehm erlebt wird.

– Kontakt zwischen Gruppen, der wechselseitig abhängige Aktivitäten auf übergeordnete Ziele
120 hin enthält, führt zu Kooperationen zwischen den Gruppen; eine einzelne Episode der Kooperation ist allerdings nicht ausreichend, um bestehende Intergruppen-Feindseligkeit und negative Stereotype dauerhaft zu vermindern.

– Eine Serie kooperativer Aktivitäten auf übergeordnete Ziele hin hat einen kumulativen Effekt auf die Verminderung von Intergruppen-Feindseligkeit.

(Schäfer/Six, S. 288/289)

(Zusammengestellt aus: Peter R. Hofstätter, Gruppendynamik, Rowohlt [rde 381], Reinbek 1971, S. 110, und Bernd Schäfer/Bernd Six, Sozialpsychologie des Vorurteils, Verlag W. Kohlhammer (urban 207), Stuttgart 1978, S. 168f., 288f.)

1. Analysieren Sie genau den Ablauf des Ferienlager-Experiments (1.–3. Stadium):
   – Erläutern Sie, welche Annahme Sherif mit seinem ersten „Eingriff" (der Neuzusammensetzung der Gruppen entgegen der ersten Sympathiebildung) überprüfen wollte. Welches Ergebnis ließ sich feststellen? (1. und 2. Stadium)
   – Beschreiben Sie (3. Stadium) die Entwicklung, die sich aus dem intensiven Zusammengehörigkeitsgefühl in jeder Gruppe für das Verhältnis zwischen den beiden Gruppen ergab.
   – Inwiefern könnte man die Urteile über die „Wir-Gruppe" und über die „Die-Gruppe", wie sie in dem Bohnenspiel und in der Befragung zum Ausdruck kamen, als Vorurteile bezeichnen? Welche Merkmale haben diese Urteile?
   – Erklären Sie das Entstehen von „Aggressivität" zwischen den Gruppen. Wie hängt es mit den Vorurteilen zusammen? Warum ist die Rede von „gruppenspezifischer" Aggressivität?
   – Überlegen Sie auch, wie sich die Gruppenmitglieder in ihrer Überschätzung der eigenen und der Unterschätzung der „fremden" Gruppe fühlten, welche Funktion also die Vorurteile für das Bewusstsein und das Selbstgefühl der Gruppenmitglieder hatten.

2. Beschreiben Sie, worum es im 4. Stadium des Ferienlager-Experiments (Z. 91ff.) ging. Was wollte Sherif in dieser Phase untersuchen?

3. Erläutern Sie die Maßnahmen, die der Versuchsleiter im 4. Stadium traf. Wodurch unterscheiden sich die in „Phase 1" hergestellten Situationen von denen in „Phase 2"? Welche unterschiedlichen Ergebnisse ließen sich feststellen?

4. Erläutern und diskutieren Sie – nach Bearbeitung von M 34 – einige methodische Gesichtspunkte des Experiments:
   – Handelt es sich um ein Labor- oder um ein Feldexperiment? Begründen Sie Ihre Entscheidung.
   – Bestimmen Sie im Einzelnen die Hypothesen, die unabhängigen und abhängigen Variablen.
   – Welche Maßnahmen des Versuchsleiters sollten dazu dienen, dass keine „Störfaktoren" (z.B. solche, die in den Versuchspersonen selbst liegen konnten) das Ergebnis beeinflussten und dass die Versuchspersonen „naiv" gehalten wurden? Versuchen Sie die Wirksamkeit dieser Maßnahmen kritisch einzuschätzen.
   – Inwiefern könnte man das Bohnenspiel (Z. 64ff.) als „Experiment innerhalb des Experiments" bezeichnen?

5. Wie beurteilen Sie insgesamt das Maß an interner und externer Gültigkeit (Validität) des Ferienlager-Experiments?

6. Fassen Sie die Ergebnisse des Experiments in kurzen Sätzen zusammen. Welche allgemeinen Erkenntnisse lassen sich im Hinblick auf Gruppenprozesse daraus ableiten (vgl. Kasten S. 256)?

Methode S

M 34 Das Experiment als Methode der empirischen Sozialforschung

Definition des Experiments

Mit Experiment bezeichnen wir [...] einen planmäßig und wiederholbar hervorgerufenen Vorgang, bei dem beobachtet wird, in welcher Weise sich unter Kontrolle anderer Bedingungsfaktoren mindestens eine *abhängige Variable* (AV) ändert, wenn mindestens eine *unabhängige Variable* (UV) variiert wird.

In dieser Definition sind die wesentlichen Bestimmungsstücke eines Experiments enthalten:

a) Es muss eine Annahme über den Zusammenhang von mindestens zwei variablen Größen vorliegen, die beobachtbar (messbar) sein müssen (*Hypothese* über eine „Wenn-dann-Beziehung").

b) Die UV muss in einer planmäßig gestalteten Untersuchungssituation willkürlich hergestellt und ebenso willkürlich durch den Versuchsleiter (VL) variiert werden können. Dabei
ist es prinzipiell nicht nötig, dass in einem Experiment nur eine unabhängige Variable variiert wird, es können durchaus mehrere sein.

c) Die experimentellen Bedingungen sind so festzulegen, dass eine optimale *Kontrolle* der
Störvariablen (s. u.) gewährleistet ist.

d) Um die Wiederholung des Experiments mindestens prinzipiell möglich zu machen, muss
das Vorgehen sorgfältig geplant und in einer Versuchsbeschreibung ausführlich dargestellt
werden.

Die Analyse funktionaler Zusammenhänge

Ziel eines Experiments ist der Nachweis einer funktionalen Relation zwischen mindestens
zwei Größen, d.h., es wird untersucht, ob der Ausprägungsgrad einer Variablen vom Auspräg-
gungsgrad einer anderen in systematischer Weise abhängt. Wenn man z.B. davon ausgeht,
dass der Erziehungsstil der Eltern die emotionale Stabilität des Kindes beeinflusst oder dass
der kognitive Entwicklungsstand eines Kindes zu Beginn der Schulzeit zumindest teilweise
für die Schulleistungen am Ende der 1. Klasse verantwortlich ist, so wird hier eine Größe als
Bedingung oder auch *Ursache* der anderen aufgefasst. Da man in der sozial- und humanwis-
senschaftlichen Forschung nur selten die Berechtigung zu *kausalen* Bedingungszusammen-
hängen sieht, spricht man besser von *funktionalen* Zusammenhängen.

Die Variablen im Experiment

In jeder Analyse, die einen funktionalen Zusammenhang untersuchen will, kann man
zunächst zwei Arten von Merkmalen (Variablen) unterscheiden: die *„unabhängige Variable"*
(UV) und die *„abhängige Variable"* (AV).
Die AV ist dasjenige Merkmal, das als Ergebnis von Einflussgrößen gedacht wird. Abhängig
nennt man diese Variable deshalb, weil ihr Ausprägungsgrad von anderen Größen bestimmt
wird. Dasjenige Merkmal, das als vermutete Einflussgröße auf die AV einwirkt und diese verändert, nennt man UV (die UV ist das Gegenstück der AV; nur so ist die Kennzeichnung als
„unabhängige" Variable zu verstehen). In Experimenten wird die UV durch den Experimenta-
tor eingeführt und variiert. Neben der Bezeichnung UV findet man verschiedene Umschrei-
bungen: z.B. Bedingungsfaktor, experimentelle Bedingung, Vorhersagevariable [...].
Die Variation der AV kann auch durch andere Größen als die in der Untersuchung als UV de-
finierte Größe hervorgerufen werden. Allgemein bezeichnet man die Variablen, die in einer
Untersuchung neben der unabhängigen Variablen unbemerkt auf die AV einwirken und auf
diese Weise eine Variabilität der AV erzeugen, die irrtümlicherweise der unabhängigen
Variablen zugeschrieben wird, als *Störvariablen*. Welche Arten von Störvariablen in einer Untersuchung auftreten können, lässt sich nicht verallgemeinernd bestimmen. In jedem Fall
sind es solche Einflussgrößen, die in der Untersuchung ungewollt und meist vom Untersu-
cher unbemerkt die abhängige Variable systematisch beeinflussen. [...]

Abgrenzung des Experiments von anderen Methoden und Untersuchungsverfahren

Experiment und systematische Beobachtung

Jedes Experiment bedient sich in irgendeiner Form der kontrollierten, systematischen Beobachtung (vgl. M 41). Aber nicht jede systematische *Beobachtung* ist auch ein Experiment. Die
Beobachtung der Schüler-Lehrer-Interaktion in einer Schulklasse kann unter kontrollierten
Bedingungen systematisch erfolgen; trotzdem ist diese Beobachtung kein Experiment, weil
die planmäßige Einführung und Variation einer unabhängigen Variablen durch den Beobachter fehlt (z.B. bei einem Vergleich von Unterrichtsmethoden).

Arten des Experiments

Laborexperiment und Feldexperiment

Je mehr ein Experiment in das reale alltägliche Geschehen eingebettet ist, desto schwieriger
gestaltet sich in der Regel die Kontrolle aller möglichen Einflüsse auf die zu untersuchende
abhängige Variable. Deshalb werden Experimente vielfach in eigens dafür geschaffenen Um-

gebungen durchgeführt – im Extremfall in einem dafür eingerichteten Versuchslabor. Das Gegenstück ist das Experiment im „Feld", in einer natürlichen Situation.

a) Im **Laborexperiment** wird versucht, alle Einflussfaktoren, die nicht unmittelbar zu den unabhängigen Variablen des Experimentes zählen, dadurch auszuschalten oder unter Kontrolle zu halten, dass man ein besonderes, vom Alltagsverlauf isoliertes Untersuchungsmilieu herstellt [...]. Deshalb eignet sich das Laborexperiment vor allem zur Überprüfung differenzierter theoretischer Aussagen (Hypothesen). Es verfolgt die Absicht, Zusammenhänge unter „reinen" und unvermengten Bedingungen aufzudecken.

Der wesentliche *Vorteil* des Laborexperiments besteht darin, dass Einflussfaktoren weitgehend kontrolliert werden können. Das gilt vor allem für die durch die Situation und äußere Umgebung bedingten Faktoren. Dadurch besitzen Laborexperimente in der Regel ein hohes Maß an methodischer Exaktheit („*interne Validität*"*). Durch die Künstlichkeit der Untersuchungssituation ergibt sich allerdings ein wesentlicher *Nachteil*: Die Versuchsergebnisse können nicht ohne weiteres auf andere, lebensnahe Situationen übertragen werden. Damit ist die „*externe Validität*" infrage gestellt.

b) Beim **Feldexperiment** wird die Untersuchung in einer möglichst realistischen, u.U. in der natürlichen Situation durchgeführt [...]. Die Abgrenzung zwischen Labor- und Feldexperiment ist nicht immer leicht möglich. Nach Bredenkamp [...] bezieht sich die Unterscheidung „ausschließlich auf das Milieu, in dem das Experiment abläuft: Während das Feldexperiment im natürlichen Milieu abläuft, wird zur Durchführung eines Laborexperimentes erst ein Milieu hergestellt". Die Unterscheidung nach dem Ausmaß der Variablenkontrolle trifft nur insofern zu, als das Feldexperiment in der Regel eine ähnlich exakte Kontrolle wie das Laborexperiment nicht zulässt. In jedem Fall müssen auch Feldexperimente unter kontrollierten Bedingungen durchgeführt werden, wobei mindestens eine UV vom Versuchsleiter planmäßig einzuführen und zu variieren ist. Wird die Variation der UV nicht „gemacht", sondern greift der VL auf die bestehenden Bedingungen, d.h. auf „vorgefundene" Variationen zurück, so liegt kein Feldexperiment, sondern eine *Feldstudie* bzw. eine Ex-post-facto*-Untersuchung vor. Das gilt besonders für Schulversuche.

Der Vorteil des Feldexperiments ist der Nachteil des Laborexperiments und umgekehrt [...]. Während beim Laborexperiment auf Kosten der Generalisierbarkeit (externe Validität) die Schlüssigkeit der Ergebnisse innerhalb eines Experiments (interne Validität) in den Vordergrund gestellt wird, ist beim Feldexperiment das Gegenteil der Fall. Der stärkere Realitätsbezug erlaubt mit größerer Berechtigung die Übertragung der Befunde auf praktische Probleme des Alltags (Generalisierbarkeit), dafür ist die methodische Sicherheit geringer und damit auch die interne Validität.

Fehlerquellen, die vom Versuchsleiter ausgehen

Wenn man von der Möglichkeit bewusster Verfälschung des Untersuchungsergebnisses absieht, kann der Versuchsleiter nach Klauer [...] „das Versuchsergebnis mindestens in doppelter Weise beeinflussen:

a) Der Versuchsleiter kann das Verhalten der Versuchspersonen unbeabsichtigt durch sein eigenes Verhalten steuern, z.B. durch seinen Ausdruck in Mimik, Gestik, Stimmführung usw., also durch weniger deutlich kontrollierte Aspekte seines Verhaltens.

b) Soweit die anschließende Befunderhebung nicht weitgehend objektiv ist, kann der Versuchsleiter dabei außerdem Wahrnehmungs- und Urteilstendenzen unterliegen, die seinen Erwartungen entgegenkommen."

Fehlerquellen, die von den Versuchspersonen ausgehen

Zu dieser Kategorie zählen einmal Fehlerquellen, die durch fehlerhafte Auswahl und Zuordnung der Versuchspersonen auf verschiedene Untersuchungsgruppen entstehen, und zum andern solche Fehlerquellen, die das Verhalten einzelner Versuchspersonen und die Veränderung des Verhaltens im Laufe der Zeit betreffen.

(Andreas Krapp/Siegfried Prell, Empirische Forschungsmethoden, Studienhefte zur Erziehungswissenschaft, H. 5, Oldenbourg, München 1975, S. 36ff.)

Normenbildung und Konformitätsdruck in Gruppen

▬ M 35 Das Experiment von Sherif zum „autokinetischen Phänomen"

Die Fragen, die Sherif (zur Person s. Kasten S. 256) untersuchen wollte, waren die folgenden: (1) Wie wird sich eine *einzelne* Person verhalten, wenn sie in eine Situation gestellt wird, in der alle Vergleichsmaßstäbe und jeder Bezugsrahmen für ein Urteil fehlen? Wird die Person eine Summe unverbundener Antworten liefern, oder wird sie ihren eigenen Bezugsrahmen ent-
5 wickeln? (2) Wie wird sich eine *Gruppe* von Personen in der gleichen unstabilen Situation ohne Bezugsrahmen verhalten? Werden die Urteile der einzelnen Gruppenmitglieder ohne Bezug zueinander bleiben, oder werden sich die Aussagen gegenseitig beeinflussen und einander nähern? Wenn es dazu kommt, dass sich in einer solch unstrukturierten Situation ein *gemeinsamer Urteilsmaßstab* für die Gruppe herausbildet, der für diese Gruppe spezifisch ist, kann
10 dann dieser Prozess als Prototyp von *Einstellungs- oder Normbildung in Gruppen* angesehen werden?
Um diese Fragen zu untersuchen, brauchte Sherif zunächst einmal eine geeignete unstrukturierte Situation.

(Alexander Thomas, S. 92)

Er verwendete das schon seit langer Zeit bekannte sog. autokinetische Phänomen, bei dem in
15 einem völlig verdunkelten Raum ein sehr kleiner und intensitätsschwacher Lichtpunkt für kurze Zeit dargeboten wird. Da auch bei fester Fixation unsere Augenachsen niemals ganz ruhig bleiben (Nystagmus), scheint sich der Lichtpunkt, der objektiv fest steht, zu bewegen. Die Versuchspersonen (Vpn) besitzen in diesem Fall auch nicht die Möglichkeit, den subjektiven Charakter dieser Bewegungserscheinung zu erkennen, da es dazu eines festen Bezugssystems be-
20 dürfte. Ist außerdem die Entfernung des Lichtpunktes unbekannt (der Projektor befindet sich hinter einem Schirm, der erst nach Verdunkelung weggezogen wird), so fällt die Schätzung der scheinbaren Bewegungsweite des Punktes überaus schwer.

(Peter R. Hofstätter, S. 58/59)

In eine solche Situation brachte Sherif seine Versuchspersonen und untersuchte das Ausmaß der Scheinbewegungen unter zwei experimentellen Bedingungen: (1) in Einzelversuchen mit
25 einer Vp allein. Diese Versuche dienten ihm dazu, eine Basislinie für seine Gruppenversuche zu gewinnen, und um später zu sehen, ob die Gruppe auch bereits etablierte Urteilsmaßstäbe beeinflusst. (2) Zweitens untersuchte er die Entwicklung der Scheinbewegung in der Gruppensituation, um die Veränderungen zu erfassen, die sich aus der Gruppensituation ergaben. (3) Schließlich wiederholte er die Einzelversuche mit jeder Versuchsperson, um festzustellen,
30 ob sie sich in ihrem Urteilsverhalten nach dem neu gebildeten Gruppenmaßstab oder nach den im ersten Versuchsdurchgang gebildeten individuellen Urteilsmaßstäben richteten. In allen Versuchen hatten die Versuchspersonen die Bewegungsweite des Lichtpunktes in Zentimetern anzugeben. In den Einzelversuchen erfolgte diese Angabe individuell und schriftlich, ohne dass die anderen Personen etwas davon erfuhren. In der Gruppensituation gaben die ein-
35 zelnen Versuchspersonen ihre Urteile laut und für die anderen Gruppenmitglieder deutlich wahrnehmbar ab.

(A. Thomas, S. 93)

Die Abbildung zeigt die von drei Versuchspersonen in einem eigenen Experiment des Verfassers gelieferten Schätzungen. Zunächst wurden mit jeder Vp vier Einzelversuche ($A_1 - A_4$) durchgeführt, sodann drei Gruppenversuche ($Z_1 - Z_3$), in denen jede Vp ihre Schätzung aus-
40 rief, und schließlich abermals vier Einzelversuche ($A_5 - A_8$). Die Ordinate gibt die Schätzungsbeträge in Zentimetern. Die zu einer Gruppe zusammengefassten Vpn wurden im Hinblick auf einen möglichst großen Unterschied zwischen ihren Abschätzungen ($A_1 - A_4$) ausgewählt. Zwischen der ersten Gruppe der Alleinschätzungen, den drei Zusammenschätzungen und der

zweiten Gruppe der Alleinschätzun-
gen lag jeweils eine Spanne von 30
Minuten, während deren die Vpn im
Sinne einer Konkurrenz dreistellige
Zahlen miteinander multiplizierten.
Dies hatte einmal den Zweck, eine
Diskussion zu verhindern, zum ande-
ren sollten dadurch die geschätzten
Zahlenwerte nach Möglichkeit verwischt werden.
In Übereinstimmung mit den Befunden Sherifs zeigt sich in diesem Experiment eine deutliche Konvergenz der
Schätzungen während der drei Ge-
meinschaftssituationen (Z_1 – Z_3). Das
Resultat dieses Vorgangs erhielt sich
auch in den darauf folgenden vier Ein-
zelsituationen (A_5 – A_8) [...]
Im Sherif'schen Experiment handelt
es sich um eine besonders einfache
Form des Miteinander. Die Vpn diskutieren ihre Aufgabe zwar nicht miteinander, sie beeinflussen sich aber
gegenseitig durch die ausgerufenen
Schätzungen. Auf diese Weise geben

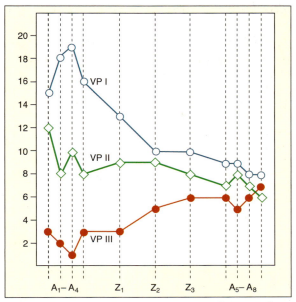

Abbildung: Die Konvergenz der Schätzungen beim autokinetischen Phänomen

sie einander gegenseitig Anhaltspunkte in einer an sich sehr unbestimmten Situation. Im
Endeffekt einigen sie sich – ohne direkte Verabredung – bezüglich eines Sachverhaltes (der
Bewegungsweite des Lichtpunktes), der als objektive Gegebenheit gar nicht besteht. Der Punkt
bleibt unbeweglich. Hier wird somit innerhalb einer sehr kleinen Gruppe eine Behauptung
über die Konstitution der gemeinsamen Umwelt formuliert, die unbeschadet ihrer Falschheit
eine gewisse Verbindlichkeit besitzt. *Die Gruppe trägt, wie man auch sagen könnte, eine neue
Ordnungstatsache in das Bild ihrer Welt.*

In einer echten, nicht durch Versuchsvorschriften so weit eingegrenzten Situation würden die
Vpn freilich sehr bald herausgefunden haben, dass sich der Punkt wohl überhaupt nicht bewegt. Es hätte dazu nur der Erlaubnis bedurft, außer der Bewegungsweite auch die Bewe-
gungsrichtung zu nennen. Dabei ist zu erwarten, dass die von einer Vp wahrgenommene Bewegung (z.B.: gradlinig nach rechts oben) unvereinbar ist mit der von einer andren Vp gesehe-
nen Bewegung (z.B.: kreisförmig). Lässt man über diese unterschiedlichen Beobachtungen eine Diskussion zu, dann ist deren Resultat in den meisten Fällen – wie eigene Versuche des
Verf. gezeigt haben – eine Einigung auf den wahren Sachverhalt, dass nämlich der Punkt still
steht.

Die Erinnerung daran, wie entzückend harmlos der Hergang der Dinge im Experiment ist,
dürfte kaum erforderlich sein. Offenbar stand für die Vpn gar nichts auf dem Spiele; sie hätten
also, so sollte man denken, bei ihren weit auseinander klaffenden Anfangsschätzungen bleiben können. Dass sie dies nicht taten, verlangt eine Erklärung. Um diese zu finden, müssen
wir auf eine bisher noch nicht erörterte Eigenheit des Versuchsergebnisses zurückgreifen. Wie
kommt es nämlich, dass sich im wiederholten Einzelversuch (A_1 – A_4) die Schätzungen jeder
einzelnen Vp innerhalb sehr enger Grenzen (15–19 cm, 8–12 cm, 1–3 cm) halten? Warum verteilen sie sich nicht über die ganze Skala von 1–19 cm und eventuell noch darüber hinaus?
Selbst in der Illusion herrscht eine gewisse Ordnung. Ohne dass sie sich dessen eigentlich bewusst werden, haben die Vpn – jede für sich – ein unbestimmt fluktuierendes Erlebnis nor-

95 miert. Der Punkt benimmt sich nunmehr, sozusagen, in verlässlicher Weise. Damit ist diese neue Situation einigermaßen bewältigt. Das ist an sich nicht besonders wichtig, jedoch spiegelt sich darin unser immerwährender Anspruch auf eine geordnete Umwelt. In der ersten Gemeinschaftssituation (Z$_1$) erweisen sich diese individuellen Ordnungen nun freilich als sehr zweifelhaft. Von hier aus verläuft die Entwicklung aber in Richtung auf eine neue Ordnung,
100 die darum besonders verlässlich ist, weil sie von mehreren geteilt wird. Die Konvergenz entspricht demnach einem Vorgang, den der *typisch menschliche Anspruch auf eine geordnete Umwelt* motiviert. In der ersten Gemeinschaftssituation findet eine Konfrontation statt, aufgrund derer sich zumindest bei den beiden extrem voneinander abweichenden Vpn (I und III) das bedrückende Gefühl eines möglichen Irrtums einstellt. Man reduziert dieses, da das eigene
105 Urteil ohnedies nicht sonderlich fest verankert ist, durch eine schrittweise Annäherung.

(Hofstätter, S. 59/60)

(Zusammengestellt aus: Peter R. Hofstätter, Gruppendynamik, Rowohlt [rde 38], Reinbek 1973, S. 58ff., und Alexander Thomas, Grundriss der Sozialpsychologie, Bd. 2: Individuum, Gruppe, Gesellschaft, Verlag für Psychologie Dr. C. J. Hogrefe, Göttingen 1992, S. 92f.)

▇▇ M 36 Kritik am Sherif-Experiment: fehlende Übertragbarkeit

Wenden wir uns den theoretischen Hypothesen von Sherif zu. Bei der Diskussion dieser Hypothesen wollen wir davon ausgehen, dass diese nicht lediglich für die von Sherif herge-
5 stellte experimentelle Situation gelten, sondern auch in natürlichen Situationen angewendet werden sollen. Dies entspricht auch den Intentionen von Sherif selbst. Er versucht immer wieder, seine experimentell ge-
10 fundenen Ergebnisse zu „generalisieren", d.h. er versucht, Hypothesen zu formulieren, deren Geltungsbereich nicht auf experimentelle Situationen beschränkt ist, die aber mit den Ergebnissen der Experimente vereinbar
15 sind.
Unter welchen Bedingungen entstehen die Sachverhalte, die Sherif zu erklären versucht (Konvergenz der Urteile etc.)? Eine Bedingung ist, dass sich die Individuen in einer Si-
20 tuation befinden, die für die Individuen *neu* ist, die *unstabil bzw. unstrukturiert* ist und für die die Individuen noch *keine Normen oder Kognitionen gebildet haben.* Die von Sherif geschaffene experimentelle Situation gehört oh-
25 ne Zweifel zu der genannten Klasse von Situationen: Sie ist unstabil, d.h. der Lichtpunkt bewegt sich unregelmäßig und es gibt auch keinen Maßstab, an dem die Vp die Schwankungsbreite messen kann. Die Situa-
30 tion ist *neu* für die Individuen: Man kann davon ausgehen, dass die Vpen noch nie die Schwankungsbreite eines Lichtpunktes in einem dunklen Raum abgeschätzt haben. Schließlich kann man davon ausgehen, dass
35 in der betreffenden Situation die Individuen noch *keine Urteile oder Normen über die Schwankungsbreite von Lichtpunkten gebildet hatten.*
Wenn auch klar ist, dass die *experimentelle Situation* zu der Klasse der unstrukturierten
40 und neuen Situationen gehört, für die noch keine Kognitionen und Normen bestehen, so ist es doch äußerst schwierig, wenn nicht unmöglich, für *andere* Situationen, insbesondere für natürliche Situationen, zu entscheiden,
45 ob sie zu der genannten Klasse gehören. Demonstrieren wir dies an dem Merkmal „unstabil" bzw. „unstrukturiert". Was ist mit diesen Termini gemeint? Sherif definiert sie nicht in präziser Weise. Er deutet nur an, was
50 er damit meint. [...]
Es ist auch nicht einfach zu entscheiden, ob eine Situation *„neu"* ist. Ist hierfür die Perzeption [Wahrnehmung] einer Person relevant? Oder muss der Beobachter entscheiden,
55 ob eine Situation für eine Person neu ist? Im letzten Falle muss präzisiert werden, was mit „neu" gemeint ist. Wenn z.B. eine Person in ein Land fährt, in dem sie bisher nie war, dann ist die Situation neu in dem Sinne, dass
60 sich die Person in der *spezifischen* Situation bisher nicht befunden hat. Die Situation ist aber in dem Sinne vielleicht nicht neu, wenn die Person bereits häufiger fremde Länder besucht hat. In diesem Falle ist die Person
65 bereits in der Situation „Besuch eines fremden Landes" gewesen. [...]
Diese Überlegungen zeigen, dass es kaum möglich sein dürfte, die Hypothesen von Sherif in den meisten natürlichen Situatio-
70

nen anzuwenden. Der Grund ist, dass nicht klar ist, wie die Klasse von Situationen, in der sich Kognitionen oder Normen in der Weise wie in der experimentellen Situation bilden, generell zu charakterisieren ist. Anders for-
75 muliert: Wir wissen nicht, in welchen Situationen generell Normen oder Urteile einer Gruppe bzw. von Individuen entstehen, sich stabilisieren oder konvergieren, da nicht klar
80 ist, was unter einer „unstrukturierten" oder „neuen" Situation, in der die Normen bzw. Urteile auftreten, zu verstehen ist.

Die „Unstrukturierbarkeit" oder „Neuheit" einer Situation ist jedoch nur *eine* Gruppe von
85 Bedingungen, bei deren Vorliegen Normen bzw. Urteile der beschriebenen Art entstehen. So berichtet Sherif über Experimente, die zeigten, dass Vpen, die in relativ hohem Maße an die Richtigkeit ihrer Urteile glaub-
90 ten, diese in geringerem Maße den Urteilen

der anderen Gruppenmitglieder anglichen. Weiter zeigte sich, dass für die Urteile affektive Beziehungen zwischen den Mitgliedern und deren Prestige von Bedeutung sind.
Diese und andere Ausführungen von Sherif 95 zeigen, dass die zu erklärenden Sachverhalte durch eine Reihe von Variablen beeinflusst werden. Welche Variablen dies genau sind und in welcher Weise diese Variablen die Konvergenz von Urteilen etc. beeinflussen, 100 wird nicht spezifiziert.
Wir wollen die Kritik an den Experimenten und Hypothesen von Sherif zusammenfassen: *Sherif hat auf einige Variablen hingewiesen, die die Bildung von Urteilen (oder Normen)* 105 *beeinflussen. Er hat jedoch keine informative Theorie formuliert, die in natürlichen Situationen angewendet werden kann.*

(Karl Dieter Opp, Die Entstehung sozialer Normen, Mohr/Siebeck, Tübingen 1983, S. 180–182)

1. *Analysieren Sie das Sherif-Experiment zum „autokinetischen Phänomen" im Hinblick auf den Versuchsaufbau, die Art, die Merkmale und Gütekriterien des Experiments (vgl. M 34) sowie die Ergebnisse (M 35).*

2. *Vielleicht können Sie mit einer Gruppe „naiver" Versuchspersonen (z.B. Schülern eines anderen Kurses) den Versuch in vereinfachter Form (z.B. Einschätzung der Länge eines Hausdaches, der Höhe eines Hauses, der Entfernung zwischen zwei Schornsteinen o. Ä. aus größerer Entfernung) wiederholen. Überlegen Sie vorher genau den methodischen Aufbau (Einzel-, Gruppen-, Einzelversuch usw.) und vergleichen Sie die Ergebnisse mit denen von Sherif. Welche Versuchsbedingungen sind bei diesem „Experiment" natürlich nicht gegeben? (Vielleicht lässt sich z.B. im verdunkelten Physikraum das Experiment ja auch in originärer Form wiederholen.)*

3. *„Sherif geht davon aus, dass er mit seinen Experimenten in einfacher Form die grundlegenden Prozesse aufgezeigt hat, die an der Entstehung aller sozialen Normen beteiligt sind" (Prose, 1987, S. 455). Formulieren Sie, um welche Prozesse es sich handelt, und gehen Sie dabei von dem Satz aus: „Die Gruppe trägt, wie man auch sagen könnte, eine neue Ordnungstatsache in das Bild dieser Welt" (M 35, Z 74f.).*

4. *Das Sherif-Experiment ist in der Folgezeit in mehrfacher Hinsicht kritisiert worden, ohne dass seine grundsätzliche Bedeutung bestritten wird. Die Kritik von Karl Dieter Opp (M 36) ist deshalb von besonderer Bedeutung, weil sie sich mit einem zentralen Problem von Laborexperimenten befasst, ihrer „externen Validität" (s. M 34, S. 261). Fassen Sie seine kritische Argumentation zusammen und nehmen Sie dazu Stellung.*

M 37 Konformitätsdruck in Gruppen – Das Experiment von Asch

Es gibt eine ganze Anzahl experimenteller Anordnungen, mit denen die Wirkung des Gruppendrucks zur Konformität untersucht worden ist. Der Versuch von Asch ist jedoch wahrscheinlich der bekannteste. Eine Gruppe von sieben Universitätsstudenten wurde in einen Unterrichtsraum geführt. Den Versuchspersonen wurde mitgeteilt, dass ihre Aufgabe darin be-
5 stünde, Striche gleicher Länge herauszufinden. An der linken Seite der Tafel befand sich eine weiße Karte mit einem einzigen Strich darauf, der Standardlinie. An der rechten Seite der Ta-

Solomon Asch

fel befand sich eine zweite Karte, auf der drei verschieden lange Striche zu sehen waren, dies waren die sog. Vergleichslinien. Einer der Striche auf der rechten Karte war genauso lang wie der Strich
10 auf der linken (s. Abbildung).

Wenn man eine Person fragt, welcher der Striche auf der Vergleichskarte genauso lang wie der Strich auf der Standardkarte ist, werden nur sehr wenige Schätzfehler gemacht. Was geschieht nun, wenn sich jemand in der Gesellschaft von sechs anderen wiederfin-
15 det, die auch angewiesen werden, ihre Schätzungen laut vorzunehmen? Normalerweise sollte das keinen Unterschied machen. In der Asch-Situation war das jedoch anders, denn jeder der sechs anderen war ein Verbündeter des Versuchsleiters, ohne dass die „naive" Versuchsperson etwas davon wusste. Mit anderen Worten: Mit
20 Ausnahme der naiven Versuchsperson bestand die Gruppe nur aus Strohmännern („stooges").

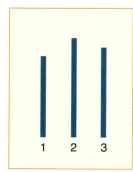

Standardkarte   Vergleichskarte

Vor Versuchsbeginn und bevor die Versuchsperson erschien, war mit den sechs Komplizen sorgfältig durchgesprochen
25 und durchgeübt worden, bei welchen Schätzungen sie einstimmig falsche Antworten geben sollten. So sagten sie z.B. in der Situation, die in der Abb. abgebildet ist, dass Strich 3 die gleiche Länge wie die
30 Standardlinie aufwiese. Die unglückliche Versuchsperson befand sich nun plötzlich und unerklärlicherweise in Opposition zur gesamten Gruppe, und zwar nicht nur einmal, sondern mehrere Male im Verlauf
35 des Versuches. Wahrscheinlich zum ersten Mal in ihrem Leben sah sich die Versuchsperson einer Situation gegenübergestellt, in der das Verhalten der gesamten Gruppe in klarem Gegensatz zur Beweiskraft ihrer eigenen Sinnesorgane stand. Die Versuchsperson sah sich dem Problem gegenübergestellt, entweder mit der Mehrheit nicht übereinzustimmen und
40 das zu sagen, was sie auch auf sich gestellt geäußert hätte, oder ihr eigenes Urteil anzuzweifeln und der Gruppe zuzustimmen. Es ist sehr aufschlussreich zu beobachten, was in derartigen Konfliktsituationen geschieht.

In Aschs erster Versuchsreihe wurden 123 naive Versuchspersonen mit zwölf kritischen Schätzungen getestet. Von der Gesamtzahl der abgegebenen Schätzungen waren 37 % falsch, d.h. 37
45 % der Urteile der naiven Versuchspersonen stimmten mit den (objektiv falschen) Schätzungen der einstimmigen Mehrheit überein. Es wurden allerdings beachtenswerte individuelle Unterschiede in den Reaktionen auf den Mehrheitsdruck beobachtet, die von völliger Unabhängigkeit bei einzelnen bis zur absoluten Unterwerfung bei allen Schätzungen bei anderen reichten.

(Leon Mann, Sozialpsychologie, übers. von Wolfgang Kramer, Beltz, Weinheim und Basel 1980, S. 76ff.)

50 In der Gruppe derer, die dem Gruppendruck absolut widerstanden, fanden sich verschiedene Kategorien von Menschen: (a) Personen mit starkem Selbstvertrauen. Sie sagten ihre Meinung klar und eindeutig, ohne deswegen die Gruppe anzugreifen. Aber auch sie zeigten Anzeichen von Konflikt. (b) Die Introvertierten. Sie reagierten nicht frei und spontan, sondern so, als handelten sie unter dem Einfluss einer Maxime*: Man darf seine Individualität nicht aufgeben.
55 (c) Eine dritte Gruppe zeigte starke innere Spannung und große Zweifel, glaubte aber nur durch unabhängiges Urteilen der Aufgabe gerecht werden zu können.

Auch in der Gruppe derer, die dem Gruppendruck nachgaben, fanden sich verschiedene Kate-

gorien von Personen: (a) Eine sehr kleine Gruppe gab an, dass sich aufgrund der Majo-
60 ritätsmeinung ihre Wahrnehmung geändert habe. Ihnen erschien die von der Gruppe bezeichnete Linie dann in der Tat als die richtige Vergleichslinie. Sie waren sich eines Gruppendrucks gar nicht bewusst. (b) Die Mehrzahl de-
65 rer, die nachgaben, reagierte anders. Sie nahmen zwar richtig wahr, trauten aber ihrem Ur-
teil nicht. Sie glaubten, ungünstig zu sitzen, glaubten, dass mit ihren Augen etwas nicht
stimmte, und gingen generell von der Mei-
70 nung aus, dass die Mehrheit ja wohl Recht ha-
ben müsse. (c) Es gab auch noch eine dritte Gruppe von Versuchspersonen, die zwar korrekt wahrnahmen und sich auch in ihrem Ur-
teil sicher fühlten, die aber nicht auffallen woll-
75 ten. Sie wollten Streit vermeiden und gaben aus diesem Grund dem Gruppendruck nach.

(Alexander Thomas, Grundriss der Sozialpsychologie, Bd. 2: Individuum, Gruppe, Gesellschaft; Hogrefe, Göttingen 1992, S. 99f.; Abb. S. 98)

Abbildung: Standardversuchsanordnung im Konfor-
mitätsexperiment nach Asch (1956)

In diesem Zusammenhang muss die Frage diskutiert werden, welcher Aspekt des Einflusses einer Majorität wichtiger ist, die Größe ihrer Majorität oder ihre Übereinstimmung im
80 Urteil. Um diese Frage zu entscheiden, wurde das Experiment modifiziert. In einer Serie von
Versuchsanordnungen wurde die abweichende Gruppe von einer Person bis auf 15 variiert. Die
Ergebnisse zeigen dann einen klaren Trend: Wenn ein Subjekt mit einer einzelnen Person
konfrontiert wird, die von seinem Urteil abweicht, ist es wenig erschüttert. Es bleibt meistens
unabhängig und steht zu seinem anfänglichen Urteil auch bei der Fortsetzung der Versuche.
85 Nimmt die Opposition aber zu, sind es also zwei, die widersprechen, dann nimmt auch der
Anpassungsdruck zu. Es entsteht eine Minorität und eine Majorität. Die in der Minorität stehenden Subjekte akzeptieren nun auf einmal bis zu 13,5% die falsche Antwort. Unter dem
Druck einer Majorität von drei sind es bereits 31,8%. Ein weiteres Ansteigen der Größe der
Majorität vergrößert nicht mehr das Gewicht des Anpassungsdruckes.
90 Wenn man aber die Einheitlichkeit im Urteil der Majorität stört, so hat das einen schlagenden
Erfolg. Einem abweichenden Individuum wurde eine Versuchsperson zugestellt, die dahingehend instruiert worden war, nur richtige Antworten zu geben. Die Anwesenheit dieser unter-
stützenden Person in Bezug auf die richtige Antwort nahm der Majorität viel von ihrem Einfluss. Ihr Anpassungsdruck auf das dissentierende Individuum war bis zu einem Viertel abge-
95 sunken, d.h. die in Frage stehenden Personen antworteten nur noch 1/4-mal so oft falsch wie
unter dem Druck einer einheitlichen Majorität. Dabei waren die Reaktionen dem zustimmen-
den Partner gegenüber interessant: Das allgemeine Gefühl war Zuneigung und Vertrauen. Auf
Fragen jedoch verneinte die Versuchsperson, dass ihn letztlich der Partner zur Entscheidung
bestimmt hätte.

(Jakobus Wössner, Soziologie: Einführung und Grundlegung, Böhlau Verlag Köln Wien, 9. Aufl. 1986, S. 70f.)

M 38 Konformität im Laboratorium und im Alltag

Es mag verwirrend klingen, dass viele Uni-
versitätsstudenten mit normaler Sehfähigkeit angeben können, dass ein 20 cm langer
Strich 24 cm lang sei, nur weil sechs andere Studenten dies behaupten. Bei der Beurtei- 5
lung dieses Befundes muss man jedoch

berücksichtigen, dass ein Unterschied zwischen einer künstlichen Laboratoriumsatmosphäre und dem wirklichen Leben besteht. Die Asch-Situation löst wahrscheinlich mehr Konformitätsverhalten aus, als es im tatsächlichen Leben vorkommt, weil es im Laboratorium eine Reihe von Faktoren gibt, die die Unabhängigkeit erschweren. Im alltäglichen Leben kann sich das Individuum dazu entschließen, überhaupt kein Urteil abzugeben, wenn es nicht sicher ist oder von der Problematik nichts versteht, aber im Laboratorium wird es dazu gezwungen, entweder klein beizugeben oder zu widersprechen. Es kann nicht beliebig lange mit seinem Urteil zurückhalten. Es kann sich weder den anderen Gruppenmitgliedern mitteilen und den Konflikt in offener Diskussion zu lösen versuchen noch kann es das Laboratorium verlassen, um einen sachverständigen Rat über den Zustand seiner Augen einzuholen oder zu erfahren, wie man am besten die Länge von Linien schätzt. In gewissem Sinne ist die ganze Aufgabe im Versuch auch banal, und die Versuchsperson wird wahrscheinlich wenig Gedanken darüber verlieren, ob es sich „gehört", sich beim Schätzen von Strichlängen einer Mehrheit zu beugen, wohingegen sie vielleicht bei Fragen mit höherer Ich-Beteiligung (z.B. bei politischen Meinungen) dem Gruppendruck starken Widerstand entgegensetzen würde. Das Asch-Experiment stellt ohne Zweifel eine der wenigen Situationen im Leben eines Menschen dar, in der sechs Personen einstimmig seinem Urteil widersprechen. In Wirklichkeit haben die meisten Leute Partner, auch wenn sie eine Minderheit bilden, die ihre Meinung teilen und ihnen soziale Bestätigung gewähren.

Es gibt andererseits verschiedene Aspekte der Asch-Situation, die einen wegen der Häufigkeit der Anpassung ziemlich nachdenklich machen können. Die zu beurteilenden Stimuli* sind ohne Zweifel einfach und unzweideutig. Im Gegensatz zu Meinungsunterschieden zwischen Gruppenmitgliedern im wirklichen Leben gibt es hier eine objektiv richtige Antwort. Die „Gruppe" besteht nur aus bunt zusammengewürfelten Leuten ohne Beziehung. Da keine fortdauernde Mitgliedschaft zu dieser „Gruppe" möglich ist, sollte die Furcht vor Zurückweisung wegen abweichender Schätzungen keinen allzu großen normativen Druck auf den Einzelnen ausüben. Es muss jedoch darauf hingewiesen werden, dass sich das Individuum in seiner eigenen Gruppe von Freunden sicherer fühlt, abweichendes Verhalten in Erwägung zu ziehen, ohne das Risiko einer totalen Zurückweisung einzugehen. In solch einer Gruppe kann das Individuum damit rechnen, eine gewisse Reserve an „Abweichungskredit" zu besitzen, die sich nur dann erschöpft, wenn es seine Zustimmung zu einer Reihe von wichtigen Fragen verweigert. Dies ist jedoch bei einer Versammlung von Fremden in einem Laboratorium nicht der Fall. Wenn sich auch darüber streiten lässt, ob Laboratoriumsuntersuchungen über Konformität in ihrer Bedeutung für das alltägliche Leben über- oder unterschätzt werden, lässt sich trotz allem nicht leugnen, dass die Vp in die Asch-Situation echt verstrickt ist und sich in einer Konfliktsituation befindet. Die Gültigkeit der Befunde Aschs kann man daher kaum herunterspielen.

(Leon Mann, Sozialpsychologie, übers. von Wolfgang Kramer, Verlag Beltz, Weinheim und Basel 1980, S. 78f.)

1. Beschreiben Sie auf der Grundlage Ihrer Kenntnisse aus M 34 den methodischen Charakter des Experiments von Solomon Asch und seine Durchführung (Hypothese, Art des Experiments, Anordnung, Variablen). (M 37)

2. Stellen Sie das Ergebnis des Versuchs (Z. 43ff.) deutlich heraus (hinzuzufügen ist, dass bei den Mitgliedern einer Kontrollgruppe*, die ihre Schätzungen einzeln abgaben, die „Fehlerquote" bei 1 % lag), und erläutern Sie dann die durch eine Befragung nach dem Experiment festgestellten unterschiedlichen Erklärungen für das Verhalten der „verschiedenen Kategorien von Menschen" (Z. 50ff.). Wovon hängt es letztlich ab, ob eine „irregeleitete" Versuchsperson sich dem „Gruppendruck"' beugt oder nicht?

3. Erläutern Sie auch, inwieweit die Größe einer (instruierten) Majorität den Anpassungsdruck auf die („naiv" gehaltene) Versuchsperson verstärkt und welche Wirkung es hat, wenn sich in der Majorität auch nur eine einzelne Person befindet, die die richtige Schätzung abgibt (Z. 77ff.).

4. *„Wem die experimentelle Situation zu konstruiert erscheint, kann einmal beobachten, was in der Kantine passiert, wenn einer, der in der Runde etwas gilt, sagt, das Fleisch habe einen leichten Beigeschmack:" (H. Abels [= M 22a], S. 295). Erläutern Sie den Bezug dieser Bemerkung zum Asch-Experiment.*

5. *Die beiden Experimente von Sherif (M 35) und Asch werden als „Konformitätsexperimente" oft gleichgesetzt. Erläutern Sie, worin – bei zweifellos vorhandenen Ähnlichkeiten – jedoch auch wichtige Unterschiede liegen. Inwiefern spielt z. B. der Gruppendruck im Sherif-Experiment nicht die gleiche zentrale Rolle wie beim Asch-Experiment (M 37)?*

6. *Erörtern Sie anhand von M 38 die Bedeutung des Asch-Experiments „für das alltägliche Leben". Wie schätzen Sie selber die „externe Validität" dieses Versuches ein?*

7. *Es ist grundsätzlich möglich, das Asch-Experiment auch mit einer Schülergruppe durchzuführen. Dazu bedarf es allerdings*
   – einer genauen methodischen Planung, deren Schwierigkeit vor allem in der „Naivhaltung" von (mindestens 3) Versuchspersonen und der Absprache mit der übrigen Gruppe der „Instruierten" liegt, und
   – einer sehr behutsamen Auswahl der (eher volljährigen und hinreichend „ichstarken") Schüler/Schülerinnen, die als „naive" Versuchspersonen fungieren sollen.
Als recht ergiebig hat sich dabei das nach Durchführung des Experiments zu führende Auswertungsgespräch erwiesen, in dem neben methodischen Implikationen vor allem auch die Frage erörtert werden kann, wie sich die Versuchspersonen gefühlt haben (vgl. M 37) und inwieweit es überhaupt legitim ist, „mit Menschen zu experimentieren".

Rangdifferenzierung und Führungsstruktur in kleinen Gruppen

„Je kleiner ein soziales System ist – und auch eine kleine Gruppe kann man als ein soziales System bezeichnen –, umso weniger Rollendifferenzierung scheint erforderlich, umso leichter scheint ein gemeinschaftliches Leben von lauter Gleichen möglich zu sein. [...] Alle Untersuchungen zeigen jedoch, dass sich eine mehr oder weniger deutliche Differenzierung auch in kleinen Gruppen durchsetzt, die auch die Form eines hierarchisch* verfestigten Rollensystems annehmen kann. Ein Beispiel dafür findet sich in der klassischen Untersuchung von William Foote Whyte, The Street Corner Society (Chicago 1943), in der eine gang[1] meist arbeitsloser Jugendlicher in einer Vorstadt von Boston beschrieben wird." (Martin Schwonke, Die Gruppe als Paradigma der Gesellschaft. In: Bernhard Schäfers [Hg.], Einführung in die Gruppensoziologie, Quelle & Meyer, Wiebelsheim 1999, S. 43f.)

„Whytes Studie entstand gegen Ende der Dreißigerjahre. Das Buch, das das soziale Leben in einem amerikanischen Slum und insbesondere das einer „gang[1]" von jungen Arbeitslosen („street corner boys") untersucht, gehört sowohl methodisch als auch substanziell zu den wichtigsten Werken der modernen Soziologie. In ihm erreicht die systematische Verwendung der „teilnehmenden Beobachtung" als einer soziologischen Forschungstechnik einen eindrucksvollen Höhepunkt. Gleichzeitig gehört „Street Corner Society" zu den ersten empirischen Studien sozialer Gruppen mit „abweichenden Verhaltensorientierungen". (Wolfgang Conrad/Wolfgang Streeck, Elementare Soziologie, Rowohlt, Reinbek 1976, S. 119)

Wie die beiden Zitate zeigen, ist Whytes Studie nicht nur inhaltlich, sondern auch methodisch von besonderem Interesse. Sie können sich über die hier angewendete Forschungstechnik der „teilnehmenden Beobachtung" vor der Analyse des Forschungsberichtes (M 39/40) systematisch informieren (M 41), es ist aber auch möglich (und vielleicht sinnvoll), zuerst den Bericht zu analysieren und die methodischen Aspekte dann anschließend zu behandeln.

---

[1] Der Begriff „gang" wird meistens mit „Bande" übersetzt, obwohl das Wort im Englischen eine mehr neutrale Bedeutung hat und nicht so negativ klingt wie der Begriff „Bande".

M 39 Die Norton Street Gang

Die Bande aus der Norton Street – so benannt, weil sich ihre Mitglieder immer an einer Ecke der Norton Street trafen – bestand aus 13 jungen Männern: Alec, Angelo, Carl, Danny, Doc, Frank, Fred, Joe, Long John, Lou, Mike, Nutsy und Tommy. Als Kinder hatten sie alle in der Nachbarschaft gelebt und dieselbe Schule besucht. Viele von ihnen hatten bereits einer anderen Jugendbande
5 *angehört. Die ältesten, Doc, Nutsy und Mike, waren 29 Jahre alt; Tommy, der jüngste, war 20. Nur zwei der Bande gingen einer regelmäßigen Arbeit nach: Carl und Tommy (sie waren Fabrikarbeiter); die Übrigen waren ständig oder bisweilen arbeitslos. Danny und Mike besaßen einen Spielautomatensalon, nicht weit von der Straßenecke.*

Der arbeitslose Doc kam als Erster in die Norton Street zurück. Nutsy, Joe, Frank, Alec, Carl und
10 *Tommy, alte Kameraden, gesellten sich zu ihm. Dann kamen Angelo, Fred und Lou. Danny und Mike stießen dazu als alte Freunde von Doc und wegen des von ihnen eröffneten Spielsalons. Long John folgte ihnen und schloss sich ihretwegen an Doc an. Sobald die Gruppe vollzählig war, organisierte sie sich. Von Anfang an fanden die Zusammenkünfte in der Norton Street statt. Im Stammcafé traf man sich regelmäßig. Samstagabends wurde immer gekegelt. Wenn Doc bei den Gruppenmit-*
15 *gliedern etwas durchsetzen wollte, besprach er sich vorher mit Mike und Danny, manchmal auch mit Long John. Wenn ein entscheidender Vorschlag von Long John kam, so wurde er nicht befolgt; Long John hatte keinen Einfluss auf die Gruppe. Wenn er von Mike oder Danny kam, ging er an Nutsy weiter, der seinerseits Frank, Joe und Alec, aber auch Carl und Tommy, die unzertrennlich waren, mitzog. Wenn die Entscheidung jedoch durch Danny erfolgte, so konnte sie an Angelo weitergehen*
20 *und dann Fred und Lou mitziehen. Doc hatte aber auch einen direkten Einfluss auf Nutsy und Angelo. Wenn übrigens Tommy eine Idee für ein Unternehmen hatte, konnte sie über Carl und Nutsy zu Doc gelangen. Tommy hatte nämlich, zusammen mit Alec und Lou, den niedrigsten Status in der Gruppe; Doc besaß den höchsten; Mike und Danny verfügten über viel Prestige und großen Einfluss; sie standen gerade eine Stufe tiefer als Doc. Mike und Danny besaßen einen Spielsalon. Ob-*
25 *wohl sie dies daran hinderte, ebenso oft an den Zusammenkünften teilzunehmen wie Doc, verlieh es ihnen Prestige: Sie waren Geschäftsleute, die Übrigen lebten nur auf Kosten anderer.*

Doc, Mike und Danny wurden von anderen Banden höher geschätzt als der Rest der Bande. Alle drei waren für ihre Diskussionsgewandtheit bekannt. Vor allem Doc schlug sich glänzend in solchen Debatten.

30 *Long John hatte eine besondere Stellung: Er hatte wenig Einfluss auf den Rest der Gruppe, und man befolgte seine Vorschläge nicht, aber er verstand sich am besten mit den Anführern. Er unterstützte sie immer.*

35 *Wenn der Anführer gerade weg war, spaltete sich die Bande in zwei gegnerische Lager, an deren Spitzen Nutsy und Angelo standen. Wenn der Anführer anwesend war, änderte sich die Situation grundlegend, und die ganze*
40 *Gruppe hielt zusammen, alle sprachen miteinander, und man führte etwas aus. Wenn ein Gruppenmitglied zu sprechen begann, so hörte es damit auf, wenn der Anführer nicht zuhörte, und fing erst dann wieder an, wenn*
45 *er ihm seine Aufmerksamkeit schenkte. Die Kommunikation war auf den Anführer zentriert, und zwar sowohl im Gruppen- als auch im Einzelgespräch. Die Einzelnen wandten sich mit ihren Problemen und Vertraulichkei-*
50 *ten an ihn. Er war über das Bandengeschehen am besten unterrichtet. Wenn unter den*

Interne Organisation der Norton-Street-Bande und zwischenpersönliche Einflusskanäle (nach Whyte)

Männern ein Streit entstand, so kannte er dessen Ursachen und hatte die günstigste Ausgangsposition, um sie zu beruhigen, weil jeder Gegner mit seiner Version zu ihm kam und um Urteil und Ent-
scheidung bat. Doch musste er selbst zu seinen engsten Freunden korrekt und gerecht sein, weil nicht
55 *alle Bandenmitglieder fest an ihn gebunden waren. Er traf ganz allgemein die Entscheidungen für*
Gruppenunternehmungen, und man erwartete dies auch von ihm. Die Übrigen konnten zwar Anre-
gungen vorbringen, mussten aber seine Zustimmung zu einem bestimmten Unternehmen erhalten.
Seine Entscheidungsweise folgte ganz feststehenden Verfahren; er hielt das Gruppen-Unternehmen auf
und beriet sich erst mit seinen Stellvertretern. Die Stellung des Führers hing letztlich vom Wert ab,
60 *den man seinen Entscheidungen zubilligte. Es war „günstig", wenn die Gruppe diese Entscheidungen*
erwartete und akzeptierte. Die Mitglieder „am unteren Ende der Stufenleiter" konnten relativ gefahr-
los von den Normen abweichen. Der Anführer konnte sich dies nicht erlauben.

(Roger Mucchielli, Gruppendynamik [Arbeitsbücher zur psychologischen Schulung, Kurse von R. Mucchielli], Otto Müller-Verlag, Salzburg o. J., S. 4f.)

M 40 Bowling und soziale Rangordnung

Während des Winters und Frühjahrs 1937–38 war Bowling für die Nortons die wichtigste soziale Aktivität. Die gruppeninternen und privaten Spiele am Samstagabend wurden zum Höhepunkt der Woche. Unter der Woche diskutierten die Männer, was sich am vergangenen Samstagabend ereignet hatte und was am kommenden Samstagabend passieren würde. Die
5 Leistung jedes Einzelnen war Gegenstand ständiger Bewertung und Kritik. Es bestand daher ein enger Zusammenhang zwischen den Bowling-Ergebnissen des Betreffenden und seinem Status* innerhalb der Gruppe. [...]
In Verbindung mit dem Bowling ergeben sich eine ganze Reihe von psychischen Belastungen [...]. Ein Bowling-Spieler, der innerhalb einer fünfköpfigen Mannschaft kämpft, muss längere
10 Zeit darauf warten, bis er wieder dran ist, und hat so reichlich Gelegenheit, über seine Fehler nachzugrübeln. Wenn man auf alle zehn Kegel zielt, kann man die Kugel noch ganz locker werfen. Steht aber nur noch ein Kegel und rufen die Gegner: „Der schafft's nie", dann spürt man den Druck. In solchen Situationen neigt man dann dazu, sich zu verkrampfen und die Kontrolle zu verlieren.
15 Wenn ein Spieler sicher ist, dass ihm ein schwieriger Wurf gelingen wird, dann besteht die Aussicht, dass er es schaffen oder nur knapp verfehlen wird. Ist er dagegen unsicher, wird ihm der Wurf nicht gelingen. Ein Spieler ist sicher, wenn er in der Vergangenheit bereits ähnliche Würfe gemacht hat und gewöhnt ist, gute Ergebnisse zu erzielen. Doch das ist nicht alles. Er ist zudem sicher, wenn seine Kameraden, seien sie für oder gegen ihn, glauben, dass er es
20 schaffen wird. Wenn sie es ihm nicht zutrauen, dann muss der Spieler gegen seine eigene Unsicherheit und gegen ihre negative Meinung zugleich kämpfen. Dies macht deutlich, warum es wichtig ist, die Beziehungen einer Person zu ihren Kameraden in die Untersuchung ihrer Bowling-Ergebnisse einzubeziehen. [...]
Eines Abends hörte ich, wie Alec sich gegenüber Long John brüstete, er sei jetzt so gut in
25 Form, dass er gegen jeden aus der ersten Mannschaft spielen und ihn schlagen könne. Long John wehrte ab und sagte wörtlich: „Du glaubst, du kannst uns schlagen, aber wenn's drauf ankommt, gehst du ein!"
Alec widersprach mit Leidenschaft, nahm jedoch die vorherrschende Gruppenmeinung zur Kenntnis. Er schaffte die höchste Punktzahl für ein Spiel in der ganzen Saison und tat sich
30 auch unter der Woche häufig hervor, wenn er mit Frank, Long John, Joe Dodge und mir spielte; Samstagabend aber, wenn die ganze Gruppe versammelt war, fielen seine Ergebnisse ganz anders aus. Kurz nach dieser Unterhaltung hatte Alec mehrmals die Gelegenheit, sich zu beweisen, doch jedes Mal war er „nicht in Form" und versagte. [Bei einem gruppeninternen Wettkampf] führte Alec nach den ersten vier Runden mit mehreren Kegeln. Er wandte sich zu
35 Doc und sagte: „Heute werde ich euch Jungs kriegen." Doch dann begann er, daneben zu werfen, und als sich die Fehler häuften, hörte er auf, sich anzustrengen. Zwischen den Runden ging er nach draußen um zu trinken, so dass er rot anlief und unsicher auf den Füßen wurde.

Er warf die Kugel nachlässig und tat so, als sei er am Ausgang des Turniers nicht interessiert.
Sein Sturz war plötzlich und vollständig; innerhalb weniger Würfe fiel er vom ersten auf den
40 letzten Platz zurück. [...]
Allein nach seinen sportlichen Fähigkeiten zu urteilen, hätte Frank ein außerordentlicher Spieler sein müssen. Seine Leistungen im Baseball hatten ihm Plätze in halbprofessionellen Mannschaften verschafft und das – jedoch nie eingelöste – Versprechen eines Vertrages bei einem
Club der zweiten Liga. Auch mangelndes Training war nicht das Problem, das ihm zu schaffen
45 machte, denn wie Alec und Joe Dodge spielte er öfter als Doc, Danny oder Mike. Während des
Winters 1937–38 nahm Frank eine besonders untergeordnete Stellung in der Gruppe ein. Er
verbrachte seine Zeit mit Alec in der Konditorei von Alecs Onkel und wurde, da er während
des Winters nur wenig Arbeit fand, für einen Großteil der mit seiner Teilnahme an den Grup-
penaktivitäten verbundenen Ausgaben von Alec abhängig. Frank fiel auf den untersten Rang
50 in der Gruppe zurück. Die finanzielle Abhängigkeit machte ihm schwer zu schaffen. Obwohl
er manchmal gut spielte, stellte er für die Spieler der ersten Mannschaft nie eine ernste Gefahr
dar.
Einige Ereignisse vom Juni 1937 werfen zusätzliches Licht auf Franks Position. Mike stellte
ein Baseball-Team aus einigen Mitgliedern der Nortons zusammen, das gegen eine jüngere
55 Gruppe aus der Norton Straße spielen sollte. Aufgrund seiner bisherigen Erfolge galt Frank
als der stärkste Spieler beider Mannschaften. Doch seine Leistung war miserabel. Er sagte mir:
„Es scheint, als ob mir nichts mehr gelingt, wenn ich mit Leuten spiele, die ich kenne, wie mit
dieser Clique hier. Ich bin viel besser, wenn ich für den Stanley AC gegen irgendeine Mannschaft in Dexter, Westmoreland oder auswärts spiele." Da Frank daran gewöhnt war, eine un-
60 tergeordnete Stellung einzunehmen, gelang es ihm nicht einmal, sich in seinem Lieblings-
sport hervorzutun, wenn er gegen Mitglieder seiner eigenen Gruppe antrat. [...]
Wenn Doc, Danny, Long John oder Mike in verschiedenen Mannschaften spielten, dann frot-
zelten sie einander auf gutmütige Weise an. Man erwartete gute Ergebnisse von ihnen,
schlechte wurden als Pech oder temporäre Formschwankungen erklärt. Wenn jedoch einer aus
65 dem Anhang seine Position zu verbessern drohte, dann nahmen die Bemerkungen ganz andere Formen an. Die Männer riefen ihm zu, dass er nur Glück habe, dass er „über seine Verhältnisse" spiele. Man versuchte ihn zu überzeugen, dass er nicht so gut spielen solle, wie er es gerade tat, und dass eine gute Leistung für ihn abnorm sei. Diese Art des verbalen Angriffs war
ein wichtiges Instrument, den Anhang „unten zu halten". Es wurde vor allem von den rang-
70 niederen Gruppenmitgliedern selber benutzt, so dass sie im Effekt versuchten, sich untereinander nicht hochkommen zu lassen.

(William F. Whyte: Bowling und soziale Rangordnung, aus: Street Corner Society, Chicago 1967, [9. Aufl.], S. 24/25, übersetzt
von Michael Köhler; © The University of Chicago Press, Chicago 1967 (deutscher Text abgedruckt bei Wolfgang Conrad/Wolf-
gang Streek [Hrsg.], Elementare Soziologie, Rowohlt, rororo-Studium 97, Reinbek, S. 129)

1. *Verschaffen Sie sich anhand von M 39 einen Überblick über die Mitglieder der Norton Street
Gang und beschreiben Sie – auch mit Hilfe des Schemas – die Rangdifferenzierung innerhalb der
Gruppe: Wer ist der Anführer, wer sind seine Stellvertreter, die Untergruppen und deren Anführer?
Wer steht am unteren Ende der „Statushierarchie"? Welche Stellung nimmt Long John ein?*

2. *Analysieren Sie genauer die Stellung des Anführers der Norton Street Gang: Wodurch ist sie gekennzeichnet? Von welchen Eigenschaften/Leistungen usw. hängt sie im Einzelnen ab? Inwiefern
verkörpert er die Verhaltensnormen der Gruppe?*

3. *Analysieren Sie den Bericht über die Bowling-Aktivitäten der Gruppe (M 40) und berücksichtigen
Sie dabei auch folgende Fragen:*
 *– Welche Unterschiede bezüglich der Kegelleistung innerhalb und außerhalb der Gruppe stellt
 Whyte fest? Worauf führt er dies zurück?*
 *– Welche Eigenarten des Bowling-Spiels bewirken einen bestimmten Mechanismus, der von den
 Gruppenführern bewusst eingesetzt wird?*

– *Welche Mittel zur Erreichung ihres Ziels benutzen die Gruppenführer?*
– *Inwiefern liegt das Interesse an der Aufrechterhaltung der „Statushierarchie" (d.h. einer Struktur von Über- und Unterordnung, in der sich der Rang einzelner Gruppenmitglieder verfestigt und sich eine Führungsstruktur herausbildet) nicht nur bei der Führungsgruppe?*

Methode

 M 41 Beobachtung als wissenschaftliche Methode

Wenn wir zwischen naiver und wissenschaftlicher Beobachtung unterscheiden, so meinen wir damit, dass wissenschaftliche Beobachtung systematisch geplant und durchgeführt wird, dass sie innerhalb eines theoretisch abgeklärten Forschungszweckes verwendet wird. Es ist nun aber äußerst schwierig, vom Sozialforscher zu verlangen, dass er im Beobachtungsprozess stets genau unterscheide zwischen der alltäglichen (naiven) und der streng wissenschaftlichen Beobachtung. Allzu leicht gerät er in die Gefahr, sich mit Sozialvorgängen, die sich um ihn her abspielen, zu identifizieren. So können Gefühle, die er den beobachteten Menschen gegenüber hegt, als störende und damit verfälschende Faktoren auftreten. Es ist fast unmöglich, von einem Menschen aus Fleisch und Blut zu verlangen, unsensibles Forschungsinstrument zu spielen, wenn er, wie dies insbesondere bei der so genannten teilnehmenden Beobachtung geschieht, selbst aktiver Teil des sozialen Beziehungssystems wird, das zu beobachten ihm aufgetragen ist.

Jeder Beobachter unterliegt also als Mensch der Gefahr, anders und anderes zu beobachten. Eine zusätzliche Schwierigkeit entsteht dann, wenn er seine Beobachtungen aufzeichnen muss. Wie ist es ihm möglich, Beobachtetes so darzustellen, dass ein Fremder aus den Beobachtungsprotokollen eine möglichst adäquate Schilderung der sozialen Vorgänge erhält? Nach streng wissenschaftlichen Maßstäben müssen verschiedene Beobachter über ein und denselben sozialen Prozess völlig gleich lautende, widerspruchslose und vollständige Berichte erstatten können.

Diese Forderung wird jedoch nie ganz erfüllt. Wir kennen wenige Sozialforscher, die man als nahezu perfekte Beobachter bezeichnen kann. Klassisch gewordene Untersuchungen, wie etwa das Buch „The Street Corner Society" von William F. Whyte [...], zeigen, dass dazu jahrelange Übung notwendig ist. Dabei muss sich der Beobachter nicht nur sehr eingehend und lange mit der sozialen Situation, die er beobachten will, befassen; vielmehr muss er sich durch kontrollierte Beobachtungsübungen, durch Selbstanalyse und Überprüfung seiner eigenen Aufnahmen ständig weiter vervollkommnen. Die Ausbildung von guten Beobachtern ist deshalb eine langwierige und schwierige Aufgabe. [...]

Beobachtung kann nur dann als wissenschaftliche Methode angesehen werden, wenn sie

1. einem bestimmten *Forschungszweck* dient, also innerhalb eines theoretischen Bezugsrahmens vollzogen wird, zweckgerichtet und zusammenhängend durchgeführt wird;
2. *systematisch geplant* und nicht dem Zufall überlassen wird;
3. wenn sie ebenso *systematisch aufgezeichnet* und
4. wenn sie grundsätzlich wiederholten Prüfungen und Kontrollen hinsichtlich der *Gültigkeit* und *Genauigkeit* unterworfen werden kann.

(Peter Atteslander, Methoden der empirischen Sozialforschung, Verlag de Gruyter [Sammlung Göschen], Berlin 1975, S. 138f.)

Strukturierte und unstrukturierte Beobachtung

Die systematische (oder wissenschaftliche) Beobachtung lässt sich zunächst in die beiden Hauptgruppen der strukturierten und der unstrukturierten Beobachtung gliedern. Der Unterschied liegt dabei nicht etwa im „Grad der Wissenschaftlichkeit", sondern vielmehr in der Art des Vorgehens bzw. in der Art der Differenzierung der verwendeten Beobachtungskategorien und damit im Grad der Quantifizierbarkeit der erhobenen Daten. Sowohl strukturierte als auch unstrukturierte Beobachtungen richten sich auf ein genau formuliertes Forschungsziel, erfolgen innerhalb eines theoretischen Bezugsrahmens und dienen der Überprüfung bestimmter Hypothesen.

Während aber bei der strukturierten Beobachtung der Forscher seine Beobachtungen nach einem relativ differenzierten System zu im Voraus festgelegten Beobachtungskategorien aufzeichnet, sind bei der unstrukturierten Beobachtung nur mehr oder weniger allgemeine Richtlinien, d.h. grobe Hauptkategorien als Rahmen vorgegeben. Innerhalb dieser Rahmen hat der Forscher für seine Beobachtungen freien Spielraum.

Die Aufstellung *differenzierter Beobachtungskategorien* (vgl. das Schema von Bales, M 44b, S. 280) bildet die Grundlage für die spätere Quantifizierungsmöglichkeit der erhobenen Daten. Zudem erhalten wir erst auf diese Weise einen relativ hohen Grad der Kontrollierbarkeit der Beobachtungsergebnisse. Diese *Kontrollierbarkeit* des Beobachtungsvorgangs – d.h. die Gewährleistung, dass verschiedene Forscher mithilfe der gleichen Kategorien in derselben Beobachtungssituation zu gleichen Ergebnissen gelangen – ist wiederum Voraussetzung für die Aussagekraft quantifizierter Daten.

Andererseits ist jedoch strukturierte Beobachtung bzw. die Aufstellung eines detaillierten Kategoriensystems erst möglich, wenn dem Beobachtungsvorgang differenzierte und relativ konkrete *Hypothesen* zugrunde liegen. Dies setzt aber voraus, dass der Forscher bereits einen relativ guten Überblick über die zu beobachtende soziale Situation sowie über die verschiedenen möglichen sozialen Zusammenhänge besitzt. Gerade dieser Überblick kann durch eine vorherige unstrukturierte Beobachtung gewonnen werden. [...]

Natürlich ist es auch möglich, unstrukturierte Beobachtung in anderen Phasen des Forschungsprozesses einzusetzen, so beispielsweise als Ergänzung zur Befragung. Welche Form der Beobachtung sinnvoll ist, hängt primär vom Ziel der Forschung ab. Erst wenn wir Beobachtungskategorien aufgestellt und mit ihnen Vortests durchgeführt haben, kann die strukturierte Beobachtung vorgenommen werden. Die Beobachtungskategorien als sinnfällige Auswahl aus dem gesamten sozialen Geschehen können nie absolut festgelegt werden. Sie müssen stets in der spezifischen sozialen Situation, in der sie angewendet werden sollen, überprüft und ihr allenfalls angepasst werden. Einmal aufgestellte Beobachtungskategorien, die in einem Falle zu gesicherten Erkenntnissen führten, sind also nicht ohne weiteres auf alle anderen Fälle anwendbar. [...]

Wenn strukturierte Beobachtung zur Anwendung gelangt, sind im Wesentlichen folgende Aspekte zu beachten und zu klären:

1. Festlegung der *Beobachtungseinheiten* (eine Einheit bildet z.B. die einzelne Interaktion).
2. Die Festlegung der *Beobachtungskategorien* (Zusammenstellen des Kategorienschemas ähnlich wie beim Aufstellen eines Fragebogens. Bis ein einwandfreies, zuverlässiges Schema bereitsteht, sind also auch hier eine Reihe von Vortests und nachträglichen Abänderungen nötig.)
3. Festlegung der *Zeitintervalle*, während denen beobachtet werden soll. (Je nach dem Problem, welches untersucht werden soll, können diese Beobachtungsintervalle von wenigen Sekunden bis zu mehreren Stunden, Tagen oder Wochen dauern.)
4. Festlegung der Hilfsmittel bzw. des Verfahrens zur *Aufzeichnung* der Beobachtungen.

Es gibt kein für jeden Fall anwendbares Verfahren zur Aufzeichnung von Beobachtungen, jedoch liefern einige solcher Techniken bestimmte Angaben, die sich bei Anwendung anderer nicht ergeben. Dementsprechend ist also jeweils das einfachste und billigste Verfahren vorzuziehen, das die benötigten Angaben beschafft. Wohl am häufigsten erfolgen die Aufzeichnungen von Beobachtungen mittels *vervielfältigter Bögen*, auf welchen die maßgebenden Kategorien vorgedruckt sind. Eine Spielart dieses Verfahrens besteht in der direkten Eintragung der Beobachtung auf Lochkarten. Film- und Tonbandaufnahmen werden in jenen Fällen verwendet, in denen ein Gesamtbild der beobachteten Situation erwünscht ist. Der Vorteil dieser Verfahren besteht vor allem darin, dass die Vorgänge beliebig oft reproduzierbar sind. Der Nachteil – insbesondere bei den Filmaufnahmen – liegt natürlich in den relativ hohen Kosten und etwaiger Verfälschung der Beobachtungssituation.

(Peter Atteslander, Methoden der empirischen Sozialforschung, de Gruyter, Berlin 1975, S. 146ff.)

Beobachtung mit hohem Partizipationsgrad vs. Beobachtung mit geringem Partizipationsgrad

Bei der Beobachtung mit hohem Partizipationsgrad, auch *aktiv teilnehmende Beobachtung*, ist der Beobachter aktives Mitglied der zu beobachtenden Gruppe; er spielt evtl. eine führende Rolle. Durch die aktive Teilnahme erhält der Beobachter Gelegenheit, Interessen und Empfindungen einer Gruppe und ihrer Gruppenmitglieder selbst zu erfahren; er muss jedoch von der betreffenden Gruppe auf- und angenommen werden. Speziell bei der teilnehmenden Beobachtung stellt sich das Problem der Rückbeeinflussung, der gegenseitigen Beeinflussung des Beobachters und des Objekts der Beobachtung (= Komplementaritätsprinzip). Beobachtungsprotokolle können daher durch ein zu starkes Engagement wissenschaftlich wertlos werden. In der Regel kann das Beobachtungsprotokoll bei der teilnehmenden Beobachtung erst nach der Beobachtungsperiode erstellt werden, wodurch es zu Gedächtnistäuschungen kommen kann. [...]

Bei der Beobachtung mit geringem Partizipationsgrad, auch *passiv teilnehmende Beobachtung*, hält der Beobachter Distanz und beeinflusst die Gruppentätigkeit nicht (z.B. Anwesenheit von Lehramtsstudenten im Klassenzimmer zum Zweck der Hospitation). Der Partizipationsgrad ist sehr gering, wenn der Beobachter für die zu beobachtende Gruppe unsichtbar ist, z.B. Beobachtung mittels Einwegscheibe oder Unterrichtsmitschau. Auch hier sollte der Beobachter von der Gruppe akzeptiert sein (soweit es sich um eine offene Beobachtung handelt). Letztere Beobachtungsform (Einwegscheibe) wird auch nichtteilnehmend genannt. Ob eine Beobachtungsform mit hohem oder geringem Partizipationsgrad gewählt wird, hängt nicht nur von theoretischen Überlegungen, sondern oft von den praktischen Möglichkeiten des Zugangs zu den relevanten Situationen ab.

(Andreas Krapp/Siegfried Prell, Empirische Forschungsmethoden, Studienhefte zur Erziehungswissenschaft, Heft 5, Verlag R. Oldenbourg, München 1975, S. 67)

▬ M 42 Street Corner Society methodisch gesehen

Für die Untersuchung von Whyte ist es charakteristisch, dass sie eine explorative* Funktion hat und keine explizit definierten Hypothesen empirisch überprüfen wollte. Die
5 durch die teilnehmende Beobachtung gewonnenen Einsichten in den konkreten Verhaltensablauf dienen eher dazu, bestimmte Thesen plausibel erscheinen zu lassen [...] als direkt empirisch zu überprüfen. Zugleich wird
10 an der Untersuchung deutlich, dass es sich selbst bei einem wenig systematischen Beobachtungsverfahren nicht um „reine" Datensammlung ohne alle Theorie handelt. Der Prozess des Beobachtens läuft nie ohne alle theoretische Lenkung ab. Das besondere For- 15 schungsinteresse bestimmt, welche Aspekte der komplexen sozialen Situationen und des in ihnen sich ereignenden Verhaltens als relevant erscheinen – und zwar selbst dann, wenn dieser Selektionsvorgang nicht explizit 20 gemacht ist und unkontrolliert abläuft.

Die Vorteile solcher sehr weit angelegten, mithilfe der teilnehmenden Beobachtung durchgeführten Einzelfallstudien liegen ein-

25 mal in der *Breite und Mannigfaltigkeit* des damit verfügbar gemachten Materials über ein sozio-kulturelles System und zum anderen in der *Unmittelbarkeit* der gewonnenen Einsichten in den Sinn- und Bedeutungszusammen-
30 hang der in diesem System ablaufenden sozialen Prozesse. Explorative Untersuchungen solcher Art stehen oft am Beginn der Erforschung neuer Gebiete in der Soziologie. Aus ihrem Material lassen sich Hypothesen zur
35 späteren Prüfung unter kontrollierten Bedingungen gewinnen. Da jedoch bei unsystema-

tischer Beobachtung der Prozess der Datenermittlung und Dateninterpretation nicht standardisiert ist, also in der Regel überhaupt nicht klar werden kann, warum einer Beob- 40 achtung eine bestimmte Interpretation gegeben wurde, ist die Wiederholung solcher Untersuchungen kaum möglich und damit die Zuverlässigkeit* der gewonnenen Daten nicht bestimmbar. 45

(Renate Mayntz/Holm/Hübner, Einführung in die Methoden der empirischen Soziologie, Westdeutscher Verlag, Opladen 1974, S. 92f.)

1. *Erläutern Sie den Unterschied zwischen wissenschaftlicher und „naiver" (vorwissenschaftlicher) Beobachtung (M 41). Welche Bedingungen muss wissenschaftliche Beobachtung erfüllen? Welche Schwierigkeiten ergeben sich grundsätzlich im Hinblick auf die Beobachtung des Verhaltens von Individuen und Gruppen?*

2. *Erläutern Sie die Kategorien, nach denen sich unterschiedliche Formen von Beobachtungen ergeben, und stellen Sie Vor- und Nachteile des jeweiligen Verfahrens heraus.*

3. *Welche Formen der Beobachtung waren Bestandteile der Ferienlager-Experimente von Sherif (M 33, vgl. M 34, S. 260 u.)?*

4. *Beschreiben Sie den besonderen methodischen Charakter der Untersuchung von Whyte (M 42). Welche Vor- und Nachteile sehen Sie darin?*

4. Kooperation in Arbeitsgruppen

M 43 „Vier Augen sehen mehr als zwei" oder „Viele Köche verderben den Brei" – Leistungsvorteile der Gruppe?

Ist die Gruppe leistungsfähiger als der Einzelne? Diese theoretisch und praktisch interessante Frage kann nicht eindeutig beantwortet werden. Wie nicht anders zu erwarten ist, hängt auch dies von vielen Faktoren ab, u.a. der Art der Aufgabe, dem Belohnungssystem, den Interaktionen, dem Stadium der Gruppenentwicklung, der Zusammensetzung und Organisation.
Wir wollen unsere Untersuchung zu dieser (auch für die Unterrichtsarbeit in der Schule) wichtigen Frage mit einer experimentähnlichen Übung beginnen, die einigen von Ihnen möglicherweise schon bekannt ist: der sog. „NASA-Übung" Dazu stellen wir Ihnen im Folgenden einige Hinweise zum Ablauf der Übung sowie die notwendigen Arbeitsblätter zur Verfügung, die z.T. vorher kopiert werden müssen. Sie stammen aus: Klaus Antons, Praxis der Gruppendynamik, Göttingen, 7. Aufl. 1998, S. 155ff. Die Übung kann nur sinnvoll durchgeführt werden, wenn Sie den (in Spiegelschrift beigefügten) Lösungsschlüssel (S. 280 o.) erst *nach der Gruppenarbeit* (Phase 5 der Übung) heranziehen bzw. die gesamte Übung ohne Zuhilfenahme des Buches durchführen. Die bloße Durchführung der Übung (Phase 1–4) wird eine Doppelstunde in Anspruch nehmen. Für die Diskussion und Reflexion der Übung (Phase 6) ist eine weitere Unterrichtsstunde erforderlich. Die Ergebnisauswertung (Phase 5) kann ggf. auch in die Hausaufgabe gelegt werden.

Hinweise zum Ablauf der Übung:

1. *Nummerierung* der in der Liste (Anweisung **a**) aufgeführten *Gegenstände* entsprechend der Anweisung (auf einem Zettel) *ohne Kommunikation untereinander* (10–20 Min).
2. *Aufteilung in Gruppen* von je 6–8 Teilnehmern

3. Austeilen des (kopierten) *Bewertungsbogens* **b** an jede Gruppe und Sammeln der individuellen Ergebnisse (10 Min)
4. *Gruppenarbeit* entsprechend Anweisung **c**; Herstellung des *Konsenses* über die Gruppenrang-folge, *Eintragung* in die vorletzte Spalte des ausgeteilten Auswertungsbogens **d** (45 Min)
5. Heranziehen des *Lösungsschlüssels* (ggf. Austeilen des „entspiegelten" Schlüssels **f**) und Punktberechnung der Gruppenergebnisse, Ausfüllen des Auswertungsbogens **d** (10–15 Min)
6. *Diskussion* jeder Gruppe über die Art der Beschlussfassung
7. *Vergleich der Ergebnisse* aller Gruppen nach den Auswertungsbögen **d** im Plenum mithilfe des Bogens **e** bzw. einer Folie, Feststellung des Ergebnisses zum „Leistungsvorteil der Gruppe". *Hypothese:* Die Leistung jeder Gruppe ist besser als die beste Einzellösung.

Die Materialien (Datenbögen usw.) des Buches dürfen nicht beschriftet werden. Es werden Ko-pien gebraucht: Für **a** in Anzahl der Kursmitglieder (kleine Zettel); für **b** in Anzahl der Gruppen; für **d** in Anzahl der Gruppen; Bogen **e** am besten auf OHP-Folie; der „entspiegelte" Lösungs-schlüssel **f** könnte allen Gruppen zur Verfügung gestellt werden; ein Taschenrechner pro Gruppe ist hilfreich. – Zur Möglichkeit der systematischen *Beobachtung des Verhaltens der Gruppenmit-glieder* s. M 44b, S. 280f.

Anmerkung:

Die Quelle des NASA-Spiels ist unklar. Klaus Antons meint, der Autor sei unbekannt, und weist als Fundort J. W. Pfeiffer/J. E. I. Jones: seeking consensus (1970) aus. Andere schreiben das Spiel dem amerikanischen Sozialpsychologen Jay Hall zu.
Die einzelnen Fassungen, die im Umlauf sind, differieren leicht (z.B. wird bei den Ausrüstungs-gegenständen einmal von „Signalflaggen", dann von „Signalfeuer" oder auch von „Signalpatro-nen" gesprochen). Dies dürfte jedoch für den Spielverlauf unerheblich sein.

(Autorentext)

Methode **U**

M 44a NASA-Spiel

a) Anweisung: Individuelle Rangordnung

Sie gehören einer Raumfahrergruppe (5 Personen) an. Sie hatten den Auftrag, sich mit dem Mutterschiff auf der beleuchteten Mondoberfläche zu treffen. Wegen technischer Schwierig-keiten musste Ihr Raumschiff 300 km entfernt vom Mutterschiff landen. Während der Lan-dung ist viel von der Bordausrüstung zerstört worden. Ihr Überleben hängt davon ab, dass Sie das Mutterschiff zu Fuß erreichen. Sie dürfen nur das Allernotwendigste mitnehmen, um diese Strecke bewältigen zu können. Nachstehend ist eine Aufzählung von 15 unzerstört ge-bliebenen Dingen. Ihre Aufgabe besteht darin, eine Rangordnung der aufgezählten Gegen-stände zu machen, die für die Mitnahme durch die Besatzung mehr oder weniger wichtig sind. Ordnen Sie 1 der allerwichtigsten Position zu, 2 der nächstwichtigen usw., bis alle 15 Positionen entsprechend ihrer Wichtigkeit gereiht sind.

☐ 1 Schachtel Streichhölzer
☐ 1 Dose Lebensmittelkonzentrat
☐ 20 Meter Nylonseil
☐ 30 m² Fallschirmseide

☐ 1 tragbarer Kocher
☐ 2 Pistolen, 7,65 mm
☐ 1 Dose Trockenmilch
☐ 2 Sauerstofftanks à 50 lb.

☐ 1 Sternkarte (Mondkonstellation)
☐ 1 Schlauchboot mit CO_2-Flaschen
☐ 1 Magnetkompass
☐ 20 Liter Wasser

☐ Signalpatronen (brennen auch im luftleeren Raum)
☐ 1 Erste-Hilfe-Koffer mit Injektionsspritze
☐ 1 FM-Empfänger und Sender, mit Sonnenenergie betrieben

b) Bewertungsbogen für die individuellen Schätzungen der Gruppenmitglieder

Gruppe: _____	individuelle Rangordnung							
Mitglied Nr.	1	2	3	4	5	6	7	8
Streichholzschachtel								
Lebensmittelkonzentrat								
Nylonseil								
Fallschirmseide								
Kocher								
2 Pistolen								
Trockenmilch								
2 Sauerstofftanks								
Sternkarte								
Schlauchboot								
Magnetkompass								
20 Liter Wasser								
Signalpatronen								
Erste-Hilfe-Koffer								
FM-Empfänger-Sender								

c) Anweisung: Gruppenentscheidung

Das ist eine Entscheidungsübung für die Herbeiführung von realitätsnahen Beschlüssen. Ihre Gruppe soll mit Einstimmigkeit beschließen. Das bedeutet, dass der Rangplatz für jede einzelne Position einstimmig festgelegt werden muss. Einstimmigkeit ist schwer zu erzielen. Deshalb wird nicht jeder Rangplatz jeden Einzelnen voll befriedigen. Versuchen Sie trotzdem, die Rangordnung so zu erstellen, dass alle einigermaßen damit einverstanden sein können. Hier einige Richtlinien:

● Vermeiden Sie, Ihre persönliche Entscheidung den anderen aufzuzwingen. Argumentieren Sie mit Logik.
● Vermeiden Sie nachzugeben, bloß um Einstimmigkeit zu erzielen oder Konflikten auszuweichen. Unterstützen Sie nur dann andere Ansichten, wenn sie mit Ihren wenigstens teilweise übereinstimmen.
● Vermeiden Sie Konfliktlösungstechniken wie Mehrheitswahl, Mittelwertberechnungen oder Kuhhandel (wenn du mir, dann ich dir).
● Betrachten Sie abweichende Meinungen eher als einen nützlichen Beitrag, statt sie als störend zu empfinden.

Nehmen Sie sich so viel Zeit, wie Sie benötigen, um eine echte Gruppenmeinung zu finden.

(Klaus Antons, Praxis der Gruppendynamik, Hogrefe, Göttingen 1998, S. 156f.)

Tragen Sie in die Spalten des Auswertungsbogens **d** für jedes Gruppenmitglied die Differenzen (immer mit positivem Vorzeichen) zwischen den geschätzten und den richtigen Rangplätzen ein. Dann zählen Sie die Differenzen im untersten Feld der Spalte zusammen. (Ein Beispiel: Gruppenmitglied 1 hat den Streichhölzern den 10. und dem Lebensmittelkonzentrat den 7. Rangplatz gegeben. Richtige Lösung: Platz 15 bzw. Platz 4. Differenzen zwischen Einschätzung und richtiger Lösung: 5 beziehungsweise 3, Teilsumme: 8)
Je niedriger die Summe der 15 Differenzen am Ende ist, desto besser ist natürlich auch die Lösung des betr. *Gruppenmitgliedes* („Wert der Leistung"). Die gleiche Rechnung wiederho-

d) Auswertung (Gruppe)

	Richtige Reihenfolge	Einzel-Differenzen 1	2	3	4	5	6	7	Gruppe[1]
Streichhölzer									
Lebensmittelkonzentrat									
Fünfzig Fuß Nylonseil									
Fallschirmseide									
Tragbares Heizgerät									
Zwei 0,45 Kal. Pistolen									
Trockenmilch									
Zwei 100-Pfund-Tanks Sauerstoff									
Stellar-Atlas (Mondkonstellation)									
Schlauchboot mit CO_2-Flaschen									
Magnetkompass									
Fünf Gallonen Wasser									
Signalleuchtkugeln									
Mit Sonnenenergie angetriebener UKW-Sender/Empfänger									
Wert der Leistung:									✕

[1] 1. Spalte: Rangplatz (Gruppenkonsens); 2. Spalte: Differenz

len Sie jetzt für die Lösung jeder *Gruppe*, um die Qualität der gemeinsamen Lösung festzustellen und mit der jedes einzelnen Mitgliedes zu vergleichen.

Eine darüber hinausgehende Berechnung könnte sich auf den Vergleich des *Durchschnittsergebnisses* der Gruppenmitglieder *vor* der Gruppenarbeit mit dem späteren Gruppenergebnis beziehen. Dazu müssten Sie die Ergebnisse der Einzelmitglieder (Leistungswerte) addieren und die Summe durch die Zahl der Mitglieder dividieren. Dieser Durchschnittswert wäre dann mit dem Wert der Gruppenleistung zu vergleichen.

(Rainer E. Kirsten/Joachim Müller-Schwarz, Gruppentraining, Rowohlt, Reinbek 1976, S. 30f.)

e) Gesamtauswertung für den Kurs (Tafelschema, Folie)

	Gruppe I	Gruppe II	Gruppe III	Gruppe IV
Durchschnittlicher Gruppenwert vor Diskussion				
Gruppenwert nach Entscheidung				
Gewinn (Verlust) bei Gruppenwert				
Leistungswert des „besten" Mitgliedes				
Gewinn/Verlust des Gruppenwertes gegenüber dem „besten" Mitglied				
Leistungswert des „schlechtesten" Mitglieds				
Gewinn des Gruppenwertes gegenüber dem „schlechtesten" Mitglied				

(Autorentext)

f) Lösungsschlüssel

2	FW-Sender-Empfänger	Notrufsender, möglicherweise Verbindung mit Mutterschiff
7	Erste-Hilfe-Koffer	Orale Pillen und Injektionsarzneimittel sind wertvoll
10	Signalpistolen	Notruf, wenn in Sichtweite
5	20 Liter Wasser	Ergänzt Wasserverlust infolge Schwitzens usw.
14	Magnetkompass	Wahrscheinlich keine Magnetpole, daher unbrauchbar
6	Schlauchboot	CO₂-Flaschen zum Selbstantrieb über Klüfte usw.
3	Sternkarte	Einer der wichtigsten Mittel zur Richtungsfindung
1	2 Sauerstofftanks	Füllt Atmungsbedarf
15	Trockenmilch	Nahrung, bei Mischung mit Wasser trinkbar
11	2 Pistolen	Könnten zur Herstellung von Selbststartaggregaten dienen
13	Kocher	Nützlich nur bei Lagerung auf dunkler Seite des Mondes
8	Fallschirmseide	Schutz gegen Sonnenstrahlen
9	Nylonseil	Nützlich beim Zusammenbinden von Verletzten und beim Klettern
4	Lebensmittelkonzentrate	Notwendige Tagesration
12	Streichholzschachtel	Auf dem Mond wenig oder nicht zu gebrauchen

Methode U/S

M 44b Verhalten in Arbeitsgruppen – Eine (schwach) strukturierte Beobachtung

Die NASA-Übung, aber auch das „Turmbauspiel" (M 46) bieten sich dafür an, die in M 41 ausführlich beschriebene Methode der Beobachtung im Unterricht ein Stück weit zu erproben. Für das Verhalten (die Interaktion) in Arbeitsgruppen hat der amerikanische Soziologe Robert **Bales** das nebenstehende Schema entworfen, das in hochgradig differenzierter Strukturierung das Verhalten der einzelnen Gruppenmitglieder in zwei Dimensionen empirisch zu erfassen geeignet ist: im *sozialemotionalen* Bereich (Was tragen Gruppenmitglieder dazu bei, das Wir-Gefühl, die entspannte Atmosphäre zu fördern oder zu behindern?) und im *Aufgabenbereich* (Was tragen Gruppenmitglieder dazu bei, Aufgabenlösungen zu erleichtern oder zu erschwe-

(Peter Atteslander, Methoden der empirischen Sozialforschung, de Gruyter, Berlin 1975, S. 158)

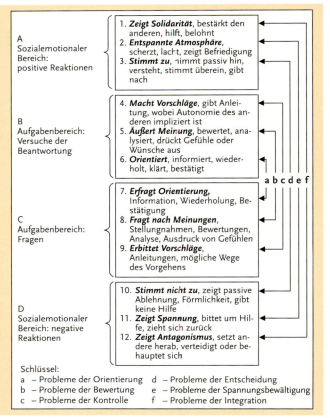

A
Sozialemotionaler Bereich: positive Reaktionen

1. *Zeigt Solidarität*, bestärkt den anderen, hilft, belohnt
2. *Entspannte Atmosphäre*, scherzt, lacht, zeigt Befriedigung
3. *Stimmt zu*, nimmt passiv hin, versteht, stimmt überein, gibt nach

B
Aufgabenbereich: Versuche der Beantwortung

4. *Macht Vorschläge*, gibt Anleitung, wobei Autonomie des anderen impliziert ist
5. *Äußert Meinung*, bewertet, analysiert, drückt Gefühle oder Wünsche aus
6. *Orientiert*, informiert, wiederholt, klärt, bestätigt

C
Aufgabenbereich: Fragen

7. *Erfragt Orientierung*, Information, Wiederholung, Bestätigung
8. *Fragt nach Meinungen*, Stellungnahmen, Bewertungen, Analyse, Ausdruck von Gefühlen
9. *Erbittet Vorschläge*, Anleitungen, mögliche Wege des Vorgehens

D
Sozialemotionaler Bereich: negative Reaktionen

10. *Stimmt nicht zu*, zeigt passive Ablehnung, Förmlichkeit, gibt keine Hilfe
11. *Zeigt Spannung*, bittet um Hilfe, zieht sich zurück
12. *Zeigt Antagonismus*, setzt andere herab, verteidigt oder behauptet sich

a b c d e f

Schlüssel:
a – Probleme der Orientierung
b – Probleme der Bewertung
c – Probleme der Kontrolle
d – Probleme der Entscheidung
e – Probleme der Spannungsbewältigung
f – Probleme der Integration

ren?). Die Anwendung dieses Schemas, dessen genauere, auf der Zuordnung von Gegensätzen beruhende Gliederung Sie aus der Abbildung (S. 280) entnehmen können, setzt bei den Beobachtern arbeitsteiliges (auf einzelne Gruppenmitglieder bezogenes) Vorgehen, viel Übungspraxis und hohe Professionalität voraus und ist unter „Laien" kaum vorstellbar. Wir bieten Ihnen daher für die Beobachtung im Unterricht ein einfacheres, weniger strukturiertes, sich aber an den gleichen Verhaltensdimensionen orientierendes Kategoriensystem an, das sich leicht im Unterricht verwenden lässt. Wenn Sie das beobachtete Verhalten *personenbezogen* auswerten wollen, setzt das die Zustimmung aller Gruppenmitglieder voraus. Als „Beobachtungsbogen" reicht eine Kopie des unten stehenden Übersichtsschemas, wenn Sie den Gruppenmitgliedern einen Buchstaben (z.B. Abkürzung des Vornamens) zuordnen und diese Kennzeichnungen jeweils (bei der betr. Kategorie) vermerken.

Unser Schema unterscheidet nach den *drei Verhaltensformen* „selbst-orientiert", „interaktions-orientiert" und „aufgaben-orientiert"; diese Verhaltenstypen werden durch beobachtbare Verhaltensweisen ein Stück weit operationalisiert*. Das Ziel der Untersuchung ist es festzustellen,
– wie die drei genannten Verhaltensformen dazu beitragen, dass einzelne Gruppenmitglieder von der Gruppe als *dominant, helfend* oder *beweglich* (flexibel) gesehen werden
– und wie sie die Arbeit und die Leistung (das Arbeitsergebnis) beeinflussen.

(Autorentext)

● **Selbst-orientiertes Verhalten**

Welche Gruppenmitglieder zeigten durch ihr Verhalten, dass sie mehr an der Erfüllung der eigenen Bedürfnisse interessiert waren als daran, der Gruppe bei ihrer Aufgabe zu helfen?

Beobachtetes Verhalten:
Versuche, die Diskussion zu beherrschen; andere unterbrechen; nicht zuhören können; übererregt und empfindlich reagieren; über Argumente hinweggehen; Verantwortung ablehnen.

● **Interaktions-orientiertes Verhalten**

Welche Gruppenmitglieder waren hauptsächlich an den anderen Gruppenmitgliedern interessiert und haben ihnen geholfen, wirksam zusammenarbeiten zu können?

Beobachtetes Verhalten:
andere ansprechen; andere in die Diskussion hineinziehen; Vermitteln bei unterschiedlichen Meinungen; Aufgreifen und Beachten guter Beiträge; Spannungen erleichtern; Kooperation ermutigen.

● **Aufgaben-orientiertes Verhalten**

Welche Gruppenmitglieder richteten ihr Hauptinteresse darauf, die Gruppenaufgabe zu lösen?

Beobachtetes Verhalten:
Arbeitsprozesse in Gang bringen; Informationen mit anderen teilen; Meinungen vertreten; organisieren; Probleme klären; zusammenfassen; Übereinstimmung feststellen.

A. Dominanz	Wer hat bei der vergangenen Gruppenarbeit am meisten (+)/am wenigsten (–) zu beeinflussen versucht?
B. Hilfe	Wer hat bisher der Gruppe am meisten (+)/ am wenigsten (–) geholfen, ihre Aufgabe zu erfüllen?
C. Flexibilität	Wer war das beweglichste und vielseitigste Gruppenmitglied (+)/ wer das unbeweglichste (–)?

(Kategorien nach: Rainer E. Kirsten/Joachim Müller-Schwarz, Gruppentraining, Rowohlt, Reinbek 1976, S. 37)

M 44c Typen von Leistungen

Es gibt nur wenige Bereiche der Gruppenforschung, die so eingehend untersucht wurden und eine solche Fülle experimenteller Forschungen und theorieorientierter Arbeiten
5 hervorgebracht haben wie Fragen des Lösens von Aufgaben in Gruppen. Dabei wurde schon recht früh erkannt, dass Gruppen leistungsfähigen Einzelpersonen nicht grundsätzlich überlegen sind. Es hängt vielmehr von
10 der Art der Aufgabe und den Bedingungen ihrer Lösung ab, ob Gruppen oder Einzelpersonen effektiver arbeiten. Die Gruppe kann gegenüber fähigen Einzelpersonen nur dann bessere Leistungen erbringen, wenn sie ihre
15 besonderen leistungsförderlichen Potenziale auch entfalten und effektiv zum Einsatz bringen kann. Aber welche Potenziale sind es, die Gruppen insgesamt leistungsfähiger werden lassen als ihre fähigsten Einzelmitglieder, und
20 welche Art von Aufgaben lassen die spezifischen Leistungspotenziale von Gruppen zur Wirkung kommen?

Hofstätter (s. M 33) unterscheidet drei verschiedene Leistungstypen: (1) Typus des *Hebens* und *Tragens*, (2) Typus des *Suchens* und
25 *Findens* und (3) Typus des *Bestimmens*. Zweifellos können zwei oder drei Personen einen schweren Gegenstand eher heben und fortbewegen als eine Person. Dabei wird allerdings die Koordination der Kräfte einen Teil der
30 Einzelenergien absorbieren. Tatsächlich liegt die aufgebrachte Gesamtkraft schon bei Sechsergruppen deutlich unter der statistisch berechenbaren Summe der aufgewandten Einzelkräfte. [...] Beim Leistungstyp des *Suchens*
35 und *Findens* geht es darum, eine bestimmte zutreffende Lösung für eine gestellte Aufgabe zu identifizieren. Untersuchungen im Zusammenhang mit diesem Leistungstyp werden in M 44d angesprochen. Der Leis-
40 tungstyp des *Bestimmens* bezieht sich im Wesentlichen auf die Festlegung von Normen und Werten in Gruppen. Das Experiment von Sherif (1936) zum autokinetischen Effekt (s. M 35) ist ein sehr markantes Beispiel für
45 diesen Leistungstyp. In dieser maximal unbestimmten Situation entwickelt sich aus der Interaktion der Gruppenmitglieder heraus ein Beurteilungswert, der dann das Urteilsverhalten jedes einzelnen Gruppenmitglieds
50 bestimmt. Auch die Konformitätsuntersuchungen von Asch (s. M 37) und die Ferienlagerstudien von Sherif (s. M 33) bieten eine Fülle von Beispielen für den Leistungstyp des Bestimmens.
55

(Alexander Thomas [= M 35], S. 148f.)

M 44d Leistungsvorteil der Gruppe

[Eine Reihe von] Experimenten zeigt, dass unter bestimmten Bedingungen Gruppen bessere Leistungsergebnisse erbringen als einzelne Personen [...] und dass die Art der Zu-
5 sammenarbeit das Leistungsergebnis beeinflusst. Förderliche Bedingungen für den Gruppenerfolg bei disjunktiven Aufgaben sind: (1) Die potenzielle Leistung der Gruppe, die dann hoch ist, wenn alle Gruppenmitglie-
10 der über die zur Aufgabenlösung erforderlichen Fähigkeiten verfügen. (2) Die Motivation derjenigen Gruppenmitglieder, die über die richtige Lösung verfügen, sich auch an der Gruppendiskussion zu beteiligen und die
15 gefundene Lösung vorzuschlagen. [...] Insgesamt kann der Leistungsvorteil der Gruppe auf die Wirksamkeit folgender Einflussfaktoren zurückgeführt werden:

(1) *Fehlerausgleich:* Wenn eine Person ein
20 Problem zu lösen versucht, wird sie sich dabei meistens von einer bestimmten Einstellung zu diesem Problem leiten lassen. Die Gedanken und der Lösungsversuch werden in eine bestimmte Richtung gedrängt. Bei
25 sehr vielen Problemen des Lebens hängt die Lösung nun aber gerade davon ab, dass man fähig ist, seine Einstellung und Lösungsmethode zu ändern. Wenn das nicht gelingt, gerät man schnell in eine Sackgasse und
30 bleibt in den alten Bahnen stecken. Eine Gruppe besteht aus mehr als einer Person, und es besteht die Möglichkeit, ja eine hohe Wahrscheinlichkeit, dass diese Personen von verschiedenen Einstellungen geleitet werden
35 und dass der richtige Lösungsansatz bei irgendeinem Gruppenmitglied vertreten ist. In der Gruppe können dann diejenigen, die den richtigen Lösungsansatz haben, andere berichtigen, die mit falschen Voraussetzungen
40 an die Lösung des Problems herangegangen

sind. Falls die Gruppenmitglieder mit dem richtigen Lösungssatz in der Gruppe zu Wort kommen und die anderen Gruppenmitglieder bereit sind, sich überzeugen zu lassen, 45 dann kann die Gruppe die ihr gegebene Möglichkeit des Fehlerausgleichs und der Fehlerkontrolle effektiv zur Problemlösung einsetzen.

(2) *Ideenhäufung:* Aus der Tatsache, dass sich in einer Gruppe Personen zusammenfinden 50 können, die verschiedene Einstellungen zu einem Problem haben, ergibt sich ferner, dass die Gruppe eine größere Zahl von Ideen und Meinungen produzieren kann als der Einzelne. Ein bedeutender Teil der Gruppen- 55 überlegenheit besteht gerade in der Vielfalt der Meinungen und Einstellungen.

(Alexander Thomas [= M 35], S. 148f.)

▌ M 44e Leistungsnachteil der Gruppe

In einer Untersuchung von Thorndike (1938) ging es um die Analyse des Einflusses verschiedener Aufgabenarten auf die Gruppenleistung. Dabei erhielten studentische Ver- 5 suchspersonen die Aufgaben, Kreuzworträtsel zu entwerfen und Kreuzworträtsel zu lösen, und zwar sowohl alleine als auch unter Gruppenbedingungen. Es zeigte sich, dass Gruppen bessere Leistungen erbrachten, 10 wenn Kreuzworträtsel zu lösen waren, wohingegen Einzelpersonen bessere Leistungen beim Entwerfen von Kreuzworträtseln zeigten, d.h. sie hatten in kürzerer Zeit ein komplizierteres und schwierigeres Kreuzworträt- 15 sel erstellt als die Gruppen.

Thorndike selbst interpretiert seine Untersuchung folgendermaßen: Beim Lösen eines Kreuzworträtsels ist eine Anhäufung von Einzelbeiträgen gefordert. Je mehr Einfälle pro- 20 duziert werden, um so besser. Die Ideenhäufung in der Gruppe wirkt sich hier positiv aus. Das *Entwerfen* eines Kreuzworträtsels dagegen ist etwas anderes. Hier gibt es keine richtigen oder falschen Lösungen. Einer, der 25 allein arbeitet, wird auf eine Methode stoßen und sie weiterverfolgen, obwohl eine andere Methode genauso angemessen wäre. Andere Personen haben eine andere Methode. Sollen diese Personen nun zu einer einheitlichen Lösung kommen, werden sie sich gegenseitig 30 stören. Verallgemeinernd können wir sagen: Dort, wo es um die Anhäufung von Einzelinformationen geht, oder dort, wo es nur eine einzige richtige Lösung gibt, wird die Quantität und die Qualität der Gruppenleistung 35 vermutlich größer sein können. Wenn es andererseits mehrere richtige Wege gibt bzw. wenn konzentriertes, folgerichtiges und schöpferisches Denken erforderlich ist, werden häufig Einzelpersonen besser sein als 40 Gruppen. Bei einer noch weiteren Verallgemeinerung gilt, dass die Theorie für die Lösung eines Problems wohl am besten der Einzelne ausarbeiten kann, wohingegen die Lösung von technischen Fragen oder Teil- 45 problemen den Einsatz eines Teams ratsam erscheinen lässt. Ein einzelner Wissenschaftler entwickelte die Relativitätstheorie, aber die Technik zur Nutzung der Atomkraft, die ohne Einsteins Werk nicht hätte geschaffen 50 werden können, wurde von vielen Wissenschaftlern im Team entwickelt.

(Alexander Thomas, Grundriss der Sozialpsychologie, Bd. 2: Individuum, Gruppe, Gesellschaft, Hogrefe, Göttingen 1992, S. 152ff.)

1. *Erläutern Sie die Unterscheidung nach drei Leistungstypen (M 44c) und stellen Sie fest, welche Korrelation zwischen Gruppengröße und Leistungsumfang sich beim „Heben und Tragen" feststellen lässt.*

2. *Eins der (hier nicht beschriebenen) Experimente (M 44d) können Sie (z.B. mit Schülergruppen aus anderen Kursen/Klassen; ca. 6–8 Schüler/innen je Gruppe) leicht durchführen. Es beruht auf folgender Aufgabenstellung: Ein Mann kauft ein Pferd für 60 Dollar und verkauft es für 70 Dollar. Dann kauft er dasselbe Pferd für 80 Dollar zurück und verkauft es erneut für 90 Dollar. Wie viel Geld hat er verdient? Vorgegebene Lösungsmöglichkeiten: 30/20/10 Dollar – nichts verdient – Geld verloren (richtige Lösung: 20 Dollar). Jedes Gruppenmitglied muss die Aufgabe zunächst in einer Minute allein lösen (auf einem Zettel); dann erfolgt eine Gruppendiskussion von acht Minuten, und danach kann sich jedes Gruppenmitglied erneut entscheiden. Ist die Zahl richtiger Lösungen nach der Gruppendiskussion größer?*

3. Bei welcher Art von Aufgaben haben sich Leistungsvorteile der Einzelarbeit ergeben (M 44e)?

4. Vergleichen Sie das Ergebnis und die Durchführung Ihrer NASA-Übung mit den in M 44d/e genannten Kriterien. Inwieweit lässt sich der Erfolg (oder auch Misserfolg) Ihrer NASA-Übung auf das Vorhandensein (oder Fehlen) der förderlichen Bedingungen zurückführen?

5. Analysieren Sie M 44d/e auch im Hinblick auf die Frage, unter welchen Bedingungen, bei welchen Aufgabenstellungen usw. Gruppenarbeit im Unterricht sinnvoll oder weniger sinnvoll erscheint.

Kooperatives Verhalten in Gruppen

Die Vorbereitung der folgenden Kooperationsübung („Quadrat-Übung") erfordert etwas Aufwand durch die Lehrperson (oder ggf. auch durch Schüler/Schülerinnen, die später nicht an der Arbeit der Gruppen, sondern an deren Beobachtung beteiligt sind): Es muss für *jede 5er-Gruppe* ein Satz von fünf gleich großen (10 cm oder 15 cm Seitenlänge) Pappquadraten bereitgestellt werden. Wenn z.B. drei Schülerarbeitsgruppen gebildet werden sollen, sind drei solcher Fünfersätze erforderlich. Die weitere Vorbereitung erfolgt dann nach der Anweisung (M 45).
Wichtiger Hinweis für die Lehrerin/den Lehrer. Es muss gewährleistet sein, dass die Schüler und Schülerinnen die Abbildungen der Quadrate (s. u.) weder unmittelbar vor der Übung noch vor allem während der Übung zu Gesicht bekommen (das Buch darf also nicht benutzt werden), weil die Abbildungen ja die Lösung darstellen. Vielleicht sollte man daher die Übung nicht ankündigen und die gesamte Vorbereitung (Quadratteile, Umschläge, Kopien der Instruktion für jede Gruppe) selber vornehmen.

Methode U

▶ M 45 Stumme Kooperation in der Gruppe

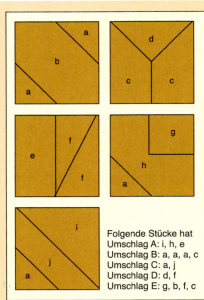

Folgende Stücke hat
Umschlag A: i, h, e
Umschlag B: a, a, a, c
Umschlag C: a, j
Umschlag D: d, f
Umschlag E: g, b, f, c

Vorlagen für die Quadratteile

a) Vorbereitung der „Quadrat-Übung"
Man benötigt für jede 5er-Gruppe einen großen Umschlag (DIN A4) und fünf Umschläge DIN A5. Ferner sind jeweils fünf Quadrate aus nicht zu starker Pappe von genau gleichem Format erforderlich. Um den erforderlichen Fünfersatz vorzubereiten, schneidet man sich fünf Pappquadrate von etwa 10 auf 10 oder 15 auf 15 cm aus. Diese legt man in eine Reihe und zeichnet die Einteilung so wie nebenstehend angegeben ein; die einzelnen Teile werden mit den kleinen Buchstaben a, b, c usw., wie in der Figur gezeigt, deutlich markiert, jedoch so, dass dies notfalls später ausradiert werden kann. (Wenn man die Buchstaben auf den Quadraten stehen lässt, führt dies zu unnötigen Irritationen beim Zusammensetzen, da von den Gruppenteilnehmern zunächst vermutet wird, ähnliche gehörten zusammen. Dies stellt eine unnötige Erschwernis der Übung dar.)
Die Linien müssen so gezogen werden, dass die *ausgeschnittenen Stücke mit demselben Buchstaben* (z.B. alle Einzelteilstücke, die ein a tragen,) exakt

das gleiche Format haben. Die Kombination ist deshalb so gewählt, weil dadurch die Möglichkeit gegeben ist, ein oder zwei Quadrate zu formen, und zwar von einem kleineren Format. Aber nur in einer einzigen Kombinationsform ist es möglich, dass *aus den 15 Teilstücken fünf gleiche Quadrate von gleichem Ausmaß* geformt werden können. Wenn die Teilstücke der Quadrate genau bezeichnet sind, bezeichnet man die fünf *Umschläge* mit den Großbuchstaben A, B, C, D, E. Die Teilstücke der Quadrate werden nun wie folgt in die fünf DIN A4-Umschläge verteilt:

Umschlag A: i, h, e   Umschlag D: d, f
Umschlag B: a, a, a, c   Umschlag E: g, b, f, c
Umschlag C: a, j

Man darf sich nicht wundern, wenn gelegentlich an einzelnen Tischen vorwurfsvoll die Frage oder der Zweifel laut wird, man habe die Umschläge oder die Quadrate falsch verteilt, die Aufgabe ließe sich nicht lösen. Aus diesem Grunde empfiehlt es sich auch im Allgemeinen, die Vorsortierung der einzelnen Quadratteile in die Umschläge entweder selbst vorzunehmen oder vor der Übung nochmals genau zu kontrollieren.

(Tobias Brocher, Gruppendynamik und Erwachsenenbildung, Westermann, Braunschweig 1967, S. 164ff.)

b) Durchführung der Quadrat-Übung

1. Vorbereitung der Quadrat-Teile wie unter a) beschrieben. Herstellung aus exakt gleich großen Pappquadraten mit 10–15 cm Durchmesser. Exaktes Arbeiten wichtig. Die jeweils bezeichneten und ausgeschnittenen Stücke werden wie angegeben in die fünf Umschläge gesteckt; jeder Umschlag erhält einen großen Buchstaben. Die fünf Umschläge werden dann in einen großen Umschlag gesteckt.
2. Tische für Fünfergruppen vorbereiten, pro Tisch je ein Satz vorbereiteter Quadrat-Teile (großer Umschlag) und eine Instruktion **(c)**.
3. Aufteilen der Teilnehmer in Fünfergruppen, Platznehmen an den vorbereiteten Tischen. Beobachter setzen sich etwas zurück, achten auf Einhaltung der Regeln und auf Reaktionen, Verhalten und spontane Äußerungen der an der Übung Beteiligten.
4. Vorlesen der Instruktion **(c)**.
5. Je ein Mitglied einer Gruppe wird aufgefordert, den großen Umschlag zu öffnen und jedem der anderen Teilnehmer einen der verschlossenen Umschläge A – E zu übergeben.
6. Beginn auf Zeichen, Beobachter stoppen die Zeit „ihrer" Gruppe.
7. Nach Erledigung der Aufgabe den Gruppen Zeit lassen zur internen Diskussion.
8. Allgemeine Aussprache, Vergleich der Gruppen, Berichte der Beobachter.

c) Instruktion für die Quadrat-Übung

In dem großen Umschlag, der auf Ihrem Tisch liegt, sind fünf weitere Umschläge. Jeder dieser kleinen Umschläge enthält verschieden geformte Teile, um daraus Quadrate zu bilden. Die Aufgabe jeder Gruppe ist es, wenn das Startzeichen gegeben wird, *fünf Quadrate von genau gleicher Größe* herzustellen. Die Aufgabe ist nicht eher beendet, bis jedes Mitglied ein vollständiges Quadrat von genau gleicher Größe wie alle anderen vor sich liegen hat.

Während der Übung ist Folgendes zu beachten:

● Kein Mitglied darf sprechen.
● Kein Mitglied darf ein anderes um ein Teilstück bitten oder in irgendeiner Weise signalisieren, dass es ein bestimmtes Teilstück braucht, das ein anderer ihm geben soll.
● Jedes Mitglied kann, wenn es will, Teilstücke in die Mitte des Tisches legen oder an ein anderes Mitglied geben, jedoch darf niemand direkt in die Figur eines anderen eingreifen.
● Jedes Mitglied darf Teilstücke aus der Mitte nehmen, aber niemand darf Teile in der Mitte des Tisches zusammenfügen.

(Klaus Antons, Praxis der Gruppendynamik, Hogrefe, Göttingen 1998, S. 118)

d) Ziel der Übung

Sicher kann man fragen, warum die Teilnehmer bei diesem Spiel nicht sprechen dürfen. Das hat einen ganz bestimmten Grund:

In einer Gruppe ohne offiziellen Führer sind die Gruppenmitglieder – zumindest theoretisch – untereinander gleichberechtigt. In der Praxis stellt sich aber meist heraus, dass ein oder mehrere Gruppenmitglieder versuchen, die anderen zu beherrschen. Oft setzen sich dann diejenigen durch, die am besten reden (oder überreden) können. Die Stilleren in der Gruppe sind sich manchmal nicht einmal bewusst, dass sie sich von anderen beherrschen lassen, denn die Vielredner haben ja scheinbar alle Sachargumente auf ihrer Seite. Man kann ihnen nichts entgegensetzen. Aber der (unbewusste) Ärger über diese „Besserwisser" macht sich irgendwann Luft, auch wenn sich die Beteiligten der Ursache der dann folgenden Störmanöver nicht bewusst sind. In diesem Spiel nun können sich die Gruppenmitglieder gegenseitig nicht beherrschen, die Regeln haben ihnen alle sprachlichen und nichtsprachlichen Waffen aus der Hand genommen. Jeder ist auf den anderen angewiesen. Es ist keine Cliquenbildung möglich, keiner kann übergangen werden.

Ziel dieser Übung ist es, die verschiedenen Verhaltensweisen kennen zu lernen, die dann auftauchen, wenn Mitglieder einer Gruppe gemeinsam ein Problem lösen müssen, ohne sich gegenseitig dabei dominieren zu können. Zugleich sollen die Teilnehmer am Versuch gegenüber ihren eigenen Verhaltensweisen sensibilisiert werden, durch die sie unbewusst, und ohne es selbst zunächst wahrnehmen zu können, die Lösung eines Gruppenproblems behindern oder fördern. Welche Gefühle und Verhaltensweisen entwickelt eine Gruppe, wenn alle in dieser Weise zusammenhalten müssen? Was behindert die Lösung einer Aufgabe, was fördert sie?

Im Allgemeinen mobilisiert diese Übung so viel Interesse und lebhafte Affekte, dass die anschließende Diskussion sich von alleine trägt. Deshalb sollte man nach Beendigung der Übung auch genügend Zeit für die spontan aufbrechende interne Debatte an den einzelnen Tischen lassen, bevor eine allgemeine Aussprache unter Beteiligung der Beobachter eingeleitet wird. Diese sollte über die Beobachtungen und Erfahrungsbeschreibungen hinausgehen. Vor allem sollten folgende Fragen diskutiert werden:

– Wie fühlt man sich, wenn ein Gruppenteilnehmer ein wichtiges Teilstück für die Lösung der Aufgabe festhält, ohne selbst die Lösung sehen zu können?
– Welche Gefühle tauchen auf, wenn jemand aus der Gruppe sein Quadrat – allerdings in einer falschen Form – fertig gestellt hat und sich dann mit selbstzufriedenem Lächeln zurücklehnt?
– Was dachten die anderen über den Selbstzufriedenen? Wie hat er sich selbst gefühlt?
– Welche Gefühle empfand man gegen Teilnehmer, die die Lösungsmöglichkeit nicht so schnell erfassten?
– Wollte man sie lieber hinauswerfen oder ihnen helfen?
– Wieweit stimmen die während des Spiels erlebten Gefühle und Erlebnisse mit ähnlichen Erfahrungen und Beobachtungen in der täglichen Arbeit der Teilnehmer überein?

(Kirsten/Müller-Schwarz [= M 44b], S. 68f.)

Methode **U**

M 46 Turmbau-Übung – Kooperation im Wettbewerb

a) Instruktionen für die Arbeitsgruppen

Bauen Sie in dem Ihnen zugewiesenen Raum einen Turm, der ausschließlich konstruiert werden soll aus dem Material, das Ihnen zur Verfügung gestellt worden ist:

4 Bögen Kartonpapier
1 große Flasche Klebstoff
1 Schere
1 Lineal
4 Bögen Papier (nur zum Entwerfen)

Der Turm muss auf seinem eigenen Fundament stehen können, d.h., er darf weder gegen die Wand oder irgendeinen Gegenstand im Raum gelehnt sein noch darf er aufgehängt oder an der Decke angebracht werden. Er muss standfest genug sein, um ein Lineal tragen zu können, ohne umzufallen.

Eine Gruppe steht im Wettbewerb mit den anderen Gruppen; eine davon gewinnt, die anderen verlieren. Die Türme werden von einer Jury nach drei Kriterien beurteilt:
1. Höhe, 2. Standfestigkeit, 3. Originalität.

Sie können Ihr Material in jeder beliebigen Art und Weise, wie es Ihre Gruppe möchte, zuschneiden, biegen, kleben, zusammenfügen usw. *Jedoch ist zu beachten, dass kein einzelner Streifen länger oder breiter als die Maße des Lineals sein darf.*

b) Instruktionen für die Beobachter

Hier einige Fragen, die Ihnen bei Ihrer Aufgabe als Beobachter behilflich sein können:

- Wie hat sich die Gruppe für die Arbeit organisiert: War eine Struktur vorhanden? Wie haben die Gruppenmitglieder darauf reagiert? Konnten Sie Änderungen in dieser Hinsicht beobachten? Welche?
- War keine Struktur vorhanden? Wie ist die Gruppe vorgegangen bei der Strukturierung? Erfolgte eine Rollenverteilung? Wie? Wurde jemand zum Leiter ernannt? Wie? Konnte man überhaupt ein Vorgehen in dieser Hinsicht feststellen?
- Wie war das Arbeitsklima? Allgemein freundlich entspannt, gelassen, ...? Konnten einzelne Vorschläge berücksichtigt werden? Wurden einige Gruppen-Mitglieder übergangen? Haben sich alle Gruppen-Mitglieder an der Arbeit aktiv beteiligt? Konnten Sie während der Arbeit Spannungen feststellen?
- Wer half der Gruppe am besten bei der Arbeit? Wer hatte die meisten, wer die besten Einfälle? Wurde viel herumdiskutiert?
- War die Gruppe für die Durchführung der Aufgabe genug motiviert? War das Ziel der Übung klar? Wurde das ausdrücklich festgestellt? Wer hat die wichtigsten Entscheidungen getroffen?

(Klaus Antons [= M 45b], S. 133)

Die „Turmbau-Übung" bezieht sich wie die „Quadrat-Übung" (M 45) auf die Dimension „Kooperation in Gruppen". Sie unterscheidet sich von ihr zum einen dadurch, dass sie nicht stumm stattfindet, und zum anderen durch die Situation des Wettbewerbs. Die Beobachter(gruppen) können sich an den unter b) formulierten Fragen und/oder an dem für das NASA-Spiel vorgeschlagenen Kategoriensystem (M 44 b) orientieren. Die Jury könnte z.B. aus drei oder fünf Mitgliedern der einzelnen Beobachtergruppen bestehen. Die Übung lässt sich in einer Doppelstunde durchführen. Wenn nicht mehrere Räume zur Verfügung stehen, können sich bis zu drei oder vier Gruppen auch in einem größeren Kursraum verteilen.

C DIE PARTEIENDEMOKRATIE IN DER KRISE?

GROSSE JUGEND-UMFRAGE DER WOCHE

Politik? Nein danke!
(DIE WOCHE v. 23.7.1999, S.1)

Null Bock auf Parteien
(DIE WOCHE v. 27.2.1998, S.10)

Null Bock auf Staat
Die 15- bis 20-Jährigen sind eher unpolitisch und sorgen sich um ihren Job.

(DIE WOCHE v. 23.7.1999, S.27)

I. Politisches Interesse und Politikverdrossenheit – Ergebnisse und Probleme von Befragungen

Im ersten Abschnitt dieses Kapitels soll es darum gehen festzustellen, worauf (auf welchen Untersuchungen) die in den Medien immer wieder verbreitete Klage (s. Schlagzeilen) über das fehlende politische Interesse von Jugendlichen beruht, und ansatzweise zu überprüfen, inwieweit diese Klage berechtigt scheint.

➤ *Welche Einstellung habe ich selbst zu Politik und Politikern? Inwieweit entspricht sie den Ergebnissen entsprechender Untersuchungen? (M 1 – M 3)*

➤ *Wie hat sich das politische Interesse von Jugendlichen in den letzten 20 Jahren entwickelt? (M 4)*

➤ *Woran (an welchen „Indikatoren") kann man „Politikverdrossenheit" messen und welche Untersuchungsergebnisse gibt es zu den drei Indikatoren „Zufriedenheit mit dem demokratischen System", „Vertrauen in Institutionen" und „Wahlbeteiligung"? (M 5 – M7)*

➤ *Was muss man bei der Beurteilung von Befragungsergebnissen (M 8 – M 9) und bei der Durchführung eines eigenen Befragungsprojektes (M 10; zum politischen Interesse von Schülerinnen und Schülern) beachten?*

M 1 Jugend und Politik

Wir schlagen Ihnen vor, zu Beginn mehr oder weniger spontan Ihre eigene Einstellung zur Politik und zu den Politikern zum Ausdruck zu bringen und dies anhand der beiden folgenden Fragebögen (oder eines von beiden) zu tun. Sie enthalten jeweils eine Reihe von Aussagen (Items*), zu denen Sie (nach dem Anfertigen von Kopien) Ihre Zustimmung oder Ablehnung markieren sollen, und zwar ohne vorherige Diskussion in Ihrer Lerngruppe. Beachten Sie zum Verfahren die Arbeitshinweise.

a)

Item	1	2	3	4
1. Es gibt keine Partei, die die Interessen von Jugendlichen vertritt.				
2. Ich kenne im politischen Raum niemanden, der sich wirklich für Jugendliche einsetzt.				
3. Wenn man sich einmal engagiert und etwas für Jugendliche organisiert, hat man gleich die Politik und Verwaltung gegen sich.				
4. Meine Generation wird sehr große Probleme haben, einmal ihre Rente zu beziehen.				
5. Viele Aktivitäten von Jugendlichen werden von Politikern unterdrückt.				
6. Als Jugendlicher wird man von der Politik stark vernachlässigt.				
7. In den nächsten Jahren wird es für uns Jugendliche bestimmt noch viel schlechter werden.				
8. Am Desinteresse der Jugendlichen für die Politik sind die Politiker selbst schuld.				
9. Bei der Jugend wird zu viel gespart, das ist ein Fehler für die Zukunft des Staates.				

Abfragemodus für M 1 a/b:
4 = trifft sehr zu, 3 = trifft zu, 2 = trifft weniger zu, 1 = trifft überhaupt nicht zu

(Jugendwerk der Deutschen Shell [Hrsg.], Jugend 2000, Leske + Budrich, Opladen 2000, S. 403)

b)

Item	1	2	3	4
1. Politik ist ein schmutziges Geschäft!				
2. Die da oben machen doch nur, was sie wollen!				
3. Politik geht jeden an!				
4. Politik ist wichtig, damit man seine Rechte und Interessen durchsetzen kann!				
5. Die Bürgerinnen und Bürger haben viel zu hohe Ansprüche an die Politik und Politiker!				
6. Nachteil unserer Demokratie ist, dass jeder glaubt, mitreden zu können!				
7. In der Politik wird viel zu viel gestritten!				
8. Die Politiker sind doch nur auf Stimmenfang aus!				
9. Die Demokratie ist das kleinere Übel!				
10. Die Unzufriedenen sollten sich selbst stärker in der Politik engagieren!				
11. Die Regierung sollte viel mehr Macht haben, damit die ewige Streiterei aufhört!				
12. Wenn ich will, kann ich mich einmischen – und das ist mir wichtig!				
13. In einer Demokratie müssen nun mal unterschiedliche Standpunkte offen ausgetragen werden!				

(BpB [Hrsg.], Grundgesetz für Einsteiger, Bonn 1996, Arbeitsblatt 12 a; Verf.: Lothar Scholz)

1. *Wenn Sie die betr. Stellen angekreuzt und die Fragebögen eingesammelt haben, sollten Sie, um im Unterricht selbst nicht zu viel Zeit zu verlieren, die Auswertung einer kleinen Gruppe (zur häuslichen Arbeit, ggf. mit dem Computer) übertragen. Dabei kommt es darauf an, zu jedem Item den Mittelwert für Ihren Kurs zu errechnen (die Häufigkeiten mit den Werten zu multiplizieren und die Summe durch die Zahl der Antworten zu dividieren. Beispiel: Zu Item 1 des Fragebogens 1a haben drei von Ihnen die Kategorie 4 angekreuzt, sieben ihr Kreuz bei 3 gemacht, neun bei 2 und fünf bei 1. Dann beträgt der Mittelwert 12 + 21 + 18 + 5 = 56 : 24 = 2,3). Vgl. M 64, S. 383*

2. *Überlegen Sie sich bei der Besprechung der Ergebnisse, was der Mittelwert anzeigt. 2,3 z. B. weist darauf hin, dass Sie im Durchschnitt der Aussage eher skeptisch gegenüberstehen (2,5 wäre ja der Wert für eine „neutrale" Einstellung). Er kann aber auch dadurch zustande gekommen sein, dass sich deutliche Zustimmungen und Ablehnungen gegenseitig „die Waage halten". Es wäre daher ganz interessant, wenn die Auswertungsgruppe, zumindest zu einigen Items, auch die (große oder geringe) Streuungsbreite der Antworten angeben könnte. – Bei der Shell-Studie 2000 ergaben sich zu M 1a folgende Mittelwerte: **1**: 2,83; **2**: 2,88; **3**: 2,67; **4**: 3,32; **5**: 2,84; **6**: 2,95; **7**: 2,84; **8**: 3,19; **9**: 3,12. Achtung: M 1b enthält sowohl negative als auch positive Einstellungen zur Politik!*

3. *Versuchen Sie die Ergebnisse der Befragung in einigen Sätzen zusammenfassend zu formulieren (z. B. zu M 1a: „Es zeigt sich deutlich, dass wir uns in unseren Interessen und Anliegen von den Politikern vernachlässigt fühlen", oder zu M 1b: „Unsere Einstellung zur Politik und zur Demokratie ist insgesamt eher positiv").*

▮▮ M 2 Einstellungen Jugendlicher zur Politik

Schiefes Bild von der Politik	Das Bild, das Jugendliche von der Politik und von den Politikvertretern haben, ist recht einheitlich. Danach sind Politik und Politiker meilenweit von den Interessen und den Bedürfnissen von Jugendlichen entfernt. Nach Meinung der Jugendlichen sind Politiker an der eigenen Besitzstandswahrung interessiert, durch Sachzwänge gefesselt und von Machtansprüchen festgelegt.
Politik ist langweilig.	Politik gilt den meisten Jugendlichen als trocken, langweilig, komplex, abstrakt, unüberschaubar, ohne klare Orientierung und Werte, also mit großer Beliebigkeit. Politiker erscheinen häufig unglaubwürdig, interessengeleitet, trocken, unehrlich, korrupt und vom Alltagsleben „Schaltjahre entfernt". Die Jugendlichen wollen Spaß, und Politik kann keinen Spaß machen. Spaß ist für Jugendliche ein hoch besetzter Wert, der mit Lebendigkeit, Gefühl, Erlebnis und Intensität verbunden wird.
Politik kann keine Probleme lösen.	Jugendliche sehen nicht, dass von der Politik die derzeitigen Probleme wie Massenarbeitslosigkeit, Lehrstellenmangel, Sozialabbau wirklich angepackt werden und auch angemessene Lösungen angeboten werden. [...] Dieses Versagen der Politik produziert bei den Jugendlichen sogar Zukunftsängste und mangelndes Vertrauen.
Die Parteien werden nicht wahrgenommen.	Politiker und die politischen Parteien werden wenig differenziert wahrgenommen. Für die Jugendlichen scheint die Parteienlandschaft keine Unterschiede aufzuweisen. Parteiprogramme können Jugendliche nicht unterscheiden. [...] Undurchschaubare Gegnerschaften im Bundestag produzieren bei Jugendlichen nur Desinteresse.
Die Politik wird von der Wirtschaft dominiert.	Politik wird nach Meinung der meisten Jugendlichen durch die Interessen der Wirtschaft dominiert. [...] Politiker und Parteien erscheinen vielfach als Erfüllungsgehilfen der Wirtschaft und Industrie und von daher über alle Parteigrenzen als austauschbar.

(Politik aktuell, Sonderausgabe August 1998, S. 5; Zusammenfassung von Ergebnissen der Shell-Studie 1997)

M 3 „Was möchten Sie mit 30 Jahren erreicht haben?"

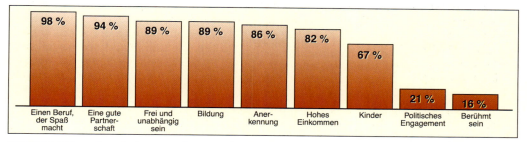

(DIE WOCHE/Forsa; Datenbasis: 1000 Befragte zwischen 15 und 20 Jahren, je 500 West/Ost, bevölkerungsproportional gewichtet; Erhebungszeitraum: 9. bis 15.7.1999; stat. Fehlertoleranz ± 3 Prozentpunkte; DIE WOCHE v. 24.7.1999, S. 27)

1. *Vergleichen Sie Ihre Befragungsergebnisse aus M 1 mit der Beschreibung der Einstellungen Jugendlicher zur Politik, wie sie in M 2 (als Ergebnis der bekannten „Shell-Studie" 1997) wiedergegeben ist. Wählen Sie dazu ggf. die Bereiche aus, zu denen Sie aufgrund Ihrer eigenen Befragung etwas sagen können.*

2. *M 2 beruht auf der Shell-Studie von 1997. Stellen Sie durch eine Internet-Information (http://www.shell-jugend2000.de/download/hauptergebnisse.pdf) fest, wie die Einstellung Jugendlicher zu Politik in der Studie 2000 beschrieben wird.*

3. *Die beiden Schlagzeilen der WOCHE vom 23.7.1999 (S. 288) beruhen z. T. auf den in M 3 wiedergegebenen Befragungsergebnissen. Erläutern Sie diese Beziehung und nehmen Sie dazu Stellung.*

M 4a
Die Entwicklung des politischen Interesses; 1980–1996

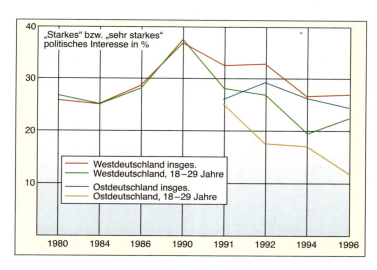

(Datenbasis: Allbus 1980–1996)

Das Interesse der Bürger für Politik ist ein wichtiger Gradmesser, inwieweit sie das politische Geschehen registrieren und an ihm teilnehmen. Es ist ein guter Indikator dafür, ob das politische Geschehen von den Bürgern als etwas betrachtet wird, das für den Einzelnen wichtig genug ist, um sich darüber zu informieren und sich gegebenenfalls auch dafür zu engagieren.
5 Das politische Interesse der Bürger wird durch die einfache Frage „Wie stark interessieren Sie sich für Politik: sehr stark, stark, mittel, wenig oder überhaupt nicht?" in vergleichbarer Form bereits seit 1969 in repräsentativen Bevölkerungsumfragen erfasst. Danach hat sich der Anteil derjenigen, die sich für Politik „überhaupt nicht" interessieren, von etwa 16% im Jahre

Die verbreitetste Methode zur Erhebung des politischen Interesses ist an Schlichtheit kaum zu überbie-
ten. An Politik ist interessiert, wer auf die Frage „In-
teressierst du dich für Politik?" mit JA antwortet. Dennoch sollen die Vorzüge dieses Zugangs nicht uner-
wähnt bleiben. Sie lassen – weil schon immer in
dieser Weise gestellt – längerfristige Vergleiche zu
und bringen sicher nur geringe Verständnisprobleme
bei den Jugendlichen mit sich.

(Jugendwerk der Deutschen Shell [Hg.], Jugend '97, Leske + Budrich, Opladen 1997, S. 303)

1969 auf unter 6% Anfang der 90er-
10 Jahre reduziert, seit 1994 steigt er allerdings wieder etwas an. Im gleichen
Zeitraum hat sich der Anteil derjenigen, die sich „stark" oder sogar „sehr
stark" für Politik interessieren, von 18%
15 im Jahre 1969 auf knapp 30% erhöht,
mit einem deutlichen Spitzenwert von
37% im Jahr der Vereinigung.
Langfristig gesehen sind heute also
mehr Bürger in das politische Gesche-
20 hen einbezogen als noch vor knapp

drei Jahrzehnten. Werden die letzten anderthalb Jahrzehnte etwas genauer betrachtet, zeigt sich
jedoch, dass das Interesse an der Politik nach dem Jahr der deutschen Vereinigung deutlich nach-
gelassen hat. Kann nach dem Spitzenwert von 1990 für die Jahre 1991 und 1992 noch davon ausgegangen werden, dass der Anteil der Bürger, die sich „stark" oder „sehr stark" für Politik inte-
25 ressieren, im langfristigen Trend liegt, gilt das danach nicht mehr. Und bereits 1991 setzte eine
Entwicklung ein, die nicht ganz unproblematisch ist.

(Datenreport 1997, hrsg. von der Bundeszentrale für politische Bildung, Bonn 1997, S. 600; Verf.: Werner Patzelt)

M 4b

Fragestellung 1984–1999:
„Interessieren Sie sich
ganz allgemein für Poli-
tik?"
Antwortmöglichkeiten:
ja/nein
Angegeben sind die Ant-
worten „ja".

In der Studie 2002 wurde
die bisherige Fragestel-
lung ergänzt durch die
Frage: „Würden Sie sa-
gen, Sie sind stark inte-
ressiert, interessiert, weniger interessiert oder gar
nicht interessiert?"
Angegeben (34%) sind
die Antworten „stark in-
teressiert" und „interes-
siert".

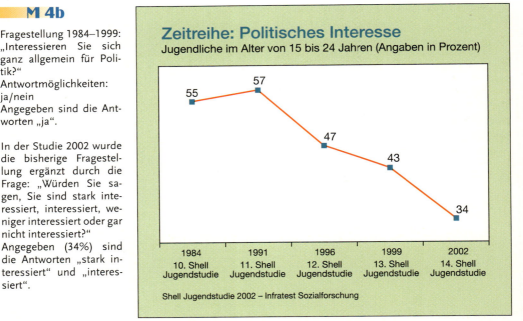

Zeitreihe: Politisches Interesse
Jugendliche im Alter von 15 bis 24 Jahren (Angaben in Prozent)

55	57	47	43	34
1984 10. Shell Jugendstudie	1991 11. Shell Jugendstudie	1996 12. Shell Jugendstudie	1999 13. Shell Jugendstudie	2002 14. Shell Jugendstudie

Shell Jugendstudie 2002 – Infratest Sozialforschung

(Deutsche Shell [Hg.], Jugend 2002 – Die 14. Shell Jugendstudie, Fischer Taschenbuchverlag,
Frankfurt/Main 2002, S. 92)

M 4 kann den Auftakt zu einer Unterrichtsphase bilden, in der Sie sich etwas genauer mit den wis-
senschaftlichen Untersuchungen zum politischen Interesse bzw. zur (seit Beginn der 90er-Jahre viel
diskutierten) „Politikverdrossenheit" auseinander setzen können.

1. *Beschreiben Sie, auf welche Weise das politische Interesse der deutschen Bevölkerung festgestellt*
   wird und welche Entwicklung sich hier in der Geschichte der Bundesrepublik gezeigt hat (M 4a,
   Text).

2. *Am Ende des Textes M 4a heißt es, dass in den Neunzigerjahren eine Entwicklung eingesetzt hat, die „nicht ganz unproblematisch" ist. Erläutern Sie anhand der Grafik (in M 4 a, S. 291) was damit gemeint ist (es geht nicht nur um die allgemeine Abnahme des Interesses).*
– Welche Erklärung könnte es für den Stand zum Zeitpunkt 1990 geben?
– Was zeigt sich im Vergleich Ost-West bei den 16- bis 29-Jährigen?

3. *Die Prozentzahlen zum Vorhandensein politischen Interesses unterscheiden sich in M 4a und M 4b ganz erheblich. Das liegt nicht (nur) an den unterschiedlichen Altersgruppen, die befragt wurden. Stellen Sie fest, worauf offenbar die unterschiedlichen Zahlenwerte hauptsächlich zurückzuführen sind (vgl. Kasten S. 292 o.). Welche Tendenz wird in allen Untersuchungen deutlich?*

Fehlendes oder geringes politisches Interesse muss noch nicht auf ein Phänomen hinweisen, das seit Beginn der 90er-Jahre immer wieder z. T. lebhaft diskutiert wird und dessen Bezeichnung schon 1993 das „Wort des Jahres" war: **Politikverdrossenheit**.
Zunehmende „Politikverdrossenheit" wird nicht nur im Hinblick auf Jugendliche, sondern auch auf Erwachsene diskutiert. Soweit es die in den folgenden Materialien (M 5 – M 7) wiedergegebenen Untersuchungsergebnisse hergeben, soll unser Interesse aber vor allem der Entwicklung bei den Jugendlichen gelten.
„Politikverdrossenheit" (manchmal spricht man auch von „Politikerverdrossenheit" oder von „Parteienverdrossenheit") ist ein sehr allgemeiner, eher vager Begriff. Um das Vorhandensein von Politikverdrossenheit empirisch feststellen zu können, bedarf der Begriff der „Operationalisierung", d.h.: Es müssen Begriffsmerkmale genannt werden, die so konkret sind, dass man ihr Vorkommen (und das Maß ihrer Ausprägung) empirisch überprüfen (messbar machen) kann (*Indikatoren*; vgl. zu diesem wichtigen methodischen Problem der Sozialwissenschaften M 5).
Normalerweise werden vor allem drei Variablen bzw. Variablengruppen zur Messung der *Politikverdrossenheit* herangezogen: die *Zufriedenheit mit der Demokratie* in Deutschland, das *Vertrauen in politische und gesellschaftliche Institutionen* sowie die *Beteiligung an Wahlen*.
Wir schlagen Ihnen vor, die Erarbeitung der Materialien M 5 – M 7 in arbeitsteiliger *Gruppenarbeit* vorzunehmen, und zwar in drei Gruppen, von denen sich jede einem der drei Indikatoren widmet (je nach Größe des Kurses können auch Untergruppen gebildet werden). Das Ziel jeder Gruppe muss es sein, dem Plenum die betr. Untersuchungsergebnisse übersichtlich und leicht verständlich zu präsentieren. Wir haben den überwiegend statistischen Materialien jeweils einige Hinweise beigefügt, die bei der Auswertung hilfreich sein können.

Methode S

M 5 Operationalisierung und Indikatorenbildung

Immer wenn wir Begriffe wie *Wachstum, Wohlstand, Lebensqualität* verwenden, haben wir es mit Phänomenen zu tun, die nicht direkt beobachtbar oder wahrnehmbar sind. Anders ausgedrückt: Die für derartige Phänomene verwendeten Bezeichnungen sind *Begriffe ohne direkten empirischen Bezug*. Ähnliches gilt z.B. auch für Begriffe wie *Freiheit, Gerechtigkeit, Gleichheit* und viele andere. Da wir nun die derartig benannten Tatbestände nicht ohne weiteres wahrnehmen können, uns andererseits aber über Fragen wie Gerechtigkeit, Lebensqualität usw. politisch oder wissenschaftlich verständigen wollen, müssen diese Begriffe irgendwie ‚greifbar' (operabel) gemacht werden, damit nicht jeder etwas anderes darunter versteht. Mit anderen Worten, sie müssen *operationalisiert* werden.

Wissenschaftler versuchen daher, für Begriffe mit nur indirektem empirischem Bezug sog. *Indikatoren* (Ersatzgrößen, Merkmale) zu finden, mit deren Hilfe sie begründet auf das Vorliegen des nicht unmittelbar wahrnehmbaren Phänomens schließen zu können hoffen. Wie schwierig es ist, derartige Indikatoren zu finden, sehen wir z. B. an dem sehr vagen Begriff *Wohlstand*. Wählt man als Indikator lediglich globale Geldgrößen, z. B. das „Volkseinkommen" und dessen Steigerung, so hat man keine Information darüber, wie gerecht oder ungerecht dieses Einkommen unter den Bürgern verteilt ist; ganz zu schweigen davon, dass viele Menschen Faktoren wie Bildungsniveau, Gesundheit, Sicherheit, saubere Luft sicherlich auch zu dem zählen würden, was sie unter Wohlstand verstehen.

Selbst bei einer scheinbar so objektiven Größe wie der *Arbeitslosenquote* muss man sich erst verständigen, wie man bei der Messung und Berechnung vorgehen will. Soll man nur die offiziell gemeldeten oder auch die nicht gemeldeten (verdeckten) Arbeitslosenzahlen, die ‚stille Reserve', zugrunde legen? Je nach der gewählten Größe (dem Indikator) kommt man zu ganz verschiedenen Ergebnissen. Indikatoren lassen sich also auch leicht manipulieren, je nach der politischen Absicht, die man damit verfolgt. Dies löst dann meist heftige Diskussionen über die *Gültigkeit* (Validität) der Indikatoren aus. Als gültig wird nämlich ein Indikator nur dann angesehen, wenn er das misst, was er zu messen vorgibt. (So wäre z. B. ein Indikator, der nur die gemeldete Arbeitslosigkeit misst, unter dem Aspekt der Gültigkeit dann problematisch, wenn er suggeriert, den Gesamtumfang der Arbeitsuchenden – also auch die stille Reserve – wiederzugeben.)

Außerdem soll ein Indikator *zuverlässig* sein. Dies ist er dann, wenn sich die mit seiner Hilfe gewonnenen Ergebnisse unter den gleichen Untersuchungsbedingungen wiederholen lassen. Das Kriterium der Zuverlässigkeit (Reliabilität) wäre z.B. dann nicht erfüllt, wenn eine mehrmals unter (vermeintlich) gleichen Voraussetzungen durchgeführte Untersuchung über die Zufriedenheit einer Betriebsbelegschaft mit ihren Arbeitsbedingungen zu unterschiedlichen Ergebnissen gelangte. Hier können z. B. die äußeren Umstände bei der Fragestellung, die Tageszeit der Befragung usw. eine (zunächst nicht beachtete) Rolle gespielt haben.

(Franz Josef Behet, Soziale Marktwirtschaft. Grundlagen und Entwicklung, Ernst Klett Schulbuchverlag, Stuttgart 1995, S. 122)

1. *Erläutern Sie den Begriff „operationalisieren" und das Problem der Indikatorenbildung. Wann ist ein Indikator „gültig" und „zuverlässig"?*

2. *Halten Sie für den Begriff „Faulheit von Schülern" die folgenden Indikatoren für geeignet? a) fehlende Hausaufgaben (z. B. täglich mindestens in einem Fach), b) fehlende aktive Mitarbeit im Unterricht (keine Meldung zu einem Unterrichtsbeitrag), c) tägliche mehrstündige Freizeitbeschäftigung.*

3. *Wählen Sie einen weiteren Begriff aus Ihrem Erfahrungsbereich (z. B. Gerechtigkeit von Lehrpersonen) und diskutieren Sie dazu eine geeignete Indikatorenbildung.*

M 6 Indikator: Zufriedenheit mit der Demokratie

a) Was würden Sie allgemein zu der Demokratie in Deutschland, d.h. zu unserem ganzen politischen System sagen? Sind Sie damit sehr zufrieden, eher zufrieden, eher unzufrieden oder sehr unzufrieden?

Auswahl: sehr zufrieden und eher zufrieden

(Quelle: ipos-Institut für praxisorientierte Sozialforschung, Mannheim)

West	Alle	Parteipräferenz			
		CDU/CSU	SPD	FDP	Bündnis 90/Grüne
1984	72	89	65	90	38
1985	70	88	62	80	42
1986	71	91	64	77	38
1987	79	94	74	83	46
1988	72	93	67	83	51
1989	73	90	72	90	60

b) „Wie zufrieden oder wie unzufrieden sind Sie – alles in allem – mit der Demokratie, so wie sie in der Bundesrepublik besteht?". Die 6-stufige Antwortskala reicht von „sehr zufrieden" über „ziemlich zufrieden", „etwas zufrieden", „etwas unzufrieden", „ziemlich unzufrieden" bis „sehr unzufrieden".

Demokratiezufriedenheit („sehr zufrieden" bzw. „ziemlich zufrieden") **nach Altersgruppen und West/Ost (in %)**

Quelle: ALLBUS 1991, 1992, 1998 und 2000; nur deutsche Befragte; für 1994 und 1996 liegen keine Werte vor, die entsprechenden Linienabschnitte wurden durch Interpolation bestimmt.

(Wolfgang Gaiser/Martina Gille/ Winfried Krüger/Johann de Rijke, Jugend und Politik-Entwicklungen in den 90er-Jahren, in: Politische Bildung 4/2001, S. 45, Wochenschau-Verlag Schwalbach)

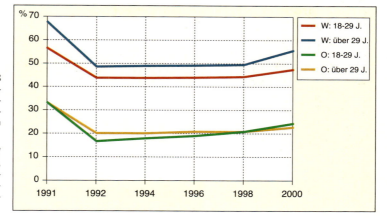

Legende:
- W: 18-29 J.
- W: über 29 J.
- O: 18-29 J.
- O: über 29 J.

Hinweise zur Analyse:

1. *Wie lässt sich die Entwicklung der Demokratiezufriedenheit 1984–1989 (M 6a) insgesamt kennzeichnen?*

2. *Welche Unterschiede ergeben sich im Hinblick auf die Parteiorientierung der Befragten (dabei ist zu beachten, dass im gesamten Zeitraum die Bundesregierung aus einer CDU/CSU/FDP-Koalition bestand)?*

3. *Inwiefern sind die Zahlenwerte in M 6a auch für die alten Bundesländer mit denen in M 6b nicht ganz vergleichbar?*

4. *Wie lassen sich das Niveau und der Entwicklungsverlauf der Demokratiezufriedenheit 1991 – 2000 kennzeichnen (M 6b)?*

5. *Welche Unterschiede zwischen den Altersgruppen und zwischen „Ost" und „West" zeigen sich? Welche Erklärungen haben Sie dafür?*

M 7 Indikator: Vertrauen in Institutionen

a) Vertrauen in Organisationen
Mittelwerte (15–24 Jahre)

Fragemodus:
Ich habe hier eine Liste mit Gruppierungen oder Organisationen. Uns interessiert, wie viel Vertrauen Sie diesen Gruppen oder Organisationen entgegenbringen.
5 bedeutet dabei „sehr viel Vertrauen", 1 bedeutet „sehr wenig Vertrauen".

Gegenüber der 12. Shell Jugendstudie wurde 1999 noch die Institution „Bundeswehr" zusätzlich aufgenommen.

(Jugendwerk der Deutschen Shell, Jugend 2000. Die 13. Shell Jugendstudie, Leske + Budrich, Opladen 2000, S. 270)

		1996	1999
1	Umweltschutzgruppen	3,8	3,5
2	Gerichte	3,3	3,4
3	Menschenrechtsgruppen	3,5	3,4
4	Polizei	3,1	3,3
5	Bürgerinitiativen	3,2	3,1
6	Gewerkschaften	3,1	3,1
7	Zeitungen	3,1	3,1
8	Bundeswehr	–	3,0
9	Fernsehen	2,8	2,9
10	Bundesregierung	2,4	2,7
11	Bundestag	2,5	2,7
12	Arbeitgeberorganisationen	2,6	2,6
13	Kirchen	2,4	2,5
14	Politische Parteien	2,4	2,5

b) Vertrauen in wichtige Institutionen 1984–1999

„Wir haben hier einige Einrichtungen aus dem Bereich des öffentlichen Lebens aufgeschrieben und möchten gerne wissen, ob Sie diesen Einrichtungen vertrauen oder nicht vertrauen. Sagen Sie es mir bitte anhand dieser Skala: +5 heißt, dass Sie der Einrichtung voll vertrauen, −5 heißt, dass Sie ihr überhaupt nicht vertrauen. Mit den Werten dazwischen können Sie Ihre Meinung abgestuft sagen. Wie ist das mit …?"

Skalen-Mittelwerte	West											Ost					
	1984	1986	1988	1989	1990	1991	1992	1993	1995	1997	1999	1991	1992	1993	1995	1997	1999
Bundesverfassungsgericht	2,8	2,5	2,4	2,2	2,5	2,5	2,2	2,1	2,1	2,1	2,5	1,1	1,1	0,8	1,1	1,6	1,9
Gerichte	2,4	2,2	2,3	2,0	2,2	2,2	1,9	1,8	1,9	1,6	1,9	0,1	0,9	0,8	0,9	0,3	0,7
Polizei	2,5	2,2	2,2	2,1	2,1	2,0	1,9	1,8	1,7	2,2	2,4	−0,2	0,5	0,6	0,9	1,5	1,6
Bundesrat	–	–	–	–	–	1,7	1,2	1,1	1,2			1,1	0,6	0,4	0,8		
Landesregierung	–	–	–	–	–	1,4	0,9	0,8	1,1			0,7	0,3	0,6	0,6		
Bundeswehr	2,0	1,7	1,4	1,4	1,2	1,3	0,9	1,2	1,1			0,9	0,3	0,7	0,6		
Bundestag	2,0	1,7	1,4	1,4	1,9	1,6	0,7	0,7	1,0			0,5	−0,1	−0,7	0,5		
Fernsehen	0,9	1,0	0,9	0,9	1,0	0,7	0,6	0,5	0,8	0,2	0,4	1,1	0,2	0,1	0,0	0,4	0,3
Presse	0,3	0,6	0,5	0,6	0,6	0,5	0,5	0,4	0,6	0,1	0,4	0,5	−0,5	−0,3	−0,1	−0,4	−0,2
Kirchen	1,9	1,4	1,2	1,1	1,2	0,7	0,4	0,6	0,6	0,0	−0,1	0,6	−0,2	−0,5	−0,2	−0,8	−0,7
Gewerkschaften	–	0,7	0,8	0,8	0,7	0,8	0,3	0,2	0,4	−0,1	0,2	0,8	0,7	0,9	−0,6	0,3	0,5
Bundesregierung	1,6	1,4	1,0	0,8	1,5	1,1	0,2	0,1	0,2	−1,0	0,2	0,4	−0,5	−0,9	−0,6	−0,8	−0,2
Parteien						–	−0,2	−0,5	0,1	−1,3	−0,5	–	−1,0	−1,3	−0,7	−1,2	−0,8

(ipos-Institut für praxisorientierte Sozialforschung, Mannheim)

c)
12- bis 25-Jährige

Fragemodus:
Ich habe hier eine Liste mit Gruppierungen oder Organisationen. Uns interessiert, wie viel Vertrauen Sie diesen Gruppen oder Organisationen entgegenbringen.
5 bedeutet dabei „sehr viel Vertrauen", 1 bedeutet „sehr wenig Vertrauen".

Der formale Skalenmittelpunkt 3,0 bedeutet, dass ein Wert von 2,9 bereits im negativen, ein Wert von 3,1 im positiven Bereich liegt.

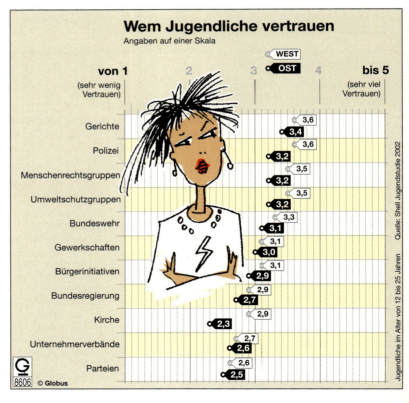

Wem Jugendliche vertrauen
Angaben auf einer Skala

von 1 (sehr wenig Vertrauen) ... bis 5 (sehr viel Vertrauen)

WEST / OST

	WEST	OST
Gerichte	3,6	3,4
Polizei	3,6	3,2
Menschenrechtsgruppen	3,5	3,2
Umweltschutzgruppen	3,5	3,2
Bundeswehr	3,3	3,1
Gewerkschaften	3,1	3,0
Bürgerinitiativen	3,1	2,9
Bundesregierung	2,9	2,7
Kirche	2,9	2,3
Unternehmerverbände	2,7	2,6
Parteien	2,6	2,5

8606 © Globus

Quelle: Shell Jugendstudie 2002
Jugendliche im Alter von 12 bis 25 Jahren

d)

„Zu welchen Institutionen haben Sie volles Vertrauen?"

Amnesty International	Greenpeace	Bundesverfassungsgericht	Bundeswehr	Polizei	Sportverbände	Justiz	Gewerkschaften	Unternehmen	Bundesregierung	Kirchen	Parteien	Medien
67%	55%	46%	46%	45%	39%	37%	28%	28%	25%	19%	14%	8%

(DIE WOCHE vom 24.7.1999, S. 27; vgl. M 3)

Hinweise zur Analyse:

M 7b: – *Was besagen die Zahlenwerte (vgl. M 1a/b)?*

– *Welches Bild ergibt sich bei der Betrachtung für die alten Bundesländer? Welche Institutionen genießen 1999 das höchste, welche finden das geringste Vertrauen? Bei welchen Institutionen lassen sich in der zeitlichen Betrachtung eher konstante Werte feststellen? Bei welchen Institutionen zeigen sich Trends?*

– *Welches Bild ergibt sich beim Vergleich Ost/West (insgesamt und bei einzelnen Institutionen)? Lässt sich insgesamt von einem Vertrauensverlust sprechen?*

M 7a: – *Welche (in M 7b nicht aufgeführten) Organisationen sind hier in die Befragung einbezogen? Worin liegt der Unterschied der Frage-/Antwortkategorien im Vergleich zu M 7b? Was bedeutet z. B. der Wert 2,5 in M 7a, was in M 7b?*

M7c: – *Erläutern Sie die Methode der Fragestellung und die Darstellung der Ergebnisse und beschreiben Sie mit eigenen Worten, was sich daraus über die Einstellung von Jugendlichen zu Institutionen sagen lässt.*

– *Erläutern Sie die Unterschiede zwischen „Ost und „West" insgesamt und im Hinblick auf einzelne Institutionen.*

M7d: *Wie unterscheidet sich dieses Befragungsergebnis im Hinblick auf die Zahlenangaben und die Auswahl der Institutionen von M 7a–c?*

Stellen Sie fest, inwieweit sich aus M 7a–d Übereinstimmungen in den festgestellten Einstellungen zu Institutionen ablesen lassen, und fassen Sie diese in kurzen Formulierungen zusammen (besonders im Hinblick auf die Jugendlichen).

▰▰ **M 8** Indikator: Beteiligung an Wahlen

a) **Nichtwähler bei den Landtags- und Bundestagswahlen 1949–2000 in Prozent der Wahlberechtigten**

	Landtagswahlen	Bundestagswahlen
1949–53	23,0	21,5
1953–57	19,4	14,0
1957–61	22,1	12,2
1961–65	23,8	12,3
1965–69	23,0	13,2
1969–72	20,3	13,3
1972–76	17,2	8,9
1976–80	19,5	9,3
1980–83	17,2	11,4
1983–87	21,2	10,9
1987–90	25,8	15,7
1990–94	31,8	22,2
1994–98	29,1	21,0
1998–00	35,8	17,8

Datenbasis: Wiesendahl 1998, S. 15; 1990–2000: eigene Berechnungen (Rainer Bovermann, Wahlen zu Landesparlamenten: Testwahlen für Berlin?, in: Politische Bildung Nr. 3/2000, S. 65, Wochenschau-Verlag, Schwalbach)

(Zeichnung: Felix Mussil/CCC, www.c5.net)

b) Wahlbeteiligung[1] bei Bundestags- und Landtagswahlen

[1]Bis 1989 alte Bundesländer; Wahlbeteiligung Landtagswahlen: Mittelwert aus der Summe aller Landtagswahlen zwischen den Bundestagswahlen

Quelle: Amtliche Wahlstatistiken (Elmar Wiesendahl, Wie geht es weiter mit den Großparteien? In: Aus Politik und Zeitgeschichte B 1–2, 1998, S. 16; ergänzt)

Die Wahlbeteiligung bei der Bundestagswahl 2002 betrug 79,1%. Bei den Landtagswahlen des Jahres 2003 betrug die Wahlbeteiligung: Bayern 57,1%; Bremen 61,4%, Hessen 64,6%, Niedersachsen 67%.

c) Wahlbeteiligung der Jungwähler

„Ein wesentlicher Verhaltensindikator für das Interesse der Jugendlichen an der Politik besteht in ihrem Wahlverhalten. Ob Jugendliche sich überhaupt an Wahlen beteiligen, aus welchen Gründen sie möglicherweise ihre Teilnahme verweigern, oder ob sie dies alles überhaupt nicht interessiert, dies sind zentrale Fragen, wenn man nach der Integration* von Jugendlichen in
5 unser politisches System fragt."

(Jugendwerk der Deutschen Shell [Hg.], s. u., Abb. 2)

Abbildung 1: Wahlbeteiligung der Jungwähler (18–24 Jahre) bei Landtagswahlen
(gleitender Durchschnitt der Legislaturperioden)

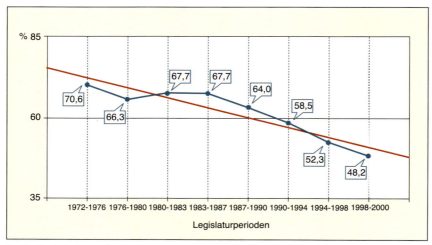

Quelle: Statistische Landesämter, eigene Berechnungen.

Zieht man die Daten der amtlichen repräsentativen Wahlstatistik für die Bundestags- und Landtagswahlen seit den Achtzigerjahren heran, so zeigt sich in der tatsächlichen Wahlteilnahme von Jungwählern (18- bis 24-Jährige) ein dramatischer Abwärtstrend.

So sank die Teilnahme der Jungwähler bei *Bundestagswahlen* zwischen 1983 und 1990 von
10 84,5 auf 62,9%, was einem Rückgang von 21,6 Prozentpunkten entspricht. Für die letzten beiden Bundestagswahlen fehlen entsprechende Daten. Bei den *Landtagswahlen* hat sich gar die Wahlteilnahme zwischen der Periode 1972–1976 und 1998–2000 von 70,6 auf 48,2% abgesenkt, dies entspricht einem Rückgang von 22,4 Prozentpunkten (Abb. 1). Die wachsende Wahlmüdigkeit ist sicherlich ein allgemeines, aber insbesondere ein jugendspezifisches Phä-
15 nomen, weil sich die Schere zwischen dem Urnengang älterer Wähler und dem von Jungwählern in letzter Zeit deutlich öffnet.

Im Hinblick auf die Parteien bilden diese Befunde ein weiteres Indiz dafür, dass ihnen der Zugang zu wachsenden Teilen der Jugend entglitten ist. Für die Parteien bedeutet diese Entwicklung mehr als ein Warnsignal, wenn sich nicht einmal mehr jeder zweite Jungwähler
20 noch an Wahlen beteiligt. [...]

(Elmar Wiesendahl, Keine Lust mehr auf Parteien – Zur Abwendung Jugendlicher von den Parteien, in: Aus Politik und Zeitgeschichte B 10/2001 v. 2.3.2001, S. 14)

Abbildung 2

Potenzielle Beteiligung an der nächsten Bundestagswahl
Deutsche Jugendliche im Alter von 12 bis 25 Jahren – pro Gruppe in %

(Deutsche Shell [Hg.], Jugend 2002, Die 14. Shell Jugendstudie, Fischer Taschenbuch Verlag, Frankfurt/Main 2002, S. 107)

Shell Jugendstudie 2002 – Infratest Sozialforschung

M 9   Der neue Typ des Nichtwählers

Oft wird Nichtwählen als determiniert durch politisches Interesse interpretiert: Hohes Interesse bedingt die Stimmabgabe, geringes verhindert sie. Dies gilt so uneingeschränkt heute nur für den Zu-
5 sammenhang zwischen niedrigem Interesse und Wahlenthaltung. Hier kann nach wie vor davon ausgegangen werden, dass fehlendes politisches Interesse auch oft zur Wahlenthaltung führt. Daneben hat sich aber scheinbar in den letzten Jahren
10 noch der Typ des politisch Interessierten herausgebildet, der wegen seines Engagements bewusst nicht wählt, z. B. mit dem Ziel der Sanktionierung* von ihm nicht für gut geheißenen Verhaltens. Interessanterweise lassen sich solche potenziellen
15 Nichtwähler eher als potenzielle Wähler zum Urnengang mobilisieren, wenn es im Anschluss an

(Zeichnung: Felix Mussil/CCC,www.c5.net)

Skandale darum geht, „saubere Alternativen" an die Macht zu bringen. Wahlenthaltung muss aber zunehmend auch als Zeichen von Politik(er)verdrossenheit politisch prinzipiell interessierter Bürger und Bürgerinnen interpretiert werden. Unzufriedenheit mit der politischen
20 bzw. ökonomischen Lage wird häufig mit Protestwahl oder Wahlenthaltung quittiert.

(Irene Gerlach, Bundesrepublik Deutschland. Entwicklung, Strukturen und Akteure eines politischen Systems, Leske + Budrich, Opladen 1999, S. 256f.)

1. *Die Entwicklung der Wahlbeteiligung ist seit etwa Mitte der 80er-Jahre eines der am meisten diskutierten politikwissenschaftlichen Themen. Machen Sie sich dazu zunächst mit der zahlenmäßigen Entwicklung bei Bundestags- und Landtagswahlen vertraut (M 8a/b). Wie lässt sie sich beschreiben? Worauf ist es Ihrer Meinung nach zurückzuführen, dass die Wahlbeteiligung bei Landtagswahlen generell niedriger ist als bei Bundestagswahlen (bei Europa- und Kommunalwahlen liegt sie noch niedriger)?*

2. *Analysieren Sie anhand von M 8c die „wachsende Wahlmüdigkeit" Jugendlicher und junger Erwachsener und vergleichen Sie diese Entwicklung mit der allgemeinen Wahlbeteiligung (M 8a/b).*

3. *Die Jugendlichen, insbesondere die in Ostdeutschland, „lassen das politische System mehr und mehr links liegen", heißt es in der Shell-Studie 2000. Analysieren Sie das Befragungsergebnis (M 8c, Abb. 2) von 2002 und diskutieren Sie es im Lichte der Daten zur Wahlbeteiligung in den vorangehenden Materialien.*

4. *Nichtwählen kann unterschiedliche Gründe haben; fehlendes politisches Interesse hat immer schon zu Wahlenthaltung geführt. Inwiefern hat sich daneben in den letzten Jahren der neue „Typ des politisch interessierten" Wahlverweigerers herausgebildet (M 9)? Vergleichen Sie dazu auch die Aussageabsicht der Karikatur.*

5. *Zusammenfassend zu M 6 – M 9: Inwieweit stützen Ihrer Meinung nach die Umfrage- und Untersuchungsergebnisse zu den drei Indikatoren Demokratiezufriedenheit, Institutionenvertrauen und Wahlbeteiligung die These von wachsender Politikverdrossenheit, insbesondere auch bei Jugendlichen?*

Die Auseinandersetzung mit den vorangehenden Materialien hat Ihnen sicherlich zeigen können, dass die in der Öffentlichkeit verbreiteten Feststellungen über das (mangelnde) politische Interesse und die „Politikverdrossenheit" von Jugendlichen auf den Ergebnissen von Befragungen beruhen und dass diese Ergebnisse stark abhängig sind von der Art, wie diese Befragungen durchgeführt werden (wie z. B. die jeweilige Fragestellung lautet, welche Antwortkategorien vorgegeben werden, wie die Antworten zusammengefasst werden usw.). Es erscheint daher wünschenswert, wenn Sie sich an dieser Stelle (oder im weiteren Verlauf des Unterrichts) etwas genauer mit der **Befragung** als der wohl verbreitetsten und wichtigsten Methode der empirischen Sozialwissenschaft befassen.
Das können Sie anhand der Information in **M 10** tun, das sollten Sie vielleicht aber auch in der Form tun, dass Sie selbst diese Methode ein Stück weit erproben, und zwar mit inhaltlichem Bezug zum Unterrichtsgegenstand. Deshalb enthält **M 12** Hinweise zu einer von Ihnen durchzuführenden *Befragung der Schüler und Schülerinnen Ihrer Schule zu ihrem politischen Interesse.*
M 11a/b bieten Gelegenheit, die viel diskutierte Tätigkeit von *Meinungsforschungsinstituten* (Instituten für Demoskopie), deren Befragungsergebnisse gerade im Hinblick auf politische Wahlen und die Ausrichtung der Parteipolitik in Vorwahlzeiten eine erhebliche Rolle spielen, näher zu untersuchen.

Methode S

▮ M 10 Befragung als Methode der empirischen Sozialforschung

Personen darüber systematisch zu befragen, was sie über dies oder jenes denken und meinen, wie sie sich in diesem oder jenem Fall verhalten haben, was sie gewöhnlich tun oder welche Ziele sie in der Zukunft verfolgen, – dies ist (ganz abgesehen von den zahlreichen routinisierten Umfragen der kommerziellen Demoskopie- und Marktforschungsinstitute) immer noch der beliebteste und am häufigsten benutzte Weg der praktischen Sozialforscher, sozialwissenschaftlich wie gesellschaftlich-politisch relevante Daten empirisch zu sammeln. Und auch faktisch wird der weitaus größte Teil der Daten, die in der empirischen Sozialforschung verarbeitet werden, mithilfe von Umfragetechniken erhoben.

Kein Wunder also, dass als typisches und gebräuchlichstes Forschungsinstrument zur soziologischen Datenerhebung der *Fragebogen* gilt und dass Soziologie und Umfragen geradezu gleichgesetzt werden. Imogen Seger meint dazu: „Wie wir uns den Chemiker mit einem Reagenzröhrchen in der Hand vorstellen, den Biologen mit einem Mikroskop, so den Soziologen mit einem langen Fragebogen. Zwar teilt er dieses Instrument und Symbol seiner Arbeit mit einem Teil der Psychologen, zwar benutzt er noch eine ganze Reihe anderer Instrumente, doch hat sich der Fragebogen als charakteristisches (und häufig negativ beurteiltes) Werkzeug soziologischer Forschung im Bewusstsein jener Leute eingenistet, die sich überhaupt für Sozialwissenschaften interessieren."

Wenn nun auch die Befragung die inzwischen am weitesten und am systematischsten entwickelte sozialwissenschaftliche Forschungstechnik darstellt, die überdies sehr vielfältig einsetzbar ist, so ist gerade diese Methode auch einer wachsenden Kritik ausgesetzt. Als besonders diskussionswürdig erweisen sich hierbei folgende Argumente und Einwände:

● Durch Befragungen werden nur Aussagen, eventuell auch Einstellungen und Meinungen, nicht aber das tatsächliche Verhalten abgebildet. Es ist insofern schwierig, die Bedeutung von Aussagen, Meinungen oder Einstellungen für das tatsächliche Verhalten abzuschätzen.

● Das übliche Frage- und Antwortspiel von Interview bzw. Fragebogen – oft noch mit vorgegebenen Antworten zur „Auswahl" – kann niemals die ganze Komplexität der sozialen Wirklichkeit, wie sie der Befragte faktisch in seinem Kontext erlebt, erfassen.

● Die Messung von Einstellungen ist oft abhängig von der aktuellen sozialen Situation „Befragung" bzw. der konkreten Interviewerpersönlichkeit (Alter, Geschlecht, Kleidung und Sprache, unbewusstes oder bewusstes Aussenden von „Signalen" oder „Hinweisen" usw.). Probleme der Gültigkeit entstehen deshalb u. U. dann, wenn prestigegeladene Fragen gestellt werden, die oft keine sachliche, sondern eine sozial erwünschte Antwort finden. [...]

Trotz dieser und anderer Bedenken erweisen sich Befragungen als *eine* Möglichkeit, bestimmte Aspekte und Ausschnitte der komplexen sozialen Wirklichkeit zu untersuchen. Hinzu kommt, dass es in vielen Fällen – nicht zuletzt aus Kostengründen – keine methodische Alternative zur Befragung gibt. Ansonsten werden eigentlich die Schwierigkeiten der Planung und Durchführung von seriösen Befragungen eher unter-, die Aussagekraft der erhobenen Befragungsdaten dagegen eher überschätzt. Insbesondere bei der Interpretation von Befragungsergebnissen und den hierauf gründenden Schlussfolgerungen sind deshalb die vorgenannten einschränkenden Argumente sorgfältig zu berücksichtigen. [...]

a) Befragungssituation

Befragungen können mündlich oder schriftlich erfolgen. Bei der *mündlichen* Befragung stellt ein (in der Regel geschulter) Interviewer einer Person oder auch einer zu diesem Zweck zusammengerufenen Gruppe Fragen; die Antworten werden vom Interviewer meist unmittelbar festgehalten. Bei der *schriftlichen* Befragung dagegen füllen die Versuchspersonen selbstständig, d. h. ohne externe Vermittlungshilfe bzw. Rückfragemöglichkeit einen Fragebogen aus; dies setzt voraus, dass die gestellten Fragen präzise und gleichzeitig (im Hinblick auf die Zielgruppe) möglichst verständlich formuliert sein müssen. Es ist zwar kostengünstiger, Fragebogen per Post zu verschicken oder sonst wie zu verteilen (empfohlenermaßen mit frankiertem Rücksendeumschlag), doch ist bei diesem Vorgehen mit einer höheren Verweigerungsrate bzw. Ausfallquote (ca. 1/3 der verteilten Fragebogen) zu rechnen als beim Aufsuchen der zu Befragenden durch Interviewer. Dies führt dazu, dass die Ergebnisse schriftlicher Befragungen nur für die Rücksender der *Stichprobe* (Näheres dazu in M 11b) gelten und praktisch nicht verallgemeinert werden können.

b) Standardisierungsgrad

Befragungen können auch mehr oder weniger standardisiert sein. Bei der *standardisierten* Befragung sind der Wortlaut und die Reihenfolge der Fragen eindeutig (und meist schriftlich) festgelegt; „Improvisationen" seitens des Interviewers sind nicht erlaubt. Zwar können die einzelnen Fragen prinzipiell „*offen*" (Antworten können frei formuliert werden) oder „*geschlossen*" (Antwortalternativen sind vorgegeben) sein, doch werden in der Regel bei standardisierten Befragungen aus Gründen der Auswertbarkeit „geschlossene" Fragen bevorzugt.

Die *nicht-standardisierte* (auch „unstrukturiert" oder „ungelenkt" genannte) Befragung ist hingegen nur als „echtes" Interview praktikabel, da hier vollständig auf einen vorbereiteten Fragebogen verzichtet wird. Nur das allgemeine Erkenntnisziel der Befragung ist vorgegeben; der Interviewer kann also hier sensibel den Inhalt wie auch situativ den Verlauf der gesamten Befragung gestalten. Dies stellt indessen besondere Ansprüche an die Interviewer, sodass hierfür nur sehr erfahrene und geschickte Praktiker, die überdies mit dem Forschungsziel und dem theoretischen Bezugsrahmen gut vertraut sein müssen, infrage kommen. Das nicht-standardisierte Interview hat eine deutliche explorative* Funktion, es dient also primär der qualitativen Auslotung eines bislang noch wenig erforschten Problemfeldes. Eine Mischform der beiden vorgenannten Typen stellt die *halbstandardisierte* Befragung dar, die im Wesentlichen mit einem so genannten *Interviewleitfaden* arbeitet, bei dem der Interviewer die Fragen situativ variieren und auch zusätzliche Sondierungsfragen einbringen kann. Auch hierfür ist ein hohes Qualifikationsniveau des Interviewers die entscheidende Voraussetzung. [...]

c) Häufigkeit der Befragung

Neben der *einmaligen* Befragung bestimmter Personen oder Gruppen gibt es noch die Möglichkeit zur so genannten *Panel-Befragung*. Hier handelt es sich um die Befragung des gleichen Personenkreises in mehr oder weniger gleichmäßigen Abständen zum gleichen Sachverhalt. Dieses Verfahren der Mehrfachbefragung dient insbesondere der Untersuchung von Prozessen der Einstellungs- und Verhaltensänderung, ist aber – da oft wegen unkalkulierbarer „Ausfälle" mit einer relativ großen Stichprobe gearbeitet werden muss – ziemlich kostspielig.

d) Fragebogenkonstruktion

Bei der Entscheidung für ein standardisiertes Befragungsverfahren wird die Konstruktion eines Fragebogens notwendig. Hierbei sind einige generelle Grundsätze zu beachten:

- Die Fragen sollen im Hinblick auf den sachlichen Zweck des hypothetischen Hintergrunds möglichst *einfach* formuliert sein. Der Befragte soll sich also, was Begrifflichkeit, Wissensstand, Abstraktionsniveau und Erinnerungsvermögen betrifft, nicht überfordert fühlen.
- Die Fragen sollen dementsprechend *eindeutig* sein und *präzise* das erfassen, was abgefragt bzw. gemessen werden soll.

● Schließlich dürfen Fragen *nicht suggestiv* sein, d. h. sie sollten so neutral wie möglich abgefasst werden.

Neben der bereits oben genannten Möglichkeit, Fragen „offen" oder „geschlossen" zu formulieren, können noch *direkte* oder *indirekte* Frageformen unterschieden werden. Gerade bei „heiklen" Themen werden indirekte Fragen bevorzugt, indem z. B. eine kleine Geschichte erzählt wird, zu der dann „projektiv" Stellung bezogen werden kann. Weitere Probleme der Fragebogenkonstruktion, wie die Formulierung der *Einleitungsfrage* als „Eisbrecher", der *Übergangsfragen* zur Erleichterung eines Themenwechsels, der *Ablenkungs- und Pufferfragen* zur Verhinderung unerwünschter Ausstrahlungseffekte bereits angesprochener Themen, der *Filterfragen* zur Ausscheidung bestimmter, für den Befragten irrelevanter Fragen oder Fragengruppen oder der *Kontrollfragen* zur Aufdeckung von Widersprüchen bzw. zur Prüfung der Aufrichtigkeit der Antworten, können hier nicht im Einzelnen besprochen werden.

(Hans Peter Henecka, Grundkurs Soziologie, Leske + Budrich, Opladen 1997, S. 189ff.)

Machen Sie sich mit den wichtigsten Merkmalen und Problemen der Befragungsmethode vertraut und diskutieren Sie einige Aspekte anhand folgender Beispiele:

– In einer Meinungsumfrage in den USA wurde ein Teil der Personen gefragt: „Glauben Sie, dass die Regierung die freie Meinungsäußerung gegen die Demokratie verbieten sollte?", ein anderer Teil: „Glauben Sie, dass die Regierung die freie Meinungsäußerung gegen die Demokratie erlauben sollte?" Auf die erste Frage antworteten 21,4 % mit „ja", auf die zweite Frage 47,8% mit „nein" (sprachen sich also auch für ein Verbot aus).

– Zur Zeit des Kalten Krieges* enthielt eine Meinungsumfrage in den USA die beiden Fragen: a) „Glauben Sie, dass die US-Regierung Zeitungsreportern aus kommunistischen Ländern erlauben sollte, direkt aus den USA über die Dinge, so wie sie sie sehen, in ihren Zeitungen zu berichten?" b) „Glauben Sie, dass ein kommunistisches Land wie die Sowjetunion amerikanischen Zeitungsreportern erlauben sollte, direkt von dort über die Dinge, so wie sie sie sehen, in US-Zeitungen zu berichten?" Als den Personen zuerst Frage a) gestellt wurde, stimmten 54,7% zu; als zuerst Frage b) gestellt wurde, antworteten 74,6% auf Frage a) mit „ja".

– Als in einer Umfrage zu der Frage, was man an einem Beruf am meisten schätze, fünf alternative Kategorien (hohes Einkommen, Arbeitsplatzsicherheit, kurze Arbeitszeiten, Aufstiegschancen, sinnerfüllende Arbeit) vorgegeben wurden, entschieden sich 17,2% der Personen für „Aufstiegschancen"; als die Frage offen (ohne Vorgaben) gestellt wurde, gaben nur 1,8% „Aufstiegschancen" an.

Wie sind diese Ergebnisse zu erklären?

■ M 11a   Die Meinungsmacher, eine unheimliche Macht?

Demoskopie hat Hochkonjunktur. BILD überrascht uns damit, dass nach einer Umfrage des Wickert-Instituts 70 Prozent der deutschen Männer eine Frau kennen – meist
5 die Ehefrau –, die schöner ist als Claudia Schiffer (womit wenigstens der Satz, dass Liebe blind macht, endlich belegt ist). Die Boulevardintelligenz – Spiegel, Focus, Woche – überbietet sich mit Zahlen, Kurven,
10 Trends. Bunte Kästchen und Türmchen zu jedem noch so komplexen Problem. Bis hinters Komma genau die Liebes- und Hass-Indices der Politgarde.

ZDF und ARD ziehen zur Hauptsendezeit nach. RTL ist natürlich Nummer eins. Der 15 Sender lässt durch Forsa täglich die Stimmungslage der Nation erkunden. Und SAT 1 demnächst stündlich? Wenn der Kanzler dann nach seiner Erklärung im Mittagsmagazin leicht abfällt, kann er schon in der Tages- 20 schau das Gegenteil behaupten.
Ist die Nation jetzt schlauer? Oder erst recht verwirrt? Ist Demoskopie einfach höherer Humbug? Volksverdummung?
Oder doch so zuverlässig, dass Medien, Poli- 25 tiker, Bürger sie ernst nehmen können? Im-

„Mal sehen, wer Recht hat ..."
(Zeichnung: Karl-Heinz Schoenfeld/CCC,www.c5.net)

merhin glauben 60 Prozent der Deutschen,
dass Meinungsforschungsergebnisse stimmen, eine satte Vertrauensbasis. [...]
30 Wenn tiefe Einblicke in den Bodensatz des
Wertewandels – Männer waschen sich heute
doppelt so häufig wie vor dreißig Jahren – etwas unpräzise wären, könnten wir das verkraften, wenn aber falsche Zahlen aus dem
35 Politkaffeesatz die öffentliche Diskussion in
die Irre führen, sogar unsere Stimmabgabe
beeinflussen, wäre die Demokratie im Mark
getroffen. Wie fein wittert das Instrument?
Können 1.000 Befragte Auskunft über den
40 Zustand der Nation geben?
Alle 14 000 protestantischen Pastoren musste 1895 die „Konferenz der deutschen Sitt-
lichkeitsvereine" noch befragen, als sie „die
moralischen Verhältnisse auf dem Lande" er-
45 forschen wollte (katholische Geistliche galten
wohl als zu befangen). Solche Jahrhundert-
untersuchungen waren natürlich die unhand-
liche Ausnahme, aber einige Jahrzehnte später schufen Mathematiker die Grundlagen
50 für die schnellen, billigen *Repräsentativbefra-
gungen*, in den USA von Gallup umgesetzt.

Heute gelten 1000 Befragte als absolut repräsentativer Querschnitt, deren Meinungen,
Träume und kleine Gemeinheiten spiegeln
die von 80 Millionen. Ausgewählt werden die 55
Befragten nach dem *Zufallsverfahren*, per
Computer, meist aus Telefonbüchern. Und
tatsächlich sind diese 1000 dann auch hinsichtlich Alter, Geschlecht, Bildung und Sozi-
alstatus genau so aufgeteilt wie die Deut- 60
schen (oder Münchner, wenn nur dort untersucht wird) insgesamt.
Es ist die *Interviewtechnik*, die über Verfälschung oder Präzision entscheidet. Schon
durch die Anordnung der Fragen: Werden 65
zwei Alternativen mündlich gestellt, hat die
zweite Frage einen Bonus, schriftlich vorgelegt dagegen meist die erste. Völlig unterschiedlich fallen die Antworten aus, je nachdem, ob der Interviewer nur ja/nein abfragt 70
oder Wahlmöglichkeiten für die Antwort vorgibt. Auf die pure Frage, ob sie berufstätig
sein wollten, antworteten 38 Prozent der
Frauen mit „ja"; mit der Alternative: „oder lieber im Haushalt arbeiten" waren es 68 Pro- 75
zent. Einiges von den Unsicherheiten gerade
bei Wahlprognosen [...] erklärt sich durch die
Umrechnung der Antwortverweigerer und
der Unentschiedenen. Die Prognosen werden
auf Wahl-Endergebnisse hochgerechnet, je- 80
des Institut hat seine eigenen Methoden. Je
ferner der Wahltag, desto größer dieser Unsi-
cherheitsfaktor.
Daneben gibt es völlig unseriöse Stimmungs-
mache, die sich als Umfrage tarnt. BILD- 85
Schlagzeile: „97 Prozent: keinen Pfennig von
mir für den Osten" – was steckt dahinter:
TED (Teledialog), eine in nichts repräsentative Möglichkeit für Unzufriedene und zu kurz
Gekommene, per computerregistriertem Te- 90
lefonanruf loszurülpsen; „ein schrecklicher
Gräuel", stöhnt Noelle-Neumann*.
Wenn aber seriöse Meinungsforscher korrekt
gearbeitet haben, gibt es dann für den Auf-
traggeber die Möglichkeit zur Manipulation 95
bei der Veröffentlichung (krasse Fälschung
einmal ausgeschlossen)? Brisantester Streitpunkt seit dem Anfang der Umfragen: Wahlprognosen; bis hin zum Verbot in Kanada,
Spanien und Frankreich. Orientieren sich die 100
Wähler an den Prognosen? Das würde nicht
nur das Wahlergebnis fragwürdig machen,
sondern alle Demoskopie als sich selbst fort-
zeugendes Kunstprodukt entlarven: Weil wir

105 lesen, dass wir meinen, meinen wir umso mehr, dass wir ...

Kaum eine Frage ist so brisant, und kaum eine so gründlich untersucht. Die Pioniere der Meinungsforschung, die Amerikaner, haben 110 bei der Analyse vieler Wahlkämpfe zwei wunderschöne Theorien dazu entwickelt (s. Kasten rechts, Mitte). Leider schließen sie sich gegenseitig aus. Die eine: Der *„Bandwagon-Effekt"* (alle laufen hinter dem Wagen mit 115 der Musik her) hilft dem führenden Kandidaten, man will auf der Seite des Siegers sein. Die Gegentheorie: Der *„Underdog*-Effekt" begünstigt den Abgeschlagenen, aus Mitleid oder Gerechtigkeitsempfinden. Was stimmt? 120 [...]

Bei Befragungen in Deutschland sagten bis zu neun Prozent, dass sie ihr Wahlverhalten auch an Umfrageergebnissen orientieren (vgl. Kasten unten rechts). Allerdings wider 125 Erwartung überwiegend Akademiker, die mit ihren Stimmen sicherstellen wollten, dass FDP oder Grüne über die Fünf-Prozent-Hürde kommen.

Bei Wahlprognosen also gibt es keine Mani-130 pulationsmöglichkeit, weil selbst falsche Prognosen das Stimmverhalten nicht oder kaum beeinflussen. Bei anderen Umfragen ist Manipulation natürlich durch die Fragestellung möglich. Wer – das Beispiel von 135 oben – den Wunsch nach Berufstätigkeit zur Ja/Nein-Frage macht, kann dann „feststellen", dass „nur" ein Drittel der Frauen einen Beruf wünscht, obwohl es bei korrekter Fragestellung zwei Drittel sind. Ein Großteil der 140 Verwirrung über Demoskopieergebnisse entsteht durch die Bewertung der Antworten. „Man kann demoskopische Ergebnisse nicht so naiv wahrnehmen, als wären es Wasserstandsmeldungen", warnt Allensbach-Chefin 145 Elisabeth Noelle-Neumann. Ohne Kenntnis und kritische Durchsicht der Fragen wird man aus den Antworten kaum schlau. Und selbst dann muss man Vergleiche ziehen. In den neuen Bundesländern tragen doppelt so 150 viele junge (16 bis 29) Frauen Supermini wie in den alten Ländern. Was lehrt uns das? Vorsicht: Auf die Frage nach dem Wunsch, sich „sexy" zu kleiden, ist die Quote gleich. [...]

155 Die Arbeit der etablierten Parteien ist ohne Demoskopie kaum noch denkbar. In Tausenden von Untersuchungen werden nicht nur

(Zeichnung: Ivan Steiger; Quelle: Frankfurter Allgemeine Zeitung vom 10.1.1996)

Insgesamt sind die Antworten auf die Frage nach dem Einfluss von Wahlumfragen auf die Wahlentscheidung bis heute kaum empirisch fundiert. Seit den Anfängen der Umfrageforschung sind vor allem zwei Wirkungshypothesen im Gespräch: Einerseits, das impliziert die unter dem Namen *Bandwagon-Effekt* bekannte Vermutung, könnten Wähler von ihrer ursprünglichen Wahlabsicht abrücken und sich auf die Seite der Partei schlagen, die laut Umfragen die größten Siegeschancen hat. Andererseits könnten sie sich, glaubt man der Behauptung eines *Underdog-Effekts,* aus Mitleid oder Trotz für die Partei entscheiden, die nach den Wahlprognosen zurückliegt. Auch für diese Annahmen über den Einfluss demoskopischer Daten auf den Wahlausgang konnte bislang kein Nachweis erbracht werden.

(Alexander Gallus, Demoskopie in Zeiten des Wahlkampfes – „Wirkliche Macht" oder „Faktor ohne politische Bedeutung"? In: Aus Politik und Zeitgeschichte B 15–16/2002 v. 12.4.2002, S. 33)

UMFRAGE

„Beeinflussen Umfragen das Wahlverhalten?"

NEIN 75
Weiß nicht 5 % 20 JA

„Sollten Umfragen vor Wahlen verboten werden?"

NEIN 94
6 JA

(DIE WOCHE v. 25.8.1999, S. 7, Quelle: FORSA; Datenbasis: 1009 Befragte – Fehlertoleranz +/–3,5%)

Wünsche, Kritik und Hoffnungen der Wahl-
bürger abgefragt, sondern auch die Profile
160 der eigenen Partei, des eigenen Personals wie
das des Gegners. Politfeldzüge werden darauf
generalstabsmäßig aufgebaut: Wo ist die
Achillesferse der Konkurrenz, wo eine eigene
Schwäche, die korrigiert oder lieber gar nicht
165 angesprochen werden soll? [...]
Die Demoskopie gibt die Chance, Bürgermei-
nung und -willen direkt auf den demokratischen Marktplatz zu tragen, von dem uns die
Parteien vertrieben haben.
170 Ernsthaft natürlich, nicht mit Umfrage-Jahr-
markt. Differenzierte Ergebnisse ermöglichen öffentliche Diskussion. 1690 brummte
John Locke*, der Vater der Volkssouveränität:
„Dass in unserem Hirn die Meinungen ande-
175 rer auf und ab wogen, macht uns keinen
Deut klüger, mögen sie auch zufällig wahr
sein." Aber die Gesellschaft braucht nicht nur
Argumentation, sondern auch Information
über sich, über ihr Eigenleben; je differen-
180 zierter die Gesellschaft wird, desto genauer.
So kann man in der anonymen Massengesell-
schaft etwas erfahren über ferne Lebenswel-
ten, mögen sie auch nur drei Straßen weiter
liegen, über Träume, Wünsche und Argumente derjenigen, an denen wir vorbeileben. 185
Je vielfältiger die Gesellschaft wird, je geringer der Raum für eigene, unmittelbare Erfahrungen, desto notwendiger die Information
über das „Fremde". Da kann die Demoskopie
das schaffen, was der Wissenschaftsmanager 190
Hubert Markl ihr bescheinigt: „Im schönsten
Fall die soziale Form der Selbsterkenntnis".
Und diesen fortschreitenden Erkenntnispro-
zess kann dann, als neue Form des demokratischen Dialogs, als Selbstgespräch der Ge- 195
sellschaft, wieder die Demoskopie vermitteln.
Die klassischen Partner öffentlicher Diskussion fallen ja aus. Sie sind in der Krise (Parteien, Gewerkschaften, Kirchen) oder durch
ökonomische und politische Einflüsse befan- 200
gen (große Teile der Wissenschaft und der
Medien). Die Stimme des Volkes könnte so
die versandete politische Diskussion beleben.

(Rainer Lingenthal, in: Die Wochenpost Nr. 23 v. 5.8.1993, S. 4f.)

▰▰▰ **M 11b** „Zufall mit Methode"

Wahlumfragen sind ein schwieriges Geschäft. Denn, so Dieter Roth von der Mann-
heimer Forschungsgruppe Wahlen, „wir
messen Meinungen, kein Verhalten". Sein
Institut erstellt im Auftrag des ZDF seit 1977 5
das monatliche „Politbarometer". Er nennt
die Umfrage-Ergebnisse bewusst nicht Prognosen, sondern „Stimmungsbilder" und
„Projektionen" à la Sonn-
tagsfrage*. Für Umfragen 10
werden zunächst reprä-
sentative Stichproben „gezogen", wie es im Fachjar-
gon heißt. Von den etwa
60 Millionen Wahlberech- 15
tigten werden 1000 nach
dem Zufallsprinzip ausge-
wählt. Als Auswahlgrund-
lage dient heute meist das

„Aber ich bitte Sie! Wir sind
ein seriöses Institut und arbeiten nur nach streng wissenschaftlichen Prinzipien!"

(Zeichnung:
LUFF/CCC,www.c5.net)

20 Telefonbuch, da 98 Prozent aller Haushalte einen Anschluss haben. Die Kandidaten werden dann auch per Telefon befragt.

Ziel aller Meinungsforscher ist die „saubere" Zufalls-Stichprobe. Wie man die erlangt, dazu hat jeder seine eigene Methode und Philosophie – Hauptsache, die Auswahl ist zufällig. Die Forschungsgruppe Wahlen zieht beispielsweise nach einem bestimmten Schlüssel 2600 Nummern aus den Telefonbüchern 30 und generiert daraus eine „Mutterstichprobe" mit 1200 Privatnummern. Dieser Grundstock reicht dann für zehn Umfragen, indem bei allen Nummern jeweils die letzte Ziffer variiert wird. Die Berliner Institute FORSA 35 und Infratest dimap (Hauptauftraggeber ARD) lassen den Zufall anders walten. Sie ziehen zehn echte Telefonnummern. Um auf eine 1000er-Stichprobe zu kommen, werden die letzten beiden Ziffern mithilfe des Zu-40 fallsgenerators neu angeordnet.

Anders verfährt das alteingesessene Allensbach-Institut von Elisabeth Noelle-Neumann. Ihre Interviewer erhalten genaue Vorgaben hinsichtlich Alter, Geschlecht, Beruf etc., und 45 sie machen Hausbesuche. Die Auswahl der Personen treffen die Mitarbeiter selbst. Von Telefon-Interviews halten die Allensbacher nichts. Torsten Schneider-Raabe von FORSA hingegen schwört auf die „schnelle, feiner 50 steuerbare und besser kontrollierbare" Telefonumfrage. Doch mit der Datenerfassung allein ist es nicht getan. In einem zweiten Schritt müssen verfahrenstypische und systematische Fehler durch raffinierte demogra-55 phische* und politische Umgewichtungen verkleinert werden. Für den Mainzer Politikwissenschaftler Jürgen Falter ist dies weder Hexerei noch Manipulation, sondern „ein

durch die Erfahrung begründeter Kunstgriff". Damit wollen die Wahlforscher den Realitä-60 ten näher kommen. Denn, so Dieter Roth, „die Stichprobenfehler von 2,5 bis 3 Prozent sind sehr viel höher, als wir uns leisten können. Gemessen werden wir alle an dem, was rauskommt." 65

Drastischstes Beispiel dafür, was passiert, wenn nicht kosmetisch nachgebessert wird, ist Sachsen-Anhalt. Die Umfragewerte und das Wahlergebnis für die DVU* klafften so weit auseinander, weil die Demoskopen in 70 den neuen Ländern nicht einschätzen konnten, wie groß das Tabu ist, sich offen als Rechter zu bekennen. Ein Faktor, mit dem sie normalerweise die Rohdaten gewichten. Auch Stichprobenausfälle beispielsweise bei 75 den hochmobilen 25- bis 29-jährigen Männern oder bei sehr alten Menschen – Gruppen, die beide schwer erreichbar sind – werden durch demographische Umgewichtungen kompensiert. 80

Noch ein Kunstgriff steht den Demoskopen zur Verfügung, um bewusst falsche Angaben zu neutralisieren: die „Recall"-Fragen. Sie erkunden, was die Leute zuletzt gewählt haben. Mit der Differenz multiplizieren sie das aktu-85 elle Rohmaterial der „Sonntagsfrage".

Doch gegen Partei-Unschlüssige oder Leute, die zwar eine Wahlabsicht angeben, aber dann doch nicht zur Urne gehen, kommen die Demoskopen nicht an. Gegen menschli-90 chen Wankelmut hilft kein statistisches Kraut, wie schon der dänische Nobelpreisträger Nils Bohr wusste: „Es ist schwer, Vorhersagen zu treffen – vor allem, wenn sie die Zukunft betreffen." 95

(Doris Metz, in: Süddeutsche Zeitung v. 14.5.1998)

● Die wichtigsten Institute für Meinungsforschung (Demoskopie) in Deutschland sind auch im Internet zu erreichen, wo sie jüngste Umfragen und Trends der Öffentlichkeit zugänglich machen.
● www.emnid.de ● www.infratest-dimap.de ● www.forsa.de ● www.ifd-allensbach.de ● www. forschungsgruppe-wahlen.de

1. *Beschreiben Sie die allgemeine und insbesondere die politische Bedeutung sowie die methodischen Probleme der Demoskopie als des wohl bekanntesten Bereichs der Anwendung der Befragungsmethode (M 11a/b).*

2. *Gehören Sie zu den 60% der Deutschen, die glauben, dass die Meinungsforschungsergebnisse stimmen? Muss man hier in seinem Urteil differenzieren?*

3. *Wie schätzen Sie den viel diskutierten Einfluss von Befragungsergebnissen auf die Wahlentscheidung ein? Welche Bedeutung kommt solchen Ergebnissen für den Wahlkampf der Parteien zu?*

Methode

M 12 Projekt: Schülerbefragung zum politischen Interesse

Nachdem Sie sich in diesem Kapitel mit zahlreichen Umfrageergebnissen beschäftigt und dabei immer auch die spezifischen Merkmale und Probleme der Befragungsmethode kennen gelernt und erörtert haben, wäre es sicherlich reizvoll, eine eigene Befragung durchzuführen. Ein solches Projekt könnte gegenüber vorliegenden Untersuchungen folgende Vorzüge haben:

– Wenn Sie sich auf die Schüler und Schülerinnen Ihrer Schule konzentrieren, können Sie eine sehr hohe „Repräsentativität" (für Schüler) erreichen, auch wenn Sie nicht alle Mitglieder einer Jahrgangsstufe, sondern z. B. nur 50% (also z. B. die Hälfte der Klassen/Kurse) oder weniger in die Befragung einbeziehen.

– Die gewonnenen Daten sind hochaktuell (die vorliegenden Untersuchungen sind z. T. mehrere Jahre alt).

– Sie können das „Untersuchungsdesign" selbst bestimmen, also z. B. bei der Entwicklung des Fragebogens alle Aspekte berücksichtigen, die Sie besonders interessieren und die in den vorliegenden Untersuchungen vielleicht fehlten.

Da es ein wesentliches Lernziel dieses Projektes ist, die Befragungsmethode selbst aktiv zu erproben, geben wir Ihnen keinen fertigen Fragebogen vor, bieten Ihnen aber einige wichtige allgemeine Hinweise an, die Sie bei seiner Gestaltung und bei der Durchführung der Befragung in der Schule bedenken sollten (s. S. 309). Zusätzlich sollten Sie im Hinblick auf das Thema „politisches Interesse" noch Folgendes beachten:

1. Wenn man etwas zuverlässigere Ergebnisse erreichen will, sollte man sich nicht auf die einfache Frage „Sind Sie politisch interessiert?" beschränken (vgl. Kasten S. 292 o.), sondern den Begriff „politisches Interesse" durch Indikatoren zu „operationalisieren" versuchen (vgl. zu diesem wichtigen Problem M 5, S. 293f.), um auf diese Weise die Aussagen zu der allgemeinen Frage (auf sie sollte man nicht verzichten) besser einschätzen und kontrollieren zu können. Solche Indikatoren könnten z. B. die Mitgliedschaft in politischen und sozialen Organisationen, die Teilnahme an Wahlen (für die entsprechenden Altersstufen), das regelmäßige Lesen einer Tageszeitung oder Fragen wie die folgenden sein: Diskutieren Sie häufiger über politische Probleme? Können Sie die Namen mehrerer Bundesminister nennen? Besitzen Sie einen Text des Grundgesetzes? usw. (vgl. den nebenstehenden Fragenkatalog).

	ja	nein
1 Lesen Sie regelmäßig und gründlich eine Tageszeitung?		
2 Diskutieren Sie gerne über aktuelle Probleme?		
3 Können Sie zehn deutsche Politiker aufzählen?		
4 Würden Sie bei einer Bürgerinitiative mitarbeiten?		
5 Halten Sie Politik für ein „schmutziges" Geschäft?		
6 Waren Sie schon einmal in Berlin oder Bonn?		
7 Kennen Sie einen Politiker persönlich?		
8 Können Sie die Hauptstädte der Bundesländer nennen?		
9 Kennen Sie den korrekten Text unserer Nationalhymne?		
10 Besitzen Sie einen Text des Grundgesetzes?		
11 Könnten Sie auch in einem anderen Staat leben?		
12 Fallen Ihnen auf Anhieb fünf Grundrechte ein?		

(Politik & Unterricht Heft 1/1999 GG im Profil)

2. Bei der Auswahl der zu befragenden Schüler könnte man die untere Altersgrenze entsprechend der „Shell-Studie" (vgl. M 4b) bei 15 Jahren ansetzen (Klasse 9), um ggf. Vergleiche anstellen zu können. Die Auswertung sollte sowohl insgesamt als auch getrennt nach Jahrgangsstufen erfolgen.

3. Vergessen Sie nicht, auf dem Fragebogen auch das Geschlecht des/der Befragten angeben zu lassen, um bei der Auswertung nach Mädchen und Jungen unterscheiden zu können.

Für die Publizierung und Präsentation der Befragungsergebnisse vgl. die Hinweise in M 118, S. 171 u.

Allgemeine Hinweise (vgl. M 10)

1. Zur *Abfassung von Fragebögen:*

● Die Fragen müssen *klar* und *leicht verständlich* (nicht zu lang und nicht zu kompliziert) formuliert sein.

● Sie müssen so gestellt werden, dass eine *eindeutige, aussagekräftige* und nach Möglichkeit leicht auszuwertende *Antwort* erfolgen kann. Beispiel: Die Frage „Gehen Sie oft ins Kino?" mit der Antwortmöglichkeit „ja" oder „nein" führt zu keinem aussagekräftigen Ergebnis, weil man nicht weiß, was der einzelne Befragte unter „oft" versteht. Besser wäre z. B. die Frage: „Wie oft gehen Sie durchschnittlich ins Kino?" mit den Antwortmöglichkeiten „weniger als einmal im Monat", „ein- bis zweimal im Monat", „mehr als zweimal im Monat".

● Der leichteren Auswertung und Ergebnisdarstellung wegen sollte der Fragebogen überwiegend *geschlossene* Fragen enthalten, d. h. solche, zu denen die anzukreuzenden Antwortmöglichkeiten vorgegeben werden (im Gegensatz zu offenen Fragen, zu denen die Befragten ihre Antwort frei formulieren können).

● Besonders solche Fragen, die nicht auf Tatsachen, sondern auf *Meinungen* und *Urteile* zielen, müssen so „neutral" formuliert werden, dass sie nicht schon von vornherein eine bestimmte Antwort nahe legen. Statt „Finden Sie nicht auch, dass unsere Schülervertretung nichts Vernünftiges leistet?" müsste es etwa heißen: „Sind Sie mit der Arbeit unserer SV zufrieden oder haben Sie etwas Wichtiges daran auszusetzen?" – Bei solchen und ähnlichen Fragen sollte man sich dann nicht auf die Antwortmöglichkeiten „ja" und nein" beschränken, sondern die Antwort „teils-teils" anbieten und ggf. die Möglichkeit geben, konkrete Punkte zu nennen.

● Die *Zahl* der Fragen sollte nicht zu groß und auch ihre *Reihenfolge* sollte überlegt sein. Allgemeinere Fragen sollten vor Fragen stehen, die sich auf bestimmte Einzelheiten beziehen; Fragen, die wahrscheinlich auf starkes Interesse der Befragten stoßen, sollten schon deshalb am Anfang stehen, weil die Befragten dann eher bereit sein dürften, auch die übrigen, sie vielleicht nicht so interessierenden Fragen zu beantworten.

2. Bei der *Durchführung* der Befragung müssen Sie unbedingt auch einige *rechtliche* Gesichtspunkte beachten. Die wichtigsten sind:

● Die Teilnahme an der Befragung muss für die Befragten *freiwillig* sein.

● Es muss gewährleistet sein (besonders bei der Auswertung und der Ergebnisdarstellung), dass die Befragten *anonym* bleiben, d. h. es darf auf keinen Fall erkennbar sein, welche Personen welche Antworten gegeben haben.

● Wenn Sie Ihre Befragung nur in Ihrem Kurs durchführen und/oder sich nur an Ihre persönlichen Bekannten wenden (als freiwillige Hausaufgabe), trägt *Ihr Fachlehrer/Ihre Fachlehrerin* die Verantwortung. Wollen Sie sich darüber hinaus an Schüler und Schülerinnen anderer Klassen und/oder an Passanten wenden, müssen Sie vorher die Zustimmung Ihres *Schulleiters* einholen. Sollen Schüler mehrerer Schulen befragt werden, bedarf es der Zustimmung der Schulleiter aller betroffenen Schulen.

● Sie dürfen die Ergebnisse Ihrer Befragung nur in Ihrem Unterricht und innerhalb Ihrer Schule verwenden. Wenn Sie Ergebnisse über den Rahmen der Schule hinaus *veröffentlichen* wollen, brauchen Sie dazu die Genehmigung der Schulaufsichtsbehörde, die Sie ggf. über den Schulleiter einholen können.

(Autorentext)

II. Was heißt eigentlich Demokratie?

1. Zwei Theorien von Demokratie

Bürgerversammlung in Glarus (Schweiz)
(Foto: Bilderdienst Süddeutscher Verlag)

Bundestag in Berlin
(Foto: AP Photo/POOL)

> ➤ Worin unterscheiden sich die beiden verbreitetsten Vorstellungen von Demokratie, „Identitäts-theorie" und „Konkurrenztheorie"? (M 14 – M 15)
> ➤ Welches Demokratiemodell liegt der Verfassung Deutschlands (dem Grundgesetz) zugrunde? (M 16 – M 17)
> ➤ Was bedeuten insbesondere die beiden Merkmale (der deutschen Demokratie) „repräsenta-tiv/parlamentarisch" und „pluralistisch"? (M 18 – M 20 und M 21a/b)

▮ M 13 Demokratie – Vieldeutigkeit des Begriffs

Die Zweideutigkeiten des Begriffs „Demokratie" ergeben sich aus dem, was verschiedene Be-trachter und Parteien theoretisch und praktisch an seinem Bedeutungsgehalt hervorheben. Keine Gruppe nennt sich heute mehr schlicht „Demokraten". Sozial-Demokraten, liberale De-mokraten, Christ-Demokraten beherrschen die politische Szene, und die Parteibezeichnungen

5 deuten bereits an, dass jede Gruppe den mehr oder weniger formal aufgefassten Grundprinzipien der Demokratie einen Inhalt unterstellt, der außerhalb des Begriffs „Demokratie" liegt. Mit der ständigen Ausweitung des Bedeutungsgehaltes entwickelt der Demokratiebegriff die Tendenz, synonym mit allem Guten, Schönen und Wahren in der Gesellschaft zu werden. [...] Der Demokratiebegriff wird heute von allen beansprucht, selbst von faschistoiden* Gruppen,
10 die sich als „Nationaldemokraten" bezeichnen. Alle Systeme – unabhängig von der Gesellschaftsformation und dem Entwicklungsstand – gehören nach einer Untersuchung der UNESCO zu den Befürwortern der Demokratie. Selbst Gegner der Demokratie wagen es heute kaum noch, diese offen anzugreifen, sondern kleiden ihre Bedenken meist in Kontroversen über die beste Organisationsform der Demokratie. Aus dieser nahezu universellen Berufung
15 auf das Demokratiekonzept resultiert ein großer Teil der Konflikte um ihre sozialen Voraussetzungen und Funktionsbedingungen.

(Klaus v. Beyme, Demokratietheorie und Demokratiemodelle, In: Politische Bildung Jg. 6/Heft 3, Verlag Ernst Klett, Stuttgart 1973, S. 3)

1. *Ergänzen Sie die Bindestrich-Begriffe in Z. 3/4 durch weitere Wortverbindungen mit den Begriffen Demokratie, Demokraten und demokratisch. Wie kommt es eigentlich, dass niemand auf der ganzen Welt den Demokratie-Begriff infrage stellt oder angreift?*

2. *Versuchen Sie selbst spontan eine kurze Definition des Begriffs Demokratie zu geben. Wo/wie ist Ihres Wissens der Begriff entstanden?*

Am Ende von M 13 heißt es, dass sich aus der universellen (allgemeinen, überall verbreiteten) Berufung auf das Demokratie-Prinzip Konflikte ergeben können um die konkrete Ausgestaltung demokratischer Staats- und Regierungsformen. Es erscheint schon deshalb sinnvoll und notwendig, sich etwas genauer mit der Frage zu beschäftigen, was denn eigentlich Demokratie ist. Dazu gibt es in der Geschichte der *modernen* Demokratie, die erst rund 18 Jahrhunderte nach der *athenischen* Demokratie mit der Philosophie der Aufklärung* und der Französischen Revolution beginnt, eine Reihe unterschiedlicher Vorstellungen und Theorien, die bis heute Gegenstand zahlreicher politikwissenschaftlicher Untersuchungen und Darstellungen sind. Wir wollen uns an dieser Stelle auf die wohl wichtigste Unterscheidung zweier „Demokratietypen" beschränken, die bis heute die praktische politische Diskussion (z. B. unter den Parteien) um die konkrete Ausgestaltung demokratischer Herrschaftsformen mitbestimmen. Es handelt sich zum einen um die stark theoretisch (modellartig) angeleitete, in ihrer ursprünglichen Form von dem französischen Philosophen Jean-Jacques Rousseau* entwickelte **„Identitätstheorie"**, nach der in der Demokratie die Trennung zwischen Regierenden und Regierten aufgehoben und die Identität von Herrschern und Beherrschten hergestellt werden soll (auch *direkte* Demokratie genannt, weil die politische Macht direkt vom Volk ausgeübt wird). Dem steht die der angelsächsischen Tradition entstammende, aus der historischen Wirklichkeit der liberalen*, *parlamentarischen* Demokratie Englands und der USA abgeleitete **„Konkurrenztheorie"** gegenüber: Das Volk entscheidet, welcher der konkurrierenden Gruppen es die Staatsmacht überträgt (auch *„repräsentative"* oder *„indirekte"*, manchmal auch „empirische" oder „realistische" Demokratie genannt).

▬ M 14 Zwei Theorien von Demokratie – Die Identitäts- und die Konkurrenztheorie

Die **Identitätstheorie** geht von der Vorstellung einer *Identität von Regierenden und Regierten* aus. Sie stützt sich auf das Postulat Jean-Jacques Rousseaus, dass nicht der Mehrheitswille (volonté de tous = Summe aller Einzelwillen), sondern der allgemeine Wille (volonté générale = allgemeiner einheitlicher Wille bei allen) sich im Gesetz niederschlagen solle.
5 Dieser allgemeine Wille ist nach Rousseau objektiv erkennbar und einheitlich. Das für die Praxis entscheidende Moment der Identitätstheorie besteht darin, dass die Einheit von Regieren-

(Foto: AKG, Berlin)

den und Regieren *keine Sondergruppen* zulässt. Vertreter dieser antipluralistischen* Staatsauffassung erkennen als demokratische Legitimierung* nur Plebiszite (Volksabstimmungen) an
10 und lehnen folglich alle „intermediären* Gewalten" wie Parteien und Verbände ab. Sie gelten als Träger (eigensüchtiger) Sonderinteressen, deren Wirken die Einheit von Regierenden und Regierten zerstört. Sie wollen ihre Vorstellungen in einem an das imperative Mandat* gebundenen Rätesystem* verwirklichen.
15 Durch das imperative Mandat sind die Delegierten (Räte) direkt von den Aufträgen und Weisungen der Wähler abhängig und somit auch jederzeit abwählbar („Recall"). Die jüngste Geschichte hat gezeigt, dass in der Realität unter dem Hinweis auf die Identität von Regierten und Regierenden der „einheitliche Volkswille"
20 gewaltsam durchgesetzt wurde, was zu den beiden totalitären* Systemen des Nationalsozialismus und des Kommunismus führte.

Im Vergleich zur Identitätstheorie geht die in den angelsächsischen Ländern
25 dern entwickelte **Konkurrenztheorie** nicht von einem einheitlichen Volkswillen, sondern von unterschiedlichen Interessen und Interessengruppen aus. Joseph A. Schumpeter (1883 bis
30 1950) beschreibt diese Theorie so:
„Die demokratische Methode ist diejenige Ordnung der Institutionen zur Erreichung politischer Entscheidungen, bei welcher Einzelne die Ent-
35 scheidungsbefugnis mittels eines Konkurrenzkampfes um die Stimmen des Volkes erwerben."
Es handelt sich um eine pragmatische Methode, die auf der Erkenntnis be-
40 ruht, dass die Bevölkerung eines Flächenstaats aufgrund ihrer Größe und Verschiedenheit nicht in der Lage ist, sich selbst direkt zu regieren, sondern auf Repräsentation* durch ein
45 über Parteien in Form von freien Wahlen hervorgegangenes Parlament angewiesen ist. Der inhaltliche Kern der Konkurrenztheorie deckt sich weitgehend mit der neueren *Pluralismus-*
50 *theorie,* deren wesentliche Aussagen man wie folgt zusammenfassen kann:

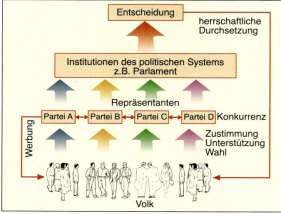

Demokratie als „Konkurrenz"

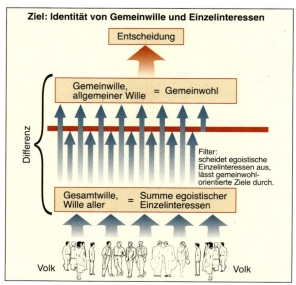

Demokratie als „Identität"

(Zeichnungen: Günter Frohmüller, in: Informationen zur politischen Bildung, Nr. 165 [Neudruck 1992], S. 20)

- Die in einer Gesellschaft existierenden Interessengegensätze werden akzeptiert.
- Ein Gemeinwohl* lässt sich nicht von vornherein (*a priori*) feststellen.
- Das Gemeinwohl ist das Resultat eines nachträglich (*a posteriori*) zustande gekommenen
55 Kompromisses im politischen Konkurrenzkampf.
- Der Ausgleich der verschiedenen Interessen ist nur möglich bei einem Minimalkonsens über bestimmte Spielregeln (Wertordnung). Das heißt, die politisch handelnden Gruppen müssen fähig und bereit zum Kompromiss sein. Wenn sie Politik als Weltanschauungskampf betreiben und den politischen Gegner als Feind betrachten und bekämpfen, ist einer
60 ner pluralistischen Ordnung die Grundlage entzogen.
- Die Rolle des Staates in einer pluralistischen Gesellschaft besteht im Wesentlichen darin, die Bedingungen dafür zu schaffen, dass dieser Ausgleich stattfinden kann und die Spielregeln eingehalten werden.

	Identitätstheorie	Konkurrenztheorie
Grundsätze	Identität von Regierenden und Regierten	Repräsentation* (Herrschaft durch Vertreter)
	Plebiszit (Volksabstimmung)	Parlamentarismus
	imperatives Mandat* (Abgeordnete als gebundene Delegierte)	freies Mandat
	Abwehr von Teilinteressen	legitimer Pluralismus*
	homogener (einheitlicher) Volkswille	Konkurrenz gegensätzlicher Teilinteressen
	objektives, einheitliches Gemeinwohl (a priori)	Gemeinwohl allenfalls Ergebnis von Interessenausgleich (a posteriori)

(Hans-Helmuth Knütter: Die verschiedenen Arten der Demokratie. In: Demokratie. Hrsg. v. d. Bundeszentrale für politische Bildung, Neudruck Bonn 1992 [Informationen zur politischen Bildung 165], S. 22f.)

M 15a

(Zeichnung: Gerhard Mester/CCC, www.c5.net)

M 15b

Der Souverän*
(Ein Cartoon aus der SPD-Postkarten-Serie: Politik macht Spaß; Zeichnung: F. K. Waechter)

1. Stellen Sie anhand von M 14 die charakteristischen Merkmale der beiden Demokratietheorien deutlich heraus. Dabei können Ihnen auch die beiden Grafiken (S. 312) und die Gegenüberstellung (S. 313) nützlich sein, die Sie möglichst mit eigenen Worten erläutern sollten.

2. Das Rousseau'sche Demokratiemodell wird in seiner ursprünglichen Form häufig als „utopisch" bezeichnet. Was spricht für diese Kennzeichnung, die sich vornehmlich auf die Feststellung eines objektiv erkennbaren „allgemeinen Willens" bezieht?

3. Ein deutscher Schriftsteller kommentierte den Satz „Alle Staatsgewalt geht vom Volke aus" mit der Frage: „Aber wo geht sie hin?" Auf welches Problem wollte er damit aufmerksam machen?

4. Untersuchen Sie die für die Mitbestimmung der Schüler und Schülerinnen (Schulmitwirkung) gültigen Regelungen Ihres Bundeslandes im Hinblick auf Elemente der beiden Demokratiemodelle (direkte Demokratie bzw. imperatives Mandat – repräsentative Demokratie). Welche Merkmale bestimmen das Verhältnis Klasse/Kurs – Klassen-, Kurssprecher, welche das Verhältnis Klassen-, Kurssprecher – Schülerrat/Schülersprecher? Gibt es auch Versammlungen und Entscheidungen des gesamten „Wahlvolkes" (der Schülerschaft)? Hat der Schüler in M 15a nicht Recht mit seinem Hinweis?

5. Die Darstellung M 15b ist vieldeutig. Wie könnte man sie interpretieren?

2. Die parlamentarische Demokratie in Deutschland

(Foto: Bundesbildstelle Berlin)

(Foto: AP Photo/POOL)

(Foto: Bundesbildstelle Berlin)

(Foto: Presse- und Informationsamt der Bundesregierung)

Die vier Fotos zeigen oder symbolisieren vier wichtige Staatsorgane der Bundesrepublik. Sie werden sie benennen und wohl auch die Quizfragen zu Ihrem Vorwissen über die deutsche Demokratie (M 16) richtig beantworten können. Im Folgenden geht es um diese Fragen:

➤ *Welche im Grundgesetz festgelegten Grundprinzipien liegen der deutschen Form der Demokratie zugrunde? (M 16 – M 17)*

➤ *Was bedeutet genauer das Prinzip der Repräsentativität? Welche Anforderungen werden an die Repräsentanten (Vertreter des Volkes) gestellt? (M 18 – M 19)*

➤ *Was besagt das Merkmal „pluralistisch" für die deutsche Demokratie? (M 20 a/b)*

M 16 Das weiß doch jeder, oder?

Quiz
für Einsteiger: 5-mal A plus 5-mal B plus 5-mal C

Vielleicht haben Sie im Politikunterricht schon eine ganze Reihe von Merkmalen der Demokratie in Deutschland kennen gelernt. Vielleicht wissen Sie auch einiges, was Sie außerhalb von Schule und Unterricht erfahren haben. Mithilfe dieses Quiz können Sie testen, was Sie noch wissen oder was Sie schon wissen. Hilfreich kann es auch sein, wenn Sie das Grundgesetz (Abkürzung: GG) zur Hand nehmen.
Tipp: Einzelarbeit mit anschließender Besprechung in der Klasse

1. *Staatsoberhaupt* der Bundesrepublik Deutschland ist
(A) der Bundeskanzler,
(B) der Bundespräsident,
(C) der Bundestagspräsident.

2. Die gewählte *Volksvertretung* der Bürgerinnen und Bürger in Deutschland ist
(A) der Bundestag,
(B) der Bundesrat,
(C) der Landtag.

3. Nach Artikel 63 GG wird der deutsche *Bundeskanzler*
(A) vom Volk direkt gewählt,
(B) vom Bundestag gewählt,
(C) vom Bundespräsidenten bestimmt.

4. Nach dem Artikel 38 GG gehört folgendes Merkmal nicht unbedingt zu einer *demokratischen Wahl:*
(A) Wahlen sind frei,
(B) Wahlen sind geheim,
(C) es besteht Wahlpflicht.

5. Bei welcher Wahl ist die Zahl der wahlberechtigten Bürgerinnen und Bürger am kleinsten?
(A) bei der Kommunalwahl,
(B) bei der Landtagswahl,
(C) bei der Bundestagswahl.

6. Nach Artikel 38 GG sind die *Abgeordneten* des Deutschen Bundestages
(A) verpflichtet, sich strikt an die Beschlüsse ihrer Partei zu halten;
(B) an die Aufträge und Weisungen ihrer Wähler gebunden;
(C) nur ihrem Gewissen unterworfen.

7. *Wahlen* zum Deutschen Bundestag finden
(A) alle vier Jahre,
(B) alle fünf Jahre,
(C) alle sechs Jahre statt.

8. Die Partei oder die *Parteien*, die in einem *Parlament* in der Minderheit sind, bilden
(A) die Fraktion,
(B) die Opposition,
(C) die Exekutive.

9. Im Artikel 21 GG ist als wichtigste *Aufgabe der politischen Parteien* festgelegt:
(A) Die Parteien arbeiten daran, die Zahl ihrer Wählerinnen und Wähler zu vergrößern.
(B) Die Parteien legen in Parteiprogrammen fest, welche politischen Ziele sie verwirklichen wollen.
(C) Die Parteien wirken an der politischen Willensbildung des Volkes mit.

10. Eine vom Bundestag verabschiedete Regelung, an die alle Staatsbürger sich halten müssen, nennt man
(A) ein Gesetz,
(B) einen Regierungsbeschluss,
(C) eine Verordnung.

11. Die *Bundesregierung* besteht aus
(A) dem Bundeskanzler und den Ministerpräsidenten der Länder;
(B) dem Bundespräsidenten, dem Bundeskanzler und den Ministern;
(C) dem Bundeskanzler und den Ministern.

12. Nach Artikel 50 GG wirken die 16 *Bundesländer* an der Gesetzgebung des Bundes mit
(A) durch den Bundespräsidenten,
(B) durch den Bundesrat,
(C) durch die Landesregierungen.

13. Nach Artikel 54 GG wird alle fünf Jahre der *Bundespräsident* gewählt
(A) vom Volk,

(B) vom Bundestag,
(C) von der Bundesversammlung.

14. Einen Zusammenschluss von zwei oder mehreren Parteien in einem Parlament mit dem Ziel, eine regierungsfähige Mehrheit zu bilden, nennt man

(A) eine Fraktion,
(B) eine Koalition,
(C) eine Opposition.

15. Zur Staatsform der demokratischen Republik gehört auf keinen Fall, dass

(A) das Staatsoberhaupt ein König oder eine Königin ist;

(B) das Volk in regelmäßigen Abständen das Parlament wählt;
(C) alle Staatsgewalt vom Volk ausgeht.

> Das Quiz ist richtig gelöst, wenn die Antworten A, B und C jeweils fünfmal vorkommen.

(Wolfgang Mattes [Hg.], Team, Band 3, Schöningh, Paderborn 1999, S. 158)

M 17a Demokratie im Verständnis des Grundgesetzes

Das GG spricht von einem „demokratischen und sozialen Bundesstaat" (Art. 20 1, s. M 22) bzw. von einem „republikanischen, demokratischen und sozialen Rechtsstaat" (Art. 28 1). [...] Der Verfassungsgrundsatz, dass alle Staatsgewalt vom Volke ausgeht (Art. 20 II), konstituiert keine Selbstregierung des Volkes im Sinne einer unvermittelten Identität von Regierenden
5 und Regierten. [...] Ausgehend vom Prinzip der *Volkssouveränität** hat das GG eine bestimmte Form repräsentativer Demokratie verfasst, deren Grundstruktur gemäß Artikel 79 Absatz III unabänderlich ist. Hiernach wird die im Volke wurzelnde Staatsgewalt vom Volke (nur) in Wahlen und Abstimmungen sowie durch besondere Organe der Gesetzgebung, der vollziehenden Gewalt und der Rechtsprechung ausgeübt (Art. 20 II). Von der Mehrheit des Wahl-
10 volkes und der gewählten Repräsentanten wird die Staatsgewalt legitimiert*. Indessen ist kein Staatsorgan, auch nicht der verfassungsändernde Gesetzgeber, frei von rechtlicher Gebundenheit. Vor einer möglichen Tyrannei der Mehrheit werden Würde und Freiheit der Menschen durch die geltende Verfassung geschützt. Demokratie unter dem Grundgesetz ist qualitativ etwas anderes als bloße Mehrheitsherrschaft. Dies zeigt sich insbesondere in den *Prinzipien der*
15 *freiheitlichen demokratischen Grundordnung* (s. M 17b). Die Grundsätze der Volkssouveränität und der repräsentativen Herrschaft hat das GG verfassungsrechtlich miteinander verbunden. Durch seine Entscheidung für eine repräsentative Demokratie westlicher Tradition hat es namentlich den Modellen der östlichen Volksdemokratie* und der Rätedemokratie* eine Absage erteilt. Im demokratischen Verfassungsstaat des GG ist zu unterscheiden zwischen Träger-
20 schaft und Ausübung der Staatsgewalt. Das Volk ist Subjekt der verfassungsgebenden Gewalt,

Sitzverteilung im Bundestag

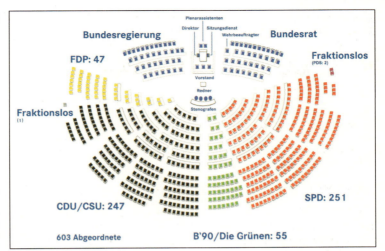

(Dt. Bundestag [Hg.], Parlamentsdeutsch, Broschüre des Referates für Öffentlichkeitsarbeit, Juli 2003, S. 20)

und von ihm geht die ganze Fülle der verfassten Staatsgewalt aus (Art. 20 II). Indessen wird die Staatsgewalt, abgesehen von Wahlen und Abstimmungen, nicht vom Volk unmittelbar ausgeübt. Sie wird vielmehr „durch besondere Organe der Gesetzgebung, der vollziehenden Gewalt und der Rechtsprechung" repräsentativ für das Volk ausgeübt. Das GG hat sich bewusst
25 zugunsten einer repräsentativen Ausformung des demokratischen Prinzips entschieden; in dem Zuviel plebiszitärer* Verfassungselemente sah man einen Hauptgrund für die Instabilität der Weimarer Republik.

Zentrum der unmittelbaren Ausübung demokratischer Staatsgewalt ist die periodisch wiederkehrende *Wahl zum Bundestag.* Das vom Volk direkt gewählte Parlament nimmt im grundge-
30 setzlichen Repräsentativsystem einen herausragenden Rang ein. Die mit einem freien Mandat ausgestatteten Volksvertreter im Parlament haben eine zeitlich begrenzte *Mittlerrolle* zwischen Staatsleitung und dem Willen des Volkes, das seine Zustimmung oder Ablehnung spätestens bei der nächsten Parlamentswahl zu äußern vermag. Nach dem demokratischen Prinzip des GG müssen alle Akte des Herrschens mindestens mittelbar vom Volk legitimiert sein. Mit der
35 „Besonderung" der Herrschaftsausübung durch Institutionen der Gesetzgebung, Verwaltung und Rechtsprechung (Art. 20 II) trägt die Verfassung einmal der Tatsache Rechnung, dass unter den Bedingungen eines hochkomplexen modernen Massenstaates eine unmittelbare Selbstregierung des Volkes schlechthin unmöglich ist. Zum anderen liefert das Repräsentativsystem mittelbarer Demokratie die organisatorischen Voraussetzungen für die rechtsstaatliche
40 Gewährleistung der *Gewaltenteilung.* Die „besonderen Organe" der Exekutive und Judikative erhalten die erforderliche mittelbare demokratische Legitimation durch direkte oder indirekte Entscheidungen des durch Volkswahl unmittelbar legitimierten Parlaments. So werden beispielsweise der Bundeskanzler vom Bundestag (Art. 63), die Bundesverfassungsrichter teils vom Bundestag, teils vom Bundesrat (Art. 94 I) gewählt, dessen Mitglieder durch die Parla-
45 mente der Länder demokratisch legitimiert sind.

(Rudolf Weber-Fas, Wörterbuch zum Grundgesetz, Stuttgart 1993, Klett-Cotta, S. 88ff.)

▬▬ M 17b Prinzipien der deutschen Demokratie

„Zu den grundlegenden Prinzipien dieser freiheitlichen demokratischen Ordnung (*der Bundesrepublik Deutschland*) sind mindestens zu rechnen:

● Achtung vor den im Grundgesetz konkretisierten Menschenrechten, vor allem vor dem Recht der Persönlichkeit auf Leben und freie Entfaltung,

5 ● die Volkssouveränität*,
● die Gewaltenteilung,
● die Verantwortung der Regierung,
● die Gesetzmäßigkeit der Verwaltung,
● die Unabhängigkeit der Gerichte,
10 ● das Mehrparteienprinzip und
● die Chancengleichheit für alle politischen Parteien mit dem Recht auf verfassungsmäßige Bildung und Ausübung einer Opposition."

(Entscheidungen des Bundesverfassungsgerichts, Tübingen 1952, Bd. 2, S. 13)

M 17c Richtig oder falsch?

	richtig	falsch
1 Wir leben in einer indirekten Demokratie.	☐	☐
2 Der Begriff „Demokratie" bedeutet „Macht der Regierung".	☐	☐
3 Wenn die Volksvertreter und Volksvertreterinnen an die Aufträge und Weisungen der Wählerinnen und Wähler gebunden sind, dann haben sie ein „imperatives Mandat".	☐	☐
4 Im Parlament werden die Beschlüsse der Regierung ausgeführt.	☐	☐
5 Unter „direkter Demokratie" versteht man, dass der Wille des Volkes durch ein gewähltes Parlament ausgedrückt wird.	☐	☐
6 Die jederzeitige Abwahl eines Volksvertreters ist in der indirekten Demokratie möglich.	☐	☐
7 Im Artikel 38 des Grundgesetzes steht, dass die Abgeordneten ein freies Mandat haben, also an Aufträge und Weisungen nicht gebunden sind.	☐	☐
8 Das Parlament kontrolliert die Regierung.	☐	☐
9 Die Wählerinnen und Wähler nennt man auch Repräsentanten.	☐	☐
10 In den meisten Bundesländern werden die Bürgermeisterinnen bzw. Bürgermeister direkt von der wahlberechtigten Bevölkerung gewählt, in einigen vom Parlament.	☐	☐

(Praxis Politik 3/1995, Vom Klassenzimmer bis zum Bundestag: Sich einmischen und Politik machen, Diesterweg, Frankfurt/M. 1995, S. 11)

1. *M 17a beschreibt die Demokratie des Grundgesetzes in sehr kompakter Form, sodass Sie sich zur Analyse etwas Zeit nehmen müssen. Gehen Sie Satz für Satz vor, ziehen Sie einen Grundgesetztext hinzu und stellen Sie anhand der relevanten Textstellen heraus, welches der beiden Demokratiemodelle (M 14) dem deutschen Modell überwiegend zugrunde liegt.*

2. *Der viel zitierte Begriff der „freiheitlichen demokratischen Grundordnung" wird im Text des Grundgesetzes nicht näher erläutert. Suchen Sie aus den verbindlichen Prinzipien, die das Bundesverfassungsgericht für diese Ordnung festgelegt hat, diejenigen heraus, auf die in M 16 Bezug genommen wird, und erläutern Sie sie (M 17b).*

3. *Überprüfen Sie anhand von M 17c noch einmal Ihr Grundwissen zum demokratischen System der Bundesrepublik Deutschland. Was jeweils richtig oder falsch ist, können Sie im Gespräch untereinander und mit Ihrer Lehrerin/Ihrem Lehrer klären.*

Die folgenden Materialien dienen dazu, zwei wichtige, in M 14 und M 16 wiederholt genannte Merkmale und Prinzipien der deutschen Demokratie näher zu erläutern: die Prinzipien des „Pluralismus" und der „Repräsentation".

M 18 Repräsentative Demokratie – Wie übt das Volk seine Macht aus?

Nach Artikel 20 Abs. 2 GG wird die Staatsgewalt vom Volk in Wahlen und Abstimmungen sowie durch besondere Organe der Gesetzgebung, der vollziehenden Gewalt und der Rechtsprechung ausgeübt.

Abgesehen von Wahlen und Abstimmungen handelt das Volk also nicht selbst, sondern durch
5 Organe und Amtswalter, denen es die Staatsgewalt zur Ausübung anvertraut hat: Die durch das Grundgesetz verfasste Demokratie ist repräsentative Demokratie.

Repräsentant ist, wer durch seine Entscheidungen die Befugnis hat, die von ihm Repräsentierten rechtlich zu verpflichten, ohne dabei an Weisungen der Repräsentierten selbst oder Dritter gebunden zu sein. Damit dies gelingt, müssen eine Reihe von teils formalen, teils inhaltlichen
10 Voraussetzungen erfüllt sein:

1. Der Repräsentant bedarf einer *Legitimation**, in der Demokratie einer Legitimation durch die Repräsentierten, die durch *Wahl* erfolgt.
2. Repräsentatives Handeln geschieht in *Verantwortung* gegenüber den Repräsentierten und muss durch sie kontrollierbar sein.
15 3. Repräsentation bedarf deshalb der *Öffentlichkeit*; denn nur was unter den Augen der Öffentlichkeit geschieht, ist der Kontrolle durch die Repräsentierten zugänglich und kann ihnen gegenüber verantwortet werden.
4. Der Repräsentant muss in der Lage sein, seine Entscheidung *frei von Weisungen* irgendeines Auftraggebers zu treffen (freies Mandat), denn nur die in Freiheit getroffene Entschei-
20 dung kann verantwortet werden. Der Repräsentant bleibt dem Ganzen, dem Gemeinwohl verpflichtet, nicht partikularen Interessen.
5. Der Repräsentierte muss dem Repräsentanten ein Mindestmaß an *Vertrauen* entgegenbringen. Durch die Wahl schenkt der Wähler dem Gewählten sein Vertrauen, um es ihm bei der nächsten Wahl gegebenenfalls wieder zu entziehen; er überträgt ihm Macht auf Zeit.

25 Der Repräsentant ist Inhaber eines Amtes. Mit dem Begriff des Amtes verbindet sich die Verpflichtung des Amtsinhabers zur Uneigennützigkeit, zum ausschließlichen Dienst am Gemeinwohl. Nur wenn er dieser Verpflichtung genügt, erhält er sich das in ihn gesetzte Vertrauen.

Artikel 38 Abs. 1 GG: „Die Abgeordneten des Deutschen Bundestages werden in allgemeiner, unmittelbarer, freier, gleicher und geheimer Wahl gewählt. Sie sind Vertreter des ganzen
30 Volkes, an Aufträge und Weisungen nicht gebunden und nur ihrem Gewissen unterworfen."

Schief ist in diesem Zusammenhang der Begriff des Gewissens. Denn gemeint ist nicht, was der Wortlaut nahe legt, dass die von den Abgeordneten zu treffenden Entscheidungen ihre Privatsache wären, eine Angelegenheit ihrer Gewissensfreiheit, wie sie Artikel 4 Abs. 1 GG als individuelles Grundrecht garantiert. Vielmehr wird auf die Verpflichtung der Abgeordneten hin-
35 gewiesen, ihre Entscheidungen gewissenhaft, d. h. so zu treffen, wie sie nach ihrem besten Wissen und Gewissen dem Ganzen am besten dienen.

(Nach: Hans-Hugo Klein: Die parlamentarisch-repräsentative Demokratie des Grundgesetzes – Wie übt das Volk seine Macht aus? In: Günther Rüther [Hg.], Repräsentative oder plebiszitäre Demokratie – eine Alternative? Nomos, Baden-Baden 1996, S. 33–55)

1. Erläutern Sie, inwiefern das „repräsentative" Prinzip das spezifische Merkmal der „indirekten" in Abgrenzung zur „direkten" Demokratie ist. Wie verhält es sich zu dem – allen Demokratietheorien zugrunde liegenden – Prinzip der Volkssouveränität*?

2. Verdeutlichen Sie den Unterschied der Begriffe „Wahlen" und „Abstimmungen" unter dem Aspekt direkte – indirekte Demokratie. Vielleicht wissen einige von Ihnen, auf welchen Bereich das Grundgesetz (Art. 29) Abstimmungen beschränkt hat.

3. Beschreiben Sie die Stellung der Repräsentanten und die wichtigsten formalen und inhaltlichen Voraussetzungen, die an das Handeln von Repräsentanten geknüpft sind. Gehen Sie dabei insbesondere auf die „Freiheit" seines Mandats und das Verständnis des Gewissensbegriffs ein (zur Funktion von Wahlen Näheres in Abschnitt IV 1., (S. 371ff.).

M 19 Wie „repräsentativ" ist der Bundestag?

a)

Die Berufe der Abgeordneten

im 14. Deutschen Bundestag

137	Lehrer
124	sonstige Beamte
107	Angestellte von Parteien und gesell. Organisationen
96	Angestellte von Unternehmen und Verbänden
76	Freiberufler
55	Angestellte des öffentlichen Dienstes
44	Unternehmer
30	Hausfrauen, Studenten u.ä.

Quelle: iw   © Globus 5512

14. Bundestag
(1998–2002)

Stark unterrepräsentiert sind Arbeiter und Hausfrauen (sowie Rentner), die einen erheblichen Teil der Wahlbevölkerung ausmachen und auch unter den Parteimitgliedern mit deutlich höheren Anteilen vertreten sind. Von einer auch nur annähernd proportionalen Präsenz der Sozialgruppen ist der Bundestag also weit entfernt. [...] Im Vergleich zu anderen Fraktionen
5 stark überrepräsentiert sind bei CDU/CSU und FDP die Selbstständigen, leitende Angestellte in der Wirtschaft, Landwirte und Rechtsanwälte; Gewerkschaftsfunktionäre und Lehrberufe bei der SPD und bei Bündnis 90/Die Grünen ebenfalls Lehrer.

(Wolfgang Ismayr, Der deutsche Bundestag, Leske + Budrich Verlag, Opladen 2000, S. 72)

b) Altersgliederung, Männer und Frauen (15. Bundestag; seit 2002)

Geburtsjahre	Männer						Frauen						BT gesamt
	SPD	CDU/ CSU	GRÜNE	FDP	fl[1]	gesamt	SPD	CDU/ CSU	GRÜNE	FDP	fl[1]	ge- samt	
1932–1935	1	1	–	–	–	2	–	–	–	–	–	–	2
1936–1940	10	9	1	4	–	24	2	2	–	–	–	4	28
1941–1945	44	41	–	7	–	96	16	4	2	1	–	23	115
1946–1950	39	46	6	10	–	101	28	10	3	4	–	45	146
1951–1955	26	30	7	3	–	66	23	17	9	5	–	54	120
1956–1960	10	27	5	3	–	45	12	6	6	1	–	25	70
1961–1965	13	16	–	4	–	33	7	7	6	2	2	24	57
1966–1970	8	11	1	1	–	17	6	4	3	–	–	13	34
1971–1975	4	9	3	1	–	17	1	4	2	–	–	7	24
1976–1980	1	1	–	1	–	3	–	3	–	–	–	3	6
1981–1983	–	–	–	–	–	–	–	–	1	–	–	1	1
	156	191	23	34	–	404	95	57	32	13	2	199	603

c) Schulbildung und Hochschulbildung (15. Bundestag)

| | Männer | | | | | | Frauen | | | | | | | | Bevölkerung[1] |
	SPD	CDU/CSU	Grüne	FDP	fl[1]	ge-samt	SPD	CDU/CSU	Grüne	FDP	fl[1]	ge-samt	BT ges.	in %	in %
Hauptschule	4	6	–	–	–	10	2	–	–	–	–	2	12	2	
Realschule, mittlere Reife	22	21	1	2	–	46	20	11	3	3	1	38	84	13	
Höhere Schule	110	134	18	28	–	290	60	39	23	9	1	132	422	70	20,1[2]
Berufsfachschule	11	1	–	1	–	28	5	1	–	–	–	6	34	5,6	
ohne Angaben	9	6	4	3	–	30	8	6	1	1	–	21	51	8,5	
Höhere Fachschule	8	12	–	2	–	22	12	5	–	2	–	19	41	6,8	
PH	6	3	1	2	–	12	8	3	–	–	–	11	23	3,8	
FH	19	26	–	2	–	47	11	8	2	–	1	22	69	11,4	
Universität mit Abschluss	93	125	16	25	–	259	46	27	21	9	1	104	363	60,2	11,2[2]
Universität ohne Abschluss	7	5	2	1	–	15	6	2	4	–	–	12	27	4,5	

[1] fl = fraktionslos. Die beiden PDS-Abgeordneten bilden keine Fraktion.

[2] Der Prozentsatz bezieht sich auf die Ergebnisse des Mikrozensus* 2002; die Beantwortung für Personen über 50 Jahre war freiwillig

(Klaus-J. Holzapfel [Hrsg.], Kürschners Volkshandbuch Deutscher Bundestag, 15. Wahlperiode [2002–2006], NDV, Rheinbreitbach, 96. Aufl. 2003, S. 285, 288)

1. *Das repräsentative Prinzip kann man in gewisser Weise auch auf die Frage beziehen, ob die Zusammensetzung des Repräsentativorgans (des Parlamentes) in etwa der Struktur des repräsentierten Volkes (der wahlberechtigten Bevölkerung) entspricht (z. B. im Hinblick auf das Geschlecht, das Alter und die berufliche Stellung). Untersuchen Sie dazu M 19a–c.*

2. *Wie ist es zu erklären, dass etwa 60 % aller Bundestagsabgeordneten „Akademiker" sind (über eine abgeschlossene Universitätsausbildung verfügen)?*

3. *Im Jahre 2001 waren rd. 48 % der Abgeordneten über 53 Jahre alt (24 % über 58). Rd. 10 % waren bis zu 37 Jahre alt. Das Durchschnittsalter lag bei 49 Jahren. Wie beurteilen Sie diese Altersstruktur?*

Methode

M 20 Erkundungsprojekt: Wie repräsentativ ist unser Kommunalparlament?

Das könnte ein interessantes Projekt werden, mit dem Sie auch in der Öffentlichkeit Aufmerksamkeit erregen können: Wir schlagen Ihnen vor, das Parlament Ihrer Heimatgemeinde (Gemeinderat, Stadtrat) unter der Fragestellung zu untersuchen, inwieweit darin die verschiedenen Bevölkerungsgruppen vertreten sind, ob sich ähnliche „Ungleichgewichte" wie im Bundestag feststellen lassen, worauf ggf. Unterschiede beruhen usw. „Es wird wohl kaum eine Volksvertretung einer Gemeinde oder einer Stadt geben, in der Berufsgruppen, Geschlecht oder Altersgruppen auch nur annähernd der Bevölkerungsstatistik entsprechen. Auch innerhalb der einzelnen Fraktionen wird man – wenn auch unterschiedliche – Diskrepanzen finden."[1] Andererseits werden aber solche Diskrepanzen unterschiedlich groß sein und – um nur dies Beispiel zu nennen – es dürfte sicherlich den Parteien einen Anlass zum Nachdenken geben, wenn sich herausstellen sollte, dass das Kommunalparlament überwiegend aus „alten Herren" besteht. Zur Durchführung des Untersuchungsprojekts geben wir Ihnen im Folgenden einige Hilfen und praktische Hinweise:

1. Zunächst ist zu entscheiden, welche *Untersuchungskategorien* berücksichtigt werden sollen. Möglich wären: Geschlecht, berufliche Stellung, Bildungsabschluss, Alter und ggf. Nationalität (deutsche oder ausländische Herkunft).

2. Die *Verteilung* der ausgewählten Kategorien in Ihrer Gemeinde müssten Sie dann beim Einwohnermeldeamt oder beim Amt für Statistik in Erfahrung bringen; der Leiter oder ein zuständiger Beamter wird sicherlich gern bereit sein, die gewünschten Auskünfte zu geben, die Sie auf einem vorbereiteten Datenbogen festhalten können.

3. Auch für den nächsten, sehr wichtigen Schritt brauchen Sie die Hilfe der Verwaltung: Beim „Amt für Wahlen und Statistik" (oder einer ähnlichen Abteilung der Verwaltung) müssen Sie eine *Liste aller gewählten Abgeordneten* zu erhalten versuchen, die über Geschlecht (Vorname), Beruf und Alter Auskunft gibt.
Wenn Sie auch den genauen *Bildungsabschluss* erkunden wollen (er geht aus der Berufsbezeichnung nicht immer klar hervor), müssten Sie sich wahrscheinlich an die Abgeordneten selbst wenden. Vielleicht wäre es überhaupt zu überlegen, ob Sie auch die übrigen Daten anhand eines kleinen Fragebogens von den Abgeordneten direkt einholen sollten. Auf diese Weise würde das Kommunalparlament von vornherein über Ihr Projekt informiert und darin einbezogen.

4. Für die *Auswertung der Daten* geben wir Ihnen (S. 325) das Beispiel eines Datenbogens, den Sie entsprechend ergänzen oder abwandeln können (z. B. durch die Einfügung der Kategorien für den Bildungsabschluss, durch eine weitere Differenzierung der Berufsbezeichnungen wie z. B. „Lehrer" als Unterkategorie zu „Beamte" und „Angestellte" usw. für den Fall, dass Sie diese Angaben von den Abgeordneten erfahren haben).

5. Jetzt können Sie die gewonnenen Daten (in Prozentzahlen) mit den für die Gemeinde vorliegenden und/oder mit denen für die Bundesrepublik *vergleichen* und zu einer Bewertung kommen. Inwieweit sind die Daten (nicht) „repräsentativ", wo gibt es die deutlichsten Diskrepanzen? Wie verhalten sie sich zu den Vergleichsdaten des Bundestages? Welche Fragen (z. B. nach den Ursachen) gibt es?

6. Als Nächstes sollten Sie die *Politiker* (z. B. die Fraktionsvorsitzenden der einzelnen Parteien im Kommunalparlament) über die Ergebnisse *informieren* und die Fragen, die sich ergeben haben (warum z. B. in einer Fraktion kaum Frauen oder zu viele Lehrer vertreten sind und wie man dazu steht), mit ihnen diskutieren. Das kann durch Interviews oder Schriftverkehr, am besten aber durch ein Gespräch geschehen, zu dem Sie die Politiker (Fraktionsvorsitzenden) in den Unterricht einladen.

7. Am Ende des Projektes sollte die *Veröffentlichung* des Projektergebnisses (Bevölkerungsstatistik der Gemeinde, Zusammensetzung des Kommunalparlamentes mit Vergleichsdaten, Stellungnahmen der Politiker) stehen. Pressegespräch, Zeitungsartikel, Präsentation (z.B. auf Stellwänden) wären mögliche Formen.

(Autorentext)

---

[1] Praxis Politik, s.u.

Datenbogen Kommunalparlament

		Bevölkerung der Gemeinde (in %)	Parlament der Gemeinde (in %)	CDU im Parlament (in %)	SPD im Parlament (in %)	GRÜNE im Parlament (in %)	FDP im Parlament (in %)
Geschlecht	Frauen						
	Männer						
Berufe	Arbeiter						
	Angestellte						
	Beamte						
	Selbstständige						
	Erwerbslose						
Alter	0–18						
	18–25						
	25–35						
	35–50						
	50–65						
	65 u. mehr						
Herkunft	deutsch						
	türkisch						
	ex-jugoslawisch						
	italienisch						
	griechisch						
	andere						

(Praxis Politik. Sich einmischen und Politik machen, Diesterweg, Frankfurt/M. 1995, Arbeitsblatt 4)

M 21a   Die pluralistische Demokratie

Pluralismus als Begriff der politischen Theorie kennzeichnet die moderne Lebenswelt in den hoch industrialisierten Gesellschaften der westlichen Länder. Im Pluralismus konkurrieren eine Vielzahl verschiedener gesellschaftlicher Gruppen und Organisationen mit- und gegeneinander um gesellschaftliche, wirtschaftliche und politische Macht. Sie versuchen ihren Ein-
5 fluss in den politischen Prozess einzubringen und auf die staatliche Gewalt durchzusetzen. Verschiedene intermediäre* Gruppen – z. B. Parteien, Gewerkschaften, Arbeitgeberverbände, karikative Organisationen, Kirchen, wissenschaftliche Vereinigungen, Bürgerinitiativen u. a. m. – verfolgen selbstständig und autonom ihre Ziele innerhalb des politischen Systems, wobei sie theoretisch gleichberechtigt sind. Wie im politischen System „Staat" die Staatsgewalt institu-
10 tionell zwischen den Organen der Staatsgewalt aufgeteilt ist, so sollen die verschiedenen gesellschaftlichen Gruppen und Organisationen ihre Macht gegenseitig begrenzen, d. h., dass im pluralistischen System idealtypisch* einer Organisation immer eine machtvolle Gegenorganisation gegenüberstehen soll (z. B. Arbeitgeber/Gewerkschaften).
Da diese intermediären Gruppen notwendigerweise miteinander in *Konflikt* geraten und es zu
15 keinem Chaos der Gesellschaft oder gar zur Anarchie* kommen soll, bedarf es einer *Regelung* potenzieller Konflikte durch das politische System. Es stellt in Form des freiheitlichen Rechtsstaats den Ordnungsrahmen und die Regeln für den Konfliktaustrag zur Verfügung. Das politische System ist somit für den friedlichen Konfliktaustrag zwischen den Gruppen verantwortlich. Voraussetzung für das Funktionieren des Pluralismus ist die Akzeptanz eines Ordnungs-
20 konzepts durch alle Teilnehmer, die sich auf die Grundregeln (Prinzipien) und auf die Institutionen des politischen Systems bezieht, in diesem Fall die Akzeptanz des Grundgesetzes.
Pluralismus in modernen hoch industrialisierten Gesellschaften kann sich nicht ausschließlich individuell widerspiegeln, sondern bedarf *Institutionen,* die das breit geprägte Bild unterschiedlicher Vorstellungen bündeln. Wichtigste Kräfte dabei sind Parteien und Verbände (In-
25 teressengruppen). Ein funktionsfähiges Mehrparteiensystem, die effektive Möglichkeit zur Bil-

dung von Parteien auf rechtsstaatlicher Basis, verfassungsmäßig garantierter Minderheitenschutz sowie der Wechsel von Regierung und Opposition sind weitere bedeutsame Kennzeichen für einen funktionierenden Pluralismus. Durch die Vielzahl ökonomischer, sozialer, kultureller und weltanschaulicher Gruppen und Organisationen ist eine Differenzierung und Er-
30 weiterung der politischen Ordnung und damit auch des Pluralismus erfolgt. *Kritiker* des Pluralismus bemängeln, dass der etablierte Pluralismus ein relativ fest gefügtes Machtsystem
darstellt, nur die Interessen von großen bzw. starken sozialen Gruppen durchgesetzt werden,
dass innerhalb der Verbände der Pluralismus kaum praktiziert wird, dass allgemeine Interessen wie z. B. saubere Umwelt relativ unberücksichtigt bleiben und durch übersteigertes Grup-
35 peninteresse das gesamtgesellschaftliche Interesse vernachlässigt wird.

(Uwe Andersen/Wichard Woyke [Hrsg.], Handwörterbuch des politischen Systems der Bundesrepublik Deutschland, hrsg. von der Bundeszentrale für politische Bildung, Bonn 1997, S. 431)

▌ **M 21b** Politik als Prozess der Problemlösung

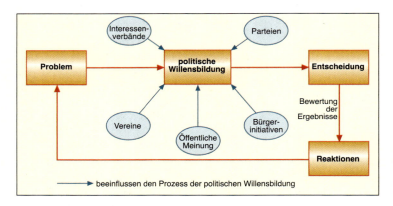

(Nach: Werner Skuhr. In: Massing, Peter: Politisches System, politische Wiliensbildung, Innenpolitik, in: Lernfeld Politik. Hrsg. v. d. Bundeszentrale für politische Bildung, Bonn 1992 [Schriftenreihe 313], S. 89)

1. *Machen Sie deutlich, inwiefern sich das Pluralismus-Prinzip aus der „Konkurrenztheorie" der Demokratie (s. M 14) ergibt. Wie kommt – im Gegensatz zur Identitätstheorie – das Gemeinwohl
zustande? Welche Rolle spielen die (in der Identitätstheorie „verbotenen") „intermediären* Kräfte"?*

2. *Auch die Pluralismustheorie geht – bei aller Heterogenität (Verschiedenheit) der gesellschaftlichen Interessen und Kräfte – von einem Bereich aus, über den Konsens bestehen muss. Worin
liegt dieser „nicht-kontroverse Sektor"?*

3. *In dem Schaubild M 21b erscheinen die Parteien gleichgewichtig mit den übrigen intermediären
Kräften. Inwiefern nehmen sie in der Realität eine deutlich hervorgehobene Stellung ein (Näheres
dazu in M 25ff., S. 329ff.)?*

▌ **M 22** Zusammenfassung: Grundprinzipien des politischen Systems

Art. 20 GG

1. Die Bundesrepublik Deutschland ist ein demokratischer und sozialer Bundesstaat.
2. Alle Staatsgewalt geht vom Volk aus. Sie wird vom Volk in Wahlen und Abstimmungen
   und durch besondere Organe der Gesetzgebung, der vollziehenden Gewalt und der Recht-
5 sprechung ausgeübt.
3. Die Gesetzgebung ist an die verfassungsmäßige Ordnung, die vollziehende Gewalt und die
   Rechtsprechung sind an Gesetz und Recht gebunden.

Wir sind eine Demokratie

Demokratie bedeutet Volksherrschaft (vgl. M 14).

10 Das heißt: Die Staatsgewalt baut sich von unten nach oben auf; ohne Legitimation* durch das Volk gibt es keine Staatsgewalt. Das Volk übt diese Staatsgewalt in Wahlen aus. Die Volksherrschaft ist also mittelbar, sie erfolgt durch gewählte Vertreter des Volkes. Man nennt das auch *repräsentative* Demokratie (vgl. M 18), im Gegensatz zur unmittelbaren Demokratie, in der z.B. die Gesetze nicht durch gewählte Abgeordnete, sondern durch unmittelbare Stimmabgabe des 15 Volkes beschlossen werden.

Wir sind ein Sozialstaat*

Unser Staat ist nach dem Grundgesetz verpflichtet, für eine *gerechte Sozialordnung* zu sorgen (s. M 77, S. 118). Der Staat verpflichtet sich zur Daseinsvorsorge in elementaren Lebensbereichen; für die Bürgerinnen und Bürger ergibt sich daraus ein Fürsorgeanspruch auf entspre-
20 chende Lebensqualität. Das schließt allerdings eigene Mitwirkung und zumutbare Gegenleistung nicht aus. Soziale Gerechtigkeit ist Ziel und Maßstab, nicht immer und in jedem Fall konkrete Wirklichkeit. Der Sozialstaat umfasst heute alle Lebensbereiche: z.B. die soziale Sicherung (Versicherungssysteme), Sozialhilfe*, Wohngeld* usw. (s. M 78ff., S. 119ff.).

Wir sind ein Bundesstaat

25 Die Bundesrepublik Deutschland wird von *Ländern* gebildet, die eigene Regierungen und Kompetenzen haben. Die Befugnisse der Länder berühren das tägliche Leben der Bürgerinnen und Bürger unmittelbar. Die Länder haben ihre eigenen Verfassungen, sie bestimmen nach eigenen Gesetzen über das Schulwesen oder über das Polizeirecht und haben eine eigene *Verwaltung*. Dazu verfügen die Länder über beträchtliche Einnahmen. In die Länderkassen
30 fließen Kraftfahrzeugsteuer, Grunderwerbsteuer u.a. Von der Lohn- und Einkommensteuer und der Mehrwertsteuer erhalten sie Anteile.

Wir sind ein Rechtsstaat

Der Gedanke, dass man in einem Staat die Gesetzgebung, die vollziehende Gewalt und die Rechtsprechung voneinander trennen müsse, ist allen modernen demokratischen Verfassun-
35 gen gemeinsam. Man nennt dies *Gewaltenteilung* (vgl. M 17a). Darüber hinaus gehört zu einem Rechtsstaat, dass Gesetze mit der Verfassung vereinbar sein müssen und Staatsorgane, wie z.B. die Bundesregierung, die Landesregierung, die Polizei oder die Richter, sich an Gesetz und Recht halten müssen (Garantie rechtsstaatlicher Verwaltung; vgl. M 17b). Ebenfalls gehört dazu, dass staatliche Maßnahmen durch unabhängige Gerichte überprüft werden kön-
40 nen (Rechtsweggarantie*).

(P wie Politik, hrsg. von Xaver Fiederle, Band 3, Schöningh, Paderborn 1995, S. 157)

▬ **M 23** Ja oder nein? – 10 + 10

	ja	nein
1. Jeder Bürger ist verpflichtet zu wählen.	☐	☐
2. Die Rechtsprechung richtet sich nach der jeweiligen politischen Mehrheit im Bundestag bzw. nach der Regierung.	☐	☐
3. Die Justiz ist unabhängig von der Verwaltung und von der Gesetzgebung.	☐	☐
4. Die Regierungen der einzelnen Bundesländer sind der Bundesregierung unterstellt.	☐	☐
5. Die Staatsgewalt liegt allein bei der Regierung.	☐	☐
6. Menschen- und Freiheitsrechte sind die Grundlage des Rechtsstaates.	☐	☐
7. Der Regierungschef ist im Rechtsstaat auch zugleich der höchste Richter.	☐	☐
8. Der Bundeskanzler wird von der Mehrheit der Abgeordneten gewählt.	☐	☐

9. Der Staat ist gegenüber den Bürgern zu sozialen Leistungen (Sozialhilfe/Kindergeld usw.) verpflichtet. ☐ ☐

10. Auch Minderheiten dürfen nicht von der politischen Mitwirkung ausgeschlossen werden. ☐ ☐

11. Polizei und Verwaltung müssen sich an die bestehenden Gesetze halten. ☐ ☐

12. Die Anzahl der Parteien kann begrenzt werden. ☐ ☐

13. In einer Demokratie geht alle politische Gewalt vom Volke aus. ☐ ☐

14. Der Staat kann von den Kirchen ein Wohlverhalten gegenüber politischen Maßnahmen verlangen. ☐ ☐

15. Die Regierung entscheidet, welche Parteien an Landtags- und Bundestagswahlen teilnehmen dürfen. ☐ ☐

16. Die Länder wirken bei der Gesetzgebung des Bundes mit. ☐ ☐

17. Die Rechtsprechung ist ausschließlich den Richtern vorbehalten.

18. Alle Deutschen haben das Recht, Vereine und Gesellschaften zu gründen. ☐ ☐

19. Terroristen haben keinen Anspruch auf ein ordentliches Gerichtsverfahren. ☐ ☐

20. Arbeitslose und Sozialhilfeempfänger dürfen nicht bei Gericht Klage gegen den Staat erheben. ☐ ☐

10 Aussagen sind richtig, 10 sind falsch.

(P wie Politik, hrsg. von Xaver Fiederle, Band 3, Schöningh, Paderborn 1995, S. 158)

1. *Das politische System der Bundesrepublik lässt sich nicht allein mit dem Begriff Demokratie kennzeichnen. Erläutern Sie die drei weiteren (hier nicht ausführlicher darzustellenden) Grund- oder „Konstruktionsprinzipien". Inwieweit haben Sie ihre Bedeutung in Ihrem eigenen Lebensbereich schon einmal konkret erfahren? (M 22)*

2. *Vergleichen Sie zur Bedeutung des „Sozialstaatsprinzips" auch M 77 und M 78b (S. 118f.).*

3. *Überprüfen Sie Ihr Wissen über das politische System der Bundesrepublik anhand von M 23 und rechnen Sie dabei die jeweilige Aussage dem Grundprinzip (M 22) zu, auf das sie sich bezieht.*

III. Die Parteiendemokratie in der Krise?

(Fotos: Bundesbildstelle Bonn [8]; dpa [5]; ZB-Fotoreport/Bernd Settnik)

SPD: http://www.spd.de; CDU: http://www.cdu.de; CSU: http://www.csu.de; FDP: http://www.fdp.de; Bündnis 90/Die Grünen: http://www.gruene.de; PDS: http://www.pds-online.de

1. Kritik an den politischen Parteien

> ➤ *Was unterscheidet eine politische Partei von einem Verein, einem Verband usw.? (M 24)*
> ➤ *Welche Stellung kommt den politischen Parteien nach dem Grundgesetz und dem Parteiengesetz zu? Welche Funktionen innerhalb des politischen System sollen sie erfüllen? (M 25 – M 26)*
> ➤ *Woher rührt die zunehmende Unzufriedenheit mit den Parteien? Welche Hauptkritikpunkte lassen sich erkennen? (M 27 – M 28)*

M 24 Was ist eigentlich eine Partei?

Was ist eigentlich eine politische Partei? Diese Frage lässt sich keineswegs schlüssig beantworten. Die Zahl der von Wissenschaftlern vorgenommenen Definitionen ist überaus groß. Der Versuch einer Begriffsbestimmung stößt auf folgende Schwierigkeit: Einerseits darf die Definition nicht zu unpräzise sein, um den Begriff der Partei von Verein, Gemeinschaft, Verband usw. abgrenzen zu
5 können, andererseits ist sie nicht zu eng anzulegen, damit sie für so unterschiedliche Parteien wie beispielsweise die CSU und die GRÜNEN zutrifft. Im Folgenden wird von der Definition ausgegangen, die das Parteiengesetz von 1967 in § 2 Abs. 1 gibt: „Parteien sind Vereinigungen von Bürgern, die dauernd oder für längere Zeit für den Bereich des Bundes oder eines Landes auf die politische Willensbildung Einfluss nehmen und an der Vertretung des Volkes im Deutschen Bundestag oder
10 einem Landtag mitwirken wollen, wenn sie nach dem Gesamtbild der tatsächlichen Verhältnisse, insbesondere nach Umfang und Festigkeit ihrer Organisation, nach der Zahl ihrer Mitglieder und nach ihrem Hervortreten in der Öffentlichkeit eine ausreichende Gewähr für die Ernsthaftigkeit dieser Zielsetzung bieten. Mitglieder einer Partei können nur natürliche Personen* sein.“

Kriterien

15 Für die Frage, ob eine Organisation eine politische Partei darstellt, spielt demnach die Selbstbezeichnung als „Partei“ ebenso wenig eine Rolle wie die verfassungsmäßige Haltung der politischen Vereinigung. Vielmehr gelten folgende Kriterien:
● Eine Partei hat Einfluss auf die politische Willensbildung zu nehmen. Sie strebt eine gesamtpolitische Wirkung an. Die Mitgestaltung der politischen Willensbildung richtet sich so-
20 wohl auf einen längeren Zeitraum als auch auf einen größeren Bereich. Es genügt demnach nicht, wenn sich eine politische Vereinigung ausschließlich im kommunalen Sektor betätigt (so genannte „Rathausparteien“).

Demokratie 2000 **Liste Rüssel** Ostdeutsche Wahlpartei

Aktive Bürger Partei Die Naturgesetzpartei

DIE GRAUEN

Gruppe Wählermacht

Demokratische Erneuerung – DE –
Die Blauen „Freiheit die wir meinen"

Unabhängige Wählergemeinschaften

Die Unabhängigen **Die Neutros**

DMark-Partei

Aktuelle Demokratische Partei

Vernunft für Deutschland

Bürgerrechtsbewegung Solidarität

Senatspartei Deutschland

Autofahrer und Bürgerinteressen Partei

Die Freien

STATT Partei

Die Arbeitslosenpartei Deutschlands

f-nep
Liste für nicht-, Erst- und Protestwähler

Die Mitte

Zeichnung: Christoph Grundmann, Heppenheim

(Zeichnung: Christoph Grundmann, in: RAAbits Sozialkunde/Politik, Impulse und Materialien für die kreative Unterrichtsgestaltung, 6. EL, Raabe Verlag, Stuttgart 1994, I/C2, Reihe 1, M 35)

● Eine Partei muss den Willen erkennen lassen, regelmäßig an der politischen Re-
25 präsentation des Volkes teilzunehmen. Damit unterscheidet sie sich etwa von Verbänden, die keine politische Verantwortung für alle Bereiche tragen, oder von Bürgerinitiativen, die lediglich punktuell
30 Einfluss nehmen, jedoch keine politischen Ämter übernehmen wollen. Dies braucht allerdings nicht zu bedeuten, dass die Partei Mandate in den Parlamenten erringt. Eine Vereinigung verliert jedoch
35 ihren Rechtsstatus als Partei, wenn sie sich sechs Jahre lang nicht an Bundestags- oder Landtagswahlen beteiligt.
● Wichtig ist eine eigenständige Organisation sowohl dem Umfang als auch der
40 Dauerhaftigkeit nach. Eine Organisation, die sich nur zur Wahl bildet, verfügt gemäß Definition ebenso wenig über den Parteistatus wie eine Gruppe, die sich den Organisationsapparat einer an-
45 deren Vereinigung zunutze macht.
● Eine Partei stellt eine Vereinigung von Bürgerinnen und Bürgern dar. Das Prinzip der Einzelmitgliedschaft soll die Unterwanderung einer Partei durch einen
50 Verband verhindern. Die Zahl der Mitglieder darf eine gewisse Grenze nicht unterschreiten, damit die Ernsthaftigkeit der Ziele und auch der Erfolgsaussichten erkennbar bleibt.
● Eine politische Vereinigung, die als Partei anerkannt sein will, muss in der Öffentlichkeit hervortreten wollen. Wer das Licht der Öffentlichkeit scheut und im Verborgenen tätig wird, erfüllt nicht die Voraussetzungen einer politischen Partei.
55 Die Definition, die das Parteiengesetz gibt, entspringt keinem begrifflichen Selbstzweck. Eine politische Vereinigung, die den Parteistatus genießt, kann nämlich nur durch das Bundesverfassungsgericht verboten werden („Parteienprivileg").

(Informationen zur politischen Bildung Nr. 207, Parteiendemokratie, hrsg. von der Bundeszentrale für politische Bildung, Bonn 1996, S. 4; Autoren: Uwe Backes und Eckhard Jesse)

1. *Erläutern Sie, warum die Frage „Was ist eine politische Partei?" gar nicht so leicht zu beantworten ist. Welche (in Z. 18ff. näher erläuterten) Kriterien sind in der Definition des Parteiengesetzes (Z. 7ff.; ein einziger Satz!) enthalten?*

2. *Die genaue Definition des Parteienbegriffs hat insofern eine ganz praktische Bedeutung, als jeweils vor Bundestagswahlen darüber entschieden werden muss, welche der zahlreichen, sich um die Teilnahme an der Wahl bewerbenden Vereinigungen als Parteien im Sinne des Parteiengesetzes zugelassen werden und damit Anspruch auf staatliche finanzielle Unterstützung erheben dürfen. Die Parteien, zu denen die 14 Köpfe (S. 327 o.) gehören, werden Ihnen allen vertraut sein. Nennen Sie die Namen und Funktionen der abgebildeten Personen.*

3. *Von den in der Abbildung genannten Parteien und Vereinigungen (1994) existieren nur noch wenige. Die Namen und Adressen aller (90!) Parteien und Vereinigungen, die 2002 gemäß Verpflichtung aus § 6 Abs. 3 Parteiengesetz ihre Unterlagen beim Bundeswahlleiter hinterlegt haben, stehen im Internet (http://www.destatis.de/wahlen/anschr/part.htm) zur Verfügung. Informieren Sie sich, welche davon als Parteien zur Bundestagswahl zugelassen wurden.*

M 25a Parteien in der Demokratie

(1) Die Parteien wirken bei der politischen Willensbildung des Volkes mit. Ihre Gründung ist frei. Ihre innere Ordnung muss demokratischen Grundsätzen entsprechen. Sie müssen über die Herkunft und Verwendung ihrer Mittel sowie über ihr Vermögen öffentlich Rechenschaft geben (GG Art. 21). In der modernen Massendemokratie kann der Bürger den politischen Entscheidungsprozess auf sich
5 allein gestellt kaum beeinflussen. Politische Beteiligung vollzieht sich in erster Linie über die Mitarbeit in den Parteien. Sie wirken zwar nicht allein an der politischen Meinungs- und Willensbildung mit, bestimmen aber das politische Leben in einem Maße, dass das politische System der Bundesrepublik Deutschland als *Parteienstaat* oder *Parteiendemokratie* bezeichnet wird. Dieser besonderen Rolle der Parteien trägt das Grundgesetz Rechnung, indem es in Art. 21 ih-
10 re Aufgaben und ihren Status festlegt.

(Horst Pötzsch, Die deutsche Demokratie, Leske + Budrich, Opladen, 2. Aufl. 1999, S. 38)

M 25b „Nur mit Parteien"

„Die Rolle, die die Parteien haben und behalten müssen, ist am Ende einfach zu beschreiben. Nur mit ihnen kann es Kontinuität geben. Sie organisieren die Willensbildung mit, sie bündeln die Alternativen, sie leben den Pluralismus und machen ihn politisch handhabbar in Kompromissen und durch alternative Entscheidung. Ja zur Demokratie sagen, aber nein zu
5 den Parteien, ist nicht möglich."

(Wolfgang Thierse, zit. nach: Frankfurter Rundschau vom 11.7.1992; W. Thierse ist stellvertretender Vorsitzender der SPD und Präsident des Deutschen Bundestags.)

M 25c Parteiengesetz

§ 1 Verfassungsrechtliche Stellung und Aufgaben der Parteien

(1) Die Parteien sind ein verfassungsrechtlich notwendiger Bestandteil der freiheitlichen demokratischen Grundordnung. Sie erfüllen mit ihrer freien, dauernden Mitwirkung an der politischen Willensbildung des Volkes eine ihnen nach dem Grundgesetz obliegende und von ihm verbürgte öffentliche Aufgabe.

5 (2) Die Parteien wirken an der Bildung des politischen Willens des Volkes auf allen Gebieten des öffentlichen Lebens mit, indem sie insbesondere
– auf die Gestaltung der öffentlichen Meinung Einfluss nehmen,
– die politische Bildung anregen und vertiefen,
– die aktive Teilnahme der Bürger am politischen Leben fördern,
10 – zur Übernahme öffentlicher Verantwortung befähigte Bürger heranbilden,
– sich durch Aufstellung von Bewerbern an den Wahlen in Bund, Ländern und Gemeinden beteiligen,
– auf die politische Entwicklung in Parlament und Regierung Einfluss nehmen,
– die von ihnen erarbeiteten politischen Ziele in den Prozess der staatlichen Willensbildung
15 einführen und
– für eine ständige lebendige Verbindung zwischen dem Volk und den Staatsorganen sorgen.

(3) Die Parteien legen ihre Ziele in politischen Programmen nieder.

(Gesetz über die politischen Parteien [Parteiengesetz] in der Fassung von 1994)

M 25d „Strenge Regeln"

Das Grundgesetz hat – erstmals in der deutschen Verfassungsgeschichte – aus der Unentbehrlichkeit von Parteien die Konsequenz gezogen, sie auch in der Verfassung ausdrücklich zu nennen (Art. 21). Das geschah nicht, um die Parteien zu privilegieren. Ihre Mitwirkung an der politischen Willensbildung des Volkes ist feststellend gemeint und verleiht ihnen keines-

5 wegs ein Monopol. Im Übrigen lassen die Bestimmungen des Artikels 21 eher die Intention erkennen, politische Parteien unter strenge Regeln zu stellen, gerade weil sie für die Realisierung von Demokratie so wichtig sind:

- Ihre Gründung ist frei, weil das Bedingung freier Mitwirkung gesellschaftlicher Gruppen an der Politik ist.

10 - Ihre innere Ordnung muss demokratisch sein, weil eine diktatorisch geführte Partei im Staat nicht demokratisch wirken kann.

- Über Herkunft, neuerdings auch über die Verwendung ihrer Mittel müssen sie öffentlich Rechenschaft geben, weil sie nicht Instrumente unbekannter und unkontrollierbarer Macht werden sollen.

15 - Verfassungsfeindliche Parteien können verboten werden, weil rechtsstaatliche Demokratie nicht dulden kann, dass sie unter Ausnutzung der von ihr garantierten Möglichkeiten schließlich beseitigt wird ("abwehrbereite Demokratie").

(Bernhard Sutor/Joachim Detjen, Politik. Ein Studienbuch zur politischen Bildung, Schöningh, Paderborn 2001, S. 162)

M 26a Die Funktionen der politischen Parteien

Die politische Willensbildung vollzieht sich vor allem über die Parteien. Sie fällen die wichtigsten politischen Entscheidungen und ermöglichen dem Bürger die politische Orientierung. Vorwiegend über die Mitwirkung in den Parteien lassen sich die politischen Entscheidungsprozesse beeinflussen. [...] Parteien stellen eine Verbindung her zwischen Bürgern und politi-
5 schem System, sie ermöglichen politische Beteiligung von Einzelnen und Gruppen mit Aussicht auf Erfolg. [...] Indem Parteien die Verbindung herstellen zwischen Bürgern, gesellschaftlichen Gruppen und dem politischen System, tragen sie zur Verankerung der politischen Ordnung im Bewusstsein der Bürger und bei den gesellschaftlichen Kräften bei. [...]
Entsprechend dem Prinzip der Volkssouveränität präsentieren die Parteien der Öffentlichkeit
10 vor der Wahl Kandidaten und Kandidatinnen. Bevor die Wahlberechtigten über die Zusammensetzung des aus Parteimitgliedern bestehenden Parlaments entscheiden, hat demnach schon eine "Vorwahl" stattgefunden. Sie ist jedoch unumgänglich, da die Bürgerinnen und Bürger anders keine Möglichkeit hätten, eine sinnvolle Auswahl zwischen Parteien und Personen zu treffen. Die Parteien dienen damit der Wahlvorbereitung.
15 Die "Ware" einer Partei ist ihr politisches Programm, das sie dem Wähler zur Entscheidung anbietet. Dabei erfüllen die jeweiligen Parteiprogramme vor allem zwei Hauptfunktionen. Einerseits sollen sie die Interessen der Bevölkerung artikulieren (Parteien als "Sprachrohr" des Volkes), zum anderen gehört es zu den Aufgaben der Parteiprogramme, die Willensbildung der Staatsbürger zu beeinflussen (Parteien als "Formerinnen" des Volkswillens).
20 Parteien dienen der politischen Führungsauslese. Wer sich politisch verantwortlich betätigt, gehört heutzutage in aller Regel einer Partei an. Die parteipolitisch ungebundene Persönlichkeit spielt im politischen Leben kaum mehr eine Rolle. [...]
Parteien bündeln, wählen und drücken Interessen unterschiedlichster Richtungen aus. Alle Vorstellungen lassen sich nämlich nicht ungefiltert repräsentieren.

(Informationen zur politischen Bildung [= M 24], S. 6f.)

Hinweis: Umfassende Informationen zu allen in M 24–M 26 angesprochenen Fragen, zur Stellung der Parteien im politischen System, zur Entwicklung des Parteiensystems, zu innerparteilichen Strukturen, zum Wahlverhalten, zur Parteienfinanzierung usw., bietet der folgende, bei der Bundeszentrale für politische Bildung (www.bpb.de) zu beziehende Sammelband: Oscar W. Gabriel/Oskar Niedermayer/Richard Stöss (Hrsg.), Parteiendemokratie in Deutschland, Bonn, Bundeszentrale für politische Bildung, 2. Aufl. 2001.

M 26b Die Parteien im politischen Prozess (Modell)

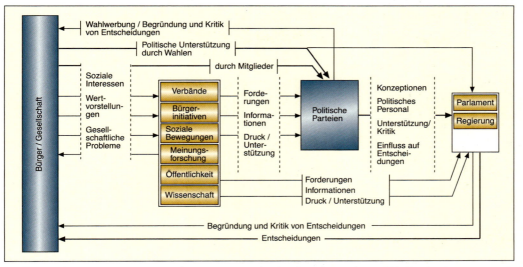

(Wolfgang Rudzio, Die organisierte Demokratie. Parteien und Verbände in der Bundesrepublik, Metzler, Stuttgart 1977, S. 160)

1. *Nach übereinstimmender Auffassung gelten Parteien im Rahmen einer repräsentativen (parlamentarischen) Demokratie als unersetzbar und „demokratienotwendig". Erläutern Sie, worauf diese Unersetzbarkeit beruht, und inwiefern das Grundgesetz diesen Stellenwert der Parteien anerkennt, sie aber auch auf die Einhaltung strenger Regeln verpflichtet (M 25a–d).*

2. *M 26a beschreibt verschiedene Aufgaben (Funktionen), welche die Parteien nach allgemeiner Auffassung wahrzunehmen haben. Sie werden häufig auch mit folgenden Begriffen gekennzeichnet: Partizipations(oder auch Vermittlungs-)funktion, Legitimationsfunktion, Interessenartikulationsfunktion, Programmfunktion, Funktion der Personenrekrutierung und der Führungsauslese, Leitungsfunktion. Untersuchen Sie den Text M 26 a: Mit welchen Formulierungen werden jeweils die genannten Funktionen beschrieben?*

3. *Inwieweit geht der Katalog der Funktionen auf die Aufzählung der Aufgaben im Parteiengesetz (M 25c, § 1 (2)) zurück?*

4. *Das Schema M 26b stellt die Rolle, welche die Parteien – auch im Verhältnis zu anderen „intermediären"* Kräften – im politischen Prozess spielen, etwas genauer und differenzierter dar. Erläutern Sie die einzelnen Pfeilbeziehungen möglichst auch an konkreten inhaltlichen Beispielen aus der aktuellen Politik (das Schema lässt sich auch auf die kommunale Ebene der Politik anwenden).*

M 27 Kritik an den Parteien

M 27a „Hauptzielscheibe"

Im Mittelpunkt sowohl der Politikverdrossenheit als auch der mit Kritik bedachten realen Veränderungen des politischen Systems stehen ohne Zweifel die Parteien und der Parteienstaat in ihrer heutigen Form. Darüber sind sich alle Experten einig, und auch die Bürger nennen auf die Frage nach den Gründen ihres Unmuts vor allem Parteienaspekte. Das entspricht dem politischen Stellenwert der Parteien. Sie sind die wichtigsten Transmissionsriemen* der Politik.

(Zeichnung: Gerhard Mester/CCC, www.c5.net)

Ihre Aktionen und Akteure stehen im Lichte politischer Öffentlichkeit. Auf diese Weise werden die Parteien zur Hauptzielscheibe von Kritik, Aggression und Frustration, von Abwendung und Protest.

(Martin Greiffenhagen, Politische Legitimität in Deutschland, Bertelsmann-Stiftung, Gütersloh 1997, S. 364)

Parteien sind normative* Organisationen [...]. Sie legitimieren sich dadurch, dass sie für be-
10 stimmte Richtungen, Ideen und Wertvorstellungen einstehen, die sie im Kampf um die Macht zu verwirklichen streben. Parteien bekommen allerdings dann ein Glaubwürdigkeitsproblem, wenn sich politisches Programm, Reden und Handeln ihrer Wortführer und Spitzenvertreter offenkundig nicht decken und Skandale anzeigen, dass Parteipolitiker schnöde Selbstsucht antreibt. [...] Zahlreiche Umfragen belegen, dass Parteien über die letzten beiden Jahrzehnte
15 große Teile ihres notwendigen Vertrauenskredits verspielt haben. Diese Diskreditierung geht nicht nur unter Jugendlichen um, sondern hat unter der ganzen Bevölkerung Platz gegriffen. Unzufriedenheit mit den Parteien und deren Vertrauensschwund reichen bis in die frühen Achtziger- jahre zurück, um sich dann im letzten Jahrzehnt in eine chronische mentale Beziehungskrise auszuwachsen. So sind die Zustimmungswerte für Glaubwürdigkeit oder Vertrau-
20 en in die Parteien bei Jugendlichen verschiedentlich auf das Tiefstniveau von 5 % abgesunken.

(Elmar Wiesendahl, Keine Lust mehr auf Parteien – Zur Abwendung Jugendlicher von den Parteien, in: Aus Politik und Zeitgeschichte B 10/2001 v. 2.3.2001, S. 14)

Frage: „Einmal ganz allgemein gefragt: Sind Sie enttäuscht von den vier Parteien CDU/CSU, SPD, FDP und Bündnis 90/den GRÜNEN[1], oder würden Sie das nicht sagen?"

	Westdeutschland							Ostdeutschland				
	1983	1989	1991	1992	1993	1994[2]	1997[3]	1991	1992	1993	1994[2]	1997[3]
	%	%	%	%	%	%	%	%	%	%	%	%
Enttäuscht	29	36	34	36	57	40	58	27	37	54	47	49
Würde ich nicht sagen	46	36	38	32	22	32	20	40	27	20	23	18
Unentschieden	25	28	28	32	21	28	22	33	36	26	30	33
	100	100	100	100	100	100	100	100	100	100	100	100

[1] bis 1993: „den GRÜNEN"; [2] März 1994; [3] Dezember 1997

(Quelle: Allensbacher Archiv, IfD-Umfragen 4035, 5017, 5057, 5067, 5075, 5092, 6052)

▆ **M 27b** Die Hauptkritikpunkte

Obwohl die Parteiendemokratie in den zurückliegenden Jahrzehnten funktionierte und auch wesentlich zur Stabilität des politischen Systems beigetragen hat, ist ein Wandel in ihrer Einschätzung evident. Ämterpatronage, Herrschaft des Mittelmaßes, Verfilzung, Versagen der Urteilskraft, Machtversessenheit, Versorgungsmentalität, Parteispendenskandale, Korruption –
5 die Partei- und Politikverdrossenheit hat alle Bereiche des öffentlichen Lebens erfasst. [...] Vier Schwerpunktbereiche sollen kurz angedeutet werden:

– Der erste Bereich umfasst die Kritik an der **Parteienfinanzierung** (vgl. dazu Abschnitt 2., S. 336ff.). Die öf-
10 fentliche Finanzierung durch Steuergelder erscheint vielen zu hoch. Die zusätzliche Finanzierung durch Spendengelder eröffnet Spielräume für Korruption. Die Transparenzge-
15 bote sind dabei öffentlich nur schwer zu kontrollieren.

– Der zweite Kritikaspekt betrifft die unterstellte **Ämterpatronage** und den **Machtmissbrauch**. Die Partei-
20 en durchdringen die Staatsorgane, indem sie deren personelle Zusammensetzung weit gehend bestimmen. In öffentlichen Einrichtungen wird, folgt man diesem Argument,

> [...] Für die Zunahme der Parteiverdrossenheit wird auch das Eindringen der Parteien in (zunächst) unpolitische gesellschaftliche Bereiche verantwortlich gemacht: Alle möglichen Aufsichts- und Kontrollgremien in Medien, Wirtschaft und Verbänden werden nach Parteienproporz besetzt; Politiker kommen in den öffentlich-rechtlichen Medien nicht nur nach dem Kriterium zu Wort, ob sie etwas Vernünftiges zu sagen haben, sondern auch danach, ob die Sendezeiten „ausgewogen" verteilt sind; Zugang zu öffentlichen Ämtern und Beförderungen erfordern das „richtige" Parteibuch; wer die geeigneten politischen „Beziehungen" besitzt, kann Dinge realisieren, die sonst nicht so ohne weiteres möglich wären.
>
> (Hans Rattinger, Abkehr von den Parteien? Dimensionen der Politikverdrossenheit In: Aus Politik und Zeitgeschichte, B 11/93 vom 12. März 1993, S. 24f.)

25 mehr auf das richtige Parteibuch als auf die Fähigkeiten bei der Vergabe von Stellen geachtet. Der Einfluss der Parteien erstreckt sich damit auf Bereiche, für die sie weder nach der Verfassung noch nach den Regeln des Regierungssystems zuständig sind (s. Kasten). Gefordert wird ein Zurückdrängen der Parteien und eine Beschneidung ihrer Macht.

– Eine dritte Richtung der Kritik stört sich an der **mangelnden Repräsentanz** der Parteien
30 durch ihre Mitglieder. Gemessen am großen Einfluss der Parteien in nahezu allen Bereichen des gesellschaftlichen Lebens sind nur *wenige Wähler Parteimitglieder*. Zurzeit sind etwa vier Prozent der Bevölkerung in der Bundesrepublik Deutschland Mitglieder politischer Parteien. Hinzu kommt, dass nur ein Bruchteil davon innerparteilich aktiv ist. Wie steht es um die Kontrolle der Vorstände, wenn die Basis zahlenmäßig so schwach ist?

35 – Ein letzter Aspekt betrifft konkret die **innerparteiliche Demokratie** und das Personal bei der Wahl. Das Recht der Kandidatennominierung üben die Funktionäre aus. Die Wähler können häufig nur zwischen vorgelegten Listen entscheiden. Muss das Wahlrecht oder auch die Amtsdauer von Repräsentanten verändert werden, um innerparteiliche Demokratie zu stärken und die Mitwirkungsmöglichkeiten der Bürger auszuweiten?

40 Der Streit über die Parteien und die Diagnose der *Parteienverdrossenheit* überraschen nicht. Denn Parteien in der Regierungsverantwortung werden verständlicherweise für Defizite und Missstände verantwortlich gemacht. Hinzu kommt, dass die Parteien auch untereinander über die Richtigkeit ihrer Konzepte streiten. Sie reflektieren die gesellschaftliche Wirklichkeit durch die Artikulation rivalisierender Interessen. Trotz aller Kritik an den Parteien und den von der
45 Wahlforschung messbaren Veränderungen in den Sympathie- und Loyalitätswerten der Bevölkerung gegenüber den Parteien gibt es keinen Anlass zur Dramatisierung der Situation. Bisher folgte regelmäßig auf eine Welle öffentlicher Kritik eine Phase ruhiger und gelassener Auseinandersetzungen. Festzuhalten bleibt, dass die Parteiendemokratie in Deutschland ein Stabilitätsanker für die jeweiligen Regierungen darstellte.

(Karl-Rudolf Korte, Regieren, in: Karl-Rudolf Korte/Werner Weidenfeld [Hg.], Deutschland-TrendBuch, Fakten und Orientierungen, Bundeszentrale für politische Bildung, Bonn 2001, S. 522f.)

▬ M 27c Weitere Kritikpunkte in der Karikatur

a)

(Zeichnung: Burkhard Mohr/CCC, www.c5.net)

b)

(Zeichnung: Karl-Heinz Schoenfeld/CCC, www.c5.net)

c)

(Zeichnung: Gerhard Mester/CCC, www.c5.net)

d)

Die Qual der Wahl
(Zeichnung: Peter Bensch/Handelsblatt v. 17.9.1998)

e)

(Zeichnung: Walter Hanel/ CCC, www.c5.net)

f)

(Zeichnung: Walter Hanel/CCC, www.c5.net)

g)

(Zeichnung: Gerhard Mester/CCC, www.c5.net)

1. *Politikverdrossenheit, Politikerverdrossenheit, Parteienverdrossenheit. Erklären Sie den Unterschied und den Zusammenhang dieser drei Begriffe (vgl. S. 293). Inwiefern entspricht es dem Stellenwert der Parteien, wenn sich aller Unmut letztlich gegen die Parteien richtet (M 27a)?*

2. *Beschreiben Sie die Entwicklung, die sich aus der Allensbach-Umfrage (M 27a, S. 332 u.) im Hinblick auf die Einstellung der Bürger zu den Parteien ablesen lässt. Vergleichen Sie dazu auch die Materialien M 7a/b (S. 295f.) und M 9 (S. 299 f.).*

3. *M 27 fasst die wichtigsten inhaltlichen Kritikpunkte zusammen, ohne sie zu gewichten. Erläutern Sie die einzelnen Punkte (möglichst auch an konkreten Beispielen) und stellen Sie diejenigen besonders heraus, die gerade besonders aktuell sind und die Sie selbst schon gehört oder selber geäußert haben (zur Parteienfinanzierung s. im Folgenden M 28ff.).*

4. *Parteienkritische Karikaturen gibt es seit langem in großer Zahl. Wir haben in M 27c einige davon zusammengestellt, die sich hauptsächlich auf weitere (in M 27b nicht genannte) Kritikpunkte beziehen. Erläutern Sie sie im Einzelnen.*

5. *Beziehen Sie die Kritik auch auf die Funktionen der Parteien (M 26a und Arbeitshinweis 2). Welche dieser Aufgaben nehmen die Parteien nach dieser Kritik nicht oder nicht ausreichend wahr?*

Bevor wir der Frage nachgehen wollen, inwieweit die massive Kritik an den Parteien berechtigt erscheint und welche Konsequenzen ggf. daraus zu ziehen sind, wollen wir etwas näher auf den „Spendenskandal" der CDU eingehen, der seit Dezember 1999 die gesamte öffentliche Diskussion über Monate hin bestimmte und zweifellos eine neue und massive Vertrauenskrise im Verhältnis Wähler – Parteien bewirkte. Anfang März 2002 entfachte der „Kölner Parteispenden-Skandal" der SPD erneut die öffentliche Diskussion über das Verhalten von Parteipolitikern und über die Parteienfinanzierung.

2. Parteispendenskandale und das Problem der Parteienfinanzierung

> ➤ *Worum ging es beim Parteispendenskandal der CDU Ende 1999/Anfang 2000? Warum war er von so schwerwiegender Bedeutung für die Entwicklung der „Parteienverdrossenheit", die dadurch noch einmal verstärkt wurde? (M 28 – M 30)*
> ➤ *Welches sind die wichtigsten Elemente und Probleme des Systems der Parteienfinanzierung in Deutschland? (M 31 – M 32)*
> ➤ *Wie lässt sich im Rahmen dieses Systems die Parteispendenpraxis beurteilen? (M 33 – M 35)*

M 28a Was geschah im Parteispendenskandal der CDU?

Der ehemalige Bundeskanzler Dr. Helmut Kohl vor dem Untersuchungsausschuss über die Parteispendenaffäre Ende Juni 2000 in Berlin

(Foto: T. Grabka/action press)

Am 4.11.1999 erließ das Amtsgericht Augsburg einen Haftbefehl gegen den früheren CDU-Schatzmeister Walther Leisler Kiep wegen des Verdachts, im Jahre 1991 einen Betrag von 500 000 Euro erhalten und nicht versteuert zu haben. Im Zuge der Ermittlungen stellte sich heraus, dass es sich um eine Spende des Waffenhändlers Karl-Heinz Schreiber handelte.

5 Ende November räumt der ehemalige Bundeskanzler Helmut Kohl „Fehler" im Finanzbereich während seiner Amtszeit als CDU-Parteivorsitzender ein und erklärt am 16.12.1999 in einem Fernsehinterview, zwischen 1993 und 1998 rund 750 000 bis 1 Million Euro an Spenden für die CDU angenommen zu haben, die in keinem Rechenschaftsbericht verzeichnet wurden. Un-

ter Berufung auf sein „Ehrenwort"
10 weigert er sich, die Namen der Spender zu nennen, und bleibt auch in der
Folgezeit bei dieser Haltung, trotz wie-
derholter dringender Aufforderung
durch die CDU-Führung, sein Schwei-
15 gen zu brechen (s. Kasten).
Der ehemalige hessische CDU-Chef
und frühere Bundesinnenminister
Manfred Kanther gibt am 14.1.2000 auf
einer Pressekonferenz bekannt, dass
20 der Landesverband 1983 rd. vier Millionen Euro in die Schweiz gebracht habe.
Diese Gelder stammten somit nicht aus
Vermächtnissen jüdischer Emigranten,
wie der ehemalige hessische CDU-
25 Schatzmeister Prinz Wittgenstein zuvor
behauptet hatte, sondern aus dem Parteivermögen. Im weiteren Verlauf der
Aufklärungen dieses Vorgangs durch
den hessischen CDU-Vorsitzenden und
30 Ministerpräsidenten Roland Koch erklärt dieser, dass nicht vier, sondern 9
Millionen Euro in die Schweiz transfe-
riert wurden. Am 8.2.2000 gibt Koch
die „Dummheit" zu, am 22.12.1999 ei-
35 ner nachträglichen Deklarierung von
Schwarzgeld unbekannter Herkunft als
Darlehen von Prinz Wittgenstein zugestimmt zu haben.
Am 16.2.2000 kündigt Wolfgang
40 Schäuble seinen Rücktritt von den Ämtern des CDU-Vorsitzenden und des
CDU-Fraktionsvorsitzenden an. Sein Nachfolger als Fraktionsvorsitzender wird Friedrich Merz,
seine Nachfolgerin im CDU-Vorsitz wird Angela Merkel.
Im März 2000 erklärt der ehemalige Bundeskanzler Kohl, den durch seinen gesetzwidrigen Um-
45 gang mit Spenden für die CDU entstandenen finanziellen Schaden durch eine eigene private
Spendensammlung ausgleichen zu wollen. Bis Juni 2000 überweist er über vier Millionen Euro
an die CDU.

Die CDU und mit ihr die CSU
leiden lange Zeit politisch
50 enorm unter der Affäre: Die
Landtagswahlen in Schleswig-
Holstein (Februar 2000) und
Nordrhein-Westfalen (Mai
2000) gehen verloren. Die Um-
55 fragewerte für die Wahlabsich-
ten der Bürger, die im Jahre
1999 lange Zeit sehr günstig für
die Unionsparteien waren, fallen
stark.

(Autorentext)   (DER SPIEGEL Nr. 17
v. 22.4.2002, S. 30)

Helmut Kohl hatte – nach seinen eigenen Äußerungen – den Spendern sein Ehrenwort gegeben, dass er
ihre Namen nicht veröffentlichen wird. „Ich kämpfe
um meine Ehre: dazu gehört, dass ich ein gegebenes
Wort halte." Mit diesen Worten versuchte Helmut
Kohl sein für viele unverständliches Verhalten in der
CDU-Spendenaffäre zu rechtfertigen. Persönliche Beziehungen, so hatte der Ex-Kanzler freimütig in einem
Interview geäußert, seien ihm noch stets wichtiger gewesen als formale Kontrollen und Gesetze.

(Nach: Martin Morlok: Durchsichtige Taschen oder schwarze
Koffer?, in: ApuZ B 16/2000, S. 12)

Super und gratis!

(Zeichnung: Horst Haitzinger/CCC, www.c5.net)

Sonntagsfrage: *Welche Partei würden Sie wählen, wenn
am nächsten Sonntag Bundestagswahl wäre?*

	1999	2000	2001	2002

**Bundes-
tagswahl**
September 1998 ▼

40,9 SPD

35,1 CDU/CSU

Umfrage
15. bis 18.
April 2002 ▼

38

36

45%

40%

35%

30%

▮ M 28b Spenden- und Bestechungsaffäre der Kölner SPD

[...] Im März 2002 wurden Unregelmäßigkeiten im Zusammenhang mit einer Großspende an die Kölner SPD bekannt. Um die Herkunft von Zuwendungen von mind. 175000 € zu verschleiern, hatten der damalige Fraktionschef der SPD im Kölner Stadtrat, Norbert Rüther, und der Schatzmeister des SPD-Unterbezirks, Manfred Biciste, die Summe in Kleinbeträge ge-
5 stückelt und Parteimitglieder als Spender angegeben, die dafür 1994–99 fingierte Spendenquittungen erhalten hatten. Bundespräsident Wolfgang Thierse verhängte im Mai 2002 ein Strafgeld von 493000 € gegen die SPD, weil Spenden des Kölner Unterbezirks in den Rechenschaftsberichten 1994–99 nicht veröffentlicht wurden. Rüther, der SPD-Politiker Karl Wienand und der Kölner Müllunternehmer Hellmuth Trienekens wurden im Juni 2002 we-
10 gen des Vorwurfs der Bestechlichkeit/Bestechung und Steuerhinterziehung festgenommen[1].
[...]

(Harenberg Lexikon Verlag in der Harenberg Kommunikation Verlags- und Medien GmbH & Co. KG, Dortmund 2002: Aktuell 2003, S. 338f.)

[1]Für den Strafprozess gegen die betroffenen Politiker und Müll-Manager, der am 20.11.2003 (18 Monate nach den Durchsuchungsaktionen) begann, wurden 70 Verhandlungstage angesetzt.

▮ M 29 Die Bestimmungen des Grundgesetzes und des Parteiengesetzes

Artikel 21 GG

(1) Die Parteien wirken bei der politischen Willensbildung des Volkes mit. Ihre Gründung ist frei. Ihre innere Ordnung muss demokratischen Grundsätzen entsprechen. Sie müssen über die Herkunft und Verwendung ihrer Mittel sowie über ihr Vermögen öffentlich Rechenschaft geben.

5 **Parteiengesetz:** Fünfter Abschnitt, Rechenschaftsablegung

§ 23 Pflicht zur öffentlichen Rechenschaftslegung

(1) Der Vorstand der Partei hat über die Herkunft und die Verwendung der Mittel, die seiner Partei innerhalb eines Kalenderjahres (Rechnungsjahr) zugeflossen sind, sowie über das Vermögen der Partei zum Ende des Kalenderjahres in einem Rechenschaftsbericht öffentlich Re-
10 chenschaft zu geben. [...]
(3) Der Präsident des Deutschen Bundestages prüft, ob der Rechenschaftsbericht den Vorschriften des Fünften Abschnittes entspricht. [...]
(4) Der Präsident des Deutschen Bundestages darf staatliche Mittel für eine Partei nicht festsetzen, solange ein den Vorschriften [...] entsprechender Rechenschaftsbericht nicht einge-
15 reicht worden ist. [...] Hat eine Partei diesen Rechenschaftsbericht bis zum 31. Dezember des folgenden Jahres nicht eingereicht, verliert sie den Anspruch auf staatliche Mittel; die Festsetzungen und Zahlungen an die übrigen Parteien bleiben unverändert.

§ 23 a Rechtswidrig erlangte Spenden

(1) Hat eine Partei Spenden rechtswidrig erlangt oder nicht den Vorschriften dieses Gesetzes
20 entsprechend im Rechenschaftsbericht veröffentlicht, so verliert sie den Anspruch auf staatliche Mittel in Höhe des Zweifachen des rechtswidrig erlangten oder nicht den Vorschriften dieses Gesetzes entsprechend veröffentlichten Betrages. Die rechtswidrig angenommenen Spenden sind an das Präsidium des Deutschen Bundestages abzuführen.
(2) Spenden an eine Partei oder einen oder mehrere ihrer Gebietsverbände, deren Gesamtwert
25 in einem Kalenderjahr (Rechnungsjahr) 20 000 Deutsche Mark [10 000 Euro] übersteigt, sind unter Angabe des Namens und der Anschrift des Spenders sowie der Gesamthöhe der Spende im Rechenschaftsbericht zu verzeichnen.
(3) Nach Absatz 1 Satz 2 unzulässige Spenden sind von der Partei unverzüglich an das Präsidium des Deutschen Bundestages weiterzuleiten.

1. *Nennen Sie die wichtigsten Fakten und Folgen des Parteispendenskandals der CDU, den wir hier nur in groben Zügen geschildert haben (M 28a; vgl. auch M 30 a).*

2. *Erläutern Sie, welche Folgen der Spendenskandal für das Ansehen der CDU und die Position der SPD Ende 1999/Anfang 2000 hatte (Grafik und Karikatur S. 337).*

3. *Im März 2002 erregte der „Kölner Parteispenden- und Korruptionsskandal" der SPD die Öffentlichkeit. Informieren Sie sich, worum es dabei ging (M 28 b) und welche Folgen diese Affäre für die Stellung der SPD in der Wählergunst im März 2002 hatte (s. Grafik S. 337 u.).*

4. *Erläutern Sie, inwiefern es sich bei den Verhaltensweisen einiger Parteivertreter in diesen Skandalen nicht um bloße „Schlampereien" oder politische „Fehler", sondern um schwer wiegende Verstöße gegen die Rechtsordnung handelte. Stellen Sie anhand von M 29 fest, gegen welche Bestimmungen des Parteiengesetzes im Einzelnen verstoßen wurde.*

M 30a „Fehlendes Unrechtsbewusstsein"

Mit der Ausdehnung ihres Einflusses haben die Parteien eine Verantwortung auf sich genommen, die weit über das hinausgeht, was anderen Gruppen auferlegt ist. Sie schließt die politische Gesittung und Moral ein. [...] Notwendig ist es, auf diese Verantwortung aufmerksam zu machen und die Frage zu stellen, ob die, die sie in herausgehobener Weise tragen, sich auch in
5 jeder ihrer Handlungen ihres Gewichts bewusst sind.
Macht man sich diese Zusammenhänge klar, dann kann die Bedeutung der aufgedeckten Finanzaffären kaum überschätzt werden. Diese indizieren erschreckende moralische Defizite, einen offensichtlich fundamentalen Mangel an Amtsverständnis und eine Rechtsferne, die den Eindruck hinterlässt, die Mächtigen der Republik betrachteten sich als absolute Herrscher, die
10 über Gesetz und Recht stünden. Da gibt es üppige schwarze Konten in Liechtenstein, der Schweiz und anderswo, unerkannt bleiben wollende Spender, die große Summen baren Geldes verteilen, da ist von Geldwäsche, Untreue, Steuerhinterziehungen die Rede, ganz zu schweigen von den Verstößen gegen die den Parteien auferlegte Rechenschaftspflicht über die Herkunft ihrer Gelder. Ein Innenminister [...] lässt es als Landesvorsitzender seiner Partei ge-
15 schehen, dass schwarze Konten zu anrüchigen Zwecken unterhalten werden. Ein höchst angesehener Regierungschef und Parteivorsitzender nimmt Bargeld entgegen und gibt es nach Gutdünken an Parteiorganisationen aus, als gäbe es das Parteiengesetz nicht.
Die Bürger und Bürgerinnen, die doch von Rechts wegen der Souverän der Demokratie sein sollen, wenden sich mit Grausen von ihren Repräsentanten ab, denen sie mit ihren Stimmen
20 zur Macht verholfen haben. Schlimmer noch: Sie finden sich in ihrem negativen Urteil über Politik und Politiker bestätigt. [...]
Neben der Parteispendenaffäre, die die CDU ins Mark trifft, stehen Skandale, bei denen es um die Bereiche-
25 rung von Politikern geht. Von diesen Vorfällen sind SPD-Politiker in Nordrhein-Westfalen, wo es um die Nutzung der Westdeutschen Landesbank für Gratisflüge geht, und in Nieder-
30 sachsen betroffen, wo ein Ministerpräsident sich u. a. seine Hochzeitsfeier, also eine private Festivität, und einen Flug nach Ägypten zum Opernbesuch „sponsern" lassen haben soll. Das sind
35 natürlich Geschehnisse von geringerem Kaliber als die Spendenaffären. Auf der einen Seite geht es um orga-

(Zeichnung: Horst Haitzinger/CCC, www.c5.net)

nisierten Gesetzesbruch zum Machterhalt und -gebrauch, auf der anderen um die persönliche Bereicherung individueller Politiker. Ein Ärgernis ist indessen auch das letztere, also die An-
40 nahme geldwerter Vorteile, die die Wirtschaftsunternehmen offenbar bereitwillig Spitzenpolitikern offerieren. Es entsteht der Eindruck, Politiker bereicherten sich, wo sie nur können, nehmen Vorteile mit, wo sie es können, und dies, obwohl sie gut besoldet werden.

Auffallend ist bei alledem, dass den Akteuren das Unrechtsbewusstsein fehlt. Sicher sind Skandale des dargestellten Zuschnitts ein gefundenes Fressen für die Medien, und es soll
45 nicht bestritten werden, dass diese zu Exzessen neigen, um die erhitzte Atmosphäre weiter anzuheizen. Es ist jedoch bezeichnend, dass sich die Täter nicht schuldig fühlen, sondern als Opfer der Medien betrachten, denen sie vorwerfen, Treibjagden auf sie zu veranstalten. Dem Betrachter bleibt da nichts anderes übrig, als die Dinge zurechtzurücken. Die Täter sind keine Opfer, weiß Gott nicht; sie selbst sind schuld daran, dass sie wegen ihres Verhaltens in das
50 Scheinwerferlicht der Medien geraten sind.

(Rudolf Wassermann, Parteienstaat in der Krise. In: MUT. Forum für Kultur, Politik und Geschichte, Nr. 391, März 2000, MUT-Verlag, Asendorf, S. 15f.; der Verfasser ist Mitglied des Niedersächsischen Staatsgerichtshofes und war bis 1990 Oberlandesgerichtspräsident in Braunschweig)

▰ M 30b „Jetzt reicht es"

(Zeichnung: Fritz Behrendt/CCC, www.c5.net)

Jetzt reicht es: Ein Parteifinanzierungsskandal folgt auf den nächsten. Erst verstößt ein Parteivorsitzender und Bundeskanzler gegen Parteiengesetz und Grundgesetz, dann die Schwarzgeldaffä-
5 re der hessischen CDU. Und nun der Spenden- und Korruptionssumpf der Kölner SPD. [...] Natürlich: Da bestehen erhebliche Unterschiede zwischen den verschiedenen Skandalen. Flick- und Kohlaffäre spielten auf der Bundesebene,
10 Köln im Gegensatz dazu scheint regional begrenzt zu bleiben. Mal riecht es nach Korruption, dann wiederum geht es „nur" um Parteifinanzierung. Doch gemeinsam ist allen eins: Sie befördern Parteien- und Politikerverdrossenheit. Bei den Bür-
15 gern tief eingewurzelte Urteile und Vorurteile werden bestätigt zu: „Die haben doch alle Dreck am Stecken", „Die sind korrupt" und „Eine Krähe hackt der anderen kein Auge aus." Die Glaubwürdigkeit aller Parteien – und nicht nur der jeweils aktuell betroffenen – geht dabei vor die Hunde, die Legitimation der Parteien wird zu Schanden geritten. [...]

(Peter Lösche, Prof. für Politikwissenschaft in Göttingen, in: Neue Westfälische v. 16.3.2002, S. 2)

1. *Der CDU-Skandal führte über Monate hinweg zu einer Flut von Berichten und Kommentaren in allen Medien. Wir haben daraus eine Stellungnahme ausgewählt (M 30a), der Sie wesentliche Beurteilungsaspekte entnehmen können. Unterscheiden Sie bei Ihrer Erläuterung des Textes zwischen politischen und rechtlichen Gesichtspunkten.*

2. *Machen Sie anhand von M 30b noch einmal deutlich, inwiefern es bei den Skandalen um die „Glaubwürdigkeit" und die „Legitimation" der Parteien geht. Warum sind diese Prinzipien von so zentraler Bedeutung für eine repräsentative Demokratie (s. M 18)?*

3. *Am 19.4.2002 verabschiedete der Bundestag mit großer Mehrheit ein neues Parteiengesetz, das die Vorschriften für die Annahme und die Veröffentlichung von Spenden erheblich verschärft und zum ersten Mal eine Bestrafung illegaler Spendenpraxis mit Freiheitsstrafen bis zu 3 Jahren oder Geldstrafen vorsieht. Informieren Sie sich ggf. über Einzelheiten des neuen Gesetzes (www.bundestag.de/gesetze/pg/index.html).*

Die Skandale, über die wir in M 28–M 30 berichtet haben, haben auch eine Vorgeschichte und weisen auf ein strukturelles (auf der Stellung der Parteien und ihrer Finanzierung beruhendes grundsätzliches) Problem hin. Die folgenden Materialien informieren daher über das viel diskutierte System der Parteienfinanzierung, ihre Geschichte und die besondere Problematik der Spendenpraxis.

M 31 Das System der Parteienfinanzierung

Die Konten der Parteien speisen sich aus vier Quellen: den Mitgliedsbeiträgen, staatlichen Mitteln, Spenden von Bürgerinnen und Bürgern und Unternehmen, sowie sonstigen Einnahmen, beispielsweise Einnahmen aus Parteivermögen. Die Geldquellen haben allerdings ein sehr unterschiedliches Gewicht. Während bei der SPD über die Hälfte der Einnahmen aus Mitglieds-
5 beiträgen besteht, stammt bei der FDP nur jeder fünfte Euro aus diesem Bereich.

Es liegt nahe, dass Parteien auf die finanzielle Opferbereitschaft der Bürgerinnen und Bürger vertrauen, deren Interessen und Meinungen sie vertre-
10 ten. Mitgliederbeiträge und Spenden von Mitgliedern und Sympathisanten sind demgemäß Hauptquellen der privaten Parteienfinanzierung. Die Finanzierung aus eigener Kraft wird al-
15 lerdings durch Zuschüsse aus öffentlichen Mitteln ergänzt. Die *staatliche Parteienfinanzierung* findet ihre Rechtfertigung darin, dass Parteien über eine angemessene Finanzausstattung
20 verfügen müssen, wenn sie die Aufgaben erfüllen sollen, die ihnen durch

> Neben der Freiheit der parteipolitischen Betätigung, die in Art. 21 GG zum Ausdruck kommt, ist die Chancengleichheit aller Parteien für alle Bürger bei der parteipolitischen Betätigung das zweite Hauptelement der verfassungsrechtlichen Regulierung des Parteiwesens. Alle Parteien, gleichviel, welche Kreise der Bevölkerung und welche Interessen sie vertreten, sollen im politischen Wettbewerb der verschiedenen Auffassungen und Interessen chancengleich sein. Ohne staatliche Mittel zur Parteienfinanzierung wären diejenigen Parteien, die wenig finanzkräftige Interessen vertreten, erheblich benachteiligt.
>
> (Nach: Martin Morlok, Durchsichtige Taschen oder schwarze Koffer? In: APuZ, B 16/2000, S. 6)

Art. 21 GG und das Parteiengesetz (s. M 25a, c) übertragen worden sind. Nachdem die staatliche Parteienfinanzierung wegen der Tendenz zur Selbstbedienung der Parteien aus der Staatskasse jahrelang umstritten war, setzte das Bundesverfassungsgericht mit seinem Urteil vom
25 9.4.1992 neue Maßstäbe, an die sich 1994 eine gesetzliche Neuregelung anschloss, die 2002 ausgebaut und ergänzt
wurde (s. Grafik u. M 32).
Die staatliche Parteienfinanzierung besteht seit-
30 dem im Wesentlichen aus zwei Elementen:
● Zum einen belohnt sie den Erfolg an der Wahlurne. Die Parteien erhalten für die bei Bundes-
35 tags-, Europa- und Landtagswahlen erzielten Zweitstimmen einen jährlichen Zuschuss aus der Staatskasse – für die
40 ersten vier Millionen Wählerstimmen je 0,85 Euro und für alle weiteren Stimmen je 0,70 Eu-

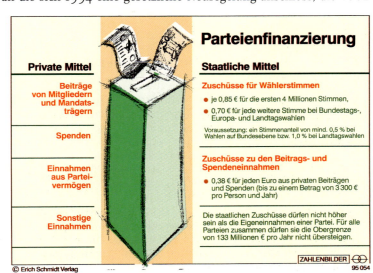

Parteienfinanzierung

Private Mittel

Beiträge von Mitgliedern und Mandatsträgern

Spenden

Einnahmen aus Parteivermögen

Sonstige Einnahmen

Staatliche Mittel

Zuschüsse für Wählerstimmen

● je 0,85 € für die ersten 4 Millionen Stimmen,
● 0,70 € für jede weitere Stimme bei Bundestags-, Europa- und Landtagswahlen

Voraussetzung: ein Stimmenanteil von mind. 0,5 % bei Wahlen auf Bundesebene bzw. 1,0 % bei Landtagswahlen

Zuschüsse zu den Beitrags- und Spendeneinnahmen

● 0,38 € für jeden Euro aus privaten Beiträgen und Spenden (bis zu einem Betrag von 3 300 € pro Person und Jahr)

Die staatlichen Zuschüsse dürfen nicht höher sein als die Eigeneinnahmen einer Partei. Für alle Parteien zusammen dürfen sie die Obergrenze von 133 Millionen € pro Jahr nicht übersteigen.

ZAHLENBILDER

© Erich Schmidt Verlag   95 054

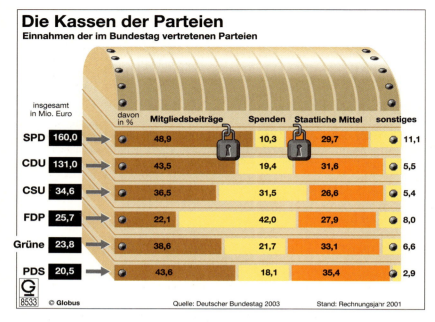

Die Kassen der Parteien
Einnahmen der im Bundestag vertretenen Parteien

insgesamt in Mio. Euro	davon in %	Mitgliedsbeiträge	Spenden	Staatliche Mittel	sonstiges
SPD 160,0		48,9	10,3	29,7	11,1
CDU 131,0		43,5	19,4	31,6	5,5
CSU 34,6		36,5	31,5	26,6	5,4
FDP 25,7		22,1	42,0	27,9	8,0
Grüne 23,8		38,6	21,7	33,1	6,6
PDS 20,5		43,6	18,1	35,4	2,9

© Globus   8533   Quelle: Deutscher Bundestag 2003   Stand: Rechnungsjahr 2001

45 ro. Vorausgesetzt ist ein Stimmenergebnis von mindestens 0,5 % bei den Wahlen auf Bundes-ebene und mindestens 1 % bei Landtagswahlen.

● Zum anderen honoriert die staatliche Parteienfinanzierung auch die finanzielle Unterstützung der Partei durch Mitglieder und Spender/innen: Jeder Euro aus Beitrags- und Spenden-einnahmen von Privatleuten (bis zu einer Höhe von jährlich 3.300 Euro pro Person) wird aus 50 Staatsmitteln um 0,38 Euro aufgestockt. Die staatlichen Zuschüsse dürfen insgesamt aber den Betrag von 133 Mio. Euro pro Jahr nicht übersteigen und werden gegebenenfalls anteilig gekürzt. Diese Obergrenze gilt seit 1998.

● Indirekt gefördert werden die Parteien darüber hinaus durch die Steuerbegünstigung für private Beiträge und Spenden. Spenden von Unternehmen (so genannten juristischen Perso-55 nen) sind steuerlich nicht abzugsfähig.

(Politik betrifft uns Nr. 3/2000, Finanzen, Affären und Skandale – Krise des Parteienstaates?, Aachen 2000, Verlag Bergmoser und Höller, S. 22 – ergänzt und aktualisiert)

▬ M 32 Die Parteienfinanzierung und das Bundesverfassungsgericht

In den 70er- und 80er-Jahren waren führende Parteivertreter und Industrielle in Parteispendenaffären verwickelt und wurden z. T. wegen aktiver und passiver Bestechung und 5 Steuerhinterziehung strafrechtlich abgeurteilt. Den Höhepunkt dieser Serie von Skandalen, in die CDU/CSU, SPD und FDP verwickelt waren, bildete der Flick-Skandal*. Das Ansehen der Parteien nahm dadurch 10 großen Schaden und löste eine grundsätzliche Diskussion über die Finanzierung der Parteien aus. Dabei wurde als eine extreme Meinung vertreten, dass sich die Parteien ausschließlich aus Mitgliedsbeiträgen finanzieren sollten und dass Spenden, vor allem 15 aus der Wirtschaft, verboten werden müssten, zumal die Motive der Spender eindeutig seien.

Aber die staatliche Finanzierung wurde immer höher geschraubt, und ein weiteres 20 Problem tauchte auf: das Problem der Gleichbehandlung der Parteien, denn die verschiedenen Geldquellen sprudeln für die einzelnen Parteien in höchst unterschiedlichem Maße. Würde vielleicht die eine oder andere 25 Partei durch die staatliche Finanzierung bevorzugt oder benachteiligt? Wie könnte man das ausgleichen?

(Zeichnung: Felix Mussil/CCC, www.c5.net)

1. Die vom Grundgesetz vorausgesetzte Staatsfreiheit der Parteien erfordert nicht nur die Gewährleistung ihrer Unabhängigkeit vom Staat, sondern auch, dass die Parteien sich ihren Charakter als frei gebildete, im gesellschaftlich-politischen Bereich wurzelnde Gruppen bewahren.

2. Entgegen der bisher vom Senat vertretenen Auffassung ist der Staat verfassungsrechtlich nicht gehindert, den Parteien Mittel für die Finanzierung der *allgemein* ihnen nach dem Grundgesetz obliegenden Tätigkeit zu gewähren. Der Grundsatz der Staatsfreiheit erlaubt jedoch nur eine Teilfinanzierung der allgemeinen Tätigkeit der politischen Parteien aus staatlichen Mitteln.

(Urteil des Bundesverfassungsgerichts v. 9.4.1992)

In mehreren Anläufen versuchten sich die
30 Parteien an diesem Problem, und regelmäßig kassierte das Bundesverfassungsgericht die neuen Regelungen (s. Karikatur).
Den Anlass für eine erneute Umgestaltung der Parteienfinanzierung bot das Urteil des
35 Bundesverfassungsgerichts vom 9. April 1992. Darin hielt das Gericht zwar am Grundsatz der Unabhängigkeit der Parteien vom Staat fest, erklärte jedoch – entgegen der bisher vertretenen Auffassung – eine staatli-
40 che Finanzierung der „allgemein ihnen nach dem Grundgesetz obliegenden Tätigkeit" für gerechtfertigt (s. Kasten o.r.). Dem Urteil folgte 1993 eine gesetzliche Neuregelung der öffentlichen
45 Parteienfinanzierung mit den Stimmen von CDU/CSU, SPD und FDP. Die wichtigsten Neuerungen bestehen in (vgl. Grafik S. 341):
50 1. der Einführung einer „absoluten Obergrenze" für den Gesamtumfang der direkten staatlichen Zuwendungen;
2. einer *Senkung der Publi-*
55 *zitätsgrenze für Spenden* von 20.000 auf 10.000 Euro pro Jahr, d.h. bei größeren Beträgen sind die Spender in den Rechenschaftsberichten
60 namentlich aufzuführen;
3. einer *Senkung der steuerli-*

chen Begünstigungsgrenze für Spenden und Mitgliedsbeiträge auf 1.650 Euro je Person (bzw. 3.300 Euro bei Verheirateten) und Jahr. Die Steuerfreiheit von Körperschafts- 65 spenden (d.h. von Firmen etc.) entfällt gänzlich;
4. einer Bindung der staatlichen Zuwendungen sowohl an die Wählerzahl als auch an die Spenden- sowie Beitragseinnahmen 70 der Parteien (anstelle der früheren Wahlkampfkostenerstattung).

(Wolfgang Rudzio, Das politische System der Bundesrepublik Deutschland, Leske + Budrich, Opladen 2000, S. 128f.)

AUS HÖCHSTER NOT GEBOREN ERGEHET EIN NEUES GESETZ, WELCHES UNSEREN GELIEBTEN HERRSCHER VOR DEM DROHENDEN HUNGERTOD BEWAHREN MÖGE!...

(Zeichnung: LUFF/CCC, www.c5.net)

▮ **M 33** Welche Motive gibt es für Parteispenden bei Privatpersonen und Unternehmen?

Das Problem von Spenden ergibt sich aus den Motiven der Spender. Diese Motive sind für Außenstehende schwer oder gar nicht fassbar. Deshalb behelfen sich alle mit plausiblen An-
5 nahmen: Kleine Spenden werden gegeben, um die politischen Anliegen einer Partei oder den persönlichen Ehrgeiz eines Kandidaten zu fördern; eine Einflussnahme auf politische Entscheidungen ist umso weniger zu erwar-
10 ten, je mehr Personen dem einzelnen Politiker oder seiner Partei als Spender kleiner Beträge gegenübertreten.
Bei großen Spenden besteht der begründete Anfangsverdacht, dass durch sie Einfluss auf
15 konkrete Einzelentscheidungen genommen werden soll oder dass es sich um Provisionszahlungen für bereits geleistete politische Hilfe handelt. Dieser Verdacht schließt nicht aus, dass im Einzelfall sehr reiche Leute ihre phi-
20 lanthropischen Neigungen auch auf Parteien erstrecken können. Die Offenlegung von Betrag und Geldgeber macht die Motive des Spenders einer öffentlichen Diskussion zugänglich. Im Gegensatz dazu stößt die häufig
25 geforderte juristische Würdigung (als Vorteilsnahme oder Bestechung) regelmäßig auf erhebliche Schwierigkeiten der Beweislage, ist also wenig hilfreich. [...]
Was bleibt, ist der mittlere Bereich von Spen-
30 den, insbesondere Barspenden zwischen 2 500 und 25 000 Euro, bei denen der amerikanische Politikwissenschaftler Herbert F. Alexander immer wieder darauf hingewiesen hat, dass mit ihnen weder Sympathie noch Einzelinte-
35 resse dokumentiert wird, sondern der Wunsch, sich den persönlichen Zugang zu Politikern zu verschaffen oder zu erhalten. [...] Diesem Bereich dürften auch die Barspenden an Helmut Kohl zuzuordnen sein (s. M 28a). Üblicherwei-
40 se verbindet sich mit solchen Zuwendungen keine konkrete Erwartung, aber die Absicht, einen Kontakt „zu schalten". Wenn der Politiker sich an den Spender und seine Spende erin-

nert, wird bei Gelegenheit der Anruf eines Gönners freundlich erwidert. [...]   45
Möglichen Risiken einer toleranten Spendenpraxis trägt die Offenlegungspflicht ausreichend Rechnung. Wer auf letzte Perfektion verzichtet, muss kleinere Grauzonen dulden.
(Karl-Heinz Naßmacher, Parteienfinanzierung in der Bewährung, in: Aus Politik und Zeitgeschichte, B 16/2000, S. 19–20)

Wer als Privatperson Parteien beschenkt, 50 dem danken nicht nur die Politiker, sondern auch der Gesetzgeber. Nach dem Einkommensteuergesetz kann bei Spenden bis zu 1650 Euro jährlich (bei Verheirateten 3300 Euro) die Hälfte vom zu versteuernden Ein- 55 kommen abgezogen werden. Alternativ kann der Betrag auch als Sonderausgabe geltend gemacht werden.
Die gleichen Regeln gelten auch für Unternehmer, die in Personengesellschaften mit 60 ihrem Privatvermögen haften. In der Regel sind das Firmen mit der Rechtsform Kommanditgesellschaft (KG) oder Offene Handelsgesellschaft (OHG). Anders sieht es bei Kapitalgesellschaften aus. Bis 1994 konnten 65 auch sie Parteispenden von der Steuer absetzen. „Dagegen hatte aber das Bundesverfassungsgericht Bedenken geäußert, so dass der Bundestag das Körperschaftssteuergesetz (KStG) änderte", erläutert Steuerexperte Jörg 70 Schwenker vom Deutschen Industrie- und Handelstag. Seit der Änderung sind nur noch Spenden an die in Paragraph 9 KStG aufgezählten wissenschaftlichen und gemeinnützigen Organisationen steuerlich absetzbar. 75 Trotzdem spenden immer noch viele große Unternehmen an die unterschiedlichen Parteien, wie die jährlichen Rechenschaftsberichte der Parteien zeigen (s. M 34). [...] Steuerliche Vorteile haben die Unternehmen da- 80 von nicht mehr.
(Katharina Voss, Was man davon hat, einer Partei Geld zu spenden; in: Der Tagesspiegel v. 25.1.2000)

▮ **M 34** Wer spendet für welche Partei?

Der Bundestagspräsident hat unlängst die Rechenschaftsberichte der politischen Parteien für das Kalenderjahr 1999 veröffentlicht. Sie enthalten auch die Listen der Barspen-

den, deren Gesamtwert 20 000 DM über- 5 schreitet. Aus ihnen lässt sich die Nähe der *Wirtschaft* beziehungsweise einzelner Unternehmen zu den Parteien ablesen.

Durch Spenden bevorzugt wurde 1999 immer noch die CDU: Sie kassierte an Spenden von natürlichen und juristischen Personen (natürlich nicht nur aus der Wirtschaft) 68 Mill. DM, gegenüber 34 Mill. DM der SPD, 15 Mill. der CSU und 19 Mill. der FDP. Bündnis 90/Die Grünen erhielten aus Spenden rund 10 Mill. DM, wobei es sich hier weitgehend um Spenden natürlicher Personen handelt. Die PDS bekam 7,5 Mill. DM. Bei den beiden letzteren Parteien fehlt die Wirtschaft in den Spenderlisten fast ganz.

Öffentlich-rechtliche *Banken* finden sich in den Spenderlisten so gut wie gar nicht. Nur die Westdeutsche Landesbank ist mit 34 500 DM an die SPD vertreten. Indessen muss ja auch nur die Zuwendung von Bargeld offen und mit Namen ausgewiesen werden. Sach- und Dienstleistungen, wie etwa die Kosten einer Flugbereitschaft für SPD-Politiker (s. M 30a), werden bestenfalls unspezifiziert in die Sammelposition der „sonstigen Einnahmen" aufgenommen. Auch die *Gewerkschaften* erbringen ihre Hilfe für die SPD auf Umwegen und nicht durch direkte Spenden. In Wahlkämpfen finanzieren sie mit erheblichen Summen die Werbung für die SPD, die von den Gewerkschaften in eigener Regie, aber sicherlich in Abstimmung mit der Partei, übernommen wird. Auch solche geldwerten Vorteile erscheinen nicht im Rechenschaftsbericht der SPD. Hubertus Schmoldt allerdings, Vorsitzender der Gewerkschaft Bergbau, Chemie, Energie,

hat im Wahljahr 1998 rund 22 000 DM als Privatmann an die SPD gespendet.

Bei den Grünen ist es üblich, dass Abgeordnete und Funktionsträger erhebliche Beträge zwischen 20 000 und 50 000 DM in ihre Parteikasse zahlen (müssen): Andrea Fischer zahlte 31 405 DM, Bärbel Hohn 45 981, Antje Möller 33 100, Kerstin Müller 35 720, Cem Özdemir 47 252, Claudia Roth 36 371, Rezzo Schlauch 35 175 und Jürgen Trittin 44 021

Ausgewählte Beispiele für Parteispenden (in DM)

	SPD	CDU	CSU	FDP
Bertelsmann, Gütersloh	–	40000	–	30000
BMW	–	25740	162304	68078
Bayerischer Bauindustrieverband	–	–	33000	–
C+W Bauträgergesellschaft, Wülfrath	250000	–	–	–
Dresdner Bank AG	100500	200000	70000	70000
Daimler-Chrysler AG	–	71059	103499	21213
Deutsche Bank AG	–	737 000	–	150000
Deutsche Vermögensberatung AG	–	33 000	–	–
DWA Deutsche Waggonbau	–	45 000	–	–
Porsche AG	50000	50000	–	–
Fachverband Kartonverpackungen	88000	110000	–	–
Ferrero OHG	–	50000	–	–
HDI Haftpflichtverband d. deutschen Industrie	–	300000	–	–
Henkel KGaA	–	60000	–	–
Hunzinger Public Relations GmbH, Frankfurt	–	70782	129920	–
Leo Kirch, Ismaning	–	–	38000	–
Lammerting Industriebau, Köln	27500	33500	–	–
Mercator Verwaltung GmbH, München	–	–	280000	–
Ostermann GmbH II Co., Witten	42500	–	–	–
Philip Morris GmbH, München	41000	44000	35000	–
Klaus Murmann, Kiel	–	105000	–	–
August Oetker, Bielefeld	–	40000	–	–
Oltec Computer GmbH, Kiel	–	54381	–	–
Peek & Cloppenburg	–	40000	–	–
Raks Electronic GmbH, Frankfurt	–	59695	–	–
Robert Bosch GmbH	25000	130000	–	30000
Rudolf Flender GmbH, Siegen	30000	–	–	–
Schwartauer Werke GmbH & Co. KG	–	110000	–	–
Strabag, Hamburg	25000	–	–	–
TV Media GmbH, Eberberg	–	100000	–	–
Verband der chemischen Industrie	66000	166000	62000	72000
Verband Metall- und Elektroindustrie Bayern	–	100000	450000	50000
Verband Metall- und Elektroindustrie NRW	50000	300000	–	53000
Verband Metall- und Elektroindustrie Südwest	100000	300000	–	100000
Verband Metall- u. Elektroind. Lüdenscheid	–	41000	–	–
Verband der Nord-Westdt. Textilindustrie	–	48000	–	–
Verein der bay. Chemischen Industrie	–	–	110000	–
Versicherungs- u. Wirtschaftsdienst, München	–	–	325760	–
Viag, München	–	–	26485	–
Victor's Bau und Wert AG, Saarbrücken	–	–	–	104821
Westdeutsche Landesbank	34500	–	–	–

Quelle: Rechenschaftsberichte der Parteien für 1999
(Handelsblatt v. 27.2.2001, S. 6)

DM. Die Namen Joschka Fischer und Renate Künast findet man in der Spendenliste nicht. Man wird auf die Spendenlisten in den Re-
75 chenschaftsberichten der Parteien für das Jahr 2000 gespannt sein dürfen – ein Jahr,

in dem Sozialdemokraten und Bündnisgrüne mit der Steuerreform manche Wünsche der Wirtschaft erfüllt haben dürften.

(Handelsblatt v. 27.2.2001, S. 6)

M 35 Das Klischee von der käuflichen Politik

Die Parteispenden-Affäre überzeichnet das Bild von den Einflussmöglichkeiten der Industrie.

Auf der Vorstandsetage der Firma Thyssen
5 herrscht offenbar die Vorstellung, mit der Politik verhalte es sich wie mit dem Otto-Katalog: Panzerlieferung nach Saudi-Arabien – bestellbar für eine Million im Koffer; Panzerfabrik in Kanada – zu haben für 50 000 Euro
10 an den Fraktionsvorsitzenden; Aufträge, Gefälligkeiten, politischer Einfluss – zu kaufen wie ein Tochterunternehmen und zu beurteilen nach den gleichen Kosten-Nutzen-Prinzipien wie ein treuer Mitarbeiter. Die Vorstel-
15 lung ist naiv und irrational, gleichwohl ist sie in der Industrie weit verbreitet und hat sich durch die Spenden-Saga der CDU auch in der Öffentlichkeit festgesetzt. Politik, so heißt es also, ist käuflich und die Industrie mache von
20 dem Angebot reichlich Gebrauch.

Die Realität ist vom Klischee allerdings weit entfernt. Nicht nur die Insider des Lobby*-Wesens fragen sich, warum der Waffenhändler Schreiber das viele Geld für seine
25 Bemühungen ausgegeben hat (vgl. M 28a). Seine Probleme hätte der Mann billiger lösen können. Nicht nur die CDU, auch die Firma Thyssen ist einem offenbar hochstaplerischen Wichtigtuer aufgesessen und die Affä-
30 re sagt auch viel über Wirtschaftsbosse und ihre Vorstellung von Politik aus.

Natürlich sind Politiker dem Einfluss der Lobby ausgesetzt. Natürlich muss die Politik auch die Interessen der Industrie vertreten.
35 Stößt ein Unternehmen im Ausland auf politische Schwierigkeiten, wird es die eigene Regierung um Hilfe bitten. Die Regierung hat ein Interesse am Export und an Arbeitsplätzen. Gerade die Rüstungsindustrie setzt hier
40 den Hebel an und bedient sich auch technologiepolitischer Argumente, um den Staat als Hauptkunden von der Sinnfälligkeit ihrer Produkte zu überzeugen.

Dabei ist das Verhältnis der deutschen Politi-

ker zur heimischen Industrie noch eher un- 45 terentwickelt. In Großbritannien sorgt eine staatliche Rüstungsagentur für den Vertrieb der Ware. In den USA ist das Lobby-Wesen untrennbar verbunden mit der Finanzierung der Politik. Abgeordnete stehen eindeutig auf 50 der Gehaltsliste diverser Industriezweige und verhalten sich entsprechend bei Abstimmungen. Der Präsident macht sich unverblümt für nationale Rüstungsinteressen stark und setzt – wie bei der Modernisierung griechi- 55 scher Phantom-Kampfflugzeuge – selbst Bündnispartner unter massiven Druck.

In Deutschland ist die Verbrüderung zu Recht anrüchig. Gleichwohl gibt es auf allen Ebenen Verbindungen zwischen Politik und 60 Industrie. Das Verteidigungsministerium unterhält einen rüstungstechnologischen Arbeitskreis, das Wirtschaftsministerium hat den Kontakt zur Luft- und Raumfahrtindustrie institutionalisiert. Entscheidungen 65 für kleine Projekte stehen dabei immer in der Gefahr, dass sie von wenigen Politikern oder Beamten beeinflusst und damit auch mittels Bestechung dirigiert werden können. Je teurer und umfassender ein Projekt, desto kom- 70 plexer die Entscheidung, desto wichtiger die politische Beurteilung, desto geringer – jedenfalls in Rüstungsfragen – auch der direkte Einfluss wie im Fall Schreiber.

Eine Waffenfabrik in Kanada oder die Panzer- 75 lieferung nach Saudi-Arabien lässt sich nicht erkaufen, weil zu viele Interessen abgewogen und Entscheidungsebenen eingebunden werden müssen. Der Einfluss einzelner Politiker – und sei es sogar der Fraktionsvorsitzenden – 80 ist gering, weil Bündnisinteressen, Zwänge in der Koalition oder Exportrichtlinien im Zweifel stärker wiegen. Das Geld dient zwar, wie es seit Flick* heißt, der „Landschaftspflege". Die wiederum wäre im Falle der CDU und der 85 Rüstungsindustrie nicht sonderlich aufwändig. Die Barspenden an die CDU zeugen also nicht nur von der Schamlosigkeit der Politik,

sondern auch von der Naivität der Spender.
90 Politisches Gespür und Verständnis für politische Prozesse sind in der Industrie nicht sonderlich verbreitet. Politische Stabsstellen gibt es nur in wenigen Konzernen. [...] In der Regel aber gilt: Die Politik arbeitet nicht nach dem Versandhaus-Prinzip. 95

(Süddeutsche Zeitung vom 15./16.1. 2000, S. 4; Verf.: Stefan Kornelius)

1. Erläutern Sie die Rolle des Bundesverfassungsgerichtes in der Geschichte der Parteienfinanzierung. Inwiefern änderte es 1992 seine bisherige Auffassung in einem wichtigen Punkt? (M 32)

2. Wie wird die staatliche Parteienfinanzierung begründet (M 32, vgl. M 31, Z. 16ff.)? Wie beurteilen Sie diese Regelung und die Aussageabsicht der Karikatur (S. 343 u.) dazu?

3. Beschreiben Sie das System der Parteienfinanzierung in seinen einzelnen Regelungen, wie sie in Reaktion auf das Urteil des Bundesverfassungsgerichts 1993 geschaffen wurden und bis heute bestehen.

4. Neben dem staatlichen Anteil der Finanzierung stand und steht die Spendenpraxis im Mittelpunkt der Diskussion. Analysieren Sie die Gründe, die nach M 33 Unternehmer und Privatpersonen haben können, Parteien Spenden zukommen zu lassen.

5. Untersuchen Sie die unterschiedliche Verteilung der Einnahmearten bei den einzelnen Parteien (Grafik S. 342) und die in dem Bericht M 34 beschriebene Verteilung der Parteispenden und sonstigen Zuwendungen an die Parteien. Worauf ist die unterschiedliche „Nähe" der „Wirtschaft" und der „Gewerkschaften" zu den beiden großen Volksparteien zurückzuführen?

6. Setzen Sie sich mit den Argumenten auseinander, die in M 35 für die Auffassung angeführt werden, dass „Politik nicht nach dem Versandhausprinzip" arbeite. Wir beurteilen Sie selbst das Problem?

3. Was können Parteien und Bürger zur Bekämpfung der Vertrauenskrise tun?

➤ Welche Vorschläge und Maßnahmen zur Bekämpfung der Vertrauenskrise zwischen Parteien und Bürgern gibt es vonseiten der beiden großen Volksparteien? (M 36a – M 36b)
➤ Liegen die Ursachen für die Vertrauenskrise auch in falschen Vorstellungen und überzogenen Ansprüchen der Bürger? (M 37 – M 38)

M 36a **Reformvorschläge der SPD**

Alle Parteien [streben] danach, weiterhin Mitgliederpartei zu bleiben. Sie versuchen durch die Reform ihrer inneren Ordnungen wieder attraktiver für eine Mitarbeit der Bürger zu werden.

1. Integration direkt-demokratischer Elemente

Bei der Einführung direkt-demokratischer Instrumente in die innerparteiliche Willensbildung
5 sind die Parteien durch institutionelle Rahmenbedingungen eingeschränkt. So ist nach dem Parteien- und dem Bundeswahlgesetz die Wahl des Vorstandes bzw. der Bundestagskandidaten außerhalb von Vertreter- bzw. Mitgliederversammlungen unzulässig. [...] Innerhalb dieses Korridors haben die Parteien die Möglichkeiten zur Integration unmittelbarer Entscheidungsprozeduren unterschiedlich weit ausgenutzt. Die aktuellen, vor allem in den großen Parteien

Direkte Demokratie in den Parteien: in den letzten Jahren gingen einige Parteien dazu über, ihre Mitglieder direkt ah wichtigen Entscheidungen zu beteiligen – sowohl bei Personalentscheidungen als auch bei Programmentscheidungen. So wählten im Januar 1999 die Berliner SPD-Mitglieder den Spitzenkandidaten der Partei für die Berliner Senatswahlen 1999 (entspricht in anderen Bundesländern den Landtagswahlen). Und die FDP ließ im Dezember 1995 ihre Mitglieder darüber abstimmen, ob Art. 13 GG geändert und das Grundrecht der „Unverletzlichkeit der Wohnung- eingeschränkt werden solle um organisierte Verbrechen besser bekämpfen zu können.
Die CDU diskutierte Anfang 2000 auf Regionalkonferenzen mit ihren Mitgliedern darüber, welche Personen nach dem Rücktritt ihres Vorsitzenden Wolfgang Schäuble die Partei führen sollen. Der Bundesparteitag wählte danach im April 2000 Angela Merkel zur neuen CDU-Bundesvorsitzenden.

(Autorentext nach Presseberichten)

10 [...] diskutierten Reformvorschläge würden demgegenüber zunächst entsprechende Gesetzesänderungen voraussetzen. [...]
Die SPD [...] hat in den Neunzigerjah- 15 ren verschiedene Instrumente der unmittelbaren Beteiligung ihrer Mitglieder auf allen Organisationsebenen eingeführt. [...] Zuletzt wählten die Sozialdemokraten in Baden-Württem- 20 berg im Juli 2000 ihre Spitzenkandidatin für die Landtagswahl 2001 [...] in einer direkten Wahl.
Eine zweite Phase der Parteireformdiskussion begann in der SPD mit 25 den Vorschlägen von Generalsekretär Franz Müntefering am 2. April 2000. In einem „Werkstattgespräch" im Willy-Brandt-Haus stellte er seine Pläne für einen radikalen Umbau der Partei

30 vor. [...] In Bezug auf die Integration direkt-demokratischer Instrumente schlug Müntefering vor, nach Änderung des Wahlgesetzes zur Bundestagswahl 2006 offene Vorwahlen nach US-amerikanischem Vorbild einzuführen. Dies bedeutet, dass bei der Aufstellung von Kandidaten nicht nur die Mitglieder direkt abstimmen, sondern auch Nichtmitgliedern ein Wahlrecht zugestanden würde. Eine solche Maßnahme [...] würde nicht nur die Rechte der Funktionäre, 35 sondern auch die der Mitglieder schwächen. [...] Der Bundesvorstand der Sozialdemokraten vertagte eine Entscheidung darüber im Mai 2000 und setzte eine Arbeitsgruppe ein, die sich mit diesen Fragen beschäftigen soll.

2. Öffnung und Flexibilisierung der Parteiorganisation

Einen zweiten Ansatzpunkt für die Parteireform stellt die Öffnung der Organisationen ge- 40 genüber Nichtmitgliedern dar. [...] Damit soll [...] der verminderten Bereitschaft, sich langfristig zu engagieren, entsprochen werden. [...] Das Internet spielt dafür, aber auch für die Stärkung der Mitgliedschaft im Sinne privilegierter Informationsmöglichkeiten durch ein MitgliederNet, eine zunehmend wichtige Rolle. [...]
Die Sozialdemokraten setzten eine erste zaghafte Öffnung bei ihrem Parteitag von 1993 um. 45 Insgesamt hielt man jedoch strikt am Konzept der Mitgliederpartei fest. Neben Änderungen bei der Mitgliedschaft der Juso AG wurden lediglich die Vorstände der Partei ermächtigt, themenspezifische Projektgruppen einzurichten, in denen auch Nichtmitglieder mitarbeiten können. Diesen Gruppen steht nach § 10a des sozialdemokratischen Organisationsstatuts das Antrags- und Rederecht für den Parteitag auf der jeweiligen Ebene zu. Schließlich sollten auf 50 kommunaler Ebene zwei der zehn aussichtsreichsten Plätze Seiteneinsteigern vorbehalten bleiben. [...]

(Andreas Kießling, Politische Kultur und Parteien in Deutschland – Sind die Parteien reformierbar? In: Aus Politik und Zeitgeschichte B 10/2001 vom 2.3.2001, S. 32ff.)

M 36b Jürgen Rüttgers (CDU): Die Parteien müssen sich selbst beschränken

Die Parteien haben ihren Einfluss über Gebühr ausgedehnt. In immer weitere Bereiche des gesellschaftlichen Lebens haben sie ihre Aktivitäten verzweigt. Gleichzeitig nahm die demokratische Kontrolle ab.
In früheren Jahren haben die Parteien auf solche Kritik alle in ähnlicher Weise reagiert. Sie

leiteten Reformen ihrer Binnenstrukturen ein: stärkere Berücksichtigung von Frauen und jungen Menschen bei der Vergabe von Ämtern und Mandaten, Beteiligung von Außenstehenden am Meinungsbildungsprozess, mehr Informationen an die Mitglieder, Vermeidung von Ämterhäufung. Diese Reformansätze waren richtig, aber – wie man heute sieht – nicht ausreichend. Sie konnten auch nicht ausreichen, weil man nur an Symptomen kurierte.

[...] Erforderlich ist eine Neuvermessung der Verantwortungsräume zwischen Bürger und Staat. Die Parteien müssen sich selbst beschränken und Macht abgeben. Nicht mehr Mitbestimmung in und durch die Parteien, sondern mehr Selbstbestimmung und Kontrolle durch die Bürger muss jetzt diskutiert werden.

Etwa bei der Rechtsprechung. Die Richter der Obersten Bundesgerichte werden durch den Bundestag gewählt. Ähnliches gibt es in den Ländern. In Wahrheit werden die Personalvorschläge in vertraulichen Gremien zwischen den Parteien ausgehandelt. Warum haben der Bundespräsident oder die Gerichte kein Vorschlagsrecht?

(Zeichnung: Reinhold Löffler/CCC, www.c5.net)

Etwa im Bildungssystem. In Nordrhein-Westfalen werden die Schulleiter von Schulträgern und Schulaufsicht bestimmt. Obwohl die Parteien formal kein Mitbestimmungsrecht haben, sitzen sie am entscheidenden Hebel. Wäre es nicht bürgernäher und angemessener, wenn Lehrerkollegium und Eltern den Rektor selbst wählen könnten – vorausgesetzt, die fachliche Qualifikation der Bewerber wäre sichergestellt?

Etwa bei den Landesbanken, Sparkassen, Versorgungs- und Verkehrsbetrieben. Deren Führungs-, Verwaltungs- und Aufsichtsratmitglieder werden oftmals aus den Parteien rekrutiert. Die Doppelrolle der Politiker führt zur Vermischung von öffentlicher mit nichtöffentlicher, wirtschaftlicher Tätigkeit. [...]

Solche Überlegungen lassen sich auch auf den Medieneinfluss der Parteien übertragen. So werden die Rundfunkräte* der öffentlich-rechtlichen Anstalten direkt oder indirekt wesentlich durch die Parteien bestimmt. Die Kontrollierten kontrollieren die Kontrolleure. Ist es wirklich undenkbar, dass die Aufsichtsgremien direkt vom Zuschauer und Hörer gewählt werden – ein Verfahren, wie es etwa in der Sozialversicherung längst gängige Praxis ist? [...] Auch im Hinblick auf die Rechtsstellung der Parteien müssen Konsequenzen gezogen werden. Bisher sind Verstöße gegen das Parteiengesetz nicht strafbewehrt. Das muss geändert werden. Ihre Finanzierung legen die Parteien bislang selbst in dem vom Bundesverfassungsgericht vorgesehenen Rahmen fest. Warum können dies die Wähler nicht gleichzeitig mit ihrer Stimmabgabe erledigen?

Die Parteien sind gefordert, sich zu bescheiden, um Freiräume für den Bürger zu schaffen, in denen diese sich betätigen können – eigenständig und eigenverantwortlich, ohne dabei stets durch das Nadelöhr der Parteien gehen zu müssen. Rückzug der Parteien fordert den Bürgersinn heraus.

(Jürgen Rüttgers, in: DIE WOCHE v. 28.1.2000, S. 7)

1. *Wie in Abschnitt 4. (S. 356ff.) dargestellt wird, münden die meisten Vorschläge, die zur Bekämpfung der „Krise des Parteienstaates" gemacht werden, in die Forderung nach Einfügung von Formen direkter Demokratie („plebiszitärer Elemente") in das Grundgesetz (dazu später M 40, Z. 1ff.) Unter den Vorschlägen, die darüber hinaus gemacht wurden und unter denen sich auch die Forderung nach einer strengeren Kontrolle der Parteienfinanzierung befanden, haben wir einige ausgewählt, die aus der SPD und der CDU heraus geäußert wurden. Stellen Sie aus M 36a/b zu den Stichworten „innerparteiliche Demokratie", „Öffnung der Parteiorganisation" und „Selbstbeschränkung des Parteieinflusses" die wichtigsten vorgeschlagenen Maßnahmen zusammen.*

2. *Inwieweit nehmen die Vorschläge auf die in M 27 b/c benannten Kritikpunkte an den Parteien Bezug? Wie beurteilen Sie aus Ihrer Sicht diese Vorschläge?*

Die folgenden Stellungnahmen (M 37a/b, M 38) beinhalten keine konkreten, sich aus der Spendenaffäre ergebenden Änderungsvorschläge an die Adresse der Parteien und der Politiker, sondern sehen die Ursachen der Vertrauenskrise zwischen dem Volk und seinen Vertretern auch in falschen, vorurteilsvollen Vorstellungen, die Bürgerinnen und Bürger von der Rolle und den Handlungsmöglichkeiten von Politikern haben.

▰ **M 37a Sind Politiker dumm?**

In einem sind sich Stammtisch, Feuilleton und alle betroffen-kritischen Kommentatoren einig: „Die Politiker" sind unfähig, die anstehenden Probleme zu lösen. Unsere Politiker,
5 schimpfen sie unisono, sind notorisch unsensibel gegenüber Ausländerfeindlichkeit, Arbeitslosigkeit, dem Leiden im Kosovo – oder was den Kommentatoren gerade am Herzen liegt. Sie sind einfallslos und zu ab-
10 gehoben, um zu erkennen, was die Bürger bedrückt. Sie blockieren Reformen, weil sie entweder feige sind oder aus parteitaktischen Gründen Lösungen torpedieren. In der Vulgärversion sind sie einfach nur eigennützig
15 und korrupt.
Schon leichtes Nachdenken führt jedoch zu der Frage, warum unsere Politiker so viel unsensibler, uninformierter, egoistischer, be-
quemer und schließlich auch dümmer sein sollen als wir Wähler. Oder anders gefragt: 20 Wer hat zum Beispiel die Fusion zwischen Brandenburg und Berlin zu Fall gebracht? Wie ist es mit den hysterischen Reaktionen auf Veränderungen wie etwa die neuen Postleitzahlen oder die Rechtschreibreform? 25
Unsere Politiker sind alles andere als gleichgültig und schlecht informiert, sie sind eher zu spezialisiert. Es gibt auch nicht „den Politiker", sondern Menschen, die sich für Sportplätze interessieren oder für Naturschutzge- 30 biete, für Schulen oder für Ausländerintegration. In Deutschland sind das über 100 000 Kommunalpolitiker, also ein Heer von Freizeitpolitikern, dazu ein paar tausend Bundes- und Landespolitiker, hauptamtliche Bürger- 35 meister und Beigeordnete – insgesamt vielleicht 10 000 „Berufspolitiker".
Ihnen allen geht es um die Verteilung knapper Ressourcen*, denn von allein wird nicht entschieden, wie viele Haushaltmittel für 40 Theater, für Schulen oder für Asylantenheime zur Verfügung stehen. Solche Prozesse sind extrem unpopulär und brauchen Menschen, die diese Konflikt- und Konsensprozesse austragen. 45
Hier soll kein unkritisches Lob dieser „heimlichen Helden" gesungen werden, denn natürlich gibt es inkompetente, borniere und sogar korrupte Politiker. Aber vermutlich im-

Aufbau und Abbau des Respektes vor Bundestagsabgeordneten

Frage: „Glauben Sie, man muss große Fähigkeiten haben, um Bundestagsabgeordneter in Bonn zu werden?"

Quelle: Allensbacher Archiv, IfD-Umfragen

50 mer noch in weit geringerer Anzahl als im Bevölkerungsdurchschnitt. Dafür sorgt schon die erhebliche Konkurrenz um politische Positionen und nicht zuletzt die öffentliche Kontrolle. Es gibt keinen Bereich, der ähnlich 55 transparent ist wie die Politik. Wer sich politisch betätigen will, muss darauf gefasst sein, schonungslos kritisiert zu werden. Aber muss er sich auch damit abfinden, dass ihm Kompetenz und Integrität abgesprochen wer- 60 den? Können heute nur noch Masochisten eine politische Karriere anstreben?
Hier mag die Antwort auf die Ausgangsfrage liegen: Unsere Politiker sind dümmer als wir

anderen, weil sie sich trotz ihres katastrophalen Ansehens nicht davon abhalten lassen, 65 sich für ihre Mitbürger zu engagieren. Wie lange noch? In Brandenburg gibt es bereits viele Gemeinden, in denen die notwendigen Kandidaten für die Kommunalwahlen nicht mehr zu finden waren. Somit zeichnet sich 70 eine Lösung des Problems ab: Wenn es keine Politiker mehr gibt, brauchen wir sie auch nicht mehr zu verachten.

(Werner Jann, in: DIE ZEIT v. 17. 9.1998, S. 15. Werner Jann ist Professor für Politikwissenschaft an der Universität Potsdam.)

▌ M 37b Mangelnder Respekt

Der Politiker verkauft seine Zeit an die Öffentlichkeit und damit den wichtigsten Teil seines Lebens. Weinerlichkeit oder Mitgefühl sind nicht angebracht. Niemand wird ge- 5 zwungen, Politiker zu werden oder es zu bleiben. Aber Politiker haben einen Anspruch auf faire und angemessene Beurteilung ihrer Leistung. Das Volk hat das Recht, andere zu wählen, berechtigterweise oder auch unbe- 10 rechtigterweise. Das Volk muss aber wissen,

dass der mangelnde Respekt vor politischen Leistungen, die gedankenlose Herabsetzung von Politikern und die mangelnde Rücksicht vor dem Privaten dazu führen kann, dass immer mehr bewährte Frauen und Männer aus 15 der Politik aussteigen. [...]

(Joachim Becker, Eine Nation der Verdrossenen, in: PZ Nr. 70/1992, S. 4f.; Joachim Becker [SPD] war lange Jahre direkt gewählter Oberbürgermeister von Pforzheim.)

▌ M 38a Das Volk und seine Vertreter: eine gestörte Beziehung

Dass sich Bürger heute enttäuscht von Parlamenten und Abgeordneten *geben*, steht außer Frage. Dass sie ein Stück weit enttäuscht *sind*, wird auch wahr sein. Umgekehrt sind 5 nicht wenige Parlamentarier enttäuscht von den Bürgern. Kurzum: Im Verhältnis zwischen dem Volk und seinen Vertretern ist vieles nicht recht beisammen, was doch zusammengehört. 10 Bei einer bloßen Feststellung oder zynischen Kommentierung dieser Malaise darf man es freilich nicht bewenden lassen. [...] Nötig ist eine Diagnose der Störungen, die es offensichtlich im Verhältnis zwischen Abge- 15 ordneten und Bürgern gibt. Sie lässt sich in Thesen zusammenfassen. Die *erste These* lautet: „*Es besteht in der Bevölkerung recht wenig Wissen über die Wirklichkeit des Funktionierens von Parlamenten und über* 20 *die Praxis der Abgeordnetentätigkeit.*" [...] Eigentlich nur dann, wenn Umfragen Poli-

(Zeichnung: Gerhard Mester/CCC, www.c5.net)

tikbereiche betreffen, die – wie etwa Wahlen – wiederholt erfahrbar sind, weist ungefähr ein Drittel der Bevölkerung über kurzfristige Informiertheit hinaus einschlägiges Wissen 25 auf, während bei Sachverhalten, die von tagespolitischer Aktualität unabhängig sind,

sich dieser Anteil auf 20–25 % der westdeutschen Bevölkerung reduziert und in Ost-
30 deutschland verständlicherweise noch geringer liegen wird. [...] Folglich haben nach über 40 Jahren westdeutscher Demokratie die meisten Bürger immer noch keine soliden Kenntnisse über ihr politisches System und
35 leben darum mit ihren Kommentierungspraktiken weit über den Verhältnissen ihrer politischen Bildung.

Zugleich – oder deshalb? – tragen sie die Behauptung der Politikverdrossenheit wie eine
40 Monstranz vor sich her. Ob sie sich politisch echauffieren oder von Politik nichts mehr wissen wollen: Politikverdrossenheit rechtfertigt dies alles. Dass über Politik und Politiker verdrossen zu sein einerseits gerechtfertigt
45 sei, steht für die meisten außer Zweifel. Nach Gründen zu fragen und fundierte Antworten zu verlangen, grenzt einen als Spielverderber oder hoffnungslosen Illusionisten aus. Derselbe Bürger, dem beim Kauf eines Staubsau-
50 gers oder CD-Players kein Preis- und Qualitätsvergleich gründlich genug sein kann: Er kommt zu politischen Urteilen und Positionen mit einer Leichtigkeit, die an das Plappern von Kindern erinnert. [...]
55 Aus dem diagnostizierten Informationsmangel folgt die *zweite These: „Enttäuschungen der Bürger über Abgeordnete sind selten Enttäuschungen präziser Erwartungen, sondern sie werden in der Regel bloß als wenig durchdachte For-*
60 *mulierung von Unmut und Unzufriedenheit artikuliert."* Um so schlimmer ist dies, wenn Erwartungen an Parlamente und Abgeordnete ohnehin aus Missverständnissen entspringen. Befragungen der bayerischen Abgeord-
65 neten im Jahr 1989 und der Abgeordneten aus den neuen Bundesländern im Jahr 1991 zeigen, dass Parlamentarier vor allem die folgenden Irrtümer und Missverständnisse der Bürger hinsichtlich des Abgeordnetenamtes
70 diagnostizieren:

– Abgeordnete müssten in jeder Hinsicht – auch moralisch – etwas Besonderes sein;
– sie müssten überall anwesend sein, alles wissen und können und vor allem müss-
75 ten sie dauernd der Meinung ihrer Zuhörer sein;
– ein Abgeordneter habe Weisungsbefugnisse gegenüber Behörden und könne selbst an Gerichtsurteilen etwas ändern, da er
80 große Macht besitze;

Er oder sie sollen Wahlen gewinnen, die Parteifreunde stets und ständig von den eigenen Qualitäten überzeugen, sich um Wählerinnen, Wähler und Wahlkreis kümmern; stets freundliche und ansprechbare Menschen sein, Vorbilder mit intaktem Familienleben, Redner vor dem Herrn, mit der Kunst der einfachen Sprache und durchgeistigter Inhalte. Kantig sollen sie überdies sein, eigenwillig, rundherum große Persönlichkeiten mit großer Ausstrahlung und nur dem Gewissen untertan. Es ist ein bisschen viel, was da von schlichten Abgeordneten verlangt wird. Denn leben sollen sie ja schließlich auch noch.

... wie er selbst sein möchte

Ansprüche

... was manche seiner Wähler nach der Wahl von ihm denken

... wie ihn mancher politische Gegner gerne haben möchte

Erwartungen

... was viele seiner Wähler verlangen

(Zeichnungen: Paul Labowsky; in: Horst Pötzsch, Die Demokratie, hg. von der Bundeszentrale für politische Bildung, Bonn, 2. Aufl. 1999, S. 54)

– er könne ohne Rücksicht auf Mehrheiten, erzielte Kompromisse und parlamentarische Kompetenzen politische Positionen durchsetzen;
85 – er verfüge über einen großen Stab, eine umfangreiche Infrastruktur, enorme finanzielle Möglichkeiten und viele Privilegien;
– die Abgeordneten verdienten bei einer
90 nicht sonderlich anspruchsvollen oder zeitaufwändigen Tätigkeit zu viel und sännen trotzdem dauernd auf weitere Gehaltserhöhungen;
– leere Plenarsäle zeugten von der Faulheit,
95 Auftritte bei Festen im Wahlkreis von der unsoliden Amtsauffassung der Parlamentarier;
– und vor allem kümmerten sich Abgeordnete um den Kontakt zur Bevölkerung ei-
100 gentlich nur vor Wahlen und stellten ansonsten, von Lobbyisten vereinnahmt, die

Interessen des Volkes zugunsten anderer Interessen systematisch hintan.
Prüfte man demoskopisch, ob solche Sichtweisen die Meinung der Bevölkerung zutref- 105 fend widerspiegeln, würde man dieses Bild wohl bestätigt finden. Wer freilich Parlamente und Parlamentarier so sieht, der wird es schwer haben, von der Praxis des Parlamentarismus viel zu verstehen. [...] 110
Denn alle diese Behauptungen sind so gut wie völlig falsch, sind Vorurteile und werden durch Untersuchungen der Abgeordnetentätigkeit, die sich auf ihren Gegenstand empirisch einlassen, klar widerlegt. Solange 115 die Bürger sie trotzdem wie gesichertes Wissen behandeln, solange sich für besonders aufgeklärt und kritisch hält, wer am eifrigsten mit jenen Sprechblasen hantiert, solange kann sich nichts zum Besseren wenden. 120

(H. W. Patzelt, in: Aus Politik und Zeitgeschichte B 11/1994 v. 18.3.1994, S. 14ff.)

M 38b   **Was wissen wir von der Arbeit des Parlaments?**

	richtig	falsch	weiß nicht
1. Bei den Debatten des Deutschen Bundestages wollen die Abgeordneten sich gegenseitig mit Argumenten überzeugen.	☐	☐	☐
2. Ihre Hauptarbeit leisten die Bundestagsabgeordneten in den Ausschüssen des Bundestages, in denen die Gesetzentwürfe gründlich beraten werden.	☐	☐	☐
3. Bundestagsabgeordnete haben sich bei ihren Entscheidungen strikt an das zu halten, was ihre Wähler wollen und in Meinungsumfragen zum Ausdruck bringen.	☐	☐	☐
4. Der Ältestenrat des Bundestages besteht aus den Bundestagsabgeordneten, die bereits im Rentenalter stehen.	☐	☐	☐
5. Wie man im Fernsehen beobachten kann, ist das Plenum des Bundestages oft ziemlich leer. Daran kann man erkennen, dass die Abgeordneten nicht besonders fleißig sind.	☐	☐	☐
6. Die meisten Gesetzesvorlagen, über die die Bundestagsabgeordneten abstimmen, durchschauen sie selbst nicht hundertprozentig. Sie verlassen sich darauf, dass die Spezialisten in ihrer Fraktion die Entwürfe intensiv bearbeitet haben, und stimmen dann so ab, wie diese Spezialisten es ihnen empfehlen.	☐	☐	☐
7. Bundestagsabgeordnete können gezwungen werden, bei einer Abstimmung ihre Stimme so abzugeben, wie ihre Fraktion dies zuvor mit Mehrheit beschlossen hat (Fraktionszwang).	☐	☐	☐
8. Die Abgeordneten des Deutschen Bundestages bestimmen selbst, wie hoch ihr Gehalt sein soll.	☐	☐	☐

9.	Der Bundeskanzler bestimmt laut Grundgesetz „die Richtlinien der Politik". Auf Kabinetts- oder Parlamentsbeschlüsse ist er generell nicht angewiesen.		☐	☐	☐
10.	Im Prinzip hat bei politischen Entscheidungen das Staatsoberhaupt, der Bundespräsident, das letzte Wort. Wenn er seine Zustimmung versagt, können beschlossene Maßnahmen nicht durchgeführt werden.		☐	☐	☐
11.	Die Gesetzesvorlagen werden zum größten Teil von den fachkundigen Beamten der einzelnen Bundesministerien vorbereitet.		☐	☐	☐
12.	Der Bundesrat kann zwar seine Zustimmung zu Gesetzesvorhaben verweigern. Jedes Gesetz kann aber durch einen erneuten Mehrheitsbeschluss des Bundestages verabschiedet werden.		☐	☐	☐
13.	Bei einer Koalitionsregierung trifft häufig der Koalitionsausschuss, an dem nur wenige führende Vertreter der betr. Koalitionsfraktionen teilnehmen, wichtige politische Entscheidungen.		☐	☐	☐

(Fragen 1–8 aus: Eckart Thurich: Themenblätter im Unterricht. Herausgegeben von der Bundeszentrale für politische Bildung. Bonn, 2000. Nr. 3; Fragen 9–13: Autorentext)

1. *Werner Jann (M 37a) und Joachim Becker (M 37b) wenden sich engagiert gegen eine überzogene Kritik an Politikern und Abgeordneten. Fassen Sie ihre wichtigsten Argumente und Hinweise zusammen und nehmen Sie dazu Stellung.*

2. *Schätzen Sie Ihr eigenes Wissen und das der Durchschnittsbürger über „die Wirklichkeit des Funktionierens von Parlamenten und die Praxis der Abgeordnetentätigkeit" ähnlich ein wie der Politikwissenschaftler H. W. Patzelt? (M 38a, Z. 17ff.)*

3. *Versuchen Sie so konkret wie möglich zu erläutern, warum es sich bei den in M 38a (Z. 65ff.) aufgezählten Vorstellungen in der Tat um Missverständnisse bzw. um Vorurteile handelt. Wie könnte man Ihrer Meinung nach das Niveau der politischen Bildung in der Bevölkerung verbessern? Denken Sie dabei auch an den Bereich der Schule und der Medien.*

4. *Anhand von M38 b können Sie Ihr eigenes Wissen von der Arbeit des deutschen Bundestages testen.*

M 39 Zur Diskussion – Was für und gegen Parteien und Politiker spricht

Kontra	Pro

Urteile über Politiker

Affären und Skandale sind kennzeichnend für die Qualität der politischen Klasse. Politiker verdienen keinerlei Glaubwürdigkeit. Sie denken nur an Macht, Geld und Versorgungsansprüche. Wenn ein Politiker ins Gerede kommt, versucht er sich herauszureden und gibt die Wahrheit nur widerwillig preis.

Politiker haben Anspruch auf faire und angemessene Beurteilung ihrer Leistung. Eine pauschale Abwertung ist ungerechtfertigt. An Politiker sind wegen ihrer herausgehobenen Position höhere moralische Ansprüche zu stellen als an den Durchschnittsbürger. Aber selbst mindere oder sogar vermeintliche Verfehlungen werden oft aufgebauscht und von den Medien als Sensation „vermarktet".

Parteienfinanzierung

10 Die Parteien betrachten den Staat als Selbstbedienungsladen. Sie entscheiden in den Parlamenten selbst über die Zuschüsse aus der Staatskasse. Parteien sollten sich ausschließlich über die Beiträge ihrer Mitglieder finanzieren.

Ohne Parteien gibt es keine Demokratie. Parteien ermöglichen Wahlen, ohne die ein demokratisches Regierungssystem nicht denkbar ist. Parteien erfüllen somit als gesellschaftliche Organisationen öffentliche Aufgaben. Viele Parteimitglieder wenden 15 Zeit, Arbeit und Geld auf, ohne irgendwelche persönlichen Interessen zu verfolgen. Warum sollten nur diese politisch aktiven Bürger die hohen „Kosten der Demokratie" tragen?

Innerparteiliche Demokratie

15 Nur 3 Prozent der Wähler sind Mitglieder von Parteien. Von diesen sind wiederum nur zwischen einem Zehntel und einem Fünftel aktiv. Diese winzige Minderheit vergibt unter sich die Mandate, be- 20 setzt die Parteiämter und trifft die Sachentscheidungen. Die überwiegende Mehrheit der Parteimitglieder hat keinen Einfluss. „Seiteneinsteiger", qualifizierte Personen, die sich nicht in der Partei hochgedient haben, erhalten keine 25 Chance.

Parteien stehen allen offen. Die überwältigende Mehrheit der Bevölkerung schließt aber für sich persönlich ein parteipolitisches Engagement oder gar die Übernahme öffentlicher Ämter aus. Die Mehrheit der Parteimitglieder ist aus Zeitmangel 25 oder anderen Gründen nicht zur Übernahme von Ämtern und Funktionen bereit. Erfolgreiche Persönlichkeiten in anderen Berufen verdienen dort weit mehr, sind nicht permanenter öffentlicher Kritik ausgesetzt und nicht jederzeit absetzbar. Sie 30 stehen daher für öffentliche Ämter in der Regel nicht zur Verfügung.

Ämterpatronage

Die Parteien besetzen Stellen im Staatsapparat und in vielen gesellschaftlichen Bereichen mit ihren Mitgliedern. Sie beeinflussen damit die Amts- 30 führung in ihrem Sinne und belohnen Mitglieder für der Partei geleistete Dienste. Ämter werden nicht an den fähigsten Bewerber vergeben, sondern an den mit dem richtigen Parteibuch. Mit dieser Praxis schaden die Parteien sich selbst und der 35 Demokratie, denn sie locken Opportunisten an, die nur beitreten, um Karriere zu machen.

Wünschenswertes parteipolitisches Engagement wird verhindert, wenn Parteimitglieder, die sich 35 um ein Amt bewerben, von vornherein im Verdacht stehen, Karrieristen zu sein. Es fragt sich, durch wen die Besetzung öffentlicher Ämter erfolgen soll, wenn nicht durch die Vertreter der demokratisch legitimierten Parteien. Auch Fachbeamte 40 und andere „Fachleute", die viele anstelle der Parteienvertreter sehen möchten, haben oft eigennützige Interessen. Sie wären von der Öffentlichkeit bei ihrer Amtsausübung noch weit schwerer zu kontrollieren als die Parteienvertreter. 45

(Horst Pötzsch, Die deutsche Demokratie, hg. von der Bundeszentrale für politische Bildung, 2. Aufl. Bonn 1999, S. 41)

Diskutieren Sie auf dem Hintergrund der vorangehenden Materialien und von M 27 a–c die Argumente, die hier (M 39) zur Beurteilung des Verhaltens von Parteien und Politikern aufgeführt sind. Versuchen Sie auch eine Gewichtung der einzelnen Argumente vorzunehmen.

4. Volksentscheide und Internetwahlen? Die Diskussion über „mehr Demokratie" in Deutschland

> ➤ Welche Möglichkeiten der „Volksgesetzgebung" gibt es bisher in Deutschland? Welche Erfahrungen wurden damit gemacht? (M 42 – M 44)
> ➤ Welche Argumente werden für und gegen eine Einführung „plebiszitärer" Elemente auf Bundesebene vorgebracht? Welche Initiativen gibt es dazu? (M 45 – M 48)
> ➤ Was ist unter „Netz-Demokratie" zu verstehen? Welche Ziele sollen damit erreicht werden? Welche Bedenken gibt es dagegen? (M 49)

Aktion „Volksentscheid" vor dem Reichstag in Berlin. Mitglieder des Vereins „Mehr Demokratie" demonstrieren am 3. 3. 2000 gegen die „Entfremdung der Politik am Beispiel des Spendenskandals". (Foto: dpa)

(http://www.mehr-demokratie.de/)

▮▮ M 40 „Wir sind das Volk. Gegen den Parteienstaat helfen nur noch Volksentscheide"

Aufklärung, Sanktionen, Verschärfung der Gesetze – dies alles in Ehren und Eile! Mehr noch als der Parteienskandal stinkt den Bürgern der Parteienstaat. Es geht also darum, seine Auswüchse zu stutzen, die anderenfalls die Verdienste und die Zukunftsfähigkeit der Parteien immer mehr verdunkeln. Man muss – ohne darüber in eine antidemokratische Parteienfeindlichkeit zu verfallen – die Parteien vor sich selbst retten. Selber können sie es nicht. [...]

In der Tat ist jetzt eine Wende angebracht im Nachdenken über Volksentscheide und Volks-
10 initiativen – also über die im deutschen Denken eher berüchtigten „plebiszitären* Elemente" in der Verfassung. Es kann dabei jedoch nicht mehr um die schroffe und einfallslose Alternative gehen: hier die repräsentative
15 Verfassung – dort die direkte oder plebiszitäre

Das Wundermittel

(Zeichnung: Walter Hanel/CCC, www.c5.net)

Demokratie; sondern es geht vielmehr um das Bündnis zwischen dem repräsentativen Parlamentarismus und der direkten Demokratie gegen das lastende (und lasterhafte) Übergewicht der Parteien. Das Wahlvolk kann auf diese Weise das Kartell der Parteien überspringen.

(DIE ZEIT v. 24.2.2000, S. 1; Verf: Robert Leicht)

M 41　　　　　　　　　　　　　　　　　　　　　　　　(DIE WOCHE v. 15.1.1999, S. 9)

a)

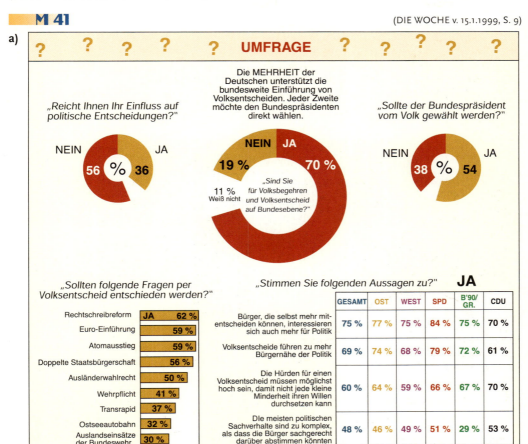

? ? ? ? ? **UMFRAGE** ? ? ? ? ?

Die MEHRHEIT der Deutschen unterstützt die bundesweite Einführung von Volksentscheiden. Jeder Zweite möchte den Bundespräsidenten direkt wählen.

„Reicht Ihnen Ihr Einfluss auf politische Entscheidungen?"

NEIN 56 % 36 JA

NEIN 19 % JA 70 %
11 % Weiß nicht
„Sind Sie für Volksbegehren und Volksentscheid auf Bundesebene?"

„Sollte der Bundespräsident vom Volk gewählt werden?"

NEIN 38 % 54 JA

„Sollten folgende Fragen per Volksentscheid entschieden werden?"

Rechtschreibreform	JA 62 %
Euro-Einführung	59 %
Atomausstieg	59 %
Doppelte Staatsbürgerschaft	56 %
Ausländerwahlrecht	50 %
Wehrpflicht	41 %
Transrapid	37 %
Ostseeautobahn	32 %
Auslandseinsätze der Bundeswehr	30 %

„Stimmen Sie folgenden Aussagen zu?" **JA**

	GESAMT	OST	WEST	SPD	B'90/ GR.	CDU
Bürger, die selbst mehr mitentscheiden können, interessieren sich auch mehr für Politik	75 %	77 %	75 %	84 %	75 %	70 %
Volksentscheide führen zu mehr Bürgernähe der Politik	69 %	74 %	68 %	79 %	72 %	61 %
Die Hürden für einen Volksentscheid müssen möglichst hoch sein, damit nicht jede kleine Minderheit ihren Willen durchsetzen kann	60 %	64 %	59 %	66 %	67 %	70 %
Die meisten politischen Sachverhalte sind zu komplex, als dass die Bürger sachgerecht darüber abstimmen könnten	48 %	46 %	49 %	51 %	29 %	53 %

b)

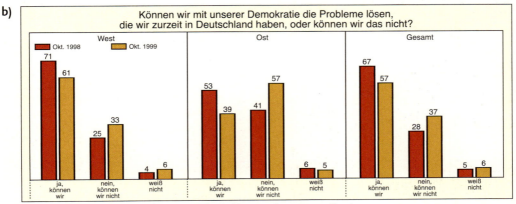

Können wir mit unserer Demokratie die Probleme lösen, die wir zurzeit in Deutschland haben, oder können wir das nicht?

West — ■ Okt. 1998　■ Okt. 1999
ja, können wir: 71 / 61
nein, können wir nicht: 25 / 33
weiß nicht: 4 / 6

Ost
ja, können wir: 53 / 39
nein, können wir nicht: 41 / 57
weiß nicht: 6 / 5

Gesamt
ja, können wir: 67 / 57
nein, können wir nicht: 28 / 37
weiß nicht: 5 / 6

(Bundesverband deutscher Banken, Demo/Skopie Nr. 7 vom Januar 2000, S. 23)

1. *Stellen Sie heraus, was sich der Autor von M 40 – unter dem Eindruck des Parteispendenskandals der CDU – von der Einführung „plebiszitärer Elemente" verspricht.*

2. *Die Ergebnisse der Umfrage vom Januar 1999 (M 41a) zeigen, dass der Wunsch nach mehr direkter Demokratie auch schon vor dem CDU-Spendenskandal in der Bevölkerung vorhanden war. Was könnten die Gründe für die z.T. deutlichen Unterschiede im Hinblick auf die für Volksentscheide geeigneten Entscheidungsfragen sein?*

3. *Analysieren Sie die Befragungsergebnisse in M 41b auch im Hinblick auf die Art der Fragestellung. Haben die Befragten Ihrer Meinung nach eine konkrete Vorstellung von „unserer Demokratie" gehabt? Haben sie eine andere Staatsform im Sinn gehabt?*

M 42 Die Verfahren der Volksgesetzgebung in den 16 Bundesländern

	Landesebene				Kommunale Ebene	
	Volksbegehren		**Volksentscheid**			
Bundesland	**Unterschriftenquorum**	**Eintragungsfrist Amt (A) oder frei (F)[1]**	**Zustimmungsquorum einfaches Gesetz**	**Zustimmungsquorum verf.änd. Gesetz**	**Bürgerbegehren (% der Stimmbürger); „Unterschriftenhürde"**	**Bürgerentscheid (Zustimmungsquorum = % der Stimmbürger)**
Baden-Württemberg	16,6%	14 Tage (A)	33%	50%	zwischen 5 und 10% je nach Gemeindegröße	30%
Bayern	10%	14 Tage (A)	kein Quorum	25%	3–10% je nach Gemeindegröße	10–20%
Berlin	10%	2 Monate (A)	33%[2]	nicht möglich	–	–
Brandenburg	ca. 4%	4 Monate (A)	25%	50% +2/3-Mehrheit	10%	25%
Bremen	10% /20%[3]	3 Monate (F)	25%	50%	10%[8]	25%
Hamburg	5%	14 Tage (A + F)	20%	50% + 2/3-Mehrheit	2 – 3%[9]	kein Quorum
Hessen	20%	14 Tage (A)	kein Quorum	nicht möglich	10%	25%
Mecklenburg-Vorpommern	ca. 10%	keine Frist (F)[4]	33%	50% +2/3-Mehrheit	zwischen 2,5 und 10% je nach Gemeindegröße	25%
Niedersachsen	10%	12 Monate (F)	25%	50%	5–10%	25%
Nordrhein-Westfalen	8%	8 Wochen (A)	15%	50% Beteiligungsquorum und 2/3-Mehrheit	zwischen 3 und 10% je nach Gemeindegröße	20%
Rheinland-Pfalz	ca. 10%	2 Monate (A)	25%[5]	50%	zwischen 6 und 15% je nach Gemeindegröße	30%
Saarland	20%	14 Tage (A)	50%	nicht möglich	5–15%	30%
Sachsen	ca. 12%	8 Monate (F)	kein Quorum	50%	(5–)15%[10]	25%
Sachsen-Anhalt	ca. 11%	6 Monate (F)	25%	50% +2/3-Mehrheit	zwischen 6 und 15% je nach Gemeindegröße	30%
Schleswig-Holstein	5%	6 Monate (A)[7]	25%	50% +2/3-Mehrheit	10%	25%
Thüringen	14%	4 Monate (F)	33%	50%	13–17%	20–25%

[1]Die Unterschriften müssen entweder frei auf der Straße gesammelt (F) oder dürfen nur in Amtsstuben geleistet werden (A).

[2]Es gilt ein Zustimmungsquorum von 33%. Bei einer Beteiligung von über 50% der Wahlberechtigten entfällt die Klausel.

[3]Die zweite Zahl bezieht sich auf die nötige Unterschriftenzahl bei verfassungsändernden Volksbegehren.

[4]Neben der freien Sammlung kann eine zweimonatige Amtseintragung beantragt werden.

[5]Es handelt sich um ein Beteiligungsquorum von 25%.

[6]Das Zustimmungsquorum entfällt, wenn der Landtag eine Konkurrenzvorlage beim Volksentscheid zur Abstimmung stellt.

[7]Neben Ämtern und Behörden können weitere Eintragungsstellen beantragt werden.

[8]Stadt Bremen; in Bremerhaven liegt die Unterschriftenhürde bei 15%, das Zustimmungsquorum bei 30%.

[9]Stadtbezirke; da die Hamburger Stadtbezirke deutlich weniger Kompetenzen haben als Gemeinden, sind die Anwendungsbereiche nur bedingt vergleichbar.

[10]Die Unterschriftenhürde für ein Bürgerbegehren kann von den Gemeinden auf ein Minimum von 5% gesenkt werden.

(Stand Februar 2003; Bürgeraktion „Mehr Demokratie e.V.", Berlin, http://www.mehr-demokratie.de)

▬ **M 43** Volksgesetzgebung

Die Verfassungen aller deutschen Bundesländer kennen zwei- bzw. dreistufige Verfahren der Volksgesetzgebung, die im Einzelnen unterschiedlich geregelt sind (vgl. M 42).

Das Verfahren

Die Volksgesetzgebung besteht in der
5 Regel aus drei Stufen: der **Volksinitiative**, dem **Volksbegehren** und dem **Volksentscheid**. Bevor es zur Volksabstimmung über eine Sachfrage oder einen Gesetzentwurf kommt, müssen
10 die ersten beiden Hürden genommen werden.

1. Volksinitiative

Mit einer bestimmten Zahl von Unterschriften (Sachsen z.B. verlangt
15 40.000, Niedersachsen 70.000) können Bürger das Landesparlament zwingen, sich mit einem bestimmten Sachverhalt auseinander zu setzen und sie dazu anzuhören. Sie können
20 auch einen eigenen begründeten Gesetzentwurf vorlegen.

2. Volksbegehren

Im Volksbegehren muss sich eine bestimmte Zahl der Wahlberechtigten
25 durch Unterschrift dafür aussprechen, dass es *zu einer Volksabstimmung über einen vorgelegten Gesetzentwurf kommt.* Entweder ist das der Entwurf der Volksinitiative, dem das Landesparla-
30 ment nicht gefolgt ist, oder – wenn keine Volksinitiative vorangegangen ist – ein Gesetzentwurf, der jetzt in

---

Volksgesetzgebung in Nordrhein-Westfalen

Volksinitiative

Sie dient dazu, dass sich der Landtag mit bestimmten Themen beschäftigen muss. Voraussetzung: Unterschriften von 0,5 Prozent der Wahlberechtigten, gut 65.000 Menschen in NRW.

Volksbegehren

Die Eintragungslisten für das Volksbegehren werden acht Wochen ausgelegt. Mindestens acht Prozent der Wahlberechtigten müssen das Volksbegehren unterstützen. Der Landtag berät über das Volksbegehren und beschließt darüber.

Angenommen:	Abgelehnt:
Das Verfahren ist beendet.	
	↓
	Volksentscheid

Die Wahlberechtigten stimmen mit „Ja" oder mit „Nein" über den Gesetzentwurf ab. Die einfache Mehrheit entscheidet über Annahme oder Ablehnung, sofern diese Mehrheit mindestens 15% der Stimmberechtigten beträgt.

(Regelungen nach Verfassungsänderung v. 1.3.2002; Art. 67a und 68 der Landesverfassung)

das Volksgesetzgebungsverfahren eingeführt wird. Die Zahl der erforderlichen Unterschriften liegt beim Volksbegehren wesentlich höher als bei der Volksinitiative.

35 **3. Volksentscheid**

In geheimer Abstimmung wird beim Volksentscheid mit Ja oder Nein über den vorgelegten Gesetzentwurf entschieden.

Das Landesparlament kann dem vorgelegten einen eigenen Entwurf entgegenstellen. Die für das Zustandekommen eines Gesetzes vorgeschriebenen Quoren* sind unterschiedlich. Im
40 Saarland muss die Hälfte, in anderen Bundesländern müssen mindestens 25 % bzw. 33 % der Stimmberechtigten zugestimmt haben (s. M 42). Auf *kommunaler Ebene* kennen viele Bundesländer *Bürgerentscheide*, die aufgrund eines *Bürgerbegehrens* (Unterschriftensammlung) geführt werden müssen und an die Stelle von Gemeinderatsbeschlüssen treten. Abgaben, Besoldungs- und Haushaltsgesetze dürfen nicht im Rahmen der Volksgesetzgebung beschlossen werden.
(DIE WOCHE v. 15.1.1999, S. 9)

▮ M 44 „Freude an der direkten Demokratie"?

a) In Deutschland wächst die Freude an der direkten Demokratie. Auf Bundesebene ist ein Volksentscheid nur bei Gebietsänderungen vorgesehen [...]. Aber unter dem Eindruck der
5 demokratischen Wende im Osten mit „Wir sind das Volk"-Slogans und Runden Tischen* haben mittlerweile alle 16 Bundesländer Plebiszite in ihre Verfassungen aufgenommen (s. M 42).
10 Die Bürgerinnen und Bürger machen fleißig Gebrauch von ihrem Recht, in Ländern und Kommunen selbst Politik machen und die gewählten Repräsentanten vorübergehend in die Ecke stellen zu dürfen. In Bayern schaffte das
15 Volk im Jahr 1998 den Senat, eine ständische Beraterkammer des Landtags, einfach ab. In Wuppertal gründete sich eine Bürgerinitiative, um per Volksentscheid die Renovierung der berühmten Schwebebahn zu verhindern und
20 sie als Industriedenkmal zu erhalten. In Feldafing am Starnberger See votierten die Bürger gegen den Plan ihres am Ort unbeliebten Mitbürgers Lothar-Günther Buchheim, der Gemeinde ein Museum samt Expressionisten-
25 sammlung zu schenken.
Es gebe ein „insgesamt gereiftes demokratisches Bewusstsein", freut sich der Staats- und Verwaltungsrechtler Jörn Ipsen. Den Regierenden in Kommunen oder Ländern tue es gut, in
30 den vier Jahren zwischen den Wahlen das „Damoklesschwert des Bürgerentscheides" über

sich hängen zu haben, sagt der Osnabrücker Professor. Anstelle des Regierens per Verwaltungsakt trete „die Aktivierung des mündigen Bürgers". [...]
35 Andere Experten sehen die direkte Demokratie indes kritischer. Everhard Holtmann, Politologe an der Universität Halle-Wittenberg, konstatiert, dass der Volksentscheid eben nicht dem Normalbürger die Möglichkeit zur Mitbestim-
40 mung einräume, sondern vielmehr „zum Exerzierfeld außerparlamentarischer Partei- und Verbandsarbeit wird". Massenorganisationen verfügen ohnehin über das Geld und die Mittel, Wähler zu mobilisieren. So wurde in Ba-
45 den-Württemberg jeder zweite kommunale Bürgerentscheid von Parteien oder Verbänden initiiert. [...]
Problematisch können auch die Folgen eines Bürgerentscheids werden – die dann wieder
50 Politik und Verwaltung zu tragen haben. So muss die Münchner Stadtverwaltung den Mittleren Ring laut vox populi an drei Stellen untertunneln. Woher die dafür notwendigen 0,85 Milliarden Euro kommen sollen, weiß nie-
55 mand. Im Land Brandenburg, wo unzufriedene Bürger Entscheide zur Abwahl von missliebigen Bürgermeistern in Mode brachten, traute sich jüngst bei den Kommunalwahlen in etwa 100 Gemeinden niemand, als Bürgermeister-
60 kandidat anzutreten (s.u.). Nicht überall, warnt Holtmann, sei der Bürger so abwägend wie

mündig: „Bei Volksabstimmungen können in hohem Maße emotionale Aspekte durchschla-
65 gen."

Um sich vor allzu harten Folgen zu schützen, führen die Länder so genannte Negativkataloge. Über alles, was mit Steuern, Beamtenbesoldung, Personalfragen oder Haushalt zu tun
70 hat, dürfen die Bürger in der Regel nicht abstimmen.

(DIE WOCHE v. 9.10.1998, S. 37; Verf.: Mark Spörrle)

b) Dass Volksdemokratie keineswegs nur Sinnvolles gebiert, hat das „Bürgermeisterkegeln" in Brandenburg gezeigt. Die Möglich-
75 keit, ihre Bürgermeister per Volksentscheid abzusetzen, nutzten die Brandenburger so fleißig, dass es nun nicht mehr genügend Kandidaten für alle Gemeinden gibt. In Schwarzheide wurde der „vollkommen un-
80 fähige" Bürgermeister per Volksbegehren abgesetzt und anschließend mit deutlicher Mehrheit wieder gewählt. Volkes Wille, heute hüh und morgen hott.

In Hamburg, wo der Bürgerentscheid auf Be-
85 zirksebene erst seit einigen Monaten existiert, nutzen die Bürger ihre neue Macht nun vor allem, um zu verhindern: Wohnungen für straffällige Jugendliche, ein Obdachlosenheim für Drogenabhängige, eine neue Fixer-
90 stube. Direkte Demokratie kann sehr egois-

(Zeichnung: Burkhard Mohr/CCC, www.c5.net)

tisch sein. Und ist, das zeigen Erfahrungen vor allem aus den USA, die Herrschaft der gut gebildeten Mittelschicht. Statistiken aus aller Welt belegen, dass an Volksentscheiden weniger Menschen teilnehmen als an Wah- 95 len, und dass darunter noch weniger Arme und Ungebildete sind als sonst. Auch kommt die Initiative für einen Volksentscheid nur selten aus den unteren Schichten; zur Abstimmung stehen folglich vor allem Themen, 100 die die Bessergestellten berühren.

(DIE WOCHE v. 15.1.1999, s. 9; Verf.: Susanne Fischer)

1. *Informieren Sie sich über die grundlegenden Begriffe und Verfahrensweisen zur „Volksgesetzgebung" (M 42, M 43) sowie zur kommunalen Mitbestimmung und Beteiligung.*

2. *Erläutern Sie insbesondere die Bedeutung der „Quoren", die – nach Ländern unterschiedlich – auf den einzelnen Stufen vorgesehen sind. Was spricht für eine niedrige, was für eine hohe „Hürde"?*

3. *Der Verein „Mehr Demokratie", über dessen Internet-Adresse (s. Abb. S. 356 o.) Sie umfangreiche und aktuelle Informationen über viele Aspekte der Volksgesetzgebung (auch über alle laufenden Verfahren in den Bundesländern) abrufen können, bewertet auf Landesebene nur die Regelung in Bayern und auf kommunaler Ebene nur die Regelungen in Hamburg (Stadtbezirke) und Bayern als „bürgerfreundlich". Wie kommt er zu dieser Beurteilung?*

4. *Verdeutlichen Sie die unterschiedlichen Einschätzungen der beiden Professoren Ipsen und Holtmann (M 44a). Auf welche problematischen Aspekte weisen die Autoren von M 44 a/b hin?*

Der Bericht M 44 ist in der Darstellung von Beispielen aus den deutschen Bundesländern und von Professoren-Stellungnahmen sicherlich nicht repräsentativ. Sie sollten daher nicht darauf verzichten, sich mit den in den folgenden Materialien umfassender dargestellten Argumenten pro und kontra Volksgesetzgebung auseinander zu setzen. Für die Erarbeitung der Stellungnahmen und die Auseinandersetzung damit schlagen wir Ihnen die Form der Vorbereitung und Durchführung einer Pro- und Kontra-Debatte (Parlamentsdebatte) vor, deren Gestaltung in M

45 näher beschrieben wird. Wir haben daher auf Arbeitshinweise zu den einzelnen Materialien (M 46 – M 48) verzichtet. Es erscheint aber wünschenswert, dass sich alle Kursteilnehmer zunächst mit dem Inhalt der drei Texte vertraut machen.

Methode

M 45 Pro- und Kontra-Debatte zur Volksgesetzgebung

Eine Pro- und Kontra-Debatte setzt die *selbstständige Erarbeitung der Argumente* zu kontroversen Themen voraus. Ziel einer solchen Debatte ist es, die unterschiedlichen Auffassungen klar herauszuarbeiten, zu begründen, gegenüberzustellen und durch eine abschließende Abstimmung eine Entscheidung herbeizuführen. Sie hat insofern den Charakter einer Parlamentsdebatte. Für die *Durchführung* der Debatte (Arrangement, Debatte, Abstimmung, Auswertung) sollte eine Doppelstunde angesetzt werden.

Dabei wird vorausgesetzt, dass die *inhaltliche Vorbereitung* (Erarbeitung der Argumente) im vorausgehenden Unterricht geleistet worden ist: Alle Kursteilnehmer sollten die zugrunde liegenden Materialien (in diesem Fall M 46–M 48) gelesen haben und sich dann auf zwei „Fraktionen" verteilen (pro und kontra). Jede Fraktion bildet sodann – je nach Größe des Kurses – kleinere Arbeitsgruppen, die sich mit „ihren" Argumenten intensiv beschäftigen und ein Argumentationsmuster für ihre in der Debatte auftretenden Sprecher entwerfen.

Für die eigentliche Debatte sollte die Streitfrage noch einmal klar formuliert werden (z.B. „Sollen plebiszitäre Elemente in das Grundgesetz eingefügt werden?"). *Vor* der Durchführung könnte eine *Probeabstimmung* stattfinden, bei der jedes Kursmitglied sich nach seiner persönlichen Meinung – unabhängig von der Zugehörigkeit zu einer der Fraktionen oder Gruppen – entscheiden sollte. Für die Durchführung sollten folgende Regeln beachtet werden:

- Jede Seite bestimmt mehrere (z.B. fünf) Diskutantinnen und Diskutanten, die sich an einem Tisch gegenübersitzen. Die übrigen Kursteilnehmer fungieren als Beobachter.
- Die Diskussionsleiterin bzw. der Diskussionsleiter (es muss nicht die Lehrperson sein) eröffnet die Debatte, indem sie bzw. er einer Seite das Wort erteilt.
- Beginnt z.B. die Pro-Seite, kommt nach einer vorgegebenen Zeit (z.B. 1–2 Minuten) die Kontra-Seite (wieder für 1–2 Minuten) an die Reihe, dann wieder die Pro-Seite usw.
- Die Diskussionszeit der einzelnen Teilnehmerinnen und Teilnehmer ist streng einzuhalten. D.h., die Diskussionsleiterin oder der Diskussionsleiter unterbricht jeden Beitrag nach der vereinbarten Zeit.
- Am Ende der ersten Runde angekommen, geht das Ganze rückwärts zum Ausgangspunkt.

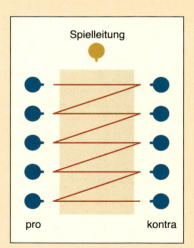

Spielleitung

pro   kontra

(Manual – Handlungsmodelle und Methoden für politisch-soziales Lernen in Schule und Lehrerfortbildung, hg. vom Landesinstitut für Schule und Weiterbildung, Verlag f. Schule und Weiterbildung, Soest 1994, S. 83)

Nach Abschluss dieser „amerikanischen" Debatte sollte eine *zweite Abstimmung* stehen, um festzustellen, ob Kursteilnehmer/-teilnehmerinnen ihre Meinung zu der Streitfrage geändert haben. Die Beobachter sollten – ggf. anhand gemachter Notizen – mitteilen, was ihnen bei der Durchführung aufgefallen ist.

Alternativen:

1. Die strenge Strukturierung des Debattenablaufs könnte gelockert werden, indem z.B. die Reihenfolge der Diskussionsteilnehmer und -teilnehmerinnen nicht so streng eingehalten und stattdessen nur darauf geachtet wird, dass jede(r) sich beteiligt; die Diskussionszeit könnte pauschal an jede Seite vergeben werden, so dass einzelne Teilnehmer etwas mehr Zeit für ihre Beiträge hätten als andere und nur die Gesamtredezeit jeder Seite kontrolliert würde.

2. Eine Alternative könnte auch eine Debatte nach dem Muster der Fernsehsendung „Pro und Kontra" sein. Deren wesentliche Schritte sind:
   - kurze Einführung durch einen Diskussionsleiter/eine Diskussionsleiterin,
   - Erstellung eines ersten Meinungsbildes unter den Zuhörern,
   - Eingangsplädoyer der beiden Anwälte der Pro- und Kontra-Seite,
   - Befragung von maximal je drei von der Pro- und der Kontra-Seite benannten Experten (z.B. Lehrer, Vertreter von politischen Jugendorganisationen),
   - Schlussplädoyer der Pro- und Kontra-Anwälte,
   - Erstellung eines erneuten Meinungsbildes unter den Zuhörern.

(Autorentext)

M 46 Pro und kontra Volksentscheide auf Bundesebene – Die Diskussion in der Verfassungskommission (1993)

Die Argumente der Befürworter von Plebisziten

Anträge zur entsprechenden Ergänzung des Grundgesetzes wurden von der SPD und der Gruppe Bündnis 90/Die Grünen gestellt.

● Sie begründeten ihre Vorschläge damit, dass die Zeit gekommen sei, den Bürgerinnen und Bürgern über die Teilnahme an Wahlen hinaus weitere Möglichkeiten unmittelbarer Einfluss-
5 nahme auf die politische Willensbildung und staatliche Entscheidungen einzuräumen. Viele Bürgerbewegungen und -initiativen auf kommunaler wie auf Landes- und Bundesebene zeigten die Bereitschaft der Bevölkerung, sich aktiv für das Gemeinwesen einzusetzen und an seiner Ausgestaltung mitzuwirken. Auf der anderen Seite müssten der gerade in jüngster Zeit zunehmende Anteil von Nichtwählern und die Hinwendung zu radikalen Parteien als deutli-
10 che Hinweise dafür aufgenommen werden, dass wachsende Teile der Bevölkerung sich von den etablierten Parteien und ihren Vertretern in den Staatsorganen nicht mehr hinlänglich repräsentiert fühlten. Diesem Zustand der Entfremdung zwischen Politikern und Bürgern, der sich vielfach als Politik- oder Parteienverdrossenheit äußerte, könne durch mehr Teilhabe der Bürger an der Politikgestaltung begegnet werden. [...]
15 ● Formen direkter Bürgerbeteiligung stellen nach Meinung der Antragsteller das parlamentarisch-repräsentative System des Grundgesetzes nicht infrage, sondern ergänzen es sinnvoll und entwickeln es zu einer partizipativen Demokratie fort. Das Parlament bleibe der Hort der politischen Auseinandersetzung und Entscheidung; das Volk als Träger der Staatsgewalt gewinne aber einen effektiveren Einfluss auf deren Ausübung, indem es das Parlament zwin-
20 gen könne, sich mit bestimmten Themen zu befassen, oder indem es Entscheidungen an seiner Stelle treffe. [...]
● Die Einzelheiten des Verfahrens könnten so festgelegt werden, dass Missbräuche ausgeschlossen seien. So könnte man bestimmte Gegenstände der politischen Willensbildung, z.B. den Bundeshaushalt oder öffentliche Abgaben, von der Volksinitiative ausnehmen. Durch die
25 Höhe der Abstimmungsquoren und die Bestimmung von Untergrenzen für die Beteiligung könne die Durchsetzung von Sonderinteressen verhindert werden. Genügend lange Fristen könnten für eine umfassende Information der Bevölkerung vorgesehen werden; sie seien auch

geeignet, Manipulationen durch starke Interessenverbände und einseitige Berichterstattung oder Entscheidungen aufgrund momentaner Stimmungen auszuschließen. Dem Deutschen
30 Bundestag könne das Recht eingeräumt werden, einen Alternativ-Entwurf zur Abstimmung zu stellen. [...]
● Insgesamt überwögen die Chancen, die mit der Einführung weiterer Elemente unmittelbarer Demokratie im Grundgesetz verbunden seien, die von den Gegnern angeführten Risiken erheblich.

Die Gründe der Gegner von Plebisziten

35 Gegen die Aufnahme von Volksinitiative, Volksbegehren, Volksentscheid und anderen Formen unmittelbarer Demokratie ins Grundgesetz wurden, insbesondere von den Vertretern der CDU/CSU, sowohl verfassungssystematische als auch verfassungspolitische Gründe geltend gemacht:
● [...] Das bewährte System der parlamentarisch-repräsentativen Demokratie könne durch ple-
40 biszitäre Verfahren nachhaltig geschwächt werden, da sie die Gefahr einer schleichenden Abwertung des Parlaments in sich trügen. Wegen des Anscheins einer höheren Legitimität* des unmittelbaren Volksgesetzes gegenüber dem nur mittelbaren Parlamentsgesetz könne eine Entwicklung dahingehend eintreten, das Parlament nur noch in weniger wichtigen Fragen entscheiden zu lassen. [...]
45 ● Plebiszite seien ferner der modernen pluralistischen Gesellschaft und Demokratie nicht gemäß. Denn Plebiszite seien nur dem Ja oder Nein, dem Schwarz oder Weiß zugänglich. Gerade die pluralistische Demokratie fordere jedoch Entscheidungs- und Gesetzgebungsverfahren, die auf ein Höchstmaß an Kompromisssuche und Kompromissfindung angelegt seien. Dies gewährleiste nur das parlamentarische Verfahren. Angesichts der Komplexität politischer
50 Entscheidungen bestehe die Gefahr, dass sich die Bürger nicht von objektiven Kriterien, sondern von der subjektiven Betroffenheit oder von mediengeprägten Stimmungen leiten ließen: Damit seien eine Entrationalisierung von Entscheidungen und Populismus* zu befürchten.
● Plebiszite gäben darüber hinaus aktiven Minderheiten und gut organisierten Vertretern partikularer Interessen das Instrumentarium, ihre Macht noch stärker als bisher auf Bundesebene
55 durchzusetzen. Die Bürger könnten angesichts der erforderlichen Quoren* ihre Initiativen in aller Regel nicht selbst vorantreiben, sondern wären auf die Unterstützung von Verbänden und Vereinigungen angewiesen. Infolgedessen bestehe die Gefahr der Bevormundung des Bürgers durch demokratisch nicht legitimierte Vereinigungen.
● Die Erfahrungen mit Plebisziten in den Nachbarstaaten und den Bundesländern ließen sich
60 nicht ohne weiteres auf den Bund übertragen. So seien Plebiszite auf Länder- oder kommunaler Ebene wegen der besseren Überschaubarkeit der Verhältnisse und der geringeren Komplexität der Probleme eher praktikabel als auf Bundesebene.
● [...] Schließlich werde der Ausschluss bestimmter, insbesondere finanzwirksamer Politikbereiche (Haushalt, Steuern) wahrscheinlich dazu führen, die Politikverdrossenheit zu ver-
65 größern. Es sei zu befürchten, dass sich das Volk dadurch bevormundet fühle. Von der Einführung plebiszitärer Verfahren sei auch nicht zu erwarten, dass sie die so genannte Parteienverdrossenheit überwinden könne. Eher sei das Gegenteil zu befürchten. Denn wenn Volksinitiative, Volksbegehren und Volksentscheid mit in das Grundgesetz aufgenommen würden, so würden sich künftig legitimerweise auch die politischen Parteien dieser Verfahren bedie-
70 nen – nicht zuletzt auch deshalb, weil die Durchführung solcher Verfahren in aller Regel der Organisation und Initiierung bedürfe. [...] Die Macht der politischen Parteien gegenüber dem heutigen Rechtszustand wüchse noch dadurch, dass ihnen neben ihren parlamentarischen Entfaltungsmöglichkeiten auch die Wege zur Anrufung sowie Organisation von Volksinitiative, Volksbegehren und Volksentscheid eröffnet würden.

(Wolfgang Fischer, Formen unmittelbarer Demokratie im Grundgesetz. In: Aus Politik und Zeitgeschichte B 52-53/93 v. 24.12.1993, hg. von der Bundeszentrale für polit. Bildung, Bonn 1993, S. 16–18)

■■ **M 47** **SPD und Grüne einig über „Volksinitiative"**

SPD und Grüne haben sich auf Eckpunkte zur Einführung des Volksentscheids auf Bundesebene geeinigt. Damit sollen die Bürger künftig selbst Gesetze initiieren, beraten und beschließen können, sagte der Grünen-Abgeordnete Gerald Häfner in Berlin. Er nannte das Vorhaben „genauso wichtig wie die Einführung des allgemeinen Wahlrechts vor mehr als 100 Jah-
5 ren". Der Gesetzentwurf könne noch vor der Sommerpause vom Parlament beschlossen werden. Allerdings ist dazu jeweils eine Zweidrittel-Mehrheit in Bundestag und Bundesrat nötig.
Für den Volksentscheid auf Bundesebene müsste das Grundgesetz geändert werden. Deswegen werben SPD und Grüne nach Häfners Angaben bei der Union um Zustimmung. FDP
und PDS haben sich bereits grundsätzlich positiv zu den Koalitionsplänen geäußert. Die Uni-
10 on hat sie bisher überwiegend skeptisch beurteilt, allerdings zählen Unions-Kanzlerkandidat
Edmund Stoiber sowie der saarländische Ministerpräsident Peter Müller zu den Befürwortern
von Volksabstimmungen auf Bundesebene.
Mit Hilfe der „Volksinitiative" sollen Bürger jeden Alters und jeder Herkunft die Möglichkeit
bekommen, ihnen wichtige Anliegen auf die Tagesordnung der Politik zu setzen. Dies ist bis-
15 her Bundesregierung, Bundestagsabgeordneten und dem Bundesrat vorbehalten. Für ihren
Gesetzentwurf müssen die Initiatoren der Volksinitiative 400 000 Unterschriften von wahlberechtigten Bürgern sammeln, um ihn im Bundestag einzubringen. Hat das Parlament den
Entwurf der Bürger nicht innerhalb von acht Monaten verabschiedet, können die Bürger die
Durchführung eines „Volksbegehrens" einleiten. Dazu brauchen sie die Unterstützung von
20 fünf Prozent der Stimmberechtigten –
etwa drei Millionen Bürger. Verabschiedet das Parlament das Gesetz innerhalb von sechs Monaten, ist das
Verfahren erledigt. Andernfalls findet
25 ein „Volksentscheid" statt. Das Gesetz
gilt als verabschiedet, wenn ihm die
Mehrheit der Abstimmenden zugestimmt hat und sich mindestens 20
Prozent der Stimmberechtigten an der
30 Abstimmung beteiligt haben. Es ist jedoch noch nicht festgelegt, welche
Themen vom Volksentscheid ausgeschlossen werden sollen (s. Kasten).

(Süddeutsche Zeitung v. 9./10.2.2002, S. 6)

Grenzen müssen der Bürgerbeteiligung gezogen werden, wenn es um die Finanz- und Haushaltspolitik
geht: Die SPD will im Bereich des Steuer- und Besol-
dungsrechts Volksbegehren nicht zulassen; haushalts-
relevante Begehren müssen einen Deckungsvorschlag
beinhalten. Auch die Wahl oder Abwahl von Personen
und die Wahlmodalitäten sind aus Sicht der SPD kein
geeigneter Gegenstand eines Volksbegehrens. Die
Grünen sehen ein Problem beim Minderheitenschutz:
Initiativen, die die Rechte von Minderheiten einschränken oder die Todesstrafe einführen wollen, sollen ausgeschlossen sein.

(Handelsblatt v. 23./24.1.2001, S. 5)

■■ **M 48** **Volksentscheid ins Grundgesetz aufnehmen?**

PRO: *Herta Däubler-Gmelin (SPD), Bundesjustizministerin (bis 2002)*

Im Mittelpunkt unserer gesamten Rechts- und Staatsordnung steht der
selbstbewusste, mündige Bürger, der frei und verantwortlich unsere
Gesellschaft mitgestalten soll. Es ist also nur konsequent, wenn wir die
5 Beteiligung der Bürger an politischen Entscheidungen auch auf Bundesebene ausbauen. Tatsächlich wollen die Bürgerinnen und Bürger
auch stärker an Entscheidungen beteiligt werden. Nichts anderes
steckt z.B. hinter dem Schlagwort „Politikverdrossenheit" – bis zu einem gewissen Grad ist es doch verständlich, dass Bürgerinnen und
10 Bürger glauben, es werde ohnehin über ihren Kopf hinweg entschieden, wenn sie an Entscheidungen nicht direkt beteiligt sind. Meine Er-

(Foto: Bundesbildstelle
Bonn)

fahrung ist nicht nur, dass wir den Bürgern mehr Mitbestimmung auch auf Bundesebene ruhig zutrauen können. Dass stärkere Bürgerbeteiligung sich schädlich auf die Stabilität unserer Demokratie auswirken könnte, sehe ich nicht – und der historische Einwand stimmt
15 ja nicht: Das Ermächtigungsgesetz* wurde vom Reichstag, nicht per Volksentscheid beschlossen.
Und das St.-Florians-Prinzip, also die Abwälzung von Problemen auf andere Bevölkerungsgruppen, lässt sich durch Quoren ausschließen. Durch die Möglichkeit zu Volksbegehren, Volksinitiativen und Volksentscheiden sollten wir neben dem bewährten parlamentarisch-
20 repräsentativen System die Bürgerinnen und Bürger auch außerhalb von Wahlen zudem ruhig in die Pflicht nehmen. Wer selbst mitbestimmen kann, sieht nicht so leicht weg [...], und wer selbst initiativ werden kann, lässt es eben nicht mehr zu, dass Politik in Lethargie verfällt.

(Foto: © Copyright by J.H. Darchinger IFJ))

KONTRA: *Josef Isensee, Professor für öffentliches Recht (Bonn)*

25 In der Demokratie des Grundgesetzes erhalten Parlament und die parlamentarisch verantwortliche Regierung das Mandat auf Zeit zur Staatsführung in Verantwortung vor dem Volk und für das Volk. Damit ist die Möglichkeit eröffnet, dass Parlament und Regierung auch unpopuläre Maßnahmen treffen, die sie im Interesse der Allgemein-
30 heit für notwendig halten. Doch die Volksvertretung ist immer darauf angewiesen, ihre Entscheidungen der Allgemeinheit zu erklären. Für die Rückkoppelung an das Volk sorgt schon das deutsche System der permanenten Wahlkämpfe. Der Erklärungs- und Rechtfertigungszwang entfällt aber dann, wenn das Volk selbst entscheidet. Demago-
35 gen haben leichtes Spiel, populäre Ziele durchzusetzen, ohne sich um die langfristigen Folgen zu kümmern. Ein Spiel mit dem Feuer: dass der Streit über hochpolitische Fragen, etwa solche der Rüstung, die Gesellschaft so fanatisiert und verfeindet, dass die Verlierer in der Volksabstimmung den Mehrheitsentscheid nicht akzeptieren.
Das Plebiszit vermindert die Handlungsfähigkeit des Parlaments, ohne die Freiheit des
40 Volkes zu steigern. Der Machtverlust der verfassungsstaatlichen Institutionen führt zur Machtsteigerung der Medien und anderer außerparlamentarischer Kräfte, die öffentliche Meinung machen. Das Volk kann im Plebiszit ohnehin nur auf eine vorformulierte Frage mit Ja oder Nein antworten. Die Gefahren, die das Plebiszit im Gesamtstaat auslöst, schwächen sich ab in den weniger politischen Bereichen der Länder und Gemeinden. Hier
45 bietet das Plebiszit eine Chance zur Aktivierung der Bürger, obwohl Volksgesetzgebung sich auch hier nur bedingt zum Volkssport eignet.

(Focus Nr. 1/1999, S. 33)

M 49 „Mehr Demokratie" durch „Netz-Demokratie"?

M 49a „Digitale Politik wird Stil und Inhalte revolutionieren"

Alle Macht geht vom Volke aus. Und die Parteien entdecken zunehmend die Basis. Das World Wide Web spielt dabei eine Schlüsselrolle: Es definiert das Verhältnis neu zwischen Politik, Journalismus und Bürgerbeteiligung.
„Zur Neuwahl des Bundestages sind heute rund 40 Millionen Deutsche aufgerufen. Bitte ge-
5 ben Sie Ihr Passwort ein und klicken Sie hier." Bis zu dem Wahlsonntag, an dem man eine so oder ähnlich lautende E-Mail erhält, dürfte noch einige Zeit vergehen. Aber bereits jetzt hält das Netz immer stärker Einzug in die Politik. Und der Vorstoß von Franz Müntefering (SPD),

das Wahlgesetz zu ändern, um die Bürger direkter an der Politik zu betei-
10 ligen, stärkt die Idee der digitalen Poli-
tik. Münteferings Idee findet Zustimmung bei CDU, FDP und Grünen.
Künftig könnte es „Vorwahlen" zur Bundestagswahl geben, eine Beteili-
15 gung der Bürger an der Kandida-
tenkür und Volksentscheide auf Bundesebene. Politikwissenschaftler be-

In Deutschland hat es bereits verschiedene Internet-Wahlen gegeben, so etwa die Sozialwahl bei der Technikerkrankenkasse, die Wahl des Studierendenparlaments in Osnabrück und die Personalratswahl im Landesamt für Datenverarbeitung und Statistik Brandenburg. Durch diese Wahlen konnten in Deutschland erste Erfahrungen mit Internet-Wahlen gesammelt werden.

fürchteten bisher immer, Bürger hätten gar keine Lust, jeden dritten Sonntag ins Wahllokal
zu gehen, um über irgendwas mitzubestimmen. Aber in der Vision von einer Online-Demo-
20 kratie wäre das gar nicht nötig.
Experten gehen davon aus, dass das Internet Stil und Inhalte politischer Auseinandersetzungen ähnlich revolutionieren wird wie in den Sechzigerjahren das Fernsehen. Nur geht das Internet noch einen Schritt weiter: Transparenz, Interaktivität und echte demokratische Mitbestimmung nähren das
25 Bild von einem politi-
schen Schlaraffenland
im World Wide Web. In
den USA ist es bereits
üblich, dass die Regie-
30 rung Gesetzentwürfe im
Frühstadium im Web
veröffentlicht und zu
Kritik einlädt. Das Netz
bietet Waffen- und
35 Chancengleichheit. [...]

(Markus Deggerich, www.demo-kratie.de; in: Spiegel online v. 4.4.2000)

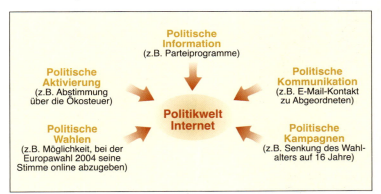

(Politik betrifft uns, Nr. 4/2000, Folie 2, leicht geändert)

„In zehn Jahren werden wir nicht mehr verstehen, wie wir früher unsere Demokratie betrieben haben", glaubt der deutsche Internet-Pionier Bernhard Biedermann, der Anfang der
Neunzigerjahre in Hamburg eine der
ersten Providerfirmen gründete. „Stel-
40 len Sie sich vor, 15 Millionen Menschen unterschreiben eine E-Mail-Pe-
tition und fordern eine Abstimmung
– das kann kein Kanzler ignorieren."
[...]
45 Auf die positive Vision von elektroni-
scher Demokratie setzt Arne Brand,
Sprecher des „Virtuellen Ortsvereins"
der SPD im Internet (*www.vov.de*).
„Die rein repräsentative Demokratie
50 wird nicht zu halten sein", glaubt
Brand. Zugleich räume die Vernet-
zung aber den Parteien eine neue
Chance ein. „Wir können die Mitarbeit in der Partei anbieten, ohne dass
55 die Leute in verrauchten Kneipenhin-

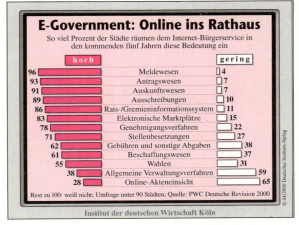

(iwd Nr. 44/2000, S. 8; © 44/2000 Deutscher Instituts-Verlag)

terzimmern zur Ortsversammlung gehen müssen. Die virtuelle Schiene wird die Parteien grundlegend verändern."

Nicht minder reizvoll wäre die Netzwerdung der Kommunalpolitik. Strittige Bauvorhaben beispielsweise wären „das ideale Feld für angewandte Demokratie", meint der Gießener Poli-
60 tikwissenschaftler Claus Leggewie: Dreidimensionale Darstellungen könnten die geplanten Bauten für jedermann am Computermonitor verständlich machen. „Und dann ein abgestuftes Abstimmungsverfahren mit den Bürgern, die sich zuvor an der Diskussion beteiligt haben", skizziert Leggewie – so würde der Baulöwe zum Wahlkämpfer und die Hinterzimmer-Connection mit Beamten und Stadträten wertlos.

(Harald Schumann, Der virtuelle Ortsverein; in: DER SPIEGEL Nr. 27/2000, S. 123–124)

▬ M 49b Skepsis gegenüber Internet-Demokratie

Zwar bietet das Internet viele Möglichkeiten, um sich am politischen Geschehen zu beteiligen. Doch die sind nicht grundsätzlich neu, sondern beschränken sich meist darauf, längst bekannte demokratische Partizipationsmechanismen auf das Netz zu übertragen. Dass sich aber allein deshalb mehr Bürger am politischen Geschehen beteiligen, ist nicht zu erwarten.
5 Zwar gibt es im Netz durchaus beachtenswerte Beweise für politische Aktivität, die von den digitalen Visionären auch immer wieder gern angeführt werden – etwa die Diskussionsplattform „democracy online 2day" *(www.dol2day.de)* oder Internet-basierte Protestaktionen. Aber: Solche politischen Aktivitäten gibt es auch außerhalb. Insgesamt ist das Netz nicht mehr und nicht weniger politisch als die Offline-Gesellschaft. [...]
10 Das sehen die digitalen Visionäre natürlich anders. So erhoffen sie sich eine höhere Wahlbeteiligung, wenn erst einmal die geheimen und fälschungssicheren Wahlen per Internet möglich sind, die die amerikanische Firma „Election.com" und die deutsche „Forschungsgruppe Internetwahlen" für die nächsten Jahre versprechen. Doch für mehr
15 Wahlbeteiligung dürfte das neue Verfahren allenfalls bei seiner Premiere sorgen: Die Stimmabgabe per Mausklick mag schneller sein als das umständliche Hantieren mit verschiedenen Umschlägen bei der traditionellen Briefwahl. Aber nicht viel.
20 Sobald das Internet so normal ist wie Toastbrot oder Supermärkte, wird allein ein digitales Wahlverfahren keinen zusätzlichen Politikmuffel zum Mitmachen animieren. Selbst wenn im Jahr 2010 jeder Bundesbürger ab 18 eine persönliche Wahlaufforderung plus
25 zwei Erinnerungen in seinem elektronischen Briefkasten vorfindet: Die sind vermutlich noch schneller weggeklickt, als die Benachrichtigung per Postkarte bisher im Mülleimer landete. Es sei denn, es würde der Wahlzwang eingeführt.

(Fiete Stegers, Offline ist auch online normal; in: die tageszeitung v. 13.11.2000, S.11)

Onlinenutzer 2003
(in % der jeweiligen Bevölkerungsgruppe)

Bevölkerung (ab 14 Jahren)	54 %
Männer	63 %
Frauen	45 %
Berufstätige	70 %
Schüler, Azubis, Studenten	92 %
Hausfrauen, Rentner usw.	21 %
14–19 Jahre alt	92 %
20–29	82 %
30–39	73 %
40–49	67 %
50–59	49 %
60 und älter	13 %

Quelle: ARD/ZDF-Online-Studie ZAHLENBILDER
© Erich Schmidt Verlag 538 161

30 Skeptiker sehen durch „e-voting" vor allem den Grundsatz der geheimen Wahl infrage gestellt. Wählen per Mausklick berge auf absehbare Zeit immer die Gefahr, dass jede Stimmabgabe identifizierbar sei. Außerdem könnten Wahlergebnisse, so die Befürchtung, beispielsweise durch Hacker manipuliert werden. Ein dritter Einwand richtet sich gegen die mit der Computertechnologie verbundene Geschwindigkeit. Es wird bezweifelt, dass sich der Wähler genü-
35 gend Zeit für seine Entscheidung nimmt.

Alles in allem muss der echte Mehrwert des Internets für die Demokratie kritisch beurteilt werden. Der „Netizen", der gut informierte Netzbürger, der mehr sein will als ein passiver

Onlinenutzer nach Schulabschluss (Anteile an den jeweiligen Bevölkerungsgruppen 2000 in %)

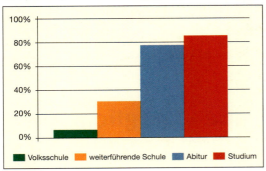

(Quelle: GFK Online-Monitor, Feb. 2000)

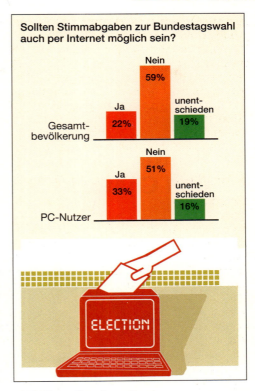

(GEO Wissen, Nr. 27/2001, S. 115)

Konsument, ist weit gehend noch ein Wunsch-
traum. Die Neuen Medien werden von denjeni-
40 gen am häufigsten genutzt, die aufgrund ihrer
Bildung und ihres professionellen Hintergrunds
ohnehin am aktivsten waren. Heilserwartungen,
die auf die elektronische Demokratie projiziert
wurden, sind ebenso unrealistisch wie
45 Untergangsszenarien. Positiv hervorgehoben
werden kann, dass das Internet auf der Angebotsseite erhebliche Verbesserungen für die
Demokratie durch den einfachen Zugang zu Informationen und durch neue Kommunikations-
50 und Partizipationsformen bringen kann. Das Verhalten der breiten Masse der Nachfrager, also
der Bürger, wird sich nicht so schnell ändern.

(Manuela Glaab/Andreas Kießling, Legitimation und Partizipation, in: Karl-Rudolf Korte/Werner Weidenfeld [Hg.], Deutschland-TrendBuch, Fakten und Orientierungen. Bundeszentrale für politische Bildung, Bonn 2001, S. 603 f.)

M 49c Chancen und Risiken des Internet für die Demokratie

Chancen	Risiken
Bürger erhalten politische Informationen aus erster Hand.	Zentrale Ordnungselemente des (National-)Staates können unterlaufen werden.
Sie können unmittelbar mit Politikern Kontakt aufnehmen.	Die politisch uninformierten und am Internet nicht interessierten Bürger geraten noch weiter ins politische Abseits.
Sie können sich spontan zu Aktionsgruppen zusammenfinden.	Auch politisch extremistische Gruppierungen können sich durch das Netz artikulieren.
Alternative Politik erhält ein Artikulationsforum (über nationale Grenzen hinweg).	Die Informationsflut führt zu Desorientierung und verursacht eine weitere Form von Politikverdrossenheit.
Politiker erfahren zeit- und raumunabhängig die Meinungen von Bürgern.	Die repräsentative Demokratie verliert in ihren Ausprägungen an Wert.
Autoritäre Regime geraten unter Druck, weil sie den Informationsfluss nicht mehr kontrollieren können.	Es regiert eine neue Gruppe der Informations-Elite.

(Hans-Joachim Reeb, in: Wochenschau Nr. 1/2001, Januar/Februar 2001, S. 49)

1. Erläutern Sie anhand von M 49a, welche Möglichkeiten das Internet für politische Aktivitäten bietet, und stellen Sie die Argumente zusammen, die dafür angeführt werden, dass Internet-Wahlen und -Abstimmungen zu „mehr Demokratie" führen werden.

2. Stellen Sie den positiven Erwartungen an die „elektronische Demokratie" die Bedenken gegenüber, die in M 49b geäußert werden, und berücksichtigen bei der gesamten Gegenüberstellung auch M 49c. Wie beurteilen Sie selbst die Chancen und Risiken des Internet für die Demokratie und die Stellung der Parteien?

IV. Politik betrifft uns alle – Möglichkeiten und Chancen politischen Engagements

▰ **M 50** „Ohne mich" geht's nicht!

(Zeichnung: © Erich Rauschenbach, Berlin)

Wahlkampfplakat der Aktion „Rock the Vote" der Zeitschrift „Max", Nr. 5, Mai 1994

(Agentur Economica, Hamburg)

(Aktion der Zeitungen 1994. © Chris Kohl/Dirk Siebenhaar, Twice Advertising GmbH, Wiesbaden. Vorlage: Regionalpresse, Frankfurt/M., Veranstalter des jährlichen TZ Kreativ-Wettbewerbs)

„Der kleine Mann kann ja doch nichts ändern"
... wenn er nichts tut ...

„Alle 4 Jahre 'n Kreuz malen – ist das etwa Demokratie?"
Nein, aber ein Weg dorthin

„Die da oben machen doch, was sie wollen"
... wenn du sie lässt ...

(© Landeszentrale für politische Bildung Baden-Württemberg. Auszüge aus der Reihe „10 Einwände [Frank Faßmer])

Die Materialien M 50 sollen Sie zum Nachdenken darüber anregen, warum das Funktionieren des politischen Prozesses in einer Demokratie entscheidend davon abhängt, dass die Bürgerinnen und Bürger sich daran beteiligen, und warum es gerade im Interesse der Bürgerinnen und Bürger liegt, dass der politische Prozess funktioniert. In der Sprache der Griechen, auf die der Begriff der Demokratie zurückgeht, wurde jemand, der sich nicht um die Angelegenheiten der Stadt/des Staates (der Polis) kümmerte, als jemand bezeichnet, der nur an sich selbst, an seine privaten Angelegenheiten (ta idia) denkt: als „Idiot" (idiótes).

Vielleicht hat sich der Sinn dieses Wortes nicht von ungefähr so entwickelt, wie wir es heute verstehen. Jemand, der sich nicht um die Politik kümmert, wäre dann wirklich ein „Idiot", ein Dummkopf also, weil er nicht erkennt, dass sein eigenes Wohlergehen abhängt von der Politik, die deswegen als die Angelegenheit aller Bürgerinnen und Bürger bezeichnet werden kann. Es wird Ihnen nicht schwer fallen, Beispiele dafür zu finden, dass Ihre eigenen Lebensverhältnisse (in der Familie, in der Schule, im Freizeitbereich, im Verkehr usw.) weitgehend durch Entscheidungen bestimmt und gestaltet sind, welche die Politik, die Politiker getroffen haben und die daher durchaus auch anders aussehen könnten, als sie es jetzt tun.

Nun kann natürlich nicht von jedem Bürger und jeder Bürgerin erwartet werden, dass er/sie sich ständig „politisch" betätigt, aber es sollte auch nicht verkannt werden,
- dass die Teilnahme an Wahlen – als Mindestmaß politischer Beteiligung (im engeren Sinne von Politik) – entscheidend sein kann für die Gestaltung der politischen (und damit auch der persönlichen) Verhältnisse;
- dass es eine Vielfalt von leicht zugänglichen Möglichkeiten der politischen Teilnahme und Einflussnahme gibt, die auch Jugendliche nutzen sollten.

Auf diese beiden Gesichtspunkte wollen wir im letzten Teil dieses Kapitels eingehen.

Über alle gesetzlichen Grundlagen sowie über sonstige rechtliche Regelungen und alle praktischen, mit der Durchführung von Wahlen zusammenhängenden Fragen stehen im Internet (http://www.destatis.de/wahlen; insbesondere www.destatis.de/wahlen/abc2002.pdf) gut geordnete Informationen zur Verfügung.

1. Die Bedeutung von Wahlen in der Demokratie

M 51 Wahlen als wichtigste Form politischer Beteiligung

Wahlen sind die *einfachste* Form politischer Beteiligung. Für die Mehrheit der Bürger sind sie die einzige Form der direkten Teilnahme am politischen Prozess. Alle anderen Arten von Partizipation sind mit einem deutlich höheren Aufwand verbunden.

Wahlen sind die *wichtigste* Form politischer Beteiligung in der Demokratie. Ohne Wahlen ist
5 Demokratie nicht denkbar. Durch Wahlen wird die politische Führung bestimmt und der politische Kurs der nächsten Legislaturperiode festgelegt.

Wahlen sind das *wirksamste* Instrument demokratischer Kontrolle: Wenn die Wähler mit der Politik der Regierenden unzufrieden sind, können sie diese abwählen und einen Machtwechsel herbeiführen.

(Horst Pötzsch, Die Deutsche Demokratie, hg. von der Bundeszentrale für politische Bildung, Bonn 1995, S. 32)

M 52 Funktionen von Wahlen

Unter den in Deutschland vorgegebenen Bedingungen der repräsentativen Demokratie können Wahlen folgende Funktionen haben:

- *Legitimierung** des politischen Systems und der Regierung einer Partei oder Parteienkoalition;
- *Rekrutierung* der politischen Elite;
5 - *Repräsentation* von Meinungen und Interessen der Wahlbevölkerung;
- *Verbindung* der politischen Institutionen mit den Präferenzen der Wählerschaft;

– *Mobilisierung* der Wählerschaft für gesellschaftliche Werte, politische Ziele und Programme, parteipolitischen Interessen;
– Hebung des politischen Bewusstseins der Bevölkerung durch Verdeutlichung der politi-
10 schen Probleme und Alternativen;
– Kanalisierung politischer Konflikte in Verfahren zu ihrer friedlichen Beilegung;
– *Integration** des gesellschaftlichen Pluralismus und Bildung eines politisch aktionsfähigen Gemeinwillens;
– Herbeiführung eines *Konkurrenzkampfes* um politische Macht auf der Grundlage alternativer
15 Sachprogramme;
– Herbeiführung einer Entscheidung über die Regierungsführung in Form der Bildung parla- mentarischer Mehrheiten;
– Einsetzung einer kontrollfähigen Opposition;
– Bereithaltung des Machtwechsels.

(Uwe Andersen/Wichard Woyke [Hrsg.], Handwörterbuch des politische Systems der Bundesrepublik Deutschland, Bundes- zentrale für politische Bildung, Bonn 1997, S. 598–600)

▶ M 53 „Wählers Macht?"

(Zeichnung: Peter Leger;
© Haus der Geschichte, Bonn)

(Zeichnung: Dieter Hanitzsch)

▶ M 54 Wenige hundert Stimmen entscheiden

Haarscharf verloren hat sie beim letzten Mal. Nur 247 Stimmen fehlten, das sind aufge- rundet 0,2 Prozent. Um diese winzige Zahl lag Herta Däubler-Gmelin bei der Bundes-
5 tagswahl im Jahr 1994 in ihrer Heimatstadt Tübingen hinter dem CDU-Kandidaten Claus-Peter Grotz. Am Sonntag, so hofft die Schatten-Justizministerin in einem mögli- chen Kabinett von Gerhard Schröder, werde
10 dieses Mal sie ihren alten und neuen Gegner Grotz um eine Nasenlänge schlagen. [...] Denn 1994 war es nicht nur in Tübingen äußerst knapp. Bundesweit gab es 15 Wahl-

kreise, in denen ein hauchdünner Vorsprung von nur einem Prozent oder weniger über 15 den Direktkandidaten entschied. [...]
Das gilt nicht nur für den Westen Deutsch- lands, sondern in besonderer Weise auch für den Osten, wo die PDS mindestens drei Di- rektmandate braucht, wenn sie ohne Über- 20 springen der Fünf-Prozent-Hürde wieder in den Bundestag einziehen will. Deshalb richtet sich das Augenmerk auf die Berliner Wahl- kreise mit knappen Mehrheiten. In Berlin Mitte/Prenzlauer Berg, wo SPD-Vize Wolf- 25 gang Thierse antritt, hat sich die SPD-Promi-

nenz im Wahlkampf nur so getummelt. Vor vier Jahren hatte die PDS hier mit 4483 Stimmen Vorsprung das Mandat erhalten. [...]

30 Auch in Rostock wird es spannend. Nur um 0,6 Prozent (713 Erststimmen) lag hier 1994 der PDS-Mann Wolfgang Methling hinter der Sozialdemokratin Christine Lucyga. [...] Auch in Halle war der SPD-Vorsprung vor vier Jahren nur hauchzart. Hier war der SPD aber 35 nicht die PDS, sondern die CDU mit einem Abstand von nur 192 Stimmen (0,2 Prozent) auf den Fersen.

(Süddeutsche Zeitung v. 26.9.1998; Verf.: Christiane Schlötzer/Marianne Heuwagen)

1. *Erläutern Sie die zentrale Bedeutung von Wahlen für das Funktionieren des demokratischen politischen Prozesses (M 50, M 51).*

2. *Erläutern Sie die in M 52 aufgelisteten einzelnen Funktionen von Wahlen möglichst mit eigenen Worten und vergleichen Sie dazu die Funktionen der politischen Parteien (M 26a). Welche dieser Funktionen erscheinen Ihnen am wichtigsten? Welche werden aus Ihrer Sicht in der Realität der Wahlen am ehesten, welche weniger erfüllt?*

3. *Die Karikaturen (M 53) machen auf einen Aspekt von Wahlen in einer repräsentativen Demokratie kritisch aufmerksam. Erläutern Sie das „Doppelgesicht" von Wahlen.*

4. *„Wählen darf man nur alle vier oder fünf Jahre". Erläutern Sie, inwiefern dieser Satz richtig ist, aber nur einen Teil der Wirklichkeit beschreibt, weil auch die folgende Feststellung richtig ist: „Häufig werden die Bürgerinnen und Bürger mehrmals in einem Jahr (theoretisch bis zu viermal) zur Wahl aufgerufen".*

5. *„Jede Stimme wird gebraucht, jede Stimme entscheidet." Dieser Satz wird häufig als bloße Wahlpropaganda abgetan. Beschreiben Sie anhand vom M 54, warum er häufig genug ganz konkret zutrifft.*

▨ **M 55** Schüler wählen mit

Wenn Ende nächster Woche die Berliner Bürger über ihren Senat abstimmen, wählen Schüler aus 14 Schulen mit, die meisten von ihnen sind zwischen 13 und 17. Sie wählen 5 symbolisch, ihre Stimmen werden also keinen Einfluss auf die Sitzverteilung haben. Trotzdem läuft die Wahl wirklichkeitsgetreu ab, bis ins kleinste Detail: Die Schüler bekommen eine Wahlbenachrichtigung, bringen zur Stimmabgabe ihren Personalausweis 10 mit, haben eine Erststimme für den Wahlkreisabgeordneten und eine Zweitstimme für die Partei.

Demokratie soll so früh geübt und erlebt, 15 Wahlmüdigkeit und politisches Desinteresse bekämpft werden, sagt Gerald Wolff, Sprecher des Berliner Vereins Kumulus (Postfach 330555, 14175 Berlin). Dafür ist es höchste Zeit: [...] Wahlforscher haben festgestellt, 20 dass die „Partei der Nichtwähler" bei den Jüngeren besonders stark vertreten ist.

Dagegen wollten die Kumulus-Leute etwas tun. Nächtelang diskutierten sie, suchten nach einer Idee, was Politik und Demokratie für Jugendliche spannend machen könnte. 25 Der Mainzer Wahlforscher Jürgen Falter lieferte diese Idee. In einer Talkrunde erzählte er von *Kids Voting* in den USA. Seit einigen Jahren beteiligen sich dort 6000 Schulen mit rund fünf Millionen Schülern an dieser 30 Wahlaktion. Die wissenschaftlichen Begleituntersuchungen, durchgeführt unter anderem von der Uni Stanford, zeigen beachtliche Erfolge von *Kids Voting*: Die Jugendlichen entwickelten größeres politisches Interesse, 35 vor allem auch Kinder aus unterprivilegierten Schichten. Und, kurioser Nebeneffekt, in den beteiligten Bezirken ist die Wahlbeteiligung deutlich angestiegen – unter den Erwachsenen. Die Schüler haben die Politik in die Fa-40 milien getragen, ihren Eltern wieder Lust aufs Wählen gemacht.

Gerald Wolff und seinen Vereinsfreunden war klar: Das muss es in Deutschland auch geben. Und wie in den USA darf es nicht 45 beim bloßen Wahlakt bleiben. Das Thema

politik@school ist der Vorschlag einer Informations-einrichtung der Bundesregierung für die Jugend. Politik kommt zur Jugend, Politik geht in die Schule. Schüler/innen stellen Fragen und erhalten Antworten. Das Ziel ist es, mehr Transparenz und Nachvollziehbarkeit für politische Entscheidungen anzubieten.

(http://www.awieantworten.de; © Kumulus e.V., 2001)

Wahlen soll im Unterricht entsprechend begleitet werden. Spannender und kontinuierlicher als bisher.

50 Auch Sebastian rechnet mit einer hohen Wahlbeteiligung. Er geht in die 13. Klasse und ist Wahlleiter am Gabriele-von-Bülow-Gymnasium. Es ist eines der Prinzipien von Kumulus, dass die Schüler ihre Wahlen

55 selbst in die Hand nehmen. In den Wochen vor der Wahl war Sebastian schwer beschäftigt: Wahlhelfer bestimmen, den Wahlvorstand zusammenstellen, Wahlbenachrichtigungen ausgeben, erklären, wie man

60 Wahllisten führt, und das Infomaterial zur elektronischen Wahlkabine verteilen. Denn gewählt wird per Knopfdruck, das Kreuz hat ausgedient. Kumulus hat die Maschinen von der Stadt Köln geliehen. Die Wahllokale der

(http://www.juniorwahl.de; © Kumulus e.V., 2001)

Juniorwahl haben schon am 18. und 19. Ok- 65 tober von 8 bis 13.30 Uhr geöffnet – aber die Ergebnisse werden bis zu den Hochrechnungen der „echten" Wahl geheim gehalten.

(www.zeit.de/2001/42/juniorwahl; DIE ZEIT Nr. 42/2001; Verf.: Arnfried Scherl)

(© Kumulus e.V., 2001)

Informieren Sie sich anhand von M 55 und ggf. auch darüber hinaus über die angegebenen Internet-Adressen über ein Projekt des Vereins Kumulus. Welche Ziele verfolgt das Projekt? Wie beurteilen Sie es? Vielleicht können Sie mit Hilfe von Kumulus auch in Ihrer Schule/Gemeinde ein ähnliches Projekt anregen.

M 56 Ergebnisse der Bundestagswahlen 1949–2002

	1949	1953	1957	1961	1965	1969	1972	1976	1980	1983	1987	1990	1994	1998	2002
Wahlberechtigte[1]	31,2	33,1	35,4	37,4	38,5	38,7	41,4	42,1	43,2	44,1	45,3	60,4	60,5	60,8	61,4
Wahlbeteiligung[2]	78,5	86,0	87,8	87,7	86,8	86,7	91,1	90,7	88,7	89,1	84,4	77,8	79,0	82,2	79,1
Gültige Stimmen[1]	23,7	27,6	29,9	31,6	32,6	33,0	37,5	37,8	37,9	38,9	37,9	46,5	47,1	49,3	48,0
davon in%															
SPD	29,2	28,8	31,8	36,2	39,3	42,7	45,8	42,6	42,9	38,2	37,0	33,5	36,4	40,9	38,5
CDU/CSU	31,0	45,2	50,2	45,3	47,6	46,1	44,9	48,6	44,5	48,8	44,3	43,8	41,4	35,2	38,5
GRÜNE	–	–	–	–	–	–	–	–	1,5	5,6	8,3	5,0	7,3	6,7	8,6
FDP	11,9	9,5	7,7	12,8	9,5	5,8	8,4	7,9	10,6	7,0	9,1	11,0	6,9	6,2	7,4
PDS	–	–	–	–	–	–	–	–	–	–	–	2,4	4,4	5,1	4,0
Republikaner	–	–	–	–	–	–	–	–	–	–	–	2,1	1,9	1,8	0,6
DVU	–	–	–	–	–	–	–	–	–	–	–	–	–	1,2	–
DP	4,0	3,3	3,4	2,8	–	0,1	–	–	–	–	–	–	–	–	–
GB/BHE	–	5,9	4,6												
Zentrum	3,1	0,8	0,3	–	–	–	–	–	–	–	0,1	–	0,0	0,0	0,0
Bayernpartei	4,2	1,7	0,5	–	–	0,2	–	–	–	–	0,1	0,1	0,1	0,1	0,0
DRP; NPD	1,8	1,1	1,0	0,8	2,0	4,3	0,6	0,3	0,2	0,2	0,6	0,3	–	0,3	0,4
KPD; DFU; DKP	5,7	2,2	–	1,9	1,3	0,6	0,3	0,3	0,2	0,2	–	–	–	–	–
Sonstige	9,1	1,5	0,5	0,2	0,3	0,2	0,1	0,3	0,1	0,1	0,6	1,7	1,7	2,5	2,0
Abgeordnetensitze im Deutschen Bundestag															
SPD	131	151	169	190	202	224	230	214	218	193	186	239	252[3]	298[5]	251[6]
CDU/CSU	139	243	270	242	245	242	225	243	226	244	223	319	294[4]	245	248[7]
GRÜNE	–	–	–	–	–	–	–	–	–	27	42	8	49	47	55
FDP	52	48	41	67	49	30	41	39	53	34	46	79	47	43	47
PDS	–	–	–	–	–	–	–	–	–	–	–	17	30	36	2
DP	17	15	17	–	–	–	–	–	–	–	–	–	–	–	–
GB/BHE	–	27	–	–	–	–	–	–	–	–	–	–	–	–	–
Zentrum	10	3	–	–	–	–	–	–	–	–	–	–	–	–	–
Bayernpartei	17	–	–	–	–	–	–	–	–	–	–	–	–	–	–
DRP	5	–	–	–	–	–	–	–	–	–	–	–	–	–	–
KPD	15	–	–	–	–	–	–	–	–	–	–	–	–	–	–
Sonstige	16	–	–	–	–	–	–	–	–	–	–	–	–	–	–
Insgesamt	402	487	497	499	496	496	496	496	497	498	497	662	672	669	603

[1] in Mio; [2] in%; [3] incl. vier Überhangmandate; [4] incl. zwölf Überhangmandate; [5] incl. 13 Überhangmandate;
[6] incl. 4 Überhangmandate; [7] incl. 1 Überhangmandat
DP = Deutsche Partei; GB/BHE = Gesamtdeutscher Block/Bund der Heimatvertriebenen und Entrechteten;
DFU = Deutsche Friedensunion; GRÜNE: seit 1993 Bündnis 90/Die Grünen; DVU = Deutsche Volksunion;
DRP = Deutsche Reichspartei; NPD = Nationaldemokratische Partei Deutschlands   (Schmidt-Zahlenbilder)

M 57 Was läuft hier falsch?

Hier sind eine Reihe von Ereignissen aufgelistet, die gegen die Grundsätze einer demokratischen Wahl verstoßen.

Ereignis: Verstoß gegen:

a) Weil der Fabrikbesitzer F. viel mehr Steuern zahlt als alle anderen Bürger
   der Stadt, zählt seine Stimme bei der Wahl doppelt.   ?

b) Gabriele T. ist wegen Beleidigung des Bundeskanzlers rechtskräftig
   verurteilt worden. Sie wird zur Bundestagswahl nicht zugelassen!   ?

c) Im Bundestag sitzen nur Abgeordnete der Partei XYZ, da auch sonst
   keine anderen Parteien zur Wahl zugelassen waren.   ?

d) Nur wer eine mindestens ausreichende Leistung im Fach Politik auf dem letzten Zeugnis nachweisen kann, ist zur Wahl zugelassen. **?**

e) Nur Partei A wird gestattet, Wahlspots im Fernsehen zu zeigen. **?**

f) Die Kandidaten der Partei „beraten" die Wähler im Wahllokal und verhindern so häufig „falsche" Stimmabgaben. **?**

g) Die Stadträte der Stadt L. werden auf Lebenszeit gewählt. **?**

h) Frau Meier wird von einer Gruppe von Analphabeten beauftragt, für sie ihre Stimme abzugeben. **?**

i) Die Wähler Schmitz, Müller, Jansen und Neumann geben im Wahllokal laut bekannt, für welche Partei bzw. welchen Kandidaten sie ihre Stimme abgeben werden. Auf eine Stimmabgabe in der Wahlkabine verzichten sie. **?**

j) Der Handwerksmeister K. verspricht allen seinen Mitarbeitern eine Lohnerhöhung, wenn sie die Partei ZYX wählen. **?**

(Hans-Jürgen van der Gieth, Lernzirkel Wahlen – Lernstation 5, AOL-Verlag, Waldstraße 18, D-77839 Lichtenau, Best.-Nr. A900)

Auf das Wahlrecht, das Wahlsystem usw. wollen wir an dieser Stelle nicht weiter eingehen – die Kenntnisse darüber werden Sie aus dem Politik-Unterricht der Sekundarstufe I mitbringen. Zur Internet-Information s. S. 371.
Überprüfen Sie Ihre Kenntnis der Grundsätze einer demokratischen Wahl (Allgemeinheit, Gleichheit Unmittelbarkeit, Freiheit, geheime Wahl) anhand von M 57.

2. Macht keiner mehr mit? Das „neue Politikverständnis" der Jugend schafft Probleme

> ➤ *Wie stellt sich die Mitgliederentwicklung der Parteien dar? Inwiefern kann der Verlust an jugendlichen Mitgliedern als dramatisch bezeichnet werden? (M 58 – M 60)*
> ➤ *Welche Gründe sind für die Abwendung Jugendlicher von den Parteien maßgeblich? Welche Folgen sind absehbar? (M 61 – M 66)*
> ➤ *Welche Möglichkeiten sich zu engagieren gibt es über die Mitgliedschaft in Parteien hinaus? (M 67 – M 71)*

M 58 Die „chronische Jungmitgliederkrise" der Volksparteien

„Eine Partei ohne Jugend ist eine Partei ohne Zukunft." So ist der jugendpolitische Beschluss des SPD-Parteitags in Münster aus dem Jahre 1988 betitelt. Wenn diese Aussage zutrifft, und davon ist wohl auszugehen, dann ist es um die Zukunft der Parteien nicht gut bestellt. Denn sie sind an chronischem Nachwuchsmangel erkrankt, ohne entfernt eine Vorstellung davon zu be-
5 sitzen, wie an den verloren gegangenen Kontakt zur Jugend wieder angeknüpft werden könnte. Im Gegenteil treten sie hilflos auf der Stelle. Dabei ist die Jungmitgliederkrise schon so alt, dass vor zehn Jahren alarmierende Hiobsbotschaften in die Welt gesetzt wurden. [...]
Die Jungmitgliederentwicklung über die letzten 25 Jahre liest sich wie die Geschichte eines Exodus von mehreren Jugendgenerationen, die mit den Parteien nichts mehr zu tun haben wollen.
10 Dabei fing alles zunächst sehr viel versprechend an, als in den Siebzigerjahren die damaligen Parteien überraschend von einer überschäumenden Eintrittswelle überschwemmt wurden. Zu jenen Zeiten des Überflusses wurde vor allem die Eintrittswelle in die SPD von Jugendlichen unter 30 getragen. Sie erlebte einen Neumitgliederansturm und hatte allein 1969 100 000 und

1972 150 000 entsprechende Eintritte
15 zu verkraften. Zwischen 1969 und
1977, ihrem Bestjahr mit 1 022 191 Mitgliedern, stießen über 400 000 Neu-
mitglieder im Juso-Alter zwischen 16
und 30 Jahren zu ihr, davon viele Gym-
20 nasiasten und Studenten. [...]
Die CDU erlebte zwar – zeitverzögert –
einen noch größeren Neumitglieder-
boom, wobei aber zwischen 1970 und
1980 der Anteil der 16- bis 29-Jährigen
25 mit 11% konstant blieb. Ihre Mitglie-
derverdopplung hat sie damit wohl älteren Neumitgliedern zu verdanken.
Der Zustrom an jugendlichen Neumitgliedern ebbte schon um die Mitte der
30 Siebzigerjahre ab, um danach nie wieder eine Kehrtwende zu vollziehen. [...]
Nicht nur den Parteien gehen die
Jungmitglieder aus, sondern auch ihre *Nachwuchsorganisationen* plagen
35 sich – mit Ausnahme des erst 1994
gegründeten Grünalternativen-Ju-

Abbildung 1: Mitgliederentwicklung der Jungsozialisten und der Jungen Union 1975–1999

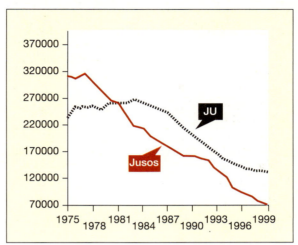

Quelle: Angaben der Bundesgeschäftsstellen der SPD und Jungen Union, eigene Berechnungen.

gendbündnisses (GABJ) – mit Nachwuchssorgen. Die Julis der FDP erreichen gerade einmal
7000 Mitglieder. Die Jusos haben dagegen einen langen Weg der dramatischen Auszehrung
hinter sich gebracht (Abb. 1). [...]
40 Die Junge Union stieg zwar noch bis zu ihrem Gipfel 1983 auf rund 260 000 Mitglieder an, um
dann aber den Jusos auf ihrem Weg nach unten zu folgen. 1999 ist sie bei 139 142 Mitgliedern
angelangt, ein Verlust von 53% gegenüber ihrem Bestjahr. Immer weniger ist sie Nachwuchsre-
serve der Union, weil nur noch rund ein Drittel ihrer Mitglieder bei der Mutterpartei landen.
Die Daten zeigen auf, in welch verschwindend geringem Ausmaß die Parteien seit den Achtzi-
45 gerjahren unter Jugendlichen noch Wurzeln schlagen. Gleichzeitig wird ein chronischer Jungmitgliederschwund indiziert, weil nach einer Schwemme die Jungmitgliederzufuhr abebbte,
um schließlich in einem Rinnsal zu enden. Die Parteien verlieren schon in der zweiten Hälfte
der Siebzigerjahre an Anziehungskraft, um noch genügend Jungmitglieder rekrutieren zu
können. Spätestens ab den Achtzigerjahren ist es so, dass Jugendliche Parteien, bis auf einen
50 kleinen, unverwüstlichen Bodensatz, einfach meiden. Schon Mitte der Achtziger sind sie dann
schon zu rekrutierungsschwach, um noch ihren Nachwuchsbedarf zu decken.

(Elmar Wiesendahl, Keine Lust mehr auf Parteien – Zur Abwendung Jugendlicher von den Parteien, in: Aus Politik und Zeitgeschichte B 10/2001, S. 15–17)

▮ M 59 Mitglieder der Parteien 1965–2001

Die Gesamtzahl der Parteimitglieder in Deutschland beläuft sich um die 2,5 Millionen, das
heißt ca. 4% der Wahlberechtigten. Dazu kommen vielleicht noch eine halbe Million Mitglieder von Vereinigungen der Parteien, wie Junge Union, CDU-Frauen-Vereinigungen usw., die
nicht formelle Parteimitglieder sind. Insgesamt also knapp 3 Millionen oder ungefähr 5% der
5 wahlberechtigten Bevölkerung sind direkt oder indirekt Parteimitglieder – ist das nun viel oder
wenig? [...] Im internationalen Vergleich des Organisationsgrades der Parteien nimmt
Deutschland in Europa eine mittlere Position ein. Drei Millionen – das sieht zwar auf den ersten Blick viel aus, doch nehmen höchstens 10–15% der Parteimitglieder überhaupt aktiv am
Innenleben der Parteien teil durch Ämterübernahme oder Besuch von Veranstaltungen.

(Elmar Wiesendahl [= M 58], S. 7)

Jahr	SPD	CDU	CSU	FDP	GRÜNE	PDS
1965	679.000	280.000	100.000	59.000	–	–
1972	954.000	423.000	107.000	57.757	–	–
1976	1.022.000	652.000	146.000	79.162	–	–
1980	987.000	693.000	172.000	85.000	ca. 18.000	–
1985	916.000	719.000	183.000	65.552	37.000	–
1989	921.430	662.598	185.853	65.216	37.956	–
1990	949.550	777.767	186.198	168.217	41.316	ca. 200.000
1991	919.871	751.163	184.513	140.031	38.054	172.579
1992	885.958	713.846	181.758	103.505	35.845	146.742
1993	861.480	685.343	177.289	94.197	39.355	131.406
1994	849.374	671.497	176.250	87.992	43.418	123.751
1995	817.650	657.643	179.647	80.431	46.054	114.940
1996	793.797	645.852	178.573	75.038	48.034	105.029
1998	775.036	626.342	178.755	67.897	51.812	94.627
1999	755.066	638.056	183.569	64.407	49.488	88.549
2000	734.667	616.722	178.347	62.721	46.631	83.475
2001	717.513	604.135	177.036	64.063	44.053	77.845
2002	693.894	594.391	177.667	66.560	43.881	70.805
2003	650.800	587.244	178.365[1]	65.192	44.241	

Ab 1991 Zahlen einschließlich der Mitglieder aus den neuen Bundesländern nach der Vereinigung der Parteien aus den alten und den neuen Bundesländern; Stand: jeweils Jahresende; [1]. Halbjahr; von der PDS lagen für 2003 keine Angaben vor.

(Quelle: Oskar Niedermayer, Parteimitglieder seit 1990; Version II/2003, Berlin 2003. www.polwiss.fu-berlin.de/osz/dokumente/PDF/mitglied.pdf; Pressemeldungen)

▮ **M 60** Altersstruktur der Volksparteien

Altersstruktur der SPD (in Prozent)

bis 30 Jahre 6,5 % · über 60 Jahre 29,4 % · 31 bis 40 Jahre 14,8 % · 41 bis 50 Jahre 24,6 % · 51 bis 60 Jahre 24,7 %

Altersstruktur der CDU (in Prozent)

bis 29 J. 4,7 % · 30 bis 39 Jahre 11,0 % · ab 60 Jahre 38,1 % · 40 bis 49 Jahre 18,9 % · 50 bis 59 Jahre 27,0 %

Aktive, passive Mitglieder und die Profis

passive Mitglieder · Wähler · ehrenamtliche Funktionäre · professionelle Politiker · Parteibürokratie · aktive Mitglieder · Wähler

(© DIE WOCHE v. 2.72.1998)   Ende 2002 betrug der Anteil der unter 30-jährigen Mitglieder: SPD: 4,6% (1991: 9,9); CDU: 5,2% (1991: 6,8); CSU: 5,9% (1991: 6,5); FDP: 11,7% (1996: 7,8); PDS: 3,6% (1999: 2,3)

(Aus: Wolfgang Rudzio: Das politische System der Bundesrepublik Deutschland, Opladen, Leske + Budrich 1999, S. 107)

1. *Beschreiben Sie den „chronischen Jungmitgliederschwund" in den beiden großen Volksparteien und die gesamte Mitgliederentwicklung bei den im Bundestag vertretenen Parteien (M 58; M 59). Berechnen Sie die prozentuale Entwicklung der Mitgliederzahlen 1990 – 2001 bei den einzelnen Parteien.*

2. *Wie kann man zu der Feststellung kommen, dass nur 0,6% Prozent der wahlberechtigten Bevölkerung (60,8 Mio) „aktiv am Innenleben der Parteien teilnehmen" (M 59, vgl. Grafik M 60 rechts)?*

3. *Vergleichen Sie die Altersstruktur der Mitgliederschaft der beiden großen Volksparteien (M 60). Gibt es Unterschiede?*

M 61 Wie ist die Abwendung von den Parteien zu erklären?

In der Politikwissenschaft gibt es eine breite Diskussion über die Ursachen von Parteienverdrossenheit und Abwendung von den Parteien. Über die Ursachen und die Bewertung der zu beobachtenden Entwicklungen besteht dabei keinesfalls Einigkeit. Neben Skandalen, Fehlern und Schwächen von Politikern und Parteien, die abschreckend wirken, werden immer auch
5 allgemeine Veränderungen in der Gesellschaft und dem öffentlichen Leben genannt, die langfristige, nur schwer zu beeinflussende Entwicklungen darstellen.

Folgende Punkte werden in der Diskussion immer wieder genannt:

● Viele, vor allem junge Menschen binden sich nicht gerne dauerhaft an Parteien, Kirchen und Gewerkschaften, weil sie feste Verpflichtungen wie Termine, Sitzungen usw., in denen sie kei-
10 nen Sinn sehen, und eine entsprechende Verantwortung ablehnen.

● Neben den Parteien sind andere Formen sich politisch zu engagieren wie Bürgerinitiativen, kurzfristige Aktionsgruppen usw. für viele Menschen als attraktive Alternative bedeutsam geworden.

● Viele Menschen sind entsprechend dem Motto „Jeder ist sich selbst der Nächste" nicht mehr
15 bereit sich für eine Organisation und damit für andere zu engagieren.

● Das vielfältige Medienangebot mit seiner Orientierung auf Unterhaltung ist attraktiver als die Angebote der Parteien oder die häufig mühsame Beschäftigung mit der
20 Politik.

● Gerade junge Menschen sind stark an dem „Erlebniswert" von Konsumartikeln, Berufen, Menschen und auch der Politik orientiert. An diesem Gesichtspunkt wer-
25 den auch die Politik und die Parteien gemessen und können diesem häufig nicht genügen. So haben Skandale einen höheren Unterhaltungswert als die Beschäftigung mit komplizierten Sachfragen.

(Politik 3, Schöningh, Paderborn 2002, S. 308)

(Zeichnung: Gerhard Mester/CCC, www.c5.net)

M 62 Warum Jugendliche die Mitarbeit in Parteien als unattraktiv und zu anstrengend empfinden

Nachvollziehbar ist es schon, wenn gesagt wird, dass Jugendliche Parteien deshalb meiden, weil ihnen diese in Versammlungsroutinen erstarrten Großorganisationen nicht jene Mitarbeitsanreize bieten, die ihren Beteiligungsbedürfnissen und -ansprüchen entsprechen würden. Dahinter steht die Überlegung, dass sich Beitritt und Mitmachen lohnen müssen. Jugendliche
5 treten nur dann in Parteien ein, wenn dieser Schritt auch belohnt wird, sie also jene Wünsche befriedigen können, die sie mit ihrem Eintritt verbinden.

Solch ein Erklärungsansatz hat seinen Reiz, weil Parteien in der Tat schon seit Jahrzehnten überkommene Beteiligungsmöglichkeiten anbieten, die mit ihrer erstarrten Versammlungsroutine und Vereinsmeierei auf junge Leute abschreckend wirken. Dies umso mehr, weil sich
10 die Partizipationsansprüche erhöht haben und Jugendliche verstärkt nach aktions- und erlebnisbetonten Beteiligungsgelegenheiten verlangen. Zudem hat man sich – was dem Individualisierungstrend* zuwiderläuft – auch noch dauerhaft an eine Partei durch formalen Beitritt zu binden. Dann werden auch noch diejenigen frustriert, die Teilnahme mit dem Ziel der politischen Teilhabe verbinden und konkret etwas bewegen möchten.

15 Was gleichwohl ein wenig an dieser psychologisch durchaus nachvollziehbaren These stört,

ist, wenn junge Menschen wie kühle Kosten-Nutzen-Rechner gesehen werden, die ihren Beitritt davon abhängig machen, dass ein persönlicher Vorteil für sie dabei herausspringt.
Für heutige Jugendliche ist die 68er Studentenrevolte nichts weiter als langweilige Historie.
[...] Es scheint so, als hätten sie keine Lust mehr darauf, das aktionsbetonte und provozierende
20 Aufbegehren gegen die „repressive Staatsgewalt" weiterzuführen. Nun ist aber auch die heutige Jugend weniger von gesellschaftspolitischen Kontroversen geprägt als vielmehr von MTV,
Viva, Bravo-TV und Lifestyle-Magazinen.
[...] Weiterhin geben Umfragedaten kund, dass die Jugendlichen der Neunzigerjahre mit ihren
Vorlieben für aktionsbetonte unkonventionelle Partizipation nicht hinter dem Berg halten. Nur
25 lässt sich wirklich nicht aus der viel sagenden „Billigung", „Befürwortung" und auch „Unterstützung" oder selbst „Bereitschaft" zu unkonventioneller Partizipation (s. Grafik) auf verstärkte Nachfrage oder Nutzung dieser Möglichkeiten schließen.

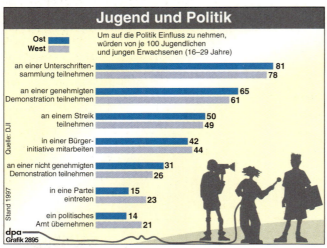

[...] Fraglich ist, ob sich Jugendliche überhaupt noch auf den Po-
30 litikbetrieb einlassen. Es scheint
so, als hätte sich die Begründung für politische Distanz vom
Gesellschaftlichen weg hin zum
Privaten vollzogen. [...] Sie schei-
35 nen einem „diffusen ... antipoli-
tischen Politikverständnis" an-
heim zu fallen. Diese Blick-
richtung überrascht allemal, weil
trotz der verwirrenden Datenla-
40 ge ein massiver Rückgang des
politischen Interesses der Jugendlichen nicht zu vermelden
ist. [...] Solche Formen wie „Unterschriften leisten" und „an ei-
45 ner Demonstration teilnehmen",
die persönlich anspruchslos sind

und sich mit einem Minimum an Aufwand und Zeit erledigen lassen, werden vergleichsweise
häufiger genutzt. Dagegen steht organisierte Mit-*Arbeit*, und da sind Bürgerinitiativen und Basisgruppen der neuen sozialen Bewegungen eingeschlossen, für rund 90% der Jugendlichen
50 außerhalb ihres tatsächlich aktivierten Handlungsrepertoires. Dies spricht dafür, dass die Schei-
delinie heute nicht mehr zwischen unkonventioneller oder konventioneller, sondern vielmehr
zwischen anstrengender und nicht anstrengender Partizipation gezogen wird. Ein wesentlicher
Grund hierfür liegt darin, dass dauerhafte Mit-Arbeit nicht mit Freizeit assoziiert, sondern als
verpflichtend, lästig und einengend empfunden wird. Für Jugendliche muss Freizeit „geopfert"
55 werden. Der Trend der politischen Partizipation geht zur Schonhaltung und leichten Kost,
während man sich die schweren
Brocken des ernsthaften, längerfristigen Auseinandersetzens
mit Politik nicht mehr antun
60 möchte. In das Verhältnis zur
Politik hat sich damit etwas
Nachlässiges und Flüchtiges ein-
geschlichen, was mit der Selbst-
entpflichtung von den aufwändi-
65 gen Ansprüchen der demokratischen Staatsbürgerrolle einher
geht. [...] Politisches Engagement reduziert sich auf die Fort-

Mangelnde Partizipation ist eher darauf zurückzuführen,
dass ihnen angesichts der vielfältigen Notwendigkeiten und
Möglichkeiten, sich für und damit auch gegen etwas zu entscheiden, oft keine Zeit mehr für „zusätzliches" Engagement
bleibt. Privates Lebensumfeld, Freunde, Partner und Familie
auf der einen, Bildung, Beruf und Arbeit auf der anderen Seite liegen bei steigender Tendenz ganz oben in der Wichtig-
keitsskala. Organisation, Ausgestaltung und Sicherung der
sozialen und wirtschaftlichen Teilhabe prägen somit zunehmend das Leben der jungen Menschen.

(Wolfgang Gaiser/Johann de Rijke, Gesellschaftliche Beteiligung der Jugend, in: Aus Politik und Zeitgeschichte B 44/2001, S. 15)

setzung des Fast-Food-Konsums mit anderen Mitteln. Jugend will Politik zu ihren Bedingun-
70 gen und die heißen „politics light" und Wohlfühlpartizipation. Das Paradoxe an dieser Entwicklung des anstrengungsvermeidenden Disengagements ist, dass wahrscheinlich noch keine Generation über so viel kognitive Kompetenz und politische Ressourcenausstattung wie die gegenwärtige verfügt hat, ohne davon gleichzeitig so wenig Gebrauch zu machen.

(Elmar Wiesendahl, Keine Lust mehr auf Parteien – Zur Abwendung Jugendlicher von den Parteien, in: Aus Politik und Zeitgeschichte B 10/2001, S. 15–17)

▨ **M 63** „Etwas, was nicht cool ist" – Welches Image jugendliche Partei-mitglieder bei ihren Altersgenossen haben

Hamburger Gymnasialschülerinnen und -schülern wurde zunächst eine Liste mit zu-fällig geordneten Eigenschaften vorgelegt, die mit folgender Aufgabenstellung verbunden 5 war:

„Christian und Kathrin sind 18 Jahre alt und ge-hen noch zur Schule. Sie sind Mitglied einer po-litischen Partei und machen dort regelmäßig bei den Parteiveranstaltungen mit. Sie haben auch schon mal während des Wahlkampfs Plakate ge- 10

Eigenschaftsprofil von jugendlichen Partei- und Bürgerinitiativmit-gliedern

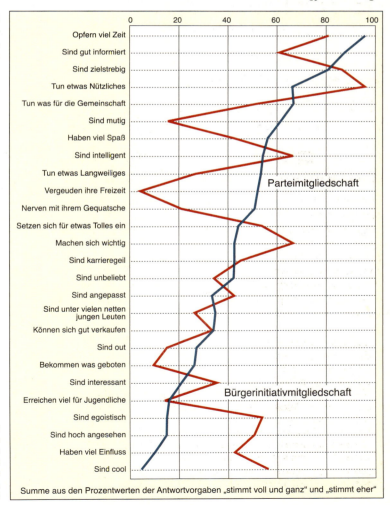

Quelle: Befragung von 69 Schülerinnen und Schülern der 11. bis 13. Klasse eines Hamburger Gymnasiums vom 23.–30. September 2000 (Elmar Wiesendahl [= M 62], S. 17f.)

klebt. Was, meinst du, könnte deiner Ansicht nach von den unten aufgelisteten Dingen (s. Abb. S. 381) auf die beiden zutreffen? Kreuze bitte an!"

15 Dabei konnten die Antwortvorgaben *„stimmt voll und ganz", „stimmt eher", „stimmt eher nicht"* und *„stimmt überhaupt nicht"* angekreuzt werden.

Nach dem Ausfüllen dieses Eigenschaftstests 20 war die gleiche Liste nochmals zu beantworten, nun aber mit folgendem Kopf versehen:

„Jennifer und Thomas sind beide 18 Jahre alt und gehen noch zur Schule. In ihrer Freizeit machen sie bei einer Bürgerinitiative mit, die 25 *sich für den Schutz der Umwelt einsetzt. Sie haben auch schon eine Unterschriftensammlung organisiert. Was, meinst du, könnte deiner Ansicht nach von den unten aufgelisteten Dingen auf die beiden zutreffen? Kreuze bitte an!"* [...]

30 Erkennbar an den Antworten ist, dass jugendliche Parteimitglieder für ihre Parteiarbeit keine Respektlosigkeit und Herablas-

sung unter Altersgleichen ernten. Soziale Ausgrenzung haben sie nicht zu gewärtigen. Anerkannt wird dagegen, dass sie sich selbst- 35 los und ohne unlautere Motive für etwas Gemeinschaftliches einsetzen. Dass sie dabei aber etwas erreichen könnten, wird ihnen nicht abgenommen. Sie rackern sich da für etwas ab, was der Mühe nicht wert ist und 40 nicht einmal Ansehen einbringt. Es ist eben etwas, was nicht cool ist. Wertschätzung und Interesse haben Parteimitglieder unter diesen Umständen in ihrer Altersgruppe nur sehr begrenzt zu erwarten.[...] 45

Im Eigenschaftsprofil von Parteimitgliedern schlummert offenbar ein Imageproblem, zumal Jugendliche am Sinn zweifeln, warum man sich für etwas, was nichts einbringt, einsetzen sollte. Für Parteien ist das ein weiteres 50 Indiz dafür, aus der Bezugs- und der Orientierungswelt von Jugendlichen verdrängt zu werden.

(Elmar Wiesendahl [= M 62], S. 17f.)

---

1. Erläutern Sie die in M 61 angegebenen Gründe für die Abwendung von den Parteien und analysieren Sie genauer die in M 62 dargestellten Aspekte, die speziell für die Distanzierung Jugendlicher von den Parteien verantwortlich gemacht werden:
   – Inwiefern wird die Ursache zunächst aufseiten der Parteien gesehen (Z. 1ff.; Stichwort: fehlende „Mitarbeitsanreize")?
   – Was ist mit „aktionsbetonten, unkonventionellen" Formen der politischen Beteiligung gemeint, die nach allgemeiner Auffassung von heutigen Jugendlichen bevorzugt werden? Was stört Jugendliche an den „konventionellen" Politikformen?
   – Was muss nach Meinung des Autors bei Umfrageergebnissen wie den im Schaubild (S. 380) dargestellten beachtet werden?
   – Welches sind nach dieser Darstellung die entscheidenden Gründe für das „Disengagement" der Jugend (Stichworte: Freizeitorientierung, Anstrengungsvermeidung)?

2. Setzen Sie sich aus Ihrer Sicht mit den Aussagen von M 62 auseinander. Inwieweit können Sie die Befunde aus Ihrer eigenen Erfahrung und Einstellung heraus (nicht) bestätigen?

3. M 63 berichtet über eine interessante Untersuchung in der Oberstufe eines Hamburger Gymnasiums, die Sie leicht auch an Ihrer Schule durchführen können. Erklären Sie, was die Wissenschaftler herausfinden wollten, und vergleichen Sie die gegebene Interpretation der Ergebnisse mit den in der Grafik dargestellten Werten (zur Parteimitgliedschaft).

4. Welche Unterschiede zeigen sich in der Beurteilung der Bürgerinitiativmitgliedschaft (sie wird im Text nicht erläutert) im Vergleich zur Parteimitgliedschaft?

5. Die Untersuchung ging von der These aus, dass die Bereitschaft Jugendlicher zum Engagement in Parteien auch von dem allgemeinen Meinungsklima unter Jugendlichen abhängt, das jugendliche Parteimitglieder nahezu zu Außenseitern macht. Stimmen Sie dieser These zu?

Methode S

M 64 Erstellung eines Einstellungsprofils zum Engagement Jugendlicher

Anhand von M 64 können Sie Ihre eigene Bereitschaft und Motivation für (nicht nur unmittelbar politisches) Engagement näher untersuchen. Wenn Sie hier ein „Motivationsprofil" für Ihren Kurs erstellen wollen, können Sie die Auswertung der entsprechenden Befragung auf zweierlei Weise vornehmen. Entweder können Sie feststellen, wie viel *Prozent* der Kursmitglieder sich jeweils für die Werte 3 und 4 entschieden haben, und diese Prozentwerte dann entsprechend M 63 (Grafik S. 381) darstellen. Oder Sie können für jedes Item den erreichten *Mittelwert* ausrechnen. Beispiel: Wenn Ihr Kurs aus 20 Mitgliedern besteht und sich die Äußerungen zu einem Item wie folgt verteilen: 3 kreuzen die Wertung „1" an, 2 die Wertung „2", 11 die Wertung „3" und 5 die Wertung „4", dann berechnet sich der Mittelwert, indem man die Häufigkeiten mit den jeweiligen Werten multipliziert ($3 \cdot 1 + 2 \cdot 2 + 11 \cdot 3 + 5 \cdot 4$) und die Summe (60) durch die Zahl der Kursmitglieder (20) teilt. Der im Beispiel entstehende Mittelwert (60 : 20 = 3,0) zeigt eine relativ hohe Zustimmung an (für das erste Item würde das z.B. bedeuten, dass Ihr Kurs im Durchschnitt ziemlich großen Wert darauf legt, dass Engagement „Spaß machen" muss).

Das Gesamtbild der Einstellung Ihres Kurses zum Engagement können Sie dann mit den in M 63 enthaltenen Aussagen zur Einstellung Jugendlicher vergleichen.

(Autorentext)

Wenn ich mich engagiere ...

1 = ganz unwichtig, 2 = eher unwichtig, 3 = wichtig, 4 = sehr wichtig

... dann	1	2	3	4
... muss es Spaß machen;				
... muss ich jederzeit wieder aussteigen können;				
... muss ich mitbestimmen können, was ich genau tue;				
... will ich meine besonderen Fähigkeiten einbringen können;				
... muss das Ziel in angemessener Form erreicht worden;				
... muss es Jugendlichen etwas bringen;				
... will ich neue Freunde kennen lernen;				
... will ich dabei für mein weiteres Leben etwas lernen;				
... müssen Freunde mitmachen;				
... muss es etwas ganz anderes sein, als ich sonst in Schule/Betrieb mache;				
... muss ich davon überzeugt sein, dass es wichtig für die Gesellschaft ist;				
... darf mir keiner Vorschriften machen;				
... muss ich schnell sehen, ob dieses Engagement etwas bringt;				
... will ich nur mit anderen Jugendlichen zusammenarbeiten;				
... müssen dies meine Freunde gut finden;				
... müssen meine Eltern dafür sein;				
... möchte ich dabei Geld verdienen;				
... möchte ich für die geopferte Zeit durch Freistellung von der Arbeit/von der Schule entschädigt werden.				

(Nach: Deutsche Shell [Hg.]: Jugend 97. Gesellschaftliches Engagement. Politische Orientierungen [12. Shell-Jugendstudie], Opladen [Leske + Budrich] 1997, S. 325; Befragung von Jugendlichen nach ihrer Motivation für Engagement)

■ M 65 „Neues Politikverständnis" der Jugend konserviert traditionelle Politik

[...] Jugendstudien zeigen, dass junge Menschen heute allerhand „alternative Politikformen" präferieren. Sie ziehen die Demo dem Ortsvereinsabend im Hinterzimmer vor und schenken Greenpeace mehr Vertrauen als dem Deutschen Bundestag. Und gegen das Sterben der Wale agitieren sie im Internet. Politik soll durchaus sein – nur anders irgendwie, projektbezogen und
5 ohne langfristige institutionelle Verpflichtungen. Und Spaß muss sie machen (vgl. M 61, M 62). Paradoxerweise ist es genau dieses – von den Älteren oft mit gönnerhaftem Wohlwollen begrüßte – „neue Politikverständnis", das die Repräsentanten der „traditionellen Politik" in die Lage versetzt, so weiterzumachen wie bisher. An den Schalthebeln des Systems sind sie heute keinem ernsthaften Verdrängungsdruck durch die Jungen ausgesetzt; so konservieren sie das
10 Bestehende. [...]
Denn entschieden wird auf jeden Fall: über Bildungspolitik etwa, über Alterssicherungsmodelle und die Zukunft des Sozialstaates überhaupt. In vielen Fragen haben die Jungen andere Interessen und Prioritäten als ihre Eltern. Aber dort, wo sie mitmischen, Einfluss nehmen und Mehrheiten organisieren müssten, in den Parteien und Parlamenten, besitzen rüstige 68er*
15 und behäbige Honoratioren* heute allenthalben satte Mehrheiten.
Und die Situation wird sich weiter zuspitzen. Denn die demographische Entwicklung wird Deutschland in den kommenden Jahrzehnten immer mehr in eine Republik der zeitreichen und umso organisationsfreudigeren Alten verwandeln. Ausgestattet mit weiter steigender Lebenserwartung und bis ins hohe Alter hinein aktiv, dürften sie dann erst recht dominieren,
20 was von der parteipolitischen Szenerie noch übrig geblieben sein wird.

(DIE WOCHE v. 27.2.1998, S. 10; Verf: Tobias Dürr)

■ M 66 „Die Jugendlichen ernst nehmen, das Mindestwahlalter herabsetzen!"

Der am weitesten gehende Vorschlag zur Stärkung der Partizipation zielt zweifellos auf die Herabsetzung des Mindestwahlalters auf 14 oder wenigstens 16 Jahre. Erst dann, wenn Kinder und Jugendliche sich an der Zusammensetzung von Parlamenten effektiv beteiligen können, wird es zu einer echten Machtverschiebung kommen. Nur wahlberechtigte Bürgerinnen und
5 Bürger machen auf Parlamentarierinnen und Parlamentarier Eindruck. [...]
Eine stärkere Beteiligung der jungen Generation bietet sich auch wegen der erwähnten Vorverlagerung von Selbstständigkeit und Eigensteuerung an. Wenn Kinder heute früher Jugendliche und diese wiederum früher Erwachsene werden, dann müssen ihnen auch die entsprechenden gesellschaftlichen Gestaltungs- und Verantwortungsräume zugestanden werden.
10 [...] Die politische Elite der Bundesrepublik wäre gut beraten, Kindern und Jugendlichen zuzuhören und ihr Politikverständnis ernst zu nehmen. Denn es sind heute nicht mehr die Studenten, die [...] signalisieren, wo die Probleme in der Gesellschaft liegen. Diese Warnfunktion haben inzwischen die 14- bis 20-Jährigen übernommen. Wenn entsprechende Signale von den Parteien und den Politikern übersehen werden, fehlen ihnen entscheidende Hinweise dafür,
15 wo heute und in Zukunft politische Weichenstellungen erfolgen müssen.
Kinder und Jugendliche verstehen Politik ganzheitlich – nicht nur intellektuell, sondern auch mit ihrer Seele und ihren Gefühlen. Ängste, Bedürfnisse und Sorgen, die sich nicht immer in Worte fassen lassen, werden von ihnen mit in die politische Diskussion einbezogen. [...]
Ob es den Regierungen und Parteien gefällt oder nicht – Jugendliche mit ihrem spezifischen
20 Zugang zur Politik sind Vorreiter für ein Politikverständnis, das sich bald auch in der Gesamtbevölkerung zeigen wird. Von einer Politikverdrossenheit bei der jungen Generation kann nicht die Rede sein. Was sie verdrießt, sind Politiker und Parteien, die zu Funktionärskadern geworden sind.

(Klaus Hurrelmann, Warum die junge Generation politisch stärker partizipieren muss, in: Aus Politik und Zeitgeschichte B 44/2001 v. 26.10.2001, S. 6)

1. M 65 beschreibt die Folgen und Gefahren, welche die zu geringe Repräsentation Jugendlicher in den Parteien gerade für ihre eigene Zukunft haben kann. Stellen Sie deutlich heraus, inwiefern der Verfasser in der „Parteiferne" der jüngeren Altersgruppen eine so schwer wiegende Gefahr sieht. Wie schätzen Sie diese Situation ein?

2. M 66 nimmt eine etwas andere Position ein als z. B. M 62. Wie wird hier das Politikverständnis von Jugendlichen gewertet? Wie beurteilen Sie den Vorschlag, das Wahlalter zu senken, um die politische Beteiligung Jugendlicher zu stärken?

M 67

(Foto: Mike Schröder/argus)

(© Copyright by Inge Werth)

M 68 Eigeninitiative oder Resignation?

a) „So schlimm ist es nicht"

So schlimm ist es nicht mit der Jugend bestellt. Die Mehrheit der Jugend ist zumindest über die grundlegenden Geschehnisse in Staat und Politik – wenigstens ansatzweise – informiert. Ich und meine Mitstreiter bei den Jungen Liberalen (Jugendorganisation der F.D.P.) bekom-
5 men ständig zu spüren, dass die Eigeninitiative vieler junger Leute stark zu wünschen übrig lässt. Dies wird beispielsweise in Diskussionsveranstaltungen deutlich: Themen im Bereich der Bundesrepublik (z.B. Drogenpolitik), ja sogar Kommunalpolitik stoßen durchaus auf reges Interesse, jedoch selbst so manches Mitglied der JuLis scheut sich in seinem Freundes-kreis, offen sein Interesse für solche Themen oder seine Mitgliedschaft zu „bekennen".
10 Die zurzeit allgemein verbreitete „Weltuntergangsstimmung" in Deutschland fördert das Interesse an Politik sicherlich nicht. Anstatt die Eigeninitiative zu fördern, wird gejammert und gerade den jungen Leuten eingeredet, es würde immer schlechter und sie stünden dem ohn-mächtig gegenüber.
Peter Kehl (21), Halle (Saale)

b) „Uns hört ja niemand zu"

15 Ich träume schon von einer besseren Welt. Aber was will man schon als Einzelner groß aus-richten. Und ich kann ja auch nicht sagen: „Ich bin auf die Welt gekommen, um sie zu än-dern", oder? Es kommt zwar von uns (der Jugend) rüber, als wäre uns alles egal, aber wir ma-

chen uns schon Gedanken darüber, wie die Welt wohl besser sein und wie man sie verändern könnte. Aber wenn wir etwas sagen wollen, hört uns ja keiner zu. Wir werden von euch (den
20 Erwachsenen) doch nicht ernst genommen. *Anne Weise, Brehna*

c) „Ich nehme nicht alles hin"

Ich habe mir gesagt: „Meckern kann jeder." Weil ich nicht „jeder" sein will, bin ich einer Partei beigetreten, die sich Soziales und Toleranz auf ihre Fahnen geschrieben hat. Klar, viele sagen, das würde auch nichts bringen. Aber an das Bonner (Berliner) Kasperletheater glaube ich nicht
25 – schon lange nicht mehr. Die Änderung des Ganzen kann nur von unten, von der Basis kommen. Eins unterscheidet mich von der abgeklärten „Erwachsenenwelt": Ich nehme nicht alles hin. *Sebastian Ritter, Berlin*

(Schlechte Zeiten – gute Zeiten, Innenansicht einer Jugend. Hg. von der Bundeszentrale für politische Bildung, Bonn 1997 [PZ Nr. 92], S. 5 und S. 28)

M 69 **Wie bzw. wo man gesellschaftlich aktiv ist nach Geschlecht und Alter**

Jugendliche im Alter zwischen 12 und 25 Jahren

	männ-lich	weib-lich	12–14 Jahre	15–17 Jahre	18–21 Jahre	22–25 Jahre
Verein (z.B. Sport-, Kultur-, Musikverein)	59	45	56	59	50	46
Schule/Hochschule/Uni	51	54	73	70	45	30
Jugendorganisation, -gruppe	26	24	25	33	24	21
Kirchengemeinde, -gruppe	18	20	24	23	18	14
Projekt, selbst organisierte Gruppe	17	16	11	17	18	21
Rettungsdienst, Feuerwehr	12	5	8	8	8	10
Greenpeace, Amnesty, Hilfsorganisation	4	5	1	4	6	7
Bürgerinitiative, Bürgerverein	3	5	1	2	6	7
Gewerkschaft	3	2	0	0	3	8
Partei	4	2	0	2	3	5
anderes	31	36	30	32	33	38
allein, persönliche Aktivität[1]	46	50	44	44	48	55

Shell Jugendstudie 2002 – Infratest Sozialforschung

[1] Die hohe Quote *individueller Aktivität*, die die Tabelle ausweist, darf nicht zu dem Schluss führen, dass ein nennenswerter Teil der Jugend *nur allein* gesellschaftlich aktiv ist. *Ausschließlich* allein aktive Jugendliche machen gerade einmal eine verschwindende Größe von 3 % aus. Schon die vier verbreitetsten Organisationsformen bzw. Institutionen gesellschaftlicher Aktivität (Vereine, Bildungseinrichtungen, Jugendorganisationen, Kirchen) binden 76 % der nur gelegentlich aktiven Jugendlichen und sogar 85 % der regelmäßig („oft") aktiven. Individuelle Aktivität ist also nur eine *zusätzliche Option* neben der typischen organisatorischen und institutionellen Einbindung gesellschaftlicher Aktivität.

(Deutsche Shell [Hg.], Jugend 2002 – Die 14. Shell Jugendstudie, Fischer Taschenbuch Verlag, Frankfurt/Main 2002, S. 205, 202)

▌M 70 **Was man tun kann**

Nicht nur das Kreuz machen – aktiv sein auf unterschiedliche Weise
Eine Liste ohne Anspruch auf Vollständigkeit:

1   Sich informieren

– mit anderen über Politik sprechen
5 – eine Tageszeitung lesen
  – in Rundfunk und Fernsehen die Nachrichten verfolgen
  – die Bürgerfragestunde in öffentlichen Gemeinderatssitzungen nutzen
  – Auskunft bei Behörden holen
  – bei Parteien, Bürgerinitiativen und von Verbänden Informationsmaterial besorgen
10 – politische Versammlungen – z. B. Bürgerversammlungen – besuchen
  – Experten befragen
  – Befragungen vor Ort durchführen: Umfragen, Erhebungen, Beobachtungen
  – aus dem Internet Informationen holen

2   Die eigene Meinung zum Ausdruck bringen

15 – Leserbriefe an Zeitungen schreiben
  – das Gespräch mit Gemeinderäten suchen
  – an Abgeordnete schreiben
  – in Versammlungen seine Meinung sagen, auch durch Beifall oder Protest
  – die Öffentlichkeit über Zeitungen, Rundfunk, Fernsehen auf Missstände aufmerksam ma-
20 chen
  – sich an Unterschriftensammlungen beteiligen
  – Eingaben und Beschwerden an Behörden schicken
  – Petitionen bei den Parlamenten im Land, im Bund und in der Europäischen Union vorbringen

- Mitmachen
- Archiv
- Fun
- Chat
- Über u26.de
- Hilfe/Sitemap

DISKUSSION   KONTAKTE   NOCH MEHR

Alle Infos aus der Datenbank können über die Buttons in der Menüleiste aufgerufen werden. Dort findet ihr dann die Rubriken Gesellschaft, Bildung, Arbeit/Wirtschaft, Selbständigkeit, Lebensqualität und Internationales.

Special: **Servicestelle Jugendbeteiligung**

Die Servicestelle Jugendbeteiligung ist seit August 2001 drei Jahre lang Ansprechpartner für Jugendbeteiligungsprojekte.
»http://www.servicestelle-jugendbeteiligung.de«

(http://www.u26.de)

25 **3** **Sich organisieren**

– in Jugendgruppen eintreten
– gemeinsam mit anderen Aktionen vor Ort, etwa eine Demonstration, organisieren
– eine Bürgerinitiative gründen oder in einer Initiative mitarbeiten
– Mitglied in einer Gewerkschaft werden
30 – in einer Partei mitarbeiten oder in sie eintreten

4 **Politische Verantwortung übernehmen**

– öffentlich zu einer Sache stehen, z. B. bei Demonstrationen
– sich bei Wahlen als Kandidat aufstellen lassen: für den Jugendgemeinderat, den Gemeinderat, den Kreistag, usw.
35 – in öffentlichen Ausschüssen und Beiräten, z. B. des Gemeinderats, mitarbeiten
– ein Ehrenamt übernehmen (Betriebsrat, Elternvertreter usw.)

(Zeitfragen – Politische Bildung für berufliche Schulen, Ernst Klett Schulbuchverlag, Stuttgart 2000, S. 99)

1. Betrachten Sie die beiden „Bilder ohne Worte" (M 67). Was haben sie mit unserem Thema zu tun? Was fällt Ihnen dazu ein?

2. Analysieren Sie die Einstellungen, die in den Äußerungen der drei Jugendlichen zum Ausdruck kommen (M 68a–c). Welcher würden Sie sich am ehesten anschließen können?

3. Die Übersichten M 69 und M 70 sollen verdeutlichen, welche Möglichkeiten politischen und gesellschaftlichen Engagements es gibt. Nennen Sie diejenigen, die Ihnen sinnvoll oder weniger sinnvoll erscheinen und die Sie vielleicht schon einmal praktiziert haben.

4. Einen Überblick über bürgerschaftliches Engagement in Deutschland bietet die Internet-Seite www. freiwillige.de. Überprüfen Sie, welche Möglichkeiten die Internet-Initiativen www.u26.de (M 70) und www.jugend-macht-politik.de anbieten.

5. Die vorangehenden Materialien haben u.a. gezeigt, dass sich im Hinblick auf die Beteiligung vor allem der jüngeren Bürgerinnen und Bürger am politischen Prozess („politische Partizipation") ein zwiespältiges Bild ergibt. Dem tendenziell zunehmenden Rückzug aus den traditionellen „klassischen" Formen der politischen Teilnahme und der politischen Beeinflussung (Mitgliedschaft und Mitarbeit in Parteien und Interessenverbänden, Teilnahme an Wahlen) steht offenbar ein z.T. lebhaftes Engagement in politischen und gesellschaftlichen Bereichen und in Formen gegenüber, die man sich je nach persönlichem und aktuellem Interesse aussucht, die keine längerfristigen Bindungen (Mitgliedschaften) und Verpflichtungen erfordern, aus denen man folglich aussteigen kann, wenn das Engagement keinen „Spaß macht". So positiv diese neuen „unkonventionellen" Formen des Bürgerengagements an sich zu werten sind, so sehr wird doch das Problem gesehen (s. M 65), dass diese neuen Formen das Defizit im Bereich der „eigentlichen" Politik nicht kompensieren können und dass die Fähigkeit von Parteien, Parlamenten und Institutionen zur Lösung massiver gesamtgesellschaftlicher Probleme, wie z.B. der Massenarbeitslosigkeit, dadurch nicht gefördert wird. Hier tut sich ein Dilemma auf, für das eine Lösung noch nicht in Sicht ist. Diskutieren Sie zum Abschluss Ihrer Arbeit an diesem Kapitel noch einmal dieses zentrale Problem.

Hinweise auf Internet-Informationsangebote zum Bereich Politik

Willkommen bei POLITISCHE BILDUNG ONLINE
http://www.politische-bildung.net/index.htm

PUBLIKATIONEN IM NETZ

In unserem **Download-Bereich** stellen wir die **On-line-Publikationen** (html und/oder pdf) der Bundes-zentrale und Landeszentralen zur Verfügung. Nach und nach werden auch Materialien anderer Anbieter aufgenommen.

- **Angebote der politischen Bildung**
- **Bildung & Wissenschaft**
- **Geschichte & Zeitgeschehen**
- **Gesellschaft & Soziales**
- **Internationales & Europa**
- **Medien & Nachrichten**
- **Staat & Politik**
- **Umwelt & Nachhaltigkeit**
- **Wirtschaft, Arbeit & Technik**

Perspektive Deutschland
Was muss reformiert werden? Umfrage zu den Themen Bildungswesen, Sozialsystem, Arbeitsmarkt etc.

Unsere Link-Tipps:

Politikdidaktik
Neue Unterrichtseinheiten bei D@dalos, u.a. Grundlagen der politischen Bildung

Politiksimulation
democracy online today: Community mit virtuellem Parteiensystem, virtueller Kanzlerwahl etc.

– Nach dem 11. September
– USA, UNO und Irak
– Balkan-Konflikt
– Kaschmir-Konflikt
– Tschetschenien-Konflikt
– Zuwanderung
– Jugend – Gewalt – Medien
– Rechtsextremismus
– NPD-Verbot
– Bildungsreform
– Rentenreform
– Gesundheitsreform
– Arbeitsmarktreform
– Arbeitslosigkeit
– Zukunft der Arbeit

– Wirtschaftskrise
– Zukunft der Wirtschaft
– Globalisierung
– Spenden – Fundraising
– Klimawandel
– Sozialpolitik
– Familien u. Kinderpolitik
– Gen-Ethik-Debatte
– Medienpädagogik
– Jugendschutzrecht
– Urheberrecht
– Barrierefreies Internet
– E-Demokratie
– E-Learning
– Bundestagswahl
– Landtagswahlen

Politik-Portale
www.politik-digital.de
www.politikerscreen.de
www.e-politik.de
www.politik-im-netz.com
www. polunity.com

Chats
www.politik-digital.de/salon/termine

Foren
www.politik-forum.de
www.politikforum.de

www.politik-digital.de/salon/diskussion
www.spiegel.de/forum/nf
www.votas.de

Nachrichten
politik digital
TeacherNews
web.de yahoo.de
heute.de tagesschau.de
paperball.de

Medien
Focus
http://www.focus.de/

Frankfurter Allgemeine Zeitung
http://www.faz.de

Frankfurter Rundschau
http://www.fr-aktuell.de/

Spiegel
http://www.spiegel.de/

Süddeutsche Zeitung
http://www.sueddeutsche.de/

Die Zeit
http://www.zeit.de/

Die Welt
http://www.welt.de/

Eine Linkliste zu den verschiedensten Zeitungen unter:
http://www.zeitungen.de/

ARD
http://www.ard.de

ZDF
http://www.zdf.de

(http://www.politische-bildung.net/index.htm)

Methodischer Anhang

Hinweise zur Analyse von Statistiken

Statistische Daten spielen im Fach Sozialwissenschaften bei der Behandlung vieler Themen eine wichtige Rolle. Das ist schon deshalb so, weil man zur Beurteilung einzelner konkreter Fälle und Fakten wissen muss, wie es „im Ganzen" oder „im Durchschnitt" aussieht. Statistiken sind in einer „Sprache" abgefasst, die sich auf wenige Begriffe, auf Zahlen und grafische Zeichen beschränkt und die auf diese Weise eine Vielzahl und Vielfalt von Fakten unter ganz bestimmten Gesichtspunkten ordnet und zusammenfasst. Um diese „Sprache" richtig verstehen und „übersetzen" zu können, muss man beim Lesen bestimmte Regeln beachten und anwenden. Das ist auch deshalb wichtig, weil Statistiken oft den Anschein vollkommener Objektivität und unbezweifelbarer Richtigkeit erwecken, obwohl sie z.B. Wesentliches verschweigen und den Leser u. U. in einer bestimmten Richtung beeinflussen, ihn „manipulieren" können. Die folgenden Hinweise sollen Ihnen helfen, die Fähigkeit zu erwerben, Statistiken schnell und sicher lesen, erläutern und kritisch beurteilen zu können.

Statistiken (statistische Daten) lassen sich grob unterteilen in *Tabellen* (zahlenmäßige Übersichten) und *Grafiken* (Veranschaulichung von Zahlenwerten und Größenverhältnissen mithilfe grafischer Elemente). Grafische Darstellungen gibt es in vielfältiger Form (s. dazu M 46, S. 69 ff.). Neben *Schaubildern*, die durch die Verwendung figürlicher Darstellungen gekennzeichnet sind, sind *Diagramme* aller Art sehr gebräuchlich (u.a. Kurvendiagramme, Stab- oder Säulendiagramme und Kreisdiagramme). Die häufigste Form stellen aber wohl *Tabellen* dar.

Arbeitsschritte bei der Analyse von Statistiken

1. Beschreibung

Um eine exakte Erarbeitung zu gewährleisten, ist es notwendig, *Beschreibung* und *Interpretation* (Auswertung und kritische Beurteilung) deutlich zu trennen und dabei bestimmte Leitfragen zu beachten (nicht alle Fragen des folgenden Katalogs sind für jede einzelne Statistik von Bedeutung).

a) *Aussagebereich und Quelle* (Überschrift und Quellenangabe)
– Wozu soll die Statistik etwas sagen? Welche Frage will sie beantworten?
– Für welche Zeit und für welchen Raum soll sie gelten?
– Wer hat die Statistik verfasst (verfassen lassen)? Auf welchen Quellen beruht sie?
– Bei Befragungsergebnissen: Auf welche Frage hatten die Befragten zu antworten? Welche Antwortmöglichkeiten hatten sie?

b) *Darstellungsform, Kategorien und Zahlen*
– Welche *Form* der Darstellung wurde gewählt?
– Welche *Kategorien* (Begriffe) werden miteinander in Beziehung gesetzt? (z.B. bei Tabellen: Was steht in der Kopfzeile/Tabellenkopf, was in der Seitenspalte/Vorspalte? Was bedeuten diese Begriffe genau?)
– Welche *Zahlenarten* (absolute Zahlen, Prozentzahlen, Index*-Zahlen) werden verwendet? Auf welche Gesamtzahl (Basiszahl, Bezugsgröße) beziehen sich ggf. die Prozentzahlen?
– Welche *Informationen* lassen sich der Statistik entnehmen? (Was bedeutet z.B. eine bestimmte Zahl in der Tabelle, ein bestimmter Punkt auf der Kurve des Diagrammes usw.)?

Hinweis: Insbesondere bei Vergleichen zwischen *Prozentzahlen* muss man darauf achten, ob die Gesamtzahl angegeben ist. So kann z.B. der Vergleich zweier Zeitungsverlage, von denen der eine seine Auflage von 500000 auf 1 Million (also um 100%) gesteigert hat, der andere seine Auflage von 2 Millionen auf 3 Millionen (also um 50%) erhöht hat, einen ganz unterschiedlichen Eindruck hervorrufen, je nachdem, ob man diesen Vergleich in absoluten Zahlen (500000 im Vergleich zu 1 Million) oder in Prozentzahlen (100% im Vergleich zu 50%) formuliert. Auch der Unterschied zwischen einer Veränderung in *Prozent* und in *Prozentpunkten* ist bei der Beschreibung zu beachten.

2. Interpretation

a) *Auswertung*

– Welche Aussagen (Antworten auf die Fragestellung) lassen sich formulieren?
– Welche Aussagen (Beziehungen, Entwicklungen) sind besonders wichtig? Lassen sich bestimmte Schwerpunkte (Maxima, Minima), regelhafte Verläufe, besondere Verhältnisse und Entsprechungen feststellen?
– Wie lässt sich die Aussage zusammenfassend formulieren?

b) *Kritik*

– Gibt es Unklarheiten im Hinblick auf die Angaben zur Quelle, zur Fragestellung, zum Zeitpunkt usw.?
– Enthält die Statistik offensichtliche Mängel und Fehler (z.B. in der Berechnung, Benennung, grafischen Anlage usw.)?
– Zu welchem Bereich der Fragestellung macht die Statistik keine Angaben? Was müsste man wissen, um die Daten und ihren Stellenwert im größeren Zusammenhang beurteilen zu können?
– Lässt sich ein bestimmtes Interesse an der Veröffentlichung erkennen? Könnte sie jemandem nutzen oder schaden?

Hinweis: Ausführliche, mit vielen Beispielen und mit Humor aufbereitete Informationen zur Analyse von Statistiken enthalten die beiden Bücher von Walter Krämer: „Statistik verstehen – Eine Gebrauchsanweisung" (2000) und „So lügt man mit Statistik" (1997); beide sind erschienen im Campus-Verlag, Frankfurt a.M.

(Autorentext)

Hinweise zur Unterrichtsmethode der Expertenbefragung

Ein Experte (bzw. eine Expertin) ist ein Sachverständiger, also eine Person, die über einen bestimmten Sachverhalt aus eigenem Erleben und/oder intensiver Beschäftigung genaue Kenntnisse hat. Ein Experte kann häufig Sachverhalte genauer und anschaulicher darstellen, als das z.B. in Texten möglich ist, er hat zudem häufig Informationen, die in Büchern (noch) nicht vorhanden sind.
Hauptzweck von Expertenvortrag und Expertenbefragung ist die Informationsgewinnung. Der Unterschied zu einer politischen Diskussion, in der es zentral um Meinungsbildung, Meinungsaustausch und ggf. Entscheidungsfindung geht, darf nicht verwischt werden. Das schließt nicht aus, dass eine Expertenbefragung nach einer gewissen Zeit in eine politische Diskussion übergeht.
Jeder Experte hat aber neben Kenntnissen auch Meinungen zu den Gegenständen oder Sachverhalten, mit denen er sich beschäftigt hat. Wertungen und Meinungen, die sich ein Experte bei der Auseinandersetzung mit dem Gegenstand gebildet hat, können eine wertvolle Anregung für

die eigene Meinungsbildung sein. Voraussetzung dafür ist jedoch, dass der Experte und seine Zuhörer zwischen Informationen und Wertungen so weit wie möglich trennen. Der Experte ist dann nicht mehr sachliche Autorität, sondern grundsätzlich gleichberechtigter Gesprächspartner.

Eine Expertenbefragung hat gegenüber einem Expertenvortrag den Vorzug, dass die zu übermittelnden Informationen genau auf die Bedürfnisse der Zuhörer abgestimmt werden können und dass die Zuhörer Verlauf und Ergebnis der Veranstaltung aktiv mitgestalten können. Deshalb konzentrieren sich die folgenden Hinweise auf die Expertenbefragung. Bei der Vorbereitung und Durchführung einer solchen Befragung sollte Folgendes beachtet werden:

1. Auswahl des Themas für eine Expertenbefragung

Nicht jedes Thema eignet sich für eine Expertenbefragung. Da eine Expertenbefragung einen nicht unerheblichen Aufwand für den Experten und seine Zuhörer bedeutet, sollte sie nur veranstaltet werden, wenn die gewünschten Informationen nicht oder nur erheblich mühsamer auf anderem Weg beschafft werden können.

2. Auswahl des Experten

Der Experte muss so ausgewählt werden, dass er für das gewählte Thema über den bisherigen Kenntnisstand der Zuhörer hinaus tatsächlich Neues vermitteln kann. Das muss vorher eventuell durch ein Vorgespräch mit dem Experten ermittelt werden.

3. Organisatorische und inhaltliche Vorbereitung

Ort, Zeitpunkt und Dauer der Befragung sollten frühzeitig vereinbart, Sitzordnung, Gesprächsleitung und die Form des Festhaltens des Ergebnisses (Protokollführung) vorher abgeklärt werden.

Gezieltes Fragen setzt eine gewisse Kenntnis des Gegenstandes voraus. Die Zuhörer müssen also bereits in das Thema der Befragung eingearbeitet sein. Fragenbereiche und Einzelfragen sollten auf der Grundlage der bisherigen Beschäftigung mit dem Gegenstand genau vorbereitet sein. Im Regelfall sind auch vorherige Vereinbarungen darüber, wer welche Fragen zu welchem Zeitpunkt stellt, unumgänglich. Der Experte sollte rechtzeitig über die an ihn gerichteten Erwartungen informiert werden, damit er sich – falls notwendig – gezielt auf die Befragung vorbereiten kann.

4. Durchführung der Befragung

Eine Expertenbefragung kann nur gelingen, wenn alle Beteiligten (Experte, Frager und Zuhörer, Gesprächsleiter) sich an die am Anfang formulierten Regeln halten. In besonderer Weise dafür verantwortlich ist der Gesprächsleiter. Er muss z.B. darauf achten, dass die vorbereiteten Themenbereiche zur Sprache kommen, dass der Experte und die Fragenden nicht abschweifen, dass der Unterschied zu einer politischen Diskussion erhalten bleibt bzw. der Übergang zu einer solchen Diskussion deutlich markiert wird.

5. Auswertung der Befragung

Jede Expertenbefragung sollte zu einem späteren Zeitpunkt ohne den Experten ausgewertet werden. Der sachliche Ertrag sollte klar bestimmt werden. Dieses Ergebnis sollte daraufhin überprüft werden, welche neuen Informationen gewonnen wurden und inwieweit das Ziel der Befragung erreicht wurde. Auch Vorbereitung, Organisation und das Verfahren sollten im Hinblick auf weitere Befragungen kritisch überprüft werden.

(Autorentext)

Glossar

Abschreibemöglichkeiten. Im Steuerrecht vorgesehene Möglichkeiten, bestimmte Teile des Einkommens von der Steuerpflicht auszunehmen (z.B. bei Verwendung zum Kauf einer Eigentumswohnung).

Absolutismus. Regierungsform, bei der alle Herrschaftsgewalt uneingeschränkt in der Hand eines Alleinherrschers liegt (absolute, d.h. von der Bindung an Gesetze oder Parlamente losgelöste Monarchie des 17. und 18. Jahrhunderts).

68er. Bezeichnung für den Teil der heute (2002) ca. 50–65-Jährigen, die an der „Studentenbewegung" (Ende der 60er-/Anfang der 70er-Jahre) beteiligt waren oder durch deren Denken und politische Vorstellungen (z.B. Demokratisierung der Gesellschaft) geprägt wurden.

Aggregate. „Anhäufungen"; Bezeichnung für relativ strukturlose Mengen, Massen oder Gesamtheiten (soziale Aggregate beziehen sich auf entsprechende Gesamtheiten von Individuen).

Aggregation. Zusammenfassung vieler, möglichst gleichartiger Einzelgrößen (Wirtschaftssubjekte, Güter, Produktionsfaktoren usw.) zu Gesamtgrößen. Aggregation beruht immer auf Abstraktion (von der Vielfalt konkreter Einzelheiten).

Aktie. Wertpapier, in dem das Anteilsrecht an einer Aktiengesellschaft (AG) verbrieft ist. Der Nennwert entspricht dem aufgedruckten Geldbetrag; er weicht in der Regel vom Marktwert (Börsenkurs) der Aktie ab. Aktionäre sind am Gewinn der betreffenden Gesellschaft beteiligt (→ Dividende).

Aktiva. (Plur.) Bezeichnung für die Summe der einem Unternehmen zur Verfügung stehenden Vermögensbestandteile, die auf der linken (Soll-) Seite der Bilanz ausgewiesen werden.

Aktivseite. Linke Seite einer Bilanz, auf der die → Aktiva ausgewiesen sind.

Allokation. Verteilung der (knappen) Produktionsfaktoren einer Volkswirtschaft auf die jeweiligen Verwendungszwecke, so dass die bestmögliche Nutzung erreicht wird.

altruistisch. Im Gegensatz zu egoistisch eine Einstellung, die durch Nächstenliebe und Selbstlosigkeit charakterisiert ist und eigene Interessen hinter die Hilfe für andere zurückstellt.

Anarchie. Herrschaftslosigkeit. Als anarchisch wird ein System bezeichnet, in dem es keine Gesetze und Herrschaftsstrukturen gibt oder in dem die bestehenden Normen nicht mehr angewendet werden und in dem die staatliche Autorität nicht mehr sichern kann, dass die Auseinandersetzungen zwischen den gesellschaftlichen Gruppen gewaltfrei und geregelt verlaufen, in dem vielmehr die Konflikte gewaltsam und chaotisch ausgetragen werden.

antagonistisch. (griech.) Gegensätzlich, widerstreitend, gegeneinander gerichtet.

antipluralistisch. Bezeichnung für eine Einstellung, die sich gegen die Berechtigung unterschiedlicher Interessen(gruppen) und sich daraus ergebender Interessenkonflikte wendet.

Arbeitslosengeld. Anspruch auf Arbeitslosengeld hat, wer arbeitslos ist, sich beim Arbeitsamt gemeldet hat und der Arbeitsvermittlung zur Verfügung steht. Voraussetzung ist, dass in den letzten drei Jahren vor der Arbeitslosmeldung wenigstens 360 Tage eine beitragspflichtige Beschäftigung (als solche gelten auch Wehr- und Zivildienst) bestanden hat. Die Dauer des Anspruchs auf Arbeitslosengeld richtet sich nach der Dauer der vorausgehenden Beschäftigung innerhalb der letzten 7 Jahre und nach dem Alter (maximale Dauer für Arbeitslose ab 54: 832 Wochentage = ca. 2,6 Jahre). Das Arbeitslosengeld beträgt 67% (für Arbeitslose ohne Kinder 60%) des ausfallenden Netto-Einkommens. Wer direkt nach Abschluss der Berufsausbildung arbeitslos wird, erhält mindestens 50% des Arbeitslohns, den er als Facharbeiter erhalten würde.

Arbeitslosenhilfe. Arbeitslosenhilfe erhalten Personen, die arbeitslos gemeldet sind und deren Anspruch auf Arbeitslosengeld ausgelaufen ist oder die vor Beginn der Arbeitslosigkeit nur kurz (mindestens aber 150 Tage) gearbeitet haben. Die Arbeitslosenhilfe wird aus Steuermitteln finanziert und beträgt 57% des letzten Nettogehaltes, wenn der Empfänger von Arbeitslosenhilfe Kinder hat, ansonsten 53%. Sie wird grundsätzlich zeitlich unbegrenzt bezahlt. Sie wird aber jährlich neu festgesetzt. Hierbei spielt auch Bedürftigkeit des Antragstellers eine Rolle. Zur Feststellung der Bedürftigkeit wird das Einkommen von Ehegatten, nicht ehelichen Partnern und Verwandten 1. Grades berücksichtigt. Mit jedem Jahr der Erwerbslosigkeit wird die Bemessungsgrundlage um 3% gekürzt, so dass sich auch die Höhe der Arbeitslosenhilfe jährlich verringert.

Assoziation. Unwillkürliche Verbindung/Verknüpfung von Vorstellungen mit einem Begriff.

atomistisch. Bezogen auf den Marktmechanismus: aus sehr vielen kleinen Marktteilnehmern bestehend.

Aufklärung. Geistige und politisch wirksame Bewegung vom Ende des 17. bis zum 19. Jh., die auf der Überzeugung beruht, dass alle Menschen „von Natur aus" gleich und vernünftig sind und sich aus ihrer „selbstverschuldeten Unmündigkeit" (Kant) befreien können. Das aufklärerische Denken stellte die → Legitimität des monarchischen Herrschaftsanspruches im Absolutismus infrage und forderte die Anerkennung unveräußerlicher Grundrechte in einer demokratischen Gesellschaft.

Aufsichtsrat. In einer Aktiengesellschaft das aus drei bis 21 Mitgliedern bestehende Organ, das die Arbeit des Vorstandes überwacht sowie Vorstandsmitglieder beruft oder abberuft.

Axiom. Unmittelbar einleuchtender Grundsatz, der seinerseits nicht mehr begründet wird.

Baisse. Längere Zeit andauernder allgemeiner Rückgang der Kurse an den Börsen.

Bales, Robert F. Geb. 1916; amerikan. Professor für Soziologie (Harvard-Universität); sein Hauptinteresse gilt der Kleingruppenforschung; er entwickelte eine spezifische Methode zur differenzierten Untersuchung und Messung der Interaktionen von Individuen in Gruppen (Interaktionsanalysen).

BDA. Bundesverband der deutschen Arbeitgeberverbände, in dem fast alle Fachverbände der deutschen Arbeitgeber zusammengeschlossen sind.

BDI. Bundesverband der deutschen Industrie; Interessenverband der deutschen Industrie (als des wichtigsten Teils der deutschen Wirtschaft).

Bedürftigkeitsprüfung. Für die Zahlung bestimmter staatlicher → Transferleistungen (z.B. Sozialhilfe, → Arbeitslosenhilfe) wird überprüft, ob und inwieweit der Antragsteller über anderweitige Einkünfte, Unterstützungen, Vermögenswerte usw. verfügt, die bei der Berechnung der Transferzahlung zu berücksichtigen sind.

Brainstorming. Methode (bei Konferenzen, Versammlungen, Arbeitstagungen usw.), durch das Sammeln und Auswerten spontan vorgetragener Einfälle und Vorschläge für ein Problem die beste Lösung zu finden.

Branntweinmonopol. Der im Inland produzierte Branntwein (mit Ausnahme des Korn- und Obstbranntweins) wird von der „Bundesmonopolverwaltung für Branntwein" übernommen und in den Handel verkauft (der Verkaufspreis wird mit der Branntweinsteuer belastet, die an die Bundeskasse abgeführt wird). Die Monopolverwaltung hat auch das Einfuhrmonopol.

Bruttoinlandsprodukt (BIP). (In Geld ausgedrückter) Wert aller in einem bestimmten Zeitraum in einem Land erzeugten Waren- und Dienstleistungen (geografische Abgrenzung; nach diesem „Inlandskonzept" werden also auch die Produktionsfaktoren in Besitz von Ausländern in der BRD erfasst), ohne den Außenbeitrag, der durch Ausfuhr und Einfuhr von Waren und Dienstleistungen entsteht. Seit 1992/93 orientiert sich das Statistische Bundesamt in seinen Berechnungen am Bruttoinlandsprodukt.

Cooley, Charles Horton (1864–1929). Amerikan. Professor für Soziologie in Michigan; sein Hauptinteresse galt der Verflechtung des Individuums mit der Gesellschaft; eine wichtige Bedeutung für die Entwicklung der Persönlichkeit kommt nach Cooley den Primärgruppen zu, die er von den Sekundärgruppen unterschied.

Definiendum. (lat.) Das zu Definierende; das, was definiert werden soll.

Definiens. (lat.) Das Definierende; Merkmal, das den Inhalt eines zu definierenden Begriffs bestimmt.

demographisch. Auf die Größe, die Entwicklung (Abnahme, Zunahme) und Struktur (Verteilung der Altersgruppen) der Bevölkerung bezogen.

Deregulierung. Rücknahme staatlicher Eingriffe in einen Markt, Freigabe eines staatlich beherrschten Marktes. Ziel der Deregulierungspolitik ist eine Zurückdrängung der Rolle des Staates in einer Volkswirtschaft durch den weitgehenden Verzicht auf Vorschriften, Genehmigungen und Kontrollen. Auf den Arbeitsmarkt bezogen richtet sich die von den Arbeitgebern erhobene Forderung nach Deregulierung auf eine Reduzierung gesetzlicher Regelungen (z.B. für den Kündigungsschutz, die Teilzeitarbeit usw.), die als zu weitgehend und die Einstellung von Arbeitskräften behindernd betrachtet werden.

deskriptiv. (lat.) Rein beschreibend (Aussage über das, was ist); im Gegensatz zu präskriptiv = vorschreibend (Aussage über das, was sein soll).

Determinismus. (lat. determinare – begrenzen, bestimmen) Bezeichnung für eine Auffassung oder eine philosophische Lehre, nach der der menschliche Wille nicht frei, sondern von äußeren Ursachen bestimmt ist; allgemein: etwas festlegend, Freiheitsspielräume ausschließend.

Diäten. Finanzielle Bezüge der Parlamentsabgeordneten, die nach Art. 48 III GG Anspruch auf eine „angemessene, ihre Unabhängigkeit sichernde Entschädigung" haben.

Diktatur des Proletariats. In der Theorie von Karl Marx Bezeichnung für die Herrschaft der Arbeiterklasse über die übrigen sozialen Klassen während der Zeit des revolutionären Übergangs vom Kapitalismus zum Sozialismus.

Dilemma. Zwangslage, in der nur die Wahl zwischen zwei Möglichkeiten besteht, die beide negativ zu bewerten (unangenehm, Nachteile mit sich bringend) sind.

dispositionell. Auf ursprünglichen Anlagen (Eigenschaften, Neigungen) beruhend.

Dividende. (lat. „das zu Verteilende") Der auf den Nennwert einer → Aktie entfallende Gewinnanteil (ausgedrückt in Prozent).

Dunkelziffer. Differenz zwischen der statistisch erfassten und der tatsächlichen Zahl z.B. von Straftaten (oder von Sozialhilfeempfängern und Anspruchsberechtigten).

Durkheim, Emile (1858–1917). Franz. Soziologie-Professor; hatte großen Anteil an der Entwicklung der Soziologie zu einer eigenständigen Wissenschaft; die Gesellschaft, das Soziale ist für ihn keine bloße Hypothese, sondern eine Realität, deren Wirksamkeit durch die → Empirische Sozialforschung nachgewiesen werden kann.

DVU. Deutsche Volksunion; rechtsextreme Partei, die seit 1998 in drei Länderparlamenten (Mecklenburg-Vorpommern, Brandenburg, Bremen) vertreten ist, bei der Bundestagswahl 1998 aber nur einen Anteil von 1,2 % erreichte.

Egalitätsprinzip. Grundsatz, nach dem in der menschlichen Gesellschaft die möglichst vollständige Gleichheit aller Mitglieder in politischer, sozialer und wirtschaftlicher Hinsicht verwirklicht werden müsse.

empirisch. Auf die Wirklichkeit, die Erfahrung bezogen (im Unterschied zu „theoretisch", d.h. auf Überlegung und gedanklicher Verknüpfung beruhend); die Wirklichkeit durch Verfahren und Methoden erschließend, die nachvollziehbar und nachprüfbar sind und somit das Ergebnis von der Subjektivität des Forschers unabhängig machen; → Empirische Sozialforschung.

Empirische Sozialforschung. Systematische Erfassung und Deutung sozialer Erscheinungen. Empirisch bedeutet, dass theoretisch formulierte Annahmen an spezifischen Wirklichkeiten überprüft werden. Systematisch weist darauf hin, dass dies nach genauen Regeln vor sich gehen muss. Theoretische Annahmen und die Beschaffenheit der zu untersuchenden sozialen Realität sowie die zur Verfügung stehenden Mittel bedingen den Forschungsablauf. Unter Methoden der Empirischen Sozialforschung versteht man die geregelte und nachvollziehbare Anwendung von Erfassungsinstrumenten wie Interview, Befragung, Experiment, Beobachtung, Inhaltsanalyse.

Entwicklungspsychologie. Die Entwicklungspsychologie befasst sich mit den Bedingungen, den Merkmalen und den einzelnen Phasen der körperlichen, geistigen und seelischen Entwicklung von Kindern und Jugendlichen.

Ermächtigungsgesetz. Am 23.3.1933 legte Adolf Hitler dem Reichstag ein Gesetz vor, das der Regierung für vier Jahre das Recht geben sollte, Gesetze (auch verfassungsändernde Gesetze) ohne Beteiligung des Reichstags zu erlassen. Bis auf die 94 anwesenden SPD-Abgeordneten stimmten alle Mitglieder des Reichstags dem Gesetz zu.

EVS. Die Einkommens- und Verbrauchsstichprobe (EVS) wird als Quotenstichprobe seit 1963 vom Statistischen Bundesamt in fünfjährigem Abstand durchgeführt. Ziel ist es, Daten über Einnahmen, Ausgaben und Vermögen nach sozio-ökonomischen Merkmalen von Haushalten und von Personen zu erheben. Dies geschieht teilweise, indem Haushaltsbücher geführt und ausgewertet werden. In der EVS werden Informationen über die Einnahmen und Ausgaben von etwa 70.000 Haushalten ermittelt.

Eucken, Walter. Deutscher Nationalökonom (1892–1950); Begründer der → neoliberalen Freiburger Schule, die maßgeblichen Einfluss auf die Gestaltung der Wirtschaftsordnung in der Bundesrepublik hatte.

Europäische Kommission. Die „Regierung" der Europäischen Union, deren Mitglieder (für bestimmte Politikbereiche zuständige Kommissare) von den Regierungen der EU-Mitgliedstaaten vorgeschlagen und bei Zustimmung des Europäischen Parlaments für 5 Jahre ernannt werden; der Präsident der Europäischen Kommission wird von den Mitgliedstaaten einvernehmlich bestimmt.

Europäisches Haushaltspanel. Mit dem Europäischen Haushaltspanel werden seit 1994 Längsschnittdaten von immer wieder den gleichen Haushalten und Personen erhoben. In Deutschland werden 5.000 Haushalte, EU-weit ca. 60.000 Haushalte befragt. Das Panel umfasst Daten über den Haushalt, zur Haushaltsstruktur, die Wohnsituation und die wirtschaftliche Lage sowie zur Ausstattung mit langlebigen Gebrauchsgütern. Von Personen im Alter von mindestens 16 Jahren wird die gegenwärtige Lebenssituation, die Einkommenssituation und die Erwerbsbiografie erfragt.

Existenzminimum. Das physische Existenzminimum bezeichnet die zum Überleben notwendige Mindestausstattung mit Gütern. Das soziokulturelle Existenzminimum schließt darüber hinaus auch solche Güter ein, die ein nach den

geltenden Wertvorstellungen und Konsumge-
wohnheiten menschenwürdiges Dasein ermöglichen (Information, Bildung, Gesundheitsfürsor-
ge usw.).

Explikation. „Entfaltung", Erklärung, Erläuterung.

explorativ. Erforschend, erkundend (bezogen auf
ein weites Untersuchungsfeld, noch ohne präzis
abgegrenzte Fragestellungen).

ex-post-facto-Untersuchung. Untersuchungsmethode, die wirtschaftliche Zusammenhänge rückschauend (im Nachhinein) erklärt.

Faktoreinkommen. Einkommen als Entgelt für
die zeitweilige Überlassung von Produktionsfaktoren (z.B. Löhne und Gehälter, Gebühren und
Honorare für Arbeit, Zinsen und Gewinnanteile
für Kapital, Pachten für Boden). Neben den Faktoreinkommen unterscheidet man so genannte
übertragene Einkommen, für die keine unmittelbare Gegenleistung vorhanden ist, wie z.B. Renten, Pensionen und staatl. Unterstützungen (→
Transferzahlungen).

Faschismus. Von B. Mussolini 1922 an die Macht
geführte politische Bewegung, deren Symbol die
Rutenbündel („fasces") der altrömischen Likto-
ren waren. Das von ihr mit den Mitteln systematischen Terrors verbreitete und bis 1943 ausgeüb-
te Herrschaftssystem war gekennzeichnet durch
die Ausschaltung aller konkurrierenden Parteien,
die Kontrolle des öffentlichen Lebens durch die
Partei und die Konzentration der Staatsgewalt
beim Führer (Duce). Im weiteren Sinne Bezeichnung für extrem nationalistische Bewegungen
und Herrschaftssysteme in Europa nach dem 1.
Weltkrieg mit autoritärem bzw. → totalitärem
Aufbau, der Organisation nach dem Führerprin-
zip und einer antidemokratischen, antiliberalen
und antimarxistischen Ideologie. Seine stärkste
totalitäre Ausprägung erreichte der Faschismus
als Nationalsozialismus in Deutschland.

faschistoid. Von der Art des → Faschismus, jedoch nicht unmittelbar faschistisch.

feindliche Übernahme. Übernahme eines Unternehmens durch ein anderes Unternehmen gegen
den Willen der Führung (Vorstand, Aufsichtsrat)
des zu erwerbenden Unternehmens; das kann
geschehen durch ein attraktives Angebot an die
Aktienbesitzer (Übernahme der Aktien zu einem
günstigen Kurs).

Flick-Skandal. Bezeichnung für Parteispendenaffären Anfang der 80er-Jahre; vor allem der Flick-
Konzern hatte jahrelang an der Steuer vorbei hohe Spenden an Politiker und Parteien gezahlt;
häufig an gemeinnützige Vereine, von denen das
Geld auf Umwegen an die Parteien weiterfloss
(Geldwäsche).

Fonds. Allgemein ein Vermögen für bestimmte
Zwecke: Neben den staatlichen Sondervermögen
und den EU-Fonds sind Fonds insbesondere die
Vermögen von Kapitalanlagegesellschaften (→
Investmentgesellschaft). Meist bestehen sie aus
Aktien, Anleihen (Renten), Immobilien oder
Geldmarktpapieren, werden von Banken oder anderen Finanzgesellschaften nach bestimmten,
vorher veröffentlichten Kriterien zusammengestellt. Die Anleger erwerben mit ihren Anteilen
ein Miteigentum an sämtlichen Objekten des
Fondsvermögens. Der Begriff kommt von franzö-
sisch „fonds" (Grund, Boden, Schatz), dies von
lateinisch „fundus" (Grund, Boden eines Gegenstandes).

Forderung. Anspruch einer Person an eine andere, eine Leistung zu verlangen; Gegensatz: Verbindlichkeit; Forderungen, die aus Warenlieferun-
gen und Leistungen an Kunden stammen, werden als Außenstände bezeichnet.

freie Berufe. Bezeichnung für bestimmte Berufe,
deren Angehörige sich den Lebensunterhalt
„frei", ohne Abhängigkeit von einem Arbeitgeber,
verdienen (z.B. Ärzte, Apotheker, Architekten,
Rechtsanwälte, Steuerberater, Schriftsteller, bildende Künstler). Im Unterschied zu Unternehmern ist die Tätigkeit von „Freiberuflern" nicht-ge-
werblich, d.h. sie beruht nicht auf dem Einsatz eines gewerblichen Vermögens. Die Abgrenzung zu
dem Begriff „Selbstständige" ist nicht immer klar.

Freiberufler. → freie Berufe.

Frustrationstoleranz. Ausmaß der Fähigkeit, Frus-
trationen (Enttäuschungen, Behinderungen) zu
ertragen, ohne aggressiv zu werden.

Gemeinwohl. Unterschiedlich definierter Begriff
zur Bezeichnung des allgemeinen Wohls, des
Gesamtinteresses, der politischen Ziele und Werte einer Gesellschaft, im Unterschied zum Wohl
besonderer Gruppen, Personen oder sonstiger
Teilinteressen (Partikularinteressen). Der Auffassung, dass das Gemeinwohl vorgegeben und objektiv feststellbar sei (Rousseau), steht die Ansicht gegenüber, dass das Gemeinwohl sich erst
aus dem politischen Willensbildungsprozess und
der Auseinandersetzung zwischen unterschiedlichen Interessen annäherungsweise ergebe.

Generationenvertrag. Bezeichnung für das
Grundprinzip der gesetzlichen Rentenversicherung, nach dem immer der gerade arbeitende
Teil der Bevölkerung für die Rentenzahlungen an
den nicht mehr arbeitenden Teil aufkommt; die
gezahlten Beiträge werden also nicht in einem
Kapitalstock gesammelt, sondern begründen einen Anspruch auf spätere Rentenzahlung.

Globalisierung. Seit Beginn der 90er-Jahre immer häufiger gebrauchter Begriff für den Prozess zunehmender internationaler Verflechtung vor allem im Bereich der Wirtschaft, aber auch der Politik und der Kultur, dessen Chancen und Gefahren unterschiedlich beurteilt werden. Kennzeichen und Dimensionen dieser Entwicklung sind u.a.: stärkeres Wachstum des Welthandels im Vergleich zur Produktion (vor allem auch bei den Dienstleistungen), starkes Anwachsen der Direktinvestitionen im Ausland, starke Zunahme der Bedeutung transnationaler Unternehmen („Global Players"), enorme Zunahme und Intensivierung des internationalen Finanzhandels. Antriebskräfte der Globalisierung sind neben dem technologischen Fortschritt der Informations- und Kommunikationstechnik die → Liberalisierung der Märkte für Güter, Dienstleistungen und Kapital sowie das Ende des Kommunismus und die Verbreitung marktwirtschaftlicher Systeme über die ganze Welt. Die Globalisierung eröffnet den einzelnen Ländern nicht nur Chancen; die verschärfte internationale Wettbewerbssituation stellt die Länder auch vor erhebliche Probleme der Anpassung (z.B. in der Arbeitsmarkt- und Sozialpolitik).

Goffmann, Erving (1922–1982). Amerikanischer Soziologe, dessen Arbeitsschwerpunkt im → sozialpsychologischen Bereich lag (Untersuchung von Verhaltensmustern, Rollendistanz, abweichendem Verhalten in alltäglichen Lebenssituationen).

Grenzkosten. Bezeichnung für den Zuwachs der Gesamtkosten, der entsteht, wenn die Produktion einer Gütermenge um eine Einheit erhöht wird.

Grenznutzen. Nutzenzuwachs aus der jeweils letzten konsumierten Gütereinheit. Nach dem deutschen Nationalökonomen H. H. Gossen nimmt mit zunehmendem Konsum der Grenznutzen eines Gutes ab (1. Gossen'sches Gesetz; s. M 14, S. 25f.).

Gültigkeit (Validität). Kriterium der → Empirischen Sozialforschung für die wissenschaftliche Qualität von Forschungsmethoden. Ein methodisches Vorgehen ist gültig, wenn damit tatsächlich das erfasst und gemessen wird, was festgestellt werden soll (Genauigkeit des inhaltlichen Aspekts einer Untersuchung).

Handelsrunden. Reihe von internationalen Konferenzen (Welthandelsrunden) im Rahmen der Welthandelsorganisation (WTO – World Trade Organization) und ihres Vorgängers, des GATT (General Agreement on Tarifs and Trade) zum Abbau von Zöllen und anderen Hemmnissen des internationalen Handels (Liberalisierung).

Hausse. (franz. Steigerung) Starker Anstieg der Börsenkurse (der Marktpreise für die an einer Börse gehandelten Wertpapiere, Devisen oder Waren).

Hierarchie. Bezeichnung für eine Gliederung (einen Aufbau, eine Ordnung) nach dem Prinzip der Über- und Unterordnung.

hierarchisch. Streng nach dem Prinzip der Über- und Unterordnung gegliedert.

Honoratioren. Bezeichnung für Personen, die hohes Ansehen genießen und aufgrund ihrer wirtschaftlichen Voraussetzungen in der Lage sind, teilweise oder ganz ehrenamtlich politisch tätig zu sein; im Zeitalter der Massendemokratie gibt es kaum noch Parteien oder Parteigruppierungen, in denen Honoratioren besonderen Einfluss haben.

Humankapital. Bezeichnung für das Wissen und die Fähigkeiten (Qualifikationen), über die Arbeitskräfte durch Ausbildung und Erfahrung verfügen; Humankapital wird als wesentlicher Bestimmungsfaktor für die → Produktivität einer Volkswirtschaft angesehen.

Hypothese. (griech.) „Unterstellung", Vermutung; Aussage, mit der versucht wird, etwas Beobachtetes im Hinblick auf seine Entstehung, seine Ursache oder Wirkung oder seinen Zusammenhang mit anderen Phänomenen zu erklären. Eine Hypothese ist eine vorläufige, ungesicherte Aussage, die bewiesen oder widerlegt werden kann.

idealtypisch. Die Wirklichkeit nicht abbildhaft wiedergebend, sondern in ihren wesentlichen Zügen und Zusammenhängen (unwesentliche Merkmale vernachlässigend) gedanklich erfassend; s. M 24, S. 36.

Idealtypus. Zur Erläuterung s. M 24, S. 36 (→ idealtypisch).

imperatives Mandat. Unmittelbare Bindung eines Gewählten an den Auftrag der Wähler, an den er sich in jeder Sachfrage halten muss, auch wenn er persönlich anderer Auffassung ist.

Index. „Anzeiger"; in der Statistik eine Messzahl, die das Verhältnis mehrerer Zahlen zueinander angibt (z.B. in zahlenmäßigen Entwicklungsreihen über die Entwicklung der Löhne, der Bevölkerung usw.); dabei wird die Zahl eines bestimmten Jahres (Basisjahr) = 100 gesetzt und die Veränderungen der absoluten Zahl für das Bezugsjahr in Prozentpunkte umgerechnet. Besteht die Messzahl aus mehreren Bestandteilen (multipler Index), werden diese gewichtet zusammengefasst.

Indikator. (lat.) „Anzeiger" oder „Kennziffer" für bestimmte Sachverhalte, die zahlenmäßig erfasst und gemessen werden sollen (s. M 5, S. 293f.).

Individualisierung. Langfristiger, sich in den 90er-Jahren beschleunigender Prozess der Herauslösung des Individuums aus kollektiven Lebensformen, Strukturen und Bindungen; verursacht u.a. durch verstärktes Streben nach Unabhängigkeit, steigendes Bildungsniveau, Pluralisierung von Wertvorstellungen, abnehmende Bedeutung von Institutionen wie Familie und Kirche.

input. „Eingang" von → Ressourcen (Gütern, Dienstleistungen, Informationen) in einen Systemzusammenhang (z.B. einen Produktionsprozess). Vom input ist der output (Ergebnis, Leistung, Wirkung) des betr. Systems abhängig.

Insider-Wissen. Als Insider bezeichnet man Personen, die aufgrund ihrer Tätigkeit z.B. als Vorstands- oder Aufsichtsratsmitglieder einer Aktiengesellschaft über Informationen verfügen (und daraus finanzielle Vorteile ziehen können), die der Öffentlichkeit nicht zugänglich sind.

instrumentell. Etwas nur als Mittel, nicht als eigenen Wert und Zweck betrachtend.

Integration. „Wiederherstellung eines Ganzen"; Bezeichnung für Prozesse der Eingliederung bzw. Angleichung von Verhalten und Bewusstsein (einzelner Personen in Gruppen, Gruppen in einer Gesamtgesellschaft).

Interaktionisten. Bezeichnung für die Vertreter einer soziologischen Forschungsrichtung, die das soziale Handeln des Menschen vor allem durch wechselseitige Orientierung und Verständigung geprägt sieht, da der Mensch nicht nur in einer natürlichen, sondern in einer durch Symbole (insbesondere Sprache und Gesten) vermittelten Umwelt lebt (symbolischer Interaktionismus). Um zu einer sozial handlungsfähigen und kompetenten Persönlichkeit zu werden, muss der Mensch im Prozess der Sozialisation bestimmte Fähigkeiten des Rollenhandelns erlernen (wie z.B. die Rollenerwartungen anderer innerlich vorwegzunehmen und bei der Steuerung des eigenen Handelns zu berücksichtigen).

Interdependenz. (lat.) Gegenseitige Abhängigkeit bzw. Beeinflussung; Wechselwirkung.

intermediäre Gruppen. (intermediär = dazwischen, in der Mitte) Bezeichnung für Gruppen, Organisationen und Institutionen, die in komplexen Gesellschaften eine Verbindung zwischen dem Einzelnen und der Gesamtgesellschaft und ihren Institutionen schaffen.

internalisieren. Verinnerlichen; Werte, Normen, Rollenerwartungen usw. so tief greifend lernen und übernehmen, dass sie zu einem Teil der eigenen Persönlichkeitsstruktur werden (nicht mehr als von außen kommende Forderungen und Zwänge erlebt werden).

Interventionismus. Bezeichnung für eine Auffassung, die staatliche Eingriffe in das Wirtschaftsgeschehen nachdrücklich befürwortet.

interventionistisch. → Interventionismus.

Investition. Langfristige Anlage von → Kapital zur Erhaltung und Vermehrung der Produktionsmittel in Form von Maschinen, Gebäuden usw. Staatl. Investitionen dienen der Herstellung → öffentlicher Güter.

Investitionsgüter. Güter, die dazu bestimmt sind, andere Güter (Konsumgüter oder wiederum Investitionsgüter) herzustellen (→ Investitionen).

Investmentgesellschaft. Andere Bezeichnung: *Kapitalanlagegesellschaft*; eine Gesellschaft, die Aktien oder festverzinsliche Wertpapiere kauft oder *Immobilien* erwirbt, dieses Vermögen zu → Fonds (Investmentfonds) zusammenfasst und Anteilsscheine (Investmentzertifikate) an diesen Fonds ausgibt. Der Käufer solcher Anteilsscheine erwirbt dann ein Miteigentum an den von der Investmentgesellschaft gehaltenen Wertpapieren oder Immobilien.

Item. (engl.) Element eines Fragebogens oder einer Skala; es besteht aus einer Aussage, die als Frage oder als Urteil formuliert ist, zu der sich die Befragten zustimmend oder ablehnend oder Kenntnisse nennend äußern sollen.

juristische Personen. Organisationen, die ebenso wie → natürliche Personen Träger von Rechten und Pflichten sind, in eigenem Namen klagen und verklagt werden können. Dazu zählen z.B. Kapitalgesellschaften, Genossenschaften und Vereine sowie im öffentlichen Bereich Gebietskörperschaften und Anstalten des öffentlichen Rechts (z.B. Rundfunkanstalten).

Kalter Krieg. Bezeichnung für die nach dem Ende des Zweiten Weltkriegs entstandene machtpolitische und ideologische Auseinandersetzung zwischen den USA und der ehemaligen Sowjetunion bzw. zwischen den Bündnissystemen (NATO – Warschauer Pakt). Direkte militärische Auseinandersetzungen („heißer Krieg") konnten trotz des Rüstungswettlaufs vermieden werden; eine sich langsam entwickelnde Entspannungs- und Abrüstungspolitik führte mit dem Zusammenbruch der Sowjetunion zum Ende des Kalten Krieges (1989/90).

Kapitalakkumulation. Anhäufung, Wiedereinsetzung und Verwertung von Kapital; in der Marx'schen Theorie werden durch diesen Prozess die Voraussetzungen für eine Politisierung und Radikalisierung der Arbeiterklasse und damit für die Umwälzung des Wirtschaftssystems geschaffen.

Kapitalismus (vom mlat. *capitale* = Grundsumme und von franz. *capitalisme*). Der Typus einer Wirtschafts- und Gesellschaftsordnung, die gekennzeichnet ist durch privates Eigentum an Produktionsmitteln, private Verfügungsgewalt über diese Mittel und die durch ihren Einsatz erzielten Gewinne, dezentrale Abwicklung von Austauschprozessen zwischen den Wirtschaftssubjekten über den Markt und wirtschaftliche, soziale und politische Interessengegensätze zwischen „Kapital" (Unternehmen und Managern) und „Arbeit" (lohn- oder gehaltsabhängige Arbeitnehmer und ihren Interessenvertretungen); allgemein schlagwortartige Bezeichnung für die verschiedenen Formen der Marktwirtschaft.

Kaufkrafteinheiten. Um die Kaufkraft (Gütermenge, die für eine Geldeinheit gekauft werden kann) zweier Währungen vergleichbar zu machen, gibt die „Kaufkraftparität" an, wie viele inländische Geldeinheiten im Inland die gleiche Kaufkraft besitzen wie eine ausländische Geldeinheit im Ausland.

Koalitionsfreiheit. Im Grundgesetz garantiertes Grundrecht (Art. 9 Abs. 3), „zur Wahrung und Förderung der Arbeits- und Wirtschaftsbedingungen Vereinigungen zu bilden"; besonders bedeutsam für die Zusammenschlüsse von Arbeitnehmern (Gewerkschaften) und Arbeitgebern.

Kombinat. In der DDR übliche, zentral geleitete, aus mehreren Betrieben bestehende Wirtschaftseinheit, in der ein bestimmter Herstellungsprozess (z.B. von der Rohstoffgewinnung bis zum Enderzeugnis) oder Betriebe einer ganzen Branche zusammengefasst wurden.

Kommunismus. Höchste Stufe des → Sozialismus, auf der die völlige Gleichheit aller Gesellschaftsmitglieder hergestellt sein soll; allgemein: Bezeichnung für politische Systeme, die durch die Alleinherrschaft einer an der Ideologie des Marxismus orientierten Partei gekennzeichnet sind (Nordkorea, China, Kuba).

Konditionen. Bedingungen; Lieferungs- oder Zahlungsbedingungen, die zum Abschluss eines Kaufvertrages führen.

Kontrollgruppe. In der → Empirischen Sozialforschung (z.B. beim Experiment) Bezeichnung für eine parallel zur Experimentalgruppe zu beobachtende Gruppe; durch den Vergleich beider Gruppen soll festgestellt werden, dass der nur in der Experimentalgruppe bewusst eingeführte Kausalfaktor (unabhängige Variable) auch wirklich die entsprechende (in der Kontrollgruppe also nicht eintretende) Wirkung (abhängige Variable) hat.

Konvention. Vereinbarung, Übereinkunft (z.B. über ein bestimmtes Begriffsverständnis).

Konzeptualisierung. Entwicklung/Erarbeitung eines Konzepts (eines geordneten und begrifflich klaren Plans, Forschungsvorhabens usw.).

Korpsgeist. In studentischen und militärischen Gruppen entwickeltes Gemeinschafts- und Standesbewusstsein.

laissez faire. (auch: laissez aller, laissez passer lasst machen, lasst gehen) Schlagwort und Prinzip des uneingeschränkten Wirtschaftsliberalismus, das den Verzicht des Staates auf jegliche Beeinflussung des Wirtschaftsprozesses fordert.

Legitimation. Politische Legitimation ist eng verwandt mit dem Begriff der politischen → Legitimität und wird gelegentlich auch identisch verwendet. Sofern zwischen beiden Begriffen differenziert wird, kann sich dies auf unterschiedliche Aspekte beziehen. Eine in der Sozialwissenschaft gängige Unterscheidung ist die zwischen Legitimität als Rechtmäßigkeit eines politischen Systems und Legitimation als den Verfahren zur Herstellung von Legitimität.

Legitimität. (lat.) „Rechtfertigung". Legitimität kann insofern als universelles Phänomen bezeichnet werden, als aufgrund ihrer hohen Bedeutung für Funktionsfähigkeit und Stabilität politischer Systeme nahezu jede politische Herrschaft, wenn auch in deutlich unterschiedlichem Ausmaß, versucht sich zu rechtfertigen. Nach dem demokratischen Legitimitätsprinzip, dessen Kernbegriff die → „Volkssouveränität" darstellt („Alle Staatsgewalt geht vom Volke aus"), gilt eine Herrschaftsordnung nur dann als legitim, wenn sie unmittelbar vom Volk ausgeübt wird (direkte Demokratie) oder mittelbar durch vom Volk gewählte Vertretungen und eine durch sie kontrollierte Regierung (repräsentative Demokratie).

legitimieren. Etwas als rechtmäßig/berechtigt begründen (s. → Legitimität).

Liberalisierung. Die Beseitigung von Regelungen, die den freien Austausch von Waren, Dienstleistungen und Kapital behindern. Im nationalen Bereich spricht man auch von → Deregulierung. Die Liberalisierung des internationalen Warenhandels führt zum Freihandel.

Liberalismus. Weltanschauung und politische Bewegung seit dem 18. Jh., die eine Kontrolle der einzelnen Person durch den Staat oder andere Institutionen zu verringern und die freie Entfaltungsmöglichkeit der Individuen zu fördern trachtet, sowohl im politischen wie im wirtschaftlichen Bereich. – Der ökonomische Liberalismus setzte im Kern auf die Freiheit des Unternehmers, die sich auf privates Eigentum stützt, durch Innovationskraft und rationelles Gewinnstreben die Produktivität steigert, den Wettbewerb fördert und zu einem freien Spiel der Kräfte im arbeitsteiligen Wirtschaftsleben beiträgt.

Lobby. Eigentlich: Halle, Wandelhalle im (engl.) Parlament; im übertragenen Sinn für: Vertreter von Interessenverbänden, die Einfluss auf Abgeordnete und Regierung nehmen, um für ihre Interessen günstige Gesetze und Maßnahmen zu erreichen.

Locke, John (1632–1704). Englischer Philosoph, der in seiner Staatslehre die Gedanken der → Volkssouveränität und der Gewaltenteilung entwickelte.

Lohnabstandsgebot. Forderung, dass der Abstand zwischen Sozialhilfe und unterstem Nettoeinkommen vergleichbarer Haushalte gewahrt bleibt (ab 1999 soll er 15% betragen). Nach einer Untersuchung von 1992 ist der Abstand in Deutschland gewährleistet, verringert sich jedoch oder ist nicht mehr gegeben mit steigender Kinderzahl des Einkommensbeziehers.

Lohnnebenkosten. Arbeitgeberanteil an den Beiträgen zur gesetzlichen Sozialversicherung (Renten-, Kranken-, Arbeitslosen- und Pflegeversicherung) sowie betriebliche und tarifliche Nebenkosten (Urlaubsgeld, Vermögensbildung, Sonderzahlungen); auf je 50 Euro Direktlohn entfallen (2001) etwa 43 Euro Lohnnebenkosten.

Mängelwesen. In der Anthropologie Bezeichnung für die organische „Mittellosigkeit" des Menschen (ohne natürliche Waffen, ohne Angriffs-, Schutz- oder Fluchtorgane, ohne Anpassung an die Witterung usw.), der auf kulturschaffende Tätigkeit hin angelegt ist und ohne eine „Kultursphäre" nicht überleben kann.

makroökonomisch. Bezeichnung für die Erforschung und Beschreibung des Wirtschaftsprozesses im Hinblick auf große (zu Sektoren/Aggregaten zusammengefasste) Wirtschaftseinheiten (private Wirtschaft, Staat, Import, Export usw.) und gesamtwirtschaftliche Zusammenhänge (Konjunktur, Beschäftigung, Inflation). Im Unterschied dazu bezieht sich die *mikroökonomische* Betrachtungsweise auf die Untersuchung des Verhaltens einzelner Wirtschaftseinheiten oder Wirtschaftssubjekte (z.B. das Angebots- und Nachfrageverhalten von Unternehmen und Haushalten auf den einzelnen Märkten, die Preisbildung und den Wettbewerb). Die mikroökonomische schafft die Voraussetzung für die makroökonomische Analyse.

Marxismus. Von Karl Marx (1818–1883) und Friedrich Engels (1820–1895) begründete philosophisch-ökonomische Lehre, die davon ausgeht, dass der Motor der gesellschaftlichen Entwicklung im Kampf zwischen den beiden Klassen der Produktionsmittelbesitzer (Kapitalisten) und der Arbeiter (Proletariat) besteht. Ziel ist die Herstellung einer klassenlosen Gesellschaft im → Sozialismus bzw. → Kommunismus.

Maxime. Lebensregel, Leitsatz, Verhaltensgrundsatz.

Mayo, Elton (1880–1949). Amerikan. Psychologe und Wirtschaftswissenschaftler, Prof. an der Harvard-Universität; er gehört zu den Begründern der Betriebs- und Industriesoziologie.

Merkantilismus. Wirtschaftssystem im Zeitalter des Absolutismus (17./18. Jh. in Europa), das der Vergrößerung des nationalen (fürstlichen) Reichtums und der Macht des Staates dienen sollte; wirtschaftspolitisch wurde vor allem der Außenhandel (Export) gefördert. Die Bezeichnung Merkantilismus wurde von A. Smith (1723–1790) als Gegensatz insbesondere zu dem von ihm theoretisch interpretierten liberalen Industrie- und Marktwirtschaftssystem geprägt.

Mikrozensus. Der Mikrozensus ist eine 1%-Haushaltsstichprobe der Bevölkerung, mit der das Statistische Bundesamt seit 1957 vielfältige Informationen über die wirtschaftliche und soziale Lage der Bevölkerung, der Familien und Haushalte erhebt. Die Stichprobe umfasst etwa 800.000 Personen und rund 350.000 Haushalte. Im Rahmen des Mikrozensus werden in Form einer Substichprobe auch die Angaben für die von allen EU-Staaten durchzuführende Arbeitskräftestichprobe erhoben.

Minoritendemokratie. „Minderheitendemokratie"; selten gebrauchter Ausdruck für eine Demokratie, in der im Gegensatz zur modernen Massendemokratie der politische Prozess nur von einer Minderheit sozial hoch gestellter Persönlichkeiten gestaltet wird.

Modell. Im allgemeinen Sprachgebrauch eine vereinfachende Darstellung eines Sachverhaltes, die es ermöglichen soll, die Struktur (das Wesentliche, die innere Ordnung) eines Sachverhaltes zu verstehen. (Zur Funktion ökonomischer Modelle s. M 34, S. 52f.)

Moreno, Jakob Levy, geb. 1892. Arzt und Psychiater, rumän. Abstammung, Prof. an der Universität New York; er entwickelte die Methode der Soziometrie und ist einer der Begründer der Gruppenpsychotherapie.

Müller-Armack, Alfred. Deutscher Nationalökonom (1901–1978), Mitglied der Freiburger Schule (→ Ordoliberalismus); prägte den Begriff der sozialen Marktwirtschaft, die er u.a. als Staatssekretär unter dem Wirtschaftsminister L. Erhard wesentlich mitgestaltete.

natürliche Personen. Einzelpersonen im Unterschied zu → juristischen Personen.

Neoklassiker. → neoklassisch.

neoklassisch. Bezeichnung für die das Grundkonzept der Klassiker weiterentwickelnde und den neuen Verhältnissen und Erkenntnissen anpassende Wirtschaftstheorie; Kernstück der älteren neoklassischen Theorie ist das Marktmodell der vollständigen Konkurrenz.

Neoliberalismus. Sozial- und Wirtschaftstheorie, die zwar auf den Individualismus setzt (→ Liberalismus), aber die Freiheit des Einzelnen nur in einer Wettbewerbssituation anerkennt. Notwendig ist, dass der Staat den → ordnungspolitischen Rahmen für Wettbewerb und Konkurrenz intakt hält und auch gegen unternehmerische → Lobbies für funktionierende Märkte sorgt. Damit folgt der Neoliberalismus historisch auf den ursprünglichen Wirtschaftsliberalismus, der dem Staat keinerlei Regulierungsfunktion in der Wirtschaft zubilligte („Laissez-faire-Politik", „Manchester-Kapitalismus"). Für den deutschen Neoliberalismus war die „Freiburger Schule" um den Ökonomen → Walter Eucken mit ihrem → Ordoliberalismus maßgeblich.

Nestflüchter. Im Unterschied zu → Nesthockern in weit entwickeltem Zustand zur Welt kommende, schnell den Geburtsplatz verlassende Tiere (z.B. Hühner, Enten, Huftiere).

Nesthocker. Im Gegensatz zu → Nestflüchtern Jungtiere verschiedener Vogel- und Säugetierarten, die in einem für die selbstständige Lebensbewältigung noch unzureichend entwickelten Zustand geboren werden und daher durch die Eltern besonders gepflegt und geschützt werden müssen, weil sie sonst nicht lebensfähig sind.

Noelle-Neumann, Elisabeth. *19.12.1916 Berlin, Gründung des Instituts für Demoskopie Allensbach, seither Leitung des Institutes, seit 1988 zusammen mit R. Köcher. Noelle-Neumann hat entscheidend zur Etablierung und Weiterentwicklung der → empirischen Meinungs- und Kommunikationsforschung in Deutschland beigetragen.

normativ. Auf bestimmte Werte und Normen bezogen; Organisationen werden als „normativ" bezeichnet, wenn sie der Realisierung bestimmter Wertvorstellungen dienen wollen.

OECD. Organization for Economic Cooperation and Development. 25 Mitglieder-Länder (alle westlichen Industrieländer einschließlich Kanada, USA, Japan und Australien, außerdem Griechenland, Spanien, Portugal und die Türkei). Ziel der OECD (Sitz: Paris) ist die Koordinierung der Konjunktur- und Währungspolitik und die Förderung der Entwicklungshilfe.

öffentliche Güter. Güter, die nicht vom Markt, sondern vom Staat (Gemeinden, Ländern, Bund) zur Verfügung gestellt werden (z.B. Straßen, Schulen, Verwaltungen) und prinzipiell von jedem in Anspruch genommen werden können.

Operationalisierbarkeit. Möglichkeit, einen Begriff, bei dem der gemeinte Sachverhalt nicht direkt wahrnehmbar und messbar ist, so weit zu konkretisieren, dass man entscheiden kann, ob und inwieweit das mit dem Begriff Gemeinte vorhanden ist (vgl. → Operationalisierung und M 5, S. 293f.).

Operationalisierung. Anwendbarmachen von theoretischen Begriffen für die → empirische Forschung. Dabei müssen präzise Angaben gemacht werden, mit deren Hilfe entschieden werden kann, ob in der untersuchten Realität ein mit dem betr. Begriff bezeichnetes Merkmal (Tatbestand) vorliegt oder nicht. Im weiteren Sinne ein Verfahren immer weiter gehender Konkretisierung (Zuordnung von → Indikatoren zu theoretischen Begriffen).

Option. (lat. optare – wünschen, wählen) Möglichkeit und Recht, sich für etwas zu entscheiden und entsprechend zu handeln. Bezeichnung für die Wahl- und Handlungsmöglichkeiten einer Person oder eines sozialen Gebildes im Rahmen gesellschaftlicher Werte und Normen, Notwendigkeiten und Widerstände.

Ordnungspolitik. Teil der Wirtschaftspolitik, der auf die Gestaltung der Wirtschaftsordnung ausgerichtet ist. In der Marktwirtschaft zählen zur Ordnungspolitik z.B. die Wettbewerbspolitik, die Gestaltung der Unternehmensverfassung, die Verstaatlichung oder Reprivatisierung von Produktionsmitteleigentum.

Ordoliberalismus. Wirtschafts- und Sozialtheorie der sog. „Freiburger Schule" um den Ökonomen → Walter Eucken, die – als deutsche Variante der → neoliberalen Theorie – die soziale Marktwirtschaft der Bundesrepublik maßgeblich beeinflusste. Sie vertritt wesentliche Züge des → Neoliberalismus, zu dem sie aber heute (vor allem seit den 80er-Jahren) wegen dessen tendenzieller Sozialstaatsfeindlichkeit in Konkurrenz steht.

Output. „Ausstoß"; Menge von Gütern, die gewünschtes Ergebnis einer Produktion sind (im weiteren Sinn auch unerwünschte Produktionsergebnisse, wie z.B. Abfall). Mit → Input werden Güter und Dienstleistungen bezeichnet, die zur Produktion anderer Güter eingesetzt werden.

Paradoxon. Eine (offenbar oder auch nur scheinbar) widersinnige (gegen jede vernünftige Erwartung oder Überlegung sprechende) Aussage.

Parsons, Talcott (1902–1979). Bedeutender amerikanischer Soziologe; entwickelte die „Strukturell-funktionale Theorie" (Strukturfunktionalismus). Er entfaltete das Modell eines „sozialen Systems", in dem sich im Zustand des Gleichgewichts die Handelnden im Einklang mit ihren individuellen Bedürfnissen und mit den Erwartungen ihrer Interaktionspartner verhalten. Diese Erwartungen und Bedürfnisse werden durch → Internalisierung gemeinsamer Wertmuster und Verhaltensweisen gesteuert und durch Institutionalisierung sozialstrukturell verfestigt.

partizipationssoziologisch. Die Partizipation (politische Beteiligung der Bürger/innen) unter soziologischer Fragestellung (Umfang, Intensität, schichtspezifisches Verhalten, günstige bzw. ungünstige Bedingungen usw.) untersuchend.

Platzierungsfunktion der Schule. Bezeichnung für die Funktion schulischer Abschlüsse, Berechtigungen für bestimmte Zugänge zu Studiengängen, Berufsausbildungsgängen usw. und damit zum Erreichen bestimmter gesellschaftlicher Positionen zu vergeben.

Plebiszit. (lat.) Volksabstimmung, Volksentscheid; Instrument der direkten Demokratie. Der Wille des Volkes (→ Volkssouveränität) wird nicht durch ein Repräsentativorgan (→ Repräsentation) mediatisiert, sondern setzt sich, als empirischer Volkswille, direkt um in politische Entscheidungen (plebiszitäre Demokratie). Man unterscheidet Personal- und Sachplebiszite. Erstere betreffen Entscheidungen über die politische Führung (z.B. Präsidentschaftswahlen in Frankreich und USA). Letztere regeln sachpolitische Entscheidungen, die beispielsweise Fragen der Verfassung oder einfacher Gesetzgebung umfassen können.

plebiszitär. Auf einer Volksabstimmung (→ Plebiszit) beruhend.

Populismus. Abgeleitet von lat. populus = Volk; der Begriff wird zumeist abwertend verwandt, z.T. auch in die Nähe der Demagogie gerückt. Gegen Ende des 19. Jh. aufkommende Bezeichnung für aus dem Volk hervorgehende spontane politische und soziale Bewegungen. Heute Bezeichnung für die gezielte Mobilisierung gängiger Ängste, Vorurteile, Emotionen, die in (vorgeblich) einfache Problemlösungen umgesetzt und gerade deshalb populär werden.

populistisch. → Populismus.

Prädisposition. Einer Entscheidungssituation vorausliegende Veranlagung (zu bestimmten Eigenschaften, Verhaltensweisen, Präferenzen usw.).

Präferenz. (lat.) „Vorzug", „Vorrang"; Bezeichnung für ein Zuneigungsverhältnis zwischen Menschen oder (wirtschaftlich) zwischen Menschen und Gütern (Bevorzugung bestimmter Güter beim Kauf aus räumlichen, zeitlichen oder persönlichen Gründen).

Präferenzordnung. Rangfolge von → Präferenzen.

primärer Sektor. Landwirtschaftlicher Bereich einer Volkswirtschaft (sekundärer Sektor: Industrie und Bauwirtschaft; tertiärer Sektor: Handel, Transport, Dienstleistungen).

privativ. (von lat. privare = berauben) Wegnehmend, beseitigend.

Produktivität. Zur Erläuterung s. S. 45.

Projektion. Darstellung einer zukünftigen Entwicklung, die auf einer Weiterführung (Fortschreibung) gegenwärtiger Daten und Bedingungen beruht.

Prozentpunkte. Vermehrt z.B. eine Partei ihren Stimmenanteil bei Wahlen von 8 auf 10 Prozent, handelt es sich um eine Steigerung um 2 Prozentpunkte, aber um 25 Prozent.

Prozesspolitik. Im Unterschied zu → Ordnungspolitik der Teil der Wirtschaftspolitik, der die Einflussmöglichkeiten des Staates auf den Ablauf des Wirtschaftsprozesses betrifft.

Quorum. Zur Entscheidungsfähigkeit einer Sache, Beschlussfähigkeit eines Gremiums oder vollen Ausschöpfung der einer Gruppe zustehenden Mandate erforderliche Mindestzahl derer, die sich beteiligen oder anwesend sein müssen. Dies bezieht sich v.a. auf Wahlen, → Plebiszite und Volksbegehren. Die Einführung von Quoren soll verhindern, dass sich Minderheitenpositionen unter für sie günstigen Umständen als Zufallsmehrheiten durchsetzen.

Rätedemokratie. → Rätesystem.

Rätesystem. Auf Proudhon und Marx zurückgehende Vorstellungen über die demokratische Struktur von Staaten mithilfe von Räten, die als Instrumente direkter Demokratie in Wirtschaft und Politik fungieren. Über mehrere Ebenen wählen die Basisgruppen der Urwähler in Vollversammlungen lokale Räte, die wiederum regionale Räte wählen, bis hin zu (nationalen) Zentralräten. Auf allen Ebenen gibt es Vollzugsausschüsse der Räte. Zur Gewährleistung permanenter Kontrolle durch die Basis und der Identität von Wählern und Gewählten unterliegen alle Organe dem → imperativen Mandat ihrer jeweiligen Basis (Wahlkörper), dem Recall (jederzeitige Abberufbarkeit), der Rotation (turnusmäßiger Wechsel der Amtsinhaber) und meist nur einer ehrenamtlichen Mandatsausübung. Permanente Partizipation ist für ein solches Rätesystem unentbehrlich. Parteien und andere Mechanismen repräsentativer Demokratie existieren ebenso wenig wie Gewaltenteilung und unabhängige Gerichte.

Rationalisierung. Sammelbegriff für alle technischen und organisatorischen Maßnahmen in

Produktion und Verwaltung mit dem Ziel, Kosten zu sparen und die → Produktivität und → Rentabilität zu erhöhen.

real. Im Unterschied zu nominalen (in jeweiligen Preisen gerechneten) Größen werden in realen wirtschaftlichen Größen (z.B. reales Bruttoinlandsprodukt, Reallohn) die Preissteigerungen berücksichtigt (d.h. die Preiseffekte werden durch Zurückrechnung auf konstante Preise eines Basisjahres ausgeschaltet).

Rechtsweggarantie. Im Grundgesetz (Art. 19 Abs. 4) festgelegte Möglichkeit für jedermann, ein Gericht anzurufen, wenn er sich durch Maßnahmen der öffentlichen Gewalt (der staatlichen Verwaltung) in seinen Rechten verletzt fühlt.

Rendite. In Prozent ausgedrückter, tatsächlicher jährlicher Gesamtertrag eines angelegten Kapitals (Effektivverzinsung).

Rentabilität. Das prozentuale Verhältnis zwischen dem Gewinn und dem eingesetzten Kapital (Kapitalrentabilität) bzw. dem Umsatz (Umsatzrentabilität) in einem Zeitabschnitt.

Rentenmarkt. Teil des Kapitalmarktes, an dem festverzinsliche Wertpapiere gehandelt werden (Renten- und Aktienmarkt bilden zusammen den Kapitalmarkt).

Rentenpapiere. Bezeichnung für festverzinsliche Wertpapiere (Anleihen).

Repräsentation. Prinzip, nach dem von einer Gesamtheit (z.B. alle Bürger) eine beschränkte Zahl von Vertretern gewählt wird, die die Gesamtheit „repräsentieren" (vertreten).

Ressource. (franz.) Sammelbegriff für die Hilfsquellen und Hilfsmittel, die der Mensch als Mittel zum Leben braucht; in der Volkswirtschaft alle Mittel, die für die Produktion von Gütern und Dienstleistungen zur Verfügung stehen.

Restriktionen. Beschränkungen, Einschränkungen; Annahmen oder Maßnahmen, die einen Sachverhalt oder ein Problem auf einen einzigen Aspekt beschränken.

Röpke, Wilhelm (1899–1966). Deutscher Nationalökonom und Soziologe; emigrierte 1933 und war 1937–1966 Professor in Genf; bedeutender Vertreter des → Ordoliberalismus (Neoliberalismus).

Rousseau, Jean-Jacques. 1712–1778; franz. Philosoph und bedeutender Gesellschaftstheoretiker; Einfluss auf die Franz. Revolution, den deutschen Idealismus und den wissenschaftlichen Sozialismus.

rudimentär. Nur noch in Ansätzen vorhanden.

Runder Tisch. In der Politik Bezeichnung für eine in der Verfassung nicht vorgesehene (aber auch nicht verbotene) Form der Beratung, bei der Vertreter unterschiedlicher (auch gegnerischer) Gruppen sich um Konfliktaustragung und Kooperation bemühen. In der Endphase der DDR (von Ende 1889 bis zur Volkskammerwahl am 18.3.1990) eingerichtetes Forum, in dem sich vor allem Vertreter der neu gegründeten Parteien, Bürgerrechtsbewegungen und Kirchen über gemeinsame Vorschläge für die Politik der noch bestehenden Regierung verständigten.

Rundfunkräte. Gremien aus Vertretern gesellschaftlich relevanter Kräfte (Gewerkschaften, Vereinen, Verbänden, Parlamentariern, Kirchen usw.), die im öffentlich-rechtlichen Rundfunk und Fernsehen Grundsätze der Programmgestaltung beschließen und die Haushalts- und Wirtschaftsführung des betr. Senders überwachen. Im privaten Fernsehen wird diese Funktion z.T. von den Landesmedienanstalten der Länder wahrgenommen.

Sanktion. Bezeichnung für ein konkretes Zeichen oder eine Aktion der Billigung oder Missbilligung, die eine Person aufgrund ihrer Eigenschaften oder ihres Verhaltens erfährt. Negative Sanktionen (Bestrafungen) können im Entzug begehrter materieller und immaterieller Güter bestehen, positive (Belohnungen) verschaffen Vorteile, sozialen Aufstieg, Prestige. Sanktionen dienen der Orientierung des Verhaltens an sozialen Normen.

sanktionieren. Mit → Sanktionen versehen.

Sanktionsproblem. Um wirtschaftliche Ziele zu erreichen, müssen die Wirtschaftssubjekte durch Sanktionen (Belohnungen für Leistungen, Erfindungen usw., Nachteile für Fehlverhalten, Erfolglosigkeit usw.) dazu motiviert werden, zur Zielerreichung möglichst effektiv beizutragen.

Simmel, Georg (1858–1918). Philosoph und Soziologe, Professor in Berlin und Straßburg; Begründer der „formalen" (d.h. die im Laufe der Geschichte gleich bleibenden Formen der Vergesellschaftung analysierenden) Soziologie.

SOEP. Das Sozioökonomische Panel (SOEP) wird seit 1984 jährlich als Längsschnitt erhoben. 1997 lagen 13 Wellen vor. Befragt werden Deutsche, Ausländer und Zuwanderer in der Bundesrepublik (in Ostdeutschland seit 1990). Die Stichprobe umfasste 1996 knapp 7000 Haushalte mit mehr als 13500 Personen. Themenschwerpunkte sind unter anderem Haushaltszusammensetzung, Erwerbs- und Familienbiografie, Erwerbsbeteiligung und berufliche Mobilität, Einkommensverläufe, Gesundheit und Lebenszufriedenheit. Die Organisation des SOEP erfolgt durch die Projektgruppe „Das Sozioökonomische Panel" am Deutschen Institut für Wirtschaftsforschung (DIW) in Berlin.

Sonntagsfrage. Von Meinungsforschungsinstituten in regelmäßigen Abständen gestellte Frage nach der aktuellen Parteiorientierung („Wenn am kommenden Sonntag Bundestagswahl wäre, für welche Partei würden Sie sich entscheiden?").

Souverän. Träger der höchsten Gewalt z.B. eines Staates, Herrscher.

soziale Kontrolle. Gesamtheit aller Prozesse und Strukturen, die abweichendes Verhalten der Mitglieder einer Gesellschaft oder einer Gruppe verhindern oder einschränken; sie dient der sozialen → Integration und wird ausgeübt durch Institutionen (Gerichte, Polizei u.a.), Gruppen und Organisationen oder aber auch durch die → Internalisierung von Normen.

soziale Sicherung. Zur Erläuterung s. M 78, S. 119f.

soziales Milieu. Neuerer soziologischer Begriff für Gruppen von Menschen, die sich in ihrer Lebensauffassung und in ihrem Lebensstil ähneln (Einstellungen zu Arbeit, Freizeit, Familie; politische Grundüberzeugungen).

Sozialismus. Im frühen 19. Jahrhundert entstandene Lehre und politische Bewegung, die dem Prinzip der Gleichheit den Vorrang vor dem der Freiheit gibt und die Verfügung über die Produktionsmittel in die Hand der Gesellschaft bzw. des Staates legen will (im Gegensatz zum → Kapitalismus, in dem die Produktionsmittel privaten Eigentümern gehören).

sozialistisch. Bezeichnung für eine Gesellschaft oder eine Theorie, die die Grundprinzipien des → Sozialismus (kein Privatbesitz an Produktionsmitteln, Vorrang des Prinzips der Gleichheit vor dem der Freiheit, Ausübung der Macht durch eine Einheitspartei) verwirklicht bzw. zu verwirklichen sucht.

sozialpsychologisch. Die Sozialpsychologie ist ein Teilgebiet der Psychologie, das sich schwerpunktartig mit den Beziehungen des Individuums zu seiner sozialen Umwelt befasst (z.B. im Hinblick auf die Entwicklung der Persönlichkeit, die Entstehung von Wertorientierungen, von Vorurteilen usw.).

Sozialstaat. Zur Erläuterung s. M 77, S. 118f.

Soziobiologie. Forschungsrichtung, die sich mit systematischer Untersuchung der biologischen Grundlagen jeglicher Formen des Sozialverhaltens bei allen Lebewesen (einschließlich des Menschen) befasst und herauszustellen versucht, dass viele menschliche Verhaltensweisen weniger sozial und kulturell als vielmehr biologisch bedingt sind.

sozial-kulturell. → soziokulturell

soziokulturell (engl. *sociocultural*). Eine aus der amerikanischen Soziologie stammende Wortkombination, die begrifflich von vornherein zum Ausdruck bringt, dass die sozialen und kulturel-

len Elemente der gesellschaftlichen Wirklichkeit einen engen Zusammenhang bilden.

Sparquote. Auf die privaten Haushalte bezogen bezeichnet die Sparquote den prozentualen Anteil der Ersparnis an den verfügbaren Einkommen (Teil des Einkommens, der nicht für den Konsum zur Verfügung steht).

Staatsanleihe. Langfristige Schuldenaufnahme des Staates (Bund oder Länder) gegen Ausgabe festverzinslicher → Wertpapiere (Schuldverschreibungen).

Staatsinterventionismus. Kritische Bezeichnung für eine wirtschaftspolitische Grundhaltung, nach der die Wirtschaft eines Landes durch starke staatliche Eingriffe aktiv gestaltet werden soll.

Staatsquote. Das Verhältnis aller staatlichen Ausgaben (für Investitionen, Verbrauch, Renten usw.) zum Sozialprodukt. Der Begriff Staatsquote spielt in der wirtschaftspolitischen Diskussion über „mehr Staat" oder „mehr Markt" eine wichtige Rolle.

Status. Sofern die Position eines Menschen in einer Gruppe oder einer Gesellschaft als höher oder niedriger bewertet wird, spricht man von Status (= bewertete Position); Bewertungskriterien können sein: Ansehen, Bildung, Beruf, Einkommen.

Statusdifferenzierung. Gliederung einer Gruppe, Organisation, Gesellschaft usw. nach unterschiedlich hoch bewerteten Positionen (→ Status).

Stereotyp. Starre, verfestigte (auch durch neue Erfahrungen kaum veränderbare) Vorstellung über bestimmte Merkmale anderer Menschen(gruppen) oder kausaler Zusammenhänge (Vorurteil).

Stigmatisierung. „Brandmarkung", soziale Verachtung oder gar Isolierung von Personen, die sich aufgrund eines psychischen, physischen oder sozialen Merkmals negativ von allen Mitgliedern der Gesellschaft unterscheiden (z.B. Vorbestrafte, psychisch Kranke, radikale Außenseiter).

Stimulus. (Plur.: Stimuli) Antrieb, Reiz; der eine bestimmte Reaktion auslösende Faktor.

subkulturell. Bezeichnung für die Lebensform von Gruppen oder Bevölkerungsteilen, die in ihren Auffassungen, Wertorientierungen und Verhaltensweisen (Lebensstilen) deutlich von der jeweiligen Mehrheitskultur abweichen (ggf. auch in konfliktträchtiger Weise); z.B.: religiöse oder ethnische Minderheiten; manchmal wird auch von jugendlicher Subkultur gesprochen (z.B. bei Punkern).

Subsistenzwirtschaft. „Selbstgenügsame" Wirtschaftsform, die im Gegensatz zur „Verkehrswirtschaft" alle Güter, die sie verbraucht, selbst produziert und damit vom Markt oder anderen Formen des Austauschs unabhängig ist.

Substitut. Austauschbares Gut; → Substitution.

Substitution. Ersatz z.B. eines (teuren) Produktionsfaktors durch einen anderen (billigeren) oder eines Gutes durch ein ähnliches (z.B. Butter durch Margarine).

Subventionen. Zuschüsse der „öffentlichen Hand" (des Staates) an förderungsbedürftige Wirtschaftszweige (z.B. Landwirtschaft, Wohnungsbau, Schifffahrt) oder an Personengruppen mit geringem Einkommen (Sparförderung, Vermögensbildung). Subventionen werden als direkte Finanzhilfen oder indirekt in Form von Steuervergünstigungen gezahlt und können mit bestimmten Auflagen verbunden sein.

subventionieren. → Subventionen.

tabula rasa. (lat.) Schreibtafel, von der die Schrift entfernt wurde; allgemein für eine Situation des vollständig „reinen Tisches" (ohne jede Vorprägung durch Bedingungen, Merkmale, Eigenschaften usw.).

Tarifautonomie. Gesetzliches Recht der Gewerkschaften und der Arbeitgeber(verbände), ohne staatliche Einmischung Vereinbarungen über Arbeitsverhältnisse (Arbeitszeit, Löhne, Arbeitsbedingungen usw.) selbst zu treffen. Die „Tarifpartner" schließen nach entsprechenden Tarifverhandlungen Tarifverträge.

Terminus. Inhaltlicher abgegrenzter, fest umrissener Fachbegriff.

totalitär. Kennzeichnung eines Herrschaftssystems, das alle Lebensbereiche der Menschen und der Gesellschaft einem einheitlichen Willen der Staatsmacht unterwirft und diesen Willen mit allen Mitteln durchsetzt; → totalitärer Staat.

totalitärer Staat. Diktatorische Herrschaftsgewalt, die im Namen einer totalitären Ideologie (Totalitarismus) ausgeübt wird und der Intention nach sämtliche Lebensbereiche der Gesellschaft durchdringt.

Totalitarismus. → totalitärer Staat.

Transferzahlungen. Zahlungen des Staates an private Haushalte, für die der Staat keine Gegenleistung erhält. Sie bewirken eine Einkommensumverteilung und sollen soziale Ungleichheiten mildern (Wohngeld, Kindergeld, Bafög etc.). Seit der Vereinigung Deutschlands wird dieser Begriff auch für die Zahlungen der alten Bundesrepublik an die neuen Bundesländer verwendet. Diese Zahlungen des Staates sollen zur wirtschaftlichen Entwicklung und Umstrukturierung sowie der sozialen Absicherung dieser Prozesse in den neuen Bundesländern dienen.

Transmissionsriemen. Sie dienen bei Maschinen zur Kraftübertragung; Übertragungsinstrument.

Umverteilung. Staatliche Maßnahmen zur Veränderung der Einkommens- und/oder Vermögensverteilung (z.B. durch staatl. → Transferleistungen und Steuern). Zu einer Umverteilung kann es auch durch wirtschaftliche Entwicklungen (z.B. Strukturveränderungen, Inflation, Staatsverschuldung) kommen.

Validität. Gültigkeit. In der → empirischen Sozialforschung Begriff für die wissenschaftliche Brauchbarkeit von Forschungsmethoden, die danach beurteilt werden, ob sie auch tatsächlich das messen, was mit ihnen festgestellt und gemessen werden soll.

VEB. Volkseigener Betrieb in der DDR. Wirtschaftsunternehmen im Besitz des Staates, die nach 1945 durch Enteignung und Verstaatlichung entstanden.

Volksdemokratie. In der Terminologie des Marxismus-Leninismus ein Zwischenstadium für Länder, in denen die kommunistischen Parteien noch nicht im Besitz der Alleinherrschaft und die Entwicklung zum Endzustand des → Kommunismus noch nicht so weit fortgeschritten war wie in der UdSSR. Es existieren noch verschiedene Klassen, deren fortschrittliche Parteien jedoch ein Bündnis unter Führung der KP eingegangen sind (sozialistische Demokratie). Diese Blockparteien kandidieren jedoch auf einer Einheitsliste (Einparteiensystem) ohne Auswahlmöglichkeit und Parteienkonkurrenz; real handelt es sich um die Herrschaft einer Partei. Gebräuchlich wurde die Bezeichnung für die meisten der nach dem 2. Weltkrieg kommunistisch geführten Staaten Osteuropas (bis etwa 1990).

Volkssouveränität. Volkssouveränität gilt seit den großen Menschenrechtserklärungen des 18. Jh. als grundlegendes Prinzip demokratischer → Legitimation. Es besagt, dass im Gegensatz zum Prinzip der Souveränität eines Alleinherrschers 1) alle Staatsgewalt letztlich vom Volk ausgeht und durch die Stimmbürgerschaft direkt (z.B. durch direktdemokratische Verfassungsgebung oder direktdemokratische Wahl der Regierung) oder mittelbar (z.B. durch Entscheidungen der vom Volk gewählten Abgeordneten) legitimiert ist und dass dem zufolge 2) die Inhaber politischer Ämter dem Volk oder den aus Wahlen hervorgegangenen Repräsentativorganen verantwortlich sind.

Währungsreform. Neugestaltung der Geldordnung eines Landes. In der Bundesrepublik erfolgte am 21.6.1948 die Umstellung von Reichsmark auf DM, nachdem die Reichsmark in der Folge des 2. Weltkriegs als Tausch- und Zahlungsmittel unbrauchbar geworden war. Die Umstellung auf den Euro zum 1.1.2002 war in diesem Sinne keine Währungsreform.

Wertpapiere. Sammelbegriff für → Aktien und festverzinsliche Wertpapiere. Letztere werden auch Rentenpapiere, Obligationen oder Schuldverschreibungen genannt. Sie werden ausgegeben durch die staatlichen Institutionen (Bund, Länder, Gemeinden, Bahn, Post), durch Banken, durch die Industrie oder durch das Ausland (Auslandsanleihen).

Wohngeld. Staatlicher Zuschuss (→ Transferleistung) zu den Kosten für den Wohnraum (Mietzuschuss); abhängig von der Höhe des Einkommens, der Zahl der Haushaltsmitglieder und der Höhe der Miete.

Zahlungsbilanz. Eine auf eine ganze Volkswirtschaft bezogene systematische Gegenüberstellung aller Geld- und Güterströme zwischen dem Inland und dem Ausland.

Zentralbank. Zentrale Währungsbehörde eines Landes (bzw. der Europäischen Union), die das alleinige Recht (Monopol) der Notenausgabe besitzt und deren wichtigste Aufgabe es ist, den Geldwert und die Währung stabil zu halten.

Zunftwesen. Zünfte hießen die (im Mittelalter) genossenschaftlichen städtischen Zusammenschlüsse freier Handwerker und Handelstreibender mit verbindlichen Regeln (z. B. zur Ausbildung, Arbeitsverhältnisse, Schutz vor Risiken usw.) und dem Recht zur politischen Mitbestimmung in der Stadt.

Zuverlässigkeit. In der → empirischen Sozialforschung Bezeichnung dafür, dass dieselbe Untersuchungsmethode unter sonst gleichen Bedingungen immer die gleichen Resultate liefert (Reliabilität), unabhängig von ihrer Brauchbarkeit (Gültigkeit, → Validität).

Register